Die 50er Jahre im Landkreis Dachau –
Wirtschaftswunder und Verdrängung

Dachauer Diskurse
Beiträge zur Zeitgeschichte
und zur historisch-politischen Bildung

Band 9

Herausgegeben von
Nina Ritz, Bernhard Schoßig und Robert Sigel

Annegret Braun (Hrsg.)

Die 50er Jahre im Landkreis Dachau – Wirtschaftswunder und Verdrängung

Herbert Utz Verlag · München

Umschlagabbildung: Renate Berberich

Bibliografische Information der Deutschen Nationalbibliothek
Die Deutsche Nationalbibliothek verzeichnet diese Publikation
in der Deutschen Nationalbibliografie; detaillierte bibliografische Daten
sind im Internet über http://dnb.d-nb.de abrufbar.

Copyright © Herbert Utz Verlag GmbH · 2018

ISBN 978-3-8316-4702-6

Printed in EU

Herbert Utz Verlag GmbH, München
089–277791–00 · www.utzverlag.de

INHALT

Inhalt

8

Inhalt

9

Vorwort

Norbert Göttler
Bezirksheimatpfleger von Oberbayern und Schirmherr der
Geschichtswerkstatt Dachau

Im Jahr 2006 begann die Idee zu reifen, die bis dahin stiefmütterlich behandelte Nachkriegsgeschichte des Dachauer Landes intensiver zu erforschen. Unter dem Dach der Geschichtswerkstatt Dachau fanden sich engagierte Frauen und Männer, Wissenschaftler und fachkundige Laien zusammen, um Archivstudien zu betreiben, Zeitzeugengespräche zu führen und Ausstellungen zu organisieren. 2008 wurde der Band »Nach der Stunde Null. Stadt und Landkreis Dachau 1945 bis 1949« und 2013 der Band »Nach der Stunde Null II. Historische Nahaufnahmen aus den Gemeinden des Landkreises Dachau 1945 bis 1949« herausgegeben.

Dass jetzt, 2018, ein dritter Band mit dem Titel »Die 50er Jahre im Landkreis Dachau. Wirtschaftswunder und Verdrängung« folgt, zeugt sowohl von der Ergiebigkeit des Themas wie auch vom unermüdlichen Forscherdrang aller Beteiligten. Während die großen Linien der Geschichtsschreibung zweifellos von den historischen Instituten und Universitätseinrichtungen gezogen werden, ist eine flächendeckende Durchdringung der Regionalgeschichte nur mit Hilfe von Bürgerinitiativen und engagierten Einzelpersonen zu leisten. Darum gilt mein großer Dank allen, die zum Entstehen dieses Bandes beigetragen haben, vor allem der Herausgeberin Dr. Annegret Braun, die das vor zwölf Jahren begonnene Werk mit großer Leidenschaft fortsetzt und vorantreibt.

Heimat ist immer glückendes und missglückendes, schöpferisches und gebrochenes Phänomen gleichzeitig. Ein tragfähiges Verhältnis zu ihr wird man nur dann gewinnen, wenn man sich mit ihren Licht- und Schattenseiten gleichermaßen auseinandersetzt. Der vorliegende Band ist ein guter Wegbegleiter dazu. Ich wünsche ihm starke Beachtung und große Verbreitung!

Einleitung

Annegret Braun

Die 50er Jahre waren eine Zeit des Aufbruchs. Man stürzte sich tatkräftig in die Zukunft und ließ die Vergangenheit hinter sich. Eine hoffnungsvolle Epoche in der noch jungen Bundesrepublik begann, die als »Wirtschaftswunder« in die Geschichte einging. Viele Menschen verdienten mehr und konnten sich etwas leisten: ein Auto, ein Badezimmer, einen Fernsehapparat und vielleicht noch einen Urlaub in Italien. Endlich ging es wieder aufwärts. »Wir sind wieder wer« war das neue Lebensgefühl nach dem Sieg bei der Fußball-Weltmeisterschaft in Bern 1954. Es war die Zeit des Rock'n'Rolls, des Nierentischs und der Isetta.

Es war aber auch eine Zeit der Verdrängung. Man verdrängte, dass das Konzentrationslager Dachau vielen Menschen aus dem Landkreis einen Arbeitsplatz geboten hatte. In den Werkstätten oder Außenkommandos der SS hatten viele Kontakt zu Häftlingen gehabt. Manche Bewohner der Stadt und des Landkreises hatten zu den Wachmannschaften des Konzentrationslagers gehört. Man verdrängte, dass Bürger Funktionen für die NSDAP in der Politik, im Bauernverband, in Betrieben und im sozialen Leben übernommen hatten. Und man verdrängte auch, dass in den Nachkriegsjahren manche Bürger wegen aktiver Betätigung in das Internierungslager Moosburg gekommen waren. Für eine spätere Karriere war dies kein Hindernis. Etliche ehemalige Nationalsozialisten saßen wieder in Amt und Würden.

Das alles verschwand unter einem Mantel des Schweigens. Doch die Verdrängung hatte zur Folge, dass nationalsozialistisches Gedankengut weiterwirken konnte. Bei vielen unbewusst, doch bei manchen auch ganz bewusst. In manchen Hinterzimmern wurden nationalsozialistische Lieder gesungen. Oder man beklagte die vermeintlichen Folgen des »verlorenen« Krieges. Und im Wirtshaus bekam im Streit schon manch einer zu hören, dass man ihn wohl vergessen habe, nach »Dachau« abzuholen. Auch das markante Hitlerbärtchen sieht man immer wieder auf Fotos aus den 50er Jahren.

Die Verdrängung der Verbrechen des Nazi-Regimes hatte auch Auswirkungen auf die Opfer. Für ihr erlittenes Leid interessierte sich kaum jemand. Im Gegenteil, sie galten immer noch als »Zuchthäusler« und wurden abfällig als »KZ'ler« bezeichnet. Deshalb verdrängten auch sie, wie Max Mannheimer,

Überlebender der Konzentrationslager Auschwitz, Warschau und Dachau, erzählt: »Was hinter mir lag, versuchte ich zu verdrängen. Nur meine Träume holten mich immer wieder ein.«

Die Geschichtswerkstatt im Landkreis Dachau nahm sich die schwierige Aufgabe vor, die 50er Jahre mit ihren Licht- und Schattenseiten zu erforschen: Auf der einen Seite das Wirtschaftswunder und auf der anderen Seite die Verdrängung. Zwei Jahre lang recherchierten Teilnehmer und Teilnehmerinnen der Geschichtswerkstatt ehrenamtlich und mit großem Engagement in Archiven und interviewten zahlreiche Zeitzeugen und Zeitzeuginnen. Im Mittelpunkt stand die Frage, wie die Menschen ihren Alltag im Landkreis Dachau erlebten. Viele Erinnerungen wurden wach: An die langen Arbeitswege, an den ersten Fernseher, den man unter einer Decke versteckte, weil man sich für diesen Luxus schämte oder daran, dass der Vater schimpfte, wenn man heimlich die moderne »Neger-Musik« anhörte. Die Zeitzeugen erinnerten sich an die harten Lehrjahre, an das erste eigene Auto, an Kinobesuche und an Ausflüge in die Berge oder zu Verwandten und an Spaziergänge auf der Autobahn, die noch wenig befahren war. Wir bekamen ein etwas anderes Bild von den vielgepriesenen 50er Jahren und haben festgestellt, dass Rock'n'Roll und Fernseher selten, aber Arbeit auf dem Feld häufig war. Und Italien? Das lag für die meisten in unerreichbarer Ferne. Das Wirtschaftswunder stellte sich im ländlichen Bayern nur zögerlich ein.

Wir erfuhren viel über diese Aufbaujahre, doch die Frage, wie man in den 50er Jahren mit der Vergangenheit umging, erwies sich als eine schwierige Hürde. Wie sollte man etwas erforschen, über das nicht geredet wird? Aber allein die Tatsache, dass die Zeitzeugen, die in den 50er Jahren Kinder und Jugendliche waren, wenig darüber sagen konnten, weil sie auch zuhause das Schweigen erlebt hatten, war eine erste aufschlussreiche Antwort.

Doch Verdrängung äußert sich nicht nur im Verschweigen, sondern wirkt sich in vielerlei Weise aus. Deshalb haben wir letztendlich erstaunlich mehr über den Umgang mit dem Nationalsozialismus erfahren als es am Anfang unserer Forschung aussah. Am Ende bekamen wir doch ein sehr vielschichtiges und differenziertes Bild über die 50er Jahre.

Die Besonderheit dieses Aufsatzbandes ist, dass er von Wissenschaftlern und Laien geschrieben wurde. Das Buch weist eine sehr große Bandbreite von Autoren und Autorinnen auf: von renommierten Wissenschaftlern, für die

Forschen und Schreiben Alltag ist, bis zu Laien, die sich erstmals durch die Geschichtswerkstatt an eine Forschungsarbeit herangewagt haben. Und auch die Forschungszugänge sind sehr vielfältig. Sie reichen von Überblicksdarstellungen über empirische Forschungen bis zu eigenen Erinnerungen; etliche Teilnehmer der Geschichtswerkstatt haben die 50er Jahre selbst erlebt.

In dieser Vielfältigkeit der Beiträge liegt eine große Qualität. Die Aufsätze zeigen die komplexen 50er Jahre aus sehr unterschiedlichen Blickwinkeln, die auch Zwischentöne zulassen, die in vielen Studien über die 50er Jahre kaum sichtbar sind, weil manche Aspekte nicht erwähnenswert erscheinen. Zwar kommt es zu inhaltlichen Überschneidungen, was jedoch den Vorteil hat, dass durch die unterschiedliche Perspektive ein noch detaillierteres Bild entsteht.

Das Buch ist in zwei Teile gegliedert. Der erste Teil des Aufsatzbandes sind Übersichtsdarstellungen oder auch wissenschaftliche Abhandlungen, die ein Thema tiefergehend bearbeiten. Es geht dabei zum einen um Politik (Liebhart) und Wirtschaftswunder (Beilner, Mayr) und zum anderen um Verdrängung (Müller-Hohagen, Riedel, Gerhardus).

Der zweite Teil des Buches enthält empirische Nahaufnahmen aus den Gemeinden zum Thema Wirtschaftswunder und Verdrängung (Axtner mit Liebert und Mittelhammer, Braun, Bossert, Eberl, Erhorn, Frühauf, Größ, Loderer, Mayr, Kreitmeir mit Ehepaar Wiescher, Pajung und Schlichenmayer). Einige Aufsätze befassen sich mit einem einzelnen Thema, das tiefergehend betrachtet wird, so zum Beispiel der Aufsatz über die erfolgreiche Strumpffabrik Sulida, die vielen Heimatvertriebenen auf dem Gelände des ehemaligen Konzentrationslagers Arbeit bot (Lücking). Oder der Aufsatz über das Leben von Frauen in den 50er Jahren (Thiel). Einige Autoren beschreiben ihre eigenen Erinnerungen aus der Sicht als Zeitzeuge (Thaler, Hartmann), auch mit einem thematischen Schwerpunkt wie Verdrängung (Beilner).

Eine Erfahrung, die wir bei unseren Forschungen gemacht haben, war, dass das Schweigen über den Nationalsozialismus nicht nur auf die 50er Jahre beschränkt ist, sondern auch heute noch anhält. An vielen Orten, so wie in Dachau, wird sehr viel Erinnerungs- und Versöhnungsarbeit geleistet. Doch in den Dörfern und in den Familien liegt häufig noch ein undurchdringbarer Mantel des Schweigens. Wir genießen inzwischen das Vertrauen vieler Zeitzeugen, weil wir mit dem Erzählten respektvoll umgehen und die Offenheit unserer Zeitzeugen nicht ausnutzen. Dennoch erfahren auch wir, dass unsere

Gesprächspartner ausweichend über den Nationalsozialismus erzählen und Namen nur hinter vorgehaltener Hand genannt werden. Viele reagieren verteidigend: Die Leute hätten doch in der NS-Diktatur keine Handlungswahl gehabt. Doch eine Verteidigung ist nicht notwendig, denn niemand klagt an. Max Mannheimer betonte immer wieder, dass die Nachgeborenen keine Schuld trifft. Wir müssen aber über unsere Vergangenheit Bescheid wissen, damit wir nie wieder ein solch menschenverachtendes System zulassen.

Wir hoffen, dass dieses Buch einen differenzierteren Blick auf die 50er Jahre gibt und dazu beiträgt, das Schweigen zu brechen. Sich der Vergangenheit zu stellen anstatt sie zu verdrängen, kann eine große Befreiung sein. So erlebte es eine Frau, die im Gespräch mit Jürgen Müller-Hohagen sagt: »Ich hoffe, dass Menschen ähnlich wie ich den Mut finden und sich der Vergangenheit mit Verständnis und ohne Hass und Verurteilungen stellen. Es war eine Zeit, die für uns nicht völlig nachzuvollziehen ist.«

Teil 1: Einführende und übergreifende Beiträge

»Prototyp eines Industrie- und Agrarstaates« — Bayern 1950 bis 1960

Wilhelm Liebhart

Eine bewusste Erinnerung an die sogenannten 1950er Jahre haben zu Beginn des 21. Jahrhunderts nur Menschen, die im siebten und achten Lebensjahrzehnt und später stehen. Für die Jüngeren ist die Dekade zwischen 1950 und 1960 die ferne Zeit der Eltern und Großeltern. Allenfalls mit den Schlagworten wie »Wirtschaftswunder«[1] und »Adenauerzeit« verbinden sich populäre Assoziationen, nur: Was verbinden wir mit Bayern in diesem Zeitraum? Wem fallen spontan die Ministerpräsidenten dieser Epoche ein? Vielleicht Wilhelm Hoegner (SPD) – aber sonst? Das »Atomei« von Garching oder die legendäre »Viererkoalition«, vielleicht noch die »Mechanisierung der Landwirtschaft«, die beginnende allgemeine »Motorisierung« oder der spektakuläre »Spielbankenprozess« gegen ehemalige Regierungsmitglieder? Beginnen wir mit der alten Bundesrepublik, auch »Bonner Republik« genannt, ehe wir Bayern in den Fokus nehmen.

Die 1950er Jahre im Überblick

Das gegensätzliche Begriffspaar »Neubeginn« oder »Restauration« stand lange für eine der großen Kontroversen der Zeitgeschichtsforschung. Das Jahr 1945 stellt zweifelsohne das bedeutendste Schlüsseljahr in der deutschen Geschichte des 20. Jahrhunderts dar, aber wie überall und immer im Geschichtsprozess gibt es nach epochalen Einschnitten Diskontinuitäten und Kontinuitäten, Neues und Restauratives. So ist es müßig, die Frage nach dem »oder« in den 50er Jahren zu stellen, es ist besser von einem »sowohl als auch« zu sprechen. Adenauer war wohl der richtige Mann zur passenden historischen Stunde. Der Historiker Hans-Ulrich Wehler meint, dass »sich in den 1950er Jahren ein ›halbautokratisches System‹, in dessen Mittelpunkt Adenauer«[2] stand, entfaltet habe. Dabei dränge »sich aber der Eindruck auf, daß der christdemokratische Patriarch, der im Kern ein rheinischer Demokrat und Verächter der preußischen Machteliten, insbesondere ihres Militärapparates, blieb, eine Brücke geschlagen hat, die den Übergang von der obrigkeitlichen

Tradition und besonders der NS-Diktatur zum pluralistischen Parteienstaat für viele Bürger erleichtert hat«.

In den 50er Jahren waren zwar die unmittelbaren Folgen des Zweiten Weltkrieges[3] wie die schwierige Ernährungslage, hohe Arbeitslosigkeit und der fehlende Wohnraum noch zu spüren, aber die Probleme begannen sich im Wohlgefallen zu lösen. Allein die Integration der Heimatvertriebenen und Flüchtlinge[4] blieb eine drängende Frage, aber auch hier trat eine Entspannung ein, als klar wurde, dass es um einen Dauerzustand und nicht um einen befristeten Aufenthalt von zwei Millionen Menschen ging. Die zunächst auf dem Land zwangsweise untergebrachten Vertriebenen wanderten in die Städte ab. Das Jahrzehnt zwischen 1950 und 1960, historisch-politisch gesehen eigentlich die Jahre von 1949 bis 1963, bezeichnet man als »Ära Adenauer«[5] und als »Gründerjahre der Bonner Demokratie«[6]. Die entscheidenden Weichenstellungen im Bereich der Innen- und Außenpolitik, die bis heute nachwirken, fielen in die Regierungszeit Konrad Adenauers (1876–1967): Wiederaufbau und Westbindung. Trotz schlechter Ausgangssituation schufen der Marshallplan der USA seit 1947 und die Währungsreform 1948 mit einer 10:1 Abwertung der Geldvermögen und der Einführung der DM eine gute Ausgangssituation für die Wiederherstellung der kapitalistischen Wirtschaftsordnung. Unter dem »Wirtschaftswunder« ist ein Wirtschaftswachstum zwischen 6 bis 9 % pro Jahr und eine Vollbeschäftigung zu verstehen. 1956 wurden bereits die ersten Gastarbeiter aus Italien angeworben. Seitdem gilt die sogenannte »soziale Marktwirtschaft«, die mit dem Namen des Wirtschaftsministers Ludwig Erhard verknüpft ist, als Erfolgsmodell. Was ist eine »soziale Marktwirtschaft«? Dem Unternehmer werden Rechtsstaatlichkeit und wirtschaftliche Freiheit, dem Arbeitnehmer soziale Sicherheit und soziale Gerechtigkeit garantiert. Weniger gewürdigt wird heute die sozialpolitische Bilanz Adenauers, die sich mit den Schlagworten Sozialer Wohnungsbau, Lastenausgleichsgesetz für die Vertriebenen (1952)[7] und der Rentenreform (1957) beschreiben lässt. Die Einführung der dynamischen Rente, die an das durchschnittliche Bruttojahresverdienst der Arbeitnehmer gebunden ist, sollte und soll die Altersarmut verhindern.

Die persönliche Handschrift Adenauers ist besonders in der Außenpolitik zu erkennen: Bis 1955 konnte der Kanzler die völkerrechtliche Unabhängigkeit und Gleichstellung der BRD gegenüber den westlichen Siegermächten erreichen, im besagten Jahr erlosch das Besatzungsstatut. Man spricht von Souveränität. Parallel dazu lief die Westintegration, d. h. der wirtschaftliche und politische Anschluss an den demokratischen Westen. Höhepunkte waren seit 1955 die Mitgliedschaft in der von den USA dominierten NATO und 1958 zusammen mit Belgien, Frankreich, Italien, Luxemburg und den Niederlanden die Gründung der Europäischen Wirtschaftsgemeinschaft (EWG), Vorläufer der heutigen EU. Aufgrund der deutsch-französischen Aussöhnung 1963 entwickelte sich die EWG erfolgreich. An vielen wichtigen Entscheidungen auf Bundesebene war Bayern mit seinen jeweils drei bis vier CSU-Bundesministern[8] indirekt und im Bundesrat direkt beteiligt.

Bayern: Das Feld der Politik

Seit 1957 bestimmt die CSU mehr oder weniger alleine die Politik des Landes Bayern.[9] Dieses Phänomen ist einzigartig in der deutschen Nachkriegsgeschichte. Vergessen ist jedoch, dass die Politik des ersten Nachkriegsjahrzehnts von CSU und SPD gemeinsam bestimmt wurden:[10] 1946/1947 und von 1950 bis 1954 saßen »Schwarze« und »Rote« nebeneinander in Großen Koalitionen. Weitere drei Jahre regierte die SPD ohne die CSU von 1954 bis 1957 in einer Viererkoalition[11] mit der FDP, der Bayernpartei und dem »Bund der Heimatvertriebenen und Entrechteten/Deutsche Gemeinschaft (BHE/DG)«. Auch die FDP war in den 50er Jahren präsenter als heute, sie war in allen Landtagen seit 1946 vertreten. Worin besteht das Erfolgsgeheimnis der CSU-Alleinherrschaft seit 1957? Die CSU stellte nach dem Krieg eine Neugründung dar. Ihre direkten Vorläufer in der Königszeit bis 1918 und in der folgenden Weimarer Republik waren rein katholische Parteien gewesen, deren Rückhalt das katholisch-bäuerliche Altbayern bildete. Nach 1945 wurde erstmals die politische Brücke zur konservativen evangelischen Bevölkerung Frankens geschlagen. Dies ging nicht ohne innere Kämpfe ab. So gesehen war die CSU von Anfang an eine Volkspartei modernen Typs mit einer sich entwickelnden flächendeckenden Organisation. Die SPD verharrte zu lange in ihrer traditionellen Auffassung, nur die Industriearbeitnehmerschaft in der Stadt vertreten zu können. Es gelang ihr nur bedingt, die immer breiter werdende neue Industriearbeiterschaft für sich zu gewinnen. Auf Grund ihrer ländlichen Herkunft blieb auch die neue Arbeiterschaft konservativ geprägt. Die erfolgreiche Integration der Vertriebenen führte dazu, dass ihre Partei, nicht nur, aber im Wesentlichen von der CSU aufgesaugt wurde. Was der CSU besonders entgegen kam, ist die schon in den 50er Jahren gelungene Identifizierung mit Bayern selbst. Die Doppelrolle Landes- und Bundespartei zugleich zu sein, ist einmalig. Das wahre Geheimnis des Machterhalts ist jedoch die Machtausdehnung auf allen Ebenen in Staat, Wirtschaft, Gesellschaft, Kultur und Sport, was die Kritiker als »Verfilzung« bezeichnen.

PARTEIENSYSTEM

Die ersten Parteien, die von der US-amerikanischen Besatzungsmacht zugelassen wurden, waren die Parteien der »Weimarer Republik«, die nicht durch die Vergangenheit belastet gewesen waren, die SPD und die KPD.

Die *SPD* wurde auf Landesebene am 9. Januar 1946 zugelassen. Sie stand in den Jahren 1945/1946, 1946/1947, 1950–1954 und 1954–1957 in der Regierungsverantwortung als Koalitionspartner meist mit der CSU, die Ausnahme war 1954 bis 1957 die Viererkoalition mit Bayernpartei (BP), BHE/GB und FDP. Seit 1957 steht die Partei in der Opposition. Die Vorsitzenden waren in der unmittelbaren Nachkriegszeit Wilhelm Hoegner (1946/1947) und Waldemar von Knoeringen (1947–1963). Von den um 1950 circa 120 000 Mitgliedern waren mehr als ⅓ Sudetendeutsche.

Die *KPD Landesbezirk Bayern* erhielt gleichfalls am 9. Januar 1946 ihre Landeszulassung. Auf Druck der amerikanischen Besatzungsmacht musste Wilhelm Hoegner 1945/1946 in sein erstes Kabinett einen kommunistischen Minister ohne Geschäftsbereich und drei Staatssekretäre aufnehmen. Die Partei forderte eine größere Bodenreform, die Sozialisierung der öffentlichen Betriebe und die paritätische Mitbestimmung der Betriebsräte. Sie strebte letztendlich einen sozialistischen deutschen Einheitsstaat an. Der Einzug in den Landtag gelang zu keiner Zeit. 1956 erfolgte ein bundesweites Verbot.

Die *CSU* wurde als Parteineugründung ebenfalls auf Landesebene am 9. Januar 1946 zugelassen.[12] Neu war die Überzeugung vieler Christlich-Konservativer gewesen, die rein katholische Vorgängerpartei »Bayerische Volkspartei« (BVP) nicht wieder zu beleben, sondern eine christlich-konservative Volkspartei als Sammlungsbewegung für Katholiken und (!) Protestanten ins Leben zu rufen. Von Anfang an führte dies zu Konflikten zwischen den Altbayern, insbesondere seitens der Oberbayern unter Alois Hundhammer (1900–1974), und den Franken.[13] Die frühen Vorsitzenden waren von 1945 bis 1949 Josef Müller, genannt »Ochsensepp«[14], von 1949 bis 1955 Hans Ehard und von 1955 bis 1961 Hanns Seidel.

Die *WAV* = *Wirtschaftliche Aufbau-Vereinigung*, zugelassen am 25. März 1946, gründete Alfred Loritz. Sie saß nur 1946 bis 1950 im Landtag. Die Partei, die 1949 den Einzug in den Bundestag schaffte, vertrat die Interessen des Mittelstandes und der Vertriebenen.

Als Zusammenschluss von Nationalliberalen (DVP) und Linksliberalen (DDP) der ehemaligen Weimarer Republik entstand die *FDP,* die am 15. Mai 1946 ihre Zulassung erhielt. In der Regierungsverantwortung als Koalitionspartner stand sie 1954 bis 1957 (Viererkoalition) und 1958 bis 1962. Ihre Wähler saßen überwiegend in Mittelfranken. Frühe Vorsitzenden waren von 1946 bis 1956 der Bundesjustizminister Thomas Dehler und von 1956 bis 1964 Dr. Albrecht Haas (1956–1964).

Die *Bayernpartei* wurde landesweit erst am 29. März 1948 zugelassen.[15] 1946 gründeten Max Lallinger und Jakob Fischhaber die separatistische Bewegung. Ihre Ziele waren ein eigenständiges Bayern und die Abwehr von Flüchtlingen und Vertriebenen. Mit dem Beitritt des CSU-Landwirtschaftsministers Dr. Joseph Baumgartner[16], geboren in Sulzemoos (Lkr. Dachau), gelang der Einbruch in die CSU-Wählerschaft Ober- und Niederbayerns. Hatte die CSU 1946 noch 52,3 % der Stimmen erhalten, erlebte sie 1950 mit 27,4 % nahezu eine Halbierung. Die BP erhielt 1950: 17,9 % der Stimmen, 1954: 13,2 % (CSU: 38,4 %) und 1958 nur noch 8,1 % (CSU: 45,6 %). Das politische Ende der Partei leitete auch die sogenannte »Spielbankenaffäre« ein. Die ehemaligen Minister August Geislhöringer (BP) und Dr. Baumgartner wurden wegen Meineid mit Zuchthaus (15 Monate bzw. 2 Jahre) bestraft. Seitdem ist die BP bedeutungslos, auch wenn sie nach wie vor zu Wahlen antritt, ihr Personal und ihre Wähler gingen zur CSU. Die frühen Vorsitzenden waren von 1948 bis 1952 Dr. Joseph Baumgartner, 1952/1953 Jakob Fischbacher, 1953 Anton Besold, von 1953 bis 1959 erneut Dr. Joseph Baumgartner und von 1959 bis 1963 Josef Panholzer.

Die zwei Millionen nach 1945 ins Land gekommenen Vertriebenen organisierten sich in einer eigenen Partei, um ihre Interessen wirkungsvoll gegenüber den anderen Parteien vertreten zu können. Am 17. September 1950 gründete sich »*Bund der Heimatvertriebenen und Entrechteten (BHE) / Deut-*

Landwirtschaftsminister Dr. Joseph Baumgartner (Mitte) mit Kronprinz Rupprecht von Bayern (rechts) im Jahr 1954 (Foto: Archiv Wilhelm Liebhart)

sche Gemeinschaft (DG)«. Die Partei firmierte von 1953 bis 1958 als »Gesamt-deutscher Block (GB) / Bund der Heimatvertriebenen und Entrechteten (BHE)«. Ergebnisse in den Landtagswahlen: 1950: 12,3 %, 1954: 10,2 %, 1958: 9,0 % und 1962: 5,1 %. Von 1950 bis 1962 stand die Partei mit in der Regie-rungsverantwortung als Koalitionspartner sowohl der CSU als auch der SPD. Der erste Vorsitzende Theodor Oberländer ging als bayerisches Mitglied des Bundestages 1955/1956 zur CDU. Willi Guthsmuths folgte ihm von 1955 bis 1968 als bayerischer Parteivorsitzender nach. Der Fraktionsvorsitzende im Landtag von 1954 bis 1962 war Walter Becher, ein bekannter Vertriebenenpo-litiker. Auffällig erscheint, dass in der Landtagsfraktion dieser Partei viele ehemalige NSDAP-Mitglieder saßen.

THEMEN UND PROBLEME DER INNENPOLITIK

Der Freistaat Bayern erstand 1946 neu mit einer dritten Verfassung seit 1818, drei Jahre vor der Gründung der Bundesrepublik Deutschland. Der bayerische Landtag lehnte mehrheitlich 1949 die Annahme des Grundgesetzes ab, weil es zu wenig föderalistisch erschien. Man ließ sich aber ein »Hintertürchen« offen, wonach das GG auch für Bayern rechtsgültig sein sollte, wenn es die Mehrheit der westdeutschen Landtage annehmen würde, was dann der Fall war. Trotz dieses Verhaltens wirkte die CSU in allen Bundesregierungen mit. Das Verhältnis zum Bund erscheint manchen schon seit den 1950er Jahren ein Dauerproblem, ein Problem, das bis in die Gegenwart auf Gegenseitigkeit weiterlebt. Im Folgenden können die wichtigsten Probleme des Jahrzehnts nur erwähnt werden wie – schon mehrfach angerissen – die Integration der Heimatvertriebenen (Schirmherrschaft über die Sudetendeutschen 1954), der allgemeine Strukturwandel in der Landwirtschaft, der seit dem Beitritt der BRD zur EWG 1958 an Fahrt gewann, die Modernisierung von Hand-werk und Gewerbe, der Ausbau der Infrastruktur und die Schulpolitik, ins-besondere die umstrittene Reform der Lehrerbildung (1958), die seitdem an Pädagogische Hochschulen stattfand.

Besondere Ereignisse waren am 2. August 1955 der Tod des Kronprin-zen Rupprecht von Bayern[17], am 1. September 1955 die Rückkehr von Stadt und Landkreis Lindau in den Freistaat, der 1956 nach einer Volksbefragung gescheiterte Wiederanschluss der ehemals bayerischen Pfalz, ein Herzens-wunsch des damaligen Ministerpräsidenten Wilhelm Hoegner, 1957 die Inbetriebnahme des ersten deutschen Kernreaktors in Garching bei München und die Wiederbelebung der alten Garnisonsstandorte durch die neu gegründete Bundeswehr.

DIE MINISTERPRÄSIDENTEN UND REGIERUNGEN

Drei Ministerpräsidenten bestimmten die Politik der 1950er Jahre unterschiedlich, aber doch entscheidend mit.[18] Die Verfassung von 1946 definiert im Artikel 47 den Ministerpräsidenten als Vorsitzenden und Geschäftsführer der Staatsregierung. »Er bestimmt die Richtlinien der Politik und trägt dafür die Verantwortung gegenüber dem Landtag. Er vertritt Bayern nach außen.«[19] Es regierten von 1950 bis 1954 Hans Ehard (CSU), von 1954 bis 1957 Wilhelm Hoegner (SPD) und von 1957 bis 1960 Hanns Seidel (CSU).

Drei Exponenten der 50er Jahre (v. links nach rechts): Hans Ehard (1887–1980), Alois Hundhammer (1900–1974) und Wilhelm Hoegner (1887–1980) (Foto: Archiv Wilhelm Liebhart)

26

Hans Ehard (1887–1980) war ein Katholik aus Bamberg. Nach dem Abitur studierte er von 1907 bis 1912 Rechts- und Staatswissenschaften in München und Würzburg. Seinen Wehrdienst leistete er 1914/1918 an Militärgerichten ab. 1919 trat er in den höheren Justiz- und Verwaltungsdienst ein. 1923/1924 vernahm er als Staatsanwalt im Hitlerprozess Ludendorff und Hitler. Von 1924 bis 1933 war er im Justizministerium tätig, danach bis 1945 Senatspräsident am Oberlandesgericht München. Er blieb vom NS-Staat offensichtlich unbehelligt, obwohl er Mitglied der »Bayerischen Volkspartei« (BVP) und am Hitler-Prozess 1924 beteiligt gewesen war. Im Sommer 1945 beauftragte ihn der erste Ministerpräsident der Nachkriegszeit, Fritz Schäffer (CSU), mit dem Wiederaufbau der Justiz. Der zweite Ministerpräsident der Nachkriegszeit, Wilhelm Hoegner (SPD), berief ihn 1945/1946 als Staatssekretär der Justiz. Ehard war seit 1945 Mitglied der neu gegründeten CSU. Er arbeitete an der Bayerischen Verfassung von 1946 mit.

Als MdL für Bamberg-Stadt saß er von 1946 bis 1966 im Landtag. Vom 21. Dezember 1946 bis 14. Dezember 1954 stand er als gewählter Ministerpräsident drei Kabinetten vor:

Kabinett Ehard I 1946/1947: Die erste Große Koalition scheiterte durch Austritt der SPD. Das Kabinett Ehard II 1947–1950 war ein reines CSU-Kabinett mit dem Justizminister und stellv. MP Dr. Josef Müller, Kultusminister Dr. Alois Hundhammer, Wirtschaftsminister Dr. Hanns Seidel und Landwirtschaftsminister Dr. Joseph Baumgartner. Das Kabinett Ehard III 1950–1954 war eine Koalition zwischen CSU, SPD und dem BHE/DG. Innenminister u. stellvertretender MP wurde Dr. Wilhelm Hoegner (SPD), Justizminister Dr. Josef Müller und Wirtschaftsminister Dr. Hanns Seidel. Von 1949 bis 1955 hatte Ehard auch den Landesvorsitzend der CSU inne, von 1954 bis 1960 fungierte er als Landtagspräsident. Von 1960 bis 1962 bildete er nach dem Rücktritt und Tod von Hanns Seidel sein viertes Kabinett. Ehard war persönlich ausgleichend und verkörperte eher den unpolitischen Beamten.

Wilhelm Hoegner (1887–1980) war Münchner und stammte aus kleinen Verhältnissen, der Vater arbeitete als Weichensteller im Hauptbahnhof.[20] Nach dem Abitur 1907 in München folgte das Jurastudium in Berlin, München und Erlangen. Er wurde wegen eines Herzfehlers nicht eingezogen und konnte 1917 die zweite juristische Staatsprüfung als Viertbester abschließen. Der Eintritt in die SPD folgte 1919. Bis 1933 im höheren Justizdienst wirkte er als Richter und Staatsanwalt. Von 1924 bis 1932 saß er als MdL für die SPD im

Landtag und von 1930 bis 1933 auch im Reichstag, wo er gegen das Ermächtigungsgesetz Hitlers stimmte. Nach seiner Entlassung aus dem Staatsdienst ging er von 1933 bis 1945 ins Exil in die Schweiz. Vom 28. September 1945 bis 21. Dezember 1946 war er der zweite, von den Amerikanern eingesetzte Ministerpräsident und zugleich Justizminister. Hoegner legte einen Vorentwurf einer »Verfassung des Volksstaates Bayern« vor, der in die heutige Verfassung einging. Die SPD verließ im September 1947 gegen den Willen Hoegners die erste Große Koalition, weshalb er zeitweise an einen Austritt aus der Partei dachte. Seit September 1947 arbeitete er wieder im Justizdienst als Senatspräsident und Generalstaatsanwalt, in der zweiten Großen Koalition von 1950 bis 1954 zwischen CSU, SPD und BHE/DG amtierte er als Innenminister und stellvertretender Ministerpräsident unter Ehard. Zur Koalition war es gekommen, weil die Bayernpartei (BP) unter Führung des ehemaligen CSU-Landwirtschaftsministers Dr. Joseph Baumgartner in der Landtagswahl von 1950 die CSU im Vergleich zu 1946 halbiert hatte: CSU: 27,4%, SPD: 28%, BP 17,9% und BHE/DG: 12,3%. Nach der Landtagswahl von 1954 entstand ohne die CSU die sogenannte Viererkoalition zwischen SPD, FDP, BP und BHE/GB, obwohl die CSU mit 38% wieder stärkste Partei geworden war. Hoegner wurde erneut Ministerpräsident. Die Koalition platzte nach der Bundestagswahl von 1957, in der die CSU 57,2% erreichte. Die Erfolge der Viererkoalition waren die Gründung der Bayer. Landeszentrale für politische Bildungsarbeit, der Bau des Forschungsreaktors in Garching, die Rückkehr von Stadt und Landkreis Lindau und die Einführung des Bayerischen Verdienstordens. Die Reform der Volksschullehrerausbildung gelang nicht. Die Pfälzer entschieden sich gegen eine Rückkehr in den bayerischen Staatsverband.

Hanns Seidl (1901–1961) war wie Ehard Franke, allerdings kam der Sohn eines Angestellten aus dem unterfränkischen Schweinheim bei Aschaffenburg.[21] Nach dem Abitur studierte er von 1921 bis 1925 Rechtswissenschaft, Germanistik u. Volkswirtschaft in Jena, Freiburg und Würzburg. Von 1929 bis 1940 arbeitete er als Anwalt in Aschaffenburg, 1932 trat er in die herrschende BVP ein. Von 1940 bis 1945 leistete er seinen Kriegsdienst ab und gehörte 1945 zu den Mitbegründern der CSU in Aschaffenburg. Von 1945 bis 1947 nur für kurze Zeit Landrat, saß er von 1946 bis 1961 im Landtag. In den Kabinetten Ehard II und III arbeitete er von 1947 bis 1954 als Wirtschaftsminister. 1955 wurde er Landesvorsitzender der CSU. In dieser Zeit entstand ein neues Grundsatzprogramm. Aufgrund des vorzeitigen Endes der Viererkoalition bildete er 1957/1958 eine Koalition zwischen CSU, GB/BHE und FDP, nach

Ministerpräsident Hanns Seidl (1901–1961) (Foto: Archiv Wilhelm Liebhart)

der Landtagswahl 1958 bis zu seinem Rücktritt 1960 amtierte sein zweites Kabinett mit den gleichen Partnern. Finanzminister u. stellvertretender Ministerpräsident wurde Rudolf Eberhard (CSU), Innenminister Alfons Goppel (CSU)²², Wirtschaftsminister Otto Schedl (CSU), Landwirtschaftsminister Alois Hundhammer (CSU) und Kultusminister Prof. Dr. iur. Theodor Maunz. Aus gesundheitlichen Gründen trat Seidl 1960 als Ministerpräsident zurück,

1961 auch vom CSU-Vorsitz. Die Leistungen seiner Regierungszeit waren die Konsolidierung des Staatshaushalts, der Fortgang der Industrialisierung, das Großprojekt Rhein-Main-Donau-Kanal und die überfällige Reform der Lehrerbildung.

Strukturwandel von Wirtschaft und Gesellschaft

Dass Bayern heute innerhalb der BRD einen Spitzenplatz im Bereich von innovativer Technik und allgemeiner Wirtschaftsentwicklung einnimmt, ist bereits auf die 1950er Jahre zurück zu führen, weil hier die Weichenstellungen erfolgten, die dann in den 1960er Jahren Wirkungen zeigten.[23] Bei Kriegsende war der Freistaat eher ein Agrar- als ein Industrieland. Seitdem vollzog sich rasch der Wandel vom Agrarland zum Industriestaat. Schon 1955 konnte der CSU-Fraktionssprecher Hanns Seidel (CSU) feststellen: »Unser Land ist geradezu zum Prototyp eines Industrie- und Agrarstaates geworden«.[24] Die Voraussetzungen dafür erschienen nicht günstig: Seit 1945 lag das Land aufgrund der Folgen des verlorenen Weltkrieges geographisch gesehen am Rande (»Eiserner Vorhang«), die überregionale Verkehrserschließung war ungenügend entwickelt und es fehlten für eine industrielle Entwicklung die klassischen Voraussetzungen wie Rohstoffe (Kohle), Energie und Kapital. Durch die Aufnahme von zwei Millionen Heimatvertriebenen und Flüchtlingen, darunter eine Million Sudetendeutsche, wurde aber der Ausbau des mittelständischen Gewerbes und die Industrialisierung beschleunigt. Flüchtlinge gründeten 4000 Industriebetriebe und 20000 Handwerksbetriebe. Bayern setzte auf Wachstumsbranchen wie Maschinen- und Fahrzeugbau (MAN, Krauss-Maffei, BMW, DKW-Audi) und Elektrotechnik (Siemens, Osram, AEG, Grundig). Alte Industriezentren waren Augsburg (Textilindustrie, Maschinenbau), Nürnberg (Maschinenbau, Elektrotechnik) und Schweinfurt (Kugellager). Um 1960 waren in der Elektroindustrie rund 177000, im Maschinenbau 133500 und in der Textilindustrie 115800 Menschen beschäftigt.[25]

Die Energieversorgung wurde neben der traditionellen Wasserkraft erst in den 1960er Jahren auf Öl und Kernenergie umgestellt, aber in den 50er Jahren vorbereitet. Es entstanden Raffinerien bei Ingolstadt, die durch Pipelines von Mittelmeerhäfen aus mit Erdöl versorgt wurden. Die großen Leistungen der Nachkriegszeit waren 1. die Integration der Heimatvertriebenen und Flüchtlinge und 2. der Strukturwandel von Gesellschaft und Wirtschaft. Man milderte die europäische Landwirtschaftspolitik seit 1957 ab. Dennoch ließ sich schon in den 1950er Jahren »eine Verringerung der Zahl der Betriebe und damit einhergehend der Trend zu immer größeren Betriebseinheiten«[26] sowie die Abwanderung von ländlichen Arbeitskräften beobachten. Zwischen 1950 und 1970 reduzierte sich die Zahl der selbständigen Bauern um 41 % oder 150000. Im selben Zeitraum stieg im sekundären Sektor die Zahl der Arbeitnehmer von 36 % auf 47 % und im tertiären Sektor von 29 % auf 40 %. Die Wirtschafts- und Industriepolitik verfolgte den Grundsatz der »gestreuten Industrialisierung«, d. h. die Förderung der strukturschwachen Regionen, gefördert seit 1951 durch die Landesanstalt für Aufbaufinanzierung. Der anfänglichen Kapitalnot steuerten die Bayerische Hypotheken- u. Wechselbank, die Bayerische Vereinsbank und im bescheideneren, lokalen Rahmen die kommunalen Sparkassen sowie die Raiffeisenbanken und Volksbanken entgegen.

ALLTAG

2009 veranstaltete das Haus der Bayerischen Geschichte in Würzburg eine Landesausstellung zum Thema »Wiederaufbau und Wirtschaftswunder«, die die Jahre 1945 bis 1955 thematisierte.[27] Hauptthemen der Ausstellung waren der Wiederaufbau, der sich bis Mitte der 1950er Jahre hinzog, das sogenannten Wirtschaftswunder und das Leben in diesen Jahren, letzteres mit den Unterthemen »Heile Welt?«, »Mode und Moden« und »Freizeit«.

In den 50er Jahren gab es eine Fünfeinhalb-Tage-Woche, so dass sich die durchschnittliche Wochenarbeitszeit zwischen 47 bis 49 Stunden bewegte. Nach dem Krieg bestimmten wieder ausschließlich die Männer das Arbeitsleben, die Frau verblieb in ihrer traditionellen Rolle als Hausfrau und Mutter in der Wohnküche. Die Familienorientierung war stärker als heute, das Vereinsleben sicherlich auch. Abwechslung bot das Kino, das seine große Blütezeit neben Liebesfilmen mit Arzt-, Heimat- und Klamaukfilmen mit Heinz Erhard erlebte. Seit 1953 begann neben dem Radio auch das Fernsehen an Bedeutung zu gewinnen, obwohl die Geräte relativ teuer und für die Mehrheit unerschwinglich blieben. In der BRD zählte man 1957 rund eine Million, aber 1963 bereits acht Millionen Geräte. Sicherlich ist damals mehr gelesen worden als heute, nicht nur sogenannte Groschenhefte, sondern auch seriöse zeitgenössische Autoren wie Hermann Hesse, Thomas Mann, der vergessene

Werner Bergengruen, Max Frisch, Friedrich Dürrenmatt, Ernest Hemingway und Autoren der »Gruppe 47« wie Heinrich Böll.

Die allgemeine Motorisierung kam erst Ende der 50er Jahre in Fahrt: 1957 gab es in etwa gleichviel Motorräder (2,3 Millionen) wie Pkws (2,4 Millionen). Der VW-Käfer trat seinen Siegeszug durch deutsche Haushalte an. Die Motorisierung beförderte auch die erste Reisewelle seit 1954 nach Italien, was sich aber nur der Mittelstand leisten konnte. Der normale Arbeitnehmer wanderte oder fuhr mit Rad durch das Land.

Eine eigene Jugendkultur begann sich unter US-amerikanischem Einfluss durch Film (Idole wie James Dean) und Musik (Rock'n Roll, Elvis Presley) zu entwickeln. Für die 13- bis 19jährigen etablierte sich der US-Begriff »Teenager« neben dem eher kritisch gemeinten »Halbstarken«. Eine »Befreiung« von der Kriegsgeneration der Eltern, wie später durch die Jugendrevolte seit 1968 gelang nicht oder war auch nicht gewollt. Erst in den 60er Jahren begann man nach der Vergangenheit der Eltern zwischen 1933 und 1945 zu fragen. Die 1960er Jahre sind aber ein anderes Thema.

1 Dazu für Bayern: Christoph Daxelmüller / Stefan Kummer / Wolfgang Reinicke (Hg.): Wiederaufbau und Wirtschaftswunder in Bayern. Aufsätze zur bayerischen Landesausstellung 2009, Regensburg 2009; Jürgen Kniep: Wiederaufbau und Wirtschaftswunder. Bildband zur Bayerischen Landesausstellung 2009 (Veröffentlichungen zur Bayer. Geschichte u. Kultur 56), Augsburg 2009.

2 Hans-Ulrich Wehler: Deutsche Gesellschaftsgeschichte. Fünfter Band. Bundesrepublik und DDR 1949–1990, München 2008, S. 6. Folgendes Zitat ebd.

3 Dazu knapp Wilhelm Liebhart: »Wiederaufbau unseres Heimatlandes« – Zusammenbruch, Neubeginn und Wiederaufbau in Bayern 1945 bis 1950, in: Norbert Göttler (Hg.): Nach der »Stunde Null«. Stadt und Landkreis Dachau 1945 bis 1949, München 2008, S. 13–27.

4 Vgl. dazu Franz J. Bauer: Flüchtlinge und Flüchtlingspolitik in Bayern, Stuttgart 1982; Friedrich Prinz: Die Integration der Flüchtlinge und Vertriebenen in Bayern. Versuch einer Bilanz nach 55 Jahren, Augsburg 2000; knapp Wilhelm Liebhart: Zur Integration der Sudetendeutschen in Bayern, in: Amperland 44 (2008), S. 161–165.

5 Anselm Doering-Manteuffel: Die Bundesrepublik Deutschland in der Ära Adenauer, Darmstadt 1991. – Zur Person: Hans-Peter Schwarz: Adenauer. Der Aufstieg: 1876–1952, Stuttgart 3. Aufl. 1991; Derselbe: Adenauer. Der Staatsmann: 1952–1967, Stuttgart 1991.

6 So Edgar Wolfrum: Die Bundesrepublik Deutschland 1949–1990 (Gebhardt. Handbuch der deutschen Geschichte 23), Stuttgart 2005.

7 Vertriebene und Flüchtlinge erhielten eine finanzielle Entschädigung für ihren verlorenen Besitz, finanziert wurde sie von der westdeutschen Bevölkerung.

8 1949–1953: Fritz Schäffer (Finanzen), Wilhelm Niklas (Ernährung, Landwirtschaft, Forsten) und Hans Schuberth (Fernmeldewesen). – 1953–1957: Fritz Schäffer (Finanzen), Franz Josef Strauß (Besondere Aufgaben, Atomfragen, ab 1956 Verteidigung), Hans Schu-

berth (Fernmeldewesen bis 9.12.1953, danach Siegfried Balke). – 1957–1961: Fritz Schäffer (Justiz), Franz Josef Strauß (Verteidigung), Richard Stücklen (Post- u. Fernmeldewesen) und Siegfried Balke (Atomenergie u. Wasserwirtschaft).

9 1957–1958: Koalition mit den kleinen Parteien FDP (Innenminister, ein Staatssekretär) und GB/BHE (Arbeitsminister, zwei Staatssekretäre); 1958–1960 bzw. 1962: Neuauflage der bestehenden Koalition.

10 Zum Thema insgesamt vgl. Wolfgang Zorn: Bayerns Geschichte im 20. Jahrhundert, München 1986, S. 629–667; Maximilian Lanzinner: Zwischen Sternenbanner und Bundesadler. Bayern im Wiederaufbau 1945–1958, Regensburg 1996; Handbuch der Bayerischen Geschichte. Vierter Band: Das Neue Bayern. Von 1800 bis zur Gegenwart. 2 Teilbände. Begründet von Max Spindler neu herausgegeben von Alois Schmid, München 2003 (Teil 1) und 2007 (Teil 2); Manfred Treml: Geschichte des modernen Bayern. Königreich und Freistaat, München 2006; Peter Claus Hartmann: Bayerns Weg in die Gegenwart, Regensburg 3. Aufl. 2012, S. 558–572.

11 Bernhard Taubenberger: Licht übers Land. Die bayerische Viererkoalition 1954–1957, München 2002.

12 Zur Geschichte vgl. u. a. Alf Mintzel: Geschichte der CSU, Opladen 1977; Hanns-Seidel-Stiftung e. V. (Hg.): Geschichte einer Volkspartei. 50 Jahre CSU 1945–1995, München 1995.

13 Dazu Thomas Schlemmer: Aufbruch, Krise und Erneuerung. Die CSU 1945 bis 1955, München 1998.

14 Hanns-Seidel-Stiftung e. V. (Hg.): Zum 100. Geburtstag: Josef Müller. Der erste Vorsitzende der CSU, München 1998.

15 Ilse Unger: Die Bayernpartei. Geschichte und Struktur 1945–1957, Stuttgart 1979; Konstanze Wolf: CSU und Bayernpartei, Köln 1982.

16 Noch immer fehlt eine moderne wissenschaftliche Biographie, vgl. aber Georg Lohmeier: Joseph Baumgartner. Biographie eines bayerischen Patrioten aus Sulzemoos, München 1974.

17 Zu dieser Gestalt der bayerischen Geschichte des 20. Jhs. vgl. Dieter J. Weiß: Kronprinz Rupprecht von Bayern (1869–1955), Regensburg 2007.

18 Zum Folgenden vgl. »Das schönste Amt der Welt«. Die bayerischen Ministerpräsidenten von 1945 bis 1993. Ausstellungskatalog. München 1999. – Die allgemeine Quellenlage ist unbefriedigend, da die Ministerratsprotokolle erst einschließlich von 1945 bis 1952 gedruckt und/oder digital vorliegen. 536 Sitzungen seit 1945 schlugen sich in rund 6 500 Seiten nieder. Eine Edition bis 1962 ist in Planung. Vgl. dazu: www.bayerischer-ministerrat.de

19 Zitate aus: Verfassung des Freistaates Bayern. Textausgabe. Stand 1. Oktober 2002, S. 21, Art. 47 Absatz 2 und 3.

20 Peter Kritzer: Wilhelm Hoegner, München 1979.

21 Hans Ferdinand Groß: Hanns Seidel 1901–1961, München 1992; Alfred Bayer / Manfred Baumgärtel (Hg.): Weltanschauung und politisches Handeln. Hanns Seidel zum 100. Geburtstag, München 2001.

22 Stefan März: Alfons Goppel, Regensburg 2016, S. 75–113.

23 Vgl. dazu den Überblick bei Dirk Götschmann: Wirtschaftsgeschichte Bayerns. 19. und 20. Jahrhundert, Regensburg 2010.

24 Zitat aus Karl-Ulrich Gelberg (Bearb.): Quellen zur politischen Geschichte Bayerns in der Nachkriegszeit. Band I: 1944–1957, München 2002, S. 577.

25 Zahlen bei Zorn (wie Anm. 10), S. 666.

26 Zitat bei Andreas Eichmüller: Landwirtschaft und bäuerliche Bevölkerung in Bayern, München 1997, S. 398.

27 Wie Anm. 1.

Zum »Wirtschaftswunder« im Landkreis Dachau — Ein Beitrag zur regionalen Wirtschaftsgeschichte 1950 bis 1970[1]

Helmut Beilner

Unter »Wirtschaftswunder« versteht man in der Geschichte der Bundesrepublik Deutschland das ungewöhnlich große Wirtschaftswachstum in den 1950er und 1960er Jahren. Publikationen zu jener Zeit sind inzwischen Legion. Sie beziehen sich zumeist auf die Bundesrepublik Deutschland als Ganzes, die nach dem Zweiten Weltkrieg aus den Westzonen 1949 hervorgegangen war, aber auch auf einzelne Bundesländer wie Bayern und auch auf Österreich.[2] Vielfach wird der rasche und nachhaltige wirtschaftliche Aufschwung nach den Notzeiten des Zweiten Weltkrieges auch als gesamteuropäische Erscheinung verstanden. Er endete mit der ersten Ölkrise 1973, die den westlichen Staaten ihre Abhängigkeit vom arabischen Öl erschreckend zum Bewusstsein brachte. Solche räumlich weitgestreckten Perspektiven führen naturgemäß zu einem hohen Generalisierungs- beziehungsweise Abstraktionsgrad. Deshalb gehört es zum besonderen Reiz einer regionalgeschichtlichen Blickrichtung, dass die Rekonstruktion der damaligen Zustände und Vorgänge höhere Anschaulichkeit, größere Klarheit und Plastizität und dichtere Belegbarkeit gewinnen kann. Wie politische, gesellschaftliche, wirtschaftliche, kulturelle, räumliche und mentale Gegebenheiten bei der Herausbildung eines bestimmten geschichtlichen Trends zusammenwirken und eine spezifische Mischung bilden können, lässt sich besonders deutlich nur in Bezug auf kleinere überschaubare Räume wie etwa den Landkreis Dachau herausarbeiten. So zeigen sich in der differenzierten regionalen Sichtweise mitunter sogar Ursachen und Verläufe, die dem allgemein festgestellten Trend geradezu entgegenstehen.[3]

Rahmenbedingungen für das »Wirtschaftswunder«

Die spezifischen Entwicklungen im Dachauer Land können allerdings nur einigermaßen konturenstark sichtbar gemacht werden, wenn einige allgemeine Rahmenbedingungen, in die sie eingebettet waren, zumindest kurz markiert werden. Sie lassen sich wie alle Wirtschaftsphänomene in Zahlen fassen. So wird der wirtschaftliche Boom ab Mitte der 1950er Jahre zum Beispiel am Wachstum des Bruttoinlandsprodukts deutlich: Es stieg in der Bundesrepublik Deutschland pro Kopf der Bevölkerung von 1950 bis 1960 von 2085 auf 5351 DM. In Bayern ist im selben Zeitraum ein Anstieg von 1778 auf 4406 DM zu verzeichnen. Dieser überraschend große Anstieg war das Ergebnis eines nach dem Krieg rasch aufgeholten Rückstandes an industrieller und handwerklicher Produktion in dem bislang überwiegend agrarisch ausgerichteten Land Bayern. Ab 1954 war er deutlich erkennbar, so dass man von da ab vom Beginn des »bayerischen Wirtschaftswunders« sprechen kann.[4]

Diese Leistungen werden umso beeindruckender, je mehr man die allgemeine politische und gesellschaftliche Situation nach dem Krieg betrachtet: 13 Millionen entwurzelte Flüchtlinge und Vertriebene im verbliebenen »Rumpfdeutschland«, davon zwei Millionen in Bayern, traumatisiert durch Heimatverlust, Kriegs- und Fluchterlebnisse. Dazu noch Hunger, schlechte Wohnverhältnisse oder gar Obdachlosigkeit, Kriegszerstörungen auch bei wirtschaftlichen Anlagen besonders in den Großstädten, eine kaum organisierte Arbeitsplatzverwaltung waren die Ausgangsbedingungen der sogenannten »Stunde Null«.

In Bayern und so auch im Dachauer Landkreis waren die Voraussetzungen für ein »Wirtschaftswunder« im Vergleich zum übrigen Deutschland zunächst nicht gerade günstig. Bayern blieb nach wie vor ein Land mit geringer Steuerkraft. Mit 19,1 % der Bevölkerung erbrachte es 1950 lediglich 17 % des bundesdeutschen Steueraufkommens. Auch in den folgenden Jahren erreichte Bayern allenfalls 82 bis 88 % der bundesstaatlichen Haushalte.[5] Größere Industriebetriebe, im übrigen Deutschland oft die Hauptmotoren des wirtschaftlichen Wachstums, waren in Bayern zunächst nur in relativ begrenzter Zahl vorhanden. Die Industriedichte, das ist die Zahl der Industriebeschäftigten je 1000 Einwohner, lag selbst 1960 nur bei 125, während im Bundesdurchschnitt 164 und in Baden-Württemberg sogar 184 erreicht wurden. Wenn man die Industriedichte in noch engerer Perspektive auf die Regierungsbezirke hin betrachtet, so blieb Oberbayern mit dem Dachauer Land unter dem bayerischen Durchschnitt mit 112 Industriebeschäftigten. Im Vergleich dazu erreichten Oberfranken und Mittelfranken Werte von 172 beziehungsweise 170. Sieht man einmal von München und seinen nördlichen Stadtteilen ab, so blieb das Land an Amper, Glonn und Ilm eine Region mit zahlreichen kleinen und mittelständischen Betrieben, was in Bezug auf die Differenziertheit der Produktpalette durchaus Vorteile haben konnte.[6]

Was die Zahl der Arbeitsplätze anbelangt, zeigte sich jedoch rasch, dass nur industrielle Großbetriebe das Bedürfnis der vielen Vertriebenen und Kriegsheimkehrer nach Beschäftigungsmöglichkeiten erfüllen konnten. Großbetriebe wie das Ausbesserungswerk der amerikanischen Streitkräfte (»beim Ami«) und später die wiedereröffneten Betriebe von BMW und MAN in Karlsfeld und Allach boten vielen Arbeitern bis in die nördlichen Teile des Landkreises und in Teile des Nachbarlandkreises Aichach hinein gute Verdienstmöglichkeiten. Die Lokalbahn Altomünster-Dachau und die Anschlüsse Richtung München sowie schnell eingerichtete Omnibuslinien stellten effektive Verbindungen her, bis dann im Verlauf des wirtschaftlichen Aufschwungs Motorräder und Pkws zunehmend deren Rolle übernahmen.

Natürlich kann das Dachauer Land nicht nur unter der Perspektive der relativen Industrieferne gesehen werden. Seit 1960 gab es einen Industrieverein Dachau e. V., der von dem Unternehmer und Dachauer Stadtrat Theodor Wietek gegründet und geleitet wurde. Er betreute vor allem mittelständische Unternehmen in ihren spezifischen, zum Teil regional bezogenen Belangen und versuchte durch wechselseitige Besuche der Mitgliedsfirmen deren wirtschaftliche Erfolge zu optimieren und ihre Interessen in der Öffentlichkeit zu vertreten. Es ergaben sich daraus diverse Kooperationen und Innovationen, die den wirtschaftlichen Prozess beschleunigten. Zudem halfen die günstige Verkehrslage und seine Münchennähe dem Dachauer Land, zu einem krisensicheren Industriestandort mit großer Branchenbreite und rasch wachsendem Bruttoinlandsprodukt zu werden.[7] Nach Erhebungen des Industrievereins gab es 1965 im Landkreis Dachau zwei Papier- und Pappenwerke, neben den München-Dachauer Papierfabriken (MD) die Pappenfabrik Schuster, mit insgesamt 1500 Beschäftigten (ohne die Zweigwerke in Pasing und in Olching), 20 metall- und kunststoffverarbeitende Betriebe, insbesondere im Bereich des Maschinenbaus, der Feinmechanik, des Werkzeug- und Vorrichtungsbaus und der Elektrotechnik mit circa 2500 Mitarbeitern, 10 Textil- und Bekleidungsfirmen sowie Schuhfabriken mit circa 1000 Arbeitsplätzen, 12 Ernährungsmittel erzeugende Firmen mit ebenfalls circa 1000 Mitarbeitern sowie Werke zur Sperrholzherstellung und Ziegeleien mit rund 400 Arbeitern.[8]

Aus ihnen sollen nun einige exemplarisch herausgegriffen und deren Anteil am wirtschaftlichen Aufschwung skizziert werden.

Heimatvertriebene und Flüchtlinge

Zu den personellen Rahmenbedingungen, die wirtschaftlichen Aufstieg und Strukturwandel in den 1950er und 1960er Jahren in so hohem Maße ermöglichten, gehörten nicht zuletzt die vielen Flüchtlinge und Vertriebenen, die zu einem erheblichen Teil aus handwerklichen, gewerblichen und industriellen Wirtschaftsregionen kamen. Sie waren im damaligen Agrarland Bayern zunächst ökonomisch deplatziert, konnten dann aber in den Aufschwung hinein ihre beruflichen Kompetenzen voll einbringen. Ihre Zahl war groß. Bayern hatte schon unter der Militärregierung als Teil der amerikanischen Besatzungszone den höchsten Teil der Vertriebenen aufnehmen müssen. So war die Bevölkerung auf bayerischem Gebiet bis 1950 um etwa 2 Millionen beziehungsweise 21,1 % gewachsen. In Dachau nahm die Zahl seit 1946 um fast 30 % zu, in den Landgemeinden war der Zuwachs noch höher, mitunter um 50 %. Die meisten Vertriebenenfamilien in Bayern stammten aus den Sudetenländern (55 %) und aus Schlesien (27 %), also aus handwerklich und industriell gut entwickelten Gebieten, was natürlich Folgen für das Tempo des Wiederaufbaus in Bayern und auch im Dachauer Land haben konnte.[9]

Papier- und Pappenindustrie in Spitzenpositionen

Wenn von der Bedeutung industrieller Großbetriebe für den wirtschaftlichen Aufschwung die Rede war, so fallen für den Dachauer Bereich vor allem die München-Dachauer Papierfabriken ins Gewicht. Die Verwaltung der Firma, zu der auch Filialen in Pasing und Olching gehörten, war schon vor dem Krieg von München nach Dachau umgezogen. Sie stand seit 1936 unter der Leitung der Familie Nicolaus, welche die Aktienmehrheit besaß. Allein schon das Anwachsen der umbauten Fläche des Werkgeländes bis 1962 von 14 000 auf 40 000 m² lässt die Bedeutung des Unternehmens erahnen.

Dieses Unternehmen bietet sich deshalb an, exemplarisch etwas ausführlicher dargestellt zu werden, weil es im Entstehungsprozess des »Wirtschaftswunders« weit in das Dachauer Umland ausstrahlte und weil sich anhand seiner Entwicklung das multikausale Bedingungsgefüge für den damaligen raschen wirtschaftlichen Erfolg besonders plastisch aufzeigen lässt.

Die Startbedingungen nach 1945 waren wie überall in Deutschland nicht gerade günstig. Die Militärregierung reglementierte alles ängstlich, verlangte penible Aufstellungen über Rohstoffreserven, Personalkosten, Einnahmen und Ausgaben, und das zurück bis zum 1. Mai 1945. Unterlassungen wurden durch das Militärgericht mit hohen Strafen geahndet. Durch einschneidende Beschränkungen und planwirtschaftliche Überwachung wurde ein Aufschwung geradezu verhindert. Vor allem mangelte es an Kohle, Zellstoff und Faserholz, für eine Papierfabrik unverzichtbare Rohstoffe. Der Maßwert für Papiererzeugung und -absatz war seit 1937 bis 1945 von 98 auf 53 Punkte gesunken und erreichte erst 1950 wieder den Wert 100.[10] Die recht restriktiven Maßnahmen der Militäradministration atmeten noch voll den Geist des Morgenthau-Plans und der alliierten Direktive JCS 1067 vom 14. 4. 1945: »Deutschland wird nicht besetzt zum Zwecke seiner Befreiung, sondern als besetzter Feindstaat.«

Wenn die MD-Papierfabriken in den 1950er- und 1960er-Jahren trotzdem einen schnellen Aufstieg zu verzeichnen hatten, so lag das neben einer fachkompetenten Führung und einer hoch motivierten Mitarbeiterschaft auch an betriebexternen Rahmenbedingungen.[11] Der Bedarf an verschiedenen Papiersorten war welt- und deutschlandweit gewaltig gewachsen. Neue Wochen- und Monatszeitschriften waren entstanden, und die Buchverlage verlangten höhere Papierqualitäten. MD war bald in der Lage, fast die gesamte Palette dieser Produkte zu liefern, von mittelfeinen Tiefdrucken über gestrichene Papiere bis hin zum begehrten »MD-Brillant«. So stieg die Tagesproduktion im Dachauer Werk von 1952 bis 1962 von 100 auf 500 Tonnen. Die Jahresproduktion belief sich 1963 auf 150 000 Tonnen. Damit stellte die MD 24 % der mittel- und hochfeinen Druckpapiere aller Sorten in der Bundesrepublik her. 20 bis 25 % aller Zeitschriftenverlage kauften hier. Und das, trotz steigender Konkurrenz vor allem skandinavischer Firmen, insbesondere durch finnische Werke mit besserer Rohstoffbasis und geringerer Umsatzsteuern. 1962 war die MD als Familien-AG die größte Papierfabrik »unter einem Dach«. Sie stand an 1. Stelle der Weltrangliste in der Produktion holzhaltiger Druckpapiere. Daran hatte nicht zuletzt eine hohe Investitionsrate für moderne Maschinen Anteil. So besaß die Fabrik schon 1959 die größte Papiermaschine der Welt, die berühmte »PM 8«.[12]

Nachdem eine solche Produktionssteigerung natürlich nur mit der Schaffung immer neuer Arbeitsplätze geleistet werden konnte, besteht kein Zweifel daran, dass die MD auch auf dieser Ebene ein Hauptmotor in der Aufschwungsphase des »Wirtschaftswunders« im Dachauer Land war. Allerdings hatten die MD-Papierfabriken Heinrich Nicolaus im Vergleich mit anderen

Dachauer Großfirmen günstige Ausgangsvoraussetzungen. Heinrich Nicolaus war durch das NS-Regime nicht belastet und musste nicht wie andere Fabrikherren seinen Betrieb zunächst einer Treuhandgesellschaft überlassen und sich einem langen Entnazifizierungsprozess unterziehen.[13] Außerdem hatte das Dachauer Werk keine Kriegszerstörungen erlitten, die Familien-AG war mit einer hinreichenden finanziellen Basis ausgestattet. Anfangs hatte MD, bedingt durch die Kriegsverluste, natürlich auch unter dem üblichen Personalmangel zu leiden. Die Zahl der Arbeiter und Angestellten war seit 1937 von 795 auf 482 geschrumpft. Aber bis 1950 war der Bestand wieder auf 994, bis 1960 auf 1470 angewachsen.

Seit 1946 nahm die Zahl nicht zuletzt durch die vielen Heimatvertriebenen beständig zu. Die bis 1950 neu eingestellten Mitarbeiter waren zu 78 % Flüchtlinge und Vertriebene. Im Zweigwerk Pasing machten sie sogar 41,8 % der Gesamtbelegschaft aus. Die meisten stammten aus den Papiermacherzentren in Sachsen, Schlesien und den Sudetenländern und besaßen natürlich eine große Fachkompetenz. Auch das Führungspersonal kam zu einem Teil aus den ehemaligen Ausbildungszentren im Osten, zum Beispiel aus Cötten und Altenburg. Zu ihnen gehörten Karl Walter, der ehemalige Direktor der Firma Kübler und Niethammer, der ehemals größten Papierfabrik Deutschlands, und Wilhelm Grünewald, der ehemalige Vorstand der Papierfabrik Sebnitz AG, die 1948 und 1950 nach Dachau kamen. Das Schlagwort von der »importierten Industrialisierung« trifft also für die MD in sehr hohem Maße zu.[14]

Auch die seit 1960 von der Bundesregierung angeworbenen Gastarbeiter brachten der MD personellen Zuwachs. Die ersten waren im Jahr 1962 zwei Griechen und zwei Italiener, die als Montagehelfer eingestellt wurden. In den späten 1960er Jahren arbeiteten circa 300 ausländische Kräfte in allen MD-Betrieben. Zu einer wichtigen vermittelnden Persönlichkeit in Dachau entwickelte sich der Grieche Apostolos Dimitriatis, der neben seiner Muttersprache auch deutsch und türkisch sprach und dadurch wesentlich zur Integration der Beschäftigten verschiedener Nationen beitragen konnte.

Natürlich besaß MD auch unmittelbar nach dem Krieg eine noch verbliebene motivierte und qualifizierte Mitarbeiterschaft, die die Papiererzeugung von der Pike auf gelernt hatte. Arbeitskräfte aus anderen Berufen, meist aus nicht mehr rentablen kleinen Schneidereien und Schustereien, die sich umschulen ließen, kamen hinzu. Sie und später auch ausländische Betriebsangehörige arbeiteten sich oft rasch zu Papiermaschinenführern (PM-Führern)

und anderen Vorarbeiterpositionen hinauf. Die MD war auch aus diesem
Grund ein attraktiver Betrieb. Fast alle Werksangehörigen standen in einer engen emotionalen Bindung an den Betrieb und den Chef Heinrich Nicolaus.[15]
Zu all diesen Vorzügen kam eine Reihe von damals noch nicht allgemein
üblichen sozialen Leistungen wie der Bau von Eigenheimen und Wohnungen für Beschäftigte, Versorgungseinrichtungen und Unterstützungskassen,
betriebliche Altersversorgung und Zusatzrenten, eine bezuschusste Betriebs-
krankenkasse, schon ab 1960 30 % Weihnachtsgeld und Lohnerhöhung um
9 %, dazu ein Werkskindergarten ab 1963. Das waren alles Faktoren, die nur
im Zeichen des »Wirtschaftswunders« möglich waren und natürlich über
das Wohlbefinden und die Motivation der Betriebsangehörigen deren Leis-
tungswillen und Produktivität bestärkten. Das Zusammengehörigkeitsgefühl
wurde zusätzlich gefördert durch eine gut geführte Werkskantine als Treffpunkt gemeinsamer Mahlzeiten und Platz zu regelmäßigen Feiern wie am 1.
Mai und zum Nikolausfest. Treffpunkte wie das Fischerhaus am Mühlbach
und Stammkneipen sowie der traditionelle Volksfestbesuch und regelmäßige
Betriebsausflüge. Ein übriges taten werkeigene Ferien- beziehungsweise Er-
holungsheime bei Oberstdorf und in Tirol.[16]

Heinrich Nicolaus

Natürlich muss zu den Faktoren, die die Entstehung eines großen Zugehö-
rigkeitsgefühls möglich machten, auch der Chef Heinrich Nicolaus gezählt
werden. Er suchte täglich Kontakt mit möglichst vielen Mitarbeitern, nicht
zuletzt auch nach der Schicht in Gesellschaftsräumen und bevorzugten
Stammlokalen. Dabei rankten sich viele Legenden um ihn. Als echter Patriarch verstand er es, ein gutes Betriebsklima zu schaffen, was Firmen heute als
»corporate identity« anstreben und sogar antrainieren. Ehemalige Mitarbeiter und heutige Zeitzeugen berichten übereinstimmend, dass es ihm gelang,
den sich neu formierenden Personalbestand aus einheimischer Stammbeleg-
schaft, Kriegsheimkehrern, Heimatvertriebenen und später Gastarbeitern
durch diese für damalige Verhältnisse noch seltenen sozialen Vergünstigungen und geselligen Veranstaltungen zusammenzuschließen, was sicher nicht
wenig zum wirtschaftlichen Erfolg beitrug.[17]
Der Erfolg wäre sicher nicht allein durch soziale und personale Faktoren
in dieser Höhe ausgefallen, wenn hinter allem nicht auch eine fachkompeten-

te Unternehmerpersönlichkeit gestanden wäre. Heinrich Nicolaus war wegen seines Wissens und seines Innovationspotentials geschätzt und eng eingebunden in seine Fachverbände und deren Ausbildungs- und Forschungsinstitutionen. Er war unter anderem beteiligt an der Gründung der Abteilung Papiertechnik am Oskar-von-Miller-Polytechnikum (heute Hochschule München). Und so fielen die Ehrungen zu seinem 70. Geburtstag im Jahre 1962, der mit dem 100-jährigen Jubiläum von MD zusammenfiel, entsprechend aus. Gewissermaßen als eine Art Demonstration des »Wirtschaftswunders« waren 550 Gäste aus Banken, Behörden, Verbänden und Schulen zu einem Festakt im Künstlerhaus in München erschienen und ließen sich mit ausgewählten Speisen verwöhnen und einem eigens gedichteten Theaterstück unterhalten. Aus diesem Anlass erschien zu der periodischen Werkszeitschrift eine Festschrift mit dem Titel »Wir Papyrer«. Es zeigt sich deutlich, wie hier auf den möglichen funktionalen Zusammenhang zwischen äußerer Präsentation und weitere betriebsinterner Erfolge gesetzt wurde.[18]

Umso bedauerlicher ist es, dass diese Fabrik, die jahrzehntelang das Dachauer Stadtbild prägte und auch im gesellschaftlichen und politischen Leben des Umlandes eine bedeutsame Rolle spielte, seit Beginn der 1980er Jahre den Veränderungen der wirtschaftlichen Rahmenbedingungen zum Opfer fiel und derzeit – hoffentlich nur vorläufig – als Industrieruine dasteht.

Gebrüder Schuster

In der Pappenherstellung spielte in den Aufbruchsjahren nach dem Krieg das Pappenwerk der Gebrüder Schuster eine wichtige Rolle. Infolge anfänglicher Turbulenzen mit Spruchkammerverfahren, familiären Streitereien und sonstiger Schwierigkeiten blieb die Firma Schuster zunächst bis 1949 unter der Leitung einer Treuhandgesellschaft. Dann entstand durch die Brüder Max und Hans Schuster sowie deren Schwägerin Therese zunächst eine Art Mischfirma, die sich dem Wiederaufbau und der Erweiterung der Gebäude widmete. Seit 1951 nannte sie sich »Bau- und Wohnungsgesellschaft der Inhaber des Feinpappenwerks Gebrüder Schuster mbH«. Neben dem Bauzweig behielten sie ein landwirtschaftliches Standbein unter dem Bruder Max in Augustenfeld. Der eigentliche Wiederaufstieg erfolgte aber im Bereich der Feinpappenherstellung, in der seit den 1950er Jahren eine große Nachfrage bestand. Die Beschäftigtenzahl stieg in der Zeit von 1949 bis 1957 von 122 auf 340, wobei sich die Hälfte der Belegschaft aus Heimatvertriebenen zusammensetzte. Hier spielte das zweite Werk in Deutenhofen eine wichtige Rolle. Der Boom in dieser Branche lässt sich nachvollziehen in einem Brief der Firma Schuster vom 26.2.1965, in dem sie bei der Condes Corporation aus Milwaukee bereits eine 3. Pappenmaschine bestellt und auf weiteren Investitionsbedarf hinweist: »We need more capacitiy in the future.« Die Firma besaß bereits 1965 eine vollautomatische Pappenstraße. Die Fein- und Spezialpappen mit chemischen Zusatzstoffen der Firma Schuster erreichten ein bis dahin unbekanntes Qualitätsniveau. Das Betriebsklima war nach Mitarbeiterberichten sehr gut, was nicht zuletzt auch durch den Bau firmeneigener Wohnungen mit bedingt war. Der große Erfolg der Firma bis in die 1970er Jahre hinein hing neben diesen inneren Faktoren auch von dem formalen Betriebskonzept ab, sich von Anfang an in mehreren Feldern zu betätigen.[19]

BAUINDUSTRIE

Einen ganz erheblichen Anteil am Aufblühen der Wirtschaft hatte die nach dem Krieg notwendig gewordene Bautätigkeit. Bauhandwerker wie Maurer, Zimmerer, Installateure, Elektriker und die sie beliefernden Industrien für die Herstellung von Baugrundstoffen wie Ziegeln, Zement oder Holz-, Kunststoff- und Eisenelementen fanden weite Arbeitsfelder. Die lokale Variante der Wanderausstellung »Wiederaufbau und Wirtschaftswunder« des Hauses der Bayerischen Geschichte im Bezirksmuseum Dachau hob mit Recht die große Bedeutung der Bauwirtschaft für die wirtschaftliche Entfaltung im Landkreis hervor, indem sie im Eingangsbereich eine zeittypische Baustelle mit entsprechenden Gerüsten, Geräten und Materialien installierte. Ebenso weist die dazu erschienene, sehr lesenswerte Broschüre unter anderem durch zahlreiche Luftaufnahmen von Baugebieten und erhalten gebliebenen Schautafeln der ehemaligen Landwirtschaftsschule Dachau auf den Stellenwert der Bautätigkeit für das Dachauer Wirtschaftswunder hin.[20]

Zwar gab es im Landkreis kaum Zerstörungen durch Kriegseinwirkungen, aber der Zuzug der vielen Flüchtlinge und Vertriebenen aus den deutschen Ostgebieten und aus deutschen Siedlungsgebieten in Südosteuropa, später auch aus der DDR, hatten einen nie nachlassenden Wohnungsbedarf geschaffen. Hinzu kamen noch Kommunal-, Industrie- und Verkehrsbauten in den sich neu entfaltenden Gemeinwesen. Allein Dachau hatte bis Ende 1945 mit 11 000 Personen einen Bevölkerungszuwachs von 135 % zu verkraften. Auch die in den übrigen Landkreisgemeinden und in den Massenlagern in Wagenried, im Durchgangslager in der Kufsteiner Straße und im zum Wohnlager Dachau-Ost umfunktionierten ehemaligen Konzentrationslager nach 1946 noch vorhandenen circa 12 000 Flüchtlinge, Vertriebene, ausländischen ehemaligen Zwangsarbeiter mussten in den nächsten zwei Jahrzehnten mit Wohnraum versorgt werden.[21] Erst allmählich lösten sich die vielen Wohnlager auf und wurden dann aber rasch durch Wohnblöcke, aber auch durch Eigenheime ersetzt. Aus dem Wohnlager Dachau-Ost mit bis zu 2 300 Bewohnern entstand so ein neuer Stadtteil Dachau-Ost. Zahlreiche Wohnbaugenossenschaften wurden durch private, staatliche und kirchliche Initiativen und schließlich 1961 auch durch die Stadt Dachau gegründet. So entstand südlich und westlich des Konzentrationslagers ausgehend von der Siedlung Friedland ein riesiges Areal von Mietwohnung, privaten Wohneinheiten und Eigenheimen. Nimmt man noch die Bautätigkeit in Dachau-Süd westlich der Münchner Straße und den Wohnungsbau für Mitarbeiter größerer Betriebe wie der MD oder des Pappenwerks Schuster hinzu, so konnten alle Menschen bis zum Beginn der 1960er Jahr einigermaßen mit annehmbaren Wohnungen versorgt werden.[22]

Nach oft zögerlicher Zurückhaltung stellten mit Beginn der 1950er Jahre auch Gemeinden und Pfarreien Baugrund für Vertriebene zur Verfügung. Damit begann auch eine rege Bautätigkeit in den Gemeinden im Landkreis. Staatliche Unterstützung durch das Lastenausgleichsgesetz, günstige Baukredite von Sparkassen und Raiffeisen- und Volksbanken sowie anderer Bankinstitute, aber nicht zuletzt reger Spareifer und Nachbarschaftshilfe machten es möglich, dass an den Ortsrändern neue Siedlungen entstanden. »Spare, spare, Häusle baue!«, war damals ein sehr gängiges Motto. Eine Fahrt von Dachau Richtung Indersdorf und Altomünster lässt diese Siedlungen mit teilweise modernisierten Varianten der ehemals spitzgiebeligen Hausobjekte auch heute noch erkennen.[23]

In die Gewichtung der Bautätigkeit in den 1950er und 1960er Jahren müssen auch die diversen Neu- und Erweiterungsbauten der vielen expandierenden Handwerks- und Gewerbebetriebe, die permanent mehr Arbeitsräume benötigten, miteinbezogen werden. So entwickelte sich die Polster- und Tapezierfirma des Heimatvertriebenen Josef Grund in Schwabhausen von einer gepachteten Flüchtlingsbaracke zu einem ansehnlichen Produktions- und Wohnareal in der Münchener Straße. Ein ähnliches, noch größeres Beispiel für gewerbliche bauliche Expansion auf dem Land war die Tuchfabrik Bernstein in der Gemeinde Großberghofen mit einer südlich anschließenden Wohnsiedlung.

ZIEGELEIEN

Aus diesem eminenten Wachstum der Bautätigkeit ist auch erklärbar, dass die im Dachauer Land immer schon zahlreich vorhandenen Ziegeleien gerade nach dem Krieg einen Auftragsboom erlebten, viele Arbeitsplätze bereitstellten und ebenfalls für ihre Mitarbeiter Wohnungen bauten. Obwohl viele Betriebe im Verlauf des Krieges veraltet waren oder gar stillgelegt werden mussten, produzierten nach anfänglichen Schwierigkeiten bereits in den 1950er Jahren wieder zehn Ziegeleien im Landkreis Dachau für den immensen Bedarf. Viele erforderliche Neuinvestitionen, der Konkurrenzdruck und die nachlassende Nachfrage führten jedoch dazu, dass bereits in den 1970er Jahren alle Betriebe bis auf zwei, die heute noch arbeiten, ihre Produktion einstellten.[24] Es handelt sich dabei um die Firmen Hörl & Hartmann in der Pellheimer Straße sowie um die Firma Leonhard Helfer in der Brucker Straße.

STAHLBAUINDUSTRIE

Von der regen Baukonjunktur profitierte auch die Stahlbauindustrie. Die aus Thüringen zugewanderten Gebrüder Günter und Joachim Engelmann produzierten »Gitterroste für halb Europa« und diverses anderes Bauzubehör, natürlich überwiegend für den regionalen Wohnungsbau und für die permanent anfallenden An- und Zubauten der Firmen MAN, Krauss-Maffei und der Papierfabrik MD. Die Firma begann 1950 mit drei Personen und brachte es bis 1967 auf bereits 45 Mitarbeiter.[25]

HOLZVERARBEITUNG

Ähnlich verhielt es sich mit der holzverarbeitenden Industrie. Neue Häuser, neue Wohnungen brauchten neue Innenausstattungen und Möbel. Bezeichnend für diese Zeit waren das Entstehen und der Ausbau zahlreicher Möbel- und Bauschreinereien beziehungsweise Zimmereien auch in kleineren Orten. So besaß allein Altomünster schon in den 1950er Jahren zwei gut gehende Schreinereibetriebe, die Firmen Georg Mair und Josef Lachner, in Schwabhausen/Stetten gab es derer drei, die Firmen Heinrich Loder, Georg Sonnenberger und Vitus Lachner.[26]

Speziell dem raschen Auf- und Ausbau von Gewerbebauten widmete sich die Firma von Nikolaus Lehner, eines ehemaligen KZ-Gefangenen und Kämpfer für eine KZ-Gedenkstätte. Sperrholz, Rigipsplatten und Furnierhölzer waren seine bevorzugten Baustoffe. In der Zeit von 1952 bis 1963 beschäftigte sie in der Feldiglstraße 10 Angestellte.[27] Mit speziellen Arbeiten, die mit dem Wiederaufbau zu tun hatten, vor allem mit Ladeneinrichtungen, befasste sich die Holzbearbeitungsfirma Hans Schlund zunächst im Türkengraben, später in der Feldiglstraße.[28]

Wesentliche Antriebe und Synergieeffekte für den konjunkturellen Boom in der Bauindustrie kamen auch aus der gezielten und zum Teil fest organisierten Zusammenarbeit der verschiedenen Branchen dieses Wirtschaftsgebietes. Architekten, Ingenieure, Tiefbauer, Ziegeleibesitzer, Maurermeister, Zimmerer, Schreiner und Installateure vereinbarten regelmäßige Treffs, in denen Informationen ausgetauscht und Geschäfte ausgehandelt wurden. Ein beliebter Ort für den Aufbau solcher Beziehungen war in Dachau das Café Angelika in der Münchner Straße (heute Foto Sessner).[29] Auch in der Baubranche wirkten also viele Rahmenbedingungen und Einzelfaktoren zusammen, dass sie zu einem zentralen Motor auch für die gesamte konjunkturelle Entwicklung wurden.

PHONOTECHNIK

Neben vielen anderen Sparten hatte die Produktion phonotechnischer Erzeugnisse in Dachau seit Ende des Zweiten Weltkriegs einen wichtigen Standort. Sie nahm ihren Ausgangspunkt mit Rundfunkgeräten von Telefunken in sanierten Baracken des ehemaligen Konzentrationslagers. Bereits 1951 wurde die Produktion nach Hannover verlegt, und die durch den bayerischen Staat geförderten Apparatewerke Bayern in der Hermann-Stockmann-Straße in Dachau-Süd stiegen in die Branche ein. Sie verlegten sich zunächst auf das damals noch relativ neue Feld der elektronischen Orgeln und Tonbandgeräte und hatten mit der Orgel »Polycord« und dem Tonbandgerät »Ferrocord« erste Erfolge. Ab 1953 schloss das Apparatewerk Bayern mit Neckermann einen Vertrag über die Entwicklung und Belieferung mit dem »Klaviertastensuper mit UKW-, Mittel- und Langwellenteil«, der mit einem Preis von 187,– DM zu einem sensationellen Verkaufserfolg wurde und den Namen Neckermann sowie den Versandhandel überhaupt im ganzen Land breiter bekannt machte. Es besteht kein Zweifel, dass der stärker anlaufende Versandhandel einen wesentlichen Beitrag zur Entfaltung des »Wirtschaftswunders« geleistet hat. Nach 1956 ging die Eigentümerschaft der Produktionsstätten von Neckermann auf Körting und Grundig über, die in den späteren Jahren auch vermehrt Fernsehgeräte herstellten.[30]

Auch die kleinere Firma Graf und Müller in der Uhdestraße, später in der Rudolf-Diesel-Straße, befasste sich seit 1957 mit der Entwicklung und Produktion von Elektroorgeln. Sie konnte mit 6 bis 8 Stück pro Woche einen großen Teil des damals allmählich wachsenden Bedarfs decken. Es lässt sich also durchaus sagen, dass Dachau von Anfang an eine Art Pionierstellung in dieser Produktbranche besaß.[31]

Fahrzeug- und Maschinenbau

Auch im Fahrzeug- und Maschinenbau fassten Dachauer Betriebe Fuß. Seit 1952 hatte die Firma Almocar/Harm Hornung eine Produktionsstätte in der großen Halle im SS-Lager in der Pollnstraße eröffnet. Ebenso produzierte sie in weiteren Teilbetrieben in Augsburg und Nürnberg Transportfahrzeuge mit Elektroantrieb. Von insgesamt 15 Verkaufsstellen lieferte sie Fahrzeuge vor allem an Flughäfen und Fabriken in alle Welt. Besondere Bekanntheit und vielseitige Verwendbarkeit erlangten der »Dromedar Werkschlepper«, der Sitzstapler »Almocar Expreß« und der »Almocar Plattenheber«. Die Dachauer Filiale erstreckte sich auf 500 m². Sie widmete sich neben ihren Produktionsaufgaben vor allem auch der qualifizierten Lehrlingsausbildung und ermöglichte motivierten Mitarbeitern die Ingenieurlaufbahn auf Kosten der Firma. Darüber hinaus gehörte es zur Philosophie der Firma, das verfemte Bild von Dachau als Ort des Konzentrationslagers differenziert aufzuhellen.[32]

Es ist überhaupt bezeichnend, dass sich Firmen des Dachauer Landes, vor allem im metallverarbeitenden Bereich, sehr flexibel den oft neu entstehenden beziehungsweise wechselnden Bedarfslagen anpassten und rasch auf Nischen reagierten. So war zum Beispiel die Firma Egon Scheibe auf einem

Sondergebiet des Maschinen- und Plastikbaus in der August-Pfaltz-Straße erfolgreich. Nachdem die Alliierten den Flugsport wieder erlaubt hatten, nahm die Nachfrage nach Segelflugzeugen und Motorseglern sprunghaft zu. In der Zeit von 1952 bis 2006 produzierte die Firma jährlich 60 bis 80 Maschinen des Typs »Sperling« und Exemplare aus der »Bergfalken«-Serie.[33] In einen ähnlich rasanten Aufwärtstrend der Freizeit- und Sportindustrie klinkte sich die Firma Fritz Berger in Rothschwaige mit der Herstellung und dem Verkauf von Sportausrüstung, Campingartikeln und Wohnwagen ein. Sie beschäftigte 1963 circa 60 Personen.[34]

In der Präzisionsgeräteherstellung und Feinmechanik war zum Beispiel auch die Firma MKF Fichtlscherer erfolgreich. Sie begann in Unterbachern und zog dann nach Etzenhausen und Dachau-Ost. 1963 beschäftigte sie circa 200 Mitarbeiter, darunter 14 Lehrlinge.[35]

WAFFENTECHNIK

Einen ganz speziellen Bereich in der Herstellung von Präzisionsgeräten, nämlich Schusswaffen, deckten die ERMA-Werke ab. Der Ursprung der Firma lag in der Sowjetzone (Erfurter Maschinenfabrik B. Geipel GmbH). Im Januar 1951 wurde sie in Westdeutschland neu gegründet und nahm 1952 ihre Produktion in Dachau in der Johann-Ziegler-Straße auf, wenn auch weiterhin unter sorgfältiger Beobachtung der Alliierten. Zunächst stellten sie Ersatzteile für Waffen der Polizei und der noch vorhandenen Besatzungsmacht her, unter anderem für den »US-MA-Karabiner«, dann ab 1956 auch für die Bundeswehr. Weltruf erlangten sie zum Beispiel mit den Maschinenpistolen der Typen »MP 40« und »MP 56«. Die ERMA-Werke vergrößerten sich im Laufe der folgenden Jahre und erreichten 1963 einen Personalstand von 160. Das Betriebsklima galt als ausgesprochen gut. Später wurden sie von anderen Firmen übernommen, die unter dem Namen der ursprünglichen Firma weiterhin mit Erfolg Präzisionswaffen produzierten und in alle Welt verkauften.[36]

HANS KOLB

Die 1961 insolvent gewordene Tuchfabrik Alfons Bernstein in Großberghofen wechselte in eine völlig andere Branche. Bereits nach einem halben Jahr beschäftigte sie unter dem neuen Besitzer Hans Kolb wieder 160 umgeschulte Frauen und Männer mit der Herstellung von Diebstahlsicherungen für Autos. Dieser Produktionsstandort war mit seinen Erzeugnissen damals der einzige in Bayern. Seine Gründung zeigt, wie prompt und erfolgreich diese Firma auf den anlaufenden Kfz-Boom reagierte. Sie besaß bald eine Schreinerei sowie eine Schlosserei und setzte zur Beförderung der Mitarbeiter aus dem Umkreis Busse ein. Dieses Beispiel zeigt, wie in der damaligen Wachstumsphase eine kluge Geschäftsidee in der Lage war, rasche Erfolge zu erzielen, im Scheitern der Vorläuferfirma Alfons Bernstein andererseits aber auch, wie brüchig der Aufstieg sein konnte.[37]

Hans Zauner

Das Druckereiwesen in Dachau ist eng mit dem Namen Hans Zauner verbunden. Er besaß seit 1909 in Dachau eine Buchbinderei und Druckerei und hatte mehrere kommunale und gewerbliche Ämter inne. 1945 wurde er von der US-Administration kommissarisch zum Bürgermeister eingesetzt, dann aber wieder abgesetzt und einem Entnazifizierungsverfahren unterzogen. Nach seiner Einstufung als »Mitläufer« 1947 wurde er dann in freien Wahlen zum Bürgermeister der Stadt gewählt und gehörte weiterhin zu den profiliertesten Bürgern der Stadt. 1956 übernahm Sohn Hanns den Betrieb und erweiterte ihn hinsichtlich der Produktionsstätten und der Produktpalette zu einer Verlagsanstalt für Fachzeitschriften, wissenschaftliche Bücher und Kunstbände. Ende der 1960er Jahre auf dem Höhepunkt des Wirtschaftswunders beschäftigte der Betrieb circa 50 Mitarbeiter. Der Verlag trug bis 1990 den Namen weit über die Grenzen Dachaus hinaus, musste aber 2012 aus wirtschaftlichen Gründen unter den neuen Inhabern, der Familie Berchtold, geschlossen werden.[38]

Von großer Bedeutung für Nischenbereiche des Drucks wurde auch die Firma Hablitzel, die 1957 mit einer Druckmaschine begann und sich vorwiegend dem Notendruck, diversen Qualitätsdrucken und dem Vierfarbendruck widmete.[39] Nur indirekt mit dem Druckereiwesen verbunden, besaß die Weltfirma Hallmark cards ab 1956 in Feldgeding auf einer Fläche von 3675 m² ein Lager mit 12 000 Karten mit 450 Motiven von der Wiege bis zum Tod, dazu Schmuckpapier und Partygedeck. Die Partyzeiten der kommenden »Fresswelle« kündeten sich an.[40]

Textilindustrie

Eine bedeutsame wirtschaftliche Kraft im Landkreis Dachau war nach dem Zweiten Weltkrieg die Textilindustrie. Dies zeigte sich unter anderem im Entstehen der Tuchfabrik Alfons Bernstein in Großberghofen 1946. Der Gründer stammte aus Lodz und brachte einen Teil der erfahrenen Belegschaft aus seinem dortigen Betrieb mit, der noch dazu großenteils im nahen Wohnlager Wagenried untergebracht war. Auf diese Weise war von Anfang an ein qualifizierter Personalstock vorhanden. So ist, ähnlich wie in der MD mit ihrem »importierten« Führungspersonal aus Vertriebenen, das schnelle Aufblühen dieser Firma ein Beleg für den Anteil der Vertriebenen am Entstehen des »Wirtschaftswunders«.[41]

In der Kreisstadt selbst gewann die Kleiderfirma Bardtke & Scherer einen großen Aufschwung. Unter Georg Scherer, einem ehemaligen Funktionshäftling des Konzentrationslagers und späteren Dachauer Kommunalpolitiker, entwickelte sie sich aus der alten Stadtschneiderei in einer Behelfsbaracke nach der Währungsreform 1948 zu einem stattlichen Betrieb.[42] 1954 entstand ein erster Neubau in der Münchner Straße. Weitere Filialen wurden 1960 in Freilassing und 1964 in Laufen in Betrieb genommen. Das Unternehmen erzielte schon in diesen frühen Jahren hohe Steigerungsraten von durchschnittlich 20 %. Es beschäftigte 400 Arbeiter und 45 Angestellte, darunter circa 10 % Gastarbeiter.[43]

Einen großen Aufstieg erlebte seit 1949 auch die Herrenwäschefabrik Grätz KG in der Robert-Koch-Straße. Gründer war Gottfried Richard Grätz aus dem Vogtland. Sie wurde in den folgenden Jahren zu einer allgemeinen Kleiderfabrik ausgebaut und arbeitete mit drei Zwischenmeistern, also Teilbetrieben, die für das Endprodukt nur zuarbeiteten. Sie besaß 75 Nähmaschinen neuester Konstruktion und brachte es 1963 auf eine Jahresproduktion von 400 000 Stück, darunter 2 000 Hemden. Beschäftigt waren 120 Frauen, darunter auch Heimarbeiterinnen. Eine Art sozialer Einrichtung für die weiblichen Beschäftigten bestand darin, dass schon frühzeitig die Arbeit grundsätzlich freitags um 13 Uhr endete.[44]

Um die Liste der Firmen, die in der Bekleidungsindustrie für den Aufstieg sorgten, noch ein wenig zu ergänzen, sei noch die Modewerkstatt der Berufsschullehrerin Anny Graf in der Uhdestraße erwähnt, die in ihrer Wohnung mit einem Probierzimmer begann und bereits 1950 12 Schneiderinnen und

Lehrlinge beschäftigte. Sie besaß bald Kunden bis hinauf nach Hannover, Hamburg und Berlin.[45]

Zum Bereich Spezialstoffe, Handdrucke beziehungsweise Trachtenmoden ist noch die Firma Wallach zu nennen. Der Inhaber Moritz Wallach, der vor den Nationalsozialisten fliehen musste, erhielt 1948 seine Betriebe in Dachau und München zurück. Die Wallach KG blieb weltweit ein fester Begriff in dieser Branche und wurde 1986 von der Firma Loden Frey übernommen.[46]

Es zeigte sich also immer wieder, dass Dachauer Betriebe vor allem in Nischenbereichen große Erfolge erzielten.

Eine Dachauer Besonderheit waren noch die Versuche, im Umfeld des Wohnlagers Dachau-Ost für Vertriebene Gewerbe anzusiedeln. Es handelte sich zumeist um kleinere Geschäfte mit Waren für den täglichen Bedarf wie Kurzwaren, Lebensmittel, dazu Änderungsschneidereien oder Bäckereien. Sie hatten auf die wirtschaftliche Entwicklung wohl begrenzten Einfluss und lösten sich mit den wechselnden Bewohnern meist wieder auf.

In der Bekleidungsindustrie erzielte die Strumpffabrik »Sulida« zeitweise Erfolge. Sie arbeitete als fast reiner Vertriebenenbetrieb seit 1950. 1953 erhielt sie sogar die Goldmedaille auf einer internationalen Messe in Luxemburg in Anwesenheit von Wirtschaftsminister Ludwig Erhard. »Sulida« war Teil der Opal-Werke und ihr anfänglicher Erfolg hing eng mit der gestiegenen Nachfrage nach Seidenstrümpfen zusammen, die als ein Symbol der Zeit galten, natürlich auch mit der allgemeinen Verbesserung der Lebenssituation, die es einer breiteren Bevölkerungsschicht erlaubte, die damals noch als Luxusgüter geltenden Produkte zu kaufen. Allerdings ging »Sulida« in Dachau-Ost bereits 1962 im Konkurrenzkampf mit anderen Herstellern in Konkurs.[47]

Einen ähnlich raschen Aufschwung erlebten die Bayerischen Lederwerke in Dachau. Ihr Ursprung lag im »Nassbetrieb«, das heißt in Wäscherei und Küche des KZs. 1963 arbeiteten 90 Arbeitskräfte in dem Betrieb, davon 77 Heimatvertriebene, die wenige Meter entfernt in der Wohnsiedlung Dachau-Ost eine neue Heimat gefunden hatten. Er hatte für damalige Verhältnisse große Exporterfolge nach Ungarn, Holland und in die skandinavischen Länder. Monatlich wurden 43 Tonnen Häute und Felle verarbeitet. Sie waren häufig schon monatelang ausverkauft.[48]

NAHRUNGSMITTELINDUSTRIE

Ein weiteres Schwergewicht im wirtschaftlichen Aufschwung des Dachauer Landkreises bildeten Nahrungsmittel erzeugende Industrien. Das agrarische Umland mit seinen Produkten stellte die ideale Grundlage für Betriebe dar, die Back- und Fleischwaren herstellten. So gab es im Landkreis mehrere Nahrungsmittel produzierende Betriebe mit insgesamt circa 1 000 Beschäftigten.[49] Im Bereich der Fleischwarenerzeugung war die Firma Hans Wülfert vor 1945 die bedeutendste. Sie begann im Außenlager des KZs Dachau, ging aber 1947 wegen Belastungen des Besitzers im Spruchkammerverfahren auf die Firma Karl Schweisfurth Fleisch- und Konservenfabrik an der Schleißheimer Straße gegenüber der ehemaligen Scheierlmühle mit mehreren Filialen über. Sie wurde bis 1989 zum größten Fleischproduzenten in Dachau. Bereits 1953 kam aus diesem Betrieb das erste frisch verpackte Sortiment von Wurstwaren, ein Gewinn für Haushalte in einer noch überwiegend kühlschrankfreien Zeit. Aus der Firma Schweisfurth, die sich unter anderem in seinen Herrmannsdorfer Landwerkstätten auch mit Bioanbau befasste, wurde später zu einem europäischen Fleischgroßkonzern und unter dem bekannten Werbeslogan (»Herta, wenn's um die Wurst geht«) berühmt.[50]

KAUFHÄUSER ALLER ART

Dem Bedürfnis, möglichst viele Waren mit möglichst geringem Zeitaufwand zu erwerben, kamen zunehmend Mischbetriebe beziehungsweise Kaufhäuser entgegen. Dazu gehörte das Lerchenbergerhaus an der Martin-Huber-Treppe, das Kaufhaus Meyer in der Münchner Straße, das Kaufhaus Hörhammer am Pfarrplatz und das Kaufhaus Romig in der Augsburger Straße, das von Seilereiprodukten bis hin zu Gartengeräten eine große Warenpalette für den täglichen Gebrauch anbot und auch schon das Prinzip der Selbstbedienung einführte.[51]

Nicht zu vergessen sind größere Geschäfte, die sich auf besondere Warengruppen spezialisierten wie etwa das Herrenbekleidungshaus Heinrich Rauffer, Radio Pöschel oder Eisen Knödler.[52]

Alle diese Betriebe waren geeignet, durch ihr umfangreiches und detailliertes Angebot Kaufwünsche zu wecken und Konsum und Umsatz zu steigern.[53]

KLEINGEWERBE IM LANDKREIS

Abschließend soll auch noch ein Blick auf die vielen kleineren Handwerksbetriebe und Gewerbe in der Kreisstadt und in den Landgemeinden geworfen werden. Sie hatten in ihrer großen Zahl und den sich dadurch summierenden Arbeitsplätzen, Produkten, Investitionen und Umsätzen auch einen wesentlichen Anteil am wirtschaftlichen Aufschwung in den Jahren des »Wirtschaftswunders«. Wegen ihrer Vielfalt, Überschaubarkeit und Flexibilität waren sie geeignet, rasch und ohne großen finanziellen Aufwand auf wachsende und permanent neu entstehende Bedürfnisse zu reagieren. Verarbeitung von Gebrauchsmöbeln mit Kunststoffen stellte bald einen Zweig von Schreinereibetrieben dar, Reparatur und Verkauf von Traktoren und landwirtschaftlichen Maschinen wurden das eigentliche Hauptgeschäft von vielen Dorfschmieden, hinzu kamen meist noch Verkauf und Reparatur von Fahrrädern, Mopeds und Rasenmähern.

Mit den steigenden Einkommen wurde es immer weiteren Personenkreisen möglich, ein Motorrad oder gar ein Auto zu erwerben. Die Auto- und Motorradhandlungen mit einem wachsenden Markenangebot und ihre Reparaturwerkstätten waren meist in Dachau und den größeren Orten wie Karlsfeld, Markt Indersdorf, Markt Altomünster und Odelzhausen angesiedelt.

Kleinbetriebe mit nur begrenzter Arbeitsfläche, die sich auf Feinmechanik und Gerätebau spezialisiert hatten, waren über den ganzen Landkreis verstreut. So zum Beispiel die Firmen Josef Drexl-Schegg und Wolfgang Egerer in Schwabhausen, die in den 1960er Jahren je 20 Personen beschäftigten. Gerade weil sie auch mit einem kleinen Raumbedarf auskamen, konnten viele andere Gewerbe wie Schuster, Sattler, Tapezierer, Schneider, Modisten oder Uhrmacher angemeldet werden. Viele dieser kleinen Betriebe, oft von Vertriebenen gegründet, konnten sich nicht auf Dauer halten und mussten dem Druck der industriellen Produktionsstätten weichen. Arbeiter, Gesellen und auch Meister suchten in der Industrie als Anlernkräfte in einem oft anderen Fachgebiet eine neue Existenz. Im Dachauer Bereich waren dies vor allem die MD-Papierfabriken sowie BMW, MAN und Krauss-Maffei im nahen Allach, die solche Mitarbeiter aufnahmen.[54]

Nicht vergessen werden sollen die kleinen Lebensmittel- oder Gemischtwarengeschäfte (»Tante-Emma-Läden«), die es vorher in den meisten Dörfern nicht gegeben hatte. Zusammen mit Metzgereien, Bäckereien und Getränkeverkaufsstellen bildeten sie die Voraussetzung für eine rasche und

wohnortnahe Versorgung einer wachsenden Kundschaft in der ausbrechen-
den »Fresswelle«.

LANDWIRTSCHAFT ALS PROBLEMFELD

Nimmt man die Landwirtschaft als wichtigen Wirtschaftsbereich in den
Blick, so kann man nur sehr eingeschränkt von einem »Wirtschaftswunder«
sprechen. Wachstum, als gemeinhin entscheidendes wirtschaftliches Erfolgs-
kriterium verstanden, betraf nur einen Teil der bäuerlichen Betriebe, und der
wurde immer kleiner und zeigt sich bis zur Gegenwart einem radikalen Um-
strukturierungsprozess ausgesetzt. Das sogenannte »Bauernsterben« begann
mitten im Wirtschaftswunder.[55]

Zum einen lässt sich feststellen, dass die landwirtschaftliche Produktivität
von 1949 an zügig anstieg. Die Hektarerträge nahmen bei Getreide bis 1960
um 50 % zu, bei Fleisch und Milch betrug die Steigerung 100 %. Insgesamt
gesehen verdoppelte sich die landwirtschaftliche Produktion.

Dieser gewaltige Anstieg war durch mehrere Faktoren möglich geworden.
Zum einen war durch das bayerische Arrondierungsgesetz eine großangeleg-
te Flurbereinigung möglich geworden. Die alte Kulturlandschaft aus einem
Mosaik kleiner Acker- und Wiesenflächen, Kreppen, Wäldchen und Weihern verschwand, Bäche wurden begradigt, sumpfige Teile trocken-gelegt.
Es entstanden große rechteckige Flächen mit geraden Wirtschaftswegen, die
rationell zu bewirtschaften waren. Über 70 % der Nutzfläche in Bayern wurde
auf diese Weise »bereinigt«. Das Ergebnis kann zum Beispiel im Norden von
Dachau in Form von großen Flächen mit baumloser Ackersteppe besichtigt
werden. Grünland wurde zugunsten von Ackerland zurückgedrängt.

Weitere Effekte entstanden durch die Motorisierung und Mechanisierung. Gab es in Bayern 1950 noch 41 000 Traktoren, so waren es 1960 bereits
280 000. Die Zahl der Höfe, die einen Mähdrescher besaßen, war von 74 auf
18 000 gestiegen. Der Landkreis Dachau lag schon Ende der 1950er Jahre mit
208 selbstfahrenden Mähdreschern an der Spitze in Bayern. 1969 war die
Vollmotorisierung erreicht.[56]

Folgen dieser Verbesserungen in der landwirtschaftlichen Produktion
waren ein gewaltiger Überschuss an Erträgen mit einhergehendem kontinu-
ierlichem Preisverfall. Nur größere Höfe konnten einigermaßen gewinnbrin-
gend arbeiten, und das auch nur mit Hilfe steigender Subventionen bezie-

hungsweise »Anpassungshilfen«, wie man beschönigend sagte. Solche Hilfen wurden in den folgenden Jahren zur Dauereinrichtung und sind bis heute ein ungelöstes Problem inzwischen europäischer Agrarpolitik. Diese Probleme klangen in voller Breite auf einer Bauernkundgebung im Februar 1962 im Hörhammersaal in Dachau an.[57] Allein bis 1960 gaben in Bayern fast 100000 mittlere und kleinere Landwirte auf. Für den Landkreis liegen Zahlen bis zur Gebietsreform 1972 vor. Demnach gaben pro Jahr im Durchschnitt 44 Landwirte auf. Von 1949 bis 1971 ging die Zahl der Betriebe bis 5 Hektar um 57 % zurück, die Zahl der Höfe von 5 bis 20 Hektar verringerte sich um 20 %.[58]

Folgende Tendenz war klar erkennbar: Kleinere Höfe verpachteten Land an große Betriebe. Die Eigentümer widmeten sich der Landwirtschaft im Nebenerwerb, meist ohne Viehhaltung und zum großen Teil an Wochenenden. Viele arbeiteten als Anlernkräfte in benachbarten Industriebetrieben. Einige absolvierten gar eine Gesellenprüfung. Ebenso wanderten die Kinder in andere Berufe ab und bauten sich ein Häuschen in Vaters Garten. So entstand innerhalb von zwei Jahrzehnten eine »neue ländliche Welt«. Die »goldenen Jahre«, der bayerischen Landwirtschaft, da sie noch den Hauptanteil an Getreide, Kartoffeln, Fleisch und Milch in die westlichen Besatzungszonen lieferten, waren für immer vorbei.[59] Insgesamt gesehen blieb trotz aller Flexibilität auf Seiten der Landwirte und Hilfen durch staatliche und europäische Institutionen die Produktivität im landwirtschaftlichen Bereich hinter der Entwicklung in Industrie und Handwerk zurück. Der Anteil der Landwirtschaft in Bayern am Bruttoinlandsprodukt sank von 1950 bis 1963 von 15,3 auf 8,6 %. In volkswirtschaftlicher Perspektive kann man von einer »relativen Depression« mitten in einer ungewöhnlich starken Hochkonjunkturphase sprechen.[60]

Lebensgefühl und Alltagserfahrungen

Gesellschaftliche Umbrüche, wie sie im Zeichen des »Wirtschaftswunders« stattfanden, mussten natürlich auch Auswirkungen auf das Alltagsleben, auf Bewusstsein und Empfindungen der Menschen haben. Will man über das Lebensgefühl der Menschen Aussagen machen, so werden hier Verallgemeinerungen schwierig. Es kommt auf die gesellschaftliche Schicht, auf das Alter und auf die Lage des Wohnorts an. Die allgemein feststellbare Aufbruchsstimmung kam mit Sicherheit nicht zum Tragen bei Fürsorgeempfängern, bei

Kriegswitwen, bei Menschen, die in der Gefangenschaft oder durch Flucht-
terlebnisse und Heimatverlust seelisch gebrochen waren und die Kraft zum
Wiederbeginn auch nach zehn Jahren noch nicht wiedergewonnen hatten.
Jedoch besaßen die spürbaren Erfolge in Industrie, Gewerbe und Handwerk
natürlich Auswirkungen auf eine allgemein positive Grundstimmung der
breiten Bevölkerung.[61] Die Erfahrungen waren jedoch so vielschichtig und
individuell, dass allenfalls Einzelimpressionen und -empfindungen aus dieser
Zeit des »Wirtschaftswunders« wiedergegeben werden können.

Obwohl der durchschnittliche Lohn im Industriebereich von 1950 bis
1960 von 246 auf 526 DM, also um mehr als das Doppelte, gestiegen war,
blieben die Unterschiede bei den Einkommen und in den Wohnverhältnissen
nach wie vor hoch. Viele hatten sich vor allem ab den 1960er Jahren schon
ein schmuckes Eigenheim erarbeitet, während andere noch in unansehnli-
chen Wohnsiedlungen hausten. Veränderungen gab es in der Stellung der
Frau. Erst 1957 war der sogenannte »Gehorsamsparagraf« gestrichen, der
dem Mann die alleinige Entscheidung über das eheliche Leben, zum Beispiel
Wohnort, Kindererziehung, Arbeitsverhältnis der Frau, zusprach. So waren
1961 schon 44 % der Frauen in der Lage, Beruf und Familie zu verbinden, was
natürlich persönliches Selbstbewusstsein und ein Plus in der Haushaltskasse bedeutete. Neue Haushaltsgeräte, Musikschränke und Fernsehgeräte, oft
auch eine Bar, hielten Einzug in gut ausgestattete Wohnungen. Ein Schüler
spürte das »Wirtschaftswunder« zum Beispiel in dem neuen Fahrrad und im
höheren Taschengeld, mit dem er sich auf den boomenden Jahrmärkten in
Dachau, Altomünster, Indersdorf oder Aichach bislang unerreichbare Wünsche erfüllen konnte. Ein Lehrling war stolz auf sein Moped, mit dem er jetzt
zur Arbeitsstelle fuhr.

Mit der Einführung der Fünftagewoche und weiterer Arbeitszeitverkür-
zungen ab Mitte der 1950er Jahre waren neue Möglichkeiten für Freizeitakti-
vitäten gegeben. Rege Betätigungen in immer beliebter werdenden Sportver-
einen, Wanderurlaube und auch Auslandsreisen vor allem nach »bella Italia«
waren Indikatoren für ein neues Lebensgefühl. Die Zunahme der Autozu-
lassungen, 1955 noch überwiegend »Isettas und »Volkswagen«, 1960 dann
schon viele »Opel« und »Mercedes«, belegen eine stark gewachsene Mobilität.

Überhaupt war die Anschaffung des ersten Autos für viele der »Quanten-
sprung« in eine neue Lebensphase. So schreibt ein Vertriebener aus Schwabhausen in seinen Erinnerungen an Vertreibung und Wiederbeginn mit dem
Titel »Vertreibung ins Paradies«: »Der Käfer, wie er allseits genannt wurde,

war das Symbol für das Wirtschaftswunder schlechthin. Das Wirtschaftswachstum betrug Jahr für Jahr sieben bis neun Prozent. Der durchschnittliche Lohn war etwa 600 DM (1965), und so konnten sich viele Familien einen Volkswagen leisten ... Das Konto war nach der Neuanschaffung fast leer geräumt, füllte sich aber schnell wieder dank meiner Nebenbeschäftigung. Endlich konnte auch das Wohnzimmer möbliert und ein Schwarzweißfernseher gekauft werden.«[62]

Das Gefühl, in einer ziemlich heilen Welt zu leben, wurde auch durch die Schlagerindustrie bestärkt. »Wenn bei Capri die rote Sonne ins Meer versinkt ...« zum Beispiel formulierte sehnsuchtsvolle Urlaubswünsche, über AFN-Munich (American Forces Network) und über die frühen Schallplatten kam amerikanische Schlagerkultur und die Rock'n'Roll-Welle über das Land. »In the Middle of an Island« und »Rock around the Clock« waren fast allen Jugendlichen geläufige Ohrwürmer. Die ältere Generation beklagte damals schon die »Amerikanisierung« der deutschen Kultur. Heimatfilme wie »Der Förster vom Silberwald« oder unbedarfte Musikfilme wie »Wenn die Conny mit dem Peter« taten ein Übriges, gesellschaftskritisches Bewusstsein möglichst tief zu halten. Bissige Schlagertexte zu Zeitproblemen wie »Geh'n Sie mit der Konjunktur ...« von Hazy Osterwald, oder kritische Filme wie »Wir Wunderkinder« wurden eher am Rande wahrgenommen.

Zahlreiche Tanzveranstaltungen, aufwendige Faschingsumzüge und Volksfeste in den Kreisstädten Dachau und Aichach und auch in kleineren Orten fanden ein breites Publikum. Die Wiederbelebung alter Bräuche zum Beispiel durch Heimatvereine wie den »Ampertalern«, eine ungebremste Lust am Theaterspielen und sogar die Funktionalisierung von Bräuchen zu Werbezwecken, wie die von der Stadt Dachau organisierten Auftritte der Schäffler vor Geschäften und Firmen belegen die Versuche, heimatliche Identität zu stärken.[63] Nach den vergangenen Kriegs- und Notjahren freute man sich über erreichte Erfolge und wollte sich möglichst angenehme Gefühle nicht zerstören lassen. »Wohlstand für alle« und »Keine Experimente!« grüßten von den Wahlplakaten und blieben Grundmotive politischen Denkens in der Regierungszeit Konrad Adenauers und Ludwig Erhards von 1949 bis 1966.

Dem Schielen nach wirtschaftlicher Prosperität korrespondierte allerdings eine gewisse Anspruchslosigkeit in der Bildungspolitik. Das unselige Festhalten an der Konfessionsschule als Regelschule in Bayern bis 1968 bedeutete auf dem Land wenig gegliederte bis einteilige Zwergschulen und auch in den größeren Orten Schwierigkeiten in der Schulorganisation. Auch im höheren

Schulwesen gab es nur sehr zähe Fortschritte. Selbständige staatliche Gymnasien standen den Schülern des Dachauer Landes nur in München, Freising, Scheyern und Schrobenhausen zur Verfügung. Es war schon ein Ärgernis, dass in einer Kreisstadt wie Dachau das erste Abitur an einer selbständigen Oberrealschule erst im Jahr 1960 abgelegt werden konnte, nachdem man sich vorher mit einem Privatgymnasium und als Zweigstelle der Ludwigs-Oberrealschule München behelfen musste. Die damals noch sehr wenigen Schüler aus den Ortschaften des Landkreises konnten eine höhere Schule nur über lange Anfahrtswege oder als Internatszöglinge besuchen.

Auch wenn gesellschaftliche Befindlichkeiten in diesem Rahmen nur angedeutet werden konnten, lässt sich doch zusammenfassend feststellen, dass das Streben nach wirtschaftlichen Erfolgen und auch deren Wahrnehmung in den Jahren des »Wirtschaftswunders« ein Übergewicht gewannen und politische, geistige und auch rechtliche notwendige Veränderungen etwas aus dem Blickfeld drängten. Heute lassen sich die Bedingungen dieser Entwicklungen analysieren und auch verstehen, warum für die meisten der Menschen, die sie erlebten, diese Jahrzehnte eine Epoche des Aufbruchs, der Hoffnung und in der ja häufig verklärenden Erinnerung auch der Freude sind. Die Studentenrevolte 1968 und die sozialliberale Koalition waren gesellschaftliche und politische Antworten auf diese lange Zeit nicht wahrgenommenen Defizite.[64]

1 Dieser Aufsatz erschien erstmals 2014 in Amperland 50, Heft 1, Seite 185–191 (Teil 1) und in Heft 2, Seite 230–234 (Teil 2)

2 Ein jüngerer Beitrag stammt von Ferdinand Kramer: Wirtschaftswunder in Bayern. In: Wiederaufbau und Wirtschaftswunder. Aufsätze zur bayerischen Landesausstellung von 2009. Hrsg. von Christoph Daxelmüller, Stefan Kummer und Wolfgang Reinicke. Augsburg 2009, S. 120–131.

3 Vgl. zu dieser Problematik Helmut Beilner: Wozu Regionalgeschichte? Anmerkungen zu ihrer wissenschaftlichen und gesellschaftlichen Bedeutung. In: Amperland 45 (2009), S. 385–389.

4 Maximilian Lanzinner: Zwischen Sternenbanner und Bundesadler. Bayern im Wiederaufbau 1945–1958. Regensburg 1996, S. 252 f.

5 Lanzinner, Sternenbanner, S. 249.

6 Vgl. auch: Thomas Schlemmer: Industriemoderne in der Provinz. München 2009, S. 63 f.

7 Norbert Göttler: Die industrielle Entwicklung und Energieversorgung. In: Gerhard Hanke/Wilhelm Liebhart (Hrsg.): Der Landkreis Dachau (Kulturgeschichte des Dachauer Landes 1). Dachau 1992, S. 4 f.

8 Theodor Wietek: Die industrielle Entwicklung des Landkreises in den letzten 20 Jahren. In: Amperland 4 (1968), S. 117–119, hier S. 117; ders.: Die Dachauer Industrie. In:

Heimatbuch Landkreis und Stadt Dachau. Aßlingen-München 1971, S. 219–229, hier, S. 219.

9 Angelika Fox: Dachau – Stadt der Vertriebenen und Flüchtlinge. In: Amperland 41 (2005), S. 190–200, hier S. 191. Vgl. hierzu auch grundlegend: Franz-Josef Bauer: Flüchtlinge und Flüchtlingspolitik in Bayern 1945–1950. Stuttgart 1982; Jutta Neupert: Vom Heimatvertriebenen zum Neubürger. Flüchtlingspolitik und Selbsthilfe auf dem Weg zur Integration. In: Wolfgang Benz (Hrsg.): Neuanfang in Bayern 1945–1949. München 1988, S. 103–117; Wilhelm Liebhart: Zur Integration der Sudetendeutschen in Bayern. In: Amperland 44 (2008), S. 161–165.

10 Stadtarchiv Dachau: MD Papier 48; 116,4

11 Zur Entwicklung der MD München-Dachau existiert ein umfassendes Werk von Eugen Hubrich, das Ursachen dieses Aufstiegs und auch das spätere Ende detailreich aufzeigt: München-Dachauer Papierfabrik 1937–1988. Bd. 2. Dachau 1999. Eugen Hubrich war Werksdirektor von MD bis 1999 und widmete sich bis zu seinem Tod dem Aufbau eines Werksmuseums.

12 Stadtarchiv Dachau: MD 1962, Zeitschrift »Das Papier« 17 (1961), H. 2, Februar; vgl. auch Hubrich, S. 70–73.

13 Stadtarchiv Dachau: MD Papier, 46,48, 116,4: 1946 Mangel an Faserholz, Arbeiter.

14 Vgl. Walter Ziegler: Der Beitrag der Vertriebenen zu Wiederaufbau und Wirtschaftswunder. In: Wiederaufbau und Wirtschaftswunder (Anm. 1), S. 146–159.

15 Gespräch mit dem ehemaligen MD-Mitarbeiter Franz Thaler, der sich vom Schneider zum Papiermacher umschulen ließ. Im Ruhestand ist er einer der Kustoren des noch verbliebenen Betriebsmuseums. Vgl. auch Hubrich, München-Dachauer Papierfabrik (Anm. 10), S. 106 f.

16 Hubrich, München-Dachauer Papierfabrik (Anm. 10), S. 100 f.

17 Gespräch mit der ehemaligen MD-Angestellten Anni Schuster.

18 Stadtarchiv Dachau: MD Papier 119: Hundert Jahre München-Dachauer Papierfabriken.

19 Stadtarchiv Dachau: SLG Firmen, Schuster 11–22: Vgl. auch Theodor Wietek: Die Dachauer Industrie: In Heimatbuch (Anm. 7), S. 219–229, hier S. 211 und Paul Hoser: Entnazifizierung in der Stadt Dachau. In: Norbert Göttler (Hrsg.): Nach der »Stunde Null«. Stadt und Landkreis Dachau 1945 bis 1949. München 2008, S. 194–242; hier S. 198–200.

20 Ursula Katharina Nauderer: Wiederaufbau und Wirtschaftswunder. Lokalgeschichtliches zur Nachkriegszeit in Dachau. Hrsg. vom Zweckverband Dachauer Galerien und Museen. Essenbach 2013.

21 Monika Lücking/Peter Stecher: Die Wohnungssituation in der Stadt und im Landkreis Dachau. In: Hans-Günter Richardi (Hrsg.): Vom Lager zum Stadtteil. Die Entstehung von Dachau-Ost. Dachau 2006, S. 33

22 Lücking/Stecher (Anm. 20), S. 39 f.

23 Die Expansion im Wohnungsbau spiegelt sich zum Beispiel auch in den Dar-lehenssummen der Dachauer Sparkassen wider, die von 1964 an um das Doppelte bis Dreifache anschwollen. Vgl. Anton Mayr: Dachau und seine Sparkassen. 125 Jahre Sparkassen in Dachau 1881–2006. Dachau 2006, S. 354. Zum Wohnungsbau vgl. auch: Walter Koch/Bärbel Schäfer: Volksbank Raiffeisenbank Dachau eG. Chronik 1913–2013. 100 Jahre Gewinn für alle. Dachau 2013, S. 55.

24 Vgl. Helmut Größ: Die Ziegelei Anton Seitz von 1889–1969. Ziegelherstellung im Dachauer Land. In: Amperland 38 (2002) S. 17–25, hier S. 24.

25 Stadtarchiv Dachau: Nachlass Herterich, 1968 Engelmann, Gitterroste für halb Europa.

26 Berichte von Zeitzeugen und eigene Erinnerungen.

27 Stadtarchiv Dachau: Nachlass Herterich, 130: Sperrholz Lehner überall bekannt.

28 Stadtarchiv Dachau: Nachlass Herterich 116: Aus fünf Mann wurden 75.

29 Nauderer, Wiederaufbau (Anm. 19), S. 10.

30 Vgl. hierzu Alexander Mayer: Grundig und das Wirtschaftswunder. Erfurt 2008, passim.

31 Münchner Merkur, Sonderdruck vom 12./13. Februar 1966: Graf und Müller, Wenn elektronische Orgeln ertönen.

32 Stadtarchiv Dachau: Nachlass Herterich: Almocar, Was einst als Utopie erschien.

33 Stadtarchiv Dachau: Nachlass Herterich: Scheibe, Schweden lieben Flugzeuge aus Dachau.

34 Stadtarchiv Dachau: Nachlass Herterich: Berger, Hier hilft man den Urlaub verschönern.

35 Stadtarchiv Dachau: Nachlass Herterich: Fichtlscherer, Es begann in einer kleinen Dorfschmiede.

36 Stadtarchiv Dachau: Nachlass Herterich: ERMA, Leuchtpistole gleicht Füllfeder. Vgl. auch https://www.facebook.com/pages/ERMA-Werke/149827345070281?v=info.

37 Stadtarchiv Dachau: Nachlass Herterich 86: Kolb, Die Erzeuger ärgern Autodiebe.

38 Münchner Merkur, 31. Januar 2012: Zauner GmbH geschlossen. Trauriges Ende einer langen Firmengeschichte.

39 Stadtarchiv Dachau: Nachlass Herterich, 117: Hablitzel, Vom Klavier an die Maschine.

40 Stadtarchiv Dachau: Nachlass Herterich, 21: Von der Wiege bis zur Bahre.

41 Gespräch mit Blasius Thätter aus Großberghofen.

42 Vgl. Hans-Günter Richardi: Georg Scherer. In: Ders. (Hrsg.): Lebensläufe – Schicksale von Menschen, die im KZ Dachau waren. Books on Demand 2001 = Dachauer Dokumente. Bd. 2, S. 10–15, hier S. 15.

43 Stadtarchiv Dachau: Nachlass Herterich, 101: Bardtke und Scherer, Aus kleinsten Anfängen.

44 Dachauer Nachrichten 15./17. 6. 1963: Grätz, Fast 3 Millionen Stiche am Tag.

45 Stadtarchiv Dachau: Nachlass Herterich: Graf, Schicke Sachen aus der Uhdestraße.

46 Stadtarchiv Dachau: Nachlass Herterich: Wallach, 31. 5. 1963, In Dachau erzeugt – in den USA beliebt.

47 Vom Lager zum Stadtteil (Anm. 20), S. 64 f.

48 Dachauer Nachrichten 26. 2. 1963: Vom Lager zum Stadtteil (Anm. 20), S. 64.

49 Wietek 1968 (Anm. 7), S. 117 f.

50 Vgl. hierzu Paul Hoser, Entnazifizierung (Anm. 18), S. 201 f. und Karl Ludwig Schweisfurth: Wenn's um die Wurst geht. Autobiographie. Gütersloh 1999.

51 Stadtarchiv Dachau, Nachlass Herterich: Von Eisenwaren bis zu Ledertaschen.

52 Stadtarchiv Dachau, Nachlass Herterich, 112: Vom Einmannbetrieb zum großen Fachgeschäft.

53 Einen Überblick über weitere Firmen und Gewerbe im Dachauer Land bietet Hans Sponholz: Bilder aus der Wirtschaft. In: Heimatbuch (Anm. 7), S. 223 bis 263.

54 Gespräche mit mehreren Zeitzeugen und eigene Erinnerungen des Autors.

55 Vgl. zum gesamten Problemfeld Wilhelm Prestele: Die Landwirtschaft im Landkreis Dachau: In: Heimatbuch (Anm. 7), S. 211–218.

56 Lanzinner, Sternbanner (Anm. 3), S. 261.

57 Stadtarchiv Dachau, Nachlass Herterich, 62: Bauernkundgebung im Hörhammersaal.

58 Hans Bauer: Die Landwirtschaft im Landkreis Dachau. In: Hanke/Liebhart, Landkreis Dachau (Anm. 6), S. 64–73, hier S. 64; Lanzinner, Sternenbanner (Anm. 3), S. 265.

59 Wilhelm Liebhart: »Wiederaufbau unseres Heimatlandes«. Zusammenbruch, Neubeginn und Wiederaufbau. In: Göttler, Nach der »Stunde Null« (Anm. 18), S. 13–27, hier: S. 23.

60 Lanzinner, Sternenbanner (Anm. 3), S. 263.

61 Werner K. Blessing: Vom Trümmerjammer zum Fortschrittsrausch – mentaler Wandel in der Nachkriegszeit. In: Wiederaufbau und Wirtschaftswunder (Anm. 1), S. 218–231, hier: S. 228 f.

62 Alois Boder: Vertreibung ins Paradies. Schwabhausen 2013 (Eigendruck), S. 92.

63 Stadtarchiv Dachau: Schreiben vom 9. Januar 1963.

64 Zum gesamten Problemfeld vgl. Christoph Daxelmüller: Alltag nach 1945. In: Wiederaufbau und Wirtschaftswunder (Anm. 1), S. 232–245, hier S. 242 f.

Das Gewerbe im Landkreis Dachau in den 1950er Jahren als Wegbereiter des Wirtschaftswunders

Anton Mayr

Ludwig Erhard (1897–1977) erklärte am Tag vor der Währungsreform (21.06.1948) als Direktor der »Verwaltung für Wirtschaft des Vereinigten Wirtschaftsgebietes« in Frankfurt das Ende der Zwangswirtschaft in den drei westlichen Besatzungszonen Deutschlands. Erhard, der von 1949 bis 1963 Bundeswirtschaftsminister war und von 1963 bis 1966 Bundeskanzler, schuf damit eine wesentliche Voraussetzung für die schnelle Wiederbelebung der westdeutschen Wirtschaft und gilt seither als Vater des deutschen Wirtschaftswunders. Bereits 1948 hatte Erhard erklärt, dass er »die Verwirklichung einer Wirtschaftsverfassung anstrebe, die immer weitere und breitere Schichten unseres Volkes zu Wohlstand zu führen vermag«.[1]

Das »Ende der Zwangswirtschaft« zu erklären, ergibt noch keinen Wohlstand. Es müssen Menschen da sein, die handeln, um Wohlstand erarbeiten zu können. Das sind zum einen Menschen, die das unternehmerische Risiko auf sich nehmen und Arbeitsmöglichkeiten anbieten, also Arbeitgeber, Handwerksmeister oder größere Firmen. Zum anderen muss es Menschen geben, die sich bereit erklären, die angebotenen Arbeitsmöglichkeiten anzunehmen, also Arbeiterinnen, Arbeiter, Angestellte. Beide Bereiche trafen Ende der 1940er/Anfang der 1950er Jahre auch im Landkreis Dachau zusammen.

Nach dem Zweiten Weltkrieg mussten kriegsbeschädigte Betriebe wieder so hergerichtet werden, dass sie bald wieder mit der Produktion beginnen konnten und es mussten neue Betriebe mit neuen Arbeitsplätzen gegründet werden. Beides gelang im Landkreis Dachau. Die ansässigen Kreditinstitute, vorrangig die Sparkasse Dachau als größte Kapitalsammelstelle im Landkreis, daneben die Volksbank Dachau und die Filiale Dachau der Bayerischen Hypotheken- und Wechsel-Bank, München, stellten die benötigten Kreditmittel zum Aufbau der Betriebe zur Verfügung. Hinzu kamen Kredite des Staates oder Bürgschaften für solche Kredite, die von den örtlichen Kreditinstituten ausgegeben wurden. So konnten in relativ kurzer Zeit in den 1950er Jahren zahlreiche Betriebe im Landkreis neu gegründet oder wieder in Schwung gebracht und Tausende von Arbeitsplätzen im Landkreis zur Verfügung gestellt werden. Manches damals neugegründete Unternehmen überstand zwar die Einführungsphase nicht, aber auch solche Betriebe konnten immerhin einige Zeit Arbeitsplätze anbieten und damit für ein Einkommen der Beschäftigten sorgen.

Mit dem Aufkommen von gewerblichen Betrieben, die eine große Zahl von Arbeitskräften beschäftigen konnten, nahm die Zahl der in der Landwirtschaft beschäftigten Menschen ab. Allein zwischen 1950 und 1957 wanderten in der Bundesrepublik rund 325000 Landarbeiter in gewerbliche Betriebe ab; das waren etwa ein Drittel aller familienfremden Arbeitskräfte in der Landwirtschaft.[2]

Betrachten wir auszugsweise einige der Betriebe, die in den 1950er Jahren in nennenswerter Zahl – meist hundert und mehr – Arbeitsplätze zur Verfügung gestellt hatten.

Apparatebau Bayern GmbH, Dachau

Die Firma Telefunken hatte ab 1. Oktober 1945 Räume in der Brunngartenstraße 5 und ab 20. Februar 1947 Holzhallen (Baracken) an der Bayernstraße[3] 2 gemietet. 1950 verlagerte Telefunken den Betrieb komplett an die Bayernstraße. Im Jahr 1951 beabsichtigte die Firma Telefunken GmbH, das Werk Dachau aufzugeben und etwa ein Viertel der Belegschaft in andere Werke zu übernehmen. Da diese Maßnahme schwerwiegende soziale Folgen für die bayerische Wirtschaft, insbesondere für die Stadt Dachau gehabt hätte, wurden Gespräche zwischen Telefunken und dem damaligen Leiter des Werkes Dachau, Direktor Albert Stiegler, geführt, mit dem Ergebnis, dass das Werk in Dachau in selbstständiger Form als Firma *Apparatebau Bayern GmbH* weitergeführt werden konnte. Für Dachau wurden dadurch 300 Arbeitsplätze gesi-

Das Radiogerät bei Neckermann – hergestellt bei Apparatebau Bayern GmbH, Dachau

chert. Die Firma stellte die damals gefragten Produkte Plattenspieler, Elektronenorgeln, Rundfunk- und Tonbandgeräte her. Geliefert wurde auch an das Versandhaus Neckermann, Frankfurt.

Die Mitarbeiterzahl wurde erhöht. Am 1. September 1953 waren 361 Mitarbeiter beschäftigt, am 31. Oktober 1955 bereits 638. Dass es aber auch damals nicht immer nur in eine Richtung ging, zeigt ein Zeitungsbericht vom 7. April 1956: »Die zur Zeit beim Apparatewerk Bayern in Dachau bestehenden Schwierigkeiten, die eine Ausstellung eines Drittels der Belegschaft zur Folge hatten, seien, wie wir in einem Gespräch mit der Geschäftsleitung erfahren konnten, einerseits auf einen normalen saisonalen Rückgang der Produktion zurückzuführen, zum anderen Teil aber darauf, dass das Werk aus übergeordneten Gesichtspunkten sich zur Zeit abnahmemäßig anders orientieren würde. Das Werk hoffe, schon in einigen Monaten die Beschäftigung wieder bedeutend beleben zu können.«[4]

Werbung für eine elektronische Orgel – hergestellt bei Apparatebau Bayern GmbH, Dachau

Die Firma Apparatebau Bayern GmbH erholte sich von diesen Schwierigkeiten nicht mehr. Aber auch dieses Mal waren die Arbeitsplätze nicht verloren. Apparatebau Bayern GmbH und damit die Arbeitsplätze wurden noch 1956 von der Firma Grundig, Fürth, übernommen.

Grundig, Dachau

Die Firma Grundig richtete 1956 das »Werk 6 Dachau« ein. Als im Juli 1956 die Produktion anlief, waren 116 Beschäftigte tätig. Bis zum Ende 1956 war die Zahl der Beschäftigten bereits auf über 900 gestiegen, davon ca. 41 Prozent Heimatvertriebene und Flüchtlinge. Das Hauptkontingent stellten die Frauen in den Montagen mit rund 70 Prozent dar. Die Produktion umfasste im Wesentlichen die verschiedenen Export-Geräte der niedrigen Preisklassen, Mittelsuper und Musikschränke für Inlandverkauf und Export.[5]

Im Grundig-Werk 6 Dachau (um 1958)

Die Mitarbeiterzahl stieg kontinuierlich an und erreichte 1977 mit 1407 Beschäftigten den absoluten Höchststand im Werk Dachau. Ab 1979/80 machte sich der Konkurrenzdruck aus Japan bemerkbar. Falsche Produktentschei-

dungen kamen dazu. Der Personalabbau begann. Zum 1. März 1984 wurde
das Grundig-Werk in Dachau aufgelöst.

BARDTKE & SCHERER, DACHAU

Ernst Bardtke, Georg Scherer und ein weiterer Gesellschafter gründeten im
Jahr 1946 eine Fabrik zur Herstellung von Damen- und Herrenkleidung. Der
erste Standort der Firma an der Münchner Straße wurde bald zu klein. Mitte
der 1950er Jahre wurde ein Neubau an der Münchner Straße errichtet. Später
wurden Fabrikgebäude in Dachau-Ost erworben. Zu Beginn des Jahres 1950
wurden 80 Arbeiter und Angestellte beschäftigt. Bis Ende 1951 hatte sich die
Mitarbeiterzahl verdoppelt. Sie stieg schließlich auf bis zu 400 Mitarbeitern.
Billigimporte aus Asien brachten in den 1990er Jahren das Ende der Firma.

BAYERISCHE LEDERWERKE GMBH, DACHAU

Die Firma stellte in Dachau-Ost Oberleder her. Die Produktion war im Oktober 1951 aufgenommen worden. 1953 wurden 40 Mitarbeiter beschäftigt.
1957 betrug die Mitarbeiterzahl 90 Arbeiter und Angestellte. Durch Kurz-
arbeit in den Schuhfabriken ging die Firma im Jahr 1958 vom Markt.

BAYERISCHES SPRITZGUSSWERK GMBH, DACHAU

Die Firma wurde im Jahr 1952 in Dachau, Würmmühle 30, zur Kunststoff-
verarbeitung mit 17 Beschäftigten gegründet. Im September 1953 war die
Beschäftigtenzahl bereits auf 65 gestiegen. 1960 waren durchschnittlich 80
Mitarbeiterinnen und Mitarbeiter beschäftigt.

Alfons Bernstein, Volltuchfabrik, Grossberghofen

Bereits kurze Zeit nach Kriegsende 1945 begann der heimatvertriebene Tuchfabrikant Alfons Bernstein mit der Errichtung einer kleinen Handweberei in München. Die dazu erforderlichen Handwebstühle wurden selbst gebaut und der kleine Betrieb mit sechs Beschäftigten zum Anlaufen gebracht. Am 15. August 1945 konnte die erste Fertigware ausgeliefert werden. Dazu war die Firma »Bayerische Textil Manufaktur A. Bernstein« gegründet worden. 1946 übernahm Bernstein in Großberghofen eine geräumige Baracke, in der eine Spinnerei und eine Weberei eingerichtet wurden. Zum 1. Mai 1948 gründete Alfons Bernstein in Großberghofen die Firma »Volltuchfabrik Alfons Bernstein«. Die Firma in München wurde geschlossen. In München sah Bernstein einerseits aus Kostengründen keine Möglichkeit, eine Tuchfabrik zu errichten. Zum anderen befanden sich im Landkreis Dachau viele Heimatvertriebene als Fachkräfte für seinen Betrieb.

Das Firmengebäude der Firma Alfons Bernstein, Großberghofen, um 1955 (Foto: Sparkasse Dachau)

1949 wurde das erste Firmengebäude, ein teilweise unterkellertes dreistöckiges Gebäude, errichtet. 1951 erfolgte ein weiterer Bau. Es gab schließlich die Produktionsabteilungen Streichgarnspinnerei, Kammgarnspinnerei, Weberei, Färberei, Zwirnerei, Ausrüstung. Zu Beginn des Jahres 1950 zählte der Betrieb 45 Mitarbeiterinnen und Mitarbeiter. 1953 wurden bereits in Mehrschichtenarbeit 180 Mitarbeiter beschäftigt. 1959 zählte der Betrieb 270 Beschäftigte. Die Firma ging 1964 vom Markt. Spätere Firmen in den Gebäuden waren Hans Kolb KG, Valeo, derzeit U-Shin.

ERMA-WERKE B. GEIPEL GMBH, DACHAU

Seit den 1930er Jahren war die Firma »PRÄZIFIX Schraubenfabrik Gustav Adolf Heyer«, Dachau, in der Johann-Ziegler-Straße 2 und 3 (später in Nr. 15 geändert) tätig. In diese Räume zog 1952 die Firma »Erma-Werke B. Geipel GmbH«, Herstellung von Sportwaffen, nach ihrer Umsiedlung aus der sowjetisch besetzten Zone und Wiederbegründung 1952 ein. Ende 1953 betrug die Beschäftigtenzahl 57, im Jahr 1955 bereits 110.

Hanwag, Vierkirchen

Zu Beginn des 20. Jahrhunderts betrieb in Jetzendorf (Lkr. Pfaffenhofen a. d. Ilm) Hans Wagner eine Schuhmacherei. Seine drei Söhne Lorenz, Adolf und Hans wurden ebenfalls Schuhmacher und machten sich nach dem Ersten Weltkrieg selbstständig. Lorenz übernahm das väterliche Geschäft in Jetzendorf (LOWA), Adolf gründete einen Betrieb in Weichs (die spätere Firma Hochland) und Hans gründete 1921 eine Schuhmacherei in Vierkirchen.

Hans Wagner legte damit den Grundstein für die späteren Weltfirmen der Wagners. Eines Tages in den 1920er Jahren kam ein Vertreter zu Hans Wagner ins Haus und sah, welche zwiegenähten Schuhe Wagner hergestellt hatte. Solche Schuhe wollte der Vertreter auch vertreiben. So begann das Geschäft der späteren Weltfirma Hanwag, Vierkirchen. 1957 war die Firma Hanwag zum ersten Mal auf der Internationalen Sportartikelmesse in Wiesbaden als Aussteller vertreten. Noch im gleichen Jahr begann der Export der Schischuhe in die USA, anfangs unter dem Produktnamen »Garmisch«, weil dieser Name, vor allem unter den ehemaligen amerikanischen Soldaten, ein guter Begriff war. Mitte der 1960er Jahre stellte Hanwag täglich 200 Paar Schuhe her. Hierzu beschäftigte die Firma in der Spitze in Vierkirchen 70 Mitarbeiter.

KRINNER & MITTER, DACHAU

Die Firma zur Textilausrüstung siedelte sich nach dem Krieg in Dachau, Feldiglstraße 34, an. 1956 zählte die Firma 33 Beschäftigte, darunter 30 Näherinnen und Büglerinnen.

MÜNCHEN-DACHAUER PAPIERFABRIKEN (MD), DACHAU

Die Firmenzeichen der München-Dachauer Papierfabriken: links Zeichen ab 1927, rechts Zeichen ab 1967.[6]

Zu Beginn der 1950er Jahre befanden sich nur wenige gewerbliche Betriebe im Landkreis Dachau, die als Fabriken angesehen werden konnten. Die erste Fabrik im früheren Bezirksamt Dachau war die München-Dachauer Papierfabriken (MD). 1840 begonnen, beschäftigte MD 1912 an mehreren Werken bereits 1000 Mitarbeiter. 1936 interessierte sich der Fabrikbesitzer Heinrich Nicolaus aus Oberzeismering bei Tutzing für die MD. Zunächst übernahmen Heinrich Nicolaus und ein Bruder und ein Vetter von ihm 75 Prozent des

Kapitals von drei Millionen RM des als Aktiengesellschaft geführten Unternehmens. Aber für einen Unternehmertyp wie Heinrich Nicolaus war diese Konstellation nicht das richtige Mittel, um seine Vorstellungen umsetzen zu können. So wurde die bisherige AG auf der Hauptversammlung am 22. Dezember 1937 in eine Einzelfirma mit dem Namen München-Dachauer Papierfabriken Heinrich Nicolaus umgewandelt. Vor dem Zweiten Weltkrieg beschäftigte MD 92 Angestellte und 800 Arbeiterinnen und Arbeiter. Nach Produktions- und Personaleinbußen während des Zweiten Weltkrieges (Ende 1945 beschäftigte MD insgesamt 350 Mitarbeiter) war die Mitarbeiterzahl im Jahr 1950 bereits wieder auf 850 gestiegen, davon 450 in Dachau. In den folgenden 1950er Jahren konnte die Papierherstellung bei MD wesentlich erhöht werden. Bis 1962 war die Tagesproduktion im Werk Dachau auf 500 Tonnen Papier gesteigert worden. »Damit stellt(e) das Werk Dachau als Betriebseinheit die größte deutsche Papierfabrik dar und wohl eine der größten Fabriken für mittelfeine Druckpapiere überhaupt«.[7] MD war in den 50er Jahren der größte Arbeitgeber im Landkreis Dachau. 1950 waren rund 1 000 Arbeiter und Angestellte beschäftigt, 1960 rund 1 500. Der Betrieb Dachau wurde 2007 geschlossen.

»Papierer« bei der Arbeit (Foto: Hubrich)

Hier sei auch gleich auf die Entwicklung der Arbeitszeit eines Arbeiters innerhalb eines Zeitraumes von rund 100 Jahren eingegangen. Im Jahr 1860 betrug die tägliche Arbeitszeit in der oberen Papierfabrik in Dachau 14 ½ Stunden. 1900 dauerte der tägliche Arbeitstag nur noch zwölf Stunden. Ab 17. März 1919 durfte auch bei MD nur noch acht Stunden am Tag gearbeitet werden unter Beibehaltung der bisherigen Löhne. Bis 1960 war der Samstag noch üblicher Arbeitstag. Am 1. Oktober 1960 wurde die Arbeitszeit auf 44 Wochenstunden verkürzt. Ab 1. Oktober 1962 wurde die wöchentliche Arbeitszeit um jeweils eine Stunde verkürzt, so dass am 1. Oktober 1965 die 40-Stunden-Woche erreicht war.

Anton Mayr

Schokoladenherstellung in Dachau

OBERBAYERISCHE *Schokoladenfabrik* G.M.B.H.

DACHAU · FREISINGER STRASSE 60 · TEL. 1533

„*Isargold*"

SCHOKOLADEN-FABRIKATION UND -VERTRIEB

Inh. A. Leonhard

Dachau, den

Büro: Rotschwaige bei Dachau, Waldstraße 3 · Telefon: Dachau 587
Fabrik: München-Pasing, Haidelweg 22 · Telefon: 82063 / 82080

Bankkonto: Kreis- Stadt-Sparkasse Dachau
Konto Nr. 2707

Postscheckkonto: München Nr. 106598

Mit der süßen Schokolade musste Dachau drei Mal bittere Erfahrungen hinnehmen. Die erste Firma war die Schokoladenfabrik Liebl.[8] Das Unternehmen war hervorgegangen aus der bis zur Vertreibung in Eger (Sudetenland) ansässig gewesenen Schokoladenfabrik Liebl. Die heimatvertriebenen Brüder Franz und Hans Liebl begannen 1948 in Einsbach mit der Produktion von Bonbons und Zuckerwaren-Baumbehang. Im Oktober 1949 konnte der Betrieb nach Dachau, Freisinger Straße 60, verlegt werden. Hier wurde mit der Produktion von Schokolade begonnen. Ende 1951 waren 83 Arbeiter und Angestellte beschäftigt. Die Firma ging im Jahr 1952 vom Markt.

Die Schokoladenfabrikation in Dachau setzte auf dem gleichen Grundstück, auf dem die Firma Liebl tätig gewesen war, die Oberbayerische Schokoladenfabrik GmbH, Dachau, unmittelbar fort. Trotz tonnenweiser Verarbeitung von Kakaobohnen fand auch diese Firma kurzfristig, bereits im Jahr 1953, wieder ihr Ende. Auch Lieferverträge mit der Firma »Isargold, Schokoladen-Fabrikation und –Vertrieb«, Büro in Rothschwaige, konnten die Schokoladenfabrikation in Dachau über 1953 hinaus nicht retten.

FEINPAPPENWERK GEBR. SCHUSTER, DACHAU

Der Ursprung dieser Firma war die Firma Pappenfabrik Mathias Rollbühler in Dachau-Augustenfeld, die seit dem Jahr 1900 in den Händen der Familie Schuster lag. In den 1930er Jahren erfolgte die Umbenennung in Feinpappen-werk Gebr. Schuster. Die Firma stellte Pappe, Kartons, Karosserieteile und Pappbecher her. 1952 waren 100 Mitarbeiter beschäftigt. Bis 1956 hatte sich die Beschäftigtenzahl auf 250 erhöht.

Prospekt der Firma Feinpappenwerk Gebr. Schuster, Dachau, zur 39. Internationalen Automobil-Ausstellung September 1959 in Frankfurt/Main

Sürofa Süddeutsche Rohrmattenfabrik, Dachau

1926 kaufte Familie Müller, München – sie stammte aus Unterfranken und stellte seit 1880 mit Unterbrechung Schilfrohrmatten her – in Dachau ein Grundstück des Geländes der ehemaligen »Deutschen Werke« mit drei Gebäuden. Dort begann sie mit 100 Mitarbeitern eine Rohrmattenfabrikation. Schilfrohrmatten dienten seit etwa 1880 als Putzträger. Sie wurden aus Schilfrohr gefertigt, das eine Ein-Jahres-Pflanze ist und die laufend nachwächst. In den 1930er Jahren hatte die Firma Sürofa einen Gutshof an der Oder in Pommern gekauft und dort einen Fertigungsbetrieb eingerichtet. Leider wurde das Werk am rechten Ufer der Oder errichtet, fiel dadurch nach dem Zweiten Weltkrieg an Polen und war für Sürofa verloren. Auch ein weiterer 1938 am Neusiedler See gekaufter Betrieb ging nach dem Zweiten Weltkrieg verloren. Bedingt durch die Kriegs- und Nachkriegszeit konnte erst 1948 wieder produziert werden, in Dachau, mit vier Maschinen, die zwischenzeitlich in einem Betriebsgebäude am Konzentrationslager untergestellt waren. In den 1950er Jahren wurden 40000 Quadratmeter Rohrgewebe hergestellt. Bis zu 345 Mitarbeiter verarbeiteten in diesen Jahren jährlich zwischen 800 und 900 Waggonladungen Schilfrohre, die aus den Balkanländern importiert wurden. Die Firma stellte anfangs der 1970er Jahre ihre Produktion ein.

SULIDA, DACHAU

Der Heimatvertriebene Felix Schuh errichtete 1949 in Dachau-Ost, zunächst in Baracken des ehemaligen Konzentrationslagers, später in einem Neubau im Kräutergarten, eine Strick- und Wirkwarenfabrik.

Hergestellt wurden Nylon-, Perlon-, Helanca-Krepp-Kollektionen in Herren-Socken und Kinderstrümpfen, in modischer Unifarben- und Jacquard-Musterung. Ein Werbeplakat der Firma im Mai 1955: »Über 300 000 Maschen enthält 1 Paar Nylon-, Perlon-, Helanca-Krepp-Socken, bei einem Gewicht von nur 16g, produziert auf den modernsten Jacquard-Doppelzylinder-Vollautomaten der Welt.« Die Firma Sulida war in Deutschland führend bei der Herstellung von Strümpfen nach der Art Jacquard. Auf der Internationalen Messe in Luxemburg im Jahr 1952 erhielt die Firma eine Goldmedaille für hervorragende Leistungen. Im Laufe der Zeit waren zwischen 200 und 400 Mitarbeiterinnen und Mitarbeiter beschäftigt. Anfang der 1960er Jahre kam das Ende der Firma. Die Fabrikgebäude wurden von der Firma Bardtke & Scherer übernommen.

Firma Sulida in Dachau-Ost, um 1955.
(Foto: Sparkasse Dachau)

Bundeswirtschaftsminister Ludwig Erhard besuchte auf der Internationalen Messe in Luxemburg im Jahr 1952 den Stand der Strumpffabrik Sulida, Dachau. V. r. Firmeninhaber Felix Schuh, Ludwig Erhard, Hanns Hilbert von der Firma Sulida.

Fabrikgebäude der Firma Sulida in Dachau. Auf der Tafel steht: Hier hilft der Marshallplan.

ELEKTROTECHNISCHE FABRIK WIETEK & CO. GMBH, DACHAU

ELEKTROTECHNISCHE FABRIK **WIETEK & CO.** G. M. B. H.

Taschenlampen • Fahrradbeleuchtung

Anschrift des Absenders: Wietek & Co., G.m.b.H., Dachau bei München   FERNRUF: Sammel-Nr. ☆2061, 33·44
von München: 08131 2061

In vorher von der Firma Telefunken genutzten Räumen in der Brunngarten-straße 5 nahm die Firma 1951 die Tätigkeit zur Fabrikation von Taschen-lampen-Hülsen Marke »DAIMON« auf. 1952 wurden bereits 180 Mitarbeiter beschäftigt. 1956 betrug die Zahl der Mitarbeiter 210, darunter 80 Prozent Heimatvertriebene. Weiter waren unter den Mitarbeitern 24 Lehrlinge. 1956 war bereits das erste Fließband in Betrieb, ein zweites wurde eingerichtet.

Prospekt der Firma »DAIMON«,
Geschäftspartner der Firma Wietek & Co.
GmbH, Dachau.

FLEISCHWAREN- UND KONSERVENFABRIK HANS WÜLFERT GMBH, DACHAU, SPÄTER KARL SCHWEISFURTH GMBH

Im Jahr 1935 gründete Hans Wülfert, Dachau, mit einem Partner die Fleischwaren- und Konservenfabrik Hans Wülfert GmbH, Dachau, Schleißheimer Straße 19. Die Firma belieferte den Einzelhandel, Gaststätten und Kaffeehäuser. Kriegs- und Nachkriegsjahre konnten überstanden werden. 1954 waren 150 Arbeiterinnen und Arbeiter beschäftigt.

*Prospekt der Firma Hans Wülfert GmbH,
Dachau*

Im August 1954 übernahm die Firma Karl Schweisfurth GmbH aus Herten in Nordrhein-Westfalen (ca. 1 200 Beschäftigte) die Firma Wülfert in Dachau. Im Juli 1956 waren 170 Arbeitnehmer in Dachau beschäftigt. Die Firma Karl Schweisfurth GmbH war jahrzehntelang in Dachau ansässig. Später war in dem Gebäude in der Schleißheimer Straße der Supermarkt Tengelmann untergebracht.

WIRKWARENFABRIK JOACHIM HÜFFER OHG, LAGER WAGENRIED

JOACHIM HÜFFER
Wirkwarenfabrik
Inh. J. Hüffer u. O. Menge
München 23 / Leopoldstraße 44/I

Diese hier beschriebene Firma kann nicht durch eine Vielzahl an Arbeitskräften hervorgehoben werden. Sie soll aber zeigen, wie in den Jahren nach dem Zweiten Weltkrieg auch mit bescheidensten Mitteln versucht wurde, eine

Firma aufzubauen und Arbeitskräfte zu beschäftigen. Im Juni 1948 gründeten die beiden Heimatvertriebenen Joachim Hüffer, Wagenried, und Otto Menge, München, die Wirkwarenfabrik Joachim Hüffer OHG. Es wurden Wirkwaren aus Kunstseide und Zellwolle hergestellt und zu Damenwäsche verarbeitet. Als Fabrikgebäude dienten Holzbauten (Baracken) des Lagers Wagenried. Bis zum Jahr 1950 waren hier 22 Arbeitskräfte beschäftigt. 1950 wurde die Firma nach Dachau verlegt. 1952 ging die Firma vom Markt.

1 Ludwig Erhard: Wohlstand für alle. Düsseldorf, 3. Aufl. 1990, S. 7.

2 Aichacher Zeitung (im Verbund mit dem Donau-Kurier, Ingolstadt), 30. 04. 1957.

3 Die heutige Theodor-Heuss-Straße in Dachau wurde erstmals 1938 als Lagerstraße bezeichnet. Sie dürfte in jenem Jahr gebaut worden sein. Am 29. 09. 1945 wurde die Straße in Bayernstraße und am 16. 02. 1965 in Theodor-Heuss-Straße umbenannt.

4 Dachauer Anzeiger, 07. 04. 1956.

5 Hermann Schelb: Werk VI. In: Wir und unser Betrieb. Hauszeitschrift der Grundig-Werke Fürth/Bayern, 1/1957, S. 2.

6 Eugen Hubrich: München-Dachauer Papierfabriken 1837–1937, Dachau 1997, S. 97. Eugen Hubrich, München-Dachauer Papierfabriken 1937–1988, Dachau 1999, S. 127.

7 Hans Birling: Wir ›Papyrer‹. München Dachauer Papierfabriken Heinrich Nicolaus GmbH 1862–1962, Dachau 1962, S. 42.

8 Ursula K. Nauderer: Die Dachauer Schokoladenfabrik Franz Liebl KG. In: Amperland. Heimatkundliche Vierteljahresschrift für die Kreise Dachau, Freising und Fürstenfeldbruck, (51) 2015, Heft 4, S. 461.

Verdrängung und die Folgen

Jürgen Müller-Hohagen

Schweigen und Schweigen sind nicht dasselbe

»Das war bei uns doch genauso! Auch in meiner Familie wurde immer nur geschwiegen.« So ist es des Öfteren zu hören, wenn NS-Nachgeborene[1] sich darauf beziehen, dass in manchen Familien von Verfolgten ebenfalls über das in der NS-Zeit Erlebte geschwiegen wurde.

Es sind zunächst einmal ethische Gründe, die mich solche Gleichsetzung zurückweisen lassen. Doch auch psychologisch gilt: Statt von einer derart betonten Gemeinsamkeit des Schweigens ist in Wirklichkeit von einer fundamentalen Verschiedenheit zu sprechen. Auf der einen Seite wurde geschwiegen angesichts des nicht wirklich mitteilbaren erlittenen Horrors, auf der anderen mit dem Ziel, die wie auch immer gegebene eigene Beteiligung an der Herstellung genau dieses Horrors zu verbergen. Einen größeren Gegensatz gibt es nicht.

Noch etwas betone ich aus psychologischer Erfahrung: Kinder haben Antennen gerade für die existenziellen Dimensionen des Lebens – und damit für Wahrheit. Sie entwickeln sich unter Umständen in tiefe Verwirrung hinein, wenn nicht in angemessener Weise mit Wahrheit umgegangen wird. Damit habe ich viel zu tun, speziell in meiner Arbeit mit NS-Nachgeborenen. Deshalb betone ich so sehr: Schweigen und Schweigen sind nicht dasselbe.

Hintergründe

Schon bald nachdem ich angefangen hatte, mich für »diese Themen« zu öffnen, bekam ich es mit sämtlichen Hintergründen zu tun: Verfolgte, Widerstand, Täterschaft, »Mitläufer« (Ermöglicher), Soldaten, Bombenkrieg, Flucht und Vertreibung.[2] Zugleich zeigte sich, dass sich die Arbeit hier jeweils unterschiedlich akzentuiert.

Meine Erfahrungen basieren auf der »normalen« Arbeit in Institutionen des medizinischen und sozialen Bereichs (Kinderzentrum München von

1979 bis 1986, Erziehungsberatungsstelle in München Hasenbergl von 1986 bis 2011). Hinzu kommen vielfältige Einblicke aus meiner bis heute betriebenen psychotherapeutischen Praxis in Dachau, deren Fokus sich mehr und mehr auf seelische Nachwirkungen von NS-Zeit und Krieg verlagert hat.

Verdrängung und Verdrängung sind nicht dasselbe, 1. Teil

Begonnen habe ich mit dem Thema des Schweigens, weil sich hier der grundsätzliche Fehler eines vorschnellen Pauschalisierens noch relativ leicht plausibel machen lässt. Weitaus schwieriger ist das hinsichtlich von Verdrängung, um die es in diesem Beitrag gehen soll. Denn dabei handelt es sich bekanntermaßen um einen »psychischen Mechanismus«, und der muss doch im Prinzip bei allen Menschen ähnlich angelegt sein, so wie etwa die zwei Arme, mit denen wir geboren werden. Genau das bezweifle ich aufgrund jahrzehntelanger Beschäftigung mit dem NS-Thema. Und deshalb stelle ich analog zum vorher Gesagten in den Raum: Ähnlich wie beim Schweigen sind auch Verdrängung und Verdrängung, Verleugnung und Verleugnung, Identifizierung und Identifizierung nicht unbesehen dasselbe, je nachdem ob sie in Familien von Verfolgten oder von Tätern anzutreffen sind.

Zusätzlich behaupte ich: Es macht außerdem einen Unterschied aus, ob es sich bei Nachkommen ehemaliger Volksgenossen um Menschen handelt, die sich an ihre NS-behaftete Herkunftsfamilie (und auch die weitere Umgebung) angepasst haben, oder ob sie Ausgegrenzte sind, oft Sündenböcke.

Ich bin zu der Überzeugung gekommen: Das Universum von Gewalt und Vernichtung, das mit Blick auf die NS-Zeit den Hintergrund bildet, lässt eine Unschuld oder Überzeitlichkeit der Begrifflichkeiten nicht mehr zu. Vielmehr sind sie auf den jeweiligen Kontext zu beziehen. Dafür allerdings muss dieser erst einmal bekannt sein.

Individuell können hier natürlich alle nur denkbaren Schattierungen oder Überlagerungen gegeben sein, etwa in Familien mit sowohl Täter- als auch Verfolgtenlinien. Das aber hebt die angesprochenen kategorialen Unterschiede nicht auf.

Verdrängung und Verdrängung sind nicht dasselbe, 2. Teil

Für vieles, sogar alles, was in der Psychoanalyse als Abwehrmechanismen beschrieben wird, steht in der Öffentlichkeit oft nur der prominenteste: die Verdrängung. So lautet ja auch der Titel dieses Buches: Zwischen Wirtschaftswunder und Verdrängung.

Ich halte es für sinnvoll, hier dieser Vereinfachung zu folgen.[3] Unterscheiden möchte ich aber doch zwischen Verdrängung und Verleugnung. Letztere bezieht sich nämlich in der Hauptsache auf Wahrnehmungen der Außenwelt, die nicht bewusst werden dürfen, erstere dagegen richtet sich nach innen, bezeichnet Vorgänge, durch die ein innerseelischer Impuls (Wunsch, Gedanke, Erinnerung ...) ins Unbewusste abgeschoben wird, beziehungsweise von dort aus nicht ins Bewusstsein kommen darf.

Sehr wesentlich gerade beim Umgang mit der NS-Vergangenheit ist die Feststellung, dass es sich nicht nur dann um Verleugnung handelt, wenn Tatsachen insgesamt völlig wegzumachen versucht werden, sondern Verleugnung kann auch darin bestehen, dass die Tatsachen zwar wahrgenommen, aber ihrer Bedeutung entledigt werden. Dann weiß man zwar manches über die Zeit des Nationalsozialismus, über seine Verbrechen, über »die sechs Millionen«, aber es bleibt mehr oder weniger bedeutungsleer für das eigene Leben. Ähnliches gilt auch für Verdrängung.

Der Unterschied zum Verschweigen besteht darin, dass dieses in vollem Bewusstsein geschieht. Wenn ich einen Fehler gemacht habe und diesen verschweige, so bin ich mir seiner bewusst, nur soll das Wissen nicht nach außen dringen. Warum aber verschweige ich den Fehler? An dieser Stelle wird es unter Umständen verwickelt, denn oft werden falsche Begründungen vorgeschoben. Es kann durchaus sein, dass der Zugang zu den wirklichen Gründen des Verschweigens ebenfalls durch Verleugnung oder Verdrängung verstellt ist.

Ein Beispiel von Verdrängung und Verleugnung

1981 wurde die für uns als Patchworkfamilie sehr passende Wohnung in München wegen Eigenbedarfs gekündigt. Schließlich fanden wir geeigneten Ersatz – in Dachau. Dieser nur räumlich kleine Umzug über 18 Kilometer führte dazu, uns mit der NS-Geschichte noch mehr als zuvor zu befassen.

So saßen meine Frau und ich dann Anfang 1983 für einen Vortragsabend zum ersten Mal in der Evangelischen Versöhnungskirche auf dem Gelände der KZ-Gedenkstätte. Wir fühlten uns ziemlich beklommen. Mit welchen Worten Centa Herker-Beimler vorgestellt wurde, wissen wir nicht mehr, wohl aber unser Erstaunen, dass wir, im Gegensatz zu Menschen in der damals noch bestehenden DDR, nie etwas von ihrem Mann, Hans Beimler, gehört hatten, der immerhin KPD-Reichstagsabgeordneter gewesen war und der 1933 hier im gerade erst errichteten KZ Dachau schrecklich gequält wurde und umgebracht werden sollte. Ihm war das Unglaubliche gelungen: zu fliehen. Später ist er im Spanischen Bürgerkrieg gefallen. Nun würde also seine Witwe zu uns sprechen! Und sie war selber mit ihm im Widerstand gegen die Nazis gewesen.

Während dieser Begrüßung schoss es mir durch den Kopf: Wie kann es denn heute noch so jemanden geben? In all der Beklommenheit und Verwirrung durch den Ort und die Versammlung fremder Menschen kam das als Gedanke hoch. Ein großer Zweifel. Das kann doch alles gar nicht stimmen? Aber dann rechnete der rationale Teil in mir einfach nach: Heute ist es 1983, also war das vor 50 Jahren, und wenn diese schmächtige Frau, die inzwischen auf das Rednerpult zuging, damals 25 Jahre alt war, dann käme sie heute auf 75 – ja, so ungefähr sieht sie aus.

Das waren Gedanken, die in nur wenigen Sekunden abliefen. Aber sie sollten große Wirkung entfalten. Sie führten bei mir zunächst einmal zu tiefen Schamgefühlen. Wie konnte ich die Wirklichkeit nur so verzerrt haben? Als intensiv ausgebildeter Psychotherapeut mit viel Selbsterfahrung und Therapie, der zwar nicht meinte, völlig »durchanalysiert« zu sein – was ja gar nicht möglich ist –, aber doch annahm, über derart grobe Fehlleistungen hinaus zu sein. Was war denn in meinem Kopf los? Wie weit schob hier etwas in mir das Damals vom Heute fort? Was für Schubladen bestanden da? Was für ungeahnte Regionen im Unbewussten? Welche Verdrängung, welche Verleugnung! Ich war tief erschüttert über mich selbst. Zum Glück konnten meine Frau und ich nach der Veranstaltung und im Weiteren über all das hier Erfahrene miteinander reden.

Dieses Erlebnis wurde für mich zum Beginn einer neuen, etwas ungewöhnlichen »Lehranalyse«, nämlich in der Begegnung mit Zeugen und Zeugnissen des Damals. Ich lernte, mich an eigener Verleugnung und Verdrängung entlang zu hangeln, diese als Kompass zu nehmen, sie in dem Sinne zu begreifen, dass gerade hinter solcher Abwehr besonders heikle Punkte liegen können – individuell, aber auch gesellschaftlich. Ich übernahm Verantwortung für meine Blindheiten, begriff sie zugleich aber auch als Hinweis auf gesellschaftliche Ausblendungen. Und davon gibt es bis heute viele.

Was diesen Abend und viele weitere in der Versöhnungskirche betrifft, so sind wir der Evangelischen Kirche in Deutschland sehr dankbar, dass sie, angeregt von niederländischen ehemaligen Häftlingen, diesen Ort geschaffen hat und als einzige Einrichtung selbst unterhält. Und wir beide haben in unserem Miteinander erfahren: Alleine gehen sich solche Wege nicht gut. Wir sind dazu in all den Jahren unter uns und mit anderen im Gespräch gewesen. Wir wurden aufmerksam dafür, wie sehr »Geschichte in uns«[4] ein Thema für die psychologische wie für die pädagogische Arbeit ist.

Unbewusstes

Ähnlich wie zuvor hinsichtlich Verdrängung und Verleugnung möchte ich die gängige Vorstellung in Frage stellen, es gäbe so etwas wie »das Unbewusste«, irgendwo tief in uns angesiedelt, eine terra incognita, nicht leicht zu fassen, ein eigenes Reich, ein überzeitlicher Teil unserer »menschlichen Natur«, den wir allenfalls domestizieren können.

Ich gehe vielmehr davon aus, uns als Systeme zu sehen, sei es als Einzelne, als Gruppen, Institutionen, Volk, Nation, Menschheit. Jedes dieser Systeme hat, um überleben zu können, Reizschranken ausbilden müssen, mit denen Einflüsse, die von außen kommen, gefiltert werden. Ganz vieles ist einfach unwichtig für das System und wird deshalb draußen gehalten.

Fokussieren wir dabei auf den weiten Bereich der Informationen, so ist gerade hier die Bedeutung eines Reizschutzes evident. Angesichts der Flut von Mails und sonstigen Informationen, die heute tagtäglich auf uns einströmen oder die wir doch zusätzlich auch noch aufnehmen könnten/sollten, wenn wir »wirklich engagierte Mitarbeitende« wären, ist die Gefahr von Burnout ständig präsent. Bewusstsein heißt also nicht, dass wir alles wissen müssten, was es rings um uns gibt. Im Gegenteil: Wir können nur dann einigermaßen zentriert und sinnvoll leben, wenn wir zugleich ganz vieles nicht wissen.

Von diesem »Ungewussten« ist nun in Freudscher Tradition und im Sinne des hier zu behandelnden Verdrängungsthemas »Unbewusstes« abzuheben. Ich sehe darin psychische Vorgänge, bei denen systeminterne Kräfte eine Art Sonderprogramm fahren und eigentlich wichtige Informationen niederhalten. Das kann daran liegen, dass das System in der Vergangenheit Situationen ausgesetzt war, die es mit der damals vorhandenen Ausstattung nur unter Einsatz spezieller Hilfsmittel bewältigen konnte. Für den seelischen Bereich sind davon auf Seiten der Psychoanalyse Mechanismen wie Verdrängung, Verleugnung, Dissoziation beschrieben worden. In anderen Systemen gibt es analoge Vorgänge. So wird etwa von einem kollektiven Unbewussten gesprochen. Unliebsames wird hier durch viele Formen von Desinformation niedergehalten, dabei nicht zuletzt auch durch Gewalt, Täuschung, Lüge, Verleumdung, Ablenkung, Verschiebung auf Sündenböcke und Außenfeinde. Die Ursachen für den Einsatz dieser Mittel müssen hier aber nicht nur in schwierigen Situationen der Vergangenheit liegen, sondern können auch in aktuellen Machtinteressen verankert sein.

Diese Sonderprogramme absorbieren viel an Kraft, und auch sonst führen sie zu Störungen im System. Wegen solcher Schwierigkeiten kommt man, wenn sich kein anderes Mittel mehr finden lässt, als Einzelne oder Familien schließlich zu psychologischer Beratung oder Therapie. Hier kann sich dann nach oft langwieriger gemeinsamer Suche zeigen, dass nicht zufälligerweise Inhalte unzugänglich, also unbewusst gehalten wurden. In Hinsicht auf die individuelle Geschichte handelt es sich dabei oft um schwierige Erfahrungen frühen Ausgeliefertseins, der Ohnmacht, der Überwältigung, so dass es zum Überleben unerlässlich war, vieles aus dem Bewusstsein auszuklammern. Das war damals unerlässlich, gerade als Kind mit seinen unvollständig entwickelten Verarbeitungsmöglichkeiten. Insofern sind Abwehrvorgänge außerordentlich wichtig, oft sogar lebensnotwendig für uns. Es ist also ein Missverständnis, wenn man sie für grundsätzlich schädlich hält. Aber sie haben Langzeitfolgen, die im Heute das Leben des erwachsenen Menschen sehr stören können. Das sieht etwa so aus, als liefe in bestimmten Situationen im Hintergrund ein Film ab, der auf der Gefühlsebene zu heftigen Reaktionen führt, dessen Bilder aber aktuell nicht sichtbar sind. Die Person selber wie auch ihre Interaktionspartner sind dann verwundert über die »unangemessenen« Verhaltensweisen.

Wenn sich nicht nur in einer einzelnen Person, sondern in ganzen Familien solche Schwierigkeiten entwickeln, kommt es nicht selten vor, dass sich die Mehrheit davon »unbetroffen« fühlt, also die Probleme verdrängt und verleugnet. Das geht dann zum Nachteil derjenigen Mitglieder, die dabei nicht mitmachen können. Wir sprechen dann von Symptomträgern oder auch Sündenböcken des Familiensystems. Ähnliches gilt auf der gesellschaftlichen Ebene.

TRAUMA

Mit dem Wort Trauma, im Plural Traumen oder Traumata, als Vorgang Traumatisierung, werden Ereignisse und die dadurch hervorgerufenen Schockzustände und deren seelische und körperliche Folgen bezeichnet, bei denen große Gefährdungen für die betreffende Person auftraten, Gefährdungen für Leib und Leben, Gefährdungen der seelischen Balance und Integrität, der sozialen Anerkennung, der materiellen Existenzbasis, des Grundvertrauens in die Welt.

Das ist ein weites Feld und kann niemals objektiv festgelegt werden, denn die Wirkung des Ereignisses hängt wesentlich von der biopsychosozialen Verfassung des betroffenen Individuums ab. Wie alt ist es? Hat es schon mit etwas gerechnet, oder wurde es völlig unerwartet getroffen? Welche Bedeutung hat der verletzte Bereich? Wie ist der soziale Kontext? Welche Ressourcen gibt es? Erfolgte die Einwirkung zum ersten Mal oder gingen ihr andere voraus, vielleicht ähnliche, vielleicht auf demselben Gebiet?

Allgemein gesehen, ist nicht die Art des Ereignisses, sondern die der jeweiligen subjektiven Verarbeitung dafür entscheidend, ob es sich individuell tatsächlich um eine Traumatisierung handelt. In diesem Fall übersteigt der Input an Sinneseindrücken bei weitem die Verarbeitungsmöglichkeiten, so dass der Organismus nur mit einer Art Notprogramm reagieren kann. Sinneseindrücke und Emotionen werden dann nur zerstückelt »abgelegt«, können später nicht als Einheit abgerufen werden, tauchen vielmehr unvermittelt bei entsprechenden Auslösern auf.

Sehr wichtig ist in diesem Zusammenhang die Unterscheidung der Traumaforscherin Michaela Huber zwischen Traumatisierung auf der einen Seite und belastenden Lebensereignissen zum anderen.[5] Dies unterstreicht, dass anders als im allgemeinen Verständnis die Unterscheidung zwischen beidem darin besteht, dass die Betonung eben nicht bei dem Ereignis liegt, sondern bei der Art der individuellen Verarbeitung. Ein und dasselbe Ereignis kann also bei ihm ausgesetzten Personen zu ganz unterschiedlichen Ergebnissen führen.

Auch wenn Verdrängung und Verleugnung beim Zustandekommen von verfestigten Traumatisierungen eine Rolle spielen, so stehen doch Vorgänge wie innere Zerstückelung und Dissoziation im Vordergrund.

In einer Hinsicht ist dem zuvor Gesagten allerdings ein Widerspruch hinzuzufügen: Gerade beim Blick auf Folgen politischer Gewalt muss dem Ereignis dennoch besondere Aufmerksamkeit zukommen: Ein Unfall beispielsweise stellt etwas kategorial anderes dar, als wenn einem Menschen von der gesellschaftlichen Mehrheit regelrecht das Lebensrecht abgesprochen und damit der Boden des menschlichen Miteinanders überhaupt entzogen wurde. Hier steht die unendliche Gewalt im Mittelpunkt, die Menschen von anderen Menschen angetan wurde bis hin zur Aberkennung der Zugehörigkeit zur Menschheit. Jean Améry, Widerstandskämpfer gegen die Nazis und von ihnen ins KZ geworfen, hat in diesem Zusammenhang davon gesprochen, dass die Verfolger hier als Gegenmenschen auftraten.[6] Das lässt sich in keiner Weise mit dem Erleben von Trennung und Scheidung oder eines Verkehrsunfalls – so schlimm das im Einzelnen auch sein mag – auf eine Stufe stellen. Es sei auch daran erinnert, dass das heute so gängige Konzept der posttraumatischen Belastungsstörung im Zuge des Vietnamkrieges entwickelt wurde. Es befasste sich in erster Linie mit den Störungen auf Seiten amerikanischer Soldaten und Veteranen. So notwendig die Hilfe für sie persönlich auch war, wieweit aber wurde und wird durch diese Konzeption die Dimension der Gewalt, in die sie einbezogen waren, herausgelöst, neutralisiert?

Und es ist zu unterscheiden, was nach der Traumatisierung erfolgt ist: Wurde dem Individuum von der umgebenden Gruppe oder der Gesellschaft insgesamt Mitgefühl und passende Unterstützung entgegengebracht, oder erfuhr es Ablehnung und Ignoranz? Oder offene oder verdeckte Schuldzuschreibungen? Welche bewusste und unbewusste Bedeutung gibt das Individuum selber dem Ereignis?

Und es gilt: Die Zuschreibung einer Opferkategorie bzw. die einer Traumatisierung an Überlebende der NS-Verfolgung kann übergriffig sein, wenn nicht berücksichtigt wird, ob diese dem überhaupt folgen wollen. Nie werde ich den Ausruf eines älteren Mannes während einer Diskussion auf einem Kongress vor bald dreißig Jahren vergessen: »Ja wenn das mit diesen Langzeitschäden wirklich so sein sollte, dann hätte Hitler am Ende doch noch gesiegt! Nein! Ich bin nicht traumatisiert!«

Ganz ähnlich und noch stärker mit politischer Akzentuierung hat es Jean Améry schon in den 60er und 70er Jahren ausgedrückt. Er hat sich skeptisch zu den andererseits ja berechtigten Begriffen wie »KZ-Trauma« oder »Überlebendensyndrom«[7] geäußert: »Die scheinbar richtige Begriffsbestimmung wird falsch durch die Unterschlagung eines unerlässlichen Zusatzes, der da heißen müsste: [...] denn er [der Verfolgte; Zusatz M-H] erwartet mit guten Gründen jederzeit eine neue Katastrophe. [...] Ich [...] bin nicht traumatisiert, sondern stehe in voller geistiger und psychischer Entsprechung zur Realität da. Das Bewusstsein meines Katastrophen-Judeseins ist keine Ideologie. [...] Ich erlebe und erhelle in meiner Existenz eine geschichtliche Realität meiner Epoche.«[8]

Ich habe dieses Traumathema jetzt ausführlicher und in seinen grundsätzlichen Spannungslinien dargestellt, weil gerade mit Blick auf die 50er und 60er Jahre heute gesagt wird, damals seien eigentlich ja »alle« traumatisiert gewesen, nur hätte man das überhaupt nicht gesehen. Letzteres stimmt einerseits, denn insbesondere in Deutschland hat es im Unterschied zu anderen Ländern bis weit in die 90er Jahre gebraucht, dass in der Fachwelt und erst recht in der Öffentlichkeit von Trauma gesprochen wurde – dann allerdings mit rasanter Tendenz zur Inflationierung. Andererseits aber kann von den massenhaften Traumatisierungen auch der deutschen Bevölkerung durch den Zweiten Weltkrieg nur dann in Wahrhaftigkeit gesprochen werden, wenn das Täter- und Schuldthema dadurch nicht ausgeklammert wird, also die Traumatisierung der Millionen von Verfolgten. Das aber ist häufig geschehen.

Dass Rechtsradikale und Rechtspopulisten auch heute noch oder sogar wieder zunehmend solche Verzerrungen proklamieren, ist die eine Seite. Man kann aber selbst noch bei hoch engagierten und für die Aufklärung über die NS-Zeit sehr verdienstvollen Menschen auf eigenartige Nivellierungen zwischen Täter- und Verfolgtenseite stoßen, gerade wenn es um das Traumathema geht. Dann etwa heißt es im Entwurf einer Veranstaltungsankündigung: »Wie haben sich die traumatischen Erlebnisse des Holocaust und des Krieges auf Seiten der Opfer, Täter und Zeugen auf die spätere Lebensphase nach 1945 ausgewirkt?« Im Klartext würde das ja bedeuten, dass auch die Täter den Holocaust als traumatisch erlebt hätten. Ich habe solche »schiefen« Formulierungen auch bei mir selber schon mehrfach erlebt und gelernt, sie als Fehlleistungen im Freudschen Sinne zu verstehen, als Hinweis darauf, dass es jeweils um besonders heikle Punkte geht. So etwas können auf der individuellen Ebene unbewusste Loyalitätsbindungen an die NS-Vorfahren sein, doch kann die Bedeutung auch noch weit ins Gesellschaftliche gehen, und so stoßen wir hier vielleicht auf besonders tabuisierte Gebiete. Genau das ist nach meinem Eindruck beim Traumathema bis heute der Fall. Ich kenne mittlerweile so viele »schiefe« Formulierungen an dieser Stelle, dass mein Hauptaugenmerk dazu auf der gesellschaftlichen Ebene liegt. Der Autor jener Ankündigung hat sie auf einen kleinen Hinweis hin sofort geändert, aber in schwer zu fassender Weise wabert auch in ganz liberalen Bereichen unserer Gesellschaft ein untergründiges, unbewusstes, aber wirksames Entgegenkommen gegenüber Tätern und Täterhaftem. Sie erhalten dann so etwas wie einen Traumamantel. Die folgenden Punkte gehören in diesen Zusammenhang.

TÄTER ALS »OPFER«

Unter den »Mechanismen«, die aus »normaler« Loyalität, wie sie für menschliches Leben konstituierend ist, Komplizenschaft zwischen Nazi-Eltern und ihren Nachkommen haben werden lassen, nimmt die Selbstdarstellung der Täter als »Opfer« eine zentrale Position ein.

Begangene Schuld einzugestehen, gehört zum Schwierigsten im Leben. Zur Vermeidung solcher Einsicht dient häufig die Umdefinition der Täter zum angeblichen »Opfer«, sei es zum »Opfer der Umstände« oder zum »Opfer« der eigentlichen Opfer. Diese waren dann selber schuld. Diese Täter-»Opfer«-Umkehrung findet sich nicht nur in Deutschland oder Österreich, aber hier wohl doch in besonderer Weise. Wegen dieser völligen Verdrehungen im Opferbegriff bin ich übrigens dazu übergegangen, stattdessen im Zusammenhang mit dem Nationalsozialismus von Verfolgten zu sprechen. Das ist klarer. Wir NS-Nachgeborene sind in einer Welt vermeintlicher »Opfer« aufgewachsen, in einer Welt der falschen Töne. So schrieb noch in den 90er Jahren eine Frau, Jahrgang 1915, an ihre Nichte, die nur ein paar Fragen gestellt hatte: »Von Deinem Standpunkt aus hast Du sicherlich recht mit Deiner Kritik. Unser Handeln und unsere Reaktionen müssen Dir und Deiner Generation vielfach unverständlich erscheinen. Es stimmt schon, dass wir manches verdrängt haben bzw. dass in der ersten Nachkriegszeit die Sorge um das Überleben so sehr im Vordergrund stand, dass die Schrecken der Vergangenheit dahinter zurücktraten. Ich habe ernsthaft versucht, mich mit meiner persönlichen Vergangenheit – BdM, Arbeitsdienst – auseinanderzusetzen, weiß aber aus vielen Gesprächen mit jungen Menschen, dass für sie unsere Beweggründe damals unverständlich sind.«

Dieser Brief steht für Hunderttausende, für Millionen wahrscheinlich. Die »Schrecken der Vergangenheit« werden angeführt, nur das vorgebliche (und natürlich eventuell auch reale) Erlittene der eigenen Seite, nicht aber das tatsächliche der ausgeklammerten Verfolgten. Kein Wort findet sich über sie. Und wenn es, wie so oft, hier geheißen hat: »Es stimmt schon, dass wir manches verdrängt haben«, dies aber nur zugegeben wird, um abzulenken, dann wird es vielleicht noch verständlicher, warum ich so betone, dass Verdrängung und Verdrängung nicht dasselbe sein müssen.

Ein ehemaliger Waffen-SS-Mann antwortete 1991 auf Fragen seiner Tochter zu einem Wehrmachtsmassaker in Griechenland: »Es wird immer in Kriegen zu solchen Ausschreitungen kommen – danach gibt es leider immer wieder das › Wehe den Besiegten.‹« Ähnlich uneinsichtig äußerte sich ein ehemaliger Wehrmachtssoldat, ebenfalls Anfang der 90er Jahre, innerhalb eines ewig langen, larmoyanten Briefs: »Ich bin an den sogenannten Quellen der Hölle vorbeigestrichen, ohne zu ahnen, dass es eine solche war. Auch ich glaubte, als Auslandsdeutscher, an Hitler, war ich damals doch jung und unerfahren [...] Ich möchte mir erlauben, Ihnen zu berichten, wie ich, als einer der unmittelbaren Leidtragenden, mit diesem Komplex, dieser seelischen Krankheit fertig geworden bin.« Also er als der Leidtragende, und auch hier existierten die NS-Verfolgten auf vielen, vielen Seiten nicht.

Diese Art von Verleugnung und Verwirrung haben zahllose Angehörige der Nazi-Generationen gegenüber der Öffentlichkeit verwandt – und im Kontakt mit den eigenen Kindern sowie in Kindergarten, Schule und Ausbildung. Die jüngere Generation nahm schon ab frühestem Alter die verzerrten Berichte der Älteren in sich auf. Deren Erlebnisse in Bombenkrieg und Gefangenschaft, bei Flucht und Vertreibung, mit Hunger und Währungsreform standen im Zentrum der Familienhistorie, vermittelt oftmals in so intimen Situationen wie Zubettbringen und Mahlzeiten. Die konkrete Beteiligung der Eltern an Nazi-Verbrechen oder deren Billigung blieben damit ebenso außerhalb der Familienkommunikation wie die Leiden der wirklichen Opfer und die Stimmen der Überlebenden; sie blieben also außerhalb der Konstruktion von Wirklichkeit. Dann suchten oft auch die Nachgeborenen das Schweigen. Susanne Menzel, frühere Praktikantin an meiner Beratungsstelle, schrieb ihre Diplomarbeit in Psychologie zum Thema »Offener Dialog oder Familiengeheimnis? Kommunikation in der Familie über die Nazizeit«.[9] Sie suchte Interviewpartner, fragte in ihrem liberalen Freundeskreis – und erhielt lauter Absagen. »Bald wurde mir jedoch klar, in welch paradoxer Situation ich mich befand: Wie kann man Dialogpartner zu einem Thema finden, das ja gerade in der Unfähigkeit zum Dialog besteht?? Wo immer ich um ein Interview bat, bekam ich herbe Ablehnung zu spüren. ›Wieso denn gerade ich?‹ – ›Ich habe nichts damit zu tun!‹ – ›Meine Eltern kann ich damit nicht belasten.‹ So und ähnlich lauteten die Antworten.«[10]

»Meine Eltern kann ich damit nicht belasten«, in diesem Satz steckt die ganze Verdrehung der Wirklichkeit: die Nachkommen als Täter, wenn sie Aufklärung vorantreiben wollten, die Nazi-Eltern als die »Opfer«.

Die Folgen auf der psychologischen Ebene kann ich hier nur kurz benennen. Ich sehe auf Seiten der NS-Nachgeborenen vor allem extreme Loyalität, heftigste Schuldgefühle, dies insbesondere bei Ablösungsversuchen, selbstdestruktive Aktionen, schwere allgemeine Krankheiten, Unfälle, seelische Verstümmlungen, tiefer Verlust an Vertrauen in die Welt und in sich selbst, sogar psychotische Entwicklungen.

Aber ich möchte auch hinweisen auf das Ausleben der Identifikation mit den Aggressoren, Fortsetzung von Tätereinstellungen und -handlungen, Komplizenschaft mit den Nazi-Eltern, und dies selbst bei ansonsten liberalen Nachkommen.

Von all dem kann ein starker Sog ausgehen, sich als Nachgeborene auch noch als »Opfer« zu definieren, bewusst oder im Verborgenen, »›Opfer‹ der Eltern«, »›Opfer‹ der Geschichte« usw.

TÄTERSCHAFT

Von allen eingangs genannten Hintergründen werden Täterschaft und wie auch immer geartetes Einbezogensein in die NS-Verbrechen (»Mitläufer«, Sympathisanten, Begeisterte …) sowie entsprechende transgenerationale Auswirkungen bis heute mit Abstand am stärksten verleugnet und verdrängt. Das zeigt sich aber erst dann, wenn konkret daran gerührt wird.

Im Zusammenhang mit dem Thema der seelischen Nachwirkungen der NS-Zeit die Worte Täter oder Schuld in den Mund zu nehmen, führt gerade auch in gebildeteren Kreise, etwa in Kirchengemeinden oder unter Psychotherapeuten, leicht zu gerunzelten Augenbrauen und der Anmerkung, man wolle doch nicht etwa der angeblich unsäglichen These der Kollektivschuld das Wort reden. Dann kann es zu Dynamiken kommen, die so nicht zu erwarten waren an diesem Ort oder von diesem Publikum. Begriffliche Klärungen greifen plötzlich nicht mehr, vieles gerät ins Rutschen im Angesicht der Realität der extremen Verbrechen und der Schuld des NS-Reichs, unter denen auch wir Nachkommen der ehemaligen Volksgenossen bis heute stehen, ob wir es nun wahrhaben wollen oder nicht und was auch immer unsere individuellen Vorfahren konkret gemacht haben. Gleichzeitig ist es doch ganz klar und bedarf eigentlich keiner Erläuterung, dass wir natürlich keine Nazi-Täter und nicht schuldig im üblichen Sinne sind. Die entscheidende Frage aber geht dahin, ob und wie viel von der gigantischen Nazi-Gewalt und -Schuld auf uns, wie auch immer, übergekommen ist, wie wir damit umgehen.

Jedenfalls haben sich bei mir immer wieder Menschen gemeldet, die am für sie unerträglichen Schweigegebot in ihren »normalen« deutschen Familien oder in der Umgebung gerüttelt haben und daraufhin erst recht in die Isolation gerieten und zu Außenseitern und schwarzen Schafen wurden. Da haben solche Sündenböcke schon mitten aus der psychiatrischen Anstalt angerufen oder im Nachhinein ihre Einsicht mitgeteilt, dass dort die Stationen voll seien von Menschen, die zerrissen seien zwischen Täter- und Opferidentifikationen, denen niemand das abnehme, vielmehr würden sie erst recht für verrückt erklärt, wenn sie das heiße Thema der NS-Hintergründe konkret für ihr Leben anzusprechen suchten.[11] Wehe, wenn es konkret wird – das ist eine Erfahrung, die wieder und wieder zu hören ist.

In solchen Kontakten kommt etwas zum Vorschein, das ich mittlerweile als deutsche Unterwelt zu bezeichnen gelernt habe. Damit meine ich unterhalb des offiziellen demokratischen Gemeinwesens einen Bereich dunkler Kontinuitäten zum NS-Reich, Kontinuitäten in Individuen, Familien und Organisationen, Kontinuitäten des Wegschauens und auch von Täterhaftigkeit, Kontinuitäten, die sich keineswegs nur in Form von Neonazismus äußern müssen, sondern ebenso – unter Umständen sogar besonders wirksam – bei sich demokratisch gebenden und allseits anerkannten Bürgerinnen und Bürgern. Das jedenfalls ist die Welt, aus denen solche Hilferufe kommen, »ordentliche« Familien, Schulen, Kirchengemeinden, Firmen, in denen aber jenen Außenseitern das Leben zur Hölle gemacht wurde, weil sie sich nicht mit der vermeintlichen Sauberkeit abfinden konnten, vielmehr Leichengeruch verspürten, und das ließ ihnen keine Ruhe.

Menschen ausgeprägter rechtsradikaler Ausrichtung sind mir eher selten in der Arbeit begegnet, da hier die Affinität zu Psychologie und Therapie nicht sehr ausgeprägt ist. Gleichwohl habe ich mich immer wieder mit diesem Thema befasst. Es ist aber eine Frage von großer politischer Bedeutung, wieweit neben expliziter rechtsradikaler Ausrichtung auch bei anderen Menschen unsichtbare NS-Loyalitäten wirksam sein können. Üblicherweise wird hier gemeint, himmelweit von Nationalsozialismus und Rechtsradikalismus entfernt zu sein.

Dass ich Kontinuitäten der Gewalt besonders oft im sexuellen Bereich begegnet bin[12], liegt vermutlich nicht zuletzt an der mittlerweile eingetretenen Lockerung des Wahrnehmungstabus bezüglich dieses Verbrechens und seiner Folgen, es heißt also nicht, dass NS-Gewalt sich nur hier fortgesetzt hätte. Vielmehr habe ich auch verschiedene Hinweise etwa in Richtung auf direkten oder verdeckten Raub von Kindern, auf Vernachlässigen behinderter Menschen, existenzielles Gefährden anderer. Die Unterwerfung Schwächerer ist dabei die zentrale Linie. Zahlen kann ich natürlich nicht vorlegen, und sie werden sich wohl selbst mit großen Forschungsanstrengungen kaum eruieren lassen, doch rechnen sollten wir mehr als bislang mit solchen Zusammenhängen ganz konkreter Art.

DESORIENTIERUNGEN BEI NS-NACHKOMMEN

Ich beginne mit einem Beispiel, mit einer Passage aus einem Brief, der – obwohl die Schreiberinnen sich nicht kannten – wie eine Antwort von Nachgeborenenseite auf jene ehemalige BdM-Führerin wirkt. Seine Verfasserin ist im Zeitraum zwischen 1945 und 1950 geboren. »Ich habe zunehmend den Eindruck, dass meine Probleme in Kindheit/Jugend und auch heute noch weniger auf verschwiegene Verstrickungen meiner Eltern in der Nazizeit zurückzuführen sind, sondern darauf, dass sie selber die ›verlorene Generation‹ sind, die es nicht geschafft hat, aus allem eine glaubwürdige und auch für mich hilfreiche Position zu entwickeln. Ihre Biographie war geprägt durch ständige Veränderungen, Umbewertungen von Werten, auf die sie aufgrund ihrer eigenen Sozialisation in keiner Weise vorbereitet waren. Sie hatten kaum eine Chance, eine eigene kritische Haltung den gesellschaftlichen Veränderungen und Verführungen der späteren Jahre gegenüber zu entwickeln. Mein Vater versuchte es mit Rückzug auf konkrete Arbeit und sich selbst. Bei meiner Mutter habe ich heute noch das Gefühl, dass sie keinen sicheren Boden unter den Füßen hat. Aber sie kämpft immer noch intensiv darum, so zu tun, als hätte sie es. [...] Da nützt auch kein offenes Gespräch, sondern mir bleibt nichts anderes als innerer Entzug und äußeres Funktionieren.«

In diesem Brief tritt eine für viele NS-Nachgeborene typische Haltung des übermäßigen Verstehens gegenüber den Nazi-Eltern hervor. Die Schreiberin ordnete ihre Eltern einer »verlorenen Generation« zu. Sie hätten es nicht geschafft, »aus allem eine glaubwürdige und [...] hilfreiche Position zu entwickeln«. Wie in aller Welt sollte es denn möglich sein, aus der wie auch immer gewesenen Beteiligung ihrer Eltern am millionenfachen industriellen Mord noch etwas »Glaubwürdiges« zu entwickeln? Das aber waren, geschrieben Anfang der 90er Jahre, nicht Sätze aus dem rechtsradikalen Bereich, sondern sie stammten von einer politisch linksliberalen, informierten und im allgemeinen hinsichtlich des Nazi-Reichs klar distanzierten Frau – und doch, wie so oft zeigen sich bis heute sehr spezielle Rechtfertigungstendenzen, sobald die eigenen Vorfahren konkret angesprochen sind. Das gehört zu den Folgen gerade auch der massenhaft verbreiteten Täter-»Opfer«-Umkehrung von NS-TäterInnen und »Mitläufern«.

Auch mit Blick auf uns Nachkommen gilt es also genau hinzuschauen. Und da sich Denken und Fühlen leicht zu einem diffusen Brei vermengen, wenn Gewalt beteiligt ist, und erst recht angesichts von Vernichtung, kann es auch auf Seiten der Nachkommen der Täter Analoges zu jener Umkehrung geben, etwa indem man sich, selber von gewalttätigen Übergriffen betroffen, mit den Verfolgten und ihren Nachfahren gleichsetzt. »Wir waren die Juden unserer Eltern«, so hat es manches Mal geheißen. Daran stimmt vielleicht einerseits etwas, doch andererseits ist es grundfalsch, verschleiert die trotzdem oder gerade erst recht über die Gewalterfahrung zementierte Loyalitätsbindung an die Nazi-Eltern – und damit eventuell, wer jedenfalls könnte das ausschließen, Kontinuitäten der Gewalt über die Generationen hinweg.

Dass heutige Desorientierungen noch aus NS-Gewalt und –Ideologie herrühren können, wird wenig gesehen. Auch in der praktischen psychologischen und psychotherapeutischen Arbeit macht man sich darum kaum Gedanken. Dabei ist doch die Welt des »humanen Abendlandes« zwischen 1933 und 1945 radikal zerbrochen.

WIRTSCHAFTSWUNDER UND VERDRÄNGUNG – EIGENE ERFAHRUNGEN

Das erste Wort, das ich, 1946 geboren, von mir gab, war zum großen Missfallen jedenfalls meiner Mutter: »Auto«. Wieso das denn? Weder hatten wir damals selber ein Auto, noch fuhren davon viele durch meine Kinderwelt im abgelegenen Seitental einer industriegeprägten Kleinstadt am Rande des Ruhrgebiets. Es dürfte wohl mit meinem Vater zu tun gehabt haben. Jedenfalls erinnere ich mich, wie er mit mir als Fünfjährigem eine Garage aufsuchte, die zu der eisenverarbeitenden Firma gehörte, an der er seit 1936, auch während des Krieges, als Ingenieur tätig war. Er öffnete das Tor, und ich sehe mich da noch bass erstaunt stehen: Ein Auto! Sein Auto. Ein schwarzer Opel P 4, wie er mir erklärte, und zwar einer mit Stoffverdeck. Ehrfürchtig rieselte es mir den Rücken hinunter. Und wie glücklich war ich zu erfahren, dass dieses Fahrzeug den Krieg unbeschadet überstanden hatte und nicht so, wie es das Schicksal des sicherlich wunderbaren Sechszylinder-Opels meines Großvaters gewesen war, für die Wehrmacht requiriert, also, das sah ich damals schon so, geraubt worden war.

Nächste Station, 1952: In gespannter Unruhe warten wir, jedenfalls ich, in der Wohnung der mütterlichen Großeltern in Herford auf die Ankunft des Vaters. Am Fenster schaue ich mir die Augen fast aus dem Kopf. Und dann: Das muss er sein! Ein grauer VW Käfer, so war die Ankündigung, und so stellte sich das jetzt heraus: unser neues Auto.

Eine herbe Enttäuschung allerdings kurze Zeit später: Unsere Nachbarn, Freunde meiner Eltern, legten sich ebenfalls einen Käfer zu, aber nicht so eine schmucklose »Standard«-Ausführung wie wir, sondern eine grüne, chromblitzende (vor allem die Stoßstangen!) »Export«-Version. Das war offensichtlich zu viel für mich. Mit einem Glasscherben ritzte ich den ersten Satz, den ich schreiben konnte, in die glänzende Wagenflanke: »Peter ist da«. Mein ganzes Barvermögen, 3,50 DM, musste dran glauben, ich hatte es den Nachbarn zu übergeben, die allerdings viel gnädiger reagierten als meine erschütterten Eltern, denen ich schließlich versprechen musste, »so etwas nie wieder zu tun«.

Wiederum drei Jahre später: Ankunft unseres nun ebenfalls »Export«-Käfers. Ich weiß es noch so genau, auch die Vorbereitungen, die Erörterung der möglichen Farben, ich schwärmte für »Strato-Silber«, aber mein Vater war dagegen, entschied sich für etwas Bräunliches, aber immerhin damals schon mit Metalleffekt.

Und dann 1958, Erfüllung des Traumes aller Träume, wiederum nach langen Farbdebatten, schließlich Weinrot mit weißem Dach: ein Opel Rekord. Es war überwältigend.

Doch dann, anderthalb Jahre später: Mein Vater, dessen Bedeutung für mich weit über die angesprochene Autoverbindung hinausging, starb von heute auf morgen. Herzinfarkt. Ohne wirkliche Vorankündigung. Nichtraucher, mäßiger Genuss von Alkohol, nur ein gewisses Übergewicht, aber auch nicht mehr als bei so vielen damals. »Die Guten sterben zu früh«, so hieß es damals in der ebenfalls erschütterten Umgebung.

Wenn ich diese persönlichen Erinnerungen hier in einem Buch über die 1950er Jahre anspreche, so ist die eine Seite ganz klar: Die Autos stehen für das Wirtschaftswunder. Die Spanne zwischen dem abgetakelten Opel P 4, durch dessen Stoffdach der Regen rann, so dass meine Mutter, wie sie später zu erzählen pflegte, einen Regenschirm aufspannte, bis mein Vater reif war für den VW »Standard«, also zwischen diesem Uraltvehikel und dem supermodernen »Amerikaner«-Rekord – in Blech geformtes Sinnbild des sogenannten Wirtschaftswunders – da lagen Welten. Innerhalb eines einzigen Jahrzehnts.

Und was hat Verdrängung dabei zu suchen? Sehr viel. Meine Mutter hat meiner Schwester und mir später erzählt, wie erschüttert sie war, als mein Vater ihr ein Vierteljahr vor seinem Tod erst nach der Rückkehr aus einem für uns wunderschönen Nordseeurlaub anvertraute, dass er während der ganzen Zeit die Befürchtung in sich getragen hatte, ihm könnte in seiner Firma im Rahmen von Umstrukturierungsmaßnahmen jemand Unangenehmes vorgesetzt werden. Erst jetzt bei der Rückkehr, als der befürchtete Brief nicht gekommen war, hat er darüber gesprochen. Kein Wort vorher, nicht einmal zu seiner Ehefrau! Und das, obwohl sie, wie sie meinten, eine gute Ehe führten. Dieser Vorfall dürfte dafür stehen, dass er wohl insgesamt versucht hat, Belastendes durch Schweigen beiseite zu halten. Ich sehe darin einen wesentlichen, wenn auch nicht den alleinigen Grund für seinen frühen Tod. Er ist, mit welchem Anteil auch immer, an seinem ausgeprägten Verdrängen so früh gestorben.

Schon seit den Vorarbeiten für mein 1988 erschienenes erstes Buch über seelische Auswirkungen der NS-Zeit bin ich davon ausgegangen, dass hinter seinem Schweigen stille Vorwürfe standen, sich damals schuldig gemacht zu haben. Direktes Verschulden kann ich mir bei ihm eher nicht vorstellen, ohne dass es sich natürlich ausschließen lässt, vielmehr ging ich schon 1988 davon aus, dass er sich ankreidete, Wichtiges unterlassen, insbesondere wohl nicht geholfen zu haben. Meine Mutter ist zwar später von sich aus etwas offener gewesen über ihre seinerzeitige Nazi-Begeisterung, aber sie ist ebenfalls sehr früh gestorben, so dass ich in diesen Fragen nicht zu völliger Klarheit kommen kann. Trotzdem ließ sich auf anderer Ebene etwas erforschen, wie noch zu zeigen ist.

Die hier angesprochene Schwierigkeit, zu wirklich klaren Einschätzungen über die Verwicklung der Eltern in die NS-Herrschaft zu kommen, kenne ich auch aus vielen Gesprächen und Therapien. In jeweils unterschiedlicher Akzentuierung bildet das bis heute eine große Spannungslinie in der Auseinandersetzung mit diesen Hintergründen. Wir stehen zwischen Liebe und Dankbarkeit gegenüber unseren Vorfahren und dem Erschrecken über dem, woran sie beteiligt waren und worüber sie später schwiegen oder es bagatellisierten.

LERNORT DACHAU – VERDRÄNGUNGSORT HOHENLIMBURG

Als meine Frau und ich uns entschlossen hatten, nicht Nein zu sagen zu der endlich passenden Wohnmöglichkeit – aber in Dachau –, bedeutete dies, dass wir uns mehr noch als bisher mit der NS-Vergangenheit befassen würden. Wir orientierten uns, besuchten Veranstaltungen. So kam es zu dem prägenden Abend mit Centa Herker-Beimler, von dem ich berichtet habe. Wir traten bald in den zeitgeschichtlichen Verein »Zum Beispiel Dachau« ein, in dessen Vorstand ich von 1988 bis 1996 mitgewirkt habe. Höhepunkt dabei war, 1995 zusammen mit anderen aus dem Verein eine große internationale Tagung zu organisieren: »Stacheldraht und heile Welt«.[13] Wir wurden auch Mitglied im Förderverein für Internationale Jugendbegegnung und in der Lagergemeinschaft Dachau.

Wenn ich etwas von dem Bild umreißen will, das sich uns seit jenem Umzug in dieser besonderen und zugleich stellvertretenden Stadt geboten hat, so kann das nur in Form von Gegensätzen geschehen. Schon beim regelmäßigen Lesen des Dachauer Teils der »Süddeutschen Zeitung« waren wir beeindruckt, wie deutlich hier die NS-Thematik in all ihren Facetten vorkam. Daran merkten wir im Nachhinein: In München, der ehemaligen »Hauptstadt der Bewegung«, war es anders gewesen – dort war uns die NS-Vergangenheit kaum entgegengetreten. So hatten wir zwar stets vom seinerzeitigen Ehrentitel »Hauptstadt der Bewegung« gewusst, doch das war – sehr interessant im Kontext von Verdrängung und Verleugnung – eigentümlich blass in uns gewesen, hatte keine Bedeutung gehabt. Jetzt aber in Dachau registrierten wir, wie viele Aktivitäten mit Blick auf die NS-Vergangenheit es in dieser kleinen Stadt von damals etwa 30 000 Einwohnern gab. Und das hat über die Jahre hinweg kontinuierlich zugenommen. Andererseits: Die Kämpfe zu beschreiben, die damals in Dachau rund um das KZ-Thema, speziell um Zusammenhänge mit der Stadt (»das eine und das andere Dachau«) tobten, haben uns erschreckt und sehr nachdenklich gemacht.

Der Blick noch auf eine andere Stadt hat sich bei mir sehr gewandelt durch ein Dachau, das für uns und viele andere allmählich wirklich zu einem Lernort geworden ist: meine Herkunftsstadt Hohenlimburg, heute Teil von Hagen in Westfalen. 1987 gehörte zu den Vorarbeiten an meinem ersten Buch über Nachwirkungen der NS-Zeit, neben dem Nachforschen über eventuell unbekannte Familienhintergründe auch Informationen über diesen Ort einzuholen. Ich erfuhr erst dadurch, dass es dort eine Bürgeraktion zur Wiederherstellung der ehemaligen Synagoge gab. Nie zuvor hatte ich von diesem Gotteshaus gehört, das zu einem Fabrikgebäude umfunktioniert worden war, an dem ich wie auch meine Klassenkameraden ahnungslos oft vorbeigekommen sind.

Des Weiteren wurde mir durch eine umfangreiche Broschüre der Bürgeraktion bekannt, dass dieses Hohenlimburg seinerzeit ein sehr brauner Ort gewesen war und dass es so manche personelle Kontinuität auch in die Jahrzehnte danach gab. Niemals hatte ich während der 19 Jahre, die ich dort verbrachte, davon gehört. Schlagartig wurde mir klar: Mein Gefühl, im Nebel aufgewachsen zu sein, hatte weniger mit der Familie als mit dieser Stadt zu tun.

Und dann kam es ganz dicht heran: Ein Mann aus unserem Zweifamilienhaus hatte am 10. November 1938 gegen die Hohenlimburger Juden mitgewütet und war deshalb 1950 immerhin zu sechs Monaten Gefängnis verurteilt worden. Obwohl er dann während meiner Kindheit und Jugend als cholerischer Gelegenheitssäufer (v. a. bei Beerdigungen) stark auffällig war, hat niemand »davon gewusst«, auch nicht auf meine spätere Nachfrage im Anschluss an diese Entdeckung.

Und schließlich, dieses Mal dank des Internets, nachdem wiederum niemand, den ich fragte, mir weiterhelfen konnte oder wollte, stieß ich auf folgende Information: Ich trug eine dunkle Erinnerung in mir von Baracken, die bis etwa zu meinem achten Lebensjahr an einer bestimmten Stelle in dem engen Industrietal gestanden hätten. Erst von Dachau aus kam mir der Gedanke, es könnte sich um ein Gefangenenlager der Nazis gehandelt haben. Genau das wurde mir dann nach einer Viertelstunde Internetrecherche bestätigt: französische und sowjetische Kriegsgefangene, die letzteren besonders schlecht behandelt.

Das persönlich sehr Beklemmende dabei ist: Dieses Lager befand sich mitten innerhalb des Fabrikteils, den mein Vater leitete. Die Gefangenen haben »für ihn« gearbeitet, er war im tagtäglichen Kontakt mit ihnen, hat mitbekommen, wie schlimm sie behandelt wurden. Auch wenn er sich von eigener Beteiligung an den Gewalttaten ferngehalten haben sollte, so war er doch einbezogen und mitverantwortlich und hat sich später zumindest deshalb oder auch wegen unterlassener Hilfeleistung schuldig gefühlt. Es gab also, und das ist typisch allgemein im Zusammenhang mit NS-Hintergründen, ganz konkrete Gründe hinter seinem eingeschliffenen Schweigen und Verdrängen.

Die andere Seite war dann, wie bei so vielen Menschen während der 50er Jahre, sein unermüdliches Schaffen für das Wirtschaftswunder. Und für dessen Erfolg stand kaum etwas so deutlich wie die Welt der Autos: innerhalb nicht einmal eines Jahrzehnts vom Opel P 4 zum hochmodernen »Amerikaner«, wie jener Opel Rekord im ADAC-Heft hervorgehoben wurde.

Noch etwas ist mir aus dieser Zeit vor Augen: Plakate für die Bundestagswahl 1957 mit der Aufschrift »Keine Experimente«. Ich fragte meine Eltern, was das bedeute. Sie gaben eine nichtssagende Antwort. So lernte ich etwas von der CDU der 50er Jahre kennen. Es hat sich mir eingeprägt.

Kollektive Verdrängung?

»Von der Last, Deutscher zu sein«, so lautet der Untertitel eines Buches, das der bekannte Publizist Ralph Giordano 1987 veröffentlichte. Die Resonanz war ausgesprochen polarisiert, denn in seinem Haupttitel kam das Wort Schuld vor: »Die zweite Schuld«. Dieses Buch handelt von den vielfältigen Aktivitäten der Nazi-Generationen, nach 1945 ihre Verbrechensbeteiligung zu vertuschen. Dieses Wegschieben der ersten Schuld ist das, was Giordano als zweite Schuld bezeichnete.[14] Es war eine Schuld zuerst einmal gegenüber den Verfolgten der Nazi-Herrschaft, es war sodann auch eine Schuld gegenüber den eigenen Kindern und Kindeskindern. »Heute, mit der riesigen Erfahrung von vier Jahrzehnten, kann gesagt werden, dass die hartnäckige Verweigerung aus Angst vor Selbstentblößung eine Mehrheit der alten und älteren Generation nach dem Zweiten Weltkrieg weit stärker motiviert hat als das Wohl ihrer Kinder.«[15] Giordano, der selbst verfolgt wurde als Sohn einer jüdischen Mutter, war tief erschüttert durch die Lektüre eines Buches von Peter Sichrovsky, in dem Nachkommen von Nazis ihr Aufwachsen unter solchen Eltern und ihre innere Situation schilderten.[16] Dieser Generation, uns Nachgeborenen, hat Giordano sein Buch gewidmet.[17] Das freute mich damals, doch zugleich war ich etwas skeptisch geblieben. »Schuldlos beladen«

seien wir.[18] Einerseits stimmte das ja, doch mir steht seit vielen Jahren vor Augen, dass es auch eine »dritte Schuld« geben kann und längst gibt, nämlich eine solche auf unserer Seite. Soweit wir das Verschweigen, Verdrängen, Verleugnen unserer Vorgängergenerationen fortführen, bewegen wir uns in einer transgenerationalen Komplizenschaft, und sei es durch Unterlassung.

Der uruguayische Psychoanalytiker Marcelo Viñar, selber unter der dortigen Militärdiktatur Opfer von Folter und Exil, mit dem ich durch die Arbeit an diesen Themen seit Langem freundschaftlich verbunden bin, hat zum kollektiven Gedächtnis Folgendes gesagt: »Während einer Zeit des politischen Terrors geht die am ehesten zugelassene gemeinsame Vorstellung davon aus, dass es Opfer und Täter, Verfolger und Verfolgte gibt. Die logische Folge hiervon ist später in der Gesellschaft eine Spaltung zwischen ›Unbeschadeten‹ und ›Betroffenen‹. Diese vereinfachende und falsche Sicht verhindert es, dass Konflikte ausgetragen, Verhärtungen gelöst werden können. Sie verbiegt die Erinnerungsarbeit und die Entwicklung von zukunftsbezogenen kollektiven Anstrengungen. Das alles hat weitreichende Auswirkungen. Maren und ich bezeichnen dies als ›Brüche im Gedächtnis‹. Wir sind uns sicher, dass Perioden des politischen Terrors wie der Nationalsozialismus, Kriege, Militärdiktaturen, das heißt, von Menschen geschaffene Katastrophensituationen, Auswirkungen auf die ganze Gemeinschaft haben. Deshalb ist die Aufteilung zwischen einem unbeschadeten und einem betroffenen Teil eine oberflächliche Illusion.«[19]

Dieser Hinweis ist außerordentlich wichtig. Die ganze Gesellschaft wurde durch die kollektive Gewalt beschädigt, aber das wird in der Folge verleugnet und stattdessen auf der Ebene der Individuen eine Spaltung zwischen »Unbeschadeten« und »Betroffenen« hergestellt. Die einen sind dann die »Normalen«, die anderen die »Gestörten«. Das ist ein Thema von enormer Brisanz, von der auch in diesem Beitrag verschiedentlich etwas aufscheint. In meiner Arbeit mit Nachgeborenen der Täterseite, die in ihren Familien bzw. ihrer Umgebung zu Sündenböcken wurden, wie auch mit Nachkommen von Verfolgten habe ich immer wieder damit zu tun. Deshalb ist mir »Normalität«, so erstrebenswert sie in einer Hinsicht auch ist, verdächtig geworden. Hier zeigt sich in verdeckter Weise eine fortdauernde gesellschaftliche Matrix gewalttätigen Spaltens. Die dadurch entstehenden »Brüche im Gedächtnis« sind zuallererst als ein gesellschaftlicher Vorgang zu sehen, dem dann erst auf der individuellen Ebene das persönliche Verleugnen, Verdrängen, Verschweigen folgen. Beides bedingt sich natürlich auch wechselseitig, aber mir erscheint es doch als sehr wichtig, gerade im Zusammenhang mit politischer Gewalt den Vorrang des kollektiven »Verdrängens« zu betonen.

Wie ist nun »kollektives Gedächtnis« zu verstehen? Aleida Assmann, die bekannte Erinnerungsforscherin, hat untersucht, »wie sich Gruppen ein Gedächtnis schaffen. Dieses gemeinsame Gedächtnis schließt allerdings nicht individuelle Gehirne wie die Computer einer LAN-Party zusammen, sondern beruht auf gemeinsamen Riten, Symbolen und Geschichten, an denen man teilnimmt und die man sich gegenseitig erzählt. Es führt kein direkter Weg von individuellen Erfahrungen und Erinnerungen zu einem kollektiven Gedächtnis. Dieses ist keine Ansammlung von Einzelerinnerungen, sondern eine rekonstruierte Geschichte, die den Rahmen absteckt für die eigenen Erinnerungen, sodass man sich mit selbst Erlebtem in ihr wiedererkennt oder sich dieser Geschichte zurechnen kann.«[20]

Und sie fährt fort: »Ein kollektives Gedächtnis ermöglicht es den Mitgliedern einer Gesellschaft, über räumliche und zeitliche Entfernung hinweg Bezugspunkte in der Vergangenheit festzuhalten und gemeinsame Orientierungsformen aufzubauen. Auf diese Weise kann man sich als Teil einer größeren Einheit begreifen, die weit über die individuelle Erfahrung hinausgeht.«[21]

Was hier über Gedächtnis gesagt wird, sehe ich ganz genauso in Bezug auf unser Thema des Verdrängens. Auch hier führt kein direkter Weg vom individuellen zum kollektiven Verdrängen.

Verdrängen und Verdrängen müssen nicht dasselbe sein, so habe ich zuvor schon betont mit Blick auf die fundamentalen Unterschiede von Verdrängen auf Verfolgten- und auf Täterseite. Das gilt in anderer Weise gerade in diesen Zusammenhängen auch für die Unterschiede zwischen individuellem und kollektivem Verdrängen.

Aus psychologischer Sicht möchte ich dazu nur auf einen, allerdings gravierenden, Punkt hinweisen: Von kollektiver Verdrängung zu sprechen, kann durch die darin enthaltene Analogie zur individuellen Verdrängung selber einen Akt des Verdrängens oder zumindest des Verharmlosens darstellen. Individuelle Verdrängung ist etwas »Unschuldiges« oder anders ausgedrückt, ein Vorgang zunächst des kindlichen Umgehens mit überwältigenden, anders nicht zu verarbeitbaren Einwirkungen. Es ist das Kind in seiner entwicklungsbedingten Schwäche, in dem sich das abspielt.

Ganz anders aber sind in aller Regel die Verhältnisse bei dem, was wir mit »kollektiver Verdrängung« zu fassen versuchen. Nach 1945 hat nicht ein »schwaches deutsches Volk« bedrohliche, von außen kommende Einflüsse nur noch »verdrängen« können, nein, was hier »verdrängt« wurde, waren die eigenen bösen Taten einer kurz zurückliegenden Vergangenheit, mit denen man Millionen von Menschen in Vernichtung, Tod, Traumatisierung geschickt hat.

Also das gleiche Wort für kollektive Vorgänge zu benutzen, die im Zusammenhang mit dem NS-Reich kontaminiert waren, mit Vernichtung, destruktiver Machtausübung, Unterdrückung, Ausgrenzung, Lüge, das halte ich für sehr problematisch. Die Vorgänge bei dem, was dann »kollektive Verdrängung« genannt wird, näher zu untersuchen, ist zwar eher ein Thema für Soziologen und Historiker, aber gerade als Psychologe warne ich vor den mit solchen Psychologisierungen möglicherweise verbundenen Verharmlosungen. Und ich erinnere an Ralph Giordano. Er sprach in dem genannten Werk vom »Großen Frieden«, der in den 50er Jahren mit den NS-Tätern geschlossen wurde.

Wenn es aber doch eine Klammer geben sollte zwischen beidem, zwischen individueller und kollektiver »Verdrängung«, dann ließe sie sich, um es etwas ironisch zu sagen, vielleicht in dem bekannten Nietzsche-Zitat suchen: »›Das habe ich getan‹, sagt mein Gedächtnis. ›Das kann ich nicht getan haben‹ – sagt mein Stolz und bleibt unerbittlich. Endlich – gibt das Gedächtnis nach.«[22] Die individuelle Erhaltung des Selbstwertgefühls siegt also über die Wahrheit. Und kollektiv gesehen können wir gerade die 50er Jahre als entscheidende Periode dafür sehen, dass in der Bundesrepublik Deutschland ein Mantel des Schweigens, des Vernebelns über die NS-Verbrechen gelegt wurde. Dabei aber handelte es sich nicht um Verdrängung, sondern um Täuschung und Lüge. In unserem Buch »Wagnis Solidarität« sind meine Frau und ich dazu gekommen, diesbezüglich sogar von »struktureller Lügenhaftigkeit« zu sprechen, und zwar sowohl im Sinne einer allgemein-gesellschaftlichen Matrix als auch, in enger Wechselwirkung damit, als individuelle Verhaftung im Lügen. So haben wir dargelegt, wie das Zeugnis derer, die gegen die Nazis widerstanden hatten, in den 50er und 60er Jahren »vergessen«, beiseitegeschoben, oft auch verleumdet wurde. Wir stellten fest: »Zunächst kann ein allgemeines Geflecht von Lügenhaftigkeit vorliegen, welches dann sekundär zur Ausbildung größerer und kleinerer konkreter Lügen führt. Bestimmend aber bleibt das untergründige Geflecht, eine verborgene Struktur. Deshalb sprechen wir hier von struktureller Lügenhaftigkeit. Wir erheben nicht im Sinne üblicher Moral einen Zeigefinger: ›Du sollst nicht lügen.‹ Vielmehr sehen wir gängige Moralvorstellungen, jedenfalls wenn sie von Enge bestimmt sind, als fördernde Bedingungen für ein Leben in der Lüge. Als besonders gefährdet für solche Entwicklungen erscheinen uns gerade unsere eigenen Berufsfelder von Pädagogik und Psychotherapie. Ähnliches gilt für den Bereich der Theologie. Überall sind hier die Über-Ich-Anforderungen hoch. Gelingt es nicht, sie in (vermeintlich) geforderter Striktheit zu erfüllen, kommt es leicht zu einer schleichenden Umdefinierung, unter Umständen zu einer Selbstidealisierung. Das wiederum kann eine strukturelle Lügenhaftigkeit im Sinne eines Lebens in der Lüge fördern. Man selbst wird immer ›sauberer‹, die anderen dagegen – Kinder, Ungläubige, Klientinnen und Klienten – immer ›problematischer.‹«[23]

Ein »Kronzeuge« für diese Feststellungen war der ehemalige Dachau-Häftling Ludwig Schecher. Mit 52 Jahren wurde dieser Jurist 1935 eingeliefert, wohl vor allem, weil er vor 1933 kritische Fachartikel geschrieben hatte. Er wurde Schreiber der Sicherheitswerkstätte im KZ und bekam in dieser Funktion viele Interna mit. Nach 1945 schrieb er seine Erfahrungen in einem umfangreichen Bericht auf: »Rückblick auf Dachau.«[24] Diese nüchternen »Sachverhaltsbeschreibungen« eines geschulten Juristen sind eine Entlarvung extremer Lügenhaftigkeit, hier sichtbar im KZ Dachau vom untergeordneten SS-Mann bis zum Kommandanten, und das nochmals gesteigert in der Endphase, als es galt, sich hinüberzuretten in die Zeit nach dem NS-Reich, hinüberzuretten mit allen Mitteln, dabei ganz zentral durch Lügen. Weil das alles zutiefst in den Strukturen des NS-Reichs verankert war, passt es, von struktureller Lügenhaftigkeit zu sprechen. Und auch sie hatte keine »Stunde Null«, und sie kam in den 50er Jahren ganz besonders zum Tragen. Es ist in diesem Beitrag nicht der Ort, diesbezüglich die Nachkriegsgeschichte zu rekapitulieren. Ich möchte nur auf einen Punkt noch hinweisen, der sowohl die kollektive wie die individuelle Ebene betrifft und der mit dieser Lügenhaftigkeit zusammenhängt: eine verbreitete und, wie ich meine, mit der Verdrängung der eigenen NS-Verwicklungen zusammenhängende Ungerührtheit.

Erst vor wenigen Jahren ging mir in tiefergehender Weise auf: Die Welt meiner Kindheit und Jugend war geprägt von solcher Herzlosigkeit. Das war aber nicht einfach, wie man jetzt meinen könnte und wie das häufig in psychologischen Zusammenhängen verengt betrachtet wird, hauptsächlich nur die Welt meiner persönlichen Familie. Nein, ich sehe vor mir auch die Nachbarschaft, die Freunde der Eltern, die Verwandten, die Lehrerinnen, Lehrer, Klassenkameraden, den Religionsunterricht, Gottesdienste – überall erschien es, als wäre »nie etwas geschehen«. Und das waren alles ganz »normale« Leute. Die ehemalige Hohenlimburger Synagoge kam bei ihnen nicht vor, die Menschen, die zu ihr gehört hatten, sowieso nicht, die zahlreichen Kriegsgefangenenlager in den Fabriken ringsum kamen nicht vor, die dort geschundenen und zu Tode gebrachten Menschen erst recht nicht. Wo sind auch noch bei den Nachkommen der ehemaligen Volksgenossen die Ohren und Herzen, um das zu hören? Und wo ist der Blick auf die eigene Seite und die darin verborgenen Kontinuitäten zum Damals? Hier sind wir in Deutschland teilweise vorangekommen in den letzten Jahrzehnten – und doch, auf den Zustand unserer Herzen zu schauen vor diesen Hintergründen, da bleibt noch viel.

Zum Abschluss möchte ich daher den Blick auf eine Familie richten, in der Vorfahren verfolgt wurden, weil sie sich gegen die Nazis gestellt hatten, Menschen aus dem Landkreis Dachau – und auf ihre Erfahrungen nach 1945.

Eine nicht ganz »normale« Familie

In der Pause einer zeitgeschichtlichen Veranstaltung fragte mich eine mir bis dahin unbekannte Frau, ob sie mich kurz einmal sprechen könnte. Sie wirkte verlegen, gehemmt. »Eine Bekannte, mit der ich hier bin, hat mir gerade gesagt, dass Sie sich mit seelischen Weiterwirkungen aus der NS-Zeit befassen würden. Stimmt das?« Als ich bejahte, setzte sie fort: »Also könnte das auch mich betreffen?« Ihre Stimme zitterte merklich. »Natürlich,« antwortete ich, »das ist es ja, was ich immer wieder in meiner psychologischen Arbeit entdeckt habe, nämlich dass oft auch in Familien, die bisher gar nicht an so etwas gedacht haben, sehr erhebliche Einflüsse von damals wirksam sein können.« »Zum Beispiel?« »Da gibt es vieles, das kann in ganz unterschiedliche Richtungen gehen,« antwortete ich vorsichtig. »Da können Hintergründe sein, dass Menschen damals verfolgt wurden, oder umgekehrt, dass Vorfahren erheblich mitgemacht haben bei den Nazis und das nachher verschwiegen. Oder Flucht, Vertreibung, Bombenkrieg, das sind bis heute oft noch Gründe für Ängste und verschiedene Störungen, auch bei Nachkommen.« Sie schaute mich groß an, dann gab sie sich einen Ruck: »Meine Bekannte sagte, Sie schreiben an einem Beitrag für ein Projekt über die 50er Jahre, da könnte ich Ihnen vielleicht helfen. Aber hier geht das nicht, die vielen Leute, wissen Sie.« Wir vereinbarten ein Treffen, auf ihren Wunsch hin nicht im Landkreis Dachau, sondern in einem Münchner Café.

Zwei Wochen später sitzen wir uns dort also an einem kleinen Tisch gegenüber. Für mich ist der Ort eher etwas ungünstig, herrscht doch ein erhebliches Stimmengewirr, das mir das Zuhören und Konzentrieren etwas erschwert. Frau Singer, so möchte sie genannt sein, macht das wohl nichts aus, eher im Gegenteil. Mir kommt die Idee, dass sie gerade diese Anonymität gesucht hat, in der man nicht einmal die Gespräche am Nebentisch verstehen kann. Und es ist außerhalb des Landkreises, niemand kennt sie hier.

»Ich bin aufgewachsen in einer Welt des Schweigens. Das hat mich schon von früh an umgetrieben. Ich habe es einfach nicht verstanden, was da los war. Ich wollte es wissen, ich habe nicht locker gelassen, auch wenn es schwer fiel.« Die Großmutter väterlicherseits, Jahrgang 1925, zwar eine sehr strenge Frau, war die erste, die ihr half. Sie schimpfte nicht mit ihr, als sie erfuhr, dass das vierzehnjährige Mädchen in ihren Fotos herumgestöbert hatte. Dabei war dem Kind aufgefallen, dass hier anders, als sie es kurz zuvor im Schulunterricht erfahren hatte, niemand mit irgendwelchen NS-Abzeichen zu sehen war. Die Großmutter war überrascht angesichts dieser bemerkenswerten Feststellung und bestätigte dann die Wahrnehmung. Ihr Vater, ein mittlerer Bauer im Dachauer Land, habe nichts davon gehalten, in einer der NS-Organisationen Mitglied zu werden. Deshalb sei die Familie im Dorf etwas schief angesehen worden. Das änderte sich allerdings, als alle drei Brüder der Großmutter, sie war das jüngste Kind, zur Wehrmacht eingezogen wurden. Zwei von ihnen fielen. Da erzählte die Großmutter nicht viel weiter, und das Mädchen traute sich wohl auch nicht, noch mehr zu erfragen. Nur das eine erfuhr sie noch: Die Großmutter sei damals in ihren jungen Jahren zutiefst erschrocken gewesen, als zerlumpte Elendsgestalten auf ihrem Hof nach Essbarem suchten – im Misthaufen. KZler seien das, so wurde ihr gesagt.

Für Frau Singer wurde damals zwar einiges etwas klarer, aber doch nicht wirklich nachvollziehbar. Wieso denn hörte sie immer wieder, dass hinter vorgehaltener Hand oder auch ganz offen von ihnen als »Zuchthäuslerfamilie« die Rede war. Schließlich hätte die Mutter sich ihrer erbarmt oder hätte vielleicht das wiederholte Fragen und das bedrückte Gesicht ihrer Tochter nicht mehr ausgehalten. Sie erklärte ihr, das beziehe sich auf die Familie ihres Mannes, des Vaters von Frau Singer. Dessen Großvater, also Frau Singers Urgroßvater, sei mehrere Jahre im KZ gewesen. Kaum hörbar erfuhr ich dann noch, dasselbe sei auch dessen Sohn geschehen, dem Großvater von Frau Singer. Darüber wisse sie aber noch weniger.

Ich fragte dann, aus welchem Grund denn ihr Urgroßvater ins KZ gekommen sei. Das wäre deshalb gewesen, weil er sich im Wirtshaus gegen Hitler und seine Partei geäußert sowie öffentlich Flugblätter gegen die NSDAP verteilt hatte. Das war um 1933, wahrscheinlich nachdem Hitler an die Macht gekommen war. So verschleppten die Nazis ihn das erste Mal ins KZ. Aber er blieb seiner Partei, der KPD, treu und wurde ein zweites Mal verhaftet. Wegen »Vorbereitung zum Hochverrat«. Er wurde als erstes nach Stadelheim und dann wieder ins KZ Dachau gebracht. Hier erlitt er als »Zweitmaliger« unmenschliche Misshandlungen. Zum Ende des Krieges hin wurde er zum Kriegsdienst eingezogen, obwohl er für »wehrunfähig« erklärt worden war. Aber er fiel nicht, wie von der SS gedacht, sondern überlebte. Sein Posten war in Italien. Dort verbrachte er seine schönste Zeit, obwohl es im Krieg war. Seine Liebe zu Italien vererbte er seinem zweiten Sohn. Irgendwie muss es da eine Verbindung und vielleicht auch Freundschaften gegeben haben, die das Kriegsende überdauert haben.

Als zu alledem einige Jahre nach dem Krieg die Frau des Urgroßvaters plötzlich starb, habe dieser es wohl nicht mehr ausgehalten im Dorf, sei weggegangen und irgendwo in Deutschland hängen geblieben. »Eigentlich wollte er ins Ausland.« Das habe Frau Singer erst kürzlich von einer Verwandten erfahren. Mehr wisse sie nicht über ihn.

Ihr Vater nun, der 1948 geboren wurde, hätte es im Dorf und in der Schule sehr schwer gehabt. Er wurde von den Kindern gehänselt und vom Lehrer äußerst ungerecht behandelt, wurde beschämt und niedergemacht. »Alles wegen der Sache mit den Zuchthäuslern.« »Der Lehrer und der Pfarrer waren die Schlimmsten, haben geprügelt und andere niedergemacht, da stehen mir die Haare zu Berge.« Und sein Vater hätte ihm bei alledem nicht geholfen. »Der war nämlich sehr zurückgezogen, auch in der Familie, nur seine Arbeit hat er verbissen gemacht, heute würde man vielleicht auf den Gedanken kommen, dass er depressiv beziehungsweise traumatisiert war.«

Ich frage Frau Singer, was ihr denn außer den wenigen Sätzen von Großmutter und Mutter noch geholfen habe auf ihrem Weg, Licht in diese Welt des Schweigens zu bringen. »Also, ganz ganz wichtig war die Ausstellung ›Das Lager und der Landkreis‹. In die habe ich mich ganz genau vertieft. Das waren regelrechte Offenbarungen. Das hat mir enorm den Rücken gestärkt. Ich habe gemerkt, dass ich doch nicht falsch lag, mit meinem Drang zum Nachforschen. Denn wissen Sie, man fühlt sich ja irgendwie daneben, wenn man dabei fast immer nur schief angeschaut wird nach dem Motto: ›Du schon wieder.‹« Sie fügt hinzu: »Aber mein Vater, der hat so eine Scheu gehabt, dorthin zu gehen. Ich habe das nicht verstanden, habe ihn gedrängt, schließlich hat er es gemacht, wahrscheinlich mir zuliebe. Dabei wäre das alles doch für ihn noch viel wichtiger als für mich.« Wie die Ausstellung auf ihn gewirkt habe, wisse sie nicht, er habe kaum etwas dazu gesagt. Auch ihr Bruder wolle von diesen Themen lieber nichts wissen, »aber ich vermute, es kommt auch von daher, dass er seit einiger Zeit unter Burnout leidet, im Klartext doch, dass er depressiv ist.«

Insgesamt zeichnet sich für das Leben ihrer Familie ab, dass diese es seit der Inhaftierung des Urgroßvaters in dem Dorf des Dachauer Landes schwer hatte, und zwar über Generationen hinweg, und dass die subtile, manchmal aber auch brachiale Ausgrenzung und Abwertung nachhaltig am Selbstwertgefühl wahrscheinlich aller Familienmitglieder genagt haben. Dagegen den Spieß einmal umzudrehen und auf die teils massive NS-Verstrickung anderer Familien hinzuweisen, das hat niemand gewagt. Der Hauptweg, mit alldem umzugehen, war wohl, sich wegzuducken, so zu tun, als sei nichts, und im Stillen zu leiden, dabei auch miteinander kaum darüber zu sprechen. Die Alternative, nämlich wegzugehen, hat der Urgroßvater gewählt, allerdings dann wohl in solch einer Verbitterung, dass er die Verbindung auch noch zur Familie anscheinend weitgehend abgeschnitten hat. Frau Singer dagegen entschied sich für eine mildere Variante, sie ist »nur« nach Dachau gezogen, in die Stadt, und hält den Kontakt zur Herkunftsfamilie intensiv aufrecht. Aufschlussreich dabei ist aber vielleicht, dass sie zum Ende unseres Gesprächs hin lebhaft von ihren Reisen ins Ausland erzählt und von den dort entstandenen Freundschaften.

Der Abschied nach anderthalb Stunden ist herzlich. Frau Singer hat es gut getan, diese schwere familiäre und persönliche Geschichte einem Außenstehenden zu berichten, der auf so etwas vorbereitet ist und nicht reflexhaft sagt, das sei doch »so lange her, und man solle es ruhen lassen.« Und für mich war es wohltuend, hier einer aufrechten und trotz aller Zurückweisungen kämpferischen Zeitgenossin zu begegnen, die sich von Mauern des Schweigens nicht wirklich aufhalten lässt und durch deren beharrliches Wirken allmählich Licht ins Dunkel kommt, wodurch sich für sie, aber auch für andere, die Chancen erhöhen, aus diesem so beharrenden Bann freizukommen.

Wie vereinbart, habe ich einige Tage später Frau Singer die erste Fassung des vorstehenden Textes zur Durchsicht und Korrektur geschickt. Sie war damit voll einverstanden. Zugleich schickte sie Ergänzungen und schrieb in ihrer Mail: »Dies bringt Ansichten zu Tage und auch Gefühle, die ich so nicht erwartet hätte. Da ist so viel …«

Also treffen wir uns zu einem weiteren Gespräch, dieses Mal in meinem Praxisraum, da ist es ruhiger. Im Mittelpunkt steht von Anfang an ein Thema, das sie mir schon zur Ergänzung des Entwurfs gemalt hatte und das ihr erst beim Lesen dieses Textes aufgegangen sei, niemals zuvor. Ich gebe das in den Worten wieder, wie sie es geschrieben hatte:

»Verdrängen als Opfer aus meiner Sicht. In vielem war ich noch zu jung oder habe es nicht verstanden. Aber jetzt … Jetzt sitze ich hier über Notizen zu Ihrem Bericht, die ich gemacht habe. Da kommt so vieles hoch, was auch ich verdrängt habe. Aber wenn ich all das heute sehe … Okay … Lassen Sie mich das aus meiner Sicht erzählen: Für meine Oma [die Mutter des Vaters; M-H] war es immer wichtig, nicht aufzufallen, sondern zu ›gefallen‹. Können Sie sich vorstellen, wie schwer es mir fiel, zu ›gefallen‹? Was ich erst heute verstehe. Meinem Vater war es in den 80ern auch wichtig, unauffällig zu sein. Gut, viele Klassenkameraden haben ihn dann später schon akzeptiert, und er war auch in ein paar Vereinen. Und für uns als Familie war ›normales‹ Leben dann schon möglich, doch hatten viele auch ihren Spaß, diese kaum sichtbaren Spielchen zu treiben. Das werde ich zu einem späteren Zeitpunkt noch erläutern.

Meine Oma war überaus gläubig. Ich denke, auch wegen dem, was war und wie sie behandelt wurde. Wenn ich das heute so sehe, machte sie sich Vorwürfe, den Fehler gemacht zu haben, sich in einen ›Ausgestoßenen‹ zu verlieben und ihn auch zu heiraten. Vielleicht hat ihr der Glauben die Kraft und Hilfe gegeben? Ich weiß nur, dass ihr die Kirche und in die Kirche zu gehen sehr wichtig war. Aber ich musste dann so funktionieren, wie sie es wollte. Als Kind habe ich das nie verstanden. Irgendwie sollte ich das ›perfekte‹ Vorzeigekind sein. Ich musste immer in die Kirche. Alle Sonntage, die ganzen Kirchenfeste und auch Dienstagabends in die kleine Dorfkirche. Da musste ich jeden ansehen, mit höflichster Anrede und mit – das wird mir jetzt erst so richtig bewusst – Ehrfurcht begrüßen. Ja, schon fast unterwürfig … Ich wurde getadelt, wenn ich mal im Gottesdienst hustete oder nicht gleich hinkniete, wenn es der Gottesdienst vorschrieb. Und wenn meine Oma das nicht sah, dann gab es jemand anderen, der es ihr erzählte. Wow!!! Die Erkenntnis ist erschlagend …

Gut, dass ich über all dem Hass und den Verurteilungen stehe. Ich empfinde nur Trauer. Die haben Oma in ihrer – lassen wir das mal – Naivität zu deren Gunsten missbraucht!!! Trifft mich schon hart. Aber verurteilen? Nein!!! Was kann Menschen bewegen, so grausam zu sein? Was muss das für eine Zeit gewesen sein, dass auch nach ihrem Ende Menschen so grausam sein können? Und das in den 80ern? Die haben das Gleiche getan wie bei meinen Dad. Für mich unverständlich … Es macht mich nur traurig.

Ich habe keine Ahnung, ob meine Oma nur machtlos oder naiv war. Ich kann sie nicht verurteilen, weil ich nichts weiß. Unverständnis und Trauer empfinde ich … Ich frage mich, ob sie auch bewusst weggeschaut hat … Hier sind nur Fragen …

All das, was die Kirche betrifft, habe ich bis zu meiner Firmung ertragen. Es ist der richtige Begriff. Mein Dad hatte schon lange erkannt, dass ich mich nicht wohl fühle, aber dem Frieden zuliebe … Ich denke nicht wegen Oma, sondern wegen der Gesellschaft. Ob ich krank war oder nicht, ich musste in die Kirche gehen. Mein Bruder … irgendwie war er außen vor. Er hatte sich in so vielen Dingen angepasst. Aber was für mich die größte Ungerechtigkeit war – er hatte nie die Verpflichtungen, in die Kirche zu gehen oder das zu leben wie ich. Ein Grund mehr für mich, aufzubegehren und wie immer mit Bestrafungen in die Schranken gewiesen zu werden. Traurig ist, dass er daran zerbrach. Und ich … ich habe es irgendwie immer aus eigener Kraft geschafft. Obwohl ich aus der Kirche ausgetreten bin.«

Frau Singer kommt jetzt in unserem zweiten Gespräch auf alle diese Punkte noch eingehender zu sprechen. Dabei drückt sie immer wieder neu ihr großes Erstaunen und ihre Erschütterung aus über das im Nachgang unseres ersten Gesprächs jetzt erst Entdeckte: die Gründe bei der Großmutter, warum sie die Enkelin seelisch so hart behandelt, man kann sagen misshandelt hat. Beim ersten Mal hatte Frau Singer von ihr das Bild einer zwar strengen, aber doch auch hilfreichen Großmutter in den Raum gestellt. Jetzt aber ist der Blick offensichtlich so klar geworden, dass etwas permanent Grausames vonseiten dieser Frau in den Fokus kommt. Und dazu gehört deren Getriebensein durch den Wunsch, in der Dorf-»Gemeinschaft« etwas zu gelten – und sei es noch so gnadenlos auf Kosten der kleinen Enkeltochter. Was für ein Licht wirft das auf die Großmutter! Aber noch viel mehr: was für ein Licht auf die Dorfgemeinschaft! Als hinterhältig, grausam, voll von Hass tauchen ihre Mitglieder in unserem Gespräch auf. Das bleibt aber noch schemenhaft, denn auch auf näheres Nachfragen weiß Frau Singer im Augenblick nichts Weiteres über sie mitzuteilen. Konkrete Vorfälle stehen ihr weniger vor Augen als vielmehr das permanente Niedergedrücktsein durch die Großmutter. Diese, sowieso die dominante Person in der Familie, hat wie ein Riesengewicht auf dem kleinen Mädchen gelegen, so massiv, dass sie erst jetzt die dahinter wirkenden wahren Bedrücker davon zu unterscheiden beginnen kann.

Wieder fragen wir uns, wie Frau Singer trotz dieser massiven Belastungen irgendwie doch ihren Weg gehen konnte und sich letztlich nicht abbringen ließ von ihrer Suche nach Aufklärung. Zwei Menschen fallen ihr dazu als hilfreich ein. Da war zum einen die Schwester der Großmutter, die etwas mehr noch als diese bereit war, über die NS-Zeit zu sprechen. Allerdings war auch für sie ihr Ansehen im Dorf von höchster Priorität. Sie und ihr Mann suchten das vor allem über materiellen Besitz zu erreichen. »Das ist auch ein Teil des Verdrängens.« Schließlich konnten sie in München, in der Landeshauptstadt, ein kleines Haus kaufen, worauf sie ausgesprochen stolz waren. Auch darin war die Tante wohl ein Vorbild für Frau Singer: Man kann solch eine Dorfgemeinschaft verlassen.

Die andere Person, von der sie berichtet, ist eine ältere Freundin, die als Kind miterlebt hat, wie ihre Eltern, der Vater war Arbeiter, KZ-Häftlingen heimlich Lebensmittel zusteckten. »Sie haben also nicht weggeschaut. Und später haben sie auch nicht verdrängt. Das war eine gute Quelle für mich.« Die Bedeutung dieser Bekannten lag offensichtlich nicht nur in den Details als solchen, die sie berichtete, sondern darüber hinaus in der darin enthaltenen Bestätigung für Frau Singer, dass sie mit ihren Vermutungen doch nicht falsch lag, dass sie selber insgesamt nicht »falsch« war. Ich weiß aus vielen Erfahrungen, wie typisch für Menschen, die in der Familie und anderen sozialen Gruppen ausgegrenzt wurden, solch ein alles durchdringender Verdacht ist: Ich »bin« falsch.

Es ist gerade in diesem Zusammenhang sehr bewegend, wie Frau Singer später von einem Menschen berichtet, der für sie eine große Orientierung bedeutet: »Da schaut er, dass ich zu meinen Sachen komm.« Und sie setzt fort: »Ich vertraue auf das, was in mir ist, was gefühlstechnisch in mir los ist. Das war aber nicht einfach, so weit zu kommen.« Und zum Ende unseres Gesprächs hebt sie hervor: »Wir sind mit so viel Neidischsein, Intrigen und Lügen groß geworden, da ist es mein Weg, ehrlich zu sein, da erspart man sich doch ganz vieles.« Später sagt sie noch: »Ich unterwerfe mich keinem Menschen, denn ich hab gesehen, was im ›Dritten Reich‹ rausgekommen ist mit dem Hitler – und dann noch bis ins Dorf und in die Familie.« Und schließlich fasst sie zusammen: »Ich komme aus einer Familie, wo nicht mitgemacht wurde bei den Verbrechen. Ich bin kämpferisch. Das ist für mich ganz wichtig.«

Zum Abschluss unseres Austausches über diesen Text schreibt sie in einer Mail: »Ich hoffe, dass Menschen ähnlich wie ich den Mut finden und sich der Vergangenheit mit Verständnis und ohne Hass und Verurteilungen stellen. Es war eine Zeit, die für uns nicht völlig nachzuvollziehen ist. Warum noch die Nachfahren verurteilen? Die haben doch auch in vielem kein ›normales‹ Leben.«

AUSBLICK

Wieder einmal zeigen die Erfahrungen aus dem vorstehenden Bericht, dass in der viel gepriesenen deutschen Erinnerungskultur noch erhebliche Lücken klaffen, dies gerade auf der persönlichen Ebene. Das kann ich aus vielen therapeutischen Erfahrungen bestätigen. Viele Menschen haben es immer noch sehr schwer, sich zu artikulieren, wenn es darum geht, den Bann der NS-Zeit zu lüften oder ihn überhaupt erst als solchen wahrzunehmen. Damit dies mehr noch möglich wird, sind zeitgeschichtliche Aktivitäten wie jene Ausstellung »Das Lager und der Landkreis« weiterhin außerordentlich wichtig. Dass hier auf der öffentlichen Ebene historische Wahrheiten eruiert und Tabus thematisiert werden, hat große Wirkung für viele Menschen und kann bei ihnen und bis in ihre Umgebung hinein zu wichtigen und lebensförderlichen Entwicklungen beitragen.

1 Als NS-Nachgeborene bezeichne ich alle diejenigen von uns, deren Vorfahren im NS-Reich zu den »Volksgenossen« gezählt wurden. Das gilt also für die große Mehrheit von uns heute Lebenden. Aber auch die Immigranten sind davon nicht grundsätzlich ausgeschlossen. Näheres siehe Jürgen Müller-Hohagen: NS-Nachgeborene – was heißt hier Identität? In: Nea Weissberg, Jürgen Müller-Hohagen (Hg.): Beidseits von Auschwitz. Identitäten in Deutschland. Berlin 2015, S. 10.

2 Siehe Jürgen Müller-Hohagen: Verleugnet, verdrängt, verschwiegen. Die seelischen Nachwirkungen der Nazizeit. München 1988; ebenso die umfangreich überarbeitete Neufassung: Verleugnet, verdrängt, verschwiegen. Seelische Nachwirkungen der NS-Zeit und Wege zu ihrer Überwindung. München 2005.

3 Siehe dazu auch bei Stavros Mentzos: Neurotische Konfliktverarbeitung. Einführung in die psychoanalytische Neurosenlehre unter Berücksichtigung neuer Perspektiven. Frankfurt 1984, S. 60 ff.

4 Siehe Jürgen Müller-Hohagen: Geschichte in uns. Seelische Auswirkungen bei den Nachkommen von NS-Tätern und Nachkommen. München 1994/Berlin 2002.

5 Michaela Huber: Trauma und die Folgen. Trauma und Traumabehandlung. Paderborn 2012, S. 37 ff.

6 Jean Améry: Jenseits von Schuld und Sühne. Bewältigungsversuche eines Überwältigten. Stuttgart 1977, S. 73.

7 Siehe William G. Niederland: Folgen der Verfolgung. Das Überlebenden-Syndrom Seelenmord. Frankfurt 1980.

8 Améry, S. 154.

9 Susanne Mentzel: Diplomarbeit am Psychologischen Institut der Universität München, 1988.

10 Ebd., S. 153.

11 Siehe Müller-Hohagen 1994/2002.

12 Ebd.

13 Siehe Jürgen Müller-Hohagen (Hrsg.): Stacheldraht und heile Welt. Historisch-psychologische Studien über Normalität und politischen Terror. Tübingen 1996.

14 Ralph Giordano: Die Zweite Schuld oder von der Last, Deutscher zu sein. Hamburg 1987, S. 11.

15 Ebd., S. 13.

16 Ebd., S. 361. Giordano bezog sich auf das Buch von Peter Sichrovsky: Schuldig geboren. Kinder aus Nazifamilien. Köln 1987.

17 Giordano, S. 362.

18 Ebd., S. 361.

19 Marcelo Viñar: Gedächtnis und Zukunft. Über den Einfluss des politischen Terrors auf das kollektive und das individuelle Bewusstsein. In: Müller-Hohagen 1996, S. 114.

20 Aleida Assmann: Das neue Unbehagen an der Erinnerungskultur. Eine Intervention. München 2013, S. 17.

21 Ebd., S. 17.

22 Friedrich Nietzsche: Jenseits von Gut und Böse. Vorspiel einer Philosophie der Zukunft. Viertes Hauptstück.. Sprüche und Zwischenspiele. Berliner Ausgabe 2013, S. 54, Nr. 68.

23 Jürgen und Ingeborg Müller-Hohagen: Wagnis Solidarität. Zeugnisse des Widerstehens angesichts der NS-Gewalt. Gießen 2015, S. 119.

24 Unveröffentlichtes Manuskript. Im Archiv der KZ-Gedenkstätte Dachau einsehbar.

Konfrontation und Verdrängung — Vom Umgang mit der NS-Geschichte im Landkreis Dachau am Beispiel des ehemaligen Konzentrationslagers[1]

Dirk Riedel

Die Befreiung des Konzentrationslagers Dachau

Als die US-Armee das Konzentrationslager Dachau am 29. April 1945 befreite, mussten die Soldaten die Entdeckung machen, dass im Lager katastrophale Zustände herrschten: Die befreiten Gefangenen waren unterernährt und von der Zwangsarbeit gezeichnet, außerdem hatten sich in den überfüllten Baracken Typhus und andere Krankheiten ausgebreitet. Tausende Tote lagen im Lagergelände und in einem Zug aus dem Konzentrationslager Buchenwald, der nach einer 21-tägigen Irrfahrt am 28. April in Dachau eingetroffen war.[2]

Konfrontation mit den Schrecken

Geschockt von den Zuständen, die im Konzentrationslager Dachau und anderen nationalsozialistischen Lagern herrschten, beschloss die US-Armee, die deutsche Bevölkerung unmittelbar mit den Verbrechen zu konfrontieren. In Dachau mussten noch im Mai 1945 ca. 25 bis 30 ortsbekannte NS-Mitglieder und Honoratioren der Stadt das Krematoriumsgebäude des Konzentrationslagers Dachau mit den dort aufgestapelten Leichen besichtigen.[3]

Außerdem wurden Pferdefuhrwerke von Bauern aus dem Dachauer Umland beschlagnahmt, um damit die toten KZ-Häftlinge zur Etzenhausener Leite (»Leitenberg«) zu transportieren und dort zu bestatten. Diese Maßnahme hatte neben der Straffunktion und der Idee der »Reeducation« (Umerziehung) vor allem einen pragmatischen Hintergrund: Denn die Beseitigung der Leichen – an der sich auch die befreiten Gefangenen des Konzentrationslagers beteiligten – war aus hygienischen und gesundheitlichen Gründen dringend notwendig.[4]

QUARANTÄNE UND MEDIZINISCHE VERSORGUNG DER BEFREITEN HÄFTLINGE

Die US-Armee kümmerte sich um die medizinische Versorgung der KZ-Überlebenden. Um eine Ausbreitung der Seuchen im Dachauer Umland zu verhindern, musste sie das Lager unter Quarantäne stellen; für die Ordnung im Lager und das Zusammenleben der Überlebenden aus allen europäischen Ländern war das Internationale Häftlingskomitee verantwortlich. Erst nach und nach konnten die befreiten Häftlinge in den folgenden Wochen und Monaten bis Ende Juni 1945 in ihre Heimatländer zurückkehren. Doch für viele Juden gab es keine Heimkehr. Ihre Angehörigen waren ermordet worden, ihre Existenz vernichtet. Die US-Armee richtete für sie gesonderte DP-Lager (displaced person camps) ein. Oft erst nach Jahren konnten die jüdischen Überlebenden von dort in die USA, nach Palästina oder in andere westliche Staaten auswandern.[5]

INTERNIERUNGSLAGER

Um Aufstände oder eine Gegenwehr gegen die Besatzungsmacht zu verhindern beschloss die US-Armee verdächtige Personen wie NS-Funktionäre, höhere Beamte und SS-Mitglieder (»security suspects«) in automatischen Arrest (»automatic arrest«) zu nehmen. Auf dem ehemaligen Dachauer KZ-Gelände richtete die US-Armee daher im Juli 1945 ein Internierungslager mit einer Kapazität für 30 000 Personen ein. Das Lager umfasste vier Bereiche:

- für Personen, die unter automatischen Arrest fielen (s. o.);
- für kriegsgefangene Wehrmachtsangehörige, die im ehemaligen SS-Gelände untergebracht wurden,
- aus den beiden ersten Gruppen wurden die als Kriegsverbrecher verdächtigten (»war crimes suspects«) zusammengefasst und in einem eigenen Trakt untergebracht. Dort mussten sie warten, bis ihnen vom US-Militärgericht der Prozess gemacht wurde.
- 1947 wurde außerdem ein Durchgangslager für Zivilinternierte geschaffen: Sie wurden durch deutsche Spruchkammern der »Entnazifizierung« unterzogen.

Vor allem im Zusammenhang mit dem wachsenden Ost-West-Konflikt wurden viele der Internierten wieder entlassen. 1948 wurde das Internierungslager Dachau endgültig geschlossen.[6]

DACHAUER PROZESSE

Auf dem Gelände des früheren Konzentrationslagers wurden schon seit November 1945 im Rahmen von 489 US-Militärgerichtsverfahren insgesamt 1672 Anklagen gegen NS-Verbrecher erhoben. Beim ersten Dachauer Hauptprozess standen 40 Angehörige der Dachauer Lagermannschaft vor Gericht. 36 von ihnen wurden zum Tode verurteilt. Nach mehreren Revisionen wurden schließlich die Todesurteile gegen 28 SS-Angehörige im Landsberger Gefängnis vollstreckt; die übrigen Todesstrafen wurden in lebenslange Freiheitsstrafen umgewandelt.[7]

WOHNSIEDLUNG DACHAU OST

1948 gab das US-Militär das Gelände des ehemaligen Gefangenenlagers im Konzentrationslager Dachau an den bayerischen Staat zurück. In dessen Auftrag ließ die Bayerische Flüchtlingsverwaltung das Areal im September 1948 in eine Unterkunft für deutsche Flüchtlinge und Vertriebene aus Osteuropa umbauen. Die »Wohnsiedlung Dachau-Ost« bestand 15 Jahre und entwickelte eine eigene städtische Infrastruktur, während die ursprüngliche Geschichte der Lagerbaracken völlig ausgeblendet und überdeckt wurde. So fand sich der niederländische Dachau-Überlebende Nico Rost bei einem Besuch der ehemaligen Gefangenenunterkünfte 1955 vor Wohnungen, Geschäftsräumen und Klassenzimmern wieder. In seinem Band »Ich war wieder in Dachau« stellt er seine quälenden Erinnerungen an die KZ-Baracken den Werbetafeln der jetzigen Nutzer und Bewohner gegenüber: Wo die Häftlinge im Frühjahr 1944 an dem Leichnam eines ermordeten russischen Häftlings vorbeimarschieren mussten, warb nun eine Ankündigung für »Heinis Bauernbühne« mit »anschließendem Tanz«[8].

Die Nutzung des ehemaligen Konzentrationslagers als Flüchtlingsunterkunft war durch die katastrophale Wohnungsnot nach Kriegsende begründet. Sie zeugte aber auch von einer verbreiteten Haltung in der Bevölkerung, die die konkrete Geschichte des Konzentrationslagers ignorierte und verdrängte.[9]

»Leitenberg-Skandal«

Schon vier Jahre nach der Befreiung waren auch die Massengräber am Dachauer Leitenberg längst in Vergessenheit geraten. Doch als bei Bauarbeiten am Fuß des Berges 1949 Skelette zutage gefördert wurden, hatte dies ein internationales Presseecho zur Folge. Obwohl sich später herausstellte, dass es sich bei den aufgefundenen Knochen nicht um sterbliche Überreste ehemaliger KZ-Häftlinge handelte, führte das breite Medieninteresse nun dazu, dass der vernachlässigte Zustand der Massengräber öffentlich wurde. Aufgrund des internationalen Drucks sah sich die bayerische Staatsregierung schließlich gezwungen, einen »KZ-Friedhof Leitenberg« einzurichten, der 1949 eingeweiht wurde.[10]

Gedenken im Krematoriumsgelände

Im Rahmen der Dachauer Prozesse war im Krematoriumsgebäude des ehemaligen Konzentrationslagers eine erste kleine Ausstellung eingerichtet worden. Trotz Widerständen blieb das Gelände am Krematorium auch in den folgenden Jahren öffentlich zugänglich. Seit 1952 übertrug die bayerische Regierung der Verwaltung der Staatlichen Schlösser, Gärten und Seen die Verantwortung für die Pflege des Areals.

Doch die Erinnerung an das Konzentrationslager in Dachau war heftig umstritten: So forderte der Dachauer CSU-Politiker und Landrat Heinrich Junker 1955 den öffentlichen Zugang zum Krematoriumsgebäude zu schließen und verstieg sich später sogar zu der Forderung, das Gebäude abreißen zu lassen. Auch der aus Sulzemoos stammende Landwirtschaftsminister Joseph Baumgartner, CSU-Gründungsmitglied und späterer Vorsitzender der Bayernpartei, wetterte anlässlich einer Rede auf dem Dachauer Volksfest im gleichen Jahr gegen die »Diffamierung des Dachauer Landes«[11]. Der bereits begonnene Abriss der Wachtürme des Konzentrationslagers konnte nur durch Proteste französischer Überlebender bei der bayerischen Regierung verhindert werden.

Erst nachdem die Bundesregierung im September 1955 ein Zusatzabkommen zu den Pariser Verträgen unterzeichnete und sich damit verpflichtete, die Grabstätten von NS-Opfern zu erhalten und zu pflegen, war zumindest der Bestand des Krematoriumsgeländes dauerhaft sichergestellt.[12]

Der Weg zur KZ-Gedenkstätte Dachau

Infolge des Ost-West-Konfliktes hatte auch der Austausch zwischen den KZ-Überlebenden aus unterschiedlichen Ländern und politischen Lagern gelitten. Doch 1955, zehn Jahre nach der Befreiung des Konzentrationslagers, gründete sich das Internationale Dachau Komitee (CID) neu. Außerdem wurde in Bayern ein Kuratorium aus Vertretern öffentlicher Einrichtungen und Verbände gegründet, dessen Mitglieder nahezu alle aus dem Kreis der ehemals Verfolgten stammten. Seit 1959 setzte sich dieses Kuratorium gemeinsam mit dem CID für die Errichtung einer KZ-Gedenkstätte in Dachau ein. Eine wichtige Rolle spielte dabei vor allem der kommunistische Dachau-Überlebende Otto Kohlhofer, dem es gelang, aus unterschiedlichen politischen Lagern Unterstützer für die Idee einer Gedenkstätte zu finden.[13]

Unabhängig davon hatte der ehemalige »Sonderhäftling« des Konzentrationslagers Dachau und Münchner Weihbischof Johannes Neuhäusler 1960 die Errichtung der katholischen »Todesangst-Christi- Kapelle« auf dem Gelände des ehemaligen Konzentrationslagers durchgesetzt. Die Einweihung mit 50 000 internationalen Teilnehmern fand anlässlich des Eucharistischen Weltkongresses 1960 statt.

Bei diesem Ereignis war auch der untragbare Zustand des ehemaligen Lagergeländes und der Wohnsiedlung Dachau-Ost einer breiten Öffentlichkeit augenfällig geworden.

Noch 1960 konnte das CID eine kleine Ausstellung im Krematoriumsgebäude einrichten und 1962 traf die Bayerische Staatsregierung schließlich eine Vereinbarung mit dem CID, die die Errichtung der KZ-Gedenkstätte auf dem Gelände des ehemaligen Häftlingslagers und eine Dauerausstellung im früheren Wirtschaftsgebäude des KZ Dachau zusicherte. Anlässlich des 20. Jahrestages der Befreiung des Konzentrationslagers Dachau konnte am 9. Mai 1965 die KZ-Gedenkstätte und die neue Dokumentarausstellung unter der Teilnahme einer großen Zahl von Überlebenden aus nahezu allen Ländern Europas feierlich eröffnet werden.[14]

DACHAU – DIE STADT UND DIE ERINNERUNG AN DAS LAGER

Der Historiker Harold Marcuse konnte drei vorherrschende Mythen herausarbeiten, die die Auseinandersetzung mit der Vergangenheit in Deutschland und auch in Dachau prägten:[15]

Victimization (Opferstilisierung): Die Tendenz sich selbst zum Opfer der Geschichte, der Nationalsozialisten und des Krieges zu erklären, die eigene Verantwortung aber abzuleugnen.

Ignorance (Nichtwissen): Die Behauptung, von den nationalsozialistischen Verbrechen nichts gewusst zu haben.

Resistance (Widerstand): Die Überhöhung des eigenen Widerstandes, die Erklärung, eigentlich schon immer gegen die Nationalsozialisten gewesen zu sein.

In Dachau waren diese drei Mythen eng verbunden mit der Vorstellung, neben dem Dachau des Konzentrationslagers, habe es auch das »andere Dachau«[16] der idyllischen Kleinstadt gegeben. Dieses Zitat verwendete der Dachauer Bürgermeister Dr. Josef Schwalber erstmals schon bei einer Rede, die er am 9. November 1945 zur Erinnerung an die reichsweiten antisemitischen Pogrome von 1938 hielt. Schwalber, ein ehemaliger BVP-Politiker, der sich später der neugegründeten CSU anschloss und ab 1947 als Dachauer Landrat amtierte,[17] löste die Geschichte des Konzentrationslagers quasi aus der Gesamtgeschichte Dachaus heraus; als sei der Nationalsozialismus nicht Teil der gemeinsamen deutschen Vergangenheit, erklärte er das »andere Dachau« ebenfalls zum Opfer des NS-Regimes und leugnete den historischen Zusammenhang, und damit auch die vielfältigen Verbindungen zwischen Konzentrationslager und Stadt.

Aus diesen auf die NS-Geschichte bezogenen drei Mythen leitet Marcuse auch drei Kernelemente in der ablehnenden Haltung gegenüber der Erinnerung an das Konzentrationslager nach 1945 ab:

Victimization: Die Vorstellung, jetzt erneut ein Opfer zu sein, ein Opfer der »reeducation« durch die US-Armee, ein Opfer der Entnazifizierung, ein Opfer derjenigen, die an die KZ-Geschichte erinnern

Ignorance: Die Ablehnung jeglicher Erinnerung an die KZ-Geschichte

Resistance: Widerstand gegen jegliche Form der Erinnerung an die KZ-Geschichte

Weitere Beispiele von Konfrontation und Verdrängung

Der Umgang mit der Geschichte des KZ Dachau ist aufgrund des Ausmaßes der Verbrechen, die im Konzentrationslager begangen wurden, eines der markantesten Beispiele dafür, wie schwer es der deutschen Bevölkerung nach 1945 fiel, sich offen mit der Geschichte des Nationalsozialismus auseinanderzusetzen. Aber es gibt noch viele weitere Beispiele aus dem Landkreis Dachau, nur drei sollen hier genannt werden: Erst 1964 wurde auf Initiative der Dachau-Überlebenden ein Gedenkstein am »SS-Schießplatz Hebertshausen« errichtet: 1941/42 waren dort über 4000 sowjetische Kriegsgefangene von der Lager-SS erschossen worden.[18] Auch die katholische Kirche setzte sich erst spät mit der NS-Vergangenheit des Franziskuswerks Schönbrunn auseinander: 546 Bewohnerinnen und Bewohner des Werkes waren im Rahmen des nationalsozialistischen Euthanasie-Programms ermordet worden.[19] Vor allem aber waren auch die Überlebenden des Konzentrationslagers Dachau, die selbst aus dem Landkreis Dachau stammten, von der verbreiteten Verdrängung betroffen. KZ-Überlebende, die aus sozialrassistischen Gründen verfolgt worden waren, aber auch Kommunisten, die sich nicht von ihrer politischen Überzeugung lossagten, erhielten keine Entschädigungsleistungen. Und während bis heute auf den Denkmälern in zahlreichen Gemeinden des Landkreises der »gefallenen Helden« des Zweiten Weltkrieges gedacht wird,[20] wurde an die KZ-Häftlinge nur selten erinnert.

Literatur

Barbara Distel, Das Konzentrationslager Dachau nach der Befreiung, in: Wolfgang Benz/ Barbara Distel (Hrsg.), Der Ort des Terrors. Geschichte der nationalsozialistischen Konzentrationslager, Bd. 2, München 2005, S. 275–282.

Ludwig Eiber/Robert Sigel (Hrsg.), Dachauer Prozesse. NS-Verbrechen vor amerikanischen Militärgerichten in Dachau, Göttingen 2007.

Gabriele Hammermann/Dirk Riedel (Hrsg.), Sanierung – Rekonstruktion – Neugestaltung. Der Umgang mit historischen Bauten in Gedenkstätten, Göttingen 2014.

Gabriele Hammermann, Das Internierungslager Dachau 1945–1948, in: Dachauer Hefte 19 /2003), S. 48–70.

Paul Hoser, Josef Schwalber (1902–1969). Eine politische Biografie, in: Amperland 46 (2010), Heft 1–3.

Harold Marcuse, Legacies of Dachau. The Uses and Abuses of a Concentration Camp, 1933–2001, Cambridge 2001.

Ders., Die vernachlässigten Massengräber. Der Skandal um den Leitenberg, in: Dachauer Hefte 19 (2003), S. 3–23.

Ders. Harold Marcuse, Der mühevolle Weg zur Gedenkstätte 1945–1968, in: Wolfgang Benz/Angelika Königseder (Hrsg.), Das Konzentrationslager Dachau. Geschichte und Wirkung nationalsozialistischer Repression, Berlin 2008, S. 163–180.

Andrea Riedle/Lukas Schretter (Hrsg.), Das Internationale Mahnmal von Nandor Glid. Idee, Wettbewerbe, Realisierung. Katalog zur Sonderausstellung, hg. im Auftrag der KZ-Gedenkstätte Dachau, Berlin 2015.

Kerstin Schwenke, Dachauer Gedenkorte zwischen Vergessen und Erinnern. Die Massengräber am Leitenberg und der ehemalige SS-Schießplatz Hebertshausen nach 1945, München 2012.

Sybille Steinbacher, Dachau. Die Stadt und Das Lager. Die Untersuchung einer Nachbarschaft, Frankfurt am Main 2. Auflage 1994.

Dies., Transit US-Zone. Überlebende des Holocaust im Bayern der Nachkriegszeit, Göttingen 2013.

Uta Titze-Stecher/Peter Stecher, Das Wohnlager Dachau-Ost. Keimzelle eines neuen Stadtteils, in: Norbert Göttler (Hrsg.), Nach der »Stunde Null«. Stadt und Landkreis Dachau 1945 bis 1949, München 2008, S. 82–97.

Sr. M. Benigna Sirl/Peter Pfister (Hrsg.), Die Assoziationsanstalt Schönbrunn und das nationalsozialistische Euthanasie-Programm, Regensburg 2011.

Christa und Peter Willmitzer: Deckname »Betti Gerber«. Vom Widerstand in Neuhausen zur KZ-Gedenkstätte Dachau. Otto Kohlhofer 1915–1988, München 2006.

Jürgen Zarusky, Von Löwen, Kanonen und Erzengeln, Dachauer Landkreisausgabe der Süddeutschen Zeitung, 16/17. 11. 1985.

1 Thesenpapier eines Vortrages im Rahmen eines Einführungslehrgangs der Geschichtswerkstatt vom 12. April 2016 im Heimatmuseum Markt Indersdorf.

2 Vgl. Barbara Distel, Das Konzentrationslager Dachau nach der Befreiung. Sechzig Jahre Nachkriegsgeschichte, in: Wolfgang Benz/Barbara Distel (Hrsg.), Der Ort des Terrors. Geschichte der nationalsozialistischen Konzentrationslager, Band 2, München 2005, S. 275.

3 Vgl. Harold Marcuse, Legacies of Dachau. Uses and Abuses of a Concentration Camp 1933–2001, Cambridge 2001, S. 59–64. Ders. Der mühevolle Weg zur Gedenkstätte 1945–1968, in: Wolfgang Benz/Angelika Königseder (Hrsg.), Das Konzentrationslager Dachau. Geschichte und Wirkung nationalsozialistischer Repression, Berlin 2008, S. 163.

4 Vgl. Marcus J. Smith, The Horrowing of Hell. Dachau, Albuquerque 1972, S. 138.

5 Distel, Das Konzentrationslager Dachau nach der Befreiung, S. 275. Vgl. Sybille Steinbacher, Transit US-Zone. Überlebende des Holocaust im Bayern der Nachkriegszeit, Göttingen 2013.

6 Gabriele Hammermann, Das Internierungslager Dachau 1945–1948, in: Dachauer Hefte 19 /2003), S. 49–54. Vgl. Distel, Das Konzentrationslager Dachau nach der Befreiung, S. 276 f.

7 Vgl. Ludwig Eiber/Robert Sigel (Hrsg.), Dachauer Prozesse. NS-Verbrechen vor amerikanischen Militärgerichten in Dachau, Göttingen 2007.

8 Nico Rost, »Ich war wieder in Dachau«, Frankfurt am Main 1956, S. 18.

9 Distel, Das Konzentrationslager Dachau nach der Befreiung, S. 278; vgl. Uta Titze-Stecher/Peter Stecher, Das Wohnlager Dachau-Ost. Keimzelle eines neuen Stadtteils, in: Norbert Göttler (Hrsg.), Nach der »Stunde Null«. Stadt und Landkreis Dachau 1945 bis 1949, München 2008, S. 82–97.

10 Harold Marcuse, Die vernachlässigten Massengräber. Der Skandal um den Leitenberg, in: Dachauer Hefte 19 (2003), S. 3–23. Vgl. Kerstin Schwenke, Dachauer Gedenkorte zwischen Vergessen und Erinnern. Die Massengräber am Leitenberg und der ehemalige SS-Schießplatz Hebertshausen nach 1945, München 2012.

11 Süddeutsche Zeitung, 11. 8. 1955.

12 Distel, Das Konzentrationslager Dachau nach der Befreiung, S. 278. Vgl. ausführlich Harold Marcuse, Der mühevolle Weg zur Gedenkstätte 1945–1968, in: Wolfgang Benz/Angelika Königseder (Hrsg.), Das Konzentrationslager Dachau. Geschichte und Wirkung nationalsozialistischer Repression, Berlin 2008, S. 163–180.

13 Zu Kohlhofer, der ab 1946 eine Stelle im Bayerischen Landwirtschaftsministerium bekleidete, vgl. Christa und Peter Willmitzer: Deckname »Betti Gerber«. Vom Widerstand in Neuhausen zur KZ-Gedenkstätte Dachau. Otto Kohlhofer 1915–1988, München 2006.

14 Distel, Das Konzentrationslager Dachau nach der Befreiung, S. 279. Zum Kontext und zur Entstehung des Internationalen Mahnmals in der KZ-Gedenkstätte vgl. auch Andrea Riedle/Lukas Schretter (Hrsg.), Das Internationale Mahnmal von Nandor Glid. Idee, Wettbewerbe, Realisierung. Katalog zur Sonderausstellung, hg. im Auftrag der KZ-Gedenkstätte Dachau, Berlin 2015.

15 Zum Folgenden ausführlich: Harold Marcuse, Legacies of Dachau. The Uses and Abuses of a Concentration Camp, 1933–2001, Cambridge 2001. Zum Zusammenhang, der während der NS-Zeit zwischen Konzentrationslager und Stadt Dachau bestand, vgl. Sybille Steinbacher, Dachau. Die Stadt und Das Lager. Die Untersuchung einer Nachbarschaft, Frankfurt am Main 2. Auflage 1994.

16 Josef Schwalber, Redemanuskript vom 9. 11. 1945, in: Bayerisches Hauptstaatsarchiv JS 101. Abdruck der Rede in der Augsburger Allgemeinen vom 15. 11. 1945. Vgl. Marcuse, Legacies of Dachau, S. 73 f.

17 Schwalber war außerdem Landtagsabgeordneter sowie Staatssekretär im Innenministerium und ab 1951 bayerischer Kultusminister; von 1957 bis 1963 amtierte er wieder als Landrat in Dachau. Ausführlich zu Schwalber vgl. Paul Hoser, Josef Schwalber (1902–1969). Eine politische Biografie, in: Amperland 46 (2010), Heft 1–3.

18 Eine von der KZ-Gedenkstätte Dachau herausgegebene ausführliche Darstellung zur Ermordung der sowjetischen Kriegsgefangenen am »SS-Schießplatz Hebertshausen« erscheint voraussichtlich 2018. Zur Entstehung des Gedenkortes vgl. Schwenke, Dachauer Gedenkorte zwischen Vergessen und Erinnern.

19 Vgl. Sr. M. Benigna Sirl/Peter Pfister (Hrsg.), Die Assoziationsanstalt Schönbrunn und das nationalsozialistische Euthanasie-Programm, Regensburg 2011.

20 Jürgen Zarusky, Von Löwen, Kanonen und Erzengeln, Dachauer Landkreisausgabe der Süddeutschen Zeitung, 16/17. 11. 1985.

Spätfolgen der NS-Verfolgung bei Überlebenden der nationalsozialistischen Konzentrationslager im Landkreis Dachau

Sabine Gerhardus

Die 1950er Jahre waren für die Überlebenden der nationalsozialistischen Konzentrationslager vom Kampf um Anerkennung und finanzielle Entschädigung, für viele gar immer noch vom Ringen ums Überleben geprägt. Gesundheitsschäden und Traumafolgen zogen jetzt vielfach zusätzlich finanzielle Not nach sich – nicht selten konnten ehemalige KZ-Häftlinge krankheitsbedingt keiner vollen Erwerbstätigkeit mehr nachgehen. Den verfolgten Juden, die mit ihrer Heimat und ihren Angehörigen auch ihre Unternehmen, Geschäfte oder Arbeitsplätze verloren hatten, machte die Entwurzelung einen Neuanfang zusätzlich schwer, zumal dieser im Land der Täter undenkbar schien und die ersehnten Auswanderungsmöglichkeiten für viele noch immer auf sich warten ließen. Viele junge Überlebende hatten, statt einen Beruf zu erlernen, ihre Jugend in den Konzentrationslagern verbracht und mussten nun sehen, wie sie mit den Haftfolgen zurechtkamen. In dieser schweren Situation wäre Anerkennung ihrer Leiden und therapeutische Unterstützung eine große Hilfe gewesen. Vielfach mussten ehemalige KZ-Häftlinge jedoch das Gegenteil erfahren. Unverständnis, wenig Interesse an ihrem Leid bis hin zu Stigmatisierung als »KZler«[1] führten zu einem Schweigen, das in manchen Familien bis in die Gegenwart reicht. All dies ließ viele der ehemals Verfolgten nicht im gleichen Maße teilhaben am Aufstieg der Wirtschaftswunderzeit.

Verdrängung der Nachwirkungen des Nationalsozialismus

Zur Verdrängung der Folgen des Nationalsozialismus in der Gesellschaft trug bei, dass nach dem Ende des Krieges alle Kraft in den Neuanfang fließen sollte. Die ehemals Verfolgten versuchten, soweit es ihnen möglich war, ihre schrecklichen Erinnerungen zu vergessen und sich der Zukunft zuzuwenden. Ehemalige Täter hielten im Verborgenen an ihrer rassistischen Weltanschauung fest oder wollten nicht mit den Folgen ihrer Verbrechen konfrontiert werden. Die große Masse der Mitläufer setzte das »Wegschauen« fort. Welche

Wirksamkeit das Verdrängte noch Jahrzehnte später selbst bei den nächsten Generationen entfalten kann, hat u. a. Jürgen Müller-Hohagen verdienstvoll an Fallbeispielen aus seiner psychotherapeutischen Praxis beschrieben.[2] Im hier vorliegenden Aufsatz soll ein Aspekt der von der Gesellschaft weitgehend ignorierten Folgen der NS-Verbrechen näher beleuchtet werden, der von den ehemaligen Opfern selbst nur schwer verdrängt werden konnte, weil er tagtäglich beeinträchtigende Auswirkung auf ihr Leben hatte: die langfristigen Nachwirkungen der Konzentrationslagerhaft auf den Gesundheitszustand der Überlebenden, bezogen auf den Landkreis Dachau.

Im Landkreis Dachau lebten bis in die 1950er Jahre weit über hundert ehemalige Häftlinge der Konzentrationslager. Möglich wurde die Untersuchung zu Spätfolgen der KZ-Haft, weil durch einen glücklichen Umstand ein umfangreicher Teilbestand an Krankenakten des Dachauer Gesundheitsamtes aus den Jahren 1949–1972 vor der Vernichtung bewahrt und mehr als 60 Jahre nach ihrer Entstehung dem Diakon der Evangelischen Versöhnungskirche in der KZ-Gedenkstätte Dachau, Klaus Schultz, übergeben wurde. Im Wesentlichen handelt es sich um amtsärztliche Gutachten von 1950 und 1951 über den Gesundheitszustand von ehemaligen Gefangenen der NS-Konzentrationslager, die zu der Zeit im Landkreis Dachau ihren Wohnsitz hatten und beim Staatskommissariat für rassisch, religiös und politisch Verfolgte – dem Vorläufer des Bayerischen Landesentschädigungsamtes – einen Antrag auf »Wiedergutmachung« stellen wollten. Klaus Schultz überließ die Akten den Mitarbeitern des Projekts *Gedächtnisbuch* zur Durchsicht und Digitalisierung, bevor er sie im Juli 2017 dem Archiv der KZ-Gedenkstätte übergab[3].

Die Unterlagen sind ein großer Schatz für die Erforschung von Biographien ehemaliger Verfolgter, zu denen sie wichtige Hinweise auf Haftbedingungen während der NS-Zeit und bis in die 1950er Jahre anhaltende Leidenszustände beisteuern können. Ein vollständiges Bild über den jeweiligen Gesundheitszustand können diese Akten nicht geben, jedoch zeigen sie, wie der Leidenszustand zum Zeitpunkt der Untersuchung von den Betroffenen und von dem ärztlichen Gutachter eingeschätzt und in Bezug zu den Haftbedingungen gesetzt wurde. Für die lokalhistorische Forschung ist der Bestand darüber hinaus in zweierlei Hinsicht von Bedeutung. Zum einen belegt er, wie groß die Zahl der ausländischen, vor allem aus Polen stammenden, NS-Überlebenden im Landkreis Dachau noch Anfang der 1950er Jahre war. Er bietet einen wertvollen Ansatzpunkt für biographische Forschungsarbeiten zu dieser bisher weitgehend unbekannten Gruppe ehemals verfolgter Landkreisbewohner. Zum anderen ermöglicht er eine Auseinandersetzung mit der Aufarbeitung, bzw. Verdrängung der NS-Zeit und deren Folgen, mit denen die ehemals Verfolgten noch viele Jahre nach ihrer »Befreiung« leben mussten.

Folgende Fragestellungen wurden bei der Auswertung der Akten beachtet:

- Welche Erfahrungen aus dem Konzentrationslager oder einer andern NS-Haftstätte geben die Antragsteller während der Untersuchung als maßgeblich für ihr heutiges Leiden an?

- Wie schätzen die Betroffenen selbst ihren Gesundheitszustand 5–20 Jahre nach dem Ende ihrer Haft ein und welchen Zusammenhang sehen sie zu den schlechten Haftbedingungen, wie Hunger, Kälte und Folter?

- Welche sekundären Folgen ergeben sich für ihre Lebensumstände, z. B. im Hinblick auf Arbeitsfähigkeit, wirtschaftliche, familiäre und psychische Lebensbedingungen?

- Wie wurden ihre Angaben von den Mitarbeitern des Gesundheitsamtes eingeschätzt und welche Folgen konnte diese Einschätzung auf das Entschädigungsverfahren haben?

- Darüber hinaus interessiert, inwiefern sich aus dem Umgang mit gesundheitlichen (physischen und psychischen) Haftfolgen Rückschlüsse ziehen lassen, welche Akzeptanz die Überlebenden in der Gesellschaft der 1950er Jahre im Landkreis Dachau erfuhren und wie sich das auf ihr weiteres Leben ausgewirkt haben könnte.

»SCHADEN AN KÖRPER UND GESUNDHEIT« NACH BUNDESENTSCHÄDIGUNGSGESETZ

Laut Bundesentschädigungsgesetz vom 18. September 1953 hatte Anspruch auf Entschädigung, »wer an seinem Körper und an seiner Gesundheit durch nationalsozialistische Verfolgungsmaßnahmen nicht unerheblich geschädigt wurde«[4]. Als Entschädigungsmaßnahmen waren möglich: »Heilverfahren nach Maßgabe der beamtenrechtlichen Vorschriften über die Unfallfürsorge«, eine »Geldrente im Falle und für die Dauer einer Beeinträchtigung der Erwerbsfähigkeit um mindestens 30 von Hundert« bzw. eine Kapitalentschädigung für die Zeit zwischen der Erwerbsminderung und dem Einsetzen der Rente. Antragsteller mussten belegen, dass ihre Leiden eine Folge der NS-Verfolgungsmaßnahmen waren. Dazu war ein Gutachten[5] vonnöten, das

durch einen Amtsarzt beim zuständigen staatlichen Gesundheitsamt ausgestellt werden musste.

Entscheidend für die Anerkennung oder Ablehnung des Antrages durch
das Landesentschädigungsamt war daher nicht nur die Einschätzung des Ge-
sundheitszustands durch den Amtsarzt, sondern vor allem seine Beurteilung
der Krankheitsursache. Zur Erlangung einer staatlichen Unterstützung in
Form einer regelmäßigen Rentenzahlung bei chronischer Krankheit kam es
darauf an, dass der Amtsarzt nicht nur die Einschränkung der Erwerbsfähigkeit (Erwerbsminderung – EM) mit mindestens 30 Prozent einstufte, sondern
sie in dieser Höhe ursächlich mit der Verfolgung in Zusammenhang brachte.
Der ursächliche Zusammenhang des Leidens mit der Verfolgung konnte dabei vom Amtsarzt mit »sicher«, »überwiegend wahrscheinlich«, »wahrscheinlich« und »möglich« eingestuft werden. Nur die beiden ersten Einstufungen
berechtigten zur Entschädigung.

Die erste Hürde auf dem Weg zur Anerkennung von Haftfolgen: das amtsärztliche Gutachten

Im hier untersuchten Bestand sind für die meisten Gutachten vorgedruck-
te Begutachtungsbögen genutzt worden. Diese Bögen umfassen sechs Seiten
und beinhalten wenige Angaben zur Person, eine kurze Anamnese mit Angaben zu Erkrankungen vor und während der Haft und Angaben des Betroffenen zur Schädigung, für die Entschädigung beantragt werden soll sowie »jetzige Klagen«. Patientenangaben zu schweren Gewalterfahrungen oder Folter
mussten im Feld »Krankheiten während der Haft« eingetragen werden. Ein
eigenes Feld war hierfür nicht vorgesehen. Auf zwei Seiten folgt der amtsärztliche Befund zu den Bereichen: (1.) Gesamterscheinung (Gewicht, Größe, Ernährungszustand), (2.) Sinnesorgane (Augen, Ohren, Nase), (3.) Mund,
Kiefer, Gebiss, Mandeln, Nebenhöhlen, Hals, Kropf, (4.) Atmungsorgane, (5.)
Kreislauforgane, (6.) Verdauungsorgane, (7.) Harn- und Geschlechtsorgane,
(8.) Bewegungsapparat, (9.) Nervensystem, (10.) Sonstige Befunde (hierbei
sind fachärztliche Befunde oder Laborergebnisse gemeint). Auf der vierten
Seite sollte der Arzt Mündigkeit und Kommunikationsfähigkeit des Patienten
beurteilen sowie die Frage, ob Verdacht bestehe, »daß der Untersuchte versucht, durch Täuschung oder Übertreibung die Befunderhebung zu beeinflussen«. Die vorgegebenen Felder sahen eine psychologische oder psychiat-

rische Untersuchung nicht vor. Lediglich die Frage (9.) bezog sich auf neurologische Krankheitsbilder und wurde in der Regel auf der Grundlage einer
Untersuchung der Reflexe sowie der Beurteilung äußerlich sichtbarer Zeichen wie Zittern, Ticks oder deutlicher Anzeichen von Nervosität beurteilt.
Auf den Seiten 5 und 6 (zusammenfassendes Gutachten) stellte der Arzt bis
zu 5 Einzeldiagnosen und gab zu jeder einzeln an, ob er einen Zusammenhang mit der Hafterfahrung sah. Hier wurde auch der Grad der Erwerbsminderung angegeben.

Angaben der Patienten über sie stark beeinträchtigende psychische Symptome wie Schlafstörungen oder Angstzustände finden sich lediglich in den
Anamnesefeldern, wurden aber im Befund nicht berücksichtigt und fanden
so keinen Eingang in die zur Einstufung genutzten Spalten. Symptome einer
psychischen Beeinträchtigung nach einem Trauma (heute: Posttraumatische
Belastungsstörung – PTBS) wurden nicht eigens abgefragt. Es ist daher davon
auszugehen, dass vorhandene psychische Beeinträchtigungen meist nicht zur
Sprache gekommen sind oder nicht dokumentiert wurden, selbst wenn sie
den entscheidenden Anteil am aktuellen Leidenszustand der Patienten hatten.

Bekannt – aber nicht anerkannt: Traumafolgestörungen

Der in den letzten Jahren beinahe inflationär in Medien und allgemeinem
Sprachgebrauch benutzte Begriff der Posttraumatischen Belastungsstörung
(PTBS) hat sich in der deutschen Medizin erst seit 1996[6] als fester Bestandteil der Diagnostik und als therapiewürdiges Krankheitsbild entwickelt. Dabei waren psychische Folgen schwerer Traumata bereits mit dem Aufkommen
von Eisenbahnunfällen seit Mitte des 19. Jahrhunderts einer größeren Öffentlichkeit bekannt.[7] Die bereits 1889 untersuchten »Traumatischen Neurosen«[8]
kannte man auch bei Kriegsheimkehrern (»Kriegszitterer«) nach dem Ersten
Weltkrieg. Doch praktisch mit der beginnenden Erkenntnis um die schweren psychischen Folgen traumatisierender Ereignisse wurde ihre Anerkennung von staatlicher Seite als sogenannte »Rentenneurosen«[9] bekämpft. Die
Abweisung der – eigentlich erstattungspflichtigen – Rentenansprüche durch
die Reichsversicherungskammer trug zur Stigmatisierung von psychisch er-
krankten Kriegsheimkehrern bei.[10] Das seit 1916 bestehende Konzept des
Krankheitsbildes blieb bis weit in die 1960er Jahre erhalten.[11] Grundlegend

für die Belegpraxis und die (Nicht-)Behandlung von Patienten war dabei das weitverbreitete Verständnis, dass eine gesunde Psyche jedes auch noch so schreckliche Ereignis nach einer gewissen Zeit folgenlos kompensieren kann. Folglich wurden chronische psychische Erkrankungen eher als Beleg für eine labile Konstitution oder erbliche Belastung gedeutet, denn als Folge der während der Haft durchlittenen Qual. Klooke u. a. belegen, dass noch in den unmittelbar nach dem Ende des Krieges bis in die 1950er Jahre erschienenen medizinischen Lehrbüchern ein ursächlicher Zusammenhang zwischen der Rentengesetzgebung und dem Auftreten von psychischen Symptomen (»Zweckreaktion«) angenommen wird.[12] Zwei der von Klooke untersuchten Lehrbuchautoren empfahlen »als wirksamste Therapie sogar den Entzug der Rente«. Antragsteller in Wiedergutmachungsverfahren sahen sich also grundsätzlich dem Verdacht der Simulation ausgesetzt, wie die oben erwähnte Frage nach Täuschung oder Übertreibung durch die Patienten im Beurteilungsbogen eindrucksvoll belegt.

Die einhellig vertretene Praxis, psychische Traumafolgen nicht zu berenten, erklärt auch, weshalb die von den Amtsärzten verwendeten standardisierten Begutachtungsbögen keine eigenen Felder zur Beurteilung von psychische Haftfolgen beinhalten. In einigen der hier untersuchten Fälle lässt sich aber aus den angegebenen somatischen Beschwerden und vor allem aus den kurzen Notizen im Anamnese-Feld auf gravierende psychische Dauerbelastungen rückschließen, zum Beispiel im Falle von Josef G., der zwei Jahre in den Konzentrationslagern Dachau und Mauthausen verbracht hatte und 1955 über »völlige nervliche Erschöpfung, Herzbeschwerden – Kreislaufstörung, viel Kopfschmerzen, Verdauungsstörung«[13] klagte.

Der Glaube an den Einfluss von Erbanlagen bewirkte sogar, dass Medizinalrat Dr. Hubbauer[14] im Falle des Patienten Franz-Josef K. eine Multiple Sklerose diagnostizierte, obwohl in einem von der Universitäts-Nervenklinik München 1949 erstellten Befund, den er zitiert, nicht von einem Verdacht auf MS die Rede ist und weder an den Hirnnerven noch am Augenhintergrund ein pathologischer Befund festzustellen war. In diesem Jahr hatte K. sich wegen plötzlich auftretender Schwindelanfälle, Gleichgewichtsstörungen und Kopfschmerzen dort untersuchen lassen. K. hatte während eines Überfalls im Jahre 1927 oder 1928 durch Beilhiebe eine schwere Kopfverletzung davongetragen. Nach dem Überfall war er zunächst zu 60 Prozent erwerbsgemindert und sei »nicht wieder ganz gesund geworden«. Am 20. November 1943 war K. für zwei Wochen in der Gewalt der Gestapo Karlsbad und wurde anschließend in die Haftanstalt Eger verlegt, wo er bis zur Befreiung am 27. April 1945 insgesamt fast 18 Monate inhaftiert war. Auf die Haftbedingungen wird in den Untersuchungen nicht eingegangen. Es heißt lediglich in der von Dr. Hubbauer 1953 erstellten Anamnese: »Bei der Entlassung aus der Haftanstalt Eger bestanden folgende Beschwerden: weicher, dünnflüssiger Stuhl, den er nicht halten konnte, häufiges Erbrechen, unwillkürlicher Urinabgang. Während seiner Haftzeit hätte er angeblich stärkere Gehbeschwerden gehabt als bei der Entlassung.«

Trotz dieser Vorgeschichte bescheinigte Dr. Hubbauer am 24. März 1953: »Aufgrund des heutigen Untersuchungsbefundes handelt es sich wahrscheinlich um eine organische Nervenerkrankung (multiple Sklerose). Diese Erkrankung ist anlagebedingt und steht weder mit den Folgen, die durch die Haftverbüssung aufgetreten sind, noch mit den Folgen des seinerzeitigen Überfalls in ursächlichem Zusammenhang.«[15]

Erst seitdem die vor oder während der NS-Zeit ausgebildeten Mediziner von einer jüngeren Generation abgelöst wurden, setzte allmählich ein Wandel ein, der eine neue Grundlage für die Behandlung von Patienten ermöglichte. Langsam setzte sich die Erkenntnis durch, dass »im Extrem ein einziges Ereignis ausreichen kann, um einen Menschen psychisch zu zerstören«[16]. Für die meisten NS-Verfolgten dürfte diese Entwicklung zu spät gekommen sein.

UMFANG DER GESUNDHEITSAMTSAKTEN

Mit Sicherheit kann festgestellt werden, dass die amtsärztlichen Untersuchungen, die Verfolgte der NS-Zeit betreffen, nicht vollständig erhalten sind. Bereits in einem Schreiben vom 19. Januar 1951 bestätigt Medizinalrat Dr. Adolf Nagel[17] im Falle der Antragstellerin Margarethe G., dass diese am 12. April 1950 vom damaligen Hilfsarzt Dr. Harrasser vertrauensärztlich untersucht worden sei, dass es jedoch keine Unterlagen mehr gebe. Das Gutachten sei jedoch an das Bayerische Landesentschädigungsamt weitergegeben worden. Das Amtsärztliche Zeugnis vom 10. November 1949, das dem Aktenfund beiliegt, und das Dr. Nagel selbst ausgestellt hat, erwähnt er nicht.[18] Die meisten Akten umfassen vier bis zwanzig Seiten und einen oder zwei Befunde, sowie einzelne Korrespondenzen. Sie geben in der Regel keinen Aufschluss darüber, wie viele Jahre sich der Streit um Entschädigung hingezogen hat, selbst dann nicht, wenn – wie im Fall von Benno Glas ersichtlich – das Gesundheitsamt später weitere Gutachten angefertigt hat. Nicht allen Akten liegt ein Gutachten bei, manche enthalten nur ein oder zwei Schreiben, die darauf hinweisen, dass es zu einem früheren Zeitpunkt einen Vorgang gegeben haben muss.

Personenkreis

Der Bestand umfasst Akten, bezogen auf 189 Personen, 167 Männer, 20 Frauen und 2 Personen, aus deren Namen das Geschlecht nicht eindeutig hervorgeht. Soweit auf Grundlage der Krankenakten und der Angaben in der Häftlingsdatenbank im Archiv der KZ-Gedenkstätte Dachau[19] feststellbar, stammten mindestens 65 Personen ursprünglich aus Polen, 69 waren Deutsche, darunter mindestens 4 Sudentendeutsche, 14 stammten aus der Tschechoslowakei, einzelne Personen kamen aus Österreich, Belgien, Italien und der Schweiz. Bei den übrigen geht die Herkunft aus den Unterlagen nicht eindeutig hervor. Der weitaus überwiegende Teil der Personen (mindestens 139) hatten Haft in einem oder mehreren Konzentrationslagern hinter sich, von ihnen waren 118 im Konzentrationslager Dachau. 10 weitere haben in den Unterlagen zwar keine Informationen über KZ-Haft stehen, wurden aber vom Jewish Committe Dachau betreut, d. h., dass die meisten von ihnen in einem Ghetto oder ebenfalls im Konzentrationslager gewesen sein müssen.

Die meisten wohnten zur Zeit der Antragstellung oder einige Zeit zwischen ihrer Befreiung und der Emigration in Dachau (148). Einzelne verteilten sich auf den Landkreis: Indersdorf (3), Petershausen (3), Karlsfeld (3), Hebertshausen (2), Ampermoching-Hackenhof (2), Altomünster, Armetshofen, Unterweilbach, Unterweikertshofen, Sulzrain, Prittlbach, Kollbach, Günding, Großinzemoos, Giebing, Bibereck (jeweils 1 Person). Eine größere Gruppe von 15 Personen wohnte in der Würmmühle[20].

Folter und Misshandlung während der Haft

Von den Haftbedingungen ist in den Untersuchungserhebungen nicht ausführlich die Rede. So berichteten nur 11 Personen von Hunger, 9 von Hungerödemen, 5 von Erfrierungen. Körperliche Verletzungen durch Misshandlungen oder Unfälle bei der Arbeit, die einen dauerhaften Schaden hinterlassen haben, werden hingegen von 50 Personen erwähnt. 31 Personen geben an, dass sie während der Haft einen oder mehrere Zähne verloren haben, die meisten, dass ihnen die Zähne ausgeschlagen wurden. (»7 Zähne von der Gestapo ausgeschlagen«, »14 Zähne ausgeschlagen«). Mehrere Personen berichteten dem Amtsarzt von Schlägen mit Gewehrkolben, Knüppeln oder Fäusten gegen den Kopf, wobei Zähne, Augen und Ohren verletzt wurden. Eine Person überlebte den Bruch der Schädeldecke. 6 Häftlinge waren nach Schlägen gegen den Kopf mehrere Stunden bewusstlos. 11 Überlebende berichteten über Fußtritte in Kreuz, Bauch oder Unterleib, Hodenverletzung oder durch Tritte gebrochene Rippen. 30 Personen hatten Knochen- oder Leistenbrüche aufgrund von Misshandlungen oder schwerer Zwangsarbeit erlitten. Wer derart massiver Gewalt ausgesetzt war, hatte z. T. für den Rest seines Lebens mit den gesundheitlichen Folgen der Verletzungen zu kämpfen – von Zahnverlust über Kopf- und Gliederschmerzen bis zu verschiedenen somatischen und psychischen Leidenszuständen.

Gesundheitliche Probleme der Überlebenden

Die gesundheitlichen Probleme, an denen die Überlebenden noch in den 1950er Jahren litten, reichen von verletzungsbedingten Beschwerden an Kopf und Körper über die Folgen von Infektionskrankheiten bis zu chronischen Erkrankungen der inneren Organe sowie gravierenden psychischen Beeinträchtigungen. Da die weitaus meisten Untersuchungsberichte aus der ersten Hälfte der 1950er Jahre stammen, ist davon auszugehen, dass die Betroffenen bereits seit mehreren Jahren mit den im Folgenden aufgeführten Leiden zu tun hatten.

Nach Schlägen gegen den Kopf litten noch mindestens 9 Personen an Schwerhörigkeit oder Gehörverlust. Nach Knochen- oder Leistenbrüchen blieben für viele Einschränkungen der körperlichen Belastbarkeit oder Bewegungseinschränkungen und Kraftverlust. Personen, deren Berufe körperliche Arbeit verlangten, spürten diese Einschränkungen besonders stark.

An den Folgen von Infektionskrankheiten litten 10 Prozent, die meisten (17) an Lungenerkrankungen, vor allem Tuberkulose, 2 der 5 während der KZ-Haft mit Malaria Infizierten berichteten über sich weiterhin wiederholende Malaria-Anfälle.

Mindestens 38 Überlebende gaben teils gravierende Probleme des Verdauungssystems, Magenschmerzen, Magengeschwüre, Nahrungsunverträglichkeiten oder häufiges Erbrechen an.

Mindestens 51 Personen litten unter chronischen Herzbeschwerden, Herz-schmerzen, Herzstechen, Angina pectoris. Unter Schwindelanfällen hatten 29 Personen zu leiden. 15 klagten über Schlafstörungen oder Schlaflosigkeit, 10 über häufigen Nachtschweiß, 25 über Müdigkeit, allgemeine Schwäche oder Erschöpfungszustände.

Angstzustände, Alpträume, Depressionen oder häufiges Weinen quäl-ten mindestens 8 Personen. Die eher der Psyche zugeordneten Beschwerden dürften mit hoher Wahrscheinlichkeit in den meisten Fällen ungenannt ge-blieben sein. Die unter den Ärzten verbreitete Ansicht, dass diese Symptome nicht durch äußere Einflüsse hervorgerufen würden, sondern durch ungüns-tige Erbanlagen, fand sicher eine Entsprechung bei den Betroffenen selbst. Zudem war die Erfolgsaussicht, mit diesen Leiden eine günstige Einstufung der haftbedingten Erwerbsminderung zu bekommen, gering. Das gleiche gilt für hohe Erregbarkeit, Nervosität, nervliche Zerrüttung oder Nervenschwä-che, die dennoch immerhin von 23 Personen genannt wurden.

Annähernd die Hälfte (82) litten unter häufigen oder dauernden Schmer-zen, von ihnen 28 unter Kopfschmerzen.

Ergänzend sei angemerkt, dass die hier genannten Zahlen eher als Min-destzahlen anzusehen sind. Ein Teil der 189 Akten beinhaltet keinen Be-fundbogen, zwei Personen waren bereits verstorben, in manchen Unterlagen sind die Angaben zum Gesundheitszustand sehr knapp gehalten. Diejenigen, die ausführlicher berichteten, lassen erkennen, dass sie unter mehreren z. T. schwerwiegenden Symptomen litten.

Untersuchung beim staatlichen Gesundheitsamt Dachau

Offensichtlich wurden die Antragsteller beim Gesundheitsamt ohne lange Wartezeiten aufgenommen. Selbst im Jahr 1950, für das die meisten Vorgänge dokumentiert sind, wurde Margarethe G. am selben Tag beim Gesundheits-amt untersucht, an dem sie vom Jewish Committee Dachau zu diesem Zweck eine Bestätigung erhalten hatte, dass sie als »rassisch, religiös und politisch Verfolgte« registriert sei. Die vertrauensärztliche Untersuchung wurde am 12. April 1950 von dem Hilfsarzt Dr. Harrasser durchgeführt, wie Dr. Nagel im Januar 1951 bestätigt. Die Unterlagen seien jedoch nicht mehr vorhanden.[21]

FALLBEISPIELE

»1 MAL BLUTSPUCKEN« – DAS LANGWIERIGE LEIDEN AN DER LUNGE

Zbigniew E., geb. 1922, ehemaliger Student, inzwischen Elektrotechniker, war vom 23. Juni bis zur Befreiung am 29. April 1945 Häftling im Konzentrationslager Dachau. Am 13. Oktober 1949 gab er vor dem Amtsarzt in Dachau an, dass er »bei einer Schlägerei mit Gestapo eine Kopfverletzung erlitten [habe], schmerzt noch, ausserdem bekam er einen Schlag gegen die Brustwand links vorne unten, wo es noch schmerzt und die linke Hand war zersplittert, sie wurde in Gips gelegt.«[22] Nach diesem Befund wurde keine Erwerbsminderung festgestellt. Allerdings stand noch eine Untersuchung der Lunge aus. 1943 hatte E. im Konzentrationslager an Lungentuberkulose gelitten. Die Tuberkulosefürsorgestelle des Städtischen Gesundheitsamtes München stellte am 16. November 1949 fest, dass E. noch Tbc-Herde habe und »nur für leichte Arbeiten« einsetzbar sei. Daraufhin wurde ein Heilverfahren angeordnet und E. vom Gesundheitsamt Dachau 100-prozentige Erwerbsminderung bescheinigt. Der EM-Grad solle nach Abschluss der Heilbehandlung neu festgestellt werden.

Nur in 6 Gutachten des Bestandes wurde den Patienten 100 Prozent EM bescheinigt. In allen Fällen lag eine aktive Lungentuberkulose vor. Unabhängig von der Zeit der Diagnoseerstellung wurde in keinem dieser Fälle der Zusammenhang mit der Haft in Frage gestellt. Im Fall von E. notierte Dr. Nagel auf dem Befundbogen: »da über eine Lungentuberkulose vor der KZ-Haft nichts bekannt ist, muss angenommen werden, dass das Leiden während der KZ-Haft und durch dieselbe entstanden ist.«

Am 5. April 1950 gab E. »stärkere Beschwerde seitens der Lunge [an. Zudem] Nachtschweiss, Husten, 1 mal Blutspucken, abends meist erhöhte Temperatur, Müdigkeit«[23]. Seit November 1949 war er wieder in lungenfachärztlicher Behandlung. In der Heilstätte Kirchseeon wurde er zwei Monate behandelt. Derzeit leide er bei kleinster Anstrengung an Atemnot und oft an Schwindelzuständen.

Der Schuhmacher Szczepan A., geb. 1915, wurde am 1. Juli 1943 aus dem KZ Buchenwald nach Dachau überstellt, wo er bis zur Befreiung am 29. April 1945 inhaftiert war. Auf die Frage, welche Krankheiten er während der Haft durchgemacht habe, antwortete er: »keine Krankheiten. Mehrmals Blutspucken nach Quetschungen des Brustkorbes«. Er wollte Entschädigung beantragen, weil er folgende Schäden davongetragen habe: »durch zahlreiche Schläge auf den Kopf, Ohr und Brust Zerrüttung der Nerven und Schwächung des Allgemeinbefindens. Herabsetzung des Hörvermögens li. Leistenbruch re infolge schwerer Arbeit«. Seinen Leidenszustand beschreibt er so: »In den letzten Jahren mehrmals Schwindelanfälle bei der Arbeit. Gefühl des Fallens nach re. Häufig Herzschmerzen mit Angstgefühl, auch nachts. Beim Treppensteigen und bei Anstrengungen Atemnot und Herzklopfen. Meist appetitlos. Seit der Haft sehr erregbar, verliert oft die Selbstbeherrschung.«

Der untersuchende Amtsarzt stellte am 4. Februar 1950 die vorläufige Diagnose: »Zustand nach Gehirnerschütterung, Verdacht auf traumatische Mittelohrveränderung li Herzneurose und geringgradige Herzmuskelschwäche, Vasolabilität«. Auf die im Fragebogen vorgegebene Frage, ob der Untersuchte im Verdacht stehe, »durch Täuschung oder Übertreibung« zu versuchen, den Befund zu beeinflussen, notierte der Arzt »fraglich«. Dieses ausdrücklich negative Urteil über die Glaubwürdigkeit des KZ-Überlebenden A. stellt eine Ausnahme in dem vorliegenden Aktenbestand dar. In fast allen anderen Gutachten wird diese Frage mit »nein« beantwortet.

Es folgt eine weitere Beurteilung des Dachauer Gesundheitsamtes am 14. November 1950 aufgrund eines Lungenbefunds von Dr. Sewering, ohne, dass die eigentlichen Klagen (Herzbeschwerden, Schwindel, Schmerzen in Brust, Ohren, Erregungszustände) in das Urteil einbezogen worden wären: »Im vorliegenden Falle ist weder der ursächliche noch der zeitliche Zusammenhang mit KZ-Aufenthalt auch nur mit Wahrscheinlichkeit zu entscheiden. Die Lungenveränderungen, die übrigens nur in Wiesbaden festgestellt wurden, in Dachau aber nicht [ergeben eine EM] unter 20 % – wenn man sich dem Wiesbadener Lungenbefund anschliessen will.«[24]

»... MORGENS OFT ERBRECHEN« – BENNO GLAS' VERGEBLICHER KAMPF UM ENTSCHÄDIGUNG

Benno Glas wurde am 22. Juli 1905 in Bibereck bei Bergkirchen geboren und wuchs mit vier Brüdern auf. Benno lernte das Kernmacherhandwerk, heiratete im Alter von 22 Jahren Walburga Wagner und bekam 1928 und 1936 zwei Söhne. Er war aktiv in der Arbeiterbewegung und im Widerstand gegen die Nationalsozialisten. Wegen Verbreitung von Flugblättern wurde er zweimal verhaftet und ins KZ Dachau gebracht, das erste Mal 1933 für einen knappen

Monat, das zweite Mal 1935 für über drei Jahre. Seine zwei älteren Brüder Josef und Johann waren teilweise zeitgleich mit ihm im KZ inhaftiert. 1943 wurde Benno zur Wehrmacht eingezogen und musste als Kradmelder an die italienische Front. Nach dem Krieg baute er sich ein Fuhrunternehmen auf. Der frühzeitige Tod seiner Frau traf ihn jedoch hart und er verschwand in die DDR, wo er eine neue Familie gründete und 1963 verstarb.[25]

Benno Glas (eingekreist) mit seinen Eltern und Geschwistern, um 1914

1949 hat Benno Glas einen Antrag auf Entschädigung an das Landesentschädigungsamt gestellt, wegen Schadens an Körper und Gesundheit. Am 16. März 1950 wurde er vom Amtsarzt beim staatlichen Gesundheitsamt Dachau untersucht. Glas gab an, dass er »1935 bei Misshandlung Fußtritte in die Magengegend [erhalten habe], dann andauernd Magenschmerzen, nach Ende d. Haft 1939 oder 1940 wurden Magengeschwüre festgestellt. Durch Fausthiebe Verlust mehrerer Zähne«. Im Befundbogen des amtsärztlichen Gutachtens werden im Oberkiefer 3 und im Unterkiefer 2 fehlende Zähne angegeben. Seine derzeitige Symptomatik beschrieb Glas so: »Magenschmerzen beginnend ca ½ Std. nach jeder Mahlzeit. Stuhl oft sehr dunkel, morgens oft Erbrechen, oft Magenkrämpfe mit Wasserbrechen. Schwindelanfälle 3–4 mal tgl. beginnend mit Magenschmerzen und Übelkeit.«[26] Das hatte Folgen. Zum allgemei-

Benno Glas an Ostern 1944 in Süditalien

nen Kräftezustand notierte Dr. Nagel: »stark herabgesetzt, sehr geringes Fettpolster«. Bei einer Größe von 172 cm wog Glas nur 56 KG. Die abschließende Beurteilung lautet: »Durch äussere [sic] Gewalteinwirkung entstehen keine Magengeschwüre. Diese beruhen erfahrungsgemäss [sic] auf inneren endogenen Ursachen, weshalb auch im vorliegenden Fall ein ursächlicher Zusammenhang mit dem KZ Aufenthalt und der dort erlittenen Misshandlung nicht wahrscheinlich ist.«

Benno Glas kämpfte mehrere Jahre lang vergeblich um Anerkennung seiner Krankheit als Haftfolge. Sein Gesundheitszustand verschlechterte sich, immer wieder war er arbeitsunfähig. Er brachte von verschiedenen Ärzten Atteste ein. In seiner Wiedergutmachungsakte gibt es einen Aktenvermerk von Dezember 1960, dass der Antrag abgelehnt werde, weil der Antragsteller nicht mehr aufzufinden sei.[27]

»Oben Platte, unten rechts Brücke …« – Verlust der Zähne

Curt A., geb. 1922, erlitt vier Jahre Konzentrationslagerhaft. In Auschwitz überlebte er Bauchtyphus, eine Fleckfieberinfektion und Lungenentzündung. Den Verlust mehrerer Zähne führte er auf Mangelernährung zurück. Außerdem habe er »einen Schlag auf den Kopf bekommen und noch Beschwerden«. Wegen seiner Beschwerden war er seit 1946 in Behandlung, zunächst bei einem Heilpraktiker in Dachau, dann bei seinem Vetter in Amerika. Auch einen Krankenhausaufenthalt gibt er an. A., der inzwischen in den USA lebte, kam zur Erstellung des Gutachtens im Juni 1950 nach Dachau zurück. Zum Zustand der Zähne heißt es im Befundbogen: »Oben Platte, unten rechts Brücke, an den mittleren Schneidezähnen Paradentose.« Zum Bewegungsapparat: »Gliedmassen [sic] frei beweglich reizlose Narben. Der Knöchel am Grundgelenk des li. Ringfingers tritt nicht so stark hervor, wie die übrigen

Knöchel, Faustschluss und Fingerstreckung in keiner Weise behindert.« Das Nervensystem wurde i. d. Regel durch Untersuchung von Reflexen beurteilt: »Reflexe und Nervensystem gehörig. Kein Fingerzittern, kein Lidflattern, [...] weitere Untersuchungen nicht veranlasst.« Der im Folgenden zitierte Tonfall in der Darstellung der Vorgeschichte findet sich in zahlreichen anderen Gutachten auch und lässt stets einen Zweifel an der Glaubwürdigkeit der Angaben des Patienten durchklingen: »Beschwerden Kopfschmerzen angeblich nach Schlägen auf den Kopf, Zahnverlust im KZ. was er auf Unterernährung und Vitaminmangel zurückführt. Angebl. liegt bereits ein ärztl. Zeugnis beim LEA Mü. Kein Anhalt für ein organisches Leiden, das die Erwerbsfähigkeit beeinträchtigen würde.« Eine Überweisung in eine Heilstätte wurde nicht für nötig befunden. Ein »ursächlicher Zusammenhang der Gesundheitsstörungen mit dem schädigenden Vorgang im Sinne des Entschädigungsgesetzes vom 2. 8. 1949 sei nicht wahrscheinlich«. Es liege »keine messbare EM« vor.[28] Am 11. Juli 1950 wurde A. von Dr. Nagel zur fachärztlichen Untersuchung in die Nervenklinik München überwiesen.

»HERABGESETZTES HÖRVERMÖGEN« – SCHLÄGE AUF DAS TROMMELFELL

Auch Haft im Gefängnis konnte zu dauerhaften Gesundheitsstörungen führen. Der aus Etzenhausen stammende Hilfsarbeiter Otto G., geb. 1912, wurde von März bis Oktober 1933 im Gefängnis Stadelheim und – die beiden letzten Wochen – im Amtsgerichtsgefängnis Dachau inhaftiert. Wie er von zwei Zeugen bestätigen lassen konnte, wurde er während der Haft in Stadelheim von der SA schwer misshandelt. Vom Dachauer Gesundheitsamt wurde ihm 1955 (42 Jahre alt) bestätigt, dass die bestehende Schädigung des rechten Trommelfells und sein eingeschränktes Hörvermögen »wahrscheinlich« als Hafturache zu bewerten seien.[29] Eine dauerhafte Einschränkung seiner Lebensqualität dürfte G. jedoch vor allem aufgrund eines chronischen Magenleidens davongetragen haben. Aus der Darlegung seines Falles von Seiten des Landesentschädigungsamtes an das Gesundheitsamt Dachau vom 24. September 1955 geht hervor, dass G. in den 10 Jahren seit Ende der NS-Zeit häufig krank war und sich von verschiedenen Ärzten wegen Magenschmerzen behandeln ließ.

»... BEI SCHWERSTEN GEWISSENSBISSEN ÜBER MEINE OHNMACHT« – PSYCHISCHE BELASTUNGEN

Gustav C., geb. 1897 in Husum, Kaufmann, war von 1915 bis 1918 als Kriegsfreiwilliger bei der Bayerischen Armee, wo er sich zum Piloten einer Jagdfliegerstaffel ausbilden ließ.[30] In der Anamnese für das amtsärztliche Gutachten gab er am 7. März 1950 an, dass er während des Kriegsdienstes eine Fleckfiebererkrankung ohne bleibende Schäden durchlitten hatte. Im Oktober 1935 sei er in Berlin aus politischen Gründen verhaftet worden, bis dahin sei sein Gesundheitszustand »hervorragend« gewesen. Zwei Jahre später sei er vor dem Volksgerichtshof Berlin zu 12 Jahren Zuchthaus verurteilt worden. Die Haftstrafe habe er zunächst in den Gefängnissen Brandenburg an der Havel und Hameln unter noch verhältnismäßig humanen Bedingungen abgesessen, obwohl er ab Kriegsbeginn bereits unter Hunger leiden musste. In bereits entkräftetem Zustand sei er ca. Anfang 1943 in das für die grausame Behandlung politischer Häftlinge berüchtigte Zuchthaus Celle verlegt worden. Im selben Jahr habe es einen weiteren Schutzhaftbefehl gegeben und er sei in das Konzentrationslager Mauthausen eingeliefert worden.[31] C. beschreibt in einer selbstverfassten Krankheitsgeschichte am 2. März 1950, wie er in Celle »in kurzer Zeit in einen vollkommenen Kräfteverfall« gekommen sei: »Zahnverfall eines bis dahin tadellosen Gebisses, Aufbrechen des rechten Unterbeines, Narben von Hungerödemen«. In Mauthausen konnte C. durch die Häftlingsselbstverwaltung zunächst im Lazarett untergebracht werden und sein »Körperverfall« wurde vorerst aufgehalten. »Im Sommer 1944 war ich durch Arbeit und mangelnde Verpflegung erneut zusammengebrochen. Durch den Raubbau am Körper traten Schwellungen der Schilddrüsen, Herz- und Atembeschwerden und eine vollkommene Schwäche der Beine auf, die bis zur Lähmung führte. Gegen alle Regeln gegenüber solchermassen [sic] arbeitsunfähigen Häftlingen gelang es aber doch, mich unter die Obhut des Warschauer Internisten Dr. Chablinski und des Prager Arztes Dr. Stich (beides Mithäftlinge) zu bringen, die das Mauthausener Krankenlager leiteten, und die mich um mich der SS-ärztlichen Kontrolle zu entziehen, in der Arztabteilung unterbrachten. Diese Ärzte setzten mich nahezu 3 Monate unter eine Art Bromschlaf, nachdem ihre Diagnose war: eine mit schweren Folgen für den Organismus aufgetretene Schilddrüsenveränderung. (Folge: Herzerweiterung, Atem- und Nervenbeschwerden, unvorstellbare körperliche Müdigkeit und Schwäche, die jeden Willem lähmte.)« Über seine Beschwerden fünf Jahre nach Ende der Haft, schreibt C. detailliert und die psychischen Probleme ungewöhnlich offen ansprechend: »Diese als zweifellose Folge meiner fast 10 Jahre währenden Internierung in Gefängnissen und einem Konzentrationslager mir bis heute verbliebene Krankheit zeigt sich – trotz eines scheinbar äusserlich [sic] guten Gesundheitsbildes – heute in sich scheinbar vollkommen widersprechenden Erscheinungen: periodisch wechselnde Lebenslust mit lange darauf anhaltenden seelischen Depressionen, mal leichter, mal schwerer, die mich so sehr in meiner geistigen Berufsarbeit hindern, dass ich tagelang (bei schwersten Gewissensbissen über meine Ohnmacht, und trotz allem Willen, mich zu einer Kraft dagegen durchzuringen) von jeder produktiven Tätigkeit ausgeschaltet bin; ein zeitweise lähmendes Schwächegefühl in den Beinen, die zu versagen drohen, in Verbindung mit dem Gefühl eines schwer arbeitenden Herzens, grosse [sic] Müdigkeit, dazu Beklemmungen, Minderwertigkeitsempfindungen (die mir bei Besserung in seelischer Bedrücktheit klarwerden) Kopfschmerzen und Magenbeklemmungen sind die Erscheinungen. Das seelisch deprimierende bei allem sind die Verschlimmerungen nach vorübergehender Besserung. Auf Veranlassung von Herrn Dr. med. Hiller, Dachau, habe ich mich im Jahre 1948 als Krankenkassenpatient zur Untersuchung [...] ins Nymphenburger Krankenhaus begeben. Der Befund soll negativ ausgefallen sein. Der obige Krankheitszustand besteht nach wie vor. Er verschlimmert sich.«[32] Als vorläufige Krankheitsbezeichnungen notiert der untersuchende Hilfsarzt Neurasthenie, Herzmuskelschaden und eine mögliche Schilddrüsenfunktionsstörung. Er hält eine neurologische Untersuchung für nötig. Eine Einschätzung der EM ist in diesem Fall nicht überliefert.

Es ist ungewöhnlich, mit welcher Präzision C. seine psychischen Probleme beschreibt und aufschlussreich, mit welchen körperlichen Symptomen er sie in Verbindung bringt: Schwächegefühl, Herzbeschwerden, Müdigkeit, Kopfschmerzen und »Magenbeklemmungen«. Alle diese Symptome werden von mehr als 10 Prozent der 189 Personen genannt, Magen- und Herzprobleme mindestens von 25 Prozent. Besonders bemerkenswert ist, dass C. seinen vergeblichen Kampf gegen die Depression und die Unfähigkeit zu arbeiten als schuldhaft beschreibt. An dieser Stelle wird deutlich, dass die fehlenden Erkenntnisse über psychische Folgen von Traumata auch auf die Betroffenen selbst Auswirkungen haben. Gefühle von Scham und Schuld verstärken die Tendenz zu schweigen, die zu durchbrechen zumindest eine Bereitschaft der Umgebung zuzuhören nötig gewesen wäre, wenn nicht professionelle therapeutische Unterstützung. Dass es C. gelang, trotz seiner Schuldgefühle[33] sei-

ne Lage so genau zu schildern, dürfte eine Ausnahme sein. Sein Krankheits-
bericht vermittelt eine Ahnung davon, wie es vielen anderen gegangen sein
mag, die sich weitgehend auf die Beschreibung der körperlichen Symptome
beschränkten.

»ICH MUSS SCHWITZEN TAG UND NACHT ...« – UND DIE ANERKENNUNG BLEIBT AUS

Im Falle des 39 Jahre alten Bauarbeiters Gustav E. zeigt sich, dass der Amtsarzt eine gravierende psychische Belastung zwar feststellte, den Zusammenhang mit der KZ-Haft jedoch ohne jeden Zweifel verneinte, ohne dass die
Trauma-Erfahrung in der Untersuchung thematisiert wurde. E., geb. 1910 in
Wien, war von Mai 1941 bis zur Befreiung Ende April 1945 im Konzentrationslager Dachau inhaftiert. Am 11. September 1950 gab er bei der Untersuchung gegenüber Dr. Nagel an, weshalb er nicht mehr arbeiten könne: »Ich
muss Schwitzen [sic] Tag und Nacht, in der Nacht wache ich auf und habe
dann eine fürchterliche Angst, dass ich mir vorkomme, wie ein kleiner Bub.
Seit 3 ½ Monaten [bin ich] nicht mehr in Arbeit. Ich kann nicht mehr am Bau
arbeiten. Ich bin unsicher, ich finde aber keine andere Beschäftigung, es ist
so schwer.« Bei der Blutdruckuntersuchung stellte Dr. Nagel – wobei er seiner Verwunderung über mehrere Ausrufezeichen Ausdruck verlieh – fest: »E.
führt zunächst vollkommen ruhig die 10 Kniebeugen aus, ohne dass hinterher
eine auffällige Atemnot festzustellen wäre. Erst nach 30–40 Sekunden beginnt
dann eine sicherlich psychogene Atemstörung mit häufigen kurzen Expira-
tionen wie bei einem Schüttelfrüst [sic]!! Auch beim Abhorchen des Herzens
im Liegen setzt nach kruzer [sic] Zeit wieder diese Atemstörung ein!!« Die
Frage zum Nervensystem wird durch standardisierte Untersuchung der Reflexe und Beobachtung von äußeren Anzeichen für Ticks oder Nervosität beurteilt und für E. für unauffällig befunden: »Reflexe u. organ. Nervensystem
o. B. Kein Lidflattern, keine Fingerzittern.« Zu seinem Nachteil hat E. angegeben, dass seine Probleme erst 1949 begonnen hätten. So lautet Nagels Urteil
zum Zusammenhang von E.s Leiden mit der politischen Verfolgung: »Nein,
da E. bis 1949 gesund war und keine Beschwerden und Erscheinungen hatte.«
Ein Zusammenhang mit dem KZ-Aufenthalt erschien ihm bei dem »grossen Zeitzwischenraum zwischen dem Auftreten der Ersterscheinungen u. der
Entlassung aus dem KZ nicht mehr wahrscheinlich«. Offensichtlich wurden
traumatisierende Hafterfahrungen nicht besprochen. Im Untersuchungsbo-

gen steht bezogen auf die Haft im Konzentrationslager Dachau lediglich, dass E. 1942 Bauchtyphus gehabt hatte. Dass E. jedoch offensichtlich gravierende Gewalterfahrung durchlitten haben muss, ist anzunehmen. Ein Indiz dafür findet sich in der Spalte zum Gesundheitszustand des Gebisses: »oben Platte mit 8 Zähnen, unten noch eigene Zähne«[34]. Der Schluss, dass E. die Zähne des Oberkiefers im KZ ausgeschlagen worden waren, liegt nahe, ebenso, dass solch massive Schläge gegen den Kopf ein schweres Trauma ausgelöst haben können. Dr. Nagel bescheinigte E. lediglich eine 20-prozentige EM, den Zusammenhang mit der Verfolgung setzte er auf 0 Prozent fest. Damit konnte E. trotz Arbeitsunfähigkeit in seinem angestammten Beruf und der Schwierigkeit, eine andere Beschäftigung zu finden, nicht auf finanzielle Unterstützung durch das Bundesentschädigungsgesetz rechnen. Weder ein Heilverfahren, noch eine Nachuntersuchung wurden für nötig befunden.

»ÜBERWIEGEND WAHRSCHEINLICH …« UND DOCH KEIN RENTENANSPRUCH

Josef G. hatte 1,5 Jahre Haft im Gestapogefängnis Karlsbad und in den Konzentrationslagern Dachau und Mauthausen überlebt. Ihm wurden 17 Monate Haftzeit als entschädigungspflichtig anerkannt. Die gravierenden Beeinträchtigungen, an denen der 50jährige 1955 litt, wurden zwar vom Amtsarzt teilweise als »überwiegend wahrscheinlich« haftbedingt angesehen, da die EM jedoch mit nur 25 Prozent eingeschätzt wurde, folgte daraus keine Berechtigung auf Entschädigung in Form einer Rente. Bestätigt wurden G. die fehlenden Zähne, die ihm laut seiner Angabe ausgeschlagen worden waren – zum Zeitpunkt der Untersuchung trug er eine Ober- und Unterkieferprothese. Der Zahnverlust wurde von Dr. Hubbauer nur als »möglich« mit Haft zusammenhängend attestiert. Dazu kamen die beiden Diagnosen »allgemeine Körperschwäche, nervöse Übererregbarkeit«. Grundlage für die Attestierung war die augenfällige Symptomatik des Patienten, die in das Beurteilungsfeld »Nervensystem« eingetragen wurde: »die normalen Haut- und Sehnenrefl. sind durchwegs gesteigert, erhöhter Dermographismus, während der Untersuchung ständiges Zusammenzucken, Zuckungen an der mimischen Muskulatur des Gesichtes, hastige nervöse Sprache.« Im zusammenfassenden Gutachten fanden die vom Patienten angegebenen Darmprobleme, seine Herzbeschwerden und die Kopfschmerzen keinen Niederschlag.[35] Die EM zwischen der Entlassung 1940 bis 1948 wurde von Dr. Hubbauer auf ebenfalls 25 Prozent geschätzt. Selbst mit diesen aus heutiger Sicht gravierenden Gesundheitsproblemen, die ja bereits seit der Entlassung, also 15 Jahre, bestanden haben dürften, wurde G. daher auf der Grundlage der in diesem Bestand überlieferten Gutachten keine finanzielle Unterstützung und keine Anerkennung seines Leidens zuteil. Er wurde mit dem Leidenszustand ohne medizinische Hilfe, und mit den finanziellen Schwierigkeiten durch die eingeschränkte Erwerbsfähigkeit, sich selbst überlassen.

»HÖCHSTENS 30 % ...« – UND WAS DER PATIENT ERFÄHRT

Das Beispiel von Franz Josef K. lässt daran zweifeln, dass der Umgang des Amtsarztes mit den Patienten stets offen und fair war, selbst wenn man das fehlende Verständnis für die psychischen Traumafolgen der Medizin zu der Zeit einbezieht. So lassen die erhalten gebliebenen Unterlagen darauf schließen, dass Dr. Hubbauer gegenüber dem Patienten K. andere Angaben machte, als gegenüber dem Landesentschädigungsamt. Sowohl in seinem ersten Befund vom 2. Juli 1953 als auch im Formblatt von 1956 bescheinigt Hubbauer die verfolgungsbedingte EM stets mit »höchstens 30–40 %« an einer Stelle auch mit »höchstens 30 %«. Ein Heilverfahren halte er nicht für nötig, bzw. nicht für erfolgsversprechend. An K. selbst jedoch schrieb Dr. Hubbauer am 7. Juni 1956 in einem zwar maschinengeschriebenen, aber formlosen Schreiben ohne Briefkopf: »Nach einem vorliegenden amtsärzt. Zgs. v. 24. III. 1953 leidet Herr K[.] an einer multipler [sic] Sklerose mit Blasen- und Armbeschwerden [sic], an einer Herzmuskelschwäche mit Hypertonie die EM beträgt über 50 % seit August 1953 bereits«. Am 25. Oktober desselben Jahres antwortete er auf eine Anfrage des Landesentschädigungsamtes: »Es ist also frühestens vom Jahre 1945 ab mit der festgesetzten EM von 25 % zu rechnen, weil sich da das Leiden auch erst entwickeln musste.«[36]

»MIT DEN NERVEN TOTAL HIN« – DIAGNOSE: ANLAGEBEDINGT

Der 1910 geborene Metzger Konrad K. überlebte mindestens fünf Jahre Haft im Konzentrationslager. 1940 wurde er vom KZ Sachsenhausen nach Dachau überstellt, wo er bis zur Befreiung blieb. Im April 1950 wurde er »in einem hochgradigen alkoholischen Erregungszustand« in das Kreiskrankenhaus Dachau gebracht. Er hatte eine pfenniggroße Hiebverletzung am Handgelenk (in der Nähe der Pulsader!), die zunächst nicht versorgt werden konnte, weil der Patient so erregt war. Vier Tage später wurde K. beim Gesundheitsamt von Dr. Nagel untersucht. K. äußerte, seit der Haft in Sachsenhausen sei er lungenkrank, nierenkrank und »mit den Nerven total hin«. Er dürfe sich nicht aufregen, und wenn er sich doch aufrege, vergäße er sich.

Dr. Nagel diagnostizierte am 20. April 1950 »allgemeine konstitutionelle Nervenschwäche, geringen Grades – seelische Abartigkeit.« Einen Zusammenhang der Symptomatik mit den Hafterfahrungen sah er nicht: »Es handelt sich hiebi [sic] vorwiegend um anlagemässig [sic] bedingte krankhafte Erscheinungen des Seelenlebens. Wenn man durch KZ Aufenthalt wirklich eine Verschlimmerung annehmen will, so kan [sic] diese selbst nur vorrübergehender Natur gewesen sein.«

»IM KZ SACHSENHAUSEN LITT M…« – ES GING AUCH ANDERS

Am Beispiel von Peter M. lässt sich zeigen, dass ein anderer Arzt, der nicht im Auftrag des staatlichen Gesundheitsamtes handelte, zu einem ganz anderen Urteil gelangen konnte. Es fällt auf, dass der Ton seiner Stellungnahme weniger von oben herab beurteilend als beschreibend ist. Weil er sich offensichtlich ein unabhängiges Gutachten wünschte, gab Peter M. selbst ein solches bei Dr. K. Waltinger in Auftrag, das in den Krankenakten erhalten geblieben ist. Im Gegensatz zu den amtsärztlichen kommen in diesem privaten Gutachten Hafterfahrungen zur Sprache: »Im KZ Sachsenhausen litt M. an einer ausgedehnten Phlegmone des rechten Beines und wurde deswegen dort wie auch später im KZ Dachau über ½ Jahr im Krankenrevier behandelt. Dieses Leiden wie auch andere körperliche und seelische Mißhandlungen [sic] im KZ, z. B. Laufschritt mit einem mit Steinen beladenen Schubkarren oder mit einem schweren Stein am Rücken, bei schlechtester Kost und Verpflegung – wie mir der Patient schon bei den ersten Untersuchungen mitteilte, auch der sogenannte Todesmarsch von Dachau und die Ermordung seines Vaters in Gegenwart des Herrn M. haben sicherlich zu der hochgradigen Nervosität geführt, die die Grundlage für die übrigen jetzigen Leiden bildet. Demnach wäre die durch die Verfolgung hervorgerufene Erwerbsminderung bei Berücksichtigung der oben aufgeführten Erkrankungen auf ca. 45 % festzusetzen.« So der Vorschlag von Dr. Waltinger am 7. April 1968 – ohne den erhofften Erfolg beim Gesundheitsamt zu bewirken. Denn der Amtsarzt Dr. Lösch nimmt am 7. Juni 1968 dagegen Stellung: »Die bei Herrn M. vorliegenden Gesundheitsstörungen sind sämtlich durch seine Konstitution bedingt und nur in geringen [sic] Ausmaß durch äußere Umstände zu beeinflussen. […] Die

gewiß [sic] schweren seelischen Misshandlungen, die der Untersuchte seinerzeit erlitt, besonders die Ermordung seines Vaters vor seinen Augen, haben
bei einem immerhin über 30-jährigen Mann nicht mehr die gleiche psychische Wirkung wie bei einem Kind oder Jugendlichen.«

Ein weiteres Beispiel für die verständnisvollere Haltung eines von der Pa-
tientin selbst gewählten Arztes findet sich in einer Bescheinigung, die der
Facharzt für innere Krankheiten in München, Dr. Walter Graschberger, im
Oktober 1949 Margarete G. ausstellte, die zusammen mit ihrem Mann in Da-
chau auf die Emigration nach Brasilien wartete: »Fr. G. leidet an Herz- und
Kreislaufstörungen mit Unterdruck und Extrasystolie und an schwererer
Übererregbarkeit des Nervensystems sowie an rheumatischen Beschwerden.
Fr. G. bedarf grösster [sic] körperlicher und seelischer Schonung. In ihrem
derzeitigen Zustand ist Frau G. bis auf weiteres erwerbsunfähig. Den Umstän-
den nach müssen obige Krankheitserscheinungen als Folgezustände erlittener
KZ'Haft angesehen werden.«[37]

Im Gegensatz zu vielen seiner anderen Gutachten des Gesundheitsamtes,
zeigt der Amtsarzt Dr. Hubbauer in der Beurteilung des aus der Oberpfalz
stammenden Johann H. außergewöhnliche Übereinstimmung mit dem Patienten. Dr. Hubbauer setzte sich dafür ein, dass die gesamte EM als verfolgungsbedingt anerkannt werde, trotz der Einwände, die das Landesentschädigungsamt entgegenbrachte. H. war 1933 und 1944/45 insgesamt 23 Monate
im Gefängnis München-Neudeck inhaftiert gewesen. Hubbauer schrieb am
3. April 1957 an das Bayerische Landesentschädigungsamt: »Bezugnehmend
auf mein amtsärztliches Gutachten vom 28.4.1956 verweise ich auf die verschiedenen beiliegenden Bestätigungen, wonach Herr H[.] schon während
der Zeit der Inhaftierung als namentlich nachher an einer Bronchitis litt, die
mit aller Wahrscheinlichkeit durch die verschiedenen Einwirkungen während der Inhaftierungszeit bestanden hat. Es wird wiederholt bestätigt und
auch durch Herrn H[.] selbst, dass er vor seiner Inhaftierung weder an Husten noch an sonstigen Atmungsbeschwerden gelitten hat. Bei der heutigen
amtsärztlichen Untersuchung gibt Herr H[.] ausdrücklich an, dass sich das
Leiden in den letzten 3–5 Jahren, genauer kann er das selbst nicht mehr sagen,
verschlechtert habe.«[38] Es fällt auf, dass die sonst häufig gewählte Formulie-
rung »angeblich« in Bezug auf Angaben des Betroffenen hier nicht zu finden
ist, stattdessen die Angaben des H. sogar als Beleg für die Beurteilung des
Arztes zitiert werden. Dadurch wird H.s Urteil über seine eigene Situation ein
Wert beigemessen, der sich in den meisten anderen Gutachten nicht findet.

Schlussbemerkung

Die gesetzlich gegebenen Voraussetzungen des Entschädigungsverfahrens fanden ihren Niederschlag in den standardisierten Befundbögen, in denen die Amtsärzte ihre Untersuchungsergebnisse eintrugen. Die Vorgaben zur Einstufung der Erwerbsminderung konnten zur Folge haben, dass ein Patient, der 1955, also 10 oder 15 Jahre nach seiner Entlassung aus dem Konzentrationslager aufgrund verschiedener gesundheitlicher Probleme zu 50 Prozent erwerbsunfähig war, dennoch keine Entschädigungsleistung erhielt, weil der Arzt den ursächlichen Zusammenhang der EM mit 20 Prozent beurteilte, bzw. die einzelnen Symptome nur als »wahrscheinlich« verfolgungsbedingt ansah. Diese Einstufungspraxis führte in vielen Fällen dazu, dass die Betroffenen sich einem jahrelangen Hin- und Her mit den Behörden ausgesetzt sahen, wenn sie ihre Ansprüche durchsetzen wollten. Immer wieder versuchten sie, über neue Atteste zu belegen, dass ihre Gesundheitsprobleme gravierend waren, argumentierten – teils unter Beihilfe von Zeugen – dass sie vor der Haft ganz gesund gewesen waren und die jetzigen Einschränkungen durch Misshandlung und die schlechten Haftbedingungen verursacht waren. Die Überlebenden litten über viele Jahre sowohl an körperlichen als auch an psychischen Folgeerscheinungen der Haft, die sie in ihrer Lebensqualität erheblich einschränkten und in vielen Fällen dazu führten, dass einer geregelten Berufstätigkeit nicht mehr nachgegangen werden konnte. Das hatte zur Folge, dass sie sich zusätzlich in wirtschaftlich schwieriger Lage befanden, aus der es kaum einen Ausweg gab.

Der Rahmen, der dem Amtsarzt durch den Fragebogen vorgegeben war, bewirkte die praktisch ausschließliche Untersuchung von körperlichen Leiden und ließ psychische Erkrankungen fast unbeachtet. Die Art der Darstellung durch den Amtsarzt war von der vorherrschenden Lehrmeinung geprägt, dass ein psychisches Leiden nur durch die ungünstige Erbanlage des Patienten entstanden sei. Inwieweit die Amtsärzte des Gesundheitsamtes Dachau dabei noch von der nationalsozialistischen Erbgesundheitslehre beeinflusst waren, bzw. inwieweit sie mögliche Spielräume nutzten, konnte hier noch nicht systematisch untersucht werden. Ein gewisser Spielraum der Darstellungsweise durch mehr oder weniger abfälligen Tonfall sowie der Einstufungshöhe lässt sich im Vergleich durchaus finden. Dabei mag sowohl die Einstellung der einzelnen Ärzte als auch ihr Verhältnis zum jeweiligen Patienten eine Rolle gespielt haben. Entscheidend für die Situation der Überlebenden ist dabei, dass ihre Leiden keine Anerkennung fanden, was sie in möglichen Schuldgefühlen noch bestärkt haben dürfte. Bei Biographie-Recherchen für das Gedächtnisbuch Dachau erfahren die Teilnehmer immer wieder, dass Familien bis in die heutige Zeit nicht über die Hafterfahrungen ihrer Angehörigen gesprochen haben.

Die Beurteilungspraxis durch die Gesundheitsämter war sicher nur ein Steinchen im Mosaik der Verdrängung. Während der Aufbruchzeit der 1950er Jahre wollte kaum jemand das weiterhin andauernde Leiden der Überlebenden sehen. So blieben viele mit ihrem Leid allein. Es dauerte Jahre, bis an den verschiedenen Stellen der Gesellschaft die Mauer des Schweigens zu bröckeln begann. Die Erleichterung darüber spürten in vielen Fällen nur noch die Nachkommen der einstigen Gefangenen.

Literaturverzeichnis

Fürmetz, Gerhard: Neue Einblicke in die Praxis der frühen Wiedergutmachung in Bayern: Die Auerbach-Korrespondenz im Bayerischen Hauptstaatsarchiv und die Akten des Strafprozesses gegen die Führung des Landesentschädigungsamtes von 1952, in: zeitenblicke 3 (2004), Nr. 2, [13. 09. 2004], URL: http://zeitenblicke.historicum.net/2004/02/fuermetz/index.html

Kloocke, Ruth / Schmiedebach, Heinz-Peter / Priebe, Stefan: Psychisches Trauma in deutschsprachigen Lehrbüchern der Nachkriegszeit – die psychiatrische »Lehrmeinung« zwischen 1945 und 2002, (Psychiatrische Praxis 2005 32 e1-e15) Stuttgart, New York 2005

Maerker, Andreas (Hrsg.): Posttraumatische Belastungsstörungen, 4. Aufl., Heidelberg 2013

Müller-Hohagen, Jürgen: verleugnet verdrängt verschwiegen. Seelische Nachwirkungen der NS-Zeit und Wege zu ihrer Überwindung, München 2005

1 Z. B. Maria Wieniger: Gedächtnisblatt Ignaz Daffner, Dachau 2003.

2 Jürgen Müller-Hohagen: verleugnet verdrängt verschwiegen. Seelische Nachwirkungen der NS-Zeit und Wege zu ihrer Überwindung, München 2005. – Siehe auch den Aufsatz von Müller-Hohagen in diesem Band: Verdrängung und die Folgen.

3 DaA 6091 Krankenakten ehemaliger Häftlinge des KZ Dachau.

4 DaA 6091 Krankenakten G, Merkblatt zur Erstellung des amtsärztlichen Gutachtens.

5 Amtsärztliches Gutachten zum Antrag auf Wiedergutmachung eines Schadens an Körper und Gesundheit nach dem Gesetz zur Wiedergutmachung nationalsozialistischen Unrechts (Entschädigungsgesetz) vom 12. 8. 1949.

6 Klooke, Ruth; Schmiedebach, Heinz-Peter; Priebe, Stefan: Psychisches Trauma in deutschsprachigen Lehrbüchern der Nachkriegszeit – die psychiatrische »Lehrmeinung« zwischen 1945 und 2002, (Psychiatrische Praxis 2005 32 e1-e15) Stuttgart, New York 2005. In den USA bereits ab 1980 als »Post-Traumatic Stress Disorder« (PTSD) bekannt.

7 Vgl. zur Geschichte der Psychotraumatologie, Symptomatik, Diagnostik und Therapie: Andreas Maerker (Hrsg.): Posttraumatische Belastungsstörungen, 4. Aufl., Heidelberg 2013.

8 Hermann Oppenheim: Die traumatischen Neurosen, Berlin 1889. Oppenheim stellt bereits bleibende psychische Veränderungen aufgrund von schweren traumatischen Erlebnissen fest.

9 Klooke u. a.: Psychisches Trauma in Lehrbüchern, S. e2.

10 Maerker: Posttraumatische Belastungsstörungen, S. 6.

11 Klooke: Psychisches Trauma in Lehrbüchern, S. e1.

12 Klooke: Psychisches Trauma in Lehrbüchern, S. e10 f.

13 DaA 6091 Krankenakten G.

14 Medizinalrat Dr. Otto Hubbauer, geb. 27. 12. 1894, Approbation 1922, Promotion 1923, Facharzt für Psychiatrie. Von 1928–1939 Anstaltsarzt der Heil- und Pflegeanstalt Gabersee, von 1939–1945 Oberstabsarzt bei der Wehrmacht. Mitglied der NSDAP und der SA seit 1933. Im März 1945 wegen »Wehrkraftzersetzung« verhaftet. Von der Spruchkammer Wasserburg/Inn deshalb und aufgrund der entlastenden Aussage einer ehem. Patientin aus Gabersee als Mitläufer eingestuft. Ab 1949 im Gesundheitsamt Wasserburg. Amtsarzt und Leiter des staatl. Gesundheitsamtes Dachau von 1953–1959. BayHStA Personalakte Hubbauer, noch ohne Signatur.

15 DaA 6091 Krankenakten K.

16 Maerker: Posttraumatische Belastungsstörungen, S. 6.

17 Medizinalrat Dr. Adolf Nagel, geb. 23. 9. 1888, Approbation 1914, Promotion 1915. 1914–1918 Marinearzt, 1923–1936 Arzt bei der Bayerischen Landespolizei, 1930 Polizeimedizinalrat. Von 1936–1945 Oberstabsarzt der Wehrmacht beim Wehrmachtsfürsorge- und Versorgungsamt München. Laut Spruchkammer München Land als nicht betroffen eingestuft. Am 17. 8. 1945 zur Typhusbekämpfung ans Gesundheitsamt Dachau bestellt, zunächst als vollbeschäftigter Hilfsarzt, ab 30. 10. 1945 als kommissarischer Amtsarzt. Bis 1953 Leiter des Gesundheitsamtes Dachau. BayHStA Personalakte Nagel, noch ohne Signatur.

18 DaA 6091 Krankenakten G.

19 DaA Auszug aus der Häftlingsdatenbank vom 13. 12. 2017.

20 Als Adressen werden angegeben Würmmühle 1, 2, 3, 5 oder Würmmühlbaracke.

21 DaA 6091 Krankenakten G.

22 DaA 6091 Krankenakten Z.

23 DaA 6091 Krankenakten E.

24 DaA 6091 Krankenakten A.

25 Agathe Halmen: Gedächtnisblatt Benno Glas, Dachau 2016. Auch die Biographien der beiden Brüder Josef und Johann hat Agathe Halmen für das Gedächtnisbuch aufgezeichnet.

26 DaA 6091 Krankenakten G.

27 BayHStA LEA 47417.

28 DaA 6091 Krankenakten A.

29 DaA 6091 Krankenakten G.

30 BayHStA Abteilung IV Kriegsarchiv. Kriegsstammrollen, 1914–1918; Band: 18042. Kriegsstammrolle: Bd. 6, abgerufen über ancestry.de am 7. 12. 2017. Hier wird das Geburtsjahr mit 1896 angegeben.

31 DaA 6091 Krankenakten C.

32 DaA 6091 Krankenakten C.

33 Zur Diagnostik der PTBS und Erfassung von Schuldgefühlen und Selbstvorwürfen siehe Maerker: Posttraumatische Belastungsstörungen, S. 95 ff.

34 DaA 6091 Krankenakten E.

35 DaA 6091 Krankenakten G.

36 DaA 6091 Krankenakten K.

37 DaA 6091 Krankenakten G.

38 DaA 6091 Krankenakten H.

Teil 2: Exemplarische Studien aus den Gemeinden

»Der erste Fernseher – das war die Sensation!« — Sulzemoos, Wiedenzhausen, Einsbach und Orthofen in den 50er Jahren

Annegret Braun

Einleitung

In den 50er Jahren begann eine Epoche, die als Wirtschaftswunder in die Geschichte einging. Auch die Gemeinde Sulzemoos erlebte diesen Wandel, wenn auch langsamer als in den städtischen Zentren. Bis dahin war die Gemeinde Sulzemoos noch sehr von der Landwirtschaft geprägt. Die größte Herausforderung nach dem Krieg war die Unterbringung der Flüchtlinge und Heimatvertriebenen. Der Zuzug von vielen Menschen mit einem anderen kulturellen Hintergrund – oftmals kamen sie aus dem städtischen Bürgertum – und einer anderen Konfession veränderte die Dorfstruktur. Auch der wirtschaftliche Aufschwung hatte einen großen Einfluss auf das Dorfleben. Viele Menschen gingen zur Arbeit nach Dachau, München oder Karlsfeld. Von der Landwirtschaft konnten viele nicht mehr leben. In den aufstrebenden Unternehmen verdiente man gut und allmählich konnte man sich mehr leisten: ein Auto, eine Waschmaschine, ein Badezimmer. Die Menschen sahen nach vorne und verdrängten das Vergangene. In diesem Beitrag soll dargestellt werden, wie die Menschen der Gemeinde Sulzemoos mit Einsbach, Wiedenzhausen und Orthofen die 50er Jahre erlebten. Dieser Aufsatz konnte nur dadurch entstehen, weil Zeitzeugen bereit waren, ihr Erlebtes zu erzählen. Ich möchte mich deshalb bei allen meinen Gesprächspartnern und Gesprächspartnerinnen sehr herzlich für ihre Offenheit bedanken. Sie haben mir dadurch ein lebendiges Bild über diese Zeit gegeben.

Das Gemeindeleben

In den 50er Jahren waren die Orte Sulzemoos, Wiedenzhausen mit Orthofen und Einsbach eigenständige Gemeinden. Einsbach gehörte damals zum Landkreis Fürstenfeldbruck.

Die Kommunalpolitik war mit ganz anderen Problemen beschäftigt als die große Politik. In Sulzemoos war in den 50er Jahren Simon Baumgartner als Bürgermeister im Amt. Die amerikanische Militärregierung hatte ihn nach dem Krieg eingesetzt, weil er vom Nationalsozialismus unbelastet war. Bei den Sulzemooser Bürgern war er so beliebt, dass er immer wieder gewählt wurde und bis 1969 im Amt war, als er es aus Altersgründen niederlegte.[1] Der Bürgermeister war der Bruder von Dr. Joseph Baumgartner, der als Landwirtschaftsminister und Vorsitzender der Bayernpartei von sich reden machte. Der Bayernpartei gelang bei der Wahl 1953 eine Sensation: Sie ging eine Viererkoalition ein und zwar mit SPD, FDP und GB/BHE (Gesamtdeutscher Block/Bund der Heimatvertriebenen und Entrechteten).[2] Dadurch kam sie an

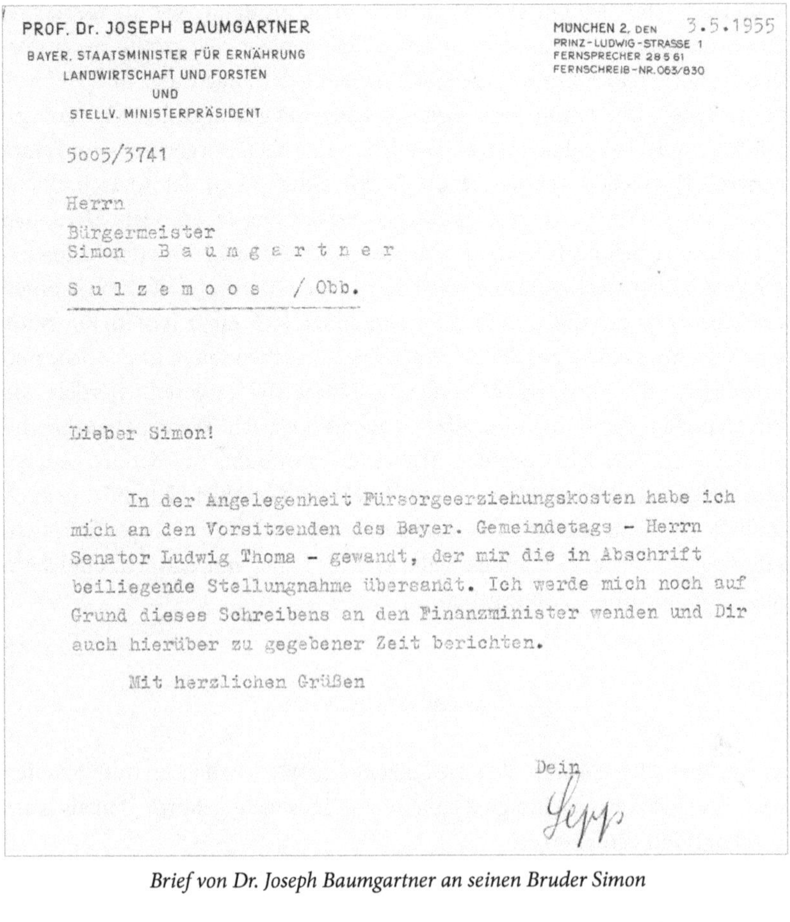

PROF. Dr. JOSEPH BAUMGARTNER

BAYER. STAATSMINISTER FÜR ERNÄHRUNG
LANDWIRTSCHAFT UND FORSTEN
UND
STELLV. MINISTERPRÄSIDENT

MÜNCHEN 2, DEN 3.5.1955
PRINZ-LUDWIG-STRASSE 1
FERNSPRECHER 28 5 61
FERNSCHREIB-NR. 063/830

5005/3741

Herrn

Bürgermeister
Simon Baumgartner

Sulzemoos / Obb.

Lieber Simon!

In der Angelegenheit Fürsorgeerziehungskosten habe ich mich an den Vorsitzenden des Bayer. Gemeindetags – Herrn Senator Ludwig Thoma – gewandt, der mir die in Abschrift beiliegende Stellungnahme übersandt. Ich werde mich noch auf Grund dieses Schreibens an den Finanzminister wenden und Dir auch hierüber zu gegebener Zeit berichten.

Mit herzlichen Grüßen

Dein

Brief von Dr. Joseph Baumgartner an seinen Bruder Simon

die Regierungsmacht. Und die CSU saß in der Opposition. Joseph Baumgartner war von 1954 bis 1957 stellvertretender Ministerpräsident von Bayern. Während der aus Sulzemoos stammende Politiker auf der großen Bühne gegen die Bundesregierung wetterte, dass »Bayern in Bälde nur mehr als preußische Provinz fungieren«[3] würde, hatte Simon Baumgartner ganz andere Sorgen. Immer noch war es schwierig, ausreichend Wohnraum zu schaffen. Und auch mit Sozialhilfeansprüchen war Sulzemoos belastet. Da war es gut, einen einflussreichen Bruder im Ministerium zu haben. Simon Baumgartner fragte 1954 in einem Schreiben an das Landratsamt, ob nicht ein Teil der Fürsorge-Kosten vom Landkreis übernommen werden könnte. Sein Bruder Joseph unterstützte ihn dabei. Im Gemeindearchiv Sulzemoos befindet sich von ihm ein maschinengeschriebener Brief an Simon Baumgartner auf edlem Papier mit dem Briefkopf des stellvertretenden Ministerpräsidenten, unterschrieben mit »Dein Sepp«.[4]

Joseph Baumgartner war seiner Heimatgemeinde Sulzemoos sehr verbunden. Bei der Glockenweihe legte er Wert darauf, anwesend zu sein.[5] Wie in vielen Orten, so wurden auch für die Kirche in Sulzemoos neue Glocken gegossen, weil die alten für Kriegszwecke eingeschmolzen worden waren. Das

Glockenweihe in Sulzemoos, Ministranten: Michael Schmid, Alois Fritz, Jakob Stangl (Foto: Manfred Daurer)

Dr. Joseph Baumgartner mit seiner Frau Lilly bei der Glockenweihe 1950
(Foto: Manfred Daurer)

Fest war für Samstag, den 11. März 1950 geplant, doch auf ausdrücklichen Wunsch von Joseph Baumgartner fand die Weihe zwei Tage später statt. Deshalb feierten die Sulzemooser zweimal: Am Samstag fand ein großer Festzug mit dem geschmückten Glockenwagen statt, begleitet von der Kapelle Hartmann, und am Montag weihten der Münchner Domkapitular Prälat Dr. Hartig und Pfarrer Müller die Glocken.

Auch bei anderen Gelegenheiten kam Joseph Baumgartner in sein Heimatdorf. Am 30. 10. 1955 hielt er bei der Einweihung des Kriegerdenkmals in Sulzemoos die Festrede. Darin äußerte er seine Betroffenheit, dass sich unter den Namen am Denkmal auch viele ehemalige Schulkameraden von ihm befänden.[6]

1958 ernannte Sulzemoos seinen bekanntesten Bürger zum Ehrenbürger. Ein Jahr später erfolgte der tiefe Absturz. Joseph Baumgartner wurde aufgrund politischer Intrigen wegen Meineids zu zwei Jahren Zuchthaus und fünf Jahren Ehrverlust verurteilt. Das bedeutete, dass er das aktive und passive Wahlrecht verlor und keine öffentlichen Ämter innehaben durfte. Nicht nur für ihn selbst war diese Verurteilung tragisch, auch für Simon Baumgartner war die öffentliche Diffamierung eine Belastung: »Des hot am Bürgermeister so zugsetzt, […] der is so mager worn. Er hot se hoit gschamt, für'n Bruder«, erzählt eine Zeitzeugin.[7] Die Mutter, Therese Baumgartner, musste diesen tiefen Fall nicht mehr erleben. Sie starb 1952 und wurde auf dem Sulzemooser Friedhof beerdigt.

Wie wichtig das Ansehen im Dorfleben war, zeigen die Gemeindeakten mit den Sühneversuchen.[8] Es kam immer wieder vor, dass jemand wegen Beleidigung angeklagt wurde. Manchmal kam es zu keiner Einigung, doch meistens endete es damit, dass derjenige, der den anderen beleidigt hatte, seine Äußerungen zurücknahm. Zusätzlich musste er oder sie eine Geldbuße an die Gemeindekasse bezahlen und die Beleidigung auch öffentlich zurücknehmen, zum Beispiel durch einen Anschlag an der Gemeindetafel oder im Münchner Merkur.

Eine wichtige Persönlichkeit, die das Gemeindeleben sehr prägte, war Sigfrid Freiherr von Schaezler. Sehr viele fanden bei ihm Arbeit, im Haus als Dienstmädchen, in der Landwirtschaft als Knecht oder Magd oder im Wald als Waldarbeiter. 1951 feierten die Sulzemooser den 70. Geburtstag des Barons. Simon Baumgartner verlieh ihm die Ehrenbürgerwürde im Namen der

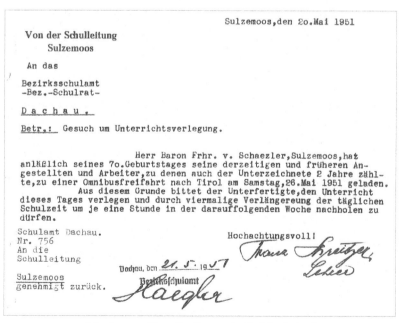

Schreiben von Herrn Spreitzer an das Bezirksschulamt

70. Geburtstag von Sigfrid Freiherr von
Schaezler (Foto: Hilde Keller)

Sigfrid Freiherr von Schaezler war ein
begeisterter Reiter

Gemeinde. Anlässlich seines Geburtstags lud Sigfrid Freiherr von Schaezler
seine Arbeiter, auch seine ehemaligen, zu einer Busreise nach Kufstein in Tirol ein. Das war etwas ganz Besonderes. Viele waren noch nicht sehr weit
über Sulzemoos hinausgekommen. Auch Franz Spreitzer, ein für seine Härte
gegenüber den Schülern gefürchteter Lehrer, ließ sich diese Reise nicht ent-
gehen und reichte einen Antrag beim Bezirksschulamt ein, um seinen Unterricht verlegen zu können. Er hatte zwei Jahre lang bei Freiherr von Schaezler
im Wald gearbeitet, weil er im Rahmen der Entnazifizierung aus dem Schul-
dienst entlassen worden war. Offensichtlich verursachte ihm diese unrühm-
liche Vergangenheit kein Unbehagen, auch nicht vor dem Bezirksschulamt.

Auch der 75. Geburtstag von Sigfrid Freiherr von Schaezler war für Sulzemoos Anlass für ein großes Fest. Ein Spielmannszug in altbayerischen far-
benprächtigen Uniformen zog durch die Straßen zum Schloss, um ihm zu
gratulieren.[9]

1958 starb Sigfrid Freiherr von Schaezler im Alter von 76 Jahren. Da der Baron protestantisch war, verweigerte ihm die Kirchengemeinde ein Grab auf dem Friedhof. Da nützte ihm auch seine Ehrenbürgerschaft nichts. Seine Familie bestattete ihn deshalb in der Familiengruft in Augsburg. Doch seine Ehefrau wollte ihm seinen letzten Wunsch erfüllen, nämlich in seiner Heimat begraben zu werden: in Sulzemoos. Deshalb fand sie eine andere Lösung: Die Schlossmauer, die an den Friedhof angrenzte, ließ sie um ein Stück nach innen versetzen. So konnte der Baron auf dem Friedhof begraben werden – und zugleich auf seinem eigenen Grund und Boden. Nach einem Jahr wurde Sigfrid Freiherr von Schaezler nach Sulzemoos zurück gebracht.[10]

Nach dem Krieg war die Gemeinde stark angewachsen. Sulzemoos hatte 1939 noch 398 Einwohner und 1946 bereits 626. Doch nach dem ersten Flüchtlingsstrom blieb die Einwohnerzahl annähernd gleich: 1950 waren es 645 Einwohner und 1952 machte sich mit 577 Einwohnern der Wegzug von Heimatvertriebenen bemerkbar.[11] In Einsbach stieg die Bevölkerung von 239 (1939) auf 378 (1950) und in Wiedenzhausen von 423 (1939) auf 544 (1950) an. Zur aktuellen Bevölkerungsentwicklung in Sulzemoos berichteten die Dachauer Nachrichten im Januar 1950: »Gesamteinwohnerzahl am 31. Dez. 1949: 647, davon Einheimische 354, Ausgewiesene (Flüchtlinge und Evakuierte) 292, Ausländer 1. Sterbefälle 3, Geburten 6, Eheschließung 8.«[12] Welche Nationalität der einzige Ausländer hatte, wird nicht erwähnt. Im Gemeindearchiv wurde 1953 bis 1956 die Herkunft der »ausländischen Arbeitnehmer« aufgelistet.[13] Die meisten waren aus Polen und dem ehemaligen Jugoslawien, aber auch ein Iraner aus Teheran befand sich darunter. Etliche von ihnen waren bei der Gutspächterin Betti Funck beschäftigt, auch der Iraner. Zu dieser Zeit kamen viele, oftmals sehr wohlhabende, Landwirtschaftsstudenten von Persien nach Deutschland, um ein Praktikum zu absolvieren, vor allem in der Gegend um Markt Indersdorf.[14]

Die Zunahme der Bevölkerung hatte zur Folge, dass auch die Friedhöfe zu klein wurden. In Sulzemoos vergrößerte man ihn 1954 und baute ein Leichenhaus[15] und in Wiedenzhausen beschloss der Gemeinderat 1958, den Friedhof zu erweitern,[16] groß genug, um auch die evangelischen »Neubürger« unterzubringen.

Wirtschaftswunder auf dem Dorf

Vom Wirtschaftswunder war Anfang der 50er Jahre nicht viel zu spüren. Die Menschen auf dem Dorf lebten ein bescheidenes Leben. Zu essen gab es auf dem Land genug. Und auch in der Stadt konnte man inzwischen ohne Lebensmittelmarken Butter und Fett zu normalen Preisen kaufen.[17] Dass es für den einen oder anderen doch nicht reichte, zeigt ein Bericht in den Dachauer Nachrichten: »Wiedenzhausen. Wurstwaren im Werte von 120 Mark wurden aus dem hiesigen Metzgerladen gestohlen.«[18]

Die Menschen wohnten ziemlich beengt. Viele Häuser waren klein, meistens lebten drei Generationen unter einem Dach. Hinzu kamen noch einquartierte Flüchtlinge und Heimatvertriebene. Am Tisch saßen meist viele Leute. Beim Landmaschinenhändler Alfons Kneidl kamen noch die Arbeiter von der Werkstatt dazu. Seine Schwester Hilde Keller erinnert sich: »Abends, also grad im Winter, wenn i von der Arbeit kemma bin, no war für mi scho gar kein Platz mehr, dass i mich hinsetzen konnt. Do bin ich meistens am Herd droben gsessen im Winter, wo's Wasser, s'Schifferl, war. Des war mei Platz, weil die von der Werkstatt, die san dann abends mit rüber ganga. Des hot halt do alles so dazuaghört.«[19]

Die Häuser waren einfach ausgestattet. Die Toilette war ein Plumpsklo und befand sich meistens außerhalb des Hauses in einem Klohäusel. Im Winter bei Minusgraden sparte man sich den Weg und benutzte einen Nachttopf. Dementsprechend roch es in vielen Häusern. Auch ein Badezimmer gab es nicht. Am Samstag war Badetag. Dann holte man den Badezuber aus der Kammer, wie der Altbürgermeister Anton Förg aus Wiedenzhausen erzählt: »Und do ham ma die dann in d'Küch reidoa. Und im Ofa ham ma hoaßes Wasser gmacht. S'hot ja sonst nix gem. Einmal in der Woche. Badezimmer hot's nirgends gem.«[20] Manche stellten die Wanne im Stall auf und badeten dort, weil man anschließend das Wasser besser ausschütten konnte.

In München war es nicht viel besser, erinnert sich Horst Rotter aus Sulzemoos, der Anfang der 50er Jahre eine Ausbildung zum Installateur und Heizungsbauer in München gemacht hatte. Die älteren Häuser besaßen noch Etagen-WC, Etagenbäder und einen gemeinsamen Ausguss. Viele Münchner gingen samstags ins Volksbad, um zu ihr wöchentliches Bad zu nehmen.

Nach und nach wurden die Häuser modernisiert. Ein Badezimmer und eine Toilette standen ganz oben auf der Wunschliste. Viele warteten jedoch mit der Anschaffung bis sie ein neues Haus bauten. Das war vor allem Anfang der 60er Jahre. »Aber s'hot ja fast jeder baut. Hot jo jeder so a oide Hüttn ghobt.«²¹ Dass der Hausbau-Boom erst in den 60er Jahren einsetzte, zeigen auch die Gemeinderatsprotokolle. In den 50er Jahren sind noch wenige Bauanträge verzeichnet.

Ein Badezimmer mit Toilette war ein Zeichen des Fortschritts und der Modernität. Wer sich eines leisten konnte, zeigte es gerne her. Horst Rotter erinnert sich noch an eine Begebenheit, als er nach seiner Ausbildung in Einsbach arbeitete: »Und da weiß ich noch, in Einsbach, da waren Hausbesitzer, die haben sich ein bisschen vornehm gegeben. Und die haben geheiratet. Und da ham mir auch ein Bad eingerichtet. Und da ist halt ein Bekannter zu ihm [dem Hausbesitzer] gekommen und hat gsagt: ›Du, des ist alles recht und schön, hast ein Bad!‹ War damals schon etwas, sogar mit Elekroboiler, komfortabel, also kein Holzbadeofen. ›Aber warum hast du kein Klo?‹ ›Ja, mir ham doch des Klo da draußen, des Plumpsklo.‹ ›Ja, in der heutigen Zeit macht ma doch a Klo ins Haus. Des kann i gar ned verstehn. Bist doch sonst au so vornehm!‹ Das war zwei Tage vor der Hochzeit. Und damals war ja des ›Sach‹ schaun‹. Da sind die Leute ins Haus. Hom des a bissl angschaut, wieviel Bettwäsche dass die Braut mitbekommen hat. Hinten hat ma Papier nei glegt und vorn hat man's recht oft zammglegt. ›Oh, die hat fünfmal Bettwäsche!‹ In Wirklichkeit wars zweimal. [...] Das war 1957. [...] Auf alle Fälle, dann is der herkommen: ›Des ist altmodisch. Des kann man nimmer vorzeigen. Du hättst a Klo neimachen soin.‹ ›Ja‹, sagt er [der Installateur], ›wenn du koa Klärgrubn ned host! Des Klo kannst ja ned einfach neistellen. Des Abwasser muss ja irgendwohin fließen. Woasst was‹, hat er gsagt, ›mir können ja was anders machen. I stell dir a Klo hin. Geht ja sowieso keiner rein. Stell ma a Klo rein und an Spülkasten und tun des halt so, wie's in Wirklichkeit do steht.‹ Und dann: ›Ah! A Spülklosett hat er auch! San die vornehm!‹ Und wie die Hochzeit vorbei war, hot mas halt wieder gholt. Was will er damit anfangen. War ja nur Attrappe.«²²

Die Geschichte ist offensichtlich gut über die Bühne gegangen. Was wäre wohl geschehen, wenn einer der Besucher ein dringendes Bedürfnis gehabt hätte?

Das beginnende Wirtschaftswunder zeigte sich auch darin, dass sich mehr Leute ein Auto leisten konnten. In Sulzemoos gehörten zu den ersten Autobesitzern der Arzt Dr. Früchte, der Getränkefabrikant Gasteiger und der Landwirt Keller. Der Bäcker Josef Hupf hatte ein kleines Gefährt mit großer Ladefläche, das er zum Brotausfahren brauchte. In Einsbach hatte die Firma Fried ein Auto. Anton Förg kaufte sich 1961 erstmals ein gebrauchtes. Andere leisteten sich ein kleines Auto. Eine Isetta, bei der die Türe nach vorne aufging, bot drei Leuten Platz und war erschwinglich, ebenso ein Gogomobil, das immerhin vier Sitze hatte. Anton Förg erinnert sich: »Unsre Nachbarn do hintn ham au an Gogo ghabt. Da hot ma mit'm 4er Führerschein fahrn derfa. Mit'm Bulldogführerschein hot ma do fahra derfa.«[23]

Bald fuhren so viele Fahrzeuge auf der Straße, dass in Sulzemoos die erste

Horst Rotter mit seinem ersten Auto 1959

Fahrzeugweihe stattfand. 1955 wurden etliche Traktoren geweiht, Motorräder und einige Autos. Offensichtlich musste bei diesen »vielen« Autos eine neue Regelung gefunden werden. Am 24. April 1953 beantragte der Gemeinderat in Sulzemoos eine Geschwindigkeitsbegrenzung von 30 Kilometern pro Stunde im Ortsbereich.[24]

Auch im Haushalt zeigte sich das Wirtschaftswunder. Nach und nach kauften die Menschen eine Waschmaschine, auch in Bayern. Allerdings war es noch kein Waschvollautomat. »Immerhin in fast jedem vierten [Haushalt] hatte man aber eine ›Waschmaschine‹ im damaligen Sinn: ein Elektrogerät, das zwar das Wasser auf die gewünschte Temperatur erwärmte und die Wäsche hin und her bewegte, bei dem man das Wasser aber ablassen und die Wäsche von Hand spülen musste. Weit verbreitet waren elektrische Schleudern ohne Waschfunktion, sie standen in 44 Prozent aller Haushalte.«[25] Fast ein Viertel der Haushalte in Bayern wusch jedoch noch mit Waschbrett und Zuber, weil eine Waschmaschine sehr teuer war. Eine einfache Waschmaschine von Siemens kostete 510 DM. Ein Arbeiter verdiente im Monat ungefähr 625 DM.

Auch in Sulzemoos wurden die ersten Waschmaschinen verkauft. Alfons Kneidl handelte neben Landmaschinen auch eine Zeitlang mit Waschmaschinen, die seine Mutter vorführte. Er fuhr seine Mutter mit der Waschmaschine zu den Leuten in den umliegenden Dörfern. Hilde Keller, die Schwester von

Alfons Kneidl, erzählt: »Ja, und dann hat sie dene halt gsagt: ›Schaugt's, so lafft des, so werd die Wäsch sauber.‹ Und I woaß, da war irgendso a Aufbau, wo ma die Wäsche so durchgedreht hat. Des war scho a Vorteil, dass mans nicht mehr mit de Händ auswaschen hat müssen.«[26] Die Leute nutzten die Waschmaschinenvorführung ausgiebig. Hilde Keller erinnert sich: »Mei, wie mei Mama immer gsagt hat, wenn's hoam kimma is, ganz geschafft: ›Mei, heit hams wieder des letzte dreckate Gwand rausgsucht. Sogar Stallgwand hob I waschen miassn!‹«

Andere begehrte Haushaltsgeräte waren ein Elektroherd oder ein Kühlschrank. 1951 wollte die Regierung den Kühlschrank mit einer Luxussteuer belegen, was jedoch verhindert wurde. Schließlich sollte der Verkauf von Konsumartikeln ja gefördert werden.[27] Deshalb gab es bei etlichen Geräten sogar einen Zuschuss, wie zum Beispiel bei Elektroherden. In der Stadt, wo die Menschen während der Kriegs- und Nachkriegszeit sehr häufig Hunger gelitten hatten, bekam ein Kühlschrank häufig oberste Priorität – im Gegensatz zum Land. Wer sich einen solchen »Luxus« dennoch leistete, musste sich mitunter neidvolle Kommentare anhören. Als Genoveva Ketterl aus Einsbach und ihre Schwester sich einen Kühlschrank kauften, sagte ihre Tante aus Dachau: »Jetzt kafft Ihr euch an Kühlschrank aa für eure 100 Gramm Wurst!« Genoveva Ketterl erinnert sich: »Mei, des war a Sensation! Sie ham koan ghobt in Dachau drinna, aber mir ham unsern kafft.«[28]

Genoveva Ketterl war Schneiderin und arbeitete sehr viel, ebenso ihre Schwester Kunigunde. Sie nähten oft bis tief in die Nacht. Aber sie leisteten sich auch etwas dafür: »Mir ham au den ersten Fernseher ghabt, nach'm Loder und nach'm Pfarrer drom. Mei Schwester hod gsogt, sie kafft an Fernseher.«[29] Eine Freundin, die zu Besuch kam und dieses seltene Exemplar sah, konnte es nicht fassen. »Mei, do is a Freundin kemma, de hot sich auf'n Boden hinglegt: ›Ja, mi hauts um! Mi hauts um! Ihr spinnts!‹«. Dass sich Kunigunde Ketterl einen Fernseher kaufte, war eine Sensation im Dorf. Genoveva freute sich zwar, aber es war ihr auch etwas peinlich: »Mit der Tischdecke hob'n zuadeckt, dass 'n koaner gsen hod. Mei, do hat ma sich direkt gschamt.«[30]

Doch lange blieb diese Neuanschaffung nicht unbemerkt. »Und do san die ganzen Kinder kemma zum Fernsehn. Die holberte Schui. Mei, dann hom ma koan Platz nimmer ghobt herin. Dann ham se sich do draußen higstellt, do war a Holzhaufen. Do hom se sich draufgstellt und zum Fenster neigschaut.« Die Kinder tauchten in die ungewohnten Fernsehbilder ein. Einmal, als sie sich die Sendung »Don Camillo und Peppone« anschauten, war eine

Überschwemmung zu sehen. Das Wasser stieg immer weiter an bis nur noch der Kirchturm herausragte. Genoveva Ketterl erinnert sich: »Dann sans olle hoam. ›Jetzt miass ma gehen, sonst komm ma nimmer hoam.‹ Homs denkt, des is bei uns, die Überschwemmung. Sans alle davo.«

Abends kamen dann die Erwachsenen und bevölkerten das Wohnzimmer. »Von Sulzemoos rüber aa. Samma do herina gsessen. Ja pfiat de Gott! Ja mei, des war die Sensation!«

Als sich die anderen ebenfalls einen Fernseher kauften und schließlich der Farbfernseher aufkam, gehörten die zwei Schwestern wiederum zu den ersten, die ihn sich leisteten: »Als mir den Farbfernseher kriagt ham, hot die Nachbarin gsogt: ›I woaß ned, so schee is der unsere ned‹, hots gsogt. Die hot des ned kennt [erkannt], dass der farbig ist. ›Warum is der bei uns anderschter?‹«, so zitiert Genoveva Ketterl ihre Nachbarin und fügt erklärend hinzu: »Ja mei, von selber wird der ned farbig.«

In Sulzemoos war es der Wirt Matthias Baumgartner, der den ersten Fernseher besaß. Johann Lutter erinnert sich: »Der erste Fernseher hat der Hias ghobt. Im Nebenzimmer war a Fernseher. Wenn du neigschaugt host, host a Fufzgerl zoin miassn. Mir hom ja koa Goid ghabt. No hamma zum Fenster immer neigschaut.«[31]

Auf dem Land kaufte man in der Regel nur das, was man sich leisten konnte oder man bezahlte in Raten. Kredite wurden kaum aufgenommen, höchstens beim Hausbau. Renovierungen führte man meistens nur dann durch, wenn wieder genügend Geld da war. Auch Genoveva Ketterl und ihre Schwester ließen ihr Haus nach und nach renovieren. Elektrizität gab es in ihrem Haus lange Zeit nur im Wohnzimmer und in der elterlichen Bäckerei. Selbst im Schlafzimmer gab es kein elektrisches Licht.

Dennoch machte sich auf dem Land wohl auch der Wohlstand bemerkbar. Pfarrer Gumpertsberger schrieb über die Dorfbewohner in Einsbach in seinem Seelsorgebericht von 1958: »Über ihren wirtschaftlichen Wohlstand kann man sich etwa bei Beerdigungen ein Bild machen, wenn da bis zu 50 Autos in den Strassen und Höfen stehen. Gerade die grösseren Bauern sind sich ihrer Macht (ihres Besitzes und ihrer Verwandtschaft) sehr bewusst.«[32]

Auch in der Gemeinde war das Wirtschaftswachstum langsam zu spüren. 1952 beschloss der Gemeinderat in Sulzemoos, das Gemeindehaus an das Starkstromnetz anzuschließen.[33] 1955 wurde die Straße durch Sulzemoos geteert[34] und im selben Jahr wurde in Wiedenzhausen die Kanalisation vom Rohrbach bis zum Gasthaus Arnold ausgebaut.[35] Auch die Schulen stattete man neu aus. In Sulzemoos beschloss der Gemeinderat 1950, ein zweites Schulzimmer zu bauen und es einzurichten. Schulbänke und die Wandtafel wurden bei einer Schulmöbelfabrik in München bestellt, Schrank und Lehrerpult bei Schreiner Franz Schuster in Sulzemoos, Fenster und Fensterstöcke bei Michael Rupp. Die Kosten betrugen 1784 DM. Neben der Schule wurde eine Wiese als Spiel- und Sportplatz umfunktioniert. Und in Wiedenzhausen bestellte die Schule im Juli 1952 bei der Schreinerei Jakob Grünerbel 18 Schulbänke und ein Kateder für die Lehrkraft zu einem Preis von 1516 DM.[36]

Dass es wirtschaftlich aufwärts ging, zeigt sich auch an den Weihnachtszuwendungen, die die Gemeinde verteilte. Die Weihnachtszulage des Kassiers stieg zwischen 1952 und 1958 von 25 DM auf 40 DM, die Gemeindedienerin bekam 15 DM und dann 25 DM und der Bürgermeister konnte 1958 mit 75 DM nach Hause gehen. Nur an der »Schulputzerin« ging das Wirtschaftswunder vorbei. Sie bekam 1958 genauso viel wie 1952, nämlich 15 DM.

DAS SCHÖNE LEBEN – FREIZEIT UND REISEN

Nach all den schwierigen Nachkriegsjahren konnte man sich nicht nur materielle Dinge leisten, sondern auch einige Freizeitvergnügen, aber meistens nur

Horst Rotter (ganz links, mit kurzen Hosen, Strümpfen und Wickelgamaschen) beim Schlittenfahren mit der Schule in Einsbach (Foto: Horst Rotter)

am Wochenende oder an Feiertagen. Urlaub und Reisen waren weiterhin selten. Im Winter fuhr man Ski oder Schlitten an den Hängen rund um das Dorf oder man ging Schlittschuhlaufen. In Einsbach konnte man mitten auf der Straße Eisstockschießen, weil kaum ein Auto kam, erzählt Genoveva Ketterl.

In den 50er Jahren fanden in den Wirtshäusern viele Tanzveranstaltungen statt. Es gab den Hausball der Gasthäuser, Feuerwehrball, Schützenball, Burschenball, Sportlerball, zahllose Faschingsbälle und etliche andere Anlässe, tanzen zu gehen. In Wiedenzhausen fanden zum Beispiel Pferderennen statt, so erzählt Simon Kistler aus Orthofen. Und danach wurde im Gasthof Arnold getanzt. Im Winter gab es eine längere Tanzpause. »Kathrein stellt den Tanz ein«, so sagte man früher, denn der 25. November war der letzte Tag, bevor die vorweihnachtliche Fastenzeit begann. An Fasching ging es dann wieder los mit den Bällen. Im Sommer waren die Gartenfeste sehr beliebt, die von den Wirtshäusern veranstaltet wurden. Auch im Herbst gab es Tanzfeste, erinnert sich Christine Lutter: »In Sulzemoos war oft des Weinfest, des ›Weinlesefest‹ hots ghoaßen. Und des war beim Hias drom. Und do homs die Trauben oben an der Decke ghabt. Und wer a Traube derwischt hot, obigrissen, hot wos zoin miassn, wenn ma tanzt hot. Du wuist ja die Traubn, des war a Seltenheit.«[37]

Ein anderes Freizeitvergnügen war der Kinobesuch. In Einsbach wurden im Tanzsaal des Gasthofs zur Post Filme gezeigt. »Do bin i schon ganz gerne hin«, erzählt Horst Rotter, »da waren Stühle gstanden, auch oben auf den Tischen. Ab und zu ist einer runterflogn.« Nicht nur der Stuhl. Der Eintritt kostete eine Mark. Gezeigt wurden Filme, die schon länger in den Kinos liefen. Es waren vor allem lustige Filme, aber auch Abenteuerfilme, selten mal ein Kriegsfilm. Auch in Sulzemoos im Wirtshaus Baumgartner gab es Filmvorführungen, wie die Gemeindeakten zeigen: »Dem Lichtspielunternehmer Merk, Taxa ist regelmäßig 1× wöchentliche Filmvorführungen in Sulzemoos zu genehmigen. Es wird Herrn Merk zur Pflicht gemacht 13 % von seiner Bruttoeinnahme als Vergnügungssteuer innerhalb 3 Tagen an die Gemeindekasse Sulzemoos abzuführen.«[38] Offensichtlich zeigte Herr Merk auch noch 1950 Filme, denn in den Akten wird bemängelt, dass er die Vergnügungssteuer nicht immer ordnungsgemäß bezahlte, so dass er vor Beginn der Veranstaltung 20 DM hinterlegen musste, die dann mit den verkauften Eintrittskarten verrechnet werden sollten. Vermutlich waren die Filmvorführungen in Sulzemoos nicht sehr gut besucht oder es gab sie nicht so lange, denn die Zeitzeugen erwähnten sie nicht. Viele Sulzemooser gingen jedoch nach Einsbach zur Kinovorführung. Auch Christine Lutter erinnert sich, dass sie mit ihrer Freundin Leni Aschberger hingehen durfte.

Dem Sulzemooser Pfarrer Paul Müller waren diese Vergnügungen ein Dorn im Auge. In seinem Seelsorgebericht 1950 schrieb er:»Dinge, die früher das Land nicht gekannt hat, in Praxis wenigstens nicht, wie Kinos, Sportveranstaltungen, die zu häufige und zu lange Abwesenheit von zu Hause, das Ausflugwesen usw. sind dem Familienleben abträglich und lockert es immer mehr auf: die jungen Leute lassen sich kaum mehr etwas dreinreden: Gehorsam und Zucht lassen da nach.«[39]

Für Urlaubsreisen hatten die meisten Leute keine Zeit und kein Geld. Horst Rotter, der in München seine Lehre machte, erzählt:»Mein erster Urlaub war im zweiten Lehrjahr. Da hab i mi richtig gfreut. Die andern haben gfragt: ›Was machst denn? Wo fahrst denn hin?‹ Ja, i hob scho gwusst, wohin. Nirgends. Hob ja koa Geld ghabt.«[40] Die Bauern in Einsbach dachten, dass er ja nun viel Zeit habe und spannten ihn zur Mithilfe ein. Zweimal machte er das mit, danach stand er in der Früh um sechs auf, packte Brot mit Margarine und Käse, einen Apfel und Wasser ein und schlich sich davon. Den Tag verbrachte er draußen auf den Feldern und im Wald mit Spazierengehen, Baden im Weiher und Lesen. Am Samstagabend und am Sonntagabend gönnte er sich ein Bier und trank es mit Genuss.

Auch Christine Lutter erzählt, dass sie nicht in Urlaub gefahren seien. Ihre Eltern hatten eine Bäckerei und ein Lebensmittelgeschäft. Sie waren so eingespannt, dass sie nicht weg konnten. Doch einmal, als ihr Vater zwei Tage nach Oberaudorf fuhr, durften die Kinder mit:»Des war eine Weltreise!«, erinnert sich Christine Lutter. Und auch eine andere Fahrt ist ihr eindrücklich in Erinnerung geblieben:»Amoi is d'Mama nach München nei, weil ma Schuah braucht ham. No is auf d'Autobahn und hot a Auto aufghoiten. A Lastwagen hod ghoiten, der hot uns mitgnomma. Zu dritt, Hermine war au dabei. Per Anhalter is die noch München nei. Wie wär sie sonst neikemma?«[41] Und für manche war sogar München unerreichbar. Johann Lutter erzählt:»Mei Muatter war ned *oamoi* in München.« So sehr war sie in der Landwirtschaft eingespannt.

Einer der wenigen, die im Urlaub wegfahren konnten, war der Arzt Dr. Früchte mit seiner Familie. Er konnte den Traum der 50er Jahre verwirklichen: eine Reise in den Süden. Im Sommer fuhr er nach Avignon oder nach Spanien an die Costa Brava. In Bibione, Italien, besaß er sich sogar ab 1957 ein Ferienhaus.

*Familie Früchte auf der Fahrt nach Avignon
(Foto: Tatjana Früchte)*

Für manche waren kleine Reisen möglich. Ein Ausflug in die Berge war schon ein unvergessliches Erlebnis, erzählt Christine Lutter. Genoveva Ketterl erinnert sich noch gut an ihre erste Urlaubsreise. Für sie war es schwierig wegzufahren, weil sie den Bäckerladen in Einsbach nicht einfach schließen konnte. »Oamoi samma a Woch furtgfahrn, in Bayerischen Woid. Und a guade Freundin vom Dorf, die is herganga und hot in der Zeit Brot verkafft. Mei, des hätt's ned geben, dass koa Brot ned do war.«[42]

Ist man verreist, dann meistens, um einen Besuch bei Verwandten zu machen. Mit dem Zug wäre es zu teuer und vor allem zu umständlich gewesen, denn ein Bahnhof war weit weg. Doch die Autobahn lag fast vor der Haustür. Deshalb fuhr man per Anhalter. Es waren zwar wenige Autos unterwegs, aber diese hielten bereitwillig an – auf der Fahrspur, denn einen Pannenstreifen gab es noch nicht.

Auch Horst Rotter fuhr per Anhalter, um seine Verwandten in Zusmarshausen hinter Augsburg zu besuchen: »Man hat ohne Weiteres mitfahrn können. Man hat ned lang stehn brauchen. Da ist man an d'Autobahn hin und hat do gwunken. Da war so wenig Verkehr. Man ist einfach rechts hergfahren. Ob des jetzt a Lastwagen war – des war wurscht. Einmal, des weiß ich noch, bin ich allein gfahrn – des war so nach Pfingsten. Und hab halt auch gwunken und auf amoi fahrt do einer an mir vorbei, haut d'Brems nei, so an amerika-

Diana Früchte am Strand (Foto: Tatjana Früchte)

Autobahn A8, an der Ausfahrt Sulzemoos/Fürstenfeldbruck (Foto: Christine Lutter)

nischer Schlitten. Hob glei Angst kriegt – hoffentlich will mir der ned was tun. ›He, Boy!‹ Dann bin i halt hin. ›Hock de rei, ja wohin?‹ Halbdeutsch und halbenglisch. I hob ihn scho verstanden. Dann hot er gsagt, er fahrt bis nach Augsburg. Dann hab i überlegt: Ja, fahr i bis Augsburg mit! Aber i hob erst später gemerkt, der hot einen Rausch ghabt. Rüber und nüber, mit 130 ist der do gfahrn, i hätt bald keinen Tropfen Blut mehr geben können. No woid i ihm a Trinkgeld gem, a Mark. Do hot er sei Brieftaschn aufgmacht. So dick Dollarscheine drin! ›Fucking boy!‹ War direkt beleidigt. ›Go home!‹ Mit einem andern ist er dann weitergefahren. Der hat die ganze Autobahn gebraucht. Damals war ja ned viel Verkehr.«[43]

Heimgefahren ist Horst Rotter dann mit dem Lastwagen, hinten auf der Pritsche. Da waren schon zehn drauf, aber es war noch Platz für ihn.

Auch Christiane Lutter (nicht zu verwechseln mit Christine Lutter) erinnert sich an Besuche bei ihren Verwandten in Bruchsal per Anhalter. Eine junge Verwandte begleitete Christiane und ihre Schwester, die damals ungefähr sechs und acht Jahre alt waren. Die junge Frau ging mit den beiden Mädchen an die Autobahn, versteckte die Kinder hinter einer Säule und winkte an der Straße. Es dauerte meistens nicht lange bis ein amerikanischer Schlitten bei der jungen Frau anhielt. Dann holte sie die beiden Kinder hervor. Auch wenn die Amerikaner sich die Fahrt vielleicht etwas anders vorgestellt hatten, waren sie doch sehr kinderfreundlich, erinnert sich Christiane.[44] An der Autobahn gab es Raststätten für die Amerikaner, in die nur sie hinein durften. Christiane Lutter erzählt, dass ein Amerikaner dort anhielt und für alle etwas zu Essen besorgte. Das, was er mitbrachte, kannte Christiane Lutter noch nicht: Eine belegte warme Semmel. Es war ihr erster Burger! Dazu eine Cola. Christiane hielt dieses amerikanische Essen in ihren Händen und wusste zuerst gar nichts damit anzufangen.

Auch junge Mädchen fuhren per Anhalter, wenn sie nach München gehen wollten. Horst Rotters Schwestern fuhren zu zweit oder zu dritt. Wenn sie zu mehreren waren, teilten sie sich auf, denn zu groß durfte die Gruppe nicht sein, weil man sonst keinen Platz im Auto gehabt hätte.

WANDEL DER BERUFSWELT

Ende der 50er Jahren wandelte sich die Berufswelt enorm. Das zeigte sich vor allem in der Landwirtschaft. 1950 existierten in Wiedenzhausen 37 landwirtschaftliche Betriebe. Auch in Einsbach, Orthofen und Sulzemoos lebten die meisten von der Landwirtschaft. Es gab viele Kleinhäusler, einige Großbauern und das Schlossgut Sulzemoos. Viele arbeiteten bei Sigfrid Freiherr von Schaezler als Magd oder Knecht, als Tagelöhner oder als Waldarbeiter. Im Winter kamen auch Landwirte oder Zimmerer, um sich beim Baron im Wald etwas dazu zu verdienen. Wenn Sigfrid Freiherr von Schaezler zusätzlich mehr Leute brauchte, zum Beispiel zum Rüben hacken, schickte er jemand durchs Dorf, um zu fragen, wer zum Arbeiten kommen könne.[45]

Anfang der 50er Jahre gab es auf den größeren Höfen noch Knechte und Mägde. Anton Förg aus Wiedenzhausen erzählt vom elterlichen Hof: »Der letzte Knecht ist 52ge ganga und die Dirn 54ge. Dann hob i des mit meine Eltern alloa gmacht.«[46] Zunehmend wanderten die Landarbeiter in die Stadt ab und arbeiteten in der Industrie, wo man besser verdiente. »Der Knecht ist nach Maisach zong und hot irgendwo in Minga goabat. Lang homs nimmer in der Landwirtschaft goabat. Nur so lang bis irgend a Oabat kriagt hom. Vui Oabat hots damois a ned gem.«[47] Doch im Laufe der 50er Jahre wurden die Arbeitsmöglichkeiten immer besser.

Die Magd blieb zwei Jahre länger. »Die letzten vier Jahr wars bei uns. Di hot do gwohnt und hots Essen ghobt. Des war a Einheimische. Und do hots koan Urlaub ned gem in der Landwirtschaft. Do hots an ogschafften Feiertag gem, dass Nachmittag frei ghabt hot, so zehne ungfähr im Johr. Mei, do hot ma mittags die Viecher no gfüttert und obends. Des warn vier oder fünf Stunden, wo's frei ghobt hot. In de 50er Johr hots koan Urlaub gem in der Landwirtschaft.«[48]

Als die Knechte und Mägde in die Industrie abwanderten, wurde die Landwirtschaft immer mehr technisiert. Nachdem die Magd gegangen war, kauften sich Anton Förgs Eltern eine Melkmaschine. 1953 schafften sie sich einen Traktor an und verkauften ihre Pferde. Nur noch eines behielten sie für die Arbeit im Wald. »Mit'm Bulldog war's schon eine Erleichterung, vor allem beim Mähen.«[49]

Damit eine Landwirtschaft überlebensfähig war, musste man gut wirtschaften und sich auf die neuen Zeiten einstellen. Simon Kistler aus Orthofen übernahm 1953, als er heiratete, den hochverschuldeten Hof seiner Eltern. Die finanzielle Lage spitzte sich noch zu, als seine Schwester beim Übergabevertrag 10 000 Mark als Auszahlung verlangte. Hinzu kamen noch Versorgungsverpflichtungen gegenüber seinen Eltern. Simon Kistler wusste nicht, wie er das alles bezahlen sollte, beugte sich jedoch dem Druck, um den Hof zu bekommen: »I hob koa Mark Goid ghot. I war so arm. Schuidn hob I ghobt!«, erzählt Simon Kistler.[50] Er bemühte sich um einen Kredit, doch er bekam keinen, weil er als kreditunwürdig eingestuft wurde. Auf Bemühen eines Sparkassenleiters, der für ihn einstand, stellte man ihm jedoch 5000 Mark zur Verfügung. Simon Kistler hatte zwar kein Geld, aber eine gute Ausbildung. Viele Bauernsöhne waren damals nur angelernt und besuchten landwirtschaftliche Winterkurse. Simon Kistler absolvierte jedoch die Landwirtschaftsschule in Dachau mit Unterrichtsfächern wie Chemie, Physik, Bodenkunde und Rechtskunde.

Angesichts dieser schlechten Ausgangslage entwickelte er eine Idee: »Woaßt, was i gmacht hob? I hob zwoa Pferd ghot und an kloaner alter Bullog. I hob meim Vater gsagt: ›I seh eine Möglichkeit. Papa, i verkaff die zwoa Pferd.‹« Man kann sich vorstellen, dass der Vater ziemlich entsetzt war, als der Sohn vorschlug, statt den zwei Pferden einen Ochsen zu kaufen, der sehr viel preiswerter war. Das war ein landwirtschaftlicher Rückschritt. Der Vater hing an den beiden Pferden, doch er vertraute seinem Sohn. Simon Kistler kaufte für das Geld einen Ochsen und siebzig Ferkel. Den Ochsen setzte er für die Rübenernte ein und den Traktor für andere Feldarbeit wie Mähen. Die Ferkel zog er groß. Schweinefleisch erbrachte damals einen guten Preis. »Dann hob ich siebzig Schweine nach einem guten halben Jahr verkafft. Da hob ich über 20000 Mark in kurzer Zeit eignomma. Noch am [einem] Jahr war i scho flüssig. Und dann hob i wirtschaften kenna. Dann ist es aufwärts ganga.«[51] Ein Nebeneffekt dieses Vorgehens war, dass sich die Milchleistung der Kühe verbesserte, weil sie hochwertigeres Futter bekamen, das eigentlich für die Pferde gedacht war.

Und eine andere Maßnahme, die damals noch unüblich war, verhalf ihm zum wirtschaftlichen Erfolg: Viele Bauern, die ihre kleine Landwirtschaft aufgeben mussten, wollten ihr Land gerne verpachten. Doch die Bauern waren nicht interessiert. Sie sagten: »I mach doch dem sei Oabat ned«, erzählt Simon Kistler. Er sah jedoch darin eine Möglichkeit, mehr Erträge zu erwirtschaften. Die Kleinbauern seien zu ihm gekommen, um ihm ihr Land zur Pacht anzubieten, ohne dass er darum fragen musste. Heute wird um Pachtland stark konkurriert. Durch den wirtschaftlichen Erfolg konnte Simon Kistler bald schon mit moderner landwirtschaftlicher Technik arbeiten.

Die zunehmende Technisierung in der Landwirtschaft brachte neue Berufsmöglichkeiten mit sich. Alfons Kneidl aus Sulzemoos eröffnete in Sulzemoos einen Landmaschinenhandel mit Reparaturwerkstatt. Seine Eltern waren Kleinhäusler und hatten ein Anwesen in der Kirchstraße. Dort begann er mit seinem Unternehmen.

Lene Kneidl mit Tochter Hilde und Enkelin Erika vor dem Landmaschinenhandel (Foto: Hilde Keller)

Hilde Kneidl mit dem Nachbarskind Robert Keller an der Tankstelle (Foto: Hilde Keller)

Alfons Kneidl hatte beim Landmaschinenhandel Reiter in Dachau eine Ausbildung zum Mechaniker abgeschlossen und machte sich nun als Cormick-Händler selbständig. 1953 ließ er eine Tankstelle errichten. Hilde Keller, seine Schwester, erinnert sich: »Meine Mutter und mein Vater, die haben halt dann die Tankstelle bedient, weil des hat man ja alles no per Hand bedienen müssen.«[52] Alfons Kneidl war äußerst geschäftstüchtig. »Mein Bruder hat ja mit allem versucht, ins Geschäft reinzukommen, ma hat sogar Waschmaschinen verkauft.« Dabei half die ganze Familie mit, nicht nur beim Vorführen der Waschmaschine, wie bereits erwähnt. »Au mein Vater is mim Radl überall umeinander, mit'm Ölfasl am Rücken, und war froh, dass er mal wieder a Fassl verkauft hat, was alles nicht so leicht ging. Oder meine Mutter ist per Anhalter nach München, zum Ersatzteile kaufen, in die Schwanthaler Straße zur Firma Stahlgruber. I ko mi do no gut erinnern, wenn ma da als Kind oft au Angst gehabt hat. Mei, hoffentlich kimmt d'Mama wieder gut hoam. Also was die damals geleistet hat, zum Aufbau dieser Firma! Aus einfachsten Mitteln ham sie diese Firma aufgebaut.«[53]

Auch Hilde Keller war in die Arbeit eingebunden. Wenn jemand eine Waschmaschine gekauft hatte, musste sie die Rechnung bringen und das Geld einsammeln, das oft in Raten bezahlt wurde. »Mir war dann irgendwann die

Aufgabe zuteil, dass i mim Radl umeinand gfahren bin und Rechnungen kassiert hab. Des hot mir a Freud gmacht, wenn i do mit am Radl umeinandgfahren bin und a Geld heimgebracht hab.«[54] Das Geld einsammeln war jedoch gar nicht einfach. »Und da hat man halt auch seine Spitzbuben kennenglernt, die dann zu mir gsagt haben: ›Konnst du an Hunderter wechseln?‹ Und das konnte ich nicht, weil i no ned so viel ghabt hab. Des war aber nur die Ausrede, weil sie nicht zahlen wollten. Meistens hams des halt a bissl nausschieben wolln.«[55] Dennoch freute Hilde sich, wenn sie zuhause Geld abliefern konnte.

1957 legte Alfons Kneidl die Landmaschinen-Meisterprüfung ab. Das Geschäft florierte. 1958 verkaufte Alfons Kneidl bereits seinen 50. Schlepper.[56] In den 60er Jahren baute er eine neue Autowerkstatt mit Tankstelle, richtete einen Abschleppdienst ein und begann mit einer Peugeot-Niederlassung.

Im dörflichen Leben der 50er Jahren war die Landwirtschaft sehr prägend, denn auch viele Handwerksbetriebe hatten nebenher noch eine Landwirtschaft. Genoveva Ketterls Vater war Maurer. Die Mutter bewirtschaftete den kleinen Hof meistens alleine. Dazu hatte die Familie eine kleine Bäckerei, die der Großvater betrieb. Als er starb, ließen sie das Brot aus Sulzemoos von der Bäckerei Hupf liefern und verkauften es in ihrem Laden in Einsbach.

Auch andere Lebensmittelläden hatten eine Landwirtschaft als Nebenerwerb, so zum Beispiel das Lebensmittelgeschäft Göttler in Sulzemoos, gegenüber der Kirche, oder das Geschäft Wallner im Unterdorf. Meistens waren es die Ehefrauen, die für den Verkauf zuständig waren. Sie standen jedoch nicht die ganze Zeit im Laden, sondern kamen, wenn die Türglocke läutete. Die Lebensmittelläden hatten damals auch sonntags geöffnet. Am 3. Mai 1958 behandelte der Gemeinderat eine Verordnung zum Ladenschluss in ländlichen Gebieten. Die Ladenöffnungszeiten in Wiedenzhausen waren an Sonn- und Feiertagen von 9.45 bis 11.45 Uhr. In der gleichen Gemeinderatssitzung wurde der Hauptgottesdienst von 8.30 Uhr bis 9.45 Uhr festgelegt. Die Frauen konnten also unmittelbar nach der Messe zum Einkaufen gehen – und die Männer in aller Ruhe ins Wirtshaus zum Frühschoppen.

Brot wurde damals nicht nur im Laden verkauft, sondern auch den Kunden geliefert. Die Bäckerei Hupf fuhr das Brot zunächst mit den Pferden auf einem Heuwagen aus. Die zwei Pferde waren im Stall des Landwirts Keller eingestellt. Als sich Josef Hupf ein motorisiertes Dreirad leistete, in dem zwar nur zwei Leute Platz hatten, das aber eine große Ladefläche bot, war das schon ein großer Fortschritt. Bald schon konnte Josef Hupf sich ein größeres Auto leisten und lieferte mit einem Opel und später einem VW Bus aus.

*Christine Hupf vor dem VW-Bus an
der Autobahnausfahrt Sulzemoos
(Foto: Christine Hupf)*

Josef Hupf hatte in Unterweikertshofen eine Bäckerei gepachtet und zog 1950 nach Sulzemoos, um sich etwas Eigenes aufzubauen. Er baute ein Haus mit einer Backstube und einem Lebensmittelgeschäft. Doch gegen Fremde hatte man große Vorbehalte – nicht nur gegen Flüchtlinge, sondern auch gegen Zugezogene aus dem Nachbarort. Josef Hupf hatte deshalb keinen leichten Stand. Eine Flüchtlingsfrau aus Sulzemoos sagte mitfühlend zu ihm: »Die Flüchtlinge mögen Sie nicht, weil sie kein Flüchtling sind und die Einheimischen mögen Sie nicht, weil Sie kein Einheimischer sind.«[57]

Die Sulzemooser hatten nun einen Bäcker im Dorf und trotzdem kauften nur wenige sein Brot. Seine Tochter Christine Lutter erzählt: »Es warn schon einige do, die hams kafft, aber vui san ned in Ladn neiganga. Mir ham vui ausgfahrn. Mir sind dann nach Welshofen, do war koa Bäcker, Weikertshofen ham ma ausgfahrn, dann Unterweikertshofen und dann, wo i mit 18 Jahr meinen Führerschein ghabt hab, ins Auto neigsetzt und dann bin i alloa gfahrn. Dann hat mei Bruader die Milchgschäfte in München beliefert. Der is bis nach München mitm Brot gfahrn. Dann Palsweis, das ganze Moos durch, Olching, Grasslfing. So weit ham mirs Brot gfahrn. Da ham se's essen kenna. Bloss in Sulzemoos ned.«[58] In Sulzemoos hingegen kaufte man das Brot von den Bäckereien Bürg aus Wiedenzhausen (später Bäckerei Sauter) und Gürtner aus Oberroth, die ebenfalls ihr Brot ausfuhren.

*In der Backstube – Maria und Josef Hupf
(Foto: Christine Lutter)*

*Lebensmittelgeschäft Hupf
(Foto: Christine Lutter)*

Trotzdem war Josef Hupf mit seiner Bäckerei und dem Lebensmittelgeschäft erfolgreich. Er hatte viel Kundschaft, weil das Geschäft an der Hauptstraße lag. Viele kamen morgens vor der Arbeit vorbei. Auch die Nähe zur Autobahn brachte Kundschaft.

ADAC, in den 50er Jahren noch mit Motorrad flott unterwegs (Foto: Christine Lutter)

Josef Hupf war geschäftstüchtig und ging auf neue Kundenbedürfnisse ein. »Mei Vater hat Eis gmacht. Und do hat er ja sein VW-Bus ghabt und do hot jeden Sonntag oaner von uns mitfahrn miassn in die ganzen Ortschaften. Oder er hot uns nach Wiedenzhausen gstellt mit dem Eiskiebi [Eiskübel], Eis verkaffa. Des war in so an Holzzuber. Do hot er an Milikibi neidoa und drum herum war Roh-Eis.« Mit seiner sehr kräftigen Stimme rief er laut das Eis aus. Dann kamen alle aus ihren Häusern. Oftmals warteten die Erwachsenen und die Kinder bereits, wenn er ankam.

Viele Berufe änderten sich oder sie verschwanden ganz, wie zum Beispiel der Beruf der Telefonistin. Ein Telefon hatten nur wenige Leute. In Sulzemoos waren es vor allem der Arzt Dr. Früchte, die Getränkefirma Gasteiger und Sigfrid Freiherr von Schaezler. Die anderen gingen zum Postamt, um zu telefonieren. Die befand sich neben der Bäckerei Hupf, erzählt Christine Lutter: »Die Frau Riedel hot früher die Post ghabt. Die hot a Zimmer oben ghabt.

Eis gab es auch im Laden zu kaufen, doch die drei Grazien begeistern sich mehr für das Motorrad (Foto: Christine Lutter)

Und wenn do oa ogruafa hom, ›hallo, verbinden‹, dann hot ma die Nummer sagen müssen. Und dann hot die die Stopsel nei doa und umdraht und dann war die Verbindung do.«[59]

1954 zog die Posthalterstelle in die heutige Lindenstraße. Johann Daurer trug die Post aus, seine Frau bediente die Kunden, die wegen Bankgeschäften kamen oder telefonieren wollten. Manchmal musste sie auch mitten in der Nacht aufstehen, wenn ein Bauer den Tierarzt anrufen musste, weil eine Kuh krank war.

Als die Poststelle auszog, kaufte sich Familie Hupf selbst ein Telefon. Dann kamen die Nachbarn zu ihnen, um zu telefonieren. In die alte Poststelle kam 1954 eine Wirtschaft hinein. Sie hieß »Bräustüberl zur alten Post«. Später stockten sie das Haus auf und richteten Fremdenzimmer ein.

Zu den Handwerksberufen, die einen großen Wandel erlebten und sich nach neuen Tätigkeitsfeldern umsehen mussten, gehörte der Sattler. Anton Suppmair aus Sulzemoos machte früher Sattel und Zaumzeug. In den 50er Jahren begann er als Raumausstatter Polstermöbel herzustellen. Auch der Wagner sah sich nach anderen Erwerbsmöglichkeiten um, wie Anton Förg aus Wiedenzhausen erzählt: »Do, wo der Waglwirt jetzt ist, da war die Wag-

Bräustüberl zur alten Post (Foto: Christine Lutter)

nerei. Der haoßt Waglwirt, weil er Wagen gmacht hot. Dann hot er die Wirtschaft ogfongt. Des war zerst koa Wirtschaft ned. Und no hot er a Tankstell ghobt.«[60] Die Tankstelle wurde 1953 vom Gemeinderat genehmigt.[61] Die Eltern bedienten die Tankstelle und der junge Waglwirt führte das Handwerk weiter, indem er sein Angebot erweiterte: »Särge hot er gmacht, Wagl, alles mögliche.«[62] Sein Sohn musste im Sarg probeliegen. Außerdem stellte er Leiterwagen, Holzspielzeug und später Balkongeländer her. Seine Frau bediente in der Wirtschaft und nach Feierabend half er auch mit.

In den 50er Jahren boomte das Baugewerbe, weil nach dem Krieg viele Häuser zerbombt waren. Hinzu kam, dass die Flüchtlinge und Heimatvertriebenen Häuser bauten. Ganze Siedlungen entstanden. Maurer und Zimmerer

179

waren gefragte Handwerker und auch andere Berufe, die mit Wohnungsbau verbunden waren, wie z. B. Installateur und Heizungsbauer.

Auch der Getränkefabrikant Simon Gasteiger passte sich der neuen Zeit an. Er hatte mit Limonade, »Kracherl«, angefangen, dann auch Likör hergestellt und stieg in den 50er Jahren in den Weinhandel ein. Für den Transport gründete er eine Spedition. Simon Gasteiger holte den Wein in Flaschen und Fässern von der Mosel und belieferte Gaststätten und Lebensmittelgeschäfte in ganz Bayern. Auch in München hatte er eine Niederlassung für den Weinhandel. Anfang der 60er Jahre baute er in Sulzemoos eine große, moderne Abfüllanlage. Viele aus dem Dorf und der Umgebung waren bei ihm beschäftigt, im Büro, in der Fabrik oder als Fahrer. Die Getränkefirma SIGA gehörte neben dem Baron zum größten Arbeitgeber in Sulzemoos.

Getränkefabrik SIGA von Simon Gasteiger (Foto: Christiane Lutter)

Die veränderte Berufswelt brachte längere Arbeitswege mit sich. Viele Sulzemooser pendelten nach München. So auch Anton Hirner: »Do is scho a Bus vo Odelzhausen nach Minga ganga. Der is von Odelzhausen, Wiedenzhausen, Sulzemoos in d'Autobahn nei, do in Palsweis drunt, do wo der Fuchsberg is, do hot er rauswärts ghoitn und do is so a Bucht, do san die eigstiegn. Do han die Lauterbacher rübergeh miassn – im Winter! Der war gsteckt voi. Mit am

Weintransport – Der Fahrer Adolf Wittmann verunglückte später tödlich, als er mit dem Gabelstapler an der Rampe umstürzte (Foto: Christiane Lutter)

Anhänger. Und hinten im Hänger warn die Raucher drin. So is der gfahrn! Der is bis an Luisenplatz gfahrn in Minga. In Obermenzing ghoiten, Nymphenburg ghoitn, Rotkreuzplatz und dann Luisenplatz.«[63]

Der Bus fuhr nur einmal am Tag. Die Leute standen dicht an dicht, trotz Anhänger. Jeden Morgen um 5 Uhr ging es über die Autobahn. Stau kannte man damals noch nicht. Und am Abend fuhr der Bus wieder zurück. Anton Hirner arbeitete als Maurer in München und musste oft früher weg, um den Bus zu erreichen. Wenn etwas dazwischen kam, war der Bus weg: »Jetz, wenn i in Grünwoid draus war und mit da Straßenbahn war was, no bin i nimmer reikemma. Hob a hoibe Stund scho früher aufghert. Früher host ja am siebne ogfangt und am fünfe aufghert. So war des. Dann bin i scho am halb fünfe ganga und wenn a Unfall war, no bin i mit dem Zug ab und zu schwarz noch Dachau gfahrn und do mitm Radl raus. Do is an Onkel gwen, do hab i s'Radl gnommen und in der Friah wieder rei.«[64]

Der Arbeitsweg war sehr zeitaufwändig. Deshalb kaufte er sich 1957 ein Motorrad. 1960 besaß er bereits als einer der ersten in Sulzemoos ein Auto.

WEIBLICHE UND MÄNNLICHE LEBENSWELTEN

Die Lebenswelt von Frauen und Männern in den 50er Jahren war trotz vieler Gemeinsamkeiten unterschiedlich. Es gab etliche Männerdomänen, zu denen Frauen keinen Zugang hatten. Der Sportverein nahm nur Männer auf, Frauen konnten nicht Mitglied werden. Für sie gab es dort auch keine Sportart, die sie ausüben konnten. Es wurde hauptsächlich Fußball gespielt und das war Männersache. Frauen waren nur auf den Zuschauerplätzen erlaubt. Auch die Feuerwehr nahm keine Frauen auf, obwohl sie als Feuerwehrmädchen im Krieg die Männer ersetzt hatten. Ebenso der Schützenverein – auch dort waren Männer unter sich. Und im Gemeinderat saßen sowieso nur Männer. Als in Schwabhausen eine Frau in den Gemeinderat gewählt wurde, noch dazu eine Flüchtlingsfrau, war das eine Sensation![65] In den meisten Dörfern des Landkreises war das Regiment in fester Hand der Männer. Und das ziemlich lange. In Sulzemoos dauerte es noch ungefähr 50 Jahre, bevor 2008 die erste Frau in den Gemeinderat einzog.

Eine andere Domäne der Männer war die Gastwirtschaft. Für Frauen wäre es unvorstellbar gewesen, einfach in die Wirtschaft zu gehen und ein Bier zu trinken. Bevor sie Platz genommen hätten, wären sie rausgeschmissen worden: »Schaug, dass d'hoam kimmst!«. Die einzigen Frauen in der Wirtschaft waren die Bedienung, die Wirtin und die Köchin. Andere Frauen gingen nur bei einem Fest oder einer Tanzveranstaltung in die Wirtschaft. Christine Lutter erzählt, dass man beim Wirt in Sulzemoos vom Tanzsaal in die Stube runterging, um etwas zu essen. Die alte Wirtin kochte ausgezeichnet und war stets mit einer blütenweißen Schürze schön angezogen.

Wie schwierig es für Frauen war, in Männerdomänen vorzudringen, zeigt ein Artikel in den Dachauer Nachrichten, der von einer Sprengmeisterin in München-Haar berichtet.[66] Sie war Mutter von sieben Kindern und als ihr Mann, ein Sprengmeister, arbeitslos wurde, wollte sie sich zu einem Kurs als Sprengmeisterin anmelden. Schließlich hatte sie ihrem Mann oft dabei geholfen, als er krank wurde. Doch sie wurde abgelehnt. Daraufhin beschwerte sie sich beim Arbeitsministerium – mit Erfolg. Sie wurde zugelassen und bestand die Prüfung als Beste. Ein Zeitungsfoto zeigt sie mit Sprengladung – in ihrer Küchenschürze.

Was machten die Frauen, während die Männer auf dem Sportplatz, im Gemeinderat oder im Wirtshaus waren? Sie haben gearbeitet. Zwar mussten auch die Männer auf dem Land hart arbeiten, dennoch hatten sie mehr freie

Stunden als Frauen. Sie konnten ins Wirtshaus oder in den Schützenverein gehen, während die Frauen neben der Arbeit in der Landwirtschaft oder im Laden auch noch Mittagessen kochen, Obst einmachen, waschen, putzen, Kleidung flicken und die Kinder versorgen mussten. Dass auch heute noch Frauen weniger Freizeit haben als Männer, zeigen viele Studien.

Nach dem Krieg waren etliche Frauen alleinstehend, weil ihre Männer gefallen waren, und mussten die Verantwortung für die Familie alleine tragen. Anton Hirner und sein jüngerer Bruder wuchsen in einem Frauenhaushalt auf. Seine verwitwete Mutter und seine ebenfalls verwitwete Großmutter lebten von einer kleinen Rente und der Landwirtschaft. Sie hatten nur ein kleines Anwesen mit fünf Kühen, zwei Schweinen und Hühnern. Die schwere Feldarbeit verrichtete die Mutter mit dem Ochsen, denn ein Pferd konnten sie sich nicht leisten.

Auch Genoveva Ketterl kann auf ein arbeitsreiches Leben zurückblicken. Als Schneiderin nähte sie für fast alle Leute in Einsbach, vom Brautkleid, über Petticoat bis zum Herrenhemd: »Oiso, i hob immer mehr Arbeit ghabt, als dass i braucht hätt. Des war furchtbar. Mir ham Tag und Nacht gnäht, mei Schwester und i.«[67] Die Schwester Kunigunde nähte tagsüber Zelte bei Sport-Berger in der Rothschwaige und abends zusammen mit ihrer Schwester für die Kundschaft. Als die Mutter 1953 starb, waren die beiden Schwestern alleine. Die Landwirtschaft gaben sie auf, aber den Bäckerladen führten sie weiter. Das ließ sich in der Regel gut vereinbaren, wenn Genoveva Ketterl zuhause nähte. Die meisten Kunden kamen zu ihr ins Haus, aber nicht alle. »De große Bauern san ned kemma. Do hod ma hi'geh miassn. Zum Loderbauern nüber bin i und zum Wirt.«[68] Nebenbei musste sie Brot verkaufen. Die Ladenglocke war so groß und laut, dass man sie im ganzen Dorf gehört hat. »Und wenn's dahoam klingelt hot, hob i hoam geh miassn und Brot verkaffa. Und no bin i wieder hi.«[69]

JUGEND IN DEN 50ER JAHREN

Die Jugendlichen in den 50er Jahren mussten sehr viel arbeiten. Jede Hand wurde gebraucht. Auch die Lehrlinge halfen noch viel zuhause mit. Anton Hirner lernte Maurer, aber wenn er nach Hause kam, bewirtschaftete er die Landwirtschaft, zusammen mit seiner Mutter, seiner Großmutter und seinem Bruder. Er musste schon als junger Bursche schwere Männerarbeit erledigen.

»Was mir Obat ghabt ham! Früher s'mahn [mähen]. I hob mit 13 scho Getreide mahn miassn mit der Sensn. Mei Mam hot mas ollwei gwetzt. […] Und
no, wo i's Lerna ogfongt hob, 55, hob i mir an Schlepper kafft. War oaner von
de ersten. An 14er Cormick, mit Mähwerk. Wennst du lernst und in d'Arbeit
gehst, des geht jo ned [anders], wennst Fuader hoin muasst.«[70]

Auch Christine Lutter, die Tochter des Bäckerpaares Maria und Josef
Hupf, musste viel zuhause helfen. Schon als Kind knetete sie die Semmel in
der Backstube, bevor sie zur Schule ging. Als die Eltern in Sulzemoos ein
Haus bauten, musste sie nach der Schule von Weikertshofen zur Baustelle,
dann wieder nach Hause und Hausaufgaben machen. Später fuhr sie Brot aus,
oft mit einem ihrer Brüder und als einer von ihnen verunglückte, musste sie
häufig alleine Brot ausfahren – bis nach München. »Mir ham nur arbeiten
müssen«, erinnert sich Christine Lutter. Oftmals kam sie zu spät in die Schule.
Der Lehrer, Herr Spreizer, war gefürchtet und hatte wenig Verständnis. »Do
host glei a Strafarbeit kriagt. I hob gsogt. I kann ja nix dafür, i hob oarbeitn
miassn. Mei, bleckt hob i scho, bevor i neigangn hob miassn.«[71]

Nachdem Christine Lutter die Schule abgeschlossen hatte, lernte sie Verkäuferin. So bestimmte es ihr Vater. »Do bist ned gfrogt worn: ›Mogst du des
oder des lerna.‹ Der hot gsagt, du werst Verkäuferin. Basta!«[72] Mit 15 Jahren
ging sie in die Berufsschule nach Dachau. Da der Vater Bäckermeister war,
konnte er sie ausbilden. So war sie auch weiterhin zuhause voll eingespannt.

Viele junge Leute auf dem Land lernten nach der Schule keinen Beruf,
sondern halfen zuhause mit. Manche besuchten eine Hauswirtschaftsschu-
le oder landwirtschaftliche Kurse im Winter, wie zum Beispiel einen Melk-
kurs. In Wiedenzhausen gab es Kurse der ländlichen Berufsschule und zwar
im Saal des Wirthauses Arnold.[73] Der Raum wurde durch einen Bretterver-
schlag abgetrennt. Sechs Jugendliche aus Wiedenzhausen und vierzig Jugendliche von außerhalb besuchten dort die Berufsschule. Als in Ebertshausen ein
Schulraum frei wurde, stellte der Gemeinderat den Antrag, dass der Unterricht in Zukunft dort stattfinden sollte.

Viele junge Leute ohne Berufsausbildung fanden Arbeit bei einem der größeren Bauern, im Schlossgut oder bei der Getränkefabrik SIGA. Vor allem
Mädchen wurde oft eine Ausbildung verwehrt, mit der Begründung: »Du hei-
ratest sowieso«. Die jungen Männer hingegen durften meistens – aber nicht
immer – eine Berufsausbildung machen.

Hilde Kellers Mutter war sehr darauf bedacht, dass sie einen Beruf erlernte, als sie 1952 aus der Schule kam. Doch es war damals nicht einfach, eine

Lehrstelle zu finden. Hilde Keller bekam eine Stelle in einem Büro und ging in die kaufmännische Berufsschule nach Dachau. Doch die erste Lehrstelle war schrecklich für Hilde Keller, weil sie einen cholerischen Chef hatte und zusätzlich auch noch Gartenarbeit erledigen musste. Doch sie war froh, eine Lehrstelle zu haben und traute sich nicht, ihre Mutter mit ihren Sorgen zu belasten. Nach einem halben Jahr bemerkte ihre Mutter, wie unglücklich Hilde Keller war. Sie wechselte die Ausbildungsstelle und kam in die Buchhaltung. Durch Zufall landete sie später im Geschäft ihres Bruders Alfons Kneidl. Als Hilde Keller ein Stellengesuch in die Zeitung setzte, antwortete der Landmaschinenhändler, ohne zu wissen, dass seine Schwester hinter der Anzeige steckte.

Bei der Berufswahl bestimmten meistens die Eltern, was der Bub lernen sollte. Etliche traten als Handwerker oder Landwirt in die Fußstapfen ihrer Eltern, weil sie zuhause einen Betrieb hatten. Die Flüchtlingskinder hatten zwar mehr Möglichkeiten, dennoch waren auch bei ihnen selten eigene Neigungen ausschlaggebend, sondern das, was die Erwachsenen für richtig hielten. Horst Rotter, der Flüchtlingskind war und in den 50er Jahren in Einsbach lebte, erzählt von seiner Berufsfindung. Da seine Erzählung einen guten Einblick in die damalige Zeit gibt, wird sie im Folgenden ausführlich zitiert. Sein Wunschberuf war Schreiner. »Meine Mutter war damit auch einverstanden, aber sie hat sich dann halt immer wieder von anderen beeinflussen lassen. Plötzlich hat's dann gheißen: ›Ach Schreiner, des is heut doch kein Beruf mehr. Gehst zu BMW, lernst do Werkzeugmacher und Mechaniker. Das wär doch ganz was anders‹. Jetzt ist's do hin und her gangen. Ein Tag später hätt i wieder was andres wern sollen. I war am Schluss soweit, dass i gsagt hob: ›Mir is des wurscht, i hau jetzt ab.‹«[74] Die Mutter schlug dann vor, bei den Bauern zu arbeiten. Aber Horst Rotter wollte lieber eine Ausbildung machen. Und weil er gerne in der Natur war, wollte er Förster werden. »I hab damals ned gwusst, dass ma do a Studium braucht. Dann bin ich ohne dass ich der Mutter was gsagt hab, rüber ins Schloss nübergangen, damals zu dem Schaezler, gell, unangemeldet. Der hat mi groß angschaut. ›Ja, Herr Baron, i möchte gern Förster werden und Sie haben ja an großen Wald.‹ ›Ja‹, hat er gsagt ›bist ja a kräftiger Kerl. Arbeitest hoit amoi fünf Jahr als Holzhauer oder als Waldarbeiter mit und dann seh ma scho, was ma mit Dir machen kann.‹ ›Naja, gut. Jawohl. Danke! Aufwiedersehen!‹« Seine Mutter war nicht begeistert davon, weil sie befürchtete, dass er dort nur Waldarbeiter bleiben würde und schlug ihm Bäcker vor, was er aber auch nicht machen wollte. »Dann sind wir immer ins Arbeitsamt gefahren, nach Dachau, aber hauptsächlich nach München. Bis man mit der Verbindung angekommen ist, war's immer so neun, zehn Uhr. Da war immer ein bestimmter Sachbearbeiter da. Der Mann hat's wirklich gut gemeint. Wie ma dann komma san, hot er gsagt: ›I hab scho a paar Sachn ghabt, Berufe, aber i hab des scho wieder weitergegeben. Bua, Ihr müssts oans machen: Ihr müssts scho morgens in der Friah, um halb sieben oder sieben anstehn, als erste. I hab jeden Tag irgendetwas. Gell? Dann habts Ihr mehr Chancen.‹ Und irgendwie, i weiß ned, wie mias gmacht ham, samma halt dann scho um sieben, viertel nach sieben dort gwen, sind scho a paar vor uns gstanden. Und dann vor allem nach und nach hinter uns. Des war damals katastrophal. Mindestens 20 junge Kerl, die do angstanden sind, gell? Ja, wie ma do in des Zimmer reinkommen sind, einer von de ersten, hat er gsagt: ›Bua, heit hob i was für dich! Gell? Des is bestimmt des Richtige.‹ Und hat er was blättert. ›Do schau her. Ned weit weg.‹ Des war des Schlachthausviertel. Heizungsbauinstallateur. I hob gar ned gwusst, was des is. Dann hob i so gschaut. Sagt er: ›Was schaugst denn so?‹ ›Ja ...‹ Dann is der narrisch worn, ist aufgschdandn, hot mi bei de Hoar packt. ›I mog ned. I hob koa Interesse.‹ I hab au koa Interesse ghabt. Hob ja ned gwusst, was des is, gell? Hot er Tür aufgmacht: ›Do schau naus.‹ Do san 20 ogstandn. ›Jeden, dem i den Zettel in d'Hand druck, die laufen. Und du machst a blede Lätschn hin! I schmier dir oane!‹ Und mei Mutter, di hot mir dann glei oane gschmiert. Der oane hot mi bei de Hoar packt, de ander, mei Mutter, gibt mir a Ohrfeige.«[75] Er nahm also die Adresse und ging mit seiner Mutter ins Schlachthausviertel. »Do hab i's zuerst gar ned gfunden, weil s'Vordergebäude war a Ruine, do hot ma erst durch die Ruine durchgeh miassn. Und dann war halt die Wellblechwerkstatt, das Lager, verrust und verdreckt. Ja is des jetzt a Gebäude oder ist des keins? Gut, dann klopf ma an. Hot sich nix grührt. Wieder gklopft: ›Hallo!‹ Auf einmal: ›Wos is'n do los? Was woids denn?‹ ›Ja, wegen dem Lehrplatz komm ma. Wir waren auf dem Arbeitsamt. Sie suchen doch an Lehrling.‹ ›I brauch koan. I hab Ärger gnuag ghabt. Schauts dass weiterkimmts.‹ Schluss! Er stellt keinen ein. Gut, dann samma vielleicht zehn Meter ganga, dann schreit er nach: ›Hoit! Komm nomoi her. Host a Zeignis dabei?‹ Ja, hob i dabei ghobt. Hat er angschaut. War gottseidank a guades Zeignis. ›Bled bist grad ned‹, hot er gsagt. ›Ja, versuach mas hoid.‹«[76]

Die Lehrjahre waren sehr hart. Horst Rotter musste schon frühmorgens um 4.15 Uhr aufstehen, mit dem Fahrrad nach Maisach fahren – im Winter mitunter auch mit den Skiern – und von dort aus den Zug nach München

Fußballmannschaft in Sulzemoos (Foto: Christine Lutter)

Ausgehbereit – Michael Rupp, Johann Strobl und Karl Baumgartner, Sulzemoos (Foto: Ingrid Baumgartner)

nehmen. Abends um 19 Uhr oder später war er wieder zuhause. Oftmals dachte er daran, die Lehre abzubrechen, aber das hätte seine weiteren Berufsaussichten enorm verschlechtert. So hielt er die Lehrjahre durch.

Die wenige Freizeit verbrachten Jugendliche oftmals in Vereinen. Vor allem die jungen Männer hatten eine ziemlich große Auswahl: Burschenverein, Sportverein, Veteranenverein oder Schützenverein. Nachdem die Amerikaner Schützenvereine nach dem Krieg verboten hatten, konnten sie 1952 wieder ihre Vereinstätigkeit aufnehmen.[77] In Sulzemoos gab es zwei Schützenvereine. Anfang der 50er Jahren schlossen sich die beiden Vereine zusammen, doch schon 1953 spaltete sich der Verein wegen Unstimmigkeiten wieder. Die einen trafen sich im Gasthaus Brummer und die anderen im Gasthaus Baumgartner. Erst 1963 fanden sie unter dem Namen »Einigkeit« wieder zusammen.

Die jungen Männer aus Sulzemoos waren in der ganzen Gegend berüchtigt. Es gab einige, die Raufereien nicht abgeneigt waren. Da wurde schon mal ein Schiedsrichter in den Bach getaucht bis er halb ertrunken war. Es waren zwar nur einige wenige, die zu Gewalttaten neigten, aber sie trugen nicht gerade zu einem guten Ruf der jungen Sulzemooser bei.

In ihrer freien Zeit gingen die jungen Männer auch gerne ins Wirtshaus. Viele hatten auch ein Motorrad und machten bei schönem Wetter einen Ausflug. Anton Hirner erinnert sich, dass es auch ganz anders ausgehen konnte: »Oimoi samma an Starnberger See. Do hots uns amoi so gwaschn. Do war ma au so zehne. [...] War a scheena Sonntag, Starnberger See, rundrum gfahrn. Hom ma scho gsehn, dass schlecht Wetter wird. Kimmt a Wolkenbruch. I hob

Mit Motorrad und Musik unterwegs – Josef und Alfons Hupf (Foto: Christine Lutter)

so a scheene Westn ghobt, so aus Wildleder, so a scheene. Mei hot's uns gwaschen! Dass von de Schuah s'Wasser raus is. Die Jacke, s'Wildleder war kaputt. Hot an Haufa Goid kost. Host wieder oabatn miassn.«[78]

Für die jungen Männer gab es ein breites Freizeitangebot. Doch wie verbrachten die jungen Frauen ihre freie Zeit? Christine Lutter erzählt: »Mir ham vui gesungen. Des woaß i no. Mir ham sovui gsunga. Do war ma beim [Landwirt] Keller. Die hom so an Heiwagn ghobt. Da samma drom ghockt. No hamma gsunga. Des war so richtig schee. Oder mir san spaziraganga, Richtung Autobahn. Weil do host ja auf der Autobahn laffa kenna. Do hot koaner was gsogt.«[79]

Eine sehr beliebte Freizeitbeschäftigung in den 50er Jahren war das Thea-

Theaterstück Wetterleuchten am Bruckhof, aufgeführt von der Theatergruppe des Sportvereins Sulzemoos, links: Christine Hupf (Foto: Christine Lutter)

terspielen. In jedem Dorf gab es eine Theatergruppe. Viele machten als Schauspieler mit und die anderen genossen als Zuschauer dieses Vergnügen. In Sulzemoos gab es ebenfalls eine aktive Theatergruppe. Das war eine Freizeitaktivität, an der auch Frauen teilnehmen konnten. Christine Lutter spielte ebenfalls mit. 1990 wurde ein Theaterverein gegründet, das Theaterbrettl.

Der Pfarrer bemängelte in seinen Seelsorgeberichten, dass die jungen Leute ihre freie Zeit mit Vergnügungen verbrachten und nicht mehr so oft in die Kirche gingen: »Der religiöse Eifer hat zusehends nachgelassen, namentlich bei der jüngeren Generation, der ständige Sport an den Sonn- und Feiertagen, die allzuvielen [sic] Vergnügungen, die Bekanntschaften schon sehr junger Jahrgänge leistet all dem Vorschub.« Und weiter schrieb er: »Bei den Nachmittagsandachten muss man sich wundern, dass sie nicht noch minder besucht sind bei den ständigen Fussballwettspielen.«[80]

Dabei bot er doch alternative Freizeitmöglichkeiten für die Jugend an. Nicht immer verliefen sie reibungslos: »Am 8. Mai nahmen ca. 25 am Gautag der kath. Jugend in Fürstenfeldbruck teil. Da im letzten Augenblick der zugesagte Omnibus absagte und alles schon vorbereitet war, fuhren die jungen Leute mit [dem] LKW nach Bruck, von der Landespolizei wurde der Wagen aufgeschrieben und angezeigt und der Pfarrer von Sulzemoos als ›Anstifter‹

einer verbotenen Fahrt hingestellt; es bedurfte vieler Bemühungen, zuletzt noch durch den Jugendring in München, dass der Fall nicht unangenehm endete.«[81]

Auch in der Schule fehle es an Disziplin, klagte Pfarrer Müller: »Die Eigenbrödelei und das ›sich nichts mehr sagen lassen‹, wie es in den letzten Jahren zu hause [sic] mehr einbürgerte, dringt jetzt auch schon mehr in die Schule ein. So muss man schon förmlich bitten, dass sich die Kinder entschliessen bei den Betsingmessen vorzubeten. Die grossen Mädchen in der 8. Klasse geben sich schon als ›Damen‹, was wäre das, wenn nach Plänen der Besatzungsmacht noch eine 9.te [sic] und zehnte Klasse dazu käme! Da würde die Kokettheit ins kaum Fassbare steigen.«

Auch Tanzen war ein besonderes Freizeitvergnügen. Gelegenheit dazu gab es bei den Bällen und den Gartenfesten. Hallenfeste gab es damals noch nicht, denn die Landwirte hatten noch keine Hallen. Den jungen Männern wurden mehr Freiheiten zugestanden als jungen Mädchen. Christine Lutter und ihre Schwester mussten immer um Erlaubnis fragen, wenn sie ausgehen wollten und durften nur in Begleitung zum Tanzen, wenn die Eltern dabei waren oder ein Bruder. An eines der ersten Tanzfeste erinnert sie sich gut: »Do war a Gartenfest beim Hias, wo jetzt des Haus steht. Dann hot der Papa gsagt, mir derfa mitgeh zum Gartenfest, zu meiner Schwester und zu mir. I war 15 und Hermine 16. Und wenn uns dann Burschen zum Tanzen ghoilt hättn, dann hot er gsagt: ›De zwoa tanzen ned!‹ Dann samma hoam ganga. Wenn ma ned tanzen derfa, gemma hoam, hamma gsagt.«[82]

Als sie älter waren, durften sie alleine tanzen gehen. »Tanzen ham ma geh derfa, wenn was war. Aber Du host ja fragen müssn, weil du mit 21 erst volljährig warst. Mir ham mit 18 Jahr no fragen miassn, ob mir fortgehn derfa. ›Ja mit wem und wo gehst'n hi?‹« Zu mehreren fuhren sie mit dem Fahrrad nach Welshofen: »Im Winter sind sie öfters fort, der Papa und d'Mama. Dann ham ma mitgeh derfa.«[83]

Was alle Zeitzeugen immer wieder betont haben: Wenn man zum Tanzen gegangen ist, dann hat man auch getanzt. »Früher ist keiner beim Tanzen gsessen. Da host oft Vorbestellungen ghabt. Bist Du frei? Bist Du frei?«[84] Die jungen Männer mussten sich bei einem Tanzabend bei den Mädchen oft für einen Tanz anmelden, um mit ihr tanzen zu können. Es gab kein Mädchen, das abseits saß und nicht aufgefordert wurde. Horst Rotter erzählt: »Es war selbstverständlich, dass man auch die Mädchen geholt hat, für die man kein Interesse ghabt hat. Anstandshalber. Auch wenn's ned besonders gut tanzen hot können oder ned so attraktiv ausgschaut hat. Die hot man halt auch zum Tanzen gholt und eine Runde getanzt. Dass man jemand einen Korb gegeben hat – da hat man schon einen triftigen Grund haben müssen. Die haben sich nicht beliebt gemacht. Die sind bald nimmer gholt worn, auch wenn sie attraktiv waren.«[85]

Die jungen Männer gingen auch sehr gerne zu den sogenannten Betteltänzen, erzählt Horst Rotter. »Des waren Tänze, wo die Damen die Herren gholt ham. Wenn's ghoaßen hot, in Rottbach is Betteltanz, dann is ma do scho hingfahrn. Wenn man zweimal geholt wurde, hat man gehofft, dass man Chancen hat. Und es gab auch manche Enttäuschung. Wenn eine einen doch nicht geholt hat, wie man gehofft hat.«[86]

Meistens tanzte man Polka, Walzer, Fox, Zwiefacher oder Tango – so gut man es eben konnte. Rock'n'Roll war auf dem Land noch nicht sehr verbreitet. Diese Musik wurde Ende der 50er Jahre erst zu fortgeschrittener Stunde gespielt, zwischendurch als Einlage oder zur Gaudi.

Zu den Tanzfesten fuhr man in der Regel nur so weit, wie man mit dem Rad fahren konnte. Odelzhausen und Welshausen gehörten zu den Zielen, aber es fanden auch in Wiedenzhausen, Einsbach und Sulzemoos genügend Tanzfeste statt. Oder man war darauf angewiesen, dass man mit jemandem mitfahren konnte. Doch mitunter hatten die Fahrer andere Pläne. Horst Rotter erzählt: »Autos haben wenige ghabt. Da war man froh, wenn man mit wem hat mitfahrn können. Da hat es schon mal passieren können, dass wenn der irgendein Mädchen kennenglernt hat und ist mit der weggfahrn, dann bist halt dogstandn. Entweder hast schaun müssen, dass du woanders an Anschluss kriegst oder man ist dann zu Fuß gegangen, gell? Ich weiß, in Sulzemoos – da war ich noch in Einsbach – da war ma bei einer Tanzveranstaltung. Da bin i halt auch mit einem mitgfahrn, zu dritt war ma. In Sulzemoos, da ham die zwei Mädchen gekannt und da sagt er: ›Da fahr ma jetzt hin und tun Kammerfensterln.‹ Dann hab i noch gsagt: ›Aber gell, bittschön, fahrts mi vorher heim‹. Weil drei Kerl und zwei Mädchen … und i hab die auch gar ned gut gekannt. ›Ah, da gehst mit, do is daneben ein Nachbarhaus und da ist auch ein nettes Mädchen‹ – die hab i vielleicht einmal gsehn – ›und do kannst zu der zum Fensterln gehen.‹ ›Ja i kann doch ned zum Fensterln gehn, wo mi koa Mensch kennt. Und i woaß gar ned, wo die schläft. Bittschön. Na gut.‹ Auf alle Fälle sind die dann zu den zwei Mädels rein. Des waren zwei Schwestern – und i bin dann dogstandn und denk ma …, hab halt dann doch so a Steindl naufgschmissn zum Fenster und dann schaut a oide Frau raus: ›Was is denn do los! Schau, dass d'weiterkimmst! Was mechst'n, Du Saukerl, du elendiger!‹ Ja gut. No hab i gsagt: ›Ihr kennts mi!‹ Bin dann z'Fuaß hoamganga.«[87]

Fensterln war gang und gäbe. Manche Fenster waren mit Gitterstäben abgesichert. Doch die jungen Burschen wussten, wie man trotzdem rein kam. Man musste nur das Gitter hochheben, dann konnte man es rausnehmen und auf die Seite legen.

Auch beim Anbandeln hatten die Eltern ein strenges Auge auf die Kinder. Christine und Johann Lutter kannten sich schon aus der Schule, aber als sich mehr zwischen ihnen anbahnte, im Alter von ungefähr 17 Jahren, schritt der Vater von Christine Lutter energisch ein. Der Vater und die Geschwister waren gegen die Beziehung, weil er als »Filou« galt. Johann durfte nicht mal ins Haus. Sie trafen sich deshalb heimlich. Als Christine ankündigte, dass sie ausziehen würde, wenn sie 21 Jahre alt sei, erlaubte der Vater, dass Johann zu Besuch kam. 1962 heirateten sie.

Beim Heiraten gab es immer noch große Standesunterschiede. Nicht nur Flüchtlinge wurden als Heiratskandidaten abgelehnt, wie ich in einem nachfolgenden Kapitel aufzeigen werde, sondern auch andere, die nicht standesgemäß erschienen. So wurden auch Hilde und Rudi Keller Steine in den Weg gelegt. Hilde kam von einem kleinen Anwesen, Rudi von einem großen Bauernhof. Der Bruder von Hilde befürchtete, dass der Bauernsohn keine ernsten Absichten hatte. Und auch die Eltern von Rudi waren dagegen, weil sie für ihren Sohn eine bessere Partie erhofften.

Auch Simon Kistler aus Orthofen erlebte Gegenwind bei der Wahl seiner zukünftigen Frau. Er war 21, als er sich beim Tanzen im Saal der Gastwirtschaft Arnold in ein 16jähriges Mädchen aus Palsweis verliebte. Die Tanzveranstaltung fand anlässlich eines Pferderennens statt. Das Mädchen war mit ihrem Vater dort. Simon wollte sie gerne besuchen und Kammerfensterln, doch das junge Mädchen sagte, das ginge nicht, weil sie über dem Zimmer der Eltern schlafen würde. Erst drei Jahre später trafen sie sich wieder. Ein Freund hatte ein Treffen an der Autobahn am Fuchsberg arrangiert. Simon Kistlers Mutter und Schwester waren gegen diese Heirat. Schließlich war er Bauernsohn und seine Braut kam von einem kleinen Anwesen. Ihr Vater war Schmied und die Mutter arbeitete in der kleinen Landwirtschaft oder als Tagelöhnerin. Auch wenn der Hof von Simon Kistlers Eltern hochverschuldet war, so hatten die Bauern doch ein ausgeprägtes Standesbewusstsein. Und eine gute Partie war umso wichtiger, wenn Schulden auf dem Hof waren. Der Vater jedoch hatte Verständnis für die Wahl seines Sohnes. 1953 heiratete Simon Kistler seine Frau. Beim Gasthof Arnold wurde gefeiert. Eine Hochzeit konnte man sich dennoch leisten. Es waren damals noch nicht so überteuerte Events wie heute. Und außerdem:»Früher war des a so, wenn ma zur a Hochzeit ganga is oder eigloden hot, no hod ma von den Beteiligten, die ma eigloden hat, Mahlgeld verlangt. Aber i hob ja au mein Anteil gem.«[88]

UMGANG MIT DEM NATIONALSOZIALISMUS UND VERDRÄNGUNG

Als die jüdische Publizistin Hannah Arendt, die nach einer kurzen Inhaftierung 1933 in die USA ausgewandert war, 1950 Deutschland besuchte, beschrieb sie ihren Eindruck:»Überall fällt einem auf, dass es keine Reaktion auf das Geschehene gibt, aber es ist schwer zu sagen, ob es sich dabei um eine irgendwie absichtliche Weigerung zu trauern oder um den Ausdruck einer echten Gefühlsunfähigkeit handelt.«[89]

Auch in der Gemeinde Sulzemoos lag ein Deckmantel des Schweigens. Man redete nicht über den Nationalsozialismus und die Verbrechen. Diejenigen, die während des Nazi-Regimes Machtpositionen hatten, machten weiter als wäre nichts geschehen. Manch einer plagte vielleicht ein Schuldgefühl. Ein Bauer, der in der NS-Zeit eine führende Funktion hatte, versuchte nach dem Krieg eine Art Wiedergutmachung, indem er diejenigen unterstützte, denen er während des Nationalsozialismus geschadet hatte. Unter dem Schweigen rumorte es dennoch. Ein Sulzemooser, der von einem Nationalsozialisten denunziert und verhaftet wurde, fiel im Krieg. Hätte er den Krieg überlebt, so wäre es dem Denunzianten schlecht ergangen, glaubt der Sohn.

In den Wirtshäusern kam es vor, dass einer im Streit zum anderen sagte:»Ham's vergessen, Dich nach Dachau zu holen!« Einige klagten auch:»Wenn wir den Krieg nicht verloren hätten …«. Nationalsozialistisches Denken war unterschwellig noch vorhanden, ob nur vereinzelt oder verbreitet, lässt sich heute nicht mehr sagen. Die meisten Zeitzeugen bekamen von solchen Gesprächen nichts mit, denn vor Kindern und Jugendlichen waren diese Gespräche tabu.

Wie unreflektiert man damals mit der nationalsozialistischen Vergangenheit umging, zeigt ein Faschingszug aus Sulzemoos und die Reaktionen darauf. Es sind vor allem diese Reaktionen, die ein ziemlich klares Stimmungsbild über die damalige Haltung gegenüber dem Nationalsozialismus geben. Im Februar 1959 fuhr im Faschingszug von Sulzemoos ein offener schwarzer Mercedes Typ Nürnburg mit Hackenkreuz-Wimpeln mit. In diesem Mercedes stand – täuschend echt – ein Hitler-Darsteller mit einem Fahrer und anderen Uniformierten. Burschen aus Sulzemoos hatten diesen Mercedes auf dem Schrottplatz gefunden. Wer genau die Idee hatte, einen »Hitler-Mercedes« daraus zu machen und am Faschingszug teilzunehmen, ist heute nicht mehr festzustellen. In einem Zeitungsartikel von 2007 berichtet Christian Stangl, dass die Initiatoren des Faschingszugs der Tapeziermeister Anton Suppmair, der Landmaschinenhändler Alfons Kneidl und der Bürgermeister Simon Baumgartner waren.[90] Die Idee kam wohl auch auf, weil der Automechaniker Josef Schmid eine Ähnlichkeit mit Adolf Hitler aufwies, wenn er sich ein Hitler-Bärtchen anklebte.

In diesem »Hitler-Fahrzeug« fuhren die Verkleideten am Faschingswochenende durch Wiedenzhausen, Odelzhausen, Erdweg, Welshofen, Lauterbach und einigen anderen Orten des Landkreises. Was am meisten erstaunt, ist, dass dieser »Hitler-Wagen« offensichtlich keine große Aufmerksamkeit erregte, denn am Rosenmontag berichteten die Dachauer Nachrichten ausführlich über den Sulzemooser Faschingszug, ohne den Mercedes überhaupt zu erwähnen. Der Titel des Artikels lautete: »Der Kneißl Hias lugt aus dem

Fasching 1959 (Fotos: Manfred Daurer)

Odelfaß – Sulzemooser Faschingszug bewegt sich durch zwanzig Ortschaften – Überall große Heiterkeit«.[91] Fast jeder Hof hatte einen Faschingszug gestellt, so dass er ziemlich lang war. Der Artikel berichtet über »den in seiner Art und Durchführung wohl bisher einzigartigsten Faschingszug« und beschreibt viele der Faschingswagen, nicht aber den »Hitler-Wagen«. Offensichtlich löste dieser Wagen weder beim Verfasser noch bei den Zuschauern Irritation aus. Oder man schwieg darüber, um eine Auseinandersetzung zu vermeiden. Der Hitler-Darsteller Josef Schmid erzählte seiner Tochter später, dass die Begeisterung der Zuschauer groß gewesen sei, vor allem die Frauen hätten gekreischt. Ob das als größere Begeisterung zu deuten ist als die der Männer oder ob das Kreischen so laut war, dass man die Männer nicht mehr hörte, muss dahingestellt bleiben.

Am Faschingsdienstag fuhr der Sulzemooser Faschingszug nach Dachau, wo er von Polizeifahrzeugen begleitet wurde. Offensichtlich erregten sie auch dort keinen Ärger, denn die Dachauer Nachrichten schrieben am Aschermittwoch: »Am frühen Nachmittag bewegte sich zum allgemeinen Gaudium der große motorisierte Sulzemooser Faschingszug durch die obere und untere Stadt. Eine nähere Beschreibung dieser Narretei brachten wir bereits anläßlich des Auftretens im Landkreis.«[92] Auch in diesem Artikel wird nicht über die Hitler-Darstellung berichtet. Erst eine Woche später kam dieser Faschingswagen in der Presse zur Sprache, und zwar deshalb, weil bereits in anderen Zeitungen darüber berichtet wurde. Sie hatten von der Deutschen Presseagentur (dpa) davon erfahren. Hanns Hornung, ein Dachauer Bürger, hatte sie über den »Faschingswagen« informiert. Er war entsetzt, als er diese »Hitler-Darstellung« im Faschingszug sah und schrieb einen Brief an den Bundeskanzler Konrad Adenauer. Eine Abschrift schickt er an die dpa. In der Öffentlichkeit kochte die Sache hoch. Doch die Reaktion der Dachauer Politiker, Presse und Öffentlichkeit war so verständnislos wie die der Bevölkerung. Als Landrat Schwalber Stellung dazu nehmen musste, sagte er, zu den Veröffentlichungen in auswärtigen Zeitungen »habe er eigentlich gar nichts zu sagen, da die Bevölkerung des Landkreises das Auftreten ›Führers‹ nur als eine Persiflage auf Hitler und das ›Dritte Reich‹ aufgefaßt habe.«[93] Man habe damit doch nur das NS-System lächerlich machen wollen. »Im übrigen [sic] sollte man solche Dinge bei einem Faschingszug nicht tragisch nehmen und sich nicht erst vierzehn Tage später darüber aufregen.«[94] Auf die Kritik, warum dieser Wagen auch noch mit Polizeiwagen und Blaulicht begleitet wurde, antwortete Dr. Schwalber, dass dies bei größeren Umzügen so üblich sei.

In derselben Ausgabe erschien ein ausführlicher Bericht über den Faschingswagen, der hier in ganzer Länge zitiert wird, weil er sehr deutlich den Zeitgeist wiedergibt. Rudolf Rentsch schrieb unter dem Titel: »Der ›Führer‹ von Sulzemoos«:

»DER NAME DACHAU wird, darauf müssen wir uns gefaßt machen, in diesen Tagen wieder einmal durch die Weltpresse gehen. Der Dachauer Bürger Hanns Hornung hat sich an der Spitze des Sulzemooser Faschingszugs heftig gestoßen und bewogen gefühlt, mit dieser Tatsache den Bundeskanzler zu behelligen. Außerdem hat Herr Hornung, der freilich hierorts dafür bekannt ist, daß er – zum Beispiel über Leserbriefe – häufig seinen Einfluß auf die Öffentlichkeit geltend machen will, den Inhalt seines Schreibens der Deutschen Presseagentur (dpa) übergeben. Und so kam die Sache (zunächst einmal) in deutsche Zeitungen …

Nach Hornungs Meinung wirkt, so konnte man lesen, ›der Ungeist der ehemaligen Nazi [sic] keineswegs unter der Decke, sondern ist ganz offenkundig unter uns‹ in Dachau und im Dachauer Land. Denn hier sei es möglich, daß sich ›unter Begleitschutz der Dachauer Polizei‹ ein Faschingszug durch die Straßen bewegt, den ein ›stilecht kopierter Führer‹ in einem Vorkriegs-Mercedes eröffnet.

Gewiß, das war am heurigen Faschingsdienstag hier möglich, das hat die Bevölkerung der Stadt und eines großen Teils des Landkreises gesehen. Aber es geschah nicht zum erstenmal. War der Darsteller unseres weiland ›herrlichen Führers‹ heuer ein junger Mann im Alter von vielleicht 25 Jahren, der also im ›Dritten Reich‹ noch ein Kind gewesen sein muß, gab es bereits im ersten Dachauer Faschingszug der Nachkriegszeit, 1951, einen nicht minder echt wirkenden Hitler, in den sich ein ehemaliger KZ-Häftling – als gestandenes Mannsbild seinerzeit Ermittler bei der Spruchkammer in Dachau – zu seinem eigenen und anderer Leute Spaß verwandelt hatte.

DAMALS WIE HEUTE hätte diese Maske vortrefflich in einen Narrenumzug gepaßt, wenn ja, wenn nicht die Hände des Originals mit Blut besudelt gewesen wären. Über Geschmack läßt sich streiten. Viele streiten aber gar nicht lange drüber und auf dem Land ist man da schon gar nicht zimperlich. Die Hauptsache ist hier eine handfeste Gaudi, wie sie vor allem auch in dem völlig unpolitischen letzten Wagen des Sulzemooser Faschingszugs zum Ausdruck kam. Das war sehr rauh, aber herzlich.

Über den ›Führer‹-Auftritt in diesem Fasching schüttelte so mancher Zuschauer in Dachau den Kopf, nationalsozialistische Propaganda aber witterte wohl nur einer von ihnen und vielleicht bloß deshalb, weil er offenbar den närrischen Umzug 1951 versäumt oder vergessen hat. Ob er jenen ehemaligen KZ-Insassen auch für einen verkappten Nazi gehalten hätte?

Die Behauptung in dem Brief an den Bundeskanzler, Sulzemoos sei ›eine Gegend, die wegen ihrer sehr aktiven Pg's [Parteigenossen] sehr bekannt war‹, ist übrigens aus der Luft gegriffen, denn speziell Sulzemoos galt in dieser Hinsicht als ›sehr ruhig‹. Auch Landrat Dr. Schwalber und der Dachauer Polizei kann man aus der ganzen Angelegenheit schwerlich einen Strick drehen. Den Umzug hatten die Sulzemooser Burschen ganz inoffiziell gestaltet, also ohne Komitee, Vereine, öffentliche Zuschüsse usw., aus Lust und Liebe an der verrückten Sache, so daß also für die Obrigkeit keinerlei Grund vorlag, ihnen in ihr närrisches Tun dreizureden. Man war froh, daß sich in diesem Jahr überhaupt etwas rührte.

GENAU BESEHEN war die Beschwerde beim Bundeskanzler (der bekanntlich heuer mit dem ›Orden gegen den tierischen Ernst‹ ausgezeichnet wurde) bzw. ihre durch den Verfasser betriebene Veröffentlichung ein Kanonenschuß auf Spatzen. Es wäre nicht der Rede wert, aber – siehe oben – Dachau und seiner Bevölkerung wurde damit ein denkbar schlechter Dienst erwiesen. Am bedauerlichsten ist, daß dieser Schuß aus den eigenen Reihen abgefeuert wurde.« [95]

In diesem Artikel wird deutlich, dass Dachau nicht an einer Aufarbeitung der NS-Geschichte interessiert war, sondern sich um seinen Ruf sorgte. Der Verfasser befürchtete, dass dieser Vorfall nicht nur in den deutschen Zeitungen die Runde machen würde, sondern auch im Ausland. Erst in den 1960er Jahren begann man in Dachau, sich mit der Vergangenheit auseinanderzusetzen. Kritische Stimmen wurden niedergebügelt, wie der Artikel zeigt. Dem Kritiker wurde nicht nur Nestbeschmutzung vorgeworfen, sondern dass er allgemein ein Wichtigtuer sei. Was nicht erwähnt wurde, ist, dass Hanns Hornung ein ehemaliger KZ-Häftling war.[96] Wie mag es ihm ergangen sein, als er den Hitler-Faschingswagen sah, bejubelt von der begeisterten Menschenmenge. Dazu noch begleitet von der Polizei. Vermutlich wurden bei ihm traumatische Erinnerungen wach. Und wie erging es ihm wohl, als er nach seinem kritischen Brief nun in der Zeitung öffentlich – mit seinem vollen Namen – als Wichtigtuer und Nestbeschmutzer lächerlich gemacht wurde? Es verwundert nicht, dass viele Opfer des Nationalsozialismus in den 50er Jahren lieber den Mund gehalten haben, so wie Max Mannheimer (1920–2016), Überlebender der Konzentrationslager Auschwitz, Warschau und Dachau, der in seinen Erinnerungen schrieb: »Was hinter mir lag, versuchte ich zu verdrängen. Nur meine Träume holten mich immer wieder ein.«[97]

Der Faschingswagen war vermutlich nicht als verdeckte Propaganda beabsichtigt, sondern war Gedankenlosigkeit, zumindest bei den jungen Burschen. Sie waren Kinder während des Nationalsozialismus. Doch bei vielen Erwachsenen wirkte durch die fehlende Aufarbeitung nationalsozialistisches Gedankengut bewusst oder unbewusst weiter, wie am Anfang des Kapitels gezeigt wurde. Und auch bei diesem Faschingswagen aus Sulzemoos kann nicht genau gesagt werden, welche Haltung tatsächlich dahinter steckte. Ein Akteur im Hintergrund war nach dem Krieg als aktiver Nationalsozialist mehr als zweieinhalb Jahre im Straflager in Moosburg interniert.[98]

Der Verfasser des Artikels erwähnt, dass es bereits 1951 einen Faschingsumzug gab, in dem ein ehemaliger Häftling Hitler darstellte. Kann man das auf die gleiche Stufe stellen? Ist nicht die Hitler Darstellung eines Opfers des Nazi-Regimes anders zu bewerten? Für den ehemaligen Gefangenen war es vielleicht ein heilsames Mittel, sich über seinen ehemaligen Unterdrücker lustig zu machen. Über den »Hitler-Auftritt« beim Faschingszug von 1951 verlor die Presse ebenfalls kaum ein Wort. In den Dachauer Nachrichten wurde nur erwähnt: »Den größten Applaus hatte die Europaarmee, mit ihren Bierflaschenfeldstechern und einem verblüffend echten ›Führer‹.«[99]

Die Reaktionen auf den Faschingszug in der Presse waren unterschiedlich. Die meisten Zeitungen ignorierten diesen Vorfall. Die Süddeutsche Zeitung erwähnte den Faschingszug aus Sulzemoos überhaupt nicht, auch nicht, nachdem die Dachauer Nachrichten Stellung dazu bezogen hatten. In einigen anderen Zeitungen wurde darüber debattiert. Empörte Reaktionen gab es wohl kaum. Die einen sahen den »Hitler-Wagen« als harmlosen Faschingsscherz an, andere interpretierten die Darstellung als eine Form der Verarbeitung. Die Zeitschrift Quick fragte dazu »einen der bekanntesten deutschen Psychiater«, der allerdings nicht namentlich genannt wurde. Dieser antwortete: »Ich sehe darin ein gutes Zeichen. Hitler als Faschingsfigur – das beweist doch nur eines. Die Leute nehmen den ›Führer‹ nicht mehr ernst. Sie haben ihn überwunden. Ein Diktator, über den man von Herzen lachen kann, ein solcher Diktator ist nicht mehr gefährlich.«[100] So harmlos wurde das Ganze offensichtlich doch nicht eingestuft. Es gab wohl eine Anklage, die dann aber fallen gelassen wurde.

An diesem Beispiel wird deutlich, dass eine reflektierte Auseinandersetzung in den 50er Jahren nicht stattfand. Die Verdrängung hält bis heute an. Obwohl die Nachfahren keine Schuld an den Verbrechen trifft, wie der KZ-Häftling Max Mannheimer immer wieder betonte, wird auch heute in den Dörfern über den Nationalsozialismus geschwiegen. Namen werden nur hinter vorgehaltener Hand genannt. In der öffentlichen Aufarbeitung ist viel geschehen. Die Stadt Dachau hat sich mit ihrer Vergangenheit auseinandergesetzt und leistet sehr viel Versöhnungsarbeit. Doch über den Familien liegt immer noch ein dicker Mantel des Schweigens, auch 70 Jahre nach Ende des Nationalsozialismus.

FLÜCHTLINGE, HEIMATVERTRIEBENE UND ANDERE FREMDE

In einem Verzeichnis des Gemeindearchivs von 1950 sind die Flüchtlinge und Heimatvertriebenen von Sulzemoos aufgelistet.[101] 279 »Ausgewiesene«, so die Bezeichnung, wurden namentlich mit Ehefrau und Kindern genannt. Bei etlichen stand der Vermerk dabei, dass er oder sie einen Einheimischen bzw. eine Einheimische geheiratet hat.

Nicht nur in Sulzemoos, auch in den anderen Ortschaften waren viele Flüchtlinge immer noch notdürftig untergebracht. »Da warn no vui Flüchtling do. Sind aber immer weniger worn. Die san in d'Stadt nei«, erzählt Anton Förg aus Wiedenzhausen.[102] Auch in den 50er Jahren wohnten Flüchtlinge und Heimatvertriebene noch in den Zimmern, die ihnen zugewiesen wurden. Anton Förg erinnert sich: »Mir ham oben Flüchtling ghabt und in der Kammer.«[103] In einem Raum wohnte eine fünfköpfige Familie und im anderen Raum zwei alleinstehende junge Frauen.

Für Flüchtlinge war die Situation immer noch sehr schwierig. Viele hatten noch keine eigene Wohnung, sondern nur provisorische Unterkünfte. Die traumatische Flucht und der Verlust der Heimat war für viele schwer zu verkraften, vor allem für die Erwachsenen. Die Jugendlichen und Kinder fanden sich meist schneller in ihrer neuen Heimat ein.

Christiane Lutter (nicht zu verwechseln mit Christine Lutter) kam als Vertriebene im Alter von vier Jahren aus dem Sudetenland nach Sulzemoos, zusammen mit ihrer Schwester, fünf Tanten, einem Onkel und einem Cousin. Ihre Mutter war 1945 an Diphterie in Alter von 26 Jahren gestorben und ihr Vater im Krieg gefallen. Sie erinnert sich, dass bei ihrer Ankunft der Getränkefabrikant Simon Gasteiger die Familie begutachtete und sie dann bei sich unterbrachte. Wenn er schon Flüchtlinge aufnehmen musste, so dachte er vielleicht, dann wollte er sie sich wenigstens selbst aussuchen. Die Tanten von Christiane, die damals junge Mädchen waren, und die Großmutter arbeiteten bei Simon Gasteiger im Haushalt als Hausmädchen oder in der Getränkefabrik. Auch Christiane wurde als Kind schon eingespannt. Nach der Schule half sie mit, wo man sie brauchte, unter anderem als Kindermädchen. Die Gasteigers wohnten im Erdgeschoss und die Heimatvertriebenen im ersten Stock. Christiane erinnert sich noch gut, dass sie auf Bierkisten saßen, weil sie keine Möbel hatten. Nach einigen Jahren wurden Christiane Lutter und ihre Familie sowie die anderen Flüchtlinge in der nahegelegenen Villa untergebracht, die Gasteigers erworben hatten. Dann hatten die Gasteigers wieder ihr Haus für sich.

Auch Horst Rotter erinnert sich, dass sie als Vertriebene in Einsbach beengt lebten. Er wohnte mit seiner Mutter und seinen zwei Schwestern in Einsbach in zwei Zimmern. Im Sommer schlief er auf dem Speicher und im Winter in der Küche, weil es auf dem Speicher zu kalt war und der Wind durch das Dach blies. Die zwei Zimmer waren schon eine Verbesserung zur vorherigen Wohnsituation, als sie alle zusammen nur einen Raum bewohnten.

Die Wohnungsnot war sowohl für die Flüchtlinge und Vertriebenen als auch für die Einheimischen nach wie vor ein Problem. Freie Zimmer mussten gemeldet werden. Auf Wohnungskarteikarten wurde genau aufgelistet, wie viele Räume es in dem Haus gab und wer darin wohnte. Die Wohnungskarteikarten von Einsbach zeigen, dass 1950 in fast jedem Haus Flüchtlinge lebten.[104] Auf den großen Höfen in Oberwinden und Unterwinden und Hilbertsried waren ebenfalls viele Flüchtlinge untergebracht und auf dem Schlossgelände in Sulzemoos lebten am 28. Mai 1951 noch 55 Flüchtlinge.

Für den Bürgermeister Simon Baumgartner war es eine schwierige Situation, die vielen Menschen unterzubringen. Bei freigewordenen Wohnungen konnte die Gemeinde Vorschläge machen, die aber offensichtlich nicht immer berücksichtigt wurden. Simon Baumgartner schrieb 1955 etwas verärgert an das Kreiswohnungsamt des Landratsamtes: »Mit der Belegung des freigewordenen Wohnraumes lt. Ihrem Schreiben vom 3.8.55 ist die Gemeinde nicht einverstanden. Warum wird überhaupt von der Gemeinde ein Belegungsvorschlag eingeholt, wenn das Kreiswohnungsamt doch ohne Einverständnis der Gemeinde über diese Wohnung verfügt und die Wohnungsmißstände in der Gemeinde unberücksichtigt läßt. Die hiesige Gemeinde ist heute noch mit 172 Flüchtlingen belegt. Es sind im Kreis viele Gemeinden, die bei weitem nicht mehr so belegt sind und trotzdem muss ausgerechnet eine solche Gemeinde wieder Flüchtlinge aufnehmen. Diesbezüglich möchten wir auf die Wohnungsmißstände bei Familie Weidlich hinweisen, wo immer noch 5 Personen in einem Wohnraum untergebracht sind. Den Familien Hochberger und Krüger, wohnhaft in der genannten Hausnummer in Ziegelstadel, steht bis heute noch kein ausreichender Wohnraum zur Verfügung, obwohl beide Frauen Töchter des Hausbesitzers, Georg Baumgartner, sind. Sollte die genannte Wohnung ohne Einverständnis der Gemeinde belegt werden, sehen wir uns in Zukunft gezwungen, keinen freiwerdenden Wohnraum mehr zu melden, um den seit langer Zeit in der Gemeinde vorgemerkten Wohnungssuchenden helfen zu können, da das Kreiswohnungsamt diese Leute immer nur mit Versprechungen tröstet und bei Gelegenheit freiwerdenden Wohnraum mit Flüchtlingen aus anderen Gemeinden belegt.«

Bürgermeister Simon Baumgartner konnte den Menschen aus seiner Gemeinde nicht so helfen, wie er wollte. Er kannte die Wohnungsnot der Menschen am besten, doch seine Vorschläge wurden offensichtlich übergangen, weil immer neue Heimatvertriebene geschickt wurden. Es war eine vertrackte Situation, denn auch die neu zugewiesenen Flüchtlinge waren ja in einer Notlage und mussten untergebracht werden. Man sieht hier, wieviel Bewegung noch in den 50er Jahren herrschte, bevor die Flüchtlinge und Heimatvertriebenen eine neue Heimat fanden.

Eine verzweifelte Frau aus Sulzemoos schrieb in ihrer Not an den Bundeskanzler. Sie wohnte noch 1955 mit ihrer vierköpfigen Familie in einem ca. 14 qm großen Zimmer. Die Regierung von Oberbayern hatte ihr geschrieben, dass sie 1950/51 eine Wohnung beim Hausbesitzer Gasteiger bekommen sollte. »Die Zuweisungsverfügung war bereits erlassen, musste aber dann auf den Einspruch des Verfügungsberechtigten wieder aufgehoben werden.«[105] Eine Alternative gab es offensichtlich nicht, so dass die Familie auch die nächsten Jahre so beengt wohnen musste.

Auch für die Einheimischen war der Wohnraum knapp. Wenn ein Paar heiraten wollte, war es schwierig, einen Raum zu bekommen, selbst im eigenen Elternhaus. Anni Schindler aus Sulzemoos erzählt: »Der Baumgartner [der Bürgermeister] ist kommen und hat gesagt: ›Wenn ihr den Raum haben woits, müsst Ihr Euch bald entscheiden, weil sonst muss i Euch wieder andere Flüchtling neidoa.‹ Und i hab ihm [dem Verlobten] ned schreibn kenna, weil er auf Manöver war. Bis er kemma is, hob i alle Papiere schon gerichtet ghabt.«[106] Kurze Zeit später hatten sie geheiratet und zogen in das freigewordene Zimmer ein.

Auch das Gemeindehaus in Sulzemoos war so dicht belegt, dass es aus den Nähten platzte. Zwei kinderreiche Familien wohnten mit anderen Heimatvertriebenen im Gemeindehaus. Eine der Familien hatte 14 Kinder und lebte 1950 in verheerenden Zuständen: In einem Zimmer schliefen zwei Mädchen mit ihren Eltern und im anderen Raum wohnten elf Personen! 1950 beschloss der Gemeinderat, das Gemeindehaus durch einen Erweiterungsbau zu vergrößern, um mehr Wohnraum zu schaffen.[107] Die Miete 1951 betrug 35 Pfennige pro Quadratmeter. Der Vater der kinderreichen Familie zahlte sieben DM für die Unterkunft.

Das Gemeindehaus wurde sehr lange von Flüchtlingen und Heimatvertriebenen genutzt. Bis 1962 waren in den acht Zimmern des Gemeindehauses noch 24 Personen untergebracht. Und im Gemeindehaus Orthofen wurde eine Wohnung für einen Heimatvertriebenen ausgebaut, der jedoch einen Mietvorschuss von 500 DM zahlen musste.[108]

Vereinzelt konnten einige Flüchtlinge schon bauen. Baugrund zu erwerben, war für diejenigen am einfachsten, die einen Einheimischen bzw. eine Einheimische heirateten. Sie bekamen oftmals einen Grund vom Schwiegervater. Auch Matthias Steiner und seine Schwester Katharina heirateten Einheimische und wurden in Sulzemoos sesshaft. Beim Hausbau half die ganze Verwandtschaft zusammen.

Ansonsten war es schwierig, einen Bauplatz zu erwerben. Baugrund gab es in Sulzemoos wenig und als Sigfrid Freiherr von Schaezler sich bereit erklärte, ein großes Grundstück für eine Flüchtlingssiedlung abzutreten, war der Gemeinderat dagegen, wie Jakob Brunner erzählt: »Der Baron Schaezler war wirklich a ganz feiner, a ganz patenter Mann. Der war ja damals im Gemeinderat drin. Mir ham immer vui Flüchtling ghabt und die wollten hier baun. Da homa aber Bauern ghabt, die warn dagegen, dass die Flüchtlinge baun, aber der hätt da drom ..., der wollt a Siedlung machen. Die [Schaezlers] hätten damals gegenüber vom Kneidl den Platz zur Verfügung gstellt. Aber die Gemeinde, die Bauern – warn ja alle Bauern drinna [im Gemeinderat] – ham gsagt: Naa! De hom des ned hom woin. Der Vater [von Jakob Brunner] war ja auch im Gemeinderat, der hot sich au eigsetzt, dass die Flüchtling hier bleim, aber do warn scho oa do, de großen Bauern: ›Na, na sowas braucha mir ned am Ort.‹ Jetzt, von der Baronin, danach, da hättst nix mehr kriagt.«[109]

Viele der Flüchtlinge und Vertriebenen sind in den 50er Jahren weggezogen, weil sie in Dachau, Karlsfeld oder München Arbeit gefunden hatten oder irgendwo ein Haus bauen konnten. Sehr viele brachten es in ihrer neuen Heimat zu einem bescheidenen Wohlstand, doch es gab auch etliche, die nicht auf die Füße kamen, wie zum Beispiel die Bewohner im Gemeindehaus. Einige der Kinder gerieten auf die schiefe Bahn. Sie galten als verwahrlost und fielen mit kleinen Delikten auf. Deshalb kamen einige von ihnen auf Anordnung des Kreisjugendamtes in ein Erziehungsheim.[110]

Die meisten Flüchtlinge fanden hier eine neue Heimat und bauten sich ein neues Leben auf. Sie packten dort an, wo es Arbeit gab. Viele Flüchtlinge arbeiteten in der Landwirtschaft mit, erzählt Anton Förg. Auch Horst Rotters Mutter, die als Witwe mit einer kleinen Rente ihre drei Kinder durchbringen musste, verdiente sich bei Bauern etwas dazu.

Die Ablehnung der Flüchtlinge und Heimatvertriebenen ließ in den 50er Jahren langsam nach. Dennoch gab es immer noch Vorbehalte. Der Sulzemooser Pfarrer Paul Müller bemängelte in seinen Seelsorgeberichten, dass der religiöse Eifer der Flüchtlinge sehr zu wünschen übrig lasse. Besonders schlimm seien die »antifaschistischen Karlsbader«. In seinem Seelsorgebericht 1952 beurteilte er den religiös sittlichen Zustand der Gemeinde »im allgemeinen gut«, betonte aber: »das gilt vor allem für die Einheimischen, die aber nur die Hälfte der Bewohner bilden. Von den Flüchtlingen beteiligt sich nur ein Drittel am religiös-kirchlichen Leben.«[111] Und auch sonst verteilte er immer wieder mal einen Seitenhieb auf die Flüchtlinge, so auch in seinem Seelsorgebericht 1950: »Der religiös sittliche Zustand der Gemeinde ist im grossen-ganzen [sic] zufriedenstellend, bei einem Teil der Bevölkerung liess er aber zu wünschen übrig. Früher hat die Polizei eingegriffen, wenn Paare in ›wilder‹ Ehe beisammen sind, nicht einmal zivilgetraut […], zur Zeit scheinen auch die Behörden darüber hinwegzusehen. Unter den Einheimischen sind die Ehen bis auf 2 Fälle in Ordnung; in einem Falle hat sich ein Mann von seiner Frau getrennt und lebt auswärts mit einer Flüchtlingsfrau zusammen; im zweiten Fall geht ein Mann untertags immer noch zu einer Kriegerwitwe, von der er schon 2 Kinder hat; obwohl ihm seine eigene Frau und seine grossen Kinder zu hause [sic] m. E. Erachtens [sic] in keiner Weise Anlass gäben, sich so sittenwidrig zu verhalten. Weiter fehlt es in diesem Punkte bei den Flüchtlingen; Trotz Versuche, jene Fälle zu ordnen, die an sich geordnet werden könnten, machen diese Leute so weiter, ohne besondere innere Beunruhigung.«[112]

So kritisiert er in seinem Bericht, dass es zwar auch bei den Einheimischen zwei zerrüttete Ehen gäbe, wobei er darauf hinweist, dass in einem Fall eine Flüchtlingsfrau beteiligt sei, aber er betont, dass es bei den Flüchtlingen noch mehr »sittenwidriges« Verhalten gäbe.

Die Einheimischen gewöhnten sich immer mehr an die Neubürger. Man lernte sie kennen und das Fremde war nicht mehr ganz so fremd. Zudem sahen die Einheimischen, dass ihre neuen Mitbürger fleißig waren und sich in das Dorf einbrachten. Vorbehalte gegen Flüchtlinge und Heimatvertriebene hatten vor allem die Älteren. Die Jüngeren gingen viel ungezwungener mit ihnen um. Im Sportverein waren die Zugezogenen beliebt, wenn sie gut Fußball spielen konnten. Es waren immerhin die Flüchtlinge und Heimatvertriebenen, die 1947 den Sportverein in Sulzemoos gegründet hatten. Dennoch gab es noch Hürden. Im Gemeinderat saßen keine Heimatvertriebenen. Horst Rotter erzählt: »Damals war Einsbach noch eine eigene Gemeinde und da waren sechs Gemeinderäte drin. Die wollten halt wieder rein. Dann hat man damals gesagt: ›Gegenkandidaten brauch ma auch.‹ Die waren bauernschlau. Damals hat man gsagt: ›Du geh weiter. Kandidierst halt auch.‹ Dann haben sie Flüchtlinge als Gegenkandidaten aufgestellt, also als Mitkandidat. Weil die damals gedacht ham, die wählt sowieso keiner – oder wenig. Mei Mutter war mit dabei. Die hams auch aufgestellt. Zwei Flüchtlinge wären fast in den Gemeinderat gekommen. Da hat es nur an ganz wenigen Stimmen gefehlt. Die wurden von den Flüchtlingen gewählt und auch von Einheimischen, die manch einen Kandidaten nicht leiden konnten. Nach vier Jahren, bei der nächsten Gemeinderatswahl, haben sie dann keinen Flüchtling mehr aufgestellt.«[113]

Die Vorbehalte gegenüber den »Neubürgern«, wie man sie damals nannte, zeigten sich nicht nur bei den Gemeinderatswahlen, sondern auch, wenn Einheimische und Neubürger heiraten wollten. Dann erlebte das Paar heftigsten Widerstand. Vor allem, wenn Besitz da war, eine Wirtschaft oder ein Bauernhof. »Sach muass zum Sach«, war die Devise. Oder: »Was wuist denn mit der? De hot doch nix.« Auch der Wirt in Sulzemoos war völlig dagegen, dass sein Sohn, der die Gastwirtschaft übernehmen sollte, ein Flüchtlingsmädchen heiratete. Deshalb erbte er die Wirtschaft nicht. Der andere Sohn, der in die Fußstapfen treten sollte, verliebte sich ebenfalls in ein Flüchtlingsmädchen, so dass die Gastwirtschaft schließlich an den jüngsten Sohn ging, der eigentlich keine Aussichten auf das Erbe hatte. Aber er hatte eine Einheimische geheiratet.

Trotz aller Vorbehalte gewannen die Flüchtlinge und Heimatvertriebenen die Anerkennung der Einheimischen. Sie waren fleißig und oftmals erfolgreich in ihrem Beruf. Viele versuchten an ihre alten Berufe anzuknüpfen oder fingen etwas ganz Neues an. Die beiden Brüder Franz und Hans Liebl kamen aus dem südböhmischen Ort Budweis und waren in ihrer Heimat bereits in der Süßwarenbranche tätig. In Dachau gründeten sie die erste und einzige Schokoladenfabrik, die es in Dachau gab.[114] Angefangen hatten die beiden Brüder in Einsbach, in einem Rückgebäude, im Austragshaus des Einsbacher Wirts. Schon bald waren bis zu 20 Flüchtlinge und Heimatvertriebene in der »Bonbonfabrik« beschäftigt. Weil das Geschäft florierte, verlegten die Brüder ihre Firma nach Dachau und nannten sie »Franz Liebl KG Schokoladenfabrik«.

Auch Horst Rotter, der als Heimatvertriebener nach Einsbach kam, brachte es zu einem erfolgreichen Unternehmen. Als er sich als Installateur und Heizungsbauer in Sulzemoos selbständig machte, fragten sich einige Leute skeptisch, wie er das mit so wenig Geld schaffen würde. Die meisten hatten ihn aber schon längst als einer der ihren akzeptiert.

Dass nach den Kriegsjahren, als Deutschland in den Trümmern lag, ein solcher Wirtschaftsaufschwung möglich war, lag zu einem großen Teil an den Heimatvertriebenen. Sie kamen oft aus industriellen Zentren, brachten Berufserfahrung mit und hatten den Willen, sich in ihrer neuen Heimat etwas Neues aufzubauen. Ihr Anteil am Wirtschaftswunder kann nicht hoch genug eingeschätzt werden.

1 Manfred Daurer: Chronik von Sulzemoos von 815–1984. Unveröffentlichtes Manuskript, S. 12.

2 Siehe auch Aufsatz von Wilhelm Liebhart in diesem Band: Prototyp eines Industrie- und Agrarstaates. Bayern 1950 bis 1960.

3 »Meine Hand gehört jeder christlichen Richtung …« – Bayernpartei zu den kommenden Gemeinde- und Kreistagswahlen – Dr. Baumgartner sprach in Dachau. In: Dachauer Nachrichten, 29. 1. 1952.

4 Gemeindearchiv Sulzemoos, Fürsorgeerziehung Archiv-Nr. 435 S-3/13.

5 Neue Glocken für Sulzemoos. In: Dachauer Nachrichten, 8. 3. 1950. Und Glockenweihe in Sulzemoos. In: Dachauer Nachrichten, 15. 3. 1950.

6 Festschrift Krieger- und Veteranenverein, Fahnen-Nachweihe 12.–14. 7. 2002, S. 30.

7 Interview mit Anna Prachhart, geb. 25. 6. 1931, am 15. 11. 2012 in Sulzemoos.

8 Gemeindearchiv Sulzemoos, Sühneversuche Archiv-Nr. 102 E-2/8 und Wi-1/8

9 Dauerer, Chronik, S. 10.

10 Gespräch mit Dr. Michael von Zwehl.

11 Bayerisches Statistisches Landesamt (Hg.): Historisches Gemeindeverzeichnis. Die Einwohnerzahlen der Gemeinde Bayerns in der Zeit von 1840 bis 1952. München 1954 (Beiträge zur Statistik Bayerns, Heft 192), S. 20f

12 Umschau im Dachauer Land. In: Dachauer Nachrichten, 19. 1. 1950.

13 Gemeindearchiv Sulzemoos, Ausländische Arbeitnehmer 1953–1956; Archiv-Nr. 162 S-3/2.

14 Siehe Aufsatz über Markt Indersdorf von Josef Kreitmeir, Waltraud Wiescher und Bruno Wiescher in diesem Band.

15 Daurer, Chronik, S. 9.

16 Gemeindearchiv Sulzemoos, Gemeinderat-Beschlussbuch Archiv-Nr. 024 Wi-2/2.

17 Butter und Schweinefleisch. In: Münchner Merkur, 9. 1. 1950.

18 Umschau im Dachauer Land. In: Dachauer Nachrichten, 21. 1. 1955.

19 Interview mit Hilde Keller (Jahrgang 1938) am 18. 1. 2017, Sulzemoos.

20 Interview mit Anton Förg (Jahrgang 1938) am 15. 12. 2017, Wiedenzhausen.

21 Ebd.

22 Interview mit Horst Rotter (Jahrgang 1938) am 15. 12. 17, Sulzemoos

23 Interview mit Anton Förg, wie Anm. 20.

24 Gemeindearchiv Sulzemoos, Gemeinderatsbeschlussbuch Archiv-Nr. 024, S-16/21

25 Kniep, Jürgen: Wiederaufbau und Wirtschaftswunder. Bildband zur Bayerischen Landesausstellung 2009, Residenz Würzburg, 7. Mai bis 4. Oktober 2009, Haus der Bayerischen Geschichte. Augsburg 2009, S. 155.

26 Interview mit Hilde Keller, wie Anm. 19.

27 Braun, Annegret: Frauenalltag und Emanzipation. Der Frauenfunk des Bayerischen Rundfunks in kulturwissenschaftlicher Perspektive 1945–1968. (Münchner Beiträge zur Volkskunde; 34). Münster u. a.: Waxmann 2005, S. 201.

28 Interview mit Genoveva Ketterl (Jahrgang 1929) am 21. 2. 1017, Einsbach.

29 Ebd.

30 Ebd.

31 Interview mit Johann Lutter (Jahrgang 1939) am 18. 12. 2017, Sulzemoos.

32 Erzbischöfliches Archiv München-Freising. Seelsorgeberichte Archiv-Nr. 303, Dekanat Egenhofen, Einsbach Seelsorgebericht 1955.

33 Gemeindearchiv Sulzemoos, Gemeinderatsbeschlussbuch Sulzemoos, Archivnr. 024, S-16/21.

34 Daurer, Chronik, S. 10.

35 Gemeindearchiv Sulzemoos, Gemeinderats-Beschlussbuch 024, Wi-2/2.

36 Ebd.

37 Interview mit Christine Lutter (Jahrgang 1937) am 18. 12. 17, Sulzemoos.

38 Gemeindearchiv Sulzemoos, Gemeinderats-Beschlussbuch, Archiv-Nr. 024, S-1/17.

39 Erzbischöfliches Archiv Sulzemoos, Seelsorgebericht vom 12. 1. 1950.

40 Interview mit Horst Rotter, wie Anm. 22.

41 Interview mit Christine Lutter, wie Anm. 37.

42 Interview mit Genoveva Ketterl, wie Anm. 28.

43 Interview mit Horst Rotter, Anm. wie 22.

44 Interview mit Christiane Lutter, (Jahrgang 1941) am 28. 12. 17, Sulzemoos.

45 Interview mit Hans Werthmüller (Jahrgang 1931) am 30. 11. 2011, Sulzemoos.

46 Interview mit Anton Förg, wie Anm. 20.

47 Ebd.

48 Ebd.

49 Ebd.

50 Interview mit Simon Kistler (Jahrgang 1926) am 21.12.17, Orthofen.

51 Ebd.

52 Interview mit Hilde Keller, wie Anm. 19.

53 Ebd.

54 Ebd.

55 Ebd.

56 »Hopfenschneider Alfons« wird heute sechzig. In: Dachauer Nachrichten 28.2./1.3.1987 und Daurer, Chronik, S.10.

57 Interview mit Christine Lutter, wie Anm. 37.

58 Ebd.

59 Ebd.

60 Interview mit Anton Förg, wie Anm. 20.

61 Gemeindearchiv Sulzemoos, Gemeinderats-Beschlussbuch 024, Wi-2/2.

62 Ebd.

63 Interview mit Anton Hirner (Jahrgang 1938) am 13.12.1917, Sulzemoos.

64 Ebd.

65 Schwabhausen – Von der Poststation zur Großgemeinde. Chronik eines Dorfes, Schwabhausen 2005, S.82.

66 Eine Frau ohne Scheu vor Zündstoffen – Bayerns erste Sprengmeisterin hat für sieben Kinder zu sorgen. In: Dachauer Nachrichten, 5./6. Febr. 1955.

67 Interview mit Genoveva Ketterl, wie Anm. 28.

68 Ebd.

69 Ebd.

70 Interview mit Anton Hirner, wie Anm. 63.

71 Interview mit Christine Lutter, wie Anm. 37.

72 Ebd.

73 Gemeindearchiv Sulzemoos, Gemeinderats-Beschlussbuch 024, Wi-1/4.

74 Interview mit Horst Rotter, Anm. wie 22.

75 Ebd.

76 Ebd.

77 Festschrift 100 Jahre Schützenverein Sulzemoos, 9.–12.6.2005.

78 Interview mit Anton Hirner, wie Anm. 63.

79 Interview mit Christine Lutter, wie Anm. 37.

80 Erzbischöfliches Archiv, Seelsorgebericht vom 12.1.1950.

81 Ebd.

82 Interview mit Christine Lutter, wie Anm. 37.

83 Ebd.

84 Ebd.

85 Interview mit Horst Rotter, Anm. wie 22.

86 Ebd.

87 Ebd.

88 Interview mit Simon Kistler, wie Anm. 50.

89 Arendt, Hannah: Besuch in Deutschland 1950. Die Nachwirkungen des Naziregimes. In: Dies: Zur Zeit. Politische Essays. Berlin 1986, S. 43–70.

90 Stangl, Christian: Gaudiwurm wurde fast zur Staatsaffäre. In: Dachauer Nachrichten, 3./4. Februar 2007, S. 19.

91 Der Kneißl Hias lugt aus dem Odelfaß. In: Dachauer Nachrichten, 9.2.1959.

92 Straße frei für die Kinder. In: Dachauer Nachrichten, 11.2.1959.

93 NS-System nur lächerlich gemacht. In: Dachauer Nachrichten vom 21./22.2.1959.

94 Ebd.

95 Rentsch, Rudolf: Der ›Führer‹ von Sulzemoos. Dachauer Nachrichten vom 21./22.2.1959.

96 Benz, Wolfgang und Distel, Barbara: Der Ort des Terrors. Geschichte der nationalsozialistischen Konzentrationslager, Bd. 2: Frühe Lager, Dachau, Emslandlager. München: C. H. Beck, S. 413.

97 Mannheimer, Max: Drei Leben München. Erinnerungen. München 2012, S. 157.

98 Staatsarchiv München, Spruchkammerakte K 3555.

99 Eine ›Mordshetz‹ trotz Regen und Schnee. Erster Faschingszug seit 15 Jahren. In: Dachauer Nachrichten, 8.2.1951

100 Artikel abgedruckt in Dauerer, Chronik, S. 10.

101 Gemeindearchiv Sulzemoos, Verzeichnis Ausgewiesene 161, S-3/1.

102 Interview mit Anton Förg, wie Anm. 20.

103 Ebd.

104 Gemeindearchiv Sulzemoos, Wohnungskarteikarten Archiv-Nr. 683, E-4/8

105 Gemeindearchiv Sulzemoos, Archiv-Nr. S-3/38 (68–683)

106 Interview mit Anni Schindler (Jahrgang 1925) am 26.2.2013, Gernlinden – Sulzemoos.

107 Gemeindearchiv Sulzemoos, Gemeinderats-Beschlussbuch, Archiv-Nr. 024, S-1/17.

108 Gemeindearchiv Sulzemoos, Gemeinderats-Beschlussbuch, Archiv-Nr. 024, Wi-2/2.

109 Interview Jakob Brunner (Jahrgang 1936) am 18.5.1913, Sulzemoos

110 Ebd.

111 Erzbischöfliches Archiv, Seelsorgebericht vom 1.2.1952.

112 Erzbischöfliches Archiv, Seelsorgebericht vom 12.1.1950.

113 Interview mit Horst Rotter, Anm. wie 22.

114 Nauderer, Ursula: Die Dachauer Schokoladenfabrik Franz Liebl KG. Ein Beitrag zur Gewerbe- und Industriegeschichte Dachaus nach 1945. In: Amperland 51 (2015), H. 4, S. 461–465.

Ampermoching in den 50er Jahren — Wirtschaftswunder und Verdrängung

Thomas Schlichenmayer

Einführung

Als das Projekt der Geschichtswerkstatt im Landkreis Dachau über die 50er Jahre im Februar 2016 startete, war es für uns Ampermochinger klar, dass wir uns daran, wie schon beim Vorgängerprojekt über die Jahre 1945–1949, wieder beteiligen würden. Die Forschungsarbeit über die unmittelbare Nachkriegszeit war im Landkreis und speziell in Ampermoching ein großer Erfolg. Dabei hatten wir große Unterstützung vieler engagierter Bürgerinnen und Bürger aus dem Ort erfahren.

Die Bereitschaft von Zeitzeugen, ihre Erinnerungen an die Zeit der 50er Jahre in Interviews mitzuteilen, war zwar immer noch groß, doch der eine oder andere winkte ab mit dem Hinweis: »Ja, was soll ich denn da erzählen? Da weiß ich doch nichts mehr.«

Dennoch konnten Josef Glas und ich 16 Interviews führen. Obwohl fast alle Zeitzeugen im Vorfeld Bedenken hatten, überhaupt etwas berichten zu können, dauerte kaum ein Gespräch weniger als zwei Stunden.

Es zeigte sich, dass das Thema »50er Jahre«, zumindest was den Ort Ampermoching betrifft, kaum spektakuläre Ereignisse barg. Vielleicht ein Zeichen dafür, dass im Leben der Menschen bereits eine gewisse Normalität eingetreten war. Dennoch zeichnen die vielen kleinen und nur scheinbar unbedeutenden Geschichten der Zeitzeugen ein eindrucksvolles Bild vom Leben in Ampermoching in den 50er Jahren.

Der vorliegende Aufsatz spiegelt im Wesentlichen die Erinnerungen der befragten Zeitzeugen wider. Zur Kommunalpolitik konnten auch Aufzeichnungen mit Beschlüssen aus den damaligen Gemeinderatssitzungen ausgewertet werden. Viele Informationen konnten wir aus der Presse, nämlich dem »Dachauer Anzeiger«, dem »Volksboten« und den »Dachauer Nachrichten« entnehmen. Die Recherche im Stadtarchiv Dachau wurde von Albert Klingensteiner vorgenommen, der uns seine Unterlagen zur Verfügung stellte. Einige Zitate stammen aus den jährlichen Seelsorgeberichten von Pfarrer Alfons

Wilhelm. Die Seelsorgeberichte konnten im Archiv des Erzbistums München und Freising eingesehen werden.

Die Zitate aus den Interviews sind in Mundart wiedergegeben. Interessant ist dabei, wie unterschiedlich die einzelnen Personen den Ampermochinger Dialekt anwenden. So benützen Johann Zigldrum und Georg Göttler im Gespräch nur für einzelne Begriffe die mundartliche Ausdrucksweise, während andere Gesprächspartner durchweg im Dialekt sprechen. Die Aussprache eines in Ampermoching aufgewachsenen Flüchtlingskindes (Alfred Birol) unterscheidet sich wiederum von der eines hier geborenen Kindes (z. B. die Brüder Michael und Johann Gasteiger).

Die verdrängte Vergangenheit
Umgang mit dem Nationalsozialismus

Die NS-Vergangenheit 1933–1945 ist in Ampermoching mit Beginn der 50er Jahre zumindest in der verbalen Auseinandersetzung kein Thema mehr. Alle Zeitzeugen berichten in Interviews, dass darüber im Ort nicht gesprochen wurde. Die Menschen wollen von der Vergangenheit nichts mehr wissen und schauen lieber nach vorne. Verdrängung findet in unterschiedlicher Form sowohl als individuelles als auch kollektives Phänomen statt. Für den Einzelnen wie auch für die Gemeinschaft des Dorfes ist das Verdrängen möglicherweise ein Schutzmechanismus.

Dazu Johann Zigldrum, Jahrgang 1941, Zeitzeuge, Ehrenbürger und Bürgermeister der Gemeinde Hebertshausen von 1990–2002, im Interview am 15. Juni 2016: »Wenn wir jeden Tag das Thema behandelt hätten, dann hätten wir Mord und Totschlag und Feindschaft gehabt in allen Bereichen. Die Menschen mussten ja weiterleben. [...] Mit dem Ende des Krieges waren ja die Menschen, die vorher dem Nationalismus angehangen sind, oder Sympathisanten waren [...], des hod ma ja gewusst wer, wie und wos, [...] de warn ja no da [...]. Des ging nicht anders, als nur den Weg zu gehen. Nicht zu verdrängen und auch nicht zu vergessen. Aber weiter zu existieren in a Dorfgemeinschaft [...]. Man war ja froh, dass dieser, na, der Gilg, weiter war und die Schneider Goaß und der ganze Pöbel do weg war.«[1]

Hauptlehrer Hubert Gilg war als Parteifunktionär Ortsgruppenleiter der NSDAP in Ampermoching. Er wurde nach Kriegsende drei Jahre im Internierungslager Moosburg inhaftiert.[2] Theresia Schneider war ebenfalls Lehrerin und NSDAP-Funktionärin in Ampermoching.

Im Seelsorgebericht, verfasst von Pfarrer Alfons Wilhelm am 18. Januar 1950, beschreibt dieser u. a. die »hervorragende Disziplin der Kinder«. Ihm wird bei seinem Amtsantritt 1949 Ampermoching als eine »Hochburg des Nationalsozialismus« geschildert.[3] Gesprächsbedarf hätte es wohl gegeben, dieser wird jedoch verdrängt. Regina Keller äußerte sich im Interview am 31. 5. 2016: »Na, des war koa Thema mehr. [...] Na, des war verdrängt. Weil des san ma gwohnt gwesen von unterm Kriag. [...] Hot ma nix sogn derfa und hernach [...] is so weiterganga. [...] Ma war froh, dass ma des wegghabt hat.«[4]

Josef Reischl ist während der gesamten Zeit des Nationalsozialismus Bürgermeister in Ampermoching.[5] Er wird 1945 von den Amerikanern abgesetzt. An seine Stelle tritt Franz Wechslberger, der 1948 bei der Kommunalwahl wiedergewählt wird. Bei der Wahl 1952 gibt es keinen Bürgermeisterkandidaten. Bürgermeister wird die Person, die die meisten Stimmen bei der Gemeinderatswahl erlangt und das ist Josef Reischl.[6] Keiner der Befragten findet daran etwas Ungewöhnliches. Josef Reischl genießt das Vertrauen der Bürger.

Ähnlich verhält es sich mit Eduard Bachinger, vom 1. 1. 1970 bis 31. 12. 1987 Mitglied des Bayerischen Senats und Träger des Bayerischen Verdienstordens [1979]. Von 1967–1982 ist er Präsident des BBV [Bayerischer Bauernverband], Bezirksverband Oberbayern, und ab 1982 dessen Ehrenpräsident. Außerdem

Bürgermeister Reischl ein Siebziger
Ampermoching. Bürgermeister Josef Reischl kann heute, Mittwoch, seinen 70. Geburtstag feiern. Schon lange Jahre vor 1945 leitete er die Geschicke der Gemeinde als Oberhaupt und wurde auch in der zweiten Wahlperiode nach dem Zusammenbruch mit überwiegender Mehrzahl zum 1. Bürgermeister gewählt. Den Einheimischen wie den Flüchtlingen ist er stets ein guter Berater, was ihm auch das Vertrauen der Bürger einbrachte.   da.

Dachauer Nachrichten 21. 7. 1954
(Stadtarchiv Dachau)

Ampermoching. Die Gemeinde konnte kürzlich ein Fest besonderer Art feiern. Der nunmehr 70jährige Bürgermeister Josef Reischl wurde in der letzten Gemeinderatssitzung einstimmig zum Ehrenbürger der Gemeinde ernannt. Von 1933 bis 1945 leitete Reischl die Geschicke der Gemeinde und stand ihr als Bürgermeister vor, und 1952 übernahm der damals 68jährige wiederum dieses Amt. In schwerer Zeit, besonders im Kriege, führte Reischl die Gemeinde über alle damals auftretenden Widerwärtigkeiten glücklich hinweg. Sein Verständnis, seine Gerechtigkeit und das ausgleichende Wesen seines Charakters, mit der er auch die hitzigsten Debatten beruhigen konnte, kamen ihm bei seinem Amt besonders zustatten.

Zweiter Bürgermeister Edi Bachinger überreicht im Auftrage der Gemeinde dem 1. Bürgermeister Josef Reischl anläßlich seines 70. Geburtstags die Ernennungsurkunde zum Ehrenbürger.

Dachauer Nachrichten 28. 7. 1954
(Stadtarchiv Dachau)

bekleidet er zehn Jahre lang das Amt eines Sozialrichters in München.[7] Bachinger ist während des Nationalsozialismus und in der Zeit danach eine einflussreiche Größe im Ort. Im »Amtsblatt für Stadt und Landkreis Dachau« vom 6. Oktober 1945 wird mit Genehmigung der Militärregierung bekanntgegeben, dass »Geschäft und Eigentum« Eduard Bachingers unter Kontrolle der Militärregierung gestellt werden »u. zwar aus Gründen [...] [aktiver] Betätigung bei der NSDAP«.[8] Bachinger wird von der US-Militärregierung vom 6.2. 1946 bis zum 5.6. 1946 im Lager Moosburg interniert.[9] Ab 1948 bekleidet er das Amt des Vorsitzenden des Bayerischen Landesverbandes für Gartenbau und Landpflege. Diesem Posten folgen im Laufe der Zeit zahlreiche weitere.[10] So ist er ab 1952 Mitglied des Gemeinderates in Ampermoching und Zweiter Bürgermeister sowie Mitglied des Kreistages. Ab 1952 ist er Kreisvorsitzender der CSU im Landkreis Dachau.

Alfred Birol, geboren 1943 im Sudetenland und 1946 von dort vertrieben, erinnert sich, dass er vom Vater mehr über die Zeit des Krieges erfahren wollte: »Es war in dem Sinne, wenn i amoi gfragt hab, wia i bei da Bundeswehr war [...] und hob'n gfragt, du Pap, wia war des bei Eich und so [...]? Na war er äußerst verschlossen, ja.«[11]

Dagegen verhielt es sich bei einem weiteren Zeitzeugen [Name dem Autor bekannt] völlig anders. Die Zugehörigkeit des Vaters zur SS-Wachmannschaft des KZ Dachau war für ihn etwas ganz Normales und ein Beruf wie jeder andere. Der Vater, der 1943 von Dachau zur Partisanenbekämpfung auf den Balkan abkommandiert worden war, unternimmt nach seiner Rückkehr 1945 nach Dachau keine Anstrengungen, sich seiner Verhaftung, etwa durch Flucht, zu entziehen. Er ist überzeugt, dass er nichts zu befürchten hat: »Wia'n d'Muadda gfrogt hod: ›Du moanst ned, dass gscheida is, du dadsd vaschwindn, du dadsd amoi untadaucha?‹ Wos ja vui gmacht hom domois. De san irgendwia aufs Land, Knecht gmacht oda irgendwos, geh. Und hom gwart, bis sich des ois glegt hod. Und do woaß i no, wia da Vadda grod duat: ›Du, worum soit i ohaun, i hob a saubas Gwissn, i hob a reine Westn, i hob ma nix z'Schuidn kemma lassn, i hob koan massakriert, i hob koan umbrocht, i bleib do.‹«[12]

Der Mann wird bei den Dachauer Prozessen 1946 zu acht Jahren Haft in der Strafanstalt Landsberg verurteilt,[13] von denen er fünfeinhalb Jahre verbüßt[14].

Erst viele Jahre später sind seinem Sohn Zweifel an der Unschuld des Vaters und der Harmlosigkeit seines beruflichen Tuns gekommen. Bei einem

Besuch der Gedenkstätte ehemaliger »SS-Schießplatz Hebertshausen«, las er auf einer Informationstafel, dass SS-Männer, die an Erschießungskommandos beteiligt waren, im Sommer 1942 zur »Belohnung« nach Italien in den Urlaub fahren konnten.

Text auf einer Informationsstele der Gedenkstätte »SS-Schießplatz Hebertshausen«

»Awa, i woaß, es san Fotos da, wo er in Palermo und in Neapel [...] Urlaub gmacht hod«.[15] Die Zweifel hat er dennoch wieder verdrängt. Er ist überzeugt davon, dass der Vater »nur« wegen einer Ohrfeige, die er einem Häftling wegen eines wiederholten Verstoßes gegen die Lagerordnung verabreicht hatte, zu acht Jahren Haft verurteilt wurde. Das Urteil empfindet er als große Ungerechtigkeit.[16]

Dieses Beispiel stellt einen Fall der doppelten Verdrängung dar: Zunächst verdrängt der Vater seine Schuld in seiner Funktion als Wachmann im KZ. Allein wegen einer Ohrfeige, die er einem Häftling verabreicht hatte, wäre er mit Sicherheit nicht zu acht Jahren Haft verurteilt worden. Das hätte ihm völlig klar sein müssen. Es bleibt rätselhaft, wie er äußern konnte, er hätte sich nichts zu Schulden kommen lassen. Sein Sohn verdrängt die Fakten, die darauf hindeuten, dass es mehr als eine Ohrfeige gewesen sein musste, die dem Vater die hohe Haftstrafe einbrachte.

WIRTSCHAFTSWUNDER
ALLTAGSLEBEN ZWISCHEN TRADITION UND FORTSCHRITT

In Ampermoching macht sich das sogenannte »Wirtschaftswunder« erst ganz allmählich bemerkbar. Pfarrer Wilhelm beschreibt das Dorf im Jahre 1950 als Pfarrei mit rein bäuerlichem Einschlag,[17] stellte jedoch bereits ein Jahr später fest: »Durch Großstadtnähe ist der ländliche Charakter eines altbayerischen Dorfbildes verwischt. Bäuerlich religiöses Brauchtum kaum vorhanden. Man erfüllt seine Christenpflicht um nicht aufzufallen.«[18]

Die Wohnungsnot ist noch immer groß. Zeitzeuge Hans Hein, Jahrgang 1943 und Kind von Vertriebenen aus Königsberg in Ostpreußen, lebte bis 1954 mit seiner vierköpfigen Familie in einem Zimmer beim »Bründlschuster« [Lerchl]: »Beim Bründlschuaster ham ma oa Zimmer kriagt. Vier Personen, Vater, Mutter Schwester und i. Und da war ma siebeneinhalb Johr. [...] Klo übern Hof, so a Plumpsklo. Des war des Schlimmste für mi als Kind.«[19]

Die Technisierung in der Landwirtschaft beginnt langsam. Regina Keller, Tochter des Landwirts Anton Moosrainer, erinnert sich: »Erst warn Ochsen da. Da war doch die Krankheit. [...] [Maul- und Klauenseuche Anfang der 50er Jahre] Dann hat er [der Vater] zwoa Ross g'habt. Nach de Ross san [...] der Bulldog kemma [...], a Eicher. [Traktorenfabrik Gebr. Eicher, Forstern bei Markt Schwaben, Obb.] Der Sixt hat den vor uns g'habt, an Eicher. Und dann ham mir an Eicher g'habt und dann hat der Sixt an zwoaten«.[20]

Neu sind die landwirtschaftlichen Anhänger mit Gummibereifung sowie Geräte wie Bindemäher, Kartoffelroder, Dreschmaschinen oder Mistbroater [Miststreuer]. Der Übergang zur neuen Technik entwickelt sich erst allmählich. Nach wie vor kommen herkömmliche Methoden zum Einsatz.

Josef Lerchl (Emmerl) 1955 mit Ochsengespann

Fahrgeschäft Höflmair 1955

Auch auf dem Hof der Eltern von Hans und Michael Gasteiger hält die Technik langsam Einzug. Die Brüder berichten im Interview am 17.1.2017 von der Anschaffung des ersten Schleppers mit einer 16 PS Maschine ebenfalls Marke »Eicher«. In der Erinnerung der beiden Brüder war die Mechanisierung in der Landwirtschaft in den 50er Jahren noch sehr verhalten. Erst

ab 1960 ging es richtig los: »Anfang de Fuffzger ham ma an Schleppa krie-
agt […], aber der is ned so vui hergnomma worn, […] zum Ackern und zum
Eeng vielleicht no. Des anda is ois no mid de Ross gmacht worn. […] Ja, des
is dann eigentlich so dahieganga. Mechanisierung war ned vui in fuchzg bis
sechzg. Sechzg is dann praktisch aufwärts ganga. Do hods dann de erstn
Mähdrescha gebm. Und na hom ma an grässan Schleppa kriagt.«[21]

Die beiden Brüder sind schon als Kinder mit den landwirtschaftlichen Arbeiten vertraut. Es ist eine Selbstverständlichkeit, dass sie als Heranwachsen-
de voll eingebunden sind und auf dem Hof jeder seine Aufgaben zu erfüllen
hat. Teilweise sind auch schwere körperliche Arbeiten zu erledigen. Johann
Gasteiger erzählt: »56 bin i aus da Schui kemma. Do war […] ja, do hom ma
ois mid da Hand […] Mistauflodn, hom ma extra so a Mistmessa, hom ma
ghabt. Hom ma so kloane Streifn runta gschnittn. Weil der war ja ganz ver-
fault. Und damit hoid s'Aufleng leichta ganga is.«[22] Und Michael Gasteiger:
»Des war a schware Arwad, des Mistaufleng. No dazua in a Gruam untn. An
Wong hod ma meistens ned so weid nunta brocht. Oiso host den Mist, und
der verfaulte Mist, der war schwaar, des Feichte, der fette Mist«.[23]

Obwohl Michael im Gegensatz zu seinem Bruder Johann den Umgang mit
den Pferden nicht mag, muss auch er Arbeiten mit den Tieren verrichten.
Einmal ist er in einen schweren Unfall verwickelt, den er nur mit viel Glück
ohne größeren körperlichen Schaden übersteht: »Und beim Hoamfahrn hod
ma dann auf da linkn Seitn de Breda umglegt und do is ma droom ghockt,
ois Kutscha. D'Fiaß seitlich nuntaghängt […] und mid Karacho do hinta […]
des linke Ross, Soolross, hod ma gsagt, […] der woid grood nei. Weil i wahrscheinlich zoong hob wie ein Irra. Dann san ma genau mid da Deichsl auf de
gemauertn Torsäulen […]. Is der stirnseitig mid da Deichsl auf des Ding los
[…] und da Max, des war da Rechte, der hod a Mandl gmacht, […] hod des
ganze Glump umgschmissn in mehrere Trümma […] und san ma vom erstn
Wong no de Hintachs üwan Rückn drüwa, und vom zwoatn Wong zwoa. I
woaß des heid no. Zack, zack, zack, hods gmacht.«[24]

Beide Brüder können sich noch genau erinnern, wie der technische Fortschritt so langsam auf ihrem Hof und anderswo Einzug hält: »Ja, so ab fuchzg
do san ganz viele Schleppa vakafft worn. Ja, do is no mid'm Binda, oiso as Troad gmad worn und hod's auf so Garbn, hod ma gsagt, so zambundn. Und
dann is des auf Mandl, oiso is zamm gstoid worn. San oiwei neine auf oa so a
Mandl zamgstoid worn. Und des is hoid dann trockned und na hod ma's eig-
fahrn. Des hod ma dahoam dann im Stodl drin, praktisch dann im Winta,

oiso eiglagad und im Winta dann droschn worn [...]. Bis Weihnachtn hod ma fertig sei woin mid'n Dreschn. Dreschmaschin und a Press hod's do a scho gebm. Oiso de is hintn beim Dreschwong hikemma. Hod ma Maschinen kriagt. Do warn dann zum Teil no Probleme mid'm Stromnetz. Mia hom ja do hinta da Kirch [gewohnt], do warn ma ziemlich am Ende vom Stromnetz. Do hod ma no jedn Elektromotor, der a bissl grässa war, no genehmign lassn miassn. Der dann a eigentlich gor ned genehmigt worn is, oda? Des war do so ganz an da Grenze.«[25]

Weizenernte beim Glas 1956

Alfred Birol, Kind einer Familie, die 1946 aus dem Sudetenland vertrieben worden war, ist noch heute stolzer Besitzer von Motorrädern aus den 50er Jahren und schon immer sehr interessiert an technischen Geräten. Er erinnert sich: »Auf alle Fälle, de erstn Gummiwägn san na aufkemma. Ja, und de Bindemäher, [...] Kartofferoder. Zerscht hom mia oiwei de Kartoffe krätzn miassn, auf Deitsch gsagt. Krätzn hom ma gsagt, wenn ma nochglaubt hod. Des hom d'Flüchtling na doa deaffa. Wenn a Bauer lassn hod. Vui san zerscht no her und hom's eingeackert. Ja, meine Schwiegerleit zum Beispui, de hom dann [...] a Sau gfuadad und de hom Kartoffe krätzt. Wo hättst des denn her kriagt sonst? [...] Mistbroater, des war aber erst vui späda, de erstn Mistbroater.«[26]

Dreschen beim Kramer 1959

Kartoffelwägen beim Nefzger 1959

Johann Zigldrum, der viele Jahre seiner Kindheit auf dem Bauernhof verbringt, schildert sehr detailliert, wie die Anschaffung neuer landwirtschaftlicher Geräte und Maschinen erfolgt und wie diese dann eingesetzt werden: »Dann kam natürlich de Mechanisierung. De Maschinen kamen. Olle hom Traktoren kafft wia wild [...]. Dann hob i a mitkriagt, wia a Bulldog kafft worn is, bei meim Großvadda, ein Lanz Bulldog. Von da Baywa. Do hob i so zuagschaugt, wia da Baywa Vertreter do war und wia's ausghandelt hom. I hob do bloß oiwei zuaghört und dann hom's den Lanz gekauft. Während olle anderen, [...] de hom an Eicher gekauft [...]. Ja, und dann gings hoid wirklich los [...]. Und an diesen Bulldog, an den Lanz Bulldog, da hom mia dann an Mähbinder oghängt. Mähdrescher gab's ja anfangs no ned. An Mähbinder. Und i bin dann do ois Bua beim Sepp 54, 53, 52 hintn auf'm Binder drobn ghockt. Der hod vorn gmaht und hob den Binder reguliert do. Mähtisch höher stoin, runter, beobachten, Haspel richtig, es war so a Binder mit an Haspel. Richtig richten, aufpassen, dass wenn der Garben auswirft, dass der Knüpfer ned plötzlich koa Schnur mehr hod und so Gschichtn. Ja, do bin i do scho fünf, sechs Stunden do gfahrn. Des war für mi do a Lebn auf'm Bauernhof. Im Kuastoi Küa fiadern und Kaibe fiadern. Und wenn a Kua grindert hod, na hom's an Stier wieder rausdo. Dann hom's wieda gsagt, Kinda, ihr miassts ins Haus nei geh. Und mia hom dann beim Fensta naus gschaugt. Weil des gfährlich is, hom's gsagt. I hob ja ned wusst, wos i ned seng hob soin. Sie hom bloß gsagt, des is gfährlich. Wos war do gfährlich gwesn? Des san olles so Erlebnisse. Späda hom ma dann natürlich scho gwusst, wos des war [...] Und [de hom] no an Pumpbrunnen ghabt im Haus [...] Druckwasserkessel aufgstoid worn und as fließende Wasser is dann ins Haus baut worn. Um bei den Maschinen zu bleiben, dann hom de hoid immer moderneres kafft.

Und dann Mähdrescher und de Sämaschinen und Heumaschinen. Früher hod's ja nur, bei den Heuma-

Grasmäher mit 2 PS

schinen, nur den sogenannten Heurecha gebn. Des war a Fahrzeug mit zwo große Räder links und rechts. Ma hod a Pferd ogschpannt und hintn an Rechen. Und des war scho a großer Fortschritt, as Heu zammrecha mid so an Heurecha. Und de Pferde hom's ja eigschpannt in die Mähmaschinen, oiso Grasmähmaschinen. Des is auch eine Maschine mit einer langen Deichsel und am Sitz hinten drauf, ein eiserener Sitz, der a bissl gefedert war. Die Räder warn a Eisenräder mit Rippen. Weil über diese Räder ist der Antrieb erfolgt. Und do war a Getriebe drin mit einem Exzenter [Ein Exzenter ermöglicht es eine kreisförmige Bewegung in eine horizontale Vor- und Zurückbewegung umzuwandeln.]. Der Mähbalken hat da so ausgschaut, wie heut a no Mähbalken ausschauen. Der is dann seitlich abgekippt und de Pferde san losgfahrn und durch diesen Antrieb ist das Messer in diesem Balken gelaufen. Und do san die so hingfahrn. Für die Pferde war des a Sauarwad. De hom do schwer ziagn miassn. Do warn de Mähmaschinen, an Ableger und an Binder und an Heurecha. Des warn de Maschinen. Und dann ging's aufwärts. Dann is da Heurecha verschwundn. Dann kam so a Schwadenrechen. Zuerst war da a Schwadenrechen, den hod ma an Bulldog oghängt. Der hod dann des Heu in Schwaden zamgfahrn. Des war so a Maschine, die so diagonal angehängt wurde, is aber vorwärts gefahren. Und mit einem Gittergetriebe, des dann des Heu so einfach eingerecht hat. Do san de rumfahrn mit an ganz rasanten Tempo. Und dann später kamen die Kreiselheuer [...]. Später hat man das Mähwerk an die Traktoren angebaut. Und mit dem Kreiselheuer hat man das Gras auseinandergestreut und gelüftet. Also Handarbeit ist dann total verschwunden [...]. Ich hab noch als Kind, also wirklich mit dem Recha, Heu gwendt. Und dann ging `s aufwärts. Und des sieht man auch, dass für die Landwirte eine gute Zeit gekommen ist. Es sind ja so viele neue Häuser gebaut worden. Des ganze Dorf ist ja im Prinzip fast neu baut worn.«[27]

Die Anschaffung der Maschinen ist natürlich kostspielig. Sparkassen, Volksbanken und Raiffeisenbanken gewähren bereitwillig Kredite. Durch die immer noch vorhandenen Schwierigkeiten bei der Versorgung der Bevölkerung mit ausreichenden und qualitativ hochwertigen Lebensmitteln erlebt die Landwirtschaft einen regelrechten Aufschwung. Manch einer spricht vom Beginn der »goldenen Jahre« für die Landwirte. Dazu Johann Zigldrum: »Die Lebensmittelpreise waren [im Verhältnis] höher als heute und die Getreidepreise waren guad. De hom ja mehra kriagt wia heid [...]. Die haben des finanziert durch die Einnahmen [...]. Auch über Kredite. Aber für Maschinen haben die kaum Kredite genommen [...]. Es hat ja auch Förderprogramme gegeben in der Landwirtschaft. Die Landwirtschaft ist ja da sehr gefördert worden. Ein eigenes Landwirtschaftsministerium und Zinsverbilligungmittel und Förderungsmittel. Und es gab da natürlich die Landwirtschaftsämter, die dann ganz aktiv in die Beratung eingestiegen sind. Des hing halt olles damit zusammen, dass die keinen freien Markt hatten. Und der Staat auch interessiert war, die Ernährungssituation zu verbessern. Kann ma, glaub ich, heut mit jedem Landwirt reden. Jeder wird sagen, die 50er, die 60er und die 70er Jahre, des waren goldene Zeiten.«[28]

Aber nicht nur in der Landwirtschaft geht es aufwärts, auch im privaten häuslichen Bereich kann man sich allmählich Dinge wie Radios, Wäscheschleudern und später Fernsehgeräte leisten. Der Wunsch nach Mobilität ist ausgeprägt. Fahrräder, Motorräder und Autos sind begehrte Objekte und werden angeschafft. In den Häusern werden Badezimmer eingerichtet oder die vorhandenen sanitären Räume werden modernisiert.

Auch der Vater von Alfred Birol kann sich Mitte der 50er Jahre ein Motorrad leisten. Bis dahin muss er immer mit dem Fahrrad nach Dachau fahren,

Auch Benno Nefzger (2. von links) war schon Anfang der 50er Jahre mit dem PKW unterwegs. Hier präsentiert er mit Freunden (links Jakob Ziller, rechts Georg Höflmair) stolz den Opel seines Vaters. Die jungen Leute haben sich für den Ausflug fesch gemacht und die Haarpracht mit »Brisk« gefestigt.

um dort in den Zug nach Allach zu steigen, wo er als Angestellter der Deutschen Bundesbahn tätig ist: »Na is er mit an NSU Quick [nicht das legendäre Kleinkraftrad NSU-Quickly] [...], des is a Motorradl gwen, des homs baut bis Baujohr 56 sowas, ja. [später ergänzt: Baujahr 1938, etwa 1952 gekauft] Mit dem is er hoamkemma [...]. Des war natürlich as Highlight für uns, geh.«[29]

Alfred Birol selbst kann sich erinnern, dass er bei jedem Wetter und zu jeder Jahreszeit mit dem Fahrrad zur Arbeit fuhr. Er ist Lehrling in einem Malerbetrieb in Dachau. Sein Wochenlohn beträgt damals 12,50 DM.[30]

Mitte der 50er Jahre gibt es in Ampermoching schon eine größere Anzahl von PKW-Besitzern. Aber nicht jeder sieht diese Entwicklung positiv. Pfarrer Wilhelm stellt in seinem Seelsorgebericht am 21. 2. 1955 fest: »Die religiöse Praxis: 32 PKW Besitzer sind durch vielfache Fahrten ins Blaue oder auf die Jagd nicht kontrollierbar in Ausübung ihrer Sonntagspflichten.«[31]

Flüchtlinge und Heimatvertriebene – Der schwierige Neubeginn

Pfarrer Wilhelm beurteilt die Situation der Heimatvertriebenen und Flüchtlinge im Ort recht positiv: »Das Einvernehmen von Alt- und Neubürgern ist besser als anderswo.«[32]

Unter den Kindern gibt es ohnehin kaum Probleme zwischen Einheimischen und »Neubürgern«, wie der Pfarrer die Flüchtlinge und Vertriebenen immer wieder in seinen jährlichen Seelsorgeberichten bezeichnet. Aber es gibt Ausnahmen. Alfred Birol schilderte folgenden Vorfall: »Ja, is vorbei. I hob's verdrängt, wos hoaßt verdrängt? Schau, i bin amoi in d'Schui ganga, na is oana draussn gstandn mid sein Buam. I hob vorbei miassn, na hod a gsagt, geh hi und schlog den Flüchtlingsstier [...] Na bin i gfotzt worn von dem, obwoi er mid mia in d'Schui ganga is. In de gleiche Klass. Und i bin grod vom Krangahaus raus kemma, weil i a Blinddarmoperation ghabt hob. Okay, des drog i dem Buam heid ned noch. Schuid war ja da Oid.«[33]

Das Verhältnis unter den Erwachsenen funktioniert einigermaßen. Das liegt in Ampermoching vor allem daran, dass nur wenige Neubürger im Ort geblieben sind. Es stehen keine Baugrundstücke, wie z.B. in Deutenhofen oder Hebertshausen, zur Verfügung.

Das soll auch vorerst so bleiben, denn der Gemeinderat fasst in seiner Sitzung am 28. Februar 1956 zu einem »Antrag auf Löschung als Wohnsiedlungsgemeinde«[34] folgenden weitreichenden Beschluss: »Die Gemeinde

Ampermoching wurde 1941 ohne Zutun des Gemeinderats [...] als Wohnsiedlungsgebiet erklärt. Die Gemeinde ist nicht interessiert, Wohnsiedlungsgemeinde zu sein [...]. Es soll wieder erreicht werden, daß der Grundstücksverkehr ohne besondere Genehmigung nach dem Wohnsiedlungsgesetz erfolgen kann. Es wird noch hinzugefügt, daß für das Gemeindegebiet noch kein Wirtschaftsplan aufgestellt worden ist. Die Gemeinde gehört schon seit längerer Zeit nicht mehr dem Planungsverband Äußerer Wirtschaftsraum an«.[35]

Nicht jeder im Dorf steht hinter dem Beschluss des Gemeinderates. Für einige ist er hinderlich für eine vorausschauende Gemeindeentwicklung. Dazu Johann Zigldrum aus heutiger Sicht: »Aber des is, glaub ich, so ein markanter Entschluss gewesen für Ampermoching, dass man damals gesagt hat, wir bleiben bäuerlich und wollen nicht siedeln. Und da sog ich jetzt aus meiner heutigen Betrachtung, is damals der Grundstein gelegt worden dafür, dass Ampermoching bei der Gebietsreform untergebuttert werden konnte. Weil wir hatten ja unendlich viele Leute, es haben ja damals [in Ampermoching] 1100 Menschen scho gewohnt.«[36]

Allerdings hatte und hat Hebertshausen wegen des direkten S-Bahnanschlusses immer einen »Standort- und Entwicklungsvorteil« gegenüber Ampermoching. Ob die Siedlungsentwicklung ohne den Beschluss des Gemeinderates aus dem Jahre 1956 in Ampermoching wesentlich anders verlaufen wäre, kann man zumindest in Frage stellen.

Ab 1953 ist der Pfarrer mit dem Verhalten einiger Neubürger, wie er Flüchtlinge und Vertriebene im Ort nennt, nicht mehr einverstanden: »Eine Anzahl von Neubürgern erfüllen ihre religiösen Pflichten recht mangelhaft. Abträglich wirkt seit Jahren die Abhaltung von Veranstaltungen an Samstagen. Hier gingen überall die Neubürger mit schlechtem Beispiel voran.«[37]

1958 gibt es jedoch immer noch eine »Flüchtlingsfrage«, zu der der Pfarrer Stellung bezieht: »Flüchtlingsfrage: In den letzten 3 Jahren ist ein Großteil der Heimatvertriebenen abgewandert in Richtung Arbeitsstätten oder Ausland.«[38]

Eine der ersten Eheschließungen zwischen einem Flüchtling und einer einheimischen Bauerstochter in Ampermoching ist die von Reinhard und Regina Keller, geb. Moosreiner. Reinhard Keller ist evangelisch und Regina Keller katholisch. Zur damaligen Zeit war eine Heirat unter diesen Umständen nur mit erheblichen Schwierigkeiten zu bewerkstelligen. Die Eltern von Regina Keller machen jedoch wider Erwarten überhaupt keine Probleme und geben ihren Segen. Der evangelische Pfarrer Köbelein ist mit der Ehe jedoch nicht einverstanden und weigert sich, das Paar zu trauen. Er macht zur Bedingung, dass Regina zum evangelischen Glauben übertreten muss. Reinhard Keller erzählt: »Ja, hat er gsagt, ja, das kannst du macha, wenn die Frau auf'n evangelischen Glauben übergeht. Dann hab' i g'sagt, Pfarrer, [...] irgendwas stimmt doch bei uns Zwoa net. Dann hat er mi so ogschaut und hot er gsagt: ›Wieso?‹ Ja, hob' i gsagt, wie soll denn des geh?«

Viel pragmatischer hält es der katholische Pfarrer Alfons Wilhelm: »Der Pfarrer Wilhelm, der hat's uns ermöglicht, dass mir heiraten haben können. Weil der Köbelein, der evangelische, wollt uns net traun [...] und i hab gsagt, i bin katholisch, i ziag meine Kinder katholisch auf und des wui i a so habn. Und na hat der Pfarrer Wilhelm gsagt, des werden mir glei habn. Der is nach München gfahrn zum Bischof, hat die [...] da hat ma a Genehmigung braucht, dass mir heiraten habn können und die hat er bracht. Und no hat er uns a traut. Aber do warn mir scho narrisch, weil war ja blöd gwen, gell? [...] Aber der Wilhelm war einmalig, muaß i sogn.«[39]

Soweit Regina Keller. Alle Bemühungen von Reinhard Keller, den evangelischen Pfarrer umzustimmen, bleiben erfolglos. Aber zu Pfarrer Wilhelm kann er ein gutes Verhältnis aufbauen: »Hab' i gsagt, du Alfons sag a mal, soll i zum Erzbischof mit dir mitfahrn? Ah na, hat er gsagt, des brauchst du net, des mach i alloa, hat er gsagt. Und dann war er allweil bei mir, Weihnachten«.[40]

Die Frage des sonntäglichen Kirchgangs löst Reinhard Keller pragmatisch: Er geht mal zum katholischen und dann wieder zum evangelischen Gottesdienst. Die meisten Ampermochinger wissen gar nicht, dass er evangelisch ist.

Zeitzeuge Hans Zigldrum hat gute Erinnerungen an die Heimatvertriebenen und Flüchtlinge: »Ich hab also einen guten Freund gehabt damals, der mit mir die Schule begonnen hat. Des war der Dieter Hielscher [...]. Ich hab dann, des war wohl am Anfang der 50er Jahre, 51, 52, mit dem Dieter, seinem Vater und seinem kleinen Bruder [...], die kamen aus Schlesien, der hat mit uns – und da durfte ich mitfahren – eine Radltour gemacht, zum Ammersee. Des war mein erster Ausflug zum Zelten. Also da muss ich jetzt sagen, des war etwas, was für mich beeindruckend war. I bin mit dem oidn Radl von meim Vadda von do bis zum Ammersee gfahrn. Richtung über Stegen, dann nauf am Westufer. Wenn ma do nauf fährt, Dießen, genau do is des am Westufer do mittendrin, do irgendwie Schondorf, glaub ich, hieß des. Und do hat der da ein Zelt aufgebaut. Und so was hätte ich nie erlebt aus meiner Ampermoching zugehörigen, ja, beschränkten Erlebniswelt. Wenn net hier der Hielscher mit uns do zum Ammersee gefahren wäre. Mein Vadda hätt des nia gmacht und auch sonst niemand. Des war ja gor ned im dörflichen Leben. Des hat's ned gegeben damals. Und do samma zum Ammersee nauf geradelt. War vielleicht zehn Jahre alt. Ja, des war so 51ge. Und er hat so ein oides Dreieckszelt ghabt, mit Militärzeltplanen. Do hod er des Laub zam ghoit und a Deckn drauf und so. War jedenfalls wunderschön und mia [waren] dann drei oder vier Tage dort. Mit Lagerfeuer. Und des war für mich ganz ein bleibendes Erlebnis und ein erster Eindruck, was Flüchtlinge neu in unser Dorf reingebracht haben. Des kannte man vorher nicht. Des is ein schönes Erlebnis. Ja, ich denk da immer wieder dran«.[41]

Wandel der Berufswelt – Landwirtschaft, Handwerk, Industrie

»Viele Einheimische, auch aus bäuerlichen Kreisen, gehen heute lieber in Fabrikbetriebe als in den Stall. Auch hier ist die Folge Abwanderung und auswärtige Verehelichung. Begründung: Besserer Verdienst und mehr Freizeit. Religiöse Praxis: Der materielle Zeitgeist findet auf dem platten Land immer mehr Boden. Die Sucht nach Geld ist vorherrschend. Dadurch wird das religiöse Brauchtum stark in den Hintergrund gedrängt.«[42] So schreibt Pfarrer Wilhelm in seinem Seelsorgebericht für das Jahr 1957.

Überall entstehen Betriebe, die für Herstellung und Vertrieb ihrer Produkte dringend Arbeitskräfte benötigen. Nicht nur in München, auch in Dachau ist ein spürbarer wirtschaftlicher Aufschwung zu verzeichnen. Firmen wie die Papierfabrik, die Süddeutsche Rohrmattenfabrik (SÜROFA), die Sulida, die Hemdenfabrik Grätz, die Schaumstoffverarbeitung Neuner, Elektro-Wietek, die Firma Fichtlscherer, die Erma-Werke, Grundig und andere, sind in Dachau größere Arbeitgeber. Einige dieser Firmen werden von Heimatvertriebenen oder Flüchtlingen gegründet.[43]

Mit der Verlagerung von Arbeitsplätzen aus den Dörfern in die Städte werden Arbeitnehmer zu Pendlern zwischen ihrem Wohnort und der Arbeitsstelle. Ein neues gesellschaftliches Phänomen, das sogar in der katholischen Jugendarbeit als Thema aufgegriffen wird: »Es war natürlich ein großes Thema, in der Jugendarbeit [...], des Thema der Pendler. Des heißt also, Pendler waren die Leute, die plötzlich in die Arbeit gefahren san. Und des Zusammenleben Pendler und Ansässige, des hod ma do a in diesen Vortragsreihen behandelt.«[44] So berichtet Johann Zigldrum, der von Anfang an in der katholischen Jugendarbeit engagiert ist.

Aber auch im Dorf selbst entstehen Arbeitsplätze. Der spät aus russischer Gefangenschaft heimgekehrte Thomas Polz eröffnet eine Bäckerei, die heute weit über die Grenzen des Landkreises hinaus bekannt ist. Durch die Mechanisierung in der Landwirtschaft gibt es viele gute Aufträge für die mechanische Werkstatt von Hans Großmann, in der Georg Göttler sen. beschäftigt ist. Die Maschinen und Geräte müssen schließlich in Stand gehalten werden. Sein Sohn Georg Göttler jun. erzählt dazu im Zeitzeugeninterview am 2. September 2016: »Zur Ernährungssituation: Also wir, meine Eltern und ich und auch meine Verwandten, waren Privilegierte. Erstens hot mei Vater was verdient, also mir ham scho Geld ghabt, auch wenn's wenig war, und mei Vater war eben bei den Bauern tätig. Also der hat alles repariert. I hab immer gsagt, du reparierst von der Uhr bis zum Bagger alles. Also, die Aufzüge zum Beispiel. [...] Zur Ernte sind die reihenweise alle kaputt ganga. Des war meistens so. Diese Greifer, die elektrisch betrieben waren und so [...] und da hat er sich eben durch seine Reparaturen mit den ersten Lanz-Bulldogs, die es also do gebn hat und die Fuhrwerke, da hat er sich a bissel was von den Bauern verdient. Also die ham ihm dann was zugsteckt. Amoi is gschlachtet worn, hat ma also da was bekommen. Blut- und Leberwürscht und a Wammerl und amoi an, ja, an kleinen Sack Mehl, dass ma also dann beim Bäcker dann, Polz,

Mechanische Werkstätte Hans Großmann 1955

[...] was backen ham lassen können [...] Eier amoi oder a grupfte Henna oder a Antn. [...] Also die Bauern ham sich da hoit erkenntlich gezeigt und wir ham profitiert davon. [...] Wir ham also nicht zuviel ghabt, aber des was mer gebraucht ham zum Leben, des ham ma olles ghabt. Und des war nicht selbstverständlich damals noch.«[45]

DAS SCHÖNE LEBEN – FREIZEIT, REISEN UND JUGENDKULTUR

Für die Landwirte kommt eine Reise in den Süden oder überhaupt ein längerer Urlaub nicht in Frage. Sie sind an ihre Höfe gebunden. Die Tiere, damals noch auf den allen Höfen vorhanden, müssen versorgt werden. Reisen können nur diejenigen, die als Arbeitnehmer in einem Betrieb tätig sind und entsprechend Urlaub bekommen. Aber selbst für Georg Göttler, dessen Vater damals in der »Mechanischen Werkstätte« von Hans Großmann beschäftigt ist, ist es nicht vorstellbar, dass sich jemand aus dem Dorf in den Süden aufmachte. »Also ich wüsste niemanden, der von Ampermoching aus in den sonnigen Süden, also Italien [gefahren ist], damals. Ich glaub, alle meine Verwandten in München und drum herum in den 50er Jahren noch nicht. Die ham unsere bayerischen Berge besucht. Also des war von allen Verwandten eigentlich auch so die Urlaubszeit, die sie da verbracht ham. I konn mi erinnern, ein Onkel von mir in München mit Familie, die ham zusammen mit den Holzkirchnern, ham die eine Hütte gebaut. Des sogenannte Münchner Haus ham sie es dann genannt. Zusammen mit vielen Freunden, mit Münchnern eben auch und Holzkirchnern, ham die da eine sogenannte Hütte gebaut, auf der wir dann, also mei Vater und [...] meine Eltern eben und ich, auch amoi besuchsweise sein durften. Da gibt's sogar Fotos auch davon. [...] Des war in der Nähe von Rottach-Egern. Do san ma mit'm Zug hingfahrn und dann zu Fuß zu der Hütte naufgangen. Aber Italien war damals auch für die Dorfbewohner ..., war des kein Thema, weil die konnten von den Höfen ja net einfach weg. Die Knechte und Mägde sind auch immer weniger geworden, die also den Bauern hätten vertreten können. Die ham eben Arbeit gfunden irgendwo. A besser bezahlte Arbeit«.[46]

Auch für Alfred Birol ist ein Urlaub im Süden unvorstellbar: »Na, na, war gor ned zur Debatte gstandn, weil Ferien während meiner Schulzeit, de hob i dann meistens in Kirchseeon, druntn in Eglharting, verbracht. Weil do war mei kinderlose Tante und da Onkl druntn, und do war i als Bua. Do hob i hiefahrn deaffa, kenna, miassn. Hob a meine Freundschaftn druntn ghabt. Awa wia gsagt, von wegen Urlaub.«[47]

Aber Georg Göttler irrt sich. Einige Ampermochinger machen sich sehr wohl auf den Weg nach Süden. Michael Gasteiger absolviert bereits eine Lehre und kann von seinem Verdienst für die Urlaubsreise etwas Geld zurücklegen. Sein erster Monatslohn beträgt 25 Mark. Natürlich wird die Arbeitskraft der jungen Leute auch nach deren Feierabend auf dem elterlichen Hof dringend gebraucht. Die Eltern sehen es also gar nicht gerne, dass die Söhne Urlaubspläne schmieden: »De hom do scho nimma so vui dagegn hom kenna. [...] So ganz Recht is eana vielleicht net gwen. Do wird's ghoassen hom, spinnst jetz.«[48]

An die Erlebnisse auf den Reisen erinnert er sich gerne zurück: »I bin scho a boor Moi nach Italien gfahrn in dem Jahrzehnt. Mit'n VW Käfa zu dritt. Da Krama Max, da Göttler [...]. Da Max hod scho an VW ghabt. Mia ham no koa Auto ghabt. Da Max war ja zehn Johr oida wia mia. Awa er war no imma solo, ledig. Und ja, fahrts mid. Fahrn ma nach Italien. Ja freili fahrm ma mid. [...] Goid ham ma koans ghabt. [...] Zwoa moi hintarananda sam a gfahrn. [...] Mid an Zwoa-Mann Hauszelt zu dritt und mid am VW-Käfa ziemlich voi. [...] Da Max woit oiwei vui seng. Und mia woitn scho a bissl urlaubs-mäßig [...] vor allem untn am Meer dann. Und da Max [...], des miaßt ma oschaung, des miaßt ma oschaung. Do ham ma jedn Dog wo anders as Zelt aufbaut: [...] Triest, Lignano, Venedig natürlich. Und s'zwoate Johr dann Riviera«.[49]

Michael Gasteiger mit Göttler Max und Göttler Josef 1959 in Italien

Zu dritt im Zwei-Mann-Zelt in Italien

Auch Josef Blank gehört zu denjenigen Ampermochingern, die sich sehr früh aufmachen, den Süden Europas zu entdecken. Seine Reise mit sieben Kameraden in zwei Autos führt ihn sogar schon bis nach Spanien. Allerdings beginnt die Reise sehr unglücklich: »Ja, da war da Göttler Wigg a dabei mit sein Auto. Da warn ma zu Acht. Und beim Nunterfahrn ham ma den verlorn. Mit dem host net fahrn kenna. Auf oamoi war der weg [...] War in die Fuffzgerjohr no! Ganz Ende Fuffzgerjohr, glaub 59. Da bin i mit'm Soler [Sattler, Hausname vom Nefzger] Ben und da Edi und oaner von Viehhausen war dabei, san ma nach Spanien gfahrn. Mit'm Auto! Ende 50. Da host a Visum

braucht. Bis weit unter Barcelona san ma nunter kemma. […] Mit'm Auto.
Des Auto hot am Soler ghört. I glab, mir san 5000 Kilometer gfahrn mit an
Opel. Mir warn 3 Wochn unterwegs. Ja, bis ma nunterkemma san, […] des
war a Abenteuer. Weil's hot koaner a Wort auswärts kenna, gell. Aber mir san
so durchkemma. Des war a scheene Zeit. Da ham ma a Riesenglück ghabt. In
Barcelona quasselt i oan o, do warn ma fünf Dog unten, jo fünf Dog. Quasselt
i oan o, irgendwo und konn der perfekt deitsch. Kruzitürken! Ja, dann ham
ma uns da so unterhalten, ja mir bräuchten ein Quartier und sonst dergleichen. Hot er gsagt: ›Meine Freundin‹ – der war no net so oit, des war a Ta-
xifahrer – ›meine Freundin arbeitet in einem Hotel als Empfangsdame. Die
ham bestimmt an Platz.‹ Na ham ma do unsre Zimmer kriagt. Oiwei Zwoa in
oan. Und ja, nimmt sich die fünf Tog frei und kutschiert uns durch Spanien.
Hat uns, da war der Franco no an der Macht, Stierkampfkarten besorgt. An
diesem Tag war der Franco drin. Da hättst du koa kriagt. […] Wia ma dahoam warn, war grod's Dachauer Volksfest. Na woit er no's Volksfest fahrn, warn
vo de 4 Reifen 3 hi. Des hot'm Benno nix ausgmacht, hot da Bap scho zoit.«[50]
  Den Göttler Wigg mit seinen drei Mitfahrern haben sie später wieder getroffen.
  Georg Höflmair schildert eine Reise nach Rom mit dem Kramer Max und
dem Nefzger Sepp: »Des war einfach a Ausflug, des no koaner gseng hot und
olles. Und der Soler Sepp hot sich für olles interessiert, gell. Des war für uns a
Urlaub. Der Kramer Max war dabei. Und do hot's oiwei ghoassen, jede Nocht
muaß oaner im Auto schlaffa. Domois war die Gaudi, dass d'Auto gstoin hom.
[…] Auf da Italienerseitn hot immer oaner im Auto schlaffa müassen. Weil
ma Angscht ghabt ham, des werd gstoin. Des war was Bsonders. I siehg heit
no an Nefzger Sepp wia ma in Rom warn, ham ma oiwei grätselt, wie groß der
Turm is und wia broat. Na is er unten, […] hot er gschaugt wo's rogeht und is
des abgschritten. Des war a Tüftler. […] 56 Schritt oder was.«[51]
  Zum »schönen Leben« gehört aber nicht nur die Möglichkeit, Urlaub
machen zu können. Diejenigen, die einer geregelten Arbeit nachgehen und
entsprechende Freizeit am Abend und an den Wochenenden haben, nutzen
gerne das Angebot, das im näheren Umkreis für Freizeitvergnügungen angeboten wird. Das sind vor allem Tanzveranstaltungen, Filmvorführungen, Faschingsbälle, Theateraufführungen und die beliebten Gartenfeste. Dem Pfarrer ist das wiederum ein Dorn im Auge. Er wähnt seine Schäflein nicht auf
dem rechten Weg: »Der Hauptgottesdienst am Sonntag leidet sehr unter den
hauptsächlich im begehrten Nachtlokal Waldfrieden stattfindenden Tanzver-

Ampermoching. (Feuerwehrball.) Am Sonntagabend hielt die hiesige Feuerwehr im Gasthof zur Post einen gutbesuchten Faschingsball ab. Der faschingsfestlich dekorierte Raum gab den Rahmen für den wohlgelungenen Abend. Die bekannte Tanzkapelle Fuchs brachte mit ihren alten und neuen Weisen frohe Laune in den Saal und war bestrebt, diese bis spät in die Nacht zu erhöhen und zu erhalten. Erst reichlich spät strebten die letzten Gäste ihrem Heim zu. — (Grüne Hochzeit.) Die Neubürger Michael Eisenreich und Anna Brotschul schlossen den Bund der Ehe. — (Der Baum ist ab.) Ein seit langem bekanntes Verkehrshindernis, an der Dorfbachbrücke beim Feuerwehrhaus, fiel endlich der Säge und Hacke zum Opfer.

Dachauer Anzeiger 26. 1. 1950 (Stadtarchiv Dachau)

Ampermoching. (Betagte Jubilarin.) Am Freitag, den 10. März, kann der Bauer Matth. Bachinger (Weiherbauer) seinen 72. Geburtstag feiern. Der noch rüstige Jubilar ist heute noch in seinem landwirtsch. Betrieb tonangebend und ist ständig bei Haus- und Feldarbeit anzutreffen. An dem täglichen Zeitgeschehen ist er stark interessiert. — Seinen 76. Geburtstag kann am Sonntag, den 12. März, der Schneidermeister Johann Schmid von hier feiern. Der Jubilar gönnt sich auch heute noch keine Ruhe, er geht seinem Sohne, der den Schneidereibetrieb weiterführt, noch tüchtig zur Hand. Überall ist er gern gesehen und bekannt, da er sich auch bei Veranstaltungen usw. als Humorist produziert.

Ampermoching. (Film.) Das Lichtspielhaus Indersdorf bringt am Dienstag, den 14. März, im Saal des Gasthofs Geisenhofer die köstliche Operette „Gasparone" mit Marika Rökk und Johannes Heesters zur Vorführung.

Dachauer Anzeiger, 18. 4. 1950 (Stadtarchiv Dachau)

Ampermoching. (Plötzlicher Tod.) Am Montag verstarb an einem Herzschlag der im 53. Lebensjahr stehende Josef Prinzbach. Die Beerdigung findet heute Donnerstag statt.

Ampermoching. (Vom Fasching.) Im Gasthof Geisenhofer fand am Sonntag ein vom Rad- und Motorsport-Verein Ampermoching veranstalteter, gutbesuchter Faschingsball statt. Schon bei den alten und neuen Weisen und Tänzen der Blaskapelle Otto Ebner (Stellvertreter) war das faschingsfreudige Publikum in Hochstimmung, fand aber seinen Höhepunkt beim Auftreten Hans Ritzingers mit seinen aktuellen Gstanzln und Jodlerpartien. Die Samba-Bar war ständig gut besucht und die letzten Gäste traten erst spät am Montagmorgen ihren Heimweg an.

Ampermoching. (Film.) Vom Lichtspielhaus Indersdorf wurde der spannende Kriminal-Film „Die Nacht der Zwölf" vorgeführt. Am Dienstag, den 28. Februar, läuft der Farbfilm „Zigeunerblut" mit Margaret Lockwood.

Dachauer Anzeiger 23. 2. 1950 (Stadtarchiv Dachau)

Ampermoching. (40 Erstkommunikanten.) Zur hl. Erstkommunion gingen am Weißen Sonntag 24 Buben und 16 Mädchen aus der hiesigen Pfarrgemeinde. Nachmittags fand eine gemeinsame Feier in Mariabrunn statt.

Ampermoching. (Theatergastspiel.) Am Sonntag gab im Gasthof „zur Post" die Laienspielgruppe Feldgeding zwei Gastspiele. Beide Aufführungen waren gut besucht und das Hochgebirgsstück „Der Schmuggler und sein Sohn" wurde mit Begeisterung aufgenommen. Alle Mitspieler gaben ihr Bestes und konnten reichen Beifall ernten.

Dachauer Anzeiger, 11. 3. 1950 (Stadtarchiv Dachau)

anstaltungen.«[52] Er beklagt außerdem, dass »Faschingsveranstaltungen nicht vor 5 Uhr morgens enden.«[53] Irmgard Blank aus Ampermoching erinnert sich, dass sie einmal so spät heimgingen, dass die Bauern frühmorgens schon wieder bei der Stallarbeit waren: »Na san ma hoit natirli ganz spät hoam. Die Burschen san no sitzen bliem, alloa ham ma a net meng. Na i woaß no guat beim Großmann [...]: Ja, sog amoi, san die Leit jetzt no ned im Bett? Dowei san die scho aufgstandn und an Stoi ganga.«[54]

Es gibt aber auch Freizeitbeschäftigungen, die durchaus den Segen Pfarrer Wilhelms haben. So berichtet er im Seelsorgebericht für das Jahr 1953: »Am 29.11.53 wurde eine ›Kath. Landjugendvereinigung‹ gegründet. Männliche und weibliche Abteilung. Wöchentlich 2 Heimabende getrennt für Burschen und Mädchen.«[55] Die strenge Geschlechtertrennung ist dem Pfarrer natürlich wichtig. Für die Jugendlichen selbst gilt das aber offensichtlich nur für die Heimabende. Außerhalb des Pfarrheimes ist diese Regelung aufgehoben und man gibt sich auch in der Öffentlichkeit recht ungezwungen.

Ausflug in die Berge

Beim Burgmair, Etzenhausen

Beim Geisenhofer

Mit den 50er Jahren und insbesondere durch die amerikanischen Soldaten, schwappt eine Welle moderner Musik nach Europa und auch nach Ampermoching. Mit Vorliebe wird der amerikanische Soldatensender »AFN« [American Forces Network] gehört. Die Erwachsenen können mit dieser Art Musik jedoch nicht viel anfangen. Alfred Birol ist begeisterter Anhänger von Elvis Presley. Rock'n'Roll spielt für ihn eine große Rolle: »Ja, i bin a Elvis Fan. Na, klar! Na, de Musik hod scho geprägt und zwar uns Junga. De Prägung is a bei de Oidn okemma. ›Host scho wieda dei Negamusik o? Schaug dass des naus duast!‹ Awa des war wuascht. Ob jetz do da Luis Armstrong gspuid hod, oda, des war wuascht, des war a Negamusik bei dene. […] Ja, Ringlsocka o, Tolle reizoong, Parfüm nauf oda Brisk, ja, genau Brisk. Ja, und no führe in Woidfriedn.«[56]

Ähnlich hat es Georg Göttler erfahren:»Die Musik, Rock'n'Roll mit Bill Haley, Elvis, hat uns schon gefallen. Das haben wir im AFN gehört. Die Eltern haben es als ›Negermusik‹ bezeichnet.«[57]

Mit der neuen Musik kommt auch die neue Mode: Petticoats und Jeans sind gefragte Kleidungsstücke. Hauptsächlich in Illustrierten werden die neuesten Modetrends gezeigt. Die Ampermochinger wollen da natürlich nichts verpassen. Regina Keller weiß noch genau wie es damals war:»Ja mei, des hat sich rumgsprocha. Mir habn gsehn, da san wieder oa Dachau gfahrn und da ham's […] die Frauen ja gsehn. […] Illustrierte hat's a gebn. Und des wollt ma ham. […] Und mir habn a guate Schneiderin ghabt. Die Frau Schönwetter.«[58]

Und Johann Zigldrum erinnert sich:»Des war natürlich die Zeit, wo die Mädchen neue Frisuren wollten und den Bubikopf. Wenn sich wieder oane an Bubikopf schneiden hat lassen, dann warn olle wieder erstaunt. Ja, des war ein Gerede! Des war alles ein Anschluss an die modernere Zeit und unsere Mädchen, die hom des a olles gmacht. Anfangs hom's ja immer no an Schopf ghabt oder so was und auf oamoi is des olles weg gewesen. Und do warn de Heimatvertriebenen wieder eigentlich die Rädelsführer. Die kamen aus einem anderen Kulturkreis. Ich sag, des war für uns des größte Glück, dass ma de Heimatvertriebenen kriagt hom in Bayern, sonst warn ma ned so weit kumma wia ma heid san. Absolut! Da bin ich fest überzeugt davon.«[59]

Nach 1945 werden von der US-Militärregierung zunächst alle Vereine verboten. Am 11.10.1949 wird der bereits 1904 gegründete Rad- und Motorsportverein Ampermoching durch Neugründung wiederbelebt. Im Protokollbuch des Vereins über die Jahre 1949–1956 wird die Neugründung mit einem in kunstvoller Schrift verfassten »Sieg Heil« gefeiert.[60] Motorsportliche Aktivitäten sind nicht bekannt. Die Radfahrer sind jedoch sehr aktiv und veranstalten neben Radrennen und vielen Vereinsfeierlichkeiten sogenannte Ausfahrten zu befreundeten Vereinen, wie z. B. zum Patenverein nach Freising-Neustift. Es gibt zudem konkrete Planungen zum Bau eines eigenen Radstadions in der Nähe der Amperbrücke, die die Gemeinde großzügig unterstützt. Zur Verwirklichung dieses Vorhabens kommt es jedoch nicht, weil die Aktivitäten des Vereins, vermutlich aus personellen Gründen, ab 1956 ein abruptes Ende finden. Der Verein verschwindet sang- und klanglos von der Bildfläche. Der letzte Eintrag im akribisch geführten Vereinsprotokollbuch betrifft die Einnahmen und Ausgaben des Faschingsballs, der am

12.2.1956 stattfand. Es konnte ein Überschuss von 117,83 DM erzielt werden.[61]

Der Landkreis meldet:

Ampermoching. (Die Radler sammeln sich wieder.) Bis zum Kriege hatte der Name des hiesigen Radlervereins einen guten Klang und die Erinnerung haftet an manch schöner Veranstaltung aus jener Zeit. Nun wollen sich die Radler wiederum zusammenschließen und haben zu diesem Zweck eine Gründungsversammlung im Gasthof zur Post für den heutigen Samstagabend einberufen.

Dachauer Anzeiger 10.9.1949
(Stadtarchiv Dachau)

Ampermoching. Der Rad- und Motor-Sport-Verein und der Veteranen-Verein Ampermoching statten am 6. Dezember, nachmittags, der Nikolausfeier in Sulzrain einen gemeinsamen Besuch ab.

Das letzte Lebenszeichen in der Presse,
Dachauer Anzeiger 2.12.1950 (Stadtarchiv
Dachau)

Ampermoching. (Aus dem Gemeinderat.) In der letzten Gemeinderatssitzung wurde die Verpachtung eines Gemeindegrundes an den Rad- und Motorsportverein Ampermoching beschlossen. Das Grundstück, auf dem bereits mit dem Ausbau einer Radrennbahn begonnen wurde, wird dem Verein einstweilen auf 25 Jahre kostenlos in Pacht gegeben.

Der Rad- und Motorsportverein Ampermoching veranstaltet am Sonntag, 10. Dezember, im Gasthof „Geisenhofer" eine große Weihnachtsfeier mit Christbaumversteigerung. Der G.T. Weichs bringt hierbei den Vierakter „Die vom Engelshof" zur Aufführung. Ab 18.00 musikalische Unterhaltung. Die Bevölkerung ist herzlich eingeladen.

Dachauer Anzeiger 7.12.1950 (Stadtarchiv
Dachau)

Neben dem Motor- und Radsportverein gibt es eine Neugründung des Schützenvereins. Alle Schießsportfreunde werden zur Gründungsversammlung am 27.10.1950 in den Gasthof »Zur Post« eingeladen.

Über weitere Aktivitäten des Vereins ist wenig bekannt. Er existiert schon lange nicht mehr. Wann er sich letztlich auflöste konnte nicht ermittelt werden.

Der Landkreis meldet:

Ampermoching. (Zwecks Wiedergründung) des Schützenvereins findet em heutigen Samstag, 20 Uhr, im Nebenzimmer des Gasthofs „Zur Post" die Gründung-Versammlung statt. Alle Schießsportfreunde sind hierzu eingeladen. — (Kino.) Am morgigen Sonntag, 14 Uhr, läuft im Postsaal der ausgezeichnete Film „Paris um Mitternacht" sowie Beiprogramm und Wochenschau.

Dachauer Anzeiger 27.10.1951
(Stadtarchiv Dachau)

Rückzug ins Private – Familie und Wandel der Frauenrolle

Im bäuerlichen Umfeld verändert sich die Rolle der Frauen zunächst kaum oder gar nicht. Die Aufgaben sind seit jeher klar verteilt und angenommen. Auf die Frage an Michael Gasteiger, welche Rolle denn seine Mutter im häuslichen Umfeld gespielt hat, antwortet er: »Auf alle Fälle [war sie] d'Hauptperson. Ja, de hod awa a des Meiste arwan miassn. Oiso de Fraun, de hom scho wos geleistet. Wenn ma se des vorstoid: Fünf Kinda, dann am Feld genauso midarwadn, deafst song, wia d' Männa […] und no schaung, dass olle wos zum z'Essn hom […] und Stoi, moika, moika sowieso.«[62]

Für Fritz Schmid [der Lehrer Schmid] ist, was die Erziehung der Kinder angeht, auch ganz klar, dass das Angelegenheit der Frauen ist. Der Platz der Frau ist auch im nichtbäuerlichen Haushalt zu Hause und am Herd. Er erinnert sich: »Ja nur Frauen, nur Frauen […]. Und wenns in d'Wirtschaft gangen ist, sind doch nur die Männer ganga. Frauen […] i woaß des vo meiner Heimat, da hat's ghoaßn, ›d'Hund und d'Frau ghören hoam und ned in d'Wirtschaft‹. Und die Flüchtling san gekommen und haben ihre Frauen mitgenommen in die Gaststätte. Und ham an Hut runter getan. Und de unsan hom an Huat aufghabt. De homm gsagt, des is ollerhand, de deana ja an Huat runta in da Wirtschaft.«[63]

Pfarrer Wilhelm gründet am 1. Oktober 1952 »Das Bündnis katholischer Mütter«, aus dem später die heute noch immer sehr aktive »Katholische Frauengemeinschaft Ampermoching« hervorgeht.[64] Die Beweggründe des Pfarrers zielen zunächst keineswegs darauf ab, die Frauen selbstbewusster und unabhängiger von der traditionellen Rollenverteilung in der Familie zu machen. Eher ist das Gegenteil der Fall. So heißt es im, bezeichnenderweise als Bruderschaftsbüchlein genannten Aufnahmezeugnis aus dem Gründungsjahr unter anderem:

»Das Bündnis katholischer Mütter ist

1. eine religiös-christliche Vereinigung (Bruderschaft) katholischer Mütter zur Förderung des christlichen Familienlebens durch gute Kindererziehung, eifrigen Gebrauch der kirchlichen Gnadenmittel und Ausübung frommer Liebeswerke.

2. […]Nur katholische Frauen (Ehefrauen und Witwen) jeden Standes, die einen christlichen Wandel führen und die übernommenen Pflichten nach Kräften erfüllen wollen, können Aufnahme finden. […]

3. Zweck. Das Bündnis will den einzelnen Müttern helfen, ihren schwe-

ren, heiligen Beruf treu und segensreich zu erfüllen, sie anleiten, ihre Kinder gut zu erziehen und so für das zeitliche und ewige Glück der Kinder die beste Bürgschaft geben [...] Es will mithelfen, daß die Mutter vor Gott eine glaubensstarke, praktisch-fromme Christin, dem Manne eine liebevolle, treue Gattin [...] sei.«

Im Bruderschaftsbüchlein sind weiter die »Mittel und Pflichten«, wie z. B. die »Verrichtung des täglichen Bruderschaftsgebetes«, Fürbitten und die »Übung geistlicher und leiblicher Werke der Barmherzigkeit« geregelt. Empfohlen wird auch der Bezug der katholischen Monatszeitschrift »Monika«. Ein Kapitel beinhaltet »Gnaden und Ablässe der Bruderschaft«.[65]

Für die Frauen ist die Zugehörigkeit zu dieser »Bruderschaft« durchaus eine Möglichkeit aus dem traditionellen Familienalltag auszubrechen, sich selbständig zu organisieren und so ein gewisses Maß an Unabhängigkeit zu erlangen. Pastoralreferent Bernhard Skrabal und Pater Josef Königer schreiben in der Festschrift zum 50-jährigen Jubiläum der Frauengemeinschaft: »Es war damals für Frauen fast die einzige Möglichkeit herauszukommen aus dem Alltag von Familie und Hausarbeit und auch einmal wegfahren zu können in der Gemeinschaft mit anderen Frauen.«[66]

Die Frauengemeinschaft entwickelt sich im Laufe der Jahre zu einer bedeutsamen Institution im Dorf und erfüllt mit ihren heute ca. 150 Mitgliedern wichtige Aufgaben vor allem im sozialen Bereich.

Regina Keller nahm durchaus wahr, dass sich das Selbstbewusstsein der Frauen zum Positiven entwickelte: »Ja, und die ham sich nimmer unterkriegen lassen.«[67] Dafür hat ihr Mann Reinhard Keller aber gleich die – wohl eher humorvoll gemeinte – passende Begründung: »Wir ham ja kei Zeit net ghabt, dass mer euch unterkriegt hätten. Wir ham ja arbeiten müssen.«[68]

Die Gleichberechtigung von Mann und Frau ist auf dem Papier des Grundgesetzes zwar gegeben. In der Praxis kann aber davon keine Rede sein. Frauen, die arbeiten gehen wollen, müssen dafür bei den jeweiligen Arbeitgebern noch lange die Erlaubnis ihres Ehemannes vorlegen. Im öffentlichen Dienst kann eine Frau, die

Gründungsmitglieder der Katholischen Frauengemeinschaft Ampermoching beim 40-jährigen Jubiläum 1992; Von links: Kreszenz Bachinger, Maria Bachinger, Maria Bachinger, Therese Fuchsbichler, Betty Göttler, Rosina Polz

den Bund der Ehe eingeht, sogar von ihrem Arbeitsplatz entlassen werden. Johann Zigldrum kennt dazu ein Beispiel aus seiner beruflichen Tätigkeit: »Es war in de 50er Jahr so – des is jetzt ned speziell in Ampermoching – aber Leute, die im öffentlichen Dienst beschäftigt waren, junge Frauen, wenn die geheiratet haben, dann haben sie ihren Job verloren. Ich weiß des von der Sparkasse her [...]. Aber, i woaß des von a Kollegin, die 53 oder 54 geheiratet hat, die hat dann damals ihren Arbeitsplatz verloren.«[69]

Durch den allmählichen wirtschaftlichen Aufschwung und der damit verbundenen Ansiedlung von Firmen mit der Bereitstellung entsprechender Arbeitsplätze, wachsen die Möglichkeiten der Frauen, sich unabhängiger von Familie oder Ehemann zu machen. Viele Frauen finden Beschäftigung in den Betrieben. Gleichberechtigung gegenüber den männlichen Kollegen, z. B. bei der Entlohnung, gibt es jedoch nicht. Bis zum heutigen Tag müssen Frauen teilweise immer noch um gleichen Lohn für gleiche Arbeit kämpfen.

Kommunalpolitik

Mit Unterstützung der Gemeinde Hebertshausen gelang es, ein umfassendes Bild von der Tätigkeit des Gemeinderates Ampermoching von 1952 bis 1959 zu zeichnen. Für die Zeit vor 1952 liegen leider keine Aufzeichnungen vor. Bei den Protokollen der Gemeinderatssitzungen handelt es sich um Beschlussprotokolle. Die vermutlich interessanten Wortbeiträge der jeweiligen Gemeinderäte sind leider nicht vorhanden. Es fällt auf, dass es bei den jeweiligen Niederschriften keinen Unterschied zwischen öffentlichen Themen oder nicht öffentlich zu behandelnden Themen gibt. Auch wenn uns heute der eine oder andere Tagesordnungspunkt banal erscheint, sind dies damals doch ernstzunehmende und wichtige Themen.

Die erste größere Baumaßnahme ist die Errichtung des Leichenhauses. Am 27.2.1952 schreibt Pfarrer Wilhelm in seinem Seelsorgebericht für das Jahr 1951: »Dringend nötig wäre eine Friedhofsanlage und Erstellung eines Leichenhauses. Die zuständige Gemeinde hat leider keinerlei Geld.«[70]

Die Gemeinde beschließt am 22.5.1952 trotz knapper Kasse »den Bau des Leichenhauses in Angriff zu nehmen.«[71] Dieses Projekt hat die Gemeinderäte in der Folge viele Monate beschäftigt. Es müssen etliche weitere Beschlüsse zur Planung, Vergabe und Finanzierung gefasst werden. 1953 wird das Gebäude fertig gestellt.

Ein wichtiger Beschluss für die Gemeindeentwicklung wird 1956 in der Sitzung am 28. Februar gefasst. Die Gemeinderäte beschließen, Ampermoching solle nicht weiter ein sogenanntes »Wohnsiedlungsgebiet« sein.[72] Möglicherweise hat dieser Beschluss Auswirkungen bis zum heutigen Tag. Altbürgermeister Zigldrum vermutet, dass durch diese Entscheidung die Entwicklung Ampermochings gegenüber der Hebertshausens gehemmt wurde.[73]

Im Folgenden ein Auszug mit einigen exemplarischen Beschlüssen des Gemeinderates von 1952 bis 1959:

1952

6. Mai	Josef Reischl wird als Bürgermeister vereidigt. Reischl bekleidet dieses Amt bereits bis 1945. Bei der Wahl 1952 gibt es keinen Bürgermeisterkandidaten. Reischl erhält jedoch die meisten Stimmen aller Gemeinderatskandidaten und wird somit automatisch zum Bürgermeister gewählt.
22. Mai	Es wird beschlossen, den Bau eines Leichenhauses in Angriff zu nehmen. Dieser Bau wird den Gemeinderat über Monate beschäftigen. Außerdem wird dem Beitritt der Gemeinde zur Landwirtschaftsbank zugestimmt.
11. September	Es wird beschlossen, Familie S. mit der »Abgabe von Naturalien« zu unterstützen: »Der Bgm. wird ermächtigt die Abgabe der Naturalien mit S. persönlich zu regeln.«
8. Oktober	Ein Jahrmarktstag wird eingeführt. Als Jahrmarktstag ist der Sonntag »vorm Peterstag« vorgesehen.
2. November	Ein Zuchteber wird gekauft.

1953

14. März	Es wird der Bau einer Milchrampe am Feuerwehrhaus beschlossen.
20. April	Für die Gemeindestiere wird eine Deckungsgebühr von 8 DM festgelegt. – Es wird beschlossen die Fahrgeschwindigkeit im Ort auf 40 km/h zu beschränken.
21. Mai	Grenzregulierung Ampermoching/Hebertshausen; Es findet eine erste gemeinsame Sitzung beider Gemeinden statt.
7. Oktober	Für den Bau des Leichenhauses gibt es einen Zuschuss des Staates in Höhe von 4000 DM.

1954

20. Januar   Grenzänderung Ampermoching/Heberthausen: Zustimmung zur Grenzänderung [vermutlich Deutenhofen], weil Bewohner der Siedlung wünschen, zu Hebertshausen zu gehören. Ampermoching erhält dafür unbebaute Flächen im Tausch.

5. Mai   Es wird über die Ausbesserung der Wege diskutiert. Der Bürgermeister soll wegen der Anschaffung eines Baggers verhandeln.

1. September   Hier geht es um den Verkauf des alten (Zucht-) Ebers. Beschluss: »Der alte Eber wird an Eduard Bachinger zum Preis von 200 DM verkauft.«

15. Dezember   Das Mitglied des Gemeinderates und Bauunternehmer Franz Schönwetter stellt den Antrag auf die Errichtung eines »Versuchshauses«. Was sich dahinter verbirgt ist unklar. Der Gemeinderat lehnt den Antrag jedoch mit der Begründung ab, dass das dafür vorgesehene Grundstück wegen Überschwemmungsgefahr ungeeignet sei.

1955

23. Februar   Es wird beschlossen, dass der Bürgermeister der Gemeinde ehrenamtlich tätig ist. [Anmerkung des Verfassers: Hierbei handelt es sich wohl um eine von der Gemeindeordnung vorgeschriebene Formalie. Niemand wäre zur damaligen Zeit darauf gekommen, den Bürgermeister in einer Gemeinde der Größe Ampermochings hauptamtlich zu beschäftigen.]
»Das Gehalt der Kindergärtnerin wird von DM 120,- auf DM 150,- erhöht; vorausgesetzt, daß von seiten des Herrn Pfarrers DM 15,- Zuschuss gezahlt werden.«

25. September   Der Gemeinderat beschließt die Beheizung der Schulräume »Frau German zu überlassen, welche dafür unentgeltlich Heizmaterial mitbenützen darf. Die Reinigung der Schule übernimmt Frau Moritz für ein monatliches Entgelt von 50,- DM.«
»Für den Aushilfslehrer wird eine Zimmereinrichtung, bestehend aus Schrank, Tisch, Stühle, sowie Gardinen gekauft.«

1956

29. Januar »Gemeinde-Grundstück Pl. Nr. 687 an der Amper zur Veräusserung an Fa. Schuster, Deutenhofen.« »Das Grundstück wird zum Preis von 0,60 DM pro qm verkauft.«

28. Februar »Antrag auf Löschung als Wohnsiedlungsgemeinde.«: »Die Gemeinde Ampermoching wurde 1941 ohne ihr Zutun als Wohnsiedlungsgebiet erklärt. Die Gemeinde ist nicht interessiert, Wohnsiedlungsgemeinde zu sein. [...] Es soll wieder erreicht werden, daß der Grundstücksverkehr ohne besondere Genehmigung nach dem Wohnsiedlungsgesetz erfolgen kann. Es wird noch hinzugefügt, daß für das Gemeindegebiet noch kein Wirtschaftsplan aufgestellt worden ist. Die Gemeinde gehört auch schon seit längerer Zeit nicht mehr dem Planungsverband Äußerer Wirtschaftsraum an.«

21. April Hier ist kein »Gegenstand der Beratung« aufgeführt. Es gibt dennoch einen Beschluss: »Der Gemeinderat hat den Beschluß gefaßt, daß dem Schulleiter das Recht gegeben wird, Schreib- und Zeichenmaterial für die Lehrkräfte einzukaufen und zur Verteilung zu bringen. Der gesetzl. Satz von 20,– DM pro Lehrkraft darf jedoch im Schuljahr nicht übersteigen, ohne Rücksicht auf Lehrer-Wechsel. Die Rechnung zahlt die Schulkasse.«

5. Mai Die neuen Gemeinderäte Franz Wechslberger, Franz Schönwetter und Jakob Widmann werden durch den Bürgermeister vereidigt. Zum zweiten Bürgermeister wird Michael Gasteiger gewählt. Zum Maulwurffangen wird Josef Lerchl [Bründlschuster] bestimmt.

22. September Beschluss zur Auflösung der Armenfondsstiftung aus dem Jahre 1912. Für den Unterhalt der Kriegerdenkmäler werden 100,– DM bewilligt. Der Ankauf eines Zuchtebers wird genehmigt.

1957

26. Januar Landwirtschaftliche Berufsschule: »Die Gemeinde Ampermoching ist gem. §5Abs.1 des Berufsschulgesetzes vom 25. 3. 53 nicht in der Lage und verpflichtet, eine eigene landw. Berufsschule zu errichten. Sie beabsichtigt auch nicht mit

benachbarten Gemeinden einen eigenen Berufsschulzweck-
verband zu gründen. Sie nimmt daher zur Kenntnis, daß der
Landkreis gemäß §7 Berufsschulgesetz die Errichtung und
den Betrieb einer landw. Berufsschule übernimmt. Die Gemeinde beteiligt sich gemäß § Abs. 1–9 des Berufsschulgesetzes anteilmäßig an den durch die Errichtung der landwirtschaftlichen Berufsschule des Landkreises entstehenden und
anderweitig nicht gedeckten Kosten.«

Der südöstlich der Amper liegende Teil der Gemeindeflur
wird nach Verordnung zur Bekämpfung der Viruskrankhei-
ten der Kartoffeln vom 14.2.1949 zum »geschlossenen Kar-
toffelsaatbaugebiet« erklärt.

Für Oberschleißheim werden 330 DM und für Badersfeld
200 DM Zuschuss für die Anschaffung einer Motorspritze beschlossen.

Der Kindergarten wird zum 1. April wegen mangelnder Kin-
derzahl geschlossen. Die Räume werden an Herrn Richard
Wagner vermietet.

16. Februar	Armenfondsstiftung: Nachdem die Armenfondsstiftung auf-gelöst wurde, wird der restliche Betrag von 355 DM der Kirchenverwaltung überwiesen.
11. Mai	Die Wohnung im Gemeindehaus wird an Frau Reichl vermietet.
	Grund beim Leichenhaus wird an Georg Glas verpachtet. Johann Roth bekommt ebenfalls ein Stück Gemeindegrund. Pachtzins jährlich ein Zentner Weizen.
12. Juli	Haushaltssatzung der Gemeinde Ampermoching für das Rechnungsjahr 1957. Einnahmen und Ausgaben werden mit jeweils 45 800 DM beschlossen.

1958

17. März	»1. Pachtvertrag zwischen der Gemeinde Ampermoching und der Genossenschaft Gefrieranlage Ampermoching.«: »Zur Errichtung der Gefrieranlage werden im Stallgebäude Hs.-Nr. 7 auf der Westseite 32 qm an die Genossenschaft verpachtet. Einmalige ›Abfindung‹ DM 1 400.– nach Fertigstel-

	lung bar zu bezahlen. Pacht so lange, wie die Genossenschaft besteht.«

27. Mai »Beschlußfassung über Haushaltssatzung und Haushaltsplan 1958.«: Bei Einnahmen und Ausgaben von jeweils 53 300 DM einstimmig beschlossen.

8. November Ein Antrag zur Errichtung einer Wohnsiedlung im Moos wird einstimmig abgelehnt. »Ergänzungen: Niederschrift nach Dachau: Der Gemeinderatsbeschluss vom 15. 7. 58 wird aufgehoben und laut Beschluß vom 8. Nov. 58 der Antrag der Katharina Schauer, Immobilien, München 54, Blütenanger 26, eine Wohnsiedlung im Hackermoos zu errichten, vom Gemeinderat einstimmig abgelehnt. Begründung: 1.) es wurden genauere Pläne von der Firma Schauer nicht vorgelegt. 2.) das Siedlungsgebiet liegt von der geschlossenen Ortschaft zu weit entfernt. Dasselbe Schreiben ging auch an die Firma Schauer, München 54, Blütenanger 26.«

1959

1. April Zwischen der Gemeinde und dem Schäfer Jakob Ziller wird ein neuer Pachtvertrag abgeschlossen. Die Grundverpachtung zur Anlegung eines Fischweihers wird abgelehnt.
Zwischen der Tierkörperbeseitigungsanstalt Mühlried und der Gemeinde Ampermoching wird folgender Vertrag abgeschlossen: »Die Tierkörperbeseitigungsanstalt verpflichtet sich alle 14 Tage die anfallenden Konfiskate abzuholen. [...] Entschädigung jährlich 100,– DM.«

13. Mai »1. Einfüllung des Gemeindegrabens an der Verbindungsstr. Ampermoching nach Oberschleißheim.«: »Zu 1.) Herr A. G. hat den an der Verbindungsstr. von Ampermoching nach Oberschleißheim, der Straße entlang bei seinem Grundstück gelegenen Graben eingefüllt. Trotz Verbot des Bürgermeisters, ließ er sich nicht aufhalten und füllte den Graben bis oben an. Als Grund hierfür gibt er an, daß er an seinem Grundstück kein Vorbeet mehr anbringen braucht, sondern mit seinem Schlepper u. landw. Geräten direkt auf der Straße nach Belieben wenden kann, was an u. für sich verboten ist. Wenn die Gemeinde dazu die Genehmigung erteilt, dann fül-

len auch die anderen Grundbesitzer, die an der Straße angrenzen den Graben ein und wenden mit ihren Schleppern und landw. Geräten ebenfalls an der Straße. Dadurch wird dieses Stück gute Straße auch noch schlecht und die Gemeinde hat die Pflicht, auf ihre Kosten die Straße wieder in guten Zustand zu bringen. Der Gemeinderat Ampermoching hat heute (wieder) den Beschluß gefaßt, daß Herr A.G. laut ortspolizeilicher Vorschrift innerhalb einer Frist von 14 Tagen den Graben wieder frei zu machen hat. Sollte er sich weigern, wird die Sache auf dem Rechtsweg entschieden.«

1. Juli   »1. Bereitstellung eines Landeplatzes für Motorflugzeuge.«: »Zu 1.) Der Gemeinderat lehnt einstimmig die Erstellung eines Flughafens im Moos ab.« [Es folgt eine längere Begründung, deren wesentlicher Inhalt ist, dass man 56 Landwirte, die im Moos zwischen drei Hektar und fünfzehn Hektar Grund besitzen, in ihrer Existenz schützen will.]

21. Oktober   Es wird der Kauf einer Nähmaschine für die Schule zum Preis von 250 DM beschlossen.

Quelle: Archiv der Gemeinde Hebertshausen; Beratungsbuch der Gemeinde-Ampermoching vom 6. Mai 1952 bis zum 27. April 1960, zusammengestellt von Th. Schlichenmayer im Juli 2017.

AMPERMOCHING – DIE 50ER JAHRE IM SPIEGEL DER PRESSE

Beim Studium der lokalen Presseberichte aus den 50er Jahren fallen aus heutiger Sicht mitunter Inhalt und Form der jeweiligen Meldungen auf. So ist für uns heute erstaunlich, dass z. B. der Zustand eines Rohbaus beschrieben wird, der so weit gediehen ist, »daß mit dem Putz begonnen wurde« oder »daß bereits Richtfest gefeiert werden konnte.«

Kein Redakteur, gleich welcher Zeitung, würde sich heute mit solchen, uns als unwichtig erscheinenden Ereignissen befassen. Damals haben solche Meldungen jedoch für die Menschen große Bedeutung, zeugen sie doch von Aufbruch, Fortschritt und dem Mut etwas anzupacken.

Die Jahrzehnte von den 50er Jahren bis heute haben nicht nur einen ra-

> **Ampermoching.** (Erstellte Neubauten.) Der Wohnhausneubau des Bernhard Bachinger sowie der Neubau des Landwirts Johann Trinkgeld sind soweit gediehen, daß mit dem Verputz begonnen wurde.

Dachauer Anzeiger 25. 4. 1950
(Stadtarchiv Dachau)

> **Ampermoching.** (Erstellte Neubauten.) Das große Bäckerei-Geschäftshaus des Thomas Polz und der Wohnhausneubau der Gebr. Trinkgeld sind soweit gediehen, daß bereits Richtfest gefeiert werden konnte.

Dachauer Anzeiger 8. 7. 1950 (Stadtarchiv Dachau)

santen technischen Wandel, sondern auch einen Wandel der Sprache mit sich gebracht. Erkennbar ist dies sehr gut an der Berichterstattung der Presse. Auffallend ist die blumige Sprache der Schreibenden, die für positive Stimmung und Optimismus steht. Nachfolgend einige Beispiele:

> **Ampermoching.** (Badebetrieb.) Die letzten sommerlich heißen Tage hatten an der unteren Amper den Badebetrieb bis in den September hinein in vollem Betrieb gesehen. Von Ampermoching entlang dem Wasser bis Ottershausen - Haimhausen sah man die Badelustigen sich in den kühlen Fluten der Amper vergnügen. Mit Motorrädern, Autos und Fahrrädern kamen die Badegäste aus näh und fern, denn der idyllischen Plätzchen an der Amper gibt es genug, wo man ungestört trotz des Massenbetriebs sein kann. Als Wegweiser zu solchen Plätzchen erweist sich am besten die Schuljugend, die ja jeden Weg und Steg kennt. Waren es untertags meist Badegäste aus der Stadt, so fand sich in den Abendstunden nach heißer Arbeit bei der Ernte dann die Landjugend ein, wenn die „Städterer" meist weg waren, um nach der Hitze des Tages Kühlung und Erfrischung zu finden.

Dachauer Anzeiger 15. 9. 1949
(Stadtarchiv Dachau)

> **Ampermoching.** (Feuerwehrball.) Am Sonntagabend hielt die hiesige Feuerwehr im Gasthof zur Post einen gutbesuchten Faschingsball ab. Der faschingsfestlich dekorierte Raum gab den Rahmen für den wohlgelungenen Abend. Die bekannte Tanzkapelle Fuchs brachte mit ihren alten und neuen Weisen frohe Laune in den Saal und war bestrebt, diese bis spät in die Nacht zu erhöhen und zu erhalten. Erst reichlich spät strebten die letzten Gäste ihrem Heim zu. — (Grüne Hochzeit.) Die Neubürger Michael Eisenreich und Anna Brotschul schlossen den Bund der Ehe. — (Der Baum ist ab.) Ein seit langem bekanntes Verkehrshindernis, an der Dorfbachbrücke beim Feuerwehrhaus, fiel endlich der Säge und Hacke zum Opfer.

Dachauer Anzeiger 26. 1. 1950
(Stadtarchiv Dachau)

Ampermoching. (Kirchweihfest.) Auch heuer konnte das Kirchweihfest nach althergebrachtem Brauch gefeiert werden. Den Feiern in der Kirche, die der Bedeutung des Tages würdigen Verlauf nahmen, folgten die weltlichen. Auch da und dort wurde auf die traditionelle Kirchweihgans nicht verzichtet. Auch der Kirchweihtanz fehlte nicht. Am Sonntag wurde im Gasthof Geisenhofer bei Frohsinn und Humor ein Tanz abgehalten und bis spät in die Nacht herrschte ein bewegtes Leben zu den Klängen der Kapelle Fuchs-Haimhausen.

Dachauer Anzeiger 17. 10. 1950
(Stadtarchiv Dachau)

Heute würden solche Berichte, wenn sie denn überhaupt eine Meldung wert wären, in viel sachlicherer und nüchterner Form geschrieben werden.

Spektakulär ist eine Meldung in den »Dachauer Nachrichten« am 26. 9. 1955 über die Notlandung eines britischen Flugzeuges im Ampermochinger Moos in der Nähe der Kaltmühle.

MIT ZERFETZTEM FAHRGESTELL IM MOOS
Wie bereits in unserer Samstagausgabe berichtet, mußte im Moosgelände zwischen Haimhausen und Ampermoching in der Nähe der Kaltmühle ein zweimotoriges englisches Flugzeug notlanden. Dabei wurden Rumpf und Fahrgestell erheblich beschädigt. Einer der beiden Motoren hatte auf dem Flug von Frankfurt nach München über der Ortschaft Ampermoching ausgesetzt. Der Pilot blieb bei der Notlandung unverletzt. Unser Bild zeigt die beschädigte Maschine mitten im Moos.

Dachauer Nachrichten 26. 9. 1955 (Stadtarchiv Dachau)

Im Dezember 1954 gibt es große Aufregung im Dorf, als ein US-Panzer während eines Manövers im Ortskern von Ampermoching in den damals noch offenen Sietenbach rutscht. Eine große Menschenmenge beobachtet die Bergung des Fahrzeuges durch die US-Streitkräfte.

Über zwei wichtige Ereignisse muss noch berichtet werden: Da ist zum einen die Glockenweihe, die unter großer Anteilnahme der Bevölkerung und

Panzer im Bach (Foto: privat)

mit viel Prominenz aus dem Kirchenbereich und der Politik am 1.6.1950 gefeiert wird. Die alten Kirchenglocken wurden während des Krieges wie vielerorts, vermutlich zur Herstellung von kriegswichtigen Materialien, eingeschmolzen. Bei der feierlichen Überführung der neuen Glocken von ihrem Lagerplatz an der Kaltmühle durch den Ort zur Kirche, geschieht fast ein Missgeschick: Die Glocken drohen beinahe von den Fuhrwerken auf der noch provisorischen Amperbrücke in den Fluss zu rutschen. Reinhard Keller erinnert sich: »Und der Schock Karl und ich, mir gehn […] und Weinhold is mit de

Ross gfahrn. Und auf der Bruckn is von de Pfarrer – a Pfarrer von Dachau, der Stadtpfarrer von Dachau und der Pfanzelt – und der Wilhelm ham do auf der Bruckn [gewartet], auf der oiden Amperbrucken in Empfang gnumma, die Glocken. […] Da war die Straß a bissel schräg und i schrei a so: ›Karl, Mensch die Bruck! Die Glocken hauen ab! Bleibt steh mit die Ross!‹ Der is stehn blieben und da ham mir a paar so Stampen rausgrissen da von de Baumerl. […] Da ham mir die Stampen an die Seiten und ham unterfuttert, dass da uns die Glocken net runter falln. Sonst warn die Glocken im Wasser drin gwesen.«[74] Es ist noch einmal gut gegangen und die Glocken sind unversehrt an ihrem Bestimmungsort angekommen, wo sie u.a. von Prälat Pfanzelt gesegnet werden.

Das zweite Ereignis läuft eher im Stillen ab: Es war während der letzten Kriegsjahre ein gut gehütetes Geheimnis, dass im Pfarrstadel in Ampermoching wertvolle Kunstschätze aus der St.-Peters-Kirche, der Heiliggeistkirche und dem Dom aus München wegen der verheerenden Luftangriffe auf die Stadt, aufbewahrt werden. Dabei handelt es sich u.a. um großartige Figuren von Erasmus Grasser oder auch überlebensgroße Statuen der Zwölf Apostel, die von den Rokokokünstlern J.G. Greif und Josef Prözner geschaffen wurden.[75] Von den Dorfbewohnern weiß außer dem Pfarrer und ein paar Kindern, die den Figuren Namen geben und mit ihnen spielen, kaum einer et-

Prälat Pfanzelt bei der Glockenweihe am 1.6.1950 (Foto: privat)

was darüber. Selbst die Kinder behalten ihr Geheimnis für sich, schon um ihr Privileg mit den Figuren zu spielen, ungestört genießen zu können. Die Schätze überstehen den Krieg zum Teil schwer beschädigt und müssen mit großem Aufwand restauriert werden. Wann genau der Rücktransport nach München erfolgte, konnte nicht ermittelt werden. Wahrscheinlich ist dies 1953 oder 1954 geschehen. Die befragten Zeitzeugen jedenfalls konnten sich daran nicht erinnern.

SCHLUSSBEMERKUNG

Mit den Recherchen und den Zeitzeugeninterviews für dieses Projekt wurde Anfang 2016 begonnen. Nach zunächst sehr zögerlicher Bereitschaft der Zeitzeugen sich befragen zu lassen und zu erzählen, konnten wir schließlich doch viele Informationen gewinnen und ein, wie wir glauben, anschauliches Bild der Zeit 1950 bis 1959 für Ampermoching zeichnen. Dafür ein herzliches Dankeschön an alle, die zum Gelingen des Projektes beigetragen haben. Besonderer Dank gilt Josef Glas, der den Großteil der aufgezeichneten Audio-Interviews mit enormem zeitlichen Aufwand verschriftlicht hat.

1 Johann Zigldrum (geb. 1941) im Zeitzeugeninterview am 15. Juni 2016.

2 Staatsarchiv München, Karteikarte Internierungslager Moosburg.

3 Archiv des Erzbistums München und Freising (AEM), Seelsorgebericht 1949, Pfarrei Ampermoching, verfasst am 18. Januar 1950.

4 Regina Keller, geb. am 2.8.1931, im Zeitzeugeninterview am 31. Mai 2016.

5 Staatsarchiv München, Spruchkammerakten Karton 3583, Reischl, Josef: NSDAP 33–45, SA 33–37, Blockleiter und Ortsgruppenamtsleiter, Bürgermeister, Ortsbauernführer, NSV, RLB, VDA, NSRKB (Vorstand), Urteil Spruchkammer: Minderbelastet, Einstufung Gruppe III. Ohne Nachverfahren nur noch Gruppe IV Mitläufer, aufgrund d. 2. Abänderungsgesetzes.

6 Stadtarchiv Dachau, Dachauer Anzeiger 3. April 1952.

7 Parlamentsdatenbank beim Haus der Bayerischen Geschichte

8 Stadtarchiv Dachau; Amtsblatt für Stadt und Landkreis Dachau vom 6. Oktober 1945.

9 Staatsarchiv München, Schönfeldstraße 3, 80539 München; Insassenkarteikarte Internierungslager Moosburg.

10 Parlamentsdatenbank beim Haus der Bayerischen Geschichte.

11 Alfred Birol (geb. 1943) im Zeitzeugeninterview am 22. November 2016.

12 Dem Autor namentlich bekannter Zeitzeuge im Interview am 3. November 2016.

13 Archiv der Gedenkstätte Dachau; Deputy Judge Advocate's Office, 7708 War Crimes Group, European Command, 27 May 1947.

14 Archiv der Gedenkstätte Dachau; Kopie Staatsarchiv München, Bayerisches Landeskriminalamt SG-76, K 6936 Vernehmungsniederschrift 4.2.1970.

15 Dem Autor namentlich bekannter Zeitzeuge im Interview am 3. November 2016.

16 Ebd.

17 Archiv des Erzbistums München und Freising (AEM) Seelsorgebericht 1949, Pfarrei Ampermoching, verfasst am 18. Januar 1950.

18 Archiv des Erzbistums München und Freising (AEM) Seelsorgebericht 1950, Pfarrei Ampermoching, verfasst am 1. Februar 1951.

19 Hans Hein (geb. 1943) im Zeitzeugengespräch am 21.6.2016.

20 Regina Keller im Zeitzeugeninterview am 31. Mai.2016.

21 Michael 10.2.1941 und Johann Gasteiger 13.2.1942 im Zeitzeugeninterview am 17. Januar 2017.

22 Ebd.

23 Ebd.

24 Ebd.

25 Ebd.

26 Alfred Birol im Zeitzeugeninterview am 22. November 2016.

27 Johann Zigldrum im Zeitzeugeninterview am 15. Juni 2016.

28 Ebd.

29 Alfred Birol im Zeitzeugeninterview am 22. November 2016.

30 Ebd.

31 Archiv des Erzbistums München und Freising (AEM) Seelsorgebericht 1954, Pfarrei Ampermoching, verfasst am 21. Februar 1955.

32 Ebd., Seelsorgebericht verfasst am 18. Januar 1950.

33 Alfred Birol im Zeitzeugeninterview am 22. November 2016.

34 Damit ist vermutlich ein Siedlungsschwerpunkt wie in der heutigen Regionalplanung gemeint.

35 Archiv der Gemeinde Hebertshausen, Beratungsbuch der Gemeinde Ampermoching 1940–42 und 1952–27. April 1960.

36 Johann Zigldrum im Zeitzeugeninterview am 15. Juni 2016.

37 Archiv des Erzbistums München und Freising (AEM) Seelsorgebericht 1952, Pfarrei Ampermoching, verfasst am 28. Februar 1953.

38 Ebd., Seelsorgebericht verfasst am 14. Februar.1958.

39 Regina Keller im Zeitzeugeninterview am 31. Mai.2016.

40 Reinhard Keller, geb. am 26.8.1926, im Zeitzeugeninterview am 31. Mai.2016.

41 Johann Zigldrum im Zeitzeugeninterview am 15. Juni 2016.

42 Archiv des Erzbistums München und Freising (AEM) Seelsorgebericht 1957, Pfarrei Ampermoching, verfasst am 14. Februar.1958.

43 Johann Zigldrum im Zeitzeugeninterview am 15. Juni 2016.

44 Ebd.

45 Georg Göttler im Zeitzeugeninterview am 2. September 2016.

46 Ebd.

47 Alfred Birol im Zeitzeugeninterview am 22. November 2016.

48 Michael Gasteiger im Zeitzeugeninterview am 17. Januar 2017.

49 Ebd.

50 Josef Blank im Zeitzeugeninterview am 3. März 2017.

51 Georg Höflmair, geb. 1934, im Zeitzeugeninterview am 24. Februar 2017.

52 Archiv des Erzbistums München und Freising (AEM) Seelsorgebericht 1953, Pfarrei Ampermoching, verfasst am 28. Februar.1954.

53 Archiv des Erzbistums München und Freising (AEM) Seelsorgebericht 1954, Pfarrei Ampermoching, verfasst am 21. Februar.1955.

54 Irmgard Blank, geb.1939, im Zeitzeugeninterview am 3. März 2017.

55 Archiv des Erzbistums München und Freising (AEM) Seelsorgebericht 1953, Pfarrei Ampermoching, verfasst am 28. Februar.1954.

56 Alfred Birol im Zeitzeugeninterview am 22. November 2016.

57 Georg Göttler im Zeitzeugeninterview am 2. September 2016.

58 Regina Keller im Zeitzeugeninterview am 31. Mai.2016.

59 Johann Zigldrum im Zeitzeugeninterview am 15. Juni 2016.

60 Protokollbuch des Motor-Radsportvereins Ampermoching.

61 Ebd.

62 Michael Gasteiger im Zeitzeugeninterview am 17. Januar 2017.

63 Fritz Schmid, geb. 1933, im Zeitzeugeninterview am 12. September 2016.

64 Katholische Frauengemeinschaft Ampermoching; Festschrift zum 50-jährigen Jubiläum 2002.

65 Dokument der Frauengemeinschaft Ampermoching, »Bruderschaftsbüchlein mit Aufnahmezeugnis« 1952.

66 Katholische Frauengemeinschaft Ampermoching; Festschrift zum 50-jährigen Jubiläum 2002.

67 Regina Keller im Zeitzeugeninterview am 31. Mai.2016.

68 Reinhard Keller im Zeitzeugeninterview am 31. Mai.2016.

69 Johann Zigldrum im Zeitzeugeninterview am 15. Juni 2016.

70 Archiv des Erzbistums München und Freising (AEM) Seelsorgebericht 1951, Pfarrei Ampermoching, verfasst am 27. Februar.1952.

71 Archiv der Gemeinde Hebertshausen, Beratungsbuch der Gemeinde Ampermoching 1940–42 und 1952–27. April 1960.

72 Ebd.

73 Johann Zigldrum im Zeitzeugeninterview am 15. Juni 2016.

74 Reinhard Keller im Zeitzeugeninterview am 31. Mai.2016.

75 Dachauer Nachrichten 8./9. November 1952. »Millionenschätze im Pfarrstadel«.

Fotonachweis: Alle Fotos sind Privatbesitz.

Vierkirchen in den 50er Jahren

Helmut Größ

Nach Kriegsende ging es in Vierkirchen, wie auch in anderen Dachauer Gemeinden, einige Zeit drunter und drüber. Keiner wusste anfangs wie es weitergehen sollte mit den neuen »Machthabern«, den Amerikanern. Es galt auch die »Altlasten« der NS-Vergangenheit aufzuarbeiten und das kommunale Leben, Gemeindeverwaltung, Schule und Versorgung der Bevölkerung, vor allem der Flüchtlinge, wieder zu organisieren. Vieles wurde durch Improvisieren und entschlossenes Handeln (z. B. neues Schulhaus) zu Wege gebracht. Bis 1950 hatte sich das Gemeindeleben halbwegs normalisiert und die Bürger arrangierten sich mit den Gegebenheiten.

Die damaligen Gemeinden Vierkirchen und Pasenbach

Am äußerlichen Dorfbild hatte sich nicht viel verändert. Der Ort blieb von kriegsbedingten Zerstörungen verschont, die Wohnraumnot durch viele Flüchtlinge und Heimatvertriebene war eines der größten Probleme. Die Versorgung mit Nahrungsmitteln über die Zuteilungen von Lebensmittelmarken hinaus verursachte keine großen Probleme. Die ansässigen Bauern konnten Mängel in gewissem Rahmen eher ausgleichen als dies in der Stadt möglich war. Lediglich die Brennmaterialversorgung im Winter zum heizen oder zum kochen, war kritisch. Im Wald wurde alles »Verbrennbare« (Fichtenzapfen, Stockholz …) gesammelt.

In einigen Familien fehlten die Männer, die gefallen oder noch in Gefangenschaft waren. Die Infrastruktur war intakt, Wasser gab es aus den häuslichen Brunnen; Strom, Post und Eisenbahn funktionierten bald wieder. Die Bürger sehnten sich nach »Normalität«, nach einer Arbeitsstelle, nach ausreichendem Einkommen, nach Wohnraum, nach Sicherheit, aber auch nach Ablenkung und Vergnügen. Das war eigentlich der Nährboden für das Wirtschaftswunder der 50er Jahre.

Die Gemeindeverwaltung, die nach Kriegsende wieder vom Vorkriegs-Bürgermeister Michael Müller (1945–1946) geführt wurde, übernahm bald Schneidermeister Johann Eichinger (1946–1952). Die Geschäfte führte vor

Eine Flüchtlingsfrau trägt auf dem Kopf im Wald gesammeltes Brennholz heim. (Foto: Dr. Anton Roth)

allem der »Xare«, Xaver Endres, der »Gemeindeschreiber«. Die Gemeindeverwaltung befand sich erst im Bauernhaus von Michael Müller, dann in einem Raum im Schulhaus.

DIE ÖFFENTLICHEN EINRICHTUNGEN IM ORT

Welche Versorgung der Bürger gab es im Bereich der Gemeinden Vierkirchen und Pasenbach? Da war vor allem die Bundesbahn mit dem Bahnhof Esterhofen, heute S-Bahnhaltestelle Vierkirchen-Esterhofen. Die Bahn war das wichtigste Verbindungsglied in die Stadt München und zu den Arbeitsplätzen wie MAN, Krauss-Maffei, BMW. Damals fuhren noch Personenzüge mit Dampflok, die Anzahl der Verbindungen war überschaubar. Der Zugang zum Bahnhof ging über die Bahnüberführung und die Gleise. Kam man zu spät, stand man vor geschlossenen Schranken. Diese wurden dann oft umgangen, dadurch kam es zu tödlichen Unfällen. Eine Unterführung gab es erst 1972. Für Pendler, die mit dem Fahrrad ankamen, errichtete 1951 Lorenz Weinhuber (1925–1970), ein Kriegsgeschädigter, eine Fahrradhalle nahe am

Bahnhof. Ein kleiner Kiosk deckte erstmals im Ort den »Reisebedarf« (siehe Kapitel »Die Radlhalle des Radl-Lenz« unten).

Ein eigenes Telefon hatten nur sehr wenige Bürger, man nutzte den Fernsprecher in der Post oder beim Wirt. Es gab natürlich eine amtliche Poststelle, die befand sich am westlichen Ortsende von Vierkirchen und wurde bis 1952 von Viktoria Hang, danach Marianne Scharl geführt. Der Postverkehr lief per Bahn.

Das Postamt beschrieb die Oberpostdirektion folgendermaßen: »Leistungsnachweis 25/I der Poststelle Vierkirchen am 1. 2. 1958: Einwohnerzahl 642, Boten/Beförderungsdienst 40 Minuten zum Zug Nr. 1912

Posthalter: Scharl Marianne«[1]

Weitere Aufgaben und Dienste hat Frau Scharl in einer kleinen Übersicht erläutert: Annahme und Zustellung von Paketen für In- und Ausland, Zahlkarten, Postanweisungen, Nachnahmen, Telegramme und Eilbriefe überbringen, Führen von Spar- und Girokonten, Auszahlung von Renten, Telefondienst, Postprotestaufträge bearbeiten.

Briefe und Päckchen brachte der Postbote mit dem Fahrrad. In Vierkirchen war in den 50er Jahren der »Märkl Sepp« Postbote. Er war kriegsversehrt, am linken Arm hatte er eine Prothese mit einem Eisenring, damit konnte er Rad fahren.

Es gab keinen Kindergarten (erst 1976) oder Kinderspielplatz, dafür hatte man Großeltern und zum Spielen Feld und Wald. Es gab keine Müllabfuhr, kaum Abfall, Reste kamen per Schubkarre in die alte Sandgrube als Füllmaterial. Auch eine eigene Bank oder Sparkasse hatte sich im Ort noch nicht angesiedelt.

Eine Busverbindung oder einen Taxidienst vor Ort gab es nicht. Die Strassen waren ungeteert, staubig bei Trockenheit und schlammig bei Regenwetter, zeitweise voller Schlaglö-

Postbote Josef Märkl um 1952 (Foto: Ida Oberhauser)

Bahnhof Esterhofen und Bahnübergang mit Schranke und Bahnsteig (Repro: J. Strobl[2])

cher. Vor allem im Frühjahr litten sie unter Frostaufbrüchen und Verformungen. Im Winter wurde Schnee geräumt mit einem großen, schweren Schneepflug aus Holz, der von zwei Pferden gezogen wurde. Die Straße war danach meist so glatt und verdichtet, dass man darauf prima Schlittschuhlaufen konnte. Auch zum Schlittenfahren oder Eisstockschießen war die Fahrbahn gut geeignet, Autos fuhren ganz selten. Gräben am Straßenrand sorgten für Entwässerung, eine Kanalisation gab es nicht. Auch die Hausentwässerung führte meist nur in die Odelgrube. Als Toiletten gab es das »Häusl« oder das »Plumpsklo« mit Anschluss an eine »Versitzgrube«, die gelegentlich entleert werden musste. Die Wasserversorgung geschah aus dem eigenen Hausbrunnen, entweder durch eine Schwengelpumpe oder, meist bei Landwirten, schon durch elektrische Pumpen. Eine zentrale Wasserversorgung gab es erst 1965. Ebenso entstanden erst Anfang der 60er Jahre eine Kanalisation und eine Kläranlage.

Treffpunkt in der Gemeinde Vierkirchen waren die Wirtshäuser »beim Bräu« und »beim Grieser«. Ein weiterer Ort des Informationsaustausches war die Dorfschmiede von Hans Bestle (späterer Bürgermeister), wo vor allem die Bauern Pferd und Wagen »pflegen« ließen.

Nach den Schrecken des Krieges war die Bevölkerung geradezu »vergnügungssüchtig«. Es gab viele Tanzveranstaltungen, ideal für die Integration der vielen Flüchtlinge. Zahlreiche Ehen wurden hier angebahnt. Nachdem der Saal in der Brauerei längst nicht mehr genügte, wurde 1950 ein neuer »Bräusaal« gebaut, in dem Veranstaltungen und Theater stattfanden (2015 nach Discobetrieb und langem Leerstand abgebrochen). Im neuen Saal fanden Fa-

Hopfenzupfen in der Holledau
(Foto: Helmut Größ)

schingsbälle und größere Feste statt, dazu spielten Blasmusik und Tanzkapellen aus dem lokalen Umfeld (Kapelle Erlacher) moderne Tanzmusik.

Auch in Esterhofen (Bahnhofsgaststätte Großmann) und Pasenbach gab es diese Geselligkeiten. In Pasenbach eröffnete sogar ein neues Gasthaus (beim »Kurvenwirt«). Ins Kino musste man allerdings nach Petershausen, Indersdorf oder Dachau fahren. Hier gab es vorrangig die beliebten Heimatfilme (»Der Jäger von Fall«), und als Trend aus Amerika die Western (»Rio Bravo«, »12 Uhr mittags«). Mit der zunehmenden Motorisierung fuhr man auch in den Urlaub, bevorzugt ins sonnige Italien. Frauen mussten oft »dazuverdienen« als Saisonarbeiter (hopfenzupfen) oder Zeitungbote oder Bedienung in Gaststätten.

DIE BRAUEREI HILG

Nach dem Krieg wurden alle Betriebe, die während der Nazizeit arbeiteten und deren Besitzer fast immer Mitglieder der NSDAP waren, bzw. sein mussten, von der amerikanischen Militärregierung enteignet. Da aber auch die amerikanischen Soldaten gerne Bier tranken, galt diese Regelung nur bedingt für Brauereien. So berichtet darüber das »Kriegstagebuch« folgendes: »The Brauerei Vierkirchen, owned and operated by Adolf Hilg, is now producing 35,000 liters of 2 ½ % beer monthly. Maximum production is 40,000 liters at the plant.«[3]

Um die Qualität des Bieres zu verbessern, hatte sich der amerikanischer Captain Snow persönlich dafür eingesetzt, dass die Brauerei mit Hopfen versorgt wurde. Für die amerikanischen Soldaten wurde Normalbier gebraut, während die Vierkirchner weiterhin Dünnbier (ca. 2 % Alkohol) tranken. Erst ab dem Jahr 1948 gab es wieder Normalbier (ca. 4 %) für alle.

Die Versorgungsschwierigkeiten mit Hopfen nach dem Krieg veranlassten den Brauereibesitzer Adolf Hilg dazu, außer Braugerste auch Hopfen selbst anzubauen. Von 1950 bis 1963 gab es östlich der heutigen Dachauer Straße einen Hopfengarten, der die Zukäufe aus der Holledau ergänzte.

Der »Bräu« Adolf Hilg und Gastwirt sowie
Frau Skala beim Hopfenzupfen um 1952 *Hans Bücherl bei der Hopfenernte*
(Foto: Dr. Anton Roth) *(Foto: Dr. Anton Roth)*

Damals wurde der Hopfen, wie überall, noch mit der Hand »gezupft«. Die Hopfenstränge wurden abgenommen, die Dolden geerntet und in großen Säcken gesammelt. Die Hopfenzupfer, Frauen aus der Gemeinde, bezahlte man für jeden »Metzen«, einen jeweils 60 Liter fassenden Korb. Die Brauerei wurde 1986 stillgelegt.

Schuhfabrik HANWAG

Der Gründer der Schuhfabrik, Herr Hans Wagner, wurde 1896 in Jetzendorf geboren und erlernte, wie seine beiden Brüder Lorenz und Adolf, das Schuhmacherhandwerk, das bereits sein Vater und Großvater betrieben hatten. In Vierkirchen beschäftigte er bereits 1923 vier Gesellen und baute ein erstes, eigenes Haus. Der Betrieb lief so gut, dass Hans Wagner schon drei Jahre später eine größere Werkstatt an dieses Haus anbaute, die im Wesentlichen bis 2006 noch vorhanden war. Im Krieg musste natürlich für den NS-Staat produziert werden, nach Kriegsende kam es zu Plünderungen. Bis zum Oktober 1945 lag die Schuhfabrik verwaist. Auch die Arbeiter kamen erst nach und nach aus Krieg oder Gefangenschaft zurück, Flüchtlinge und Heimatvertriebene ergänzten die Belegschaft. Nur langsam kam die Produktion wieder in Gang. Leder musste auf Bezugsschein besorgt werden, auch die Versorgung der Bevölkerung war schwierig. Hans Wagner griff auf seine bewährten Schuhmodelle zurück; bis Anfang der Fünfziger Jahre wurden wieder Haferlschuhe und ähnliche Gebrauchsschuhe gefertigt. Nach der Währungsreform erfasste das beginnende »Wirtschaftswunder« auch die Schuhherstellung.

In der Schuhfabrik um 1950 (Foto: privat)

HANWAG Logo um 1940

Es begann die Nachfrage nach anspruchsvollen Schischuhen, die jetzt vorne rund und aus schwarzem Leder waren. Auch für die modernen Sicherheitsbindungen mussten sie passen. 1957 begann Wagner die ersten Aufträge für Amerika zu fertigen. Was mit einigen hundert Paaren begann, steigerte sich in den nächsten Jahren auf mehrere tausend. Nur mit Mühe konnten mit Hilfe aller verfügbaren Schuster in der Umgebung diese noch handgefertigten, zwiegenähten Schischuhe geliefert werden.

Heute gibt es keine HANWAG-Schischuhe mehr, die Fabrik stellt im Handelsbereich von Firma Fjällräven jedoch hochwertige Berg- und Wanderschuhe her.

DIE ZIEGELEI SEITZ IN ESTERHOFEN

Im Januar 1872 übernahm der ältere Sohn Josef Eberl den »Hanslbauer-Hof« in Esterhofen, ab 1875 war er Besitzer einer kleinen Feldziegelei. Ob er sich mit Ausbauplänen des Ziegeleigeschäftes befasst hatte, wissen wir nicht, denn am 3. April 1879 starb er. Der Knecht Anton Seitz heiratete die Witwe Anna-Maria Eberl und baute 1889 einen neuen Brennofen. Söhne und Enkel führten den Betrieb bis 1969 weiter, erst 1975 wurde er abgebrochen. Auf dem Gelände steht heute die Grundschule.

Ziegeleiarbeiter in der Ziegelei Seitz in den 50er Jahren (Fotos: Thomas Angermeier)

Während des Krieges war der Betrieb stillgelegt und diente zur Einlagerung von Material für die Rüstung. Anton Seitz III, kam 1947 aus russischer Gefangenschaft zurück und übernahm 1948 die Ziegelei. Der Wiederbeginn war nicht einfach, Startkapital war kaum vorhanden und vieles in den Jahren des Stillstandes »eingerostet« oder nicht mehr verwendbar. Im Landkreis Dachau wie auch in der Gemeinde Vierkirchen, waren die Wohnverhältnisse durch Tausende von Heimatvertriebenen und Flüchtlingen äußerst beengt. Überall entstanden Flüchtlingssiedlungen und neue Wohnungen, die Nachfrage nach Baumaterial war entsprechend groß. Anton Seitz stürzte sich mit Energie und Tatendrang in die neue Ziegelproduktion: 1950 wurde der baufällige Kamin abgetragen und neu aufgemauert, ebenso wurde der Ringofen renoviert. Vieles wurde modernisiert, eine »Deutz«- Zugmaschine und ein Jahr später ein Bagger, Baujahr 1935, aus München wurden beschafft. Das Ungetüm auf Raupenketten war schon beim Autobahnbau und an Hitlers »Westwall« eingesetzt worden. Otto Krause, ein Flüchtling, bediente dieses Unikum mit viel Geschick. Die alten Schubkarren mit ihren Eisenrädern wurden im Laufe der Jahre ersetzt durch luftbereifte Dreiradwagen, die den Transport zu den Trockenstadeln und in den Brennofen erleichterten.

Nicht nur maschinell wurde die Ziegelei aufgerüstet, sie brachte auch für etwa zwanzig Personen einen neuen Arbeitsplatz. Vor allem Kriegswitwen und Flüchtlingsfrauen arbeiteten als Hilfskräfte beim Abtragen vom Schneidetisch oder Setzen der Rohlinge. Die Männer verrichteten die schweren Arbeiten, wie das Aus- und Einräumen der heißen und staubigen Ofenkammern. Auch italienische Brenner, aus dem friulischen Buja, wurden wieder gerufen. Der Stundenlohn für eine Hilfskraft betrug um 1955 ca. 1.55 DM (0.79 €), ein »Ofensetzer« verdiente ca. 1.70 DM (0.87 €).

Im Landkreis Dachau produzierten in den 50er Jahren zehn Ziegeleien für einen wachsenden Bedarf. Die gewaltige Menge Lehm, die dadurch benötigt wurde, lässt sich veranschaulichen an den beiden Gruben bei Jedenhofen, die durch gut zwanzig Jahre Lehmabbau für die Ziegelei Bagusat in Ebersbach entstanden sind. Eine davon wird seit 1985 als Restmülldeponie des Landkreises genutzt.

Seit 1956 betrieb Rupert Seitz, ein Sohn des Ziegeleibesitzers, einen Bagger- und Fuhrbetrieb und erweiterte damit die boomende Baubranche um ein wichtiges Element.

Die Radlhalle des »Radl-Lenz«

Diese Geschichte ist das Beispiel eines Nachkriegsschicksals, wie es viele junge Männer erleben mussten, die durch die Auswirkungen des Krie-

Lorenz Weinhuber, genannt »Radl-Lenz«
(Foto: privat)

und die Radlhalle (Foto: privat)

ges aus ihrer Lebensbahn geworfen wurden. Der Radl-Lenz hieß eigentlich Lorenz Weinhuber und kam als Kriegsversehrter nach Pasenbach; er hatte durch den Krieg seinen linken Arm verloren und trug eine Prothese. Durch diesen Umstand verlor er das Erbrecht auf den elterlichen Hof in Paunzhausen und zog zu seiner Schwester nach Pasenbach.

Bereits im Januar 1951 reichte er ein Gesuch an die Bundesbahn ein, um am Rande des Zugangsweges zum Bahnhof eine Fahrradeinstellhalle errichten zu dürfen. Dem Ansinnen wurde stattgegeben und ein einfacher Bauplan wurde erstellt. Baubeginn war im April 1951, das Baugeschäft Johann Eder in Biberbach führte den Bau mit viel Eigenleistung des Bauherrn aus. Das Häuschen war 10 m lang und 5.5 m breit und enthielt neben der Fahrradhalle einen kleinen Aufenthaltsraum. Das Gebäude stand auf dem Grund der Bundesbahn, die Lorenz Weinhuber dafür zahlreiche Auflagen machte. Auch für das Einstellen verlangte die Bahn eine umfangreiche Bürokratie mit Nummernzetteln, Kontrollheft und Umsatzmeldung. Ebenso wurden eine Gewerbeanmeldung und Haftpflichtversicherung gefordert.

Die vielen Zugpendler, die in den 50er und 60er Jahren täglich zu ihren Arbeitsstellen nach Dachau, Karlsfeld, Allach oder nach München fuhren, kannten den »Radl-Lenz« als Lieferanten für die Tageszeitung oder als Einkaufsquelle für Zigaretten oder Getränke. Besonders die Radfahrer schätzten es, dass sie ihr Radl bei ihm für einen kleinen Obolus unterstellen konnten. Etwa zwei Mark kostete die Aufbewahrung je Woche. War eine Speiche locker oder ein Lämpchen kaputt, reparierte der Radl-Lenz die kleinen Schäden tagsüber und zur Heimfahrt war das Fahrrad wieder in Ordnung. Die Fahrräder hingen in der Halle an nummerierten Haken, jedes der Räder hatte seinen »Stammplatz« und der Lenz kannte seine Kundschaft. Es kam gelegentlich vor, dass einer der Radler den beschrankten Bahnübergang nicht mehr rechtzeitig passieren konnte und der abfahrtbereite Zug schon am Bahnsteig stand. Da wurde das Zweirad einfach an der Straßenböschung abgelegt, unter der Schranke durchgeschlüpft und der Zug gerade noch erreicht. Der Lenz bemerkte das Fehlen eines Rades und wusste auch gleich wo er es suchen musste. Er holte es vom Straßenrand und am Abend hing es wieder am vertrauten Platz. Das war ein sehr intensiver Service an Fahrrad und Kunden. Auch für die Jugend war hier ein gefragter Treffpunkt am Kiosk.

Aus der »Fahrradhalle« wurde nämlich im Laufe der Jahre ein richtiger kleiner Kiosk, der damit auch, mit der Hausnummer 50, zur Wohnung des Inhabers wurde. Diverse Anbauten kamen im Laufe der Jahre hinzu, wie man auf dem Foto sieht. Ein Hund ergänzte die Idylle und wachte vor dem Haus. All das war aber, wie oben angeführt, nicht erlaubt, und der Lenz handelte sich dadurch diverse Schwierigkeiten ein, über die allerdings amtlich nichts mehr bekannt ist. Mit dem überraschenden Tod von Lorenz Weinhuber 1970 gingen auch die bequeme und sichere Aufbewahrung der Fahrräder und der Kleinverkauf von Zeitungen und Süßigkeiten zu Ende, denn für die Weiterführung des Geschäfts fand sich keine Person in der Gemeinde und auch nicht von Seiten der Bahn.

Landarzt Dr. Roth

Bis Kriegsende gab es in Vierkirchen keine ärztliche Versorgung Wurde ein Doktor gebraucht, kam dieser aus Schönbrunn oder Indersdorf.

Dr. Anton Roth war im Krieg als Truppenarzt in Frankreich und über vier Jahre an der Ostfront. Nun musste er sich 1945 für eine weitere Laufbahn entscheiden: entweder Klinik oder Arztpraxis. Er entschied sich, der erste Landarzt in Vierkirchen zu werden. Dort hatte Anton Roth Verwandtschaft, der Ort war ihm also schon etwas vertraut.

Seine erste Praxis richtete er sich 1946 notdürftig im Pfarrhof ein, denn durch die massenweise Einquartierung von Flüchtlingen waren alle freien Räume in Vierkirchens Häusern besetzt. Ein Flüchtlingskommisar verteilte jedes freie Zimmer an die Heimatvertriebenen. Zunächst hatte der Doktor seine Krankenbesuche mit dem Rad gemacht, bis er sich einen klapprigen PKW leisten konnte. Die Straßen waren nicht geteert, dicke Staubwolken begleiteten die Fahrzeuge und tiefe Schlaglöcher behinderten jede Krankenfahrt. Es gab noch keinen Notarzt und kein Krankenauto, nur ganz wenige hatten ein Telefon. Der Arzt musste Tag und Nacht zur Stelle sein. Im Jahre 1952 konnte er von Lehrer Dapfer das Einfamilienhaus in Esterhofen, damals das Haus Nr. 12, heute Ignaz Taschner Weg 12, erwerben und nach Ausbau eine neue Praxis eröffnen.

Er kümmerte sich um seine Patienten in einer Weise, die weit über die medizinische Versorgung hinausging, wie in dem Fall eines Bauernburschen, auf dessen Kopf bei einer Wirtshausrauferei ein Maßkrug zerschlagen worden war und blutige Wunden hinterlassen hatte. Nach der ärztlichen Versorgung vor Ort geleitete er den Patienten sicher nach Hause, nachdem ihm die kampflustigen Raufbolde auf der Straße nachstellen wollten. Am anderen Morgen meldete sich der Patient zum Kopfverband mit der dankbaren Versicherung: »Toni, das vergeß' ich dir nie, dass du mich sicher heimbracht hast«.

Eine kleine Episode, die treffend die Straßenverhältnisse von damals schildert, begab sich im Winter in Rettenbach. Die Dorfbuben spielten auf der schneeglatten Straße Eisstockschießen. Da kam der Herr Doktor mit seinem alten DKW und wollte vorbei. Einem Eisstock auf der schmalen Fahrbahn konnte er nicht ausweichen, aber die Buben machten keine Anstalten diesen wegzuräumen. Da stieg der Doktor aus, nahm wortlos den Eisstock, verstaute ihn in seinem Auto und fuhr weiter. Einige Tage später kamen die Buben nach Schulschluss zum Haus von Dr. Roth und baten um den Eisstock. Sie würden ihn dringend in der Schule brauchen zum Probeschießen, wofür sie auch Noten bekommen würden. Der Doktor hat ihnen natürlich nicht geglaubt, aber den Eisstock schmunzelnd ausgehändigt.

Einen Zahnarzt gab es am Ort nicht, zum »zahnreissen« ging man zum Bader.

Neue Betätigungen, kleinere Werkstätten

Die Zittergras-Segge, auch Alpengras, Seegras-Segge, Waldhaar oder Rasch, ist in Mitteleuropa verbreitet und kommt in Nadelholzforsten, Gebüschen, Säumen, Schlägen, waldnahen Frisch- und Feuchtwiesen vor. Oftmals ist sie

Seegrasspinn-Maschine, entwickelt und gebaut von Maschinenbauer Karl Förster für Herrn Kaspar Hierner (Fotos: privat)

bestandsbildend und wächst in ausgedehnten, dichten Rasen. Dieses Gras wurde als Polstermaterial benutzt. Es wurde durch Ausrupfen oder durch Mähen gewonnen und an sonnigen Orten getrocknet. Man drehte mit einfachen Maschinen Seile daraus und brachte es in dieser Form in den Handel. Durch diese so genannte Seegrasspinnerei kräuselt sich das Material und ist zur Füllung von Matratzen dem zuvor verwendeten Stroh deutlich überlegen. Vor allem während der Weltkriege, als Fasermaterial knapp und der Bedarf an Feldbetten hoch war, war Seegras in Mode. In geringerer Menge benutzte man das Alpengras auch zu Flechtarbeiten, wie Tragbändern, Schuhen, Matten etc. In Vierkirchen widmete sich Kaspar Hierner der Ernte und Verarbeitung dieses Materials. Seine Seegraszöpfe lieferte er zur Weiterverarbeitung nach Karlsfeld.

Auch auf dem Land benötigte die zunehmende Mechanisierung entsprechende Werkstätten. Der einstige Huf- und Wagenschmied Bestle stellte sich auf die Wartung und Reparatur von Landmaschinen und Traktoren ein. In Esterhofen grün-

Gerät zum Aufbauschen des Flachses für Matratzen (Fotos: privat)

Josefine Förster, Auto Zündapp Janus Viersitzer und Roller Bella (Foto: Fam. Jäger)

deten Fritz und später der Bruder Karl Förster eine Maschinenbauerwerkstatt. In der Gewerbeanmeldung 1952 heißt es: »Mechanische Werkstätte und Kfz.-Reparatur« (siehe hierzu Seegrasspinnmaschine). Hier konnten die ersten Auto- oder Motorradbesitzer ihre Fahrzeuge reparieren lassen oder auch mal ein gebrauchtes erwerben. 1959 entstand vor seinem Wohnhaus Vierkirchens erste Tankstelle.

Tankstelle (Foto: Fam. Jäger)   *Werkstatt und Wohnhaus (Foto: Fam. Jäger)*

Sparkasse, Bank

Nach Kriegsende nahm der »Zweigstellenleiter« Stefan Pfister aus Petershausen die Geldgeschäfte wieder auf. Die »Zweigstelle« befand sich in der Gemeindekanzlei und war zweimal monatlich, dann wöchentlich für einige Stunden geöffnet. 1956 mussten die Schalterstunden wegen gesetzlicher Gegebenheiten eingestellt werden, Herr Pfister nahm nun verstärkt »Hausbesuche« in Vierkirchen vor. Erst 1958 wurde im Hause Förster wieder eine Nebenzweigstelle eröffnet, 1959 gab es bereits 843 Sparkonten. Erst 1972 eröffnete die Sparkasse ein eigenes Gebäude. Für die Bauern der Umgebung baute die Raiffeisenkasse 1956 ein Lagerhaus, das den zunehmenden Bedarf der Landwirte an Handelsdünger, Futtermitteln, Bedarfsartikeln und auch Pflanzenschutzmitteln deckte. Die »Kleinhäusler«, die nur einen Garten hatten, kauften dort das Futter für ihre Hühner.

Geschäfte

Auf dem Dorf kaufte man den täglichen Bedarf üblicherweise beim Kramer, das Brot beim Bäcker und die Milch beim Bauern oder im Milchladen. Kramerläden gab es mehrere, (Göttler, Eichinger, Schmidt u. a.). Dort bekam man noch oft die Lebensmittel »offen«, d. h. nicht verpackt. Die mehrfach verwendeten spitzen Papiertüten für Zucker, Salz oder Gries brachte man mit und ließ sie wieder füllen. Essiggurken oder Bratheringe kamen aus der großen Dose und wurden in Butterbrotpapier verpackt, Sauerkraut kam aus dem Fass. Statt Plastiktüten gab es alte Zeitungen als Einwickelpapier. Es gab auch fast alles für den Haushalt, für die Schule und für den Alltag. Für die Kinder kam oft ein »Guatl« dazu. Für Mehl hatte man ein Mehlsäckchen, Mehl holte man häufig auch direkt beim Müller in Weichs. Nach der Getreideernte gingen Frauen und Kinder über die Felder zum »Ähern« (Ährenlesen). Diese Ähren wurden von Hand ausgeribbelt und beim Müller gegen Mehl getauscht. Auch Kartoffeln wurden durch »Nachglauben« nach der Ernte geholt. Um 1950 eröffnete Hans Fahr, ein Flüchtling aus der Batschka, eine »Gemischtwarenhandlung für Lebensmittel und Kurzwaren«, den ab 1952 Frau Grieshaber betrieb. Besonders Lebensmittel für die Flüchtlinge wie Paprika und Knoblauch ergänzten das Angebot. Der Laden befand sich in einem Stadelausbau beim Bahnwirt in Esterhofen. In Pasenbach führte der Bäckermeister Ludwig Großmann eine Bäckerei und ein Lebensmittelgeschäft. Bekleidung fertigte der Schneider oder man fuhr »in die Stadt«. Schusterwerkstätten waren in erster Linie Reparaturbetriebe, neue Schuhe waren teuer.

Den ersten Milchladen führte die Familie Gletter seit 1928. Damals war die Milch vom Bauern oft noch belastet und musste abgekocht werden. Alle strebten nach Tbc-freien Viehbeständen. Immerhin war der Feldzug gegen die Rindertuberkulose so erfolgreich, dass sich bis 1953 rund 671000 Betriebe mit 5720000 Tieren dem freiwilligen Verfahren der Tbc-Bekämpfung angeschlossen hatten. Bis zum Januar 1955 standen knapp 50 Prozent aller Rinderbestände der Bundesrepublik in einem planmäßigen Sanierungsverfahren.[4] Die hygienischen Bedingungen von damals sind für heutige Verhältnisse undenkbar.

Der Bäcker hatte natürlich Brot, Semmeln und etwas Gebäck im Angebot. Brotteig brachten damals noch einige Bauern zum Backen auf Vorrat, teils auf langen Brettern per Schubkarren zum Bäcker. Einen eigenen Backofen wie früher hatte keiner mehr.

Zum Haareschneiden ging man zum Bader, der auch eine Art Leihbücherei betrieb. Dort konnte man die damals üblichen Groschenhefte für ein »Zehnerl« ausleihen. Es gab auch diverse »Drogerieartikel« wie Zahnpasta, Seife, Rasierzeug oder Haarwasser.

Beliebt für Kinder und Jugend in dieser Zeit war auch das Sammeln von

Typische »Literatur« der 50er-Jahre (Repros: Helmut Größ)

Bildern. Anfang der 50er Jahre sammelte die ganze Nation Sanella-Bilder, klebte sie in Alben und fieberte mit einem jugendlichen Helden auf abenteuerlichen Weltreisen mit. Beim Kauf von Sanella Margarine erhielt man ein Einklebebild. Es gab auch neue Spielfiguren: Cowboy und Indianer, dazu Fort mit Palisaden; der Einfluss Amerikas war groß. In den Illustrierten (Stern, Bunte, Quick u. a.) ging es um Mode, Rock'n'Roll, Filme, Sport (Fußball-WM) und Freizeit.

Niedergang diverser Handwerker

Gab es vor dem Krieg noch die traditionellen Handwerker, die jedes Bauerndorf brauchte, so nahm die Arbeit der Schuster, Schneider, Sattler, Wagner, Hufschmiede laufend ab. Einige Handwerker stellten sich um auf die neuen Bedürfnisse: Hufschmied (Mechaniker Bestle), Wagner (Karosseriebau), Sattler (Matratzen, Zelte u. a.), Schuster (HANWAG) usw. Neue Werkstätten kamen hinzu: Radio- u. Fernsehmechaniker, Elektriker.

Die zunehmende Industrialisierung und billigere Fabrikprodukte ließen die Handarbeit schwinden. Die Bauern rüsteten mit Maschinen auf, Traktoren ersetzten die Pferde, um 1952 gab es den ersten Mähdrescher auf den Feldern. Die Bauernwagen waren »gummibereift«, das Weidevieh blieb vermehrt im Stall, nur im Herbst sah man noch gelegentlich am Nachmittag Schulbuben beim Kühe hüten.

Rückkehr der Kirchenglocken

Nachdem zu Kriegsende viele Glocken von den Kirchtürmen in die Kriegsmaschinerie einverleibt worden waren, suchte man in den frühen 50er Jahren die Geläute wieder zu vervollständigen. In Vierkirchen wurden 1952 zwei neue Glocken für die Kirche geweiht. Dabei ging es nicht nur darum, das Geläut zu ergänzen, sondern vor allem um die Bezahlung. Rund 13 900 DM sammelt die Pfarrgemeinde für diese und eine dritte für die Filialkirche Rettenbach.

Abholung der Glocken durch Gerhard Holz 1952 (Foto: A. Roth)

Hochziehen auf den Turm (Foto: A. Roth)

Ortsstruktur und Kirche

Durch die vielen Neubauten der Flüchtlinge und »Zugezogenen« veränderte sich das Ortsbild rasant. Auch die traditionelle bäuerliche Dorfkultur ging mehr und mehr verloren. Besonders die Pfarrer sahen die Religiosität der Dorfbevölkerung schwinden. Schon der konservative Pfarrer Brädl hatte nach dem Krieg geklagt, dass die Jugend am Sonntag lieber Fußball spiele oder am Wochenende tanzen ging, statt in die Kirche. Im Jahre 1953 kam Pfarrer Wolfgang Lanzinger, der in der Bevölkerung bald sehr beliebt war. Doch er schreibt in einem »Seelsorgbericht« um 1959–60 über das Dorf- und Kirchenleben: »In der Pfarrei Vierkirchen vollzog sich in den letzten Jahren ein großer Strukturwandel. Aus dem bisherigen Dorf mit zu meist bäuerlicher Bevölkerung ist eine Gemeinde geworden, die aus 4/5 Arbeitern besteht. Die Nähe der Dachauer und Münchner Großfabriken locken immer mehr Leute zur Industrie. Wo vor wenigen Jahren noch Wiesen waren, ist heute ein Siedlungsgebiet mit ca. 50 Wohnhäusern. Da neuerdings viele dieser Bauwilligen aus der Stadt kommen, hat das in religiöser Hinsicht eine gewisse Buntheit zur Folge. Auch konfessionslose Hausbesitzer stehen in der Gemeindekartei. Fast alle Jugendlichen pendeln Tag für Tag zu ihren Arbeitsplätzen in München, Karlsfeld und Dachau. Daß sie alle den bekannten Gefahren des Pendlertums ausgesetzt sind ist klar. Das Verhältnis zwischen Alt- und Neubürger hat sich längst normalisiert.«[5]

Mit diesem Wandel einher ging natürlich auch der Wunsch nach Komfort. Viele Wohnungen wurden renoviert, man leistete sich neue Möbel, erste Fernsehgeräte tauchten auf. Moped, Roller oder Kleinwagen förderten die Mobilität. Wer konnte, leistete sich einen VW-Käfer oder sogar schon ein »Statusauto« wie Mercedes oder Opel. Automarken von damals wie Borgward, Lloyd, Glas (Gogomobil) oder DKW (heute Audi) sind verschwunden. Die Bauindustrie florierte, man baute »Stockhäuser« oder auch schon mal einen modernen Bungalow.

Das Beheizen der Wohnungen geschah überwiegend mit Einzelöfen, befeuert mit Holz und Kohlen. Beides war Mangelware und entsprechend teuer. Zentralheizungen waren selten, teils nur in Neubauten. Holz wurde teilweise aus dem Wald »besorgt« oder »Wurzel-Stöcke gerodet« zu je 5 DM, eine Knochenarbeit. Als Kinder mussten wir »Butzkia glaubn«, Fichtenzapfen. Erste Ölöfen für Heizöl kamen auf, Gas zum Kochen gab es in Propangasflaschen (Vertrieb Firma Karl Förster). Allmählich ersetzten Badezimmer das »Wochenbad im Waschkeller« und Lebensmittel konnten im Kühlschrank aufbewahrt werden.

Kirche und »Verdrängung«

Ein Kapitel der lokalen Kirchengeschichte in den 50er Jahren war die Nachfolge des 1951 verstorbenen Pfarrers Andreas Brädl. Der bis dahin in Goldach bei Neufahrn wirkende Priester Wilhelm Pflüger übernahm 1952 die Pfarrei Vierkirchen. Seine Vergangenheit in der NS-Zeit war gekennzeichnet durch Widerstand gegen das Regime, der ihn Ende 1944 ins KZ-Dachau brachte. Diese Lagerzeit und die folgenden Jahre haben ihn nachdrücklich verändert.

Pfarrer Wilhelm Pflüger (1906–1967)

Er war physisch und psychisch angeschlagen. Bei einem Großteil der Vierkirchner, vor allem bei den Kindern, war er beliebt. Sein neuer Führungsstil, der von dem des konservativen Brädl abwich, stieß bei einigen Bürgern auf Widerstand. So verließ er die Pfarrei bereits nach zwei Jahren wieder. Er konnte zwei Dinge nicht verdrängen, nämlich, dass ihm sowohl der Staat nach Kriegsende wie auch die Kirche keine Gerechtigkeit (in seinem Sinne) angedeihen ließen. (siehe hierzu auch das »Gedächtnisblatt« in der Gedenkstätte in Dachau)

Der politische Neuanfang

Der in der NS-Zeit amtierende Bürgermeister Johann Ziegler wurde durch den 67jährigen Michael Müller ersetzt, der bereits bis 1933 Bürgermeister war. Am 27. 1. 1946 fanden erste Gemeindewahlen statt, gewählt wurde Schneidermeister Johann Eichinger mit 147 Stimmen. Nach ihm kam Landwirt Johann Ziegler (1952–1960). In Pasenbach wurde Mathias Bertold bestimmt

(1945–47), dann Johann Zeiner (1948–1971). Parteien spielten damals keine Rolle, man wählte die Person, die man kannte und der man vertraute.

Am 28. April 1946 fand die Kreistagswahl statt. Die Wahlbeteiligung im Kreis betrug 81 Prozent, in Vierkirchen nur 59 Prozent, in Pasenbach 78 Prozent. Dabei erhielt die CSU 71 Prozent (in Vierkirchen 69 Prozent). Die Sitzverteilung war 33 (CSU), 9 (SPD), 2 (KPD), 1 (WAV)[6]. Zum WAV- Kandidaten schreibt Pfarrer Brädl in der Chronik: »Letzterer ist leider ein Bauer von Vierkirchen …«. Der Kreisrat wählte den Landrat Dr. Heinrich Kneuer. Schon im Folgejahr kam Josef Schwalber (CSU, 1947–1948), dann von 1948–1957 Heinrich Junker (CSU) und wieder von 1957–1963 Josef Schwalber.

In den Gemeinden Vierkirchen und Pasenbach wollte man die NS-Zeit schnell vergessen und die kommunalen Probleme wie Wohnungsbau und Infrastruktur verbessern. Da Vierkirchen keine Hochburg der NS war, gab es nur wenige »Belastete oder Mitläufer« in den Spruchkammerverfahren. Lediglich der Hauptlehrer Dapfer war, besonders durch die Aussage des Pfarrers, der ihm die Verweigerung des Organistenamtes verübelte, vier Jahre inhaftiert. Die »Mitläufer« waren jedoch bei einigen Bürgern Anlass zu (anonymen) verbalen Abrechnungen. Eines dieser »Schmähgedichte« begann wie folgt:

»Kinder wie die Zeit vergeht,
Kinder wie das Rad sich dreht,
Erst der Nazi so verpönt
Nun man ihn mit Würden krönt
Aber gilts aus Rache sein Mütchen zu kühlen
Dann muss dazu manches in die Mühlen (…)«

Dieses Schriftstück war um 1950 an mehreren Stellen in der Gemeinde angebracht und enthielt auch viel persönlichen »Tratsch«. Der Schreiber blieb unbekannt.

Schule und Beruf

Nach Kriegsende herrschte in der Schule Mangel an allem. Es fehlten Bücher, Papier und nicht zuletzt Lehrkräfte. Letztere wurden durch schnelle Ausbildung bald ersetzt. Der Hauptlehrer war der ehemalige Ortsgruppenleiter, der bis 1949 inhaftiert war, dann aber wieder an die Schule kam. Der größte Mangel, nämlich Schulräume für ca. 200 Schüler, wurde erst 1949 durch den Bau einer neuen Schule gemildert. Dieses »neue« Schulhaus mit zwei Unterrichtsräumen wurde aus dem Umbau einer ehemaligen Notunterkunft für ausgebombte Münchner errichtet.

Da es nur insgesamt vier Schulräume gab, wurden immer zwei Klassen von einem Lehrer unterrichtet. Zu den acht Klassen der Volksschule kamen auch noch die so genannten Feiertagsschüler, Berufsschüler aus dem landwirtschaftlichen Bereich mit Nachmittagsunterricht. Offiziell war die Volksschule bei uns eine Gemeinschaftsschule, wurde aber, da es fast nur katholische Schüler gab, wie eine Bekenntnisschule geführt. Die wenigen evangelischen Schüler wurden beim Religionsunterricht heimgeschickt.

Die Schülerzahlen sanken vorerst jährlich, von 271 im Jahr 1947 (Flüchtlingskinder) auf 199 in 1952 und 183 in 1954, d. h. eine durchschnittliche Schülerzahl von 32 je Schulsaal. Die Schulräume waren mit Holz- und Kohleöfen geheizt und mussten täglich betreut werden.

Für die meisten Kinder waren der Abschluss der Volksschule nach der achten Klasse und der Eintritt in eine Berufsausbildung der gewöhnliche Werdegang. Die Bauernkinder, die das Hoferbe antraten, hatten mit der landwirtschaftlichen oder hauswirtschaftlichen Weiterbildung eine vorgegebene Laufbahn. Für die meisten Jugendlichen war ein Beruf mit guten finanziellen

Schüler mit Frl. Margarete Blößner um 1958 (Foto: Privat)

Aussichten erstrebenswert. Das war vor allem in der Baubranche und in den metallverarbeitenden Berufen geboten. Auch Handwerksberufe waren gefragt (in meiner Klasse zwei Bäcker, Maurer, Bierbrauer). Mit der aufstrebenden Autoindustrie war auch der Automechanikerberuf gefragt.

Die großen Firmen in München, und da vor allem im Norden mit MAN und Kraus-Maffei, boten viele Lehrstellen. Der wirtschaftliche Aufschwung forderte in der Industrie einen enormen Bedarf an gut ausgebildeten Arbeitskräften. So stellte z. B. die Firma Carl Hurth, Maschinen und Zahnradfabrik in München, jährlich über 100 Lehrlinge ein für die Berufe Dreher, Fräser, Schleifer und Maschinenbauer. Ähnlich begehrte Lehrstellen boten damals die Firmen Siemens, BMW, Rodenstock, Rhode und Schwarz, Agfa, usw.

Ganz wenige Volksschüler ergriffen die Gelegenheit um in weiterführenden Schulen so genannte »höhere Berufe« oder ein Universitätsstudium anzustreben. Diese Möglichkeiten boten die Gymnasien, Realschulen (Oberrealschule in Dachau) und Mittelschulen. Berufsziele waren dabei oft Lehrer, Ingenieur und eine höhere kaufmännische oder Beamtenlaufbahn. Auch Handels- bzw. Wirtschaftsschulen waren gefragt (Sabel-Schule München).

Die alte »Volksschule« (Foto: Privat)

1959 war die Schülerzahl wieder so hoch, dass eine fünfte Planstelle eingerichtet werden musste. Für den fünften Schulsaal wurde die Lehrerdienstwohnung im alten Schulhaus ausgebaut. Die finanzielle Lage der Gemeinde war so angespannt, dass eine Lehrerin (Frau Blößner) die zusätzlichen Schulmöbel privat vorfinanzierte.

VEREINSLEBEN

Besonders der Sportverein erstarkte nach Kriegsende und die fußballbegeisterte Jugend wünschte sich einen richtigen Sportplatz. Der vor dem Krieg aus dem Gesellen- und Kolpingsverein hervorgegangene Fußballclub hatte nach Kriegsende hinter dem Pfarrhof einen provisorischen Spielplatz. Diesen verweigerte jedoch bald der Pfarrer, weil die Jugendlichen statt sonntags in die

Kirche zu gehen, lieber Fußball spielten. Auch der Schützenverein etablierte sich 1952 wieder, alle Waffen mussten ja nach dem Krieg abgegeben werden.

BAUTÄTIGKEIT

Ein großes Problem nach Kriegsende war der fehlende Wohnraum für Flüchtlinge. In den 50er Jahren begann eine rege Bautätigkeit. Nicht nur für die Heimatvertriebenen wurden neue Häuser erstellt, auch die Dorfbevölkerung strebte nach bequemeren Neubauten. Die größeren Bauern im Ort brauchten für die Traktoren und modernen Erntemaschinen neue Gebäude und Stadel. Die Baufirmen erlebten eine Blütezeit, das Maurerhandwerk war gefragt, Ziegel, Sand und Zement wurden dringend benötigt.

Baugebiet in der heutigen Glonntalstraße (Foto: Privat)

Die »Flüchtlingssiedlung« um 1955 mit den Häusern in Bildmitte links einige Jahre später (Foto: Privat)

Teilweise wurden für die »Flüchtlingshäuser« Ziegel des abgebrochenen Pfarr-Stadels verwendet, die Landwirtschaft des Pfarrhofes war längst aufgegeben.

Auch den Ausbau der Straßen, die bis Ende der 50er Jahre noch Sand- und Schotterstraßen waren, nahm die Gemeinde in Angriff. Gleichzeitig wurden auch erste Arbeiten für eine Kanalisation begonnen.

In diesem Jahrzehnt begann sich die Gemeinde Vierkirchen vom »Bauerndorf« zum Siedlungsort im Einzugsgebiet der Großstadt München zu entwickeln.

Bau der ersten »Teerstraße« in Vierkirchen um 1958 (Fotos: Dr. A. Roth)

1 StAM: A. d. OPD Mü. Verz. Nr. 18 Schachtel 162, 2142-OB PSt (I) Vierkirchen 1945–1968.

2 Dachauer Nachrichten, unbekannte Zeit.

3 HStAMü OMGBY 10/77–2/2 (Signatur RG 260) War Diary 26. July 1945.

4 https://de.wikipedia.org/wiki/Tuberkulose_der_Rinder.

5 AEM, Seelsorgbericht Vierkirchen 1959/60.

6 WAV: Die Wirtschaftliche Aufbau-Vereinigung war eine von Alfred Loritz gegründete deutsche *Partei*. Sie existierte von 1945 bis 1953 und gelangte sowohl in den Bayerischen Landtag als auch in den Bundestag. Die populistische Partei des Mittelstandes, die dank der Unterstützung von Flüchtlingsverbänden in den Bundestag gewählt wurde, ging in personellen Streitigkeiten unter.

HAIMHAUSEN IN DEN 50ER JAHREN

Hiltrud Frühauf

Vorbemerkung: Der Reiz der regionalgeschichtlichen Betrachtung sei, so Helmut Beilner in seinem einleitenden Aufsatz »Zum ›Wirtschaftswunder‹ im Landkreis Dachau«, dass die Rekonstruktion der damaligen Zustände eine höhere Anschaulichkeit ermögliche als dies in einer gesamtdeutschen Betrachtung der Fall wäre. Der nachfolgende Beitrag versucht, eine Ortsgeschichte über die fünfziger Jahre als »Mikrokosmos« innerhalb der Regionalgeschichte zu präzisieren. Dabei erscheinen mündliche Quellen im Sinne der »Oral History« besonders aufschlussreich. Dies ist möglich, weil viele der älteren Einwohner Haimhausens die fünfziger Jahre aktiv erlebten und als Zeitzeugen darüber berichten können. Als primäre schriftliche Quelle werden Ausgaben der »Dachauer Nachrichten, Heimatblatt für Dachau Stadt und Land« (nachfolgend DN oder Heimatblatt genannt) herangezogen.

Am Tag vor dem Heiligen Abend 1955 warten die DN mit einer dramatischen Überschrift auf: »Frau Keipert war schon fast hoffnungslos.« Frau Keipert lebt als Flüchtling seit zehn Jahren in Haimhausen.[1] Sie erwartet sehnsüchtig die Rückkehr ihres Sohnes Fritz aus russischer Kriegsgefangenschaft. Er ist einer jener 10000 Spätheimkehrer, die dank des Einsatzes von Bundeskanzler Konrad Adenauer in die Heimat zurückkehren dürfen. Adenauer reist im September 1955 in die sowjetische Hauptstadt und erwirkt die Freilassung der letzten deutschen Kriegsgefangenen aus russischer Gefangenschaft. Im Gegenzug nimmt die Bundesrepublik diplomatische Beziehungen zu Moskau auf.[2] – Im Artikel vom 23. 12. 1955 heißt es weiter: »Jetzt verlesen wir die Namen derjenigen Russlandheimkehrer, die nach Bayern entlassen wurden. Da saß in Haimhausen eine alte Mutter mit verweinten Augen, betend, am Radio. Vielleicht wird er diesmal dabei sein? ...«

Ja, er ist es. Sohn Fritz trifft rechtzeitig vor Weihnachten in Haimhausen ein. Während Fritz Keipert als Soldat an der Front kämpfte, floh seine Familie und Verwandtschaft 1944 als deutschsprachige Minderheit aus Werbas/Vrbas, im heutigen Serbien. 1945 kam die Großfamilie nach Haimhausen und wurde fürs Erste im Gasthof Maisteig zusammen mit etwa 50 weiteren Flüchtlingen untergebracht.[3]

Fritz Keipert lernt also Haimhausen erst im Jahr 1955 kennen. In der Gefangenschaft hat er in den Briefen seiner Mutter vielleicht gelesen, dass Haimhausen ein kleines Dorf sei, und es sich deshalb mit vielen Bauernhöfen vorgestellt. Wie er jedoch nun erkennt, sind es zahlreiche Geschäfte, die sich entlang einer Straße, die meist Dorf-, manchmal aber auch Hauptstraße genannt wird, aneinanderreihen.

In den fünfziger Jahren kennt man im Ort lediglich ein paar Straßennamen wie z. B. die Dorfstraße, die Allee, den Inhauser Weg (spätere Münchner-Str.), die Sonnen- und Haniel-Straße. Die kommunale Einführung der Straßennamen erfolgt erst 1965.[4] Bis zu diesem Zeitpunkt zählen lediglich Hausnummern als Orientierung. Es führt zu einiger Verwirrung, wenn man im Telefonbuch von 1950 liest, dass sich die Bäckerei Pinget in der Hauptstraße, das Geschäft M. Pfeiffer hingegen in der Dorfstraße befindet, denn nach heutiger Lesart ist es genau umgekehrt.[5] Die Hauptstraße, wie wir sie heute kennen, existiert als befestigter Weg lediglich zwischen dem Haus der Familie Hirner (heute Hauptstr. 22) und der Schreinerei Held. (Hauptstr. 8). Dieser Abschnitt wird 1950 geteert.[6] Die Dorfstraße hingegen ist bereits vor dem Krieg geteert worden und verbindet als wichtige Durchgangsstraße das »untere Dorf« ab der Brauerei mit dem »oberen Dorf« zwischen der Bäckerei Mayerbacher und dem Gebiet rund um die Pfarrkirche. Wahrscheinlich ist sie deshalb gelegentlich zur »Hauptstraße« gekürt worden.

Neubau Sparkasse in der Dorfstraße 1952 (Fotonachweis: Ortsarchiv Haimhauser Kulturkreis e. V.)

Begleiten wir Fritz Keipert bei seiner Erkundung, beginnen wir im »unteren Dorf«, gehen die Dorfstraße entlang Richtung »oberes Dorf« und lassen Zeitzeugen zu Worte kommen. Gegenüber der Brauerei Haniel befindet sich bis Anfang der fünfziger Jahre das Geschäft Wolz, das neben Lebensmitteln ein reichhaltiges Sortiment an Tabakwaren führt. (»Da habe ich immer Schnupftabak für unseren Knecht holen müssen.« E. D.) Das Haus Wolz wird abgerissen und an gleicher Stelle – heute Dorfstr. 17 b – entsteht gegen Ende 1952 ein Sparkassenneubau. Stolz wird in den DN darauf hingewiesen, dass er in nur 65

Arbeitstagen errichtet worden sei und eine Meisterleistung Dachauer und Haimhauser Handwerker darstelle.[7]

Im Erdgeschoss ist eine Zweigstelle des Kaufhauses Baumann untergebracht, und in einem kleinen Anbau stellt die Firma Elektro-Störzer elektrische Geräte aus. Obwohl in dem Zeitungsartikel verkündet wird, dass die gesamte Anlage zu einer späteren Erweiterung Gelegenheit gebe, bezieht die Sparkasse im Herbst 1957 erneut ein gerade fertiggestelltes Gebäude – diesmal in der späteren Hauptstraße.

Wie Perlen an einer Schnur reiht sich links und rechts der Dorfstraße ein Lebensmittelgeschäft an das andere: Rechterhand die Bäckerei Zacherl, heute Dorfstr. 9, (»Zacherls Schwiegereltern Breil haben früher die Bäckerei geführt.« U.B.) In einer Haushälfte eröffnet 1951 das Milchgeschäft Diemer (»Da gingen wir mit blechernen Milchkannen hin und holten Milch.« A.K.) Anschließend folgt die Krämerei Feldhofer, heute Dorfstr. 5 (»Da gab es Süßigkeiten in wunderschönen großen Gläsern.« H.S.) und drei Häuser weiter, heute Hauptstr. 23, das Kaufhaus Baumann, das größte Geschäft im Ort. Es führt laut einer Werbung von 1952 »Feinkost, Weine, Liköre, Lebensmittel, Textilien, Kurzwaren, Balatum Bodenbelag« (»Viele junge Mädchen aus Haimhausen haben bei Baumann gelernt.« U.B.) Auf der linken Straßenseite befindet sich die Bäckerei/Konditorei Pinget, heute Dorfstr. 14, (»Da gab es das Weißbrot, wie wir es aus Ungarn kannten und mochten.« A.F.)[8] und seit 1948 das »Café Schmidt« heute Nr. 12, in dem Anni Schmidt, »Madame« genannt, Maler und Schauspieler aus Schwabing empfing. Es handelt sich um jenes Café, »in dem niemand vom Ort jemals eine Tasse Kaffee getrunken hat« wie H. Breuer in seinen Erinnerungen mutmaßt.[9] Es wird einmal leicht wehmütig als der »Letzte Salon« bezeichnet werden, in dem legendäre Künstlerfeste stattgefunden haben.[10] Bis in die fünfziger Jahre führt Frau Schmidt in ihrem Haus auch ein Delikatessengeschäft, das sich an gleicher Stelle vor dem Krieg bereits unter dem Namen »Flemmerer« befunden hatte. Es dürften bei Anni Schmidt allerdings nicht viele Delikatessen über den Ladentisch gegangen sein, wenn man bedenkt, dass bis Frühjahr 1950 Lebensmittel rationiert waren und nur mit Bezugsschein abgegeben wurden.

Nun führt die Straße bergauf ins »obere Dorf«. Auch hier gibt es genügend Möglichkeiten, sich mit Lebensmitteln einzudecken. Linkerhand, heute Kellerberg 2, steht das stattliche Haus, in dem die Bäckerei Mayerbacher untergebracht ist. In den fünfziger Jahren können die Haimhauser in nicht weniger als drei Bäckereien Brot und Semmeln erstehen. Auf der rechten Straßenseite kann man beim »Kramer-Käßl« (heute Hauptstr. 34) Grundnahrungsmittel einkaufen. Ein paar Häuser weiter ebenso bei Kammerloher (heute Nr. 44), wo zusätzlich Seile und Stricke für das Vieh der Landwirte angeboten werden. In der letzten Handlung in Richtung Dorfausgang (heute Hauptstr. 48) verkauft Maria Zacherl, besser bekannt unter ihrem Mädchennamen »Pfeiffer Mare«, neben Lebensmitteln Schreibmaterial und die eine oder andere Süßigkeit an Schulkinder der nahegelegenen Schule.

Im Ortsteil Ottershausen schließlich können sich die Bewohner seit 1955 im Kramerladen Siml (heute Dachauer Str. 67) und bei Süßmeier (heute Dachauer Str. 83) mit Lebensmitteln versorgen. Einen Service der besonderen Art bietet Josef Gimpel: Er fährt samstags mit einem VW-Pritschenwagen durch den Ort und beliefert die Haushalte mit Mehl aus der Ottershauser Marienmühle, die sein Bruder Johann als Pächter betreibt.[11]

Wie Fritz Keipert ist auch Josef Gimpel Spätheimkehrer aus russischer Gefangenschaft. Mit einem Dankgottesdienst in der Pfarrkirche St. Nikolaus wird seine Heimkehr im Oktober 1953 gefeiert. Im Anschluss legt er die vielen Blumen, die er erhalten hat, als Erinnerung an seine toten Kameraden am Kriegerdenkmal nieder. Dank der Geborgenheit, die Familie und vertraute Nachbarn bieten, gelingt es ihm, in der Heimat schnell wieder Fuß zu fassen. Er wird ein Jahr nach seiner Rückkehr heiraten.

Willkommen in der Heimat! Spätheimkehrer Josef Gimpel (Mitte) vor dem Eingang der Gaststätte Marienmühle 1953 (Fotonachweis: Privat)

Ganz anders stellt sich das Schicksal Fritz Keiperts dar. Nachdem er in den ersten Jahren seiner Gefangenschaft zuhause als vermisst gemeldet ist, heiratet seine Frau erneut. Dies erklärt, warum es seine Mutter ist, zu der Keipert aus der Gefangenschaft zurückkehrt.[12]

Zurück zu den Lebensmittelgeschäften. Was mag die Ursache für solch eine Fülle sein? Bis auf den Kramerladen Siml in Ottershausen, der erst seit 1955 besteht, existieren die Handlungen bereits in der Vorkriegszeit und bleiben – mit Ausnahme des Geschäftes Wolz – in den fünfziger Jahren weiter bestehen. Aufschluss könnte ein Blick auf die Bevölkerungsstruktur des Orts geben. 1950 wird in Bayern eine Volkszählung durchgeführt. Erfreulicherweise befinden sich die statistischen Angaben dazu im Gemeindearchiv. Im September 1950 zählt Haimhausen demnach 1690 Einwohner. Die in der Land- und Forstwirtschaft beschäftigten Personen belaufen sich auf lediglich 36 Prozent.[13] Bäuerliche Familien versorgen sich weitgehend selbst und benötigen außer Zucker wenig Nahrungsmittel aus dem Kramerladen. In Haimhausen hingegen sind 44 Prozent der Bevölkerung in Industrie und Handwerk tätig, 9 Prozent in Handel und Verkehr und 11 Prozent im öffentlichen Dienst. All diese Menschen sind stärker auf Lebensmittelgeschäfte angewiesen als Bauern. Dies mag einer der Gründe für die Existenz der zahlreichen Geschäfte im Ort sein.

Zu den in der Land- und Forstwirtschaft beschäftigten 36 Prozent der Haimhauser Bevölkerung zählen nicht nur die selbstständigen Bauern, sondern auch die im Haniel'schen Gutshof tätigen Männer und Frauen. »Die Frauen der Ungarn-Flüchtlinge haben meist im Haniel-Gut gearbeitet, und zwar in der Landwirtschaft.«[14] Auch dieser Personenkreis muss sich mit Nahrungsmitteln im Geschäft eindecken.

Eine Ursache für die – gemessen an anderen Dörfern – geringere Anzahl an Bauernhöfen ist historisch begründet. Zur Hofmark Haimhausen, die Theodor Viepeckh 1590 von dem bayerischen Herzog Wilhelm V. verliehen bekommt, gehören umfangreiche Ländereien. Im Laufe der Jahrhunderte arrondieren und vergrößern die Herren aus dem Geschlecht der Viepeckhs (bis 1793), Butlers (bis 1892) und Haniels (ab 1892) ihren Grundbesitz.[15] Lediglich zur Zeit des letzten Schlossherrn Günter Haniel von Haimhausen (1908–1998) verkleinert er sich durch Landabtretungen nach 1945. Grund und Boden der Schlossherrschaften verteilen sich vornehmlich rund um den Ort Haimhausen, so dass landwirtschaftliche Flächen für etliche Bauern in Hofnähe schlichtweg fehlen. Günter Haniels Vater, Dr. Edgar Haniel von Haimhausen (1870–1935) war bestrebt, den Bauern ortsnahen Grund abzukaufen oder Tauschgeschäfte vorzunehmen, was dazu führte, dass heute manch Haimhauser Landwirt Grund in weiter entfernten Gebieten besitzt; sie liegen jenseits der B13 im Freisinger Landkreis.[16] Erst mit dem Kauf eines Traktors, der 1956 immer noch ca. 10000 DM kostet, überwindet ein Landwirt leicht größere Entfernungen.

Auch im 20. Jahrhundert ist der Schlossherr der größte Arbeitgeber des Ortes. Günter Haniel, der seit dem Tod seines Vaters 1935 die Geschäfte führt, beginnt in den 50er Jahren mit zahlreichen Rationalisierungs- und Modernisierungsmaßnahmen. Dafür nutzt er u. a. Mieteinnahmen, indem er das repräsentative Schloss nicht mehr selbst bewohnt wie seine Vorgänger, sondern es ab 1949 an den bayerischen Staat vermietet. Die »Bayerische Finanzschule« bildet in ca. dreimonatigen Lehrgängen ihre Anwärter für den gehobenen Finanzdienst aus. Von 1952 wohnen und lernen angehende Rechtspfleger im Schloss. Die »Bayerische Rechtspflegerschule« bleibt bis 1965 in Haimhausen.[17]

Wie wird jedoch das weitläufige Gelände rund um das Schloss genutzt? Auf einem Briefkopf der Haniel'schen Hauptverwaltung von 1958 werden folgende Betriebe aufgeführt: Schlossbrauerei, Gutsverwaltung, Forstverwaltung, Sägewerk, Elektrizitätswerk.[18] Für die »Schaltzentrale« des Unternehmens, die Hauptverwaltung, wird 1955 ein zweckmäßiges Bürogebäude (heutige Hauptstraße 3a) errichtet. Über die Brauerei und das Gut soll nachfolgend näher eingegangen werden.

Den größten Wandel erlebt in den fünfziger Jahren die Brauerei. Die Schlossbrauerei Haimhausen existiert bereits seit 1608; seit der Zeit des ersten Hofmarksherren Theodor Viepeckh. Zum 400-jährigen Jubiläum richtet die Schlossbrauerei Haimhausen 2008 ein großes Fest aus. Eine Festschrift berichtet über die Modernisierungsmaßnahmen in den fünfziger Jahren, die hohe Investitionen erfordern.[19] So wird 1955 das Heizungssystem der Brauerei von der bis dahin üblichen Kohlefeuerung auf eine Anlage umgestellt, die mit Schweröl betrieben wird. 1956 müssen alte Gebäude und Lagerhallen einem Neubau weichen. Im Oktober 1956 wird, so die DN, beim Brauereiumbau das Richtfest gefeiert. Der »Hebauf« hätte im Gasthof Schmidt/Zur Post stattgefunden.[20] Im Neubau werden zeitgemäße Abfülltanks installiert. – Keine Brauerei kann mehr ohne effizientes Kühlsystem bestehen. Jahrhunderte lang wurden im Winter aus dem zugefrorenen nahen Klarlweiher Eisblöcke »gepickelt« und in Bräuhauskellern und im Haimhauser »Kellerberg« gelagert. Mit Hilfe einer in den fünfziger Jahren erworbenen Ammoniakkühlung können nun Eisblöcke das ganze Jahr hindurch künstlich hergestellt werden. – Im Keller des Neubaus ist der Gärbereich untergebracht. Anstelle der bisherigen hölzernen Gärbottiche führt man nun pflegeleichte Bottiche aus Aluminium ein. Sämtliche hölzernen Gefäße werden bisher in der hauseigenen Schäfflerei hergestellt und gewartet. Nachdem sie nunmehr keine Verwendung mehr finden, wird die Schäfflerei 1960 geschlossen.[21] In Haimhausen stirbt der Beruf des Schäfflers aus.

Schäffler der Schlossbrauerei beim »Auspichen« (Ausräuchern) eines großen Bierfasses 1950 (Fotonachweis: Ortsarchiv Haimhauser Kulturkreis e. V.)

Neben der Brauerei stellt seit Jahrhunderten der Gutshof, früher »Ökonomiehof« genannt, eine bedeutende wirtschaftliche Basis für den gesamten Schlossbetrieb dar. Anfang der fünfziger Jahren benötigt das Haniel'sche Gut wie früher viele Arbeitskräfte, denn Maschinen werden erst nach und nach angeschafft. »Diejenigen, die nicht in einer Firma waren, (d. h. auswärts arbeiteten) haben im Gut von Haniel in der Landwirtschaft gearbeitet.«[22] Um möglichst autark wirtschaften zu können, verfügt das Gut über eine eigene Schlosserei samt Schmiede, eine Schreinerei und eine Elektrowerkstatt. In den fünfziger Jahren bestehen diese Handwerkerbetriebe alle noch. Es werden Elektriker- und Schlosserlehrlinge ausgebildet. Zusammen mit ihren Meistern sind sie auch gefragt, wenn es gilt, in den zahlreichen verpachteten Haniel-Gasthöfen Reparaturarbeiten zu erledigen.

Die DN berichten im Laufe der Jahre wiederholt von betrieblichen Veranstaltungen, die die Haniel'sche Verwaltung für die Belegschaft ausrichtet. So im Sommer 1950, als es im Gutsbetrieb ein Festessen mit Freibier und Tanz gab, »zu dem die Kapelle Ganter aufspielte«.[23] Im Frühjahr 1953 hält Gutsherr Günter Haniel seinen Arbeitern einen »Farblichtbildervortrag« über seine Südamerikareise. »So ließ er sie an seinen Reiseerlebnissen teilnehmen und trug auch hierdurch bei, das Verhältnis zwischen Arbeitgeber und -nehmer enger zu gestalten.«[24] Auch über betriebliche Weihnachtsfeiern berichtet die Presse. 1953 dankt der Chef Günter Haniel im Gasthof zur Post (in dem Haniel-Bier ausgeschenkt wird) »nach reichlicher Bewirtung und Darbietung einiger Weihnachtslieder durch die Sängerriege des Turnervereins« den Angehörigen der einzelnen Betriebe und überreicht eine Weihnachtsgratifikation.[25] »Neben dem Umschlag mit dem Geld hat jede Familie einen Christbaum bekommen und noch ein Fleischpaket. Der Chef war da sehr großzügig. Es hat übrigens auch Arbeiterwohnungen gegeben und eine betriebliche Altersvorsorge.«[26] Bei der Altersversorgung handelt es sich um eine »lebenslängliche monatliche Altersrente«, die der Versorgungsberechtigte erhält, wenn er mindestens 10 Jahre im Betrieb ununterbrochen beschäftigt ist und in den Diensten des Betriebs das 65. Lebensjahr erreicht.[27]

1955 findet die Weihnachtsfeier erneut im Gasthaus zur Post statt. 121 Betriebsangehörige nehmen daran teil, so die DN vom 30.12. Wenn man davon ausgeht, dass einige Arbeiter und Angestellte vielleicht krank oder aus anderen Gründen an der Teilnahme verhindert waren, so mag eine Belegschaft von 130 oder 135 Personen realistisch erscheinen. Nach der bereits erwähnten Volkszählung sind 876 Männer und Frauen in Haimhausen im Jahr 1950 erwerbstätig. Selbst wenn man berücksichtigt, dass vielleicht nicht sämtliche Haniel-Mitarbeiter in Haimhausen direkt ansässig sind, so bleibt die hohe Anzahl der örtlichen Belegschaft bemerkenswert.

Die letzte Veranstaltung, über die hier berichtet werden soll, findet im Dezember 1957 statt. Diesmal wird die Weihnachtsfeier, bei der es wieder Freibier, Musik und eine »sehr ansehnliche Weihnachtsgratifikation« gibt, von dem Betriebsratsvorsitzenden, Werkstättenleiter Madl, eröffnet.[28] Dass die Haniel-Belegschaft über einen Betriebsrat verfügt, lässt aufhorchen. Auf wessen Initiative er wohl entstanden ist?

Grundsätzlich vertritt ein Betriebsrat die Interessen der Belegschaft gegenüber dem Arbeitgeber. Auch Gewerkschaften tun dies. »Ich bin mit 17, nach meiner Lehrzeit in der Brauerei, Gewerkschaftsmitglied geworden.«[29] Ein großzügiger Chef einerseits, andererseits gewerkschaftlich organisierte Brauerei-Arbeiter, die dem Chef »auf die Finger schauen«; auf den ersten Blick scheint dies ein Widerspruch zu sein. Es muss gewerkschaftlich organisierte und interessierte Personen gegeben haben, denn 1954 berichtet das Heimatblatt von »einer gut besuchten Mitglieder- und Aufklärungsversammlung der Gewerkschaft Nahrung, Genuss und Gaststätten.« Es sei über die Entwicklung der lohnpolitischen Situation und über die z. Zt. laufenden Tarifverhandlungen« gesprochen worden.[30]

»In der Brauerei wurden Ideen der Gewerkschaft Nahrung und Genussmittel diskutiert. Dadurch kam mein Vater auch mit der SPD in Verbindung ...«[31] Die Zeitzeugin spricht hier über Michael Schober, der seit ca. 1918 in der Brauerei arbeitet und 1928 mit ein paar Männern einen SPD-Ortsverein gründet. Dieser wird 1933 nach der Machtübernahme Hitlers aufgelöst, nach dem Krieg jedoch wiedergegründet. Michael Schober übt seit 1948 das Amt des Bürgermeisters in Haimhausen aus. Es ist vom »roten Haimhausen« die Rede, denn neben dem SPD-Bürgermeister gehören vier seiner Genossen dem 1948 neu gewählten Gemeinderat an.[32] Die Gemeinderatssitzungen finden in einem Klassenzimmer des Schulhauses statt, oder aber in der Gemeindekanzlei im ehemaligen »Lehrerhaus« (heute Pfarrstr. 7), denn ein Rathaus wird erst 1968 gebaut.

1952 erfolgt der Aufruf zur ersten Kommunalwahl der fünfziger Jahre. Im Gemeinderatsbeschlussbuch Haimhausen[33] werden die Namen der gewählten Gemeinderäte genannt, zwar ohne Parteizugehörigkeit, jedoch mit Berufsangabe. Neben dem wiedergewählten Bürgermeister Schober sind dies: Franz Pallauf (CSU-Bürgermeister von 1946–1948), Mathias Mayerbacher (er wird 1952 vom Gemeinderat zum Zweiten Bürgermeister gewählt), Josef Holzapfel, Georg Niedermayer, Josef Deger, German Schlammer, Josef Bauer, Peter Loos, Remigius Reischmann, Karl Madl. – Die Herren Schober, Pallauf, Deger, Schlammer üben ihr Amt bereits seit der ersten Nachkriegs-Kommunalwahl 1946 aus, Remigius Reischmann seit 1948.

Welchen Berufen gehen die Gemeinderäte von 1952 nach? Spiegeln sie die Struktur der erwerbstätigen Haimhauser wider? Wie bereits dargelegt, beläuft sich die Anzahl der in Industrie und Handwerk Beschäftigten auf 44 Prozent. Bürgermeister Schober arbeitet immer noch als Brauer, wenn auch nicht mehr täglich. Handwerker nennen sich Josef Bauer und German Schlammer (beide Maurer), Peter Loos (Metzger), Remigius Reischmann (Schreiner), Josef Deger (Zimmermeister), Mathias Mayerbacher (Bäckermeister), Karl Madl (Mechanikermeister). Lediglich drei Personen, nämlich Josef Holzapfel, Georg Niedermaier und Franz Pallauf geben »Bauer« als ihren Beruf an.

Für die Gemeinderatswahlen 1956 und 1960 liegen Angaben des Bayerischen Statistischen Landesamts vor.[34] Es fällt auf, dass die CSU 1956 keinen Wahlvorschlag einbringt, wohl aber eine »Bürgerliche Wahlgemeinschaft«, die vier Sitze im neuen Gemeinderat gewinnt. Zwei ihrer Gemeinderäte geben Handwerker/Gewerbetreibender als Beruf an, die zwei weiteren sind Bauern. Die SPD erhält 1956 vier Sitze; ihre Gemeinderäte nennen sich sämtlich »Handwerker und Gewerbetreibende«. Die restlichen zwei Gemeinderatssitze gehen an die »Wahlgemeinschaft der Heimatvertriebenen«. Gemäß der bereits erwähnten statistischen Erhebung von 1950 stellen die Heimatvertriebenen einen Anteil von 27,5 Prozent der Haimhauser Bevölkerung. Ein Mitglied der »Wahlgemeinschaft der Heimatvertriebenen« gibt Facharbeiter als Beruf an, das zweite Mitglied Hilfsarbeiter. Die bäuerliche Bevölkerung ist lediglich mit zwei Gemeinderäten vertreten. Es ist anzunehmen, dass Bauern zur Wahrnehmung ihrer Interessen Berufskollegen in den Gemeinderat wählen. Nur zwei Gemeinderäte sind Bauern – ein erneuter Beleg dafür, dass der Bauernstand in Haimhausen historisch bedingt kleiner ausfällt als in anderen Dörfern.

Die Namen der zehn Mitglieder des 1956 gewählten Gemeinderats lauten: Josef Deger, Sebastian Feldhofer, Adam Fisterer, Josef Haisch, Peter Loos, Karl Madl, Mathias Mayerbacher, German Schlammer, Max Wallner, Georg Westermaier. Michael Schober bleibt erster Bürgermeister; die Gemeinderäte wählen erneut Mathias Mayerbacher zu seinem Stellvertreter.

Die Gemeinderatswahl von 1960 schließlich führt parteipolitisch zu einem anderen Ergebnis als 1956. Weder die »Wahlgemeinschaft der Heimatvertriebenen« noch die »Bürgerliche Wahlgemeinschaft« treten an. Nun erhält die CSU fünf Sitze, die weiteren fünf gehen an die SPD. Bürgermeister bleibt weiterhin Michael Schober, zu seinem Stellvertreter wählen die Gemeinderäte nun Georg Westermaier. Die Bevölkerung Haimhausens, mittlerweile auf 2 147 Personen angewachsen (Stand 30.09.1959)[35], wird von folgenden Mandatsträgern im Gemeinderat vertreten: Josef Bauer, Sebastian Feldhofer, Johann Gimpel, Josef Holzapfel, Josef Kopf, Karl Madl, Mathias Mayerbacher, Max Wallner, Michael Wallner, Georg Westermaier.

Über welche Themen diskutieren die Gemeinderäte in den fünfziger Jahren? Im Gemeinderatsbeschlussbuch sind lediglich Abstimmungsergebnisse über einige Beschlüsse festgehalten. Der wichtigste Themenbereich scheint die Siedlungspolitik gewesen zu sein. Im April 1951 ist man offensichtlich verärgert darüber, dass die »Landessiedlung« den Baugrund nicht verteilt. Der Gemeinderat beschließt, mit der »Baugenossenschaft« den Grund eigenmächtig aufzuteilen.[36] Um diesen Sachverhalt zu verdeutlichen, bedarf es einiger Erklärungen:

Am 18.09.1946 wird in Bayern ein »Gesetz zur Beschaffung von Siedlungsland und zur Bodenreform – Bayer. GVBl. Nr. 21, Gesetz Nr. 48« erlassen. Es beinhaltet eine Änderung der Eigentums- und Nutzungsverteilung an landwirtschaftlichem Grund und Boden. Zahlreiche heimatvertriebene Landwirte aus den Ostgebieten müssen in Bayern integriert werden. Sie sollen Grund und Boden aus enteignetem Besitz jener Großgrundbesitzer erhalten, die über 100 Hektar Land verfügen.[37] In unserer Gegend sind dies Graf Spreti in Unterweilbach und Günter Haniel von Haimhausen.[38] Mit der Durchführung des Gesetzes wird die gemeinnützige Bayerische Landessiedlung GmbH betraut, vom Haimhauser Gemeinderat »Landessiedlung« genannt.

Im Außenbereich von Haimhausen entstehen auf ehemaligem Haniel-Grund sechs Siedlerstellen. Die Bayerische Landessiedlung vergibt sie an heimatvertriebene Landwirte, die sich bereits 1948 dafür beworben haben. Zwei der »Anliegersiedlungen«, zu denen ca. 10 Hektar Ackerland gehören, befinden sich an der späteren Fretzstraße 1 und 3 (Fam. Otto und Tumpek/später Reck), drei an der heutigen Amperpettenbacher Straße 14 (zuerst Fam. Gohtsche/später Motka), 18 (Fam. Reichmann), 20 (Fam. Täumer) und eine am Hirschgangweg 3 (Fam. Fritsch). Die Behörde errichtet 1951/1952 sechs Siedlungshäuser »oberbayerischen Typs«, deren Grundriss sich seit den Vorkriegsjahren nicht verändert hat.[39] Es handelt sich um langestreckte, zweistöckige Gebäude mit Stall oder Stadel in einer Haushälfte. Sie stehen alle noch heute, wenn auch inzwischen mit diversen Um- und Einbauten versehen.

»Der Kaufpreis für die ›Übereignung der Siedlerstelle‹ ist 58 500 Mark gewesen. Wir mussten eine Anzahlung leisten. Es ist ja alles über Kredite gelaufen, die Bodenkreditanstalt, die Bayerische Landessiedlung,

Siedlerstelle Reichmann (vorderes Haus) und Täumer, Amperpettenbacher Str. 18 und 20 – 1956 (Fotonachweis: Ortsarchiv Haimhauser Kulturkreis e. V.)

Siedler Anna und Emil Reichmann vor ihrem neuen Haus 1953 (Fotonachweis: Privat)

die Staatsschuldenverwaltung. Da hat es einen Neusiedlerkredit von 27000 [gegeben]. Meine Eltern [Reichmann] mussten im Jahr dann eine tragbare Tilgung bezahlen … Der Pachtvertrag für den Aussiedlerhof ist über 30 Jahre gelaufen … Das war damals ein Vollerwerbsbetrieb.«[40] Reichmann junior arbeitet als Jugendlicher in der zweiten Hälfte der fünfziger Jahre mit und soll den Betrieb einmal übernehmen. Allerdings ist die Siedlerstelle für die Arbeitskraft von Vater und Sohn zu klein, vor allem, als im Laufe der zweiten Hälfte der fünfziger Jahre Maschinen eingesetzt werden. So beschließt der Sohn 1960, Elektriker zu werden und in Stoßzeiten, wie bei der Ernte, mitzuhelfen. Deshalb gibt es erst 1973 einen ersten Urlaub. Eine gewisse Zeit versuchen Vater und Sohn, den Gesamtertrag durch Schweinezucht zu steigern. Außerdem hätte der Betrieb zwischenzeitlich weiter technisiert werden müssen, um mit jenen Landwirten mithalten zu können, die mehr und billiger Getreide, Kartoffeln und Rüben produzieren. Dazu wären hohe Investitionen erforderlich. Letztlich wird der gesamte landwirtschaftliche Grund verpachtet – Beispiel eines Bauernsterbens in Haimhausen.

Günter Haniel tritt auch im Innenbereich des Dorfes Grund ab. Alteingesessene Haimhauser, von der Melkerin und dem Landarbeiter bis zum Arzt und Reise-Ingenieur bewerben sich neben Vertriebenen und Flüchtlingen bei der Bayerischen Landessiedlung. Es handelt sich in diesen Fällen um »Nebenerwerbs-Siedlerstellen«. In den Bewerbungsbögen müssen die Anwärter ihren monatlichen Lohn und ihr »Vermögen« beziffern und bestätigen, dass sie vom Gesetz zur Befreiung von Nationalsozialismus und Militarismus nicht betroffen sind. Außerdem ist anzugeben, welchem Nebenerwerb sie auf ihrem zukünftigen Grundstück nachgehen wollen. Meist ist hier dann von Obst-, Mais-, Gemüseanbau die Rede, von Weinbau, Geflügelzucht, Kleintierhaltung, Bienenzucht, ja sogar von Pelztierhaltung für die Herstellung von Nutriapelzen.

In der heutigen Brunnenfeldstraße entsteht in den fünfziger Jahren die »Ungarn-Siedlung«. Zahlreiche deutschsprachige Familien aus Dunakömlöd in Ungarn sind vom dortigen kommunistischen Regime 1946 vertrieben worden. Mit dem Zug erreichen sie schließlich Dachau und werden anschließend auf verschiedene Dörfer des Landkreises verteilt. Etwa 25–30 Familien kommen nach Haimhausen. Dort leben sie in wohnlich äußerst beschränkten Verhältnissen bei örtlichen Hausbesitzern. Nach einigen Jahren erfahren sie, dass in der heutigen Frühling- und Brunnenfeldstraße Baugrund an Vertriebene zu einem günstigen Bodenpreis verteilt werden soll. Voraussetzung ist, der örtlichen Genossenschaft »Siedlung- und Baugenossenschaft Haimhausen GmbH« beizutreten, die im o. g. Gemeinderatsbeschluss »Baugenossenschaft« genannt wird und die die Interessen der Bayerischen Landessiedlung vertritt.

In einem erhalten gebliebenen Kaufvertrag vom 29.07.1955 ist für ein Grundstück in der Brunnenfeldstraße ein Kaufpreis von 40 Pfennig pro Quadratmeter angesetzt; für die Gesamtfläche von 664 qm 265,60 DM plus 12 DM Vermessungskosten plus 10 DM Notarkosten. Der Kaufvertrag bezieht sich auf das »Siedlungsvorhaben der Bayer. Landessiedlung auf Bodenreformland aus der Landabgabe von Haniel'sche Verwaltung in Haimhausen im Sinne des Gesetzes zur Beschaffung von Siedlungsland und zur Bodenreform vom 18.9.1946«. Die Bayerische Landessiedlung als Siedlungsträgerin darf auf die Dauer von 30 Jahren das Grundstück zurückerwerben, wenn der »Siedlungsanwärter es nicht selbst bewirtschaftet, in Zahlungsverzug gerät oder mit dem Grundbesitz grobe Mißwirtschaft treibt«.[41]

»Im Frühjahr 1953 ging es bei vielen Ungarn los mit dem Bauen. In der Brunnenfeldstraße wurde an jedem Wochenende gebaut ...«[42] Die ehemaligen Dorfnachbarn aus Dunakömlöd, die in anderen Orten des Landkreises wohnen, radeln jeden Samstag nach Haimhausen, um beim Hausbau zu helfen. »Am Abend wurde dann selbstgemachter Wein getrunken – das Keltern kannte man ja aus Ungarn – und es wurden Lieder gesungen.«[43] Es ist eine gegenseitige Hilfe. »Zehn Jahre lang gab es keinen Samstag, an dem ich nicht beim Bauen war. Als unser Haus fertig war, half ich bei anderen Ungarn.«[44]

Lange Jahre steht in Haimhausen neben dem Gasthof zur Post ein kleines Gebäude, in dem eine Mosterei untergebracht ist. Die DN vermelden Anfang der fünfziger Jahre jährlich, wann gemostet werden kann. »Man kann Obst, das nicht lagerfähig ist, als Gär- oder Süßmost einlagern. Es werden die Ein-Liter-Patentflaschen ausgegeben, Preis 45 Pf.«[45] Außer den Ungarn-Flüchtlingen, die Trauben zur Weingewinnung pressen lassen, nutzen viele Haimhauser die vom Obst- und Gartenbauverein gewartete Mosterei.

Günter Haniel stellt in Haimhausen im Gebiet mit der Flurbezeichnung Hopfenbreite bzw. Kleinfeld noch eine weitere Fläche für den Siedlungsbau zur Verfügung. Von älteren Einheimischen wird er zitiert: »Wenn ich schon Grund abgeben muss, dann sollen ihn wenigstens meine Arbeiter erhalten«. Auch sie müssen ihre Bewerbungen bei der Bayerischen Landessiedlung abgeben. Der von G. Haniel für seine Arbeiter zur Verfügung gestellte Grund wird später auf Haniels Pflichtabgabe-Soll angerechnet. In der »Haniel-Siedlung« entstehen entlang der Straße, die bereits 1953 »Hanielstraße« genannt wird und später »Von-Haniel-Straße« heißen wird, rechts und links je sieben Einfamilienhäuser.

Wollte man von einem »Wirtschaftswunder« in Haimhausen sprechen, so müsste es sich auf den Bauboom der fünfziger Jahre beziehen. In Haimhausen und im Ortsteil Ottershausen entstehen zahlreiche Neubauten. In den ersten 1950er Jahren wird darüber im Heimatblatt berichtet, so z.B. 1950: »Brauer Vitus Schmid und Schmiedemeister Johann Schneider sind in ihre neu erbauten Häuser eingezogen« (19.09.). »Im Rohbau ist der Neubau von Diepold nun fertiggestellt« (05.10.). – 1952: Der Rohbau »des Facharbeiters Göbel auf dem Siedlungsgelände ist fertiggestellt« (19./20.04.), bei Lucas und Salvermoser (16.07.), bei Fitterer (24.07.) und bei Johann Meier (09.10.). – 1953: »Hebauf wurde bei dem Wohnhausneubau der Försterwitwe Maria Reischl gefeiert« (29.05.). »Die Familie Meßner konnte ihr neu erbautes Wohnhaus in der Hanielstraße bereits beziehen.« (29.05.) »Der Betriebstechniker Karl Madl hat mit seiner Familie das neuerbaute Wohnhaus bezogen.« (03.07.) – Im Jahr 1954 liest man, dass die Vertriebenenfamilie Weingärtner nach Art heimatlicher Sitte ein schönes Familienfest aus Anlass des ersten Jahrestags des Einzugs in das neuerbaute Eigenheim feierte (19.02.).

Viele der Haimhauser Handwerker haben einen hohen Anteil am Bauboom.

Wenn auch die zukünftigen Hausbesitzer mannigfache Leistungen durch Eigenarbeit erbringen, so brauchen sie doch die Dienste eines Zimmerers und Schreiners (z. B. unter Beteiligung der Firmen Josef, ab 1954 Alfred Deger, Hans Drexler, Nikolaus Held), Installateurs (Fa. Bredl), Glasers (Barth. Past), Elektrikers (Fa. Störzer) und Maurers (Fa. Wallner). Bis ca. 1956/57 verfügt jedes Haus über einen eigenen Brunnen im Garten. Von dort wird das Wasser ins Haus geleitet. Erst als die Gemeinde einen Tiefbrunnen in 40 m Tiefe bohren und Wasserrohre im Ort verlegen lässt, ist eine kommunale Wasserversorgung gewährleistet.

Verlegung von Wasserrohren in der heutigen Hauptstraße. Links ein Schild des Friseurs Weingärtner (heute Hauptstr: 29), rechts Schuhgeschäft Reischl, heute Nr. 28, im Hintergrund Kirche St. Nikolaus, 1958 (Fotonachweis: Privat)

Von einem Hausbauer der Von-Haniel-Straße ist eine Aufstellung erhalten geblieben, die die Ausgaben während des Baus dokumentiert.[46] Der Preis für den ca. 1 000 qm großen Bauplatz wird noch vor der Währungsreform in Reichsmark beglichen (610 RM). Bei seiner Kostenaufstellung für das 1953 fertiggestellte Wohnhaus legt der Bauherr, wie üblich, die Umrechnung 10:1 auf die DM zugrunde, so dass das Grundstück nur noch mit 61 DM zu Buche schlägt. Sämtliche Baukosten inklusive Grundstück, Steine, Zement, Sand, Aushub-, Dachstuhl-, Elektro-, Maurerarbeiten, Bier und Brotzeit usw. belaufen sich auf insgesamt DM 17 600.

Wenn man bedenkt, dass das Realeinkommen sich in den fünfziger Jahren verdoppelt,[47] erscheint ein Hausbau, etwas Vermögen und die Bankzusage für einen Kredit vorausgesetzt, zumindest für höhere Einkommensschichten erschwinglich. Bei einem geringen Verdienst allerdings gestaltet sich die Situation anders. So beträgt der Monatslohn eines Haimhauser Zimmerers im Jahr 1951 lediglich 232 DM, der eines Maurers im Jahr 1955 341 DM.[48] Selbst wenn man eine Verdoppelung des Zimmerer-Gehalts bis 1960 annimmt, so erscheint der Preis für ein eigenes Haus utopisch.

Einer der maßgeblich am örtlichen Bauboom beteiligten Betriebe ist die Firma Max Wallner, die mit dem Slogan »Ausführung aller Erd-, Beton-, Maurer- und Verputzarbeiten« wirbt. Über sie soll hier ausführlicher berichtet werden.

Baustellenfahrzeug der Firma Wallner, um 1955 (Fotonachweis: Privat)

Firma Wallner, Hauptstraße 11

Die Bauunternehmung Wallner wird von Josef Wallner gegründet, der sich 1922 in Ottershausen niederlässt. Er arbeitet zunächst als Maurer im Haniel'schen Gut, macht sich jedoch in den dreißiger Jahren des 20. Jahrhunderts selbstständig. 1949 übernimmt Sohn Max das Baugeschäft. Das Geschäft expandiert, so dass Maurermeister Max Wallner sich zu einem Umzug von Ottershausen in die jetzige Hauptstraße 11 entschließt. Dort entsteht sein 1954 fertiggestelltes Wohnhaus. In dem dahinterliegenden weitläufigen Areal (heute Hauptstr. 11a–f) sind ein Baustofflager und eine Halle für Fahrzeuge untergebracht. Max Wallner verfügt nun nicht nur über ein Baugeschäft, sondern auch über eine Baumaterialienhandlung.[49] Für das Jahr 1956 ist eine Belegschaft von 25 Maurern und Hilfsarbeitern dokumentiert. Bauarbeiter der fünfziger Jahre arbeiten sehr schwer; viele Arbeiten werden manuell erledigt, denn noch stehen weder Kräne noch Aufzüge zur Verfügung. In den Wintermonaten gehen die Bauarbeiter »stempeln«; die im Rohbau erstellten Häuser ruhen und trocknen aus. Das »Stempelgeld« ist ein saisonalbedingter Arbeitslosenbezug. Es ist ein »Krankenversicherungs-An- und Abmeldebuch« der Firma Max Wallner erhalten geblieben, worin als Grund für Abmeldungen in den Wintermonaten Frost und Arbeitsmangel angeführt wird.

Während die am Bau beteiligten Handwerker vom Aufschwung profitieren, geht er an den drei Handwerkergruppen Wagner, Schäffler und Sattler vorbei.[50] Diese These lässt sich am Ort Haimhausen belegen. Die Wagnerei Käßl (heute Hauptstr. 37) existiert in den fünfziger Jahren nicht mehr, denn längst bestehen die Wagenräder nicht mehr aus Holz, sondern aus Gummi. Seit der Einführung der Aluminiumbottiche werden die Dienste der Schäffler in der Brauerei, wie dargelegt, nicht mehr benötigt. Einer der beiden Sattler im Dorf »sattelt um«: Während der Sattler Danhofer (heute Hauptstr. 35) in der Vorkriegszeit bei den Bauern vor Ort Pferderiemen ausbesserte und schwärzte, verlegt Enkel Otto ab der zweiten Hälfte der fünfziger Jahre Räume mit modernem Linoleum bzw. Balatum. Der Betrieb Danhofer hat sich aufgrund des Strukturwandels in der Landwirtschaft, in dem Traktoren nun Pferde ersetzen, umgestellt und verkauft Raumausstattungs-Artikel. Bei den vielen neuen Häusern dürfte dies ein sich auszahlendes Geschäftsmodell gewesen sein.

Zum Aufschwung in den fünfziger Jahren leisten die Haimhauser Frauen einen erheblichen Anteil. Die Volkszählung von 1950 beziffert die Zahl der »Erwerbspersonen« auf 876. Davon sind 60 % männlich, 40 % weiblich. Über die vielen Frauen, die im Haniel'schen Gut arbeiten, wurde bereits berichtet. Ihre ganztägige Tätigkeit, durch die sie die Finanzkraft der Familie steigern, ist nur möglich, weil ihre Kinder im Ort in einem Kindergarten versorgt werden, der sowohl Säuglinge als auch Kindergarten- und Hortkinder aufnimmt. Er wird von Dillinger Schwestern seit Anfang des 20. Jahrhunderts geführt; eine Unterbrechung findet regimebedingt zwischen 1940 und 1945 statt. Eine Tafel am Haus Dorfstraße 1 erinnert an die Gründerin der »Stiftung der Gräfin Henriette Monts-Haniel« im Jahr 1907. »Da hat man die Kinder schon um 7 Uhr früh hinbringen können … Das Essen und die Wäsche hat man mitgeben müssen …«[51]

Häufig werden die Kleinkinder auch von der Großmutter oder Tante im Ort versorgt, während die berufstätige Mutter in Dachau oder München arbeitet. Dies ist deshalb möglich, weil die Großfamilien hier nach wie vor am gleichen Ort wohnen. Bei den jungen Ehepaaren, die in den frühen fünfziger Jahre heiraten, stammen meistens beide Partner – wie ihre Eltern – aus Haimhausen oder Umgebung, denn die geringe Mobilität schränkt die Partnersuche ein. Aber auch Ehen mit Vertriebenen, die im Ort eine neue Heimat gefunden haben, werden in den fünfziger Jahren vermehrt geschlossen. So heiratet die Tochter der angesehenen Post-Wirtschaft 1949 einen jungen Mann aus Leobschütz/Schlesien. Die Großfamilien der Vertriebenen und Flüchtlinge bestehen meist aus drei Generationen.

Auch die Frauen der örtlichen Handwerker tragen ihren Teil zum Aufschwung bei. Sie sind allerdings nicht als Erwerbspersonen statistisch erfasst, da sie unentgeltlich arbeiten. In einer Zeit ohne Handy und Anrufbeantworter sind sie es, die ganztägig Telefonate der Kunden und Lieferanten entgegennehmen, da sich das Büro des Handwerkers im eigenen Haus befindet. Häufig erledigen sie zudem noch mancherlei Büroarbeit und kümmern sich um die Getränke der Belegschaft während der Arbeitszeit.

Etliche Frauen im Ort arbeiten als Strickerinnen oder in Heimarbeit im Auftrag der Strickerei Stützle. Meinrad Stützle, aus München während des Kriegs nach Haimhausen evakuiert, lässt sich im Ortsteil Ottershausen nieder. Im Gasthof Amperquelle erhält er die Möglichkeit, zwei Strickmaschinen aufzustellen. Er lernt handwerklich geschickte Frauen aus Ottershausen an, auf den Maschinen Wolle zu verarbeiten, die sie vorher gespult haben. Die Strickerinnen fertigen Strickwaren wie Trachtenjäckchen und Walkjanker an. Letztere werden als fertige Strickprodukte in einem Dachauer Betrieb gewalkt. Die Trachtenjäckchen versehen Ottershauser Heimarbeiterinnen mit aufwändigen Stickereien. Die Firma Stützle expandiert und bezieht Anfang der fünfziger Jahre Räumlichkeiten der Familie Held in der heutigen Hauptstraße 8. Nach Aussage einer Angestellten, die von 1954 bis zur Aufgabe des Firmenstandorts Haimhausen 1982 bei der Strickerei Stützle arbeitet, werden Näh- und Stickarbeiten von ca. 15 Heimarbeiterinnen gefertigt. Etwa 20 Frauen sitzen an den Strickmaschinen in der Hauptstraße 8, sind mit der Endfertigung und dem Versand beschäftigt, denn die Firma beliefert Modehäuser in weitem Umkreis.[52] Die sorgfältige Handarbeit örtlicher Frauen stellt sicher einen wichtigen Baustein für die Expansion dieses Betriebs dar.

Doppelverdienst eines Paares durch berufliche Selbstständigkeit – auch dies ist ein Erfolgsmodell in den fünfziger Jahren und darüber hinaus. Während Ehemann Josef S. Fuhrdienste unternimmt, liefert Ehefrau Therese mit einem LKW Kartoffeln nach München; sie fährt zu Kantinen, Krankenhäusern, Wirtschaften und in die Großmarkthalle. Als eine der ersten Frauen im Landkreis erwirbt sie 1951 einundzwanzigjährig den LKW-Führerschein. Sie fährt Holzstämme in ein Sägewerk oder Schutt, den Arbeiter aus kriegszerstörten Häusern auf ihren LKW laden, zum Münchner Schuttberg. »In den fünfziger Jahren ist es richtig aufwärts gegangen, wenn man fleißig war. Man hat sich was schaffen können …«[53]

*Therese und Josef S. mit Nachwuchs 1955
Auf dem Nummernschild des PKWs steht
»AB« für Amerikanische Besatzungszone.
(Fotonachweis: Privat)*

*Therese S. in ihrem LKW – Datum der
Aufnahme ist nicht bekannt (Fotonachweis:
Privat).*

Zwischen 1950 und 1960 bringt Frau S. »nebenbei« drei ihrer fünf Kinder auf die Welt. »Wenn die nicht nachts auf die Welt gekommen wären, wären sie im Lastwagen geboren worden …« Beim dritten Kind allerdings stellt die Familie 1957 eine fünfzehnjährige Haushaltshilfe ein – und leistet sich eine Waschmaschine.

Das Ehepaar S. baut ein Haus, das 1951 bezugsfertig ist. »Wenn wir wieder einmal ein paar Mark gehabt haben, haben wir (weiter)gebaut … Ich (Therese S.) hab' dann Handlanger gemacht … Wir haben dann eigentlich bloß immer einen Handwerker gebraucht. Den Handlanger hat man selber gemacht. Ich habe Mörtel gemacht, Mörtel getragen, da hat es eigentlich nichts gegeben, was ich nicht gemacht habe.«[54]

Dass die Menschen bei all dem Schaffen und Bauen auch am gesellschaftlichen Leben im Ort teilhaben, soll nicht unerwähnt bleiben. Die Vergnügungen finden meist in den Gasthäusern statt. Die Wirte der Gasthöfe Nörl gegenüber der Kirche und zur Post sowie der Schlossklause laden immer wieder zu Hausbällen ein. In Ottershausen werden Bälle von den Wirtsleuten der Amperquelle veranstaltet, und im Gasthof Maisteig lädt die Wirtsfamilie Rottmeier ein. So berichtet die Heimatzeitung im Januar 1953 von »überfüllten Räumlichkeiten« beim Hausball in Maisteig. Die Fröhlichkeit und gute Stimmung hätten bis zum Ende der Veranstaltung angehalten.[55] »Wir sind gerne nach Maisteig

293

zum Tanzen gegangen, weil da Burschen aus Günzenhausen und der Umgebung da waren.«[56] Trotz des starken Schneetreibens sei die Teilnahme am Hausball im Gasthaus Nörl überaus gut gewesen.[57]

Der Gasthof Nörl lädt auch ins Kino ein. »Im Zeichen des Zorro« wird im Mai 1950 gezeigt, im Oktober 1950 – etwas verspätet – »Gewitter im Mai«, mit »Fox tönende Wochenschau« als Beiprogramm.[58] Dieses Beiprogramm klärt in einer Zeit ohne Fernsehgeräte die Menschen über das Geschehen in der Welt auf. 1955 baut die Wirtsfamilie Nörl ihren großen Saal als Kino um, und dies mit einer Akustik, die keine Wünsche offenlasse. Nun werden sogar zweimal wöchentlich Filme gezeigt.[59]

Zweimal jährlich, im Frühjahr und Herbst, findet in Haimhausen der »Schlossmarkt« statt. Händler bieten an Verkaufsständen Spielsachen, Süßigkeiten, Bekleidung und Hausrat an. Kinder freuen sich auf Karussell und Schiffschaukel, Männer auf Schießbuden. Früher wurde der Markt auf dem Schlossgelände abgehalten. Trotz des neuen Standorts in der Ortsmitte hält sich die bisherige Bezeichnung. Die Dorfbevölkerung flaniert tagsüber zwischen den Ständen und tanzt abends bei Hausbällen, zu denen die Gastwirtschaften aus Anlass des Schlossmarkts einladen. Für Musik hätten die Kapellen Ganter und Fuchs gesorgt, erfahren die Leser der DN 1950. Auch sechs Jahre später hätte sich die Jugend zu den Klängen der Kapellen auf zwei Tanzflächen gedreht, so die Zeitung, als sie vom gut besuchten Herbst-Schlossmarkt berichtet.[60]

Auch die Sportler des Orts bereichern durch Veranstaltungen das gesellschaftliche Leben. Bereits 1928 gründen Haimhauser Turner einen »Verein für körperliche Ertüchtigung, Abt. Turnen«. Ein Jahr später erfolgt die Umbenennung in »Turn- und Sportverein Haimhausen«. Der Sportunterricht erfolgt im Sommer im Freien, im Winter im Saal des Gasthauses Nörl. Nach dem Krieg wird der Verein wiederbelebt; 1948 feiern die Turner ihr zwanzigjähriges Bestehen. Das Feste-Feiern wird gepflegt. Jährlich veranstalten die Sportler im »Postsaal« eine Weihnachtsfeier und einen Faschingsmaskenball. Bei den Weihnachtsfeiern werden turnerische Leistungen vorgeführt. »Josef Kopf und Georg Mayerbacher stellten ihr artistisches Können unter Beweis.«[61]

1951 wird eine Tradition der Turner wiederbelebt: das Theaterspielen. Jährlich kurz vor Ostern lädt die Spielgruppe des Turnvereins zu einer Aufführung in den »Postsaal« ein. Ältere Haimhauser erinnern sich immer noch gerne an die Theateraufführungen, wie z. B. an »Der verkaufte Großvater«

(1952), »Wo die Alpenrosen blühen« (1954) oder »Seine Majestät der Kurgast« (1955). Der Erlös der Aufführungen »fließt dem Turnhallenfonds zu«.[62] Der Traum der Turner, eine eigene Turnhalle in Eigenleistung zu erstellen, zieht sich durch die fünfziger Jahre. Der Gemeinderat schlägt einen Platz auf dem Schulhausgelände vor und unterstützt das Vorhaben finanziell.[63] Die Sportler errichten schließlich in zweijähriger »vorbildlicher Gemeinschaftsarbeit«[64] den Bau. Im Mai 1957 findet die feierliche Einweihung der Turnhalle mit Festzug, Festgottesdienst, sportlichen Wettkämpfen, Ansprachen und Tanz statt.

Kräftige Männer und Buben beim Turnhallenbau des Turn- und Sportvereins 1955 (Fotonachweis: Ortsarchiv Haimhauser Kulturkreis e. V.)

Gegen Ende der fünfziger und Anfang der sechziger Jahre bewirkt die zunehmende Motorisierung eine Orientierung nach außerhalb. Den jungen Männern wird der eigene Ort zu klein. »Wir waren immer so eine Clique. Wir sind zum Tanzen gefahren; wir sind weggefahren am Wochenende ...«[65] – Jeden Samstag sei der Rudi im schneeweißen Taunus vorgefahren, um mit einigen Kumpels im »Tanztempel« Waldfrieden in Hebertshausen auf »Hasenjagd« zu gehen, so H. Breuer in seinen Erinnerungen.[66]

Auch wenn es die Jugend am Wochenende nach draußen zieht, bleibt sie mit ihrem Wohnsitz offensichtlich im Ort, denn Haimhausen wächst kontinuierlich. Waren es 1950, wie bereits erwähnt, 1690 Einwohner, so sind es zehn Jahre später 2157.[67] Bereits 1956 ist der Ort vom bayerischen Innenministerium zum Wohnsiedlungsgebiet erklärt worden, was eine planmäßige bauliche Entwicklung zur Folge hat.[68] Dies mit Hilfe eines Wirtschaftsplans zu gewährleisten, wird eine der Hauptaufgaben von Gemeinderat und Bürgermeister sein. Bürgermeister Schober wird noch bis 1972 im Amt bleiben.

Zwei Jahre später wird ihm als Dank für seine 24-jährige, verdienstvolle Amtszeit die Ehrenbürgerschaft der Gemeinde Haimhausen verliehen.

Geste des Danks: Altbürgermeister Schober (rechts) erhält ein Aquarell Lieselotte Popps durch seinen Nachfolger Alfred Deger, um 1973 (Fotonachweis: Privat)

1 Ortsarchiv Haimhausen im Haimhauser Kulturkreis e. V., nachfolgend OAH genannt, Interviewprotokoll, nachfolgend IP genannt, vom 01.03.2012, Herr J. P., geb. 1929 und Frau K. P., geb. 1933.

2 https://de.wikipedia.org/wiki/heimkehrer, Stand 12.12.17.

3 wie Anm. 1.

4 Deger, Alfred: Haimhauser Straßennamen, Haimhausen 1977.

5 OAH, Telefonbuch 1950.

6 Archiv der Gemeinde Haimhausen, nachfolgend AGH genannt, Gemeinderatsbeschlussbuch 1950–1960.

7 Dachauer Nachrichten, nachfolgend DN genannt, vom 22.12.1952.

8 Frau E. D., geb. 1931, Frau U. B., geb. 1920, Frau A. K., geb. 1926, Herr H. S., geb. 1953, Herr A. F., geb. 1946.

9 Breuer, Helmut: Hinter unser'm Haus, Remscheid 2016, S.112.

10 Schinnerer, Albrecht: Der letzte Salon, Haimhausen 2005.

11 nach Information der Tochter Josef Gimpels, geb. 1957, vom 09.11.2017.

12 nach Information von Frau K. P., geb. 1933, vom 05.12.2017.

13 AGH, H-1/12.

14 OAH, IP Herr S. W., geb. 1944, vom 13.04.2011.

15 Zur Geschichte der Schlossherrschaften s. Bogner, Markus: Chronik von Haimhausen, Haimhausen 2003.

16 nach Information des Herrn M. K., geb. 1956, vom 10.12.2017.

17 Erlebach, Ludwig: 400 Jahre Schlossareal, Haimhausen 2006, S.41.

18 Bayerisches Hauptstaatsarchiv, nachfolgend BayHStA genannt, A V Sign. BIII/148.

19 Haniel von Haimhausen, Annette: 400 Jahre Brautradition Schloßbrauerei Haimhausen, Haimhausen 2008.

20 DN vom 19.10.1956.

21 Haniel von Haimhausen, Annette: Die Schlossbrauerei Haimhausen, in: Braukunst und Brauereien im Dachauer Land, Hsg. R. Gasteiger, W. Liebhart, Dachau 2009, S.159.

22 OAH, IP Herr A. B., geb. 1929.

23 DN vom 01.09.1950.

24 DN vom 13.04.1953.

25 DN vom 23.12.1953.

26 Information des Herrn J. K., geb. 1950, vom 30.11.2017.

27 OAH, Kopie eines Altersversorgung-Dokuments.

28 DN vom 22.12.1957.

29 Information des Herrn H. W., geb. 1939, vom 14.12.2017.

30 DN vom 14.04.1954.

31 OAH, IP Frau K. B., geb. 1931.

32 Frühauf, Hiltrud: Kriegsende und Nachkriegszeit in der Gemeinde Haimhausen, in: Braun, Annegret; Göttler, Norbert (Hrsg.): Nach der »Stunde Null« II, München 2013, S. 289.

33 wie Anm. 6.

34 OAH, Bayerisches Landesamt für Statistik und Datenverarbeitung, Statistischer Fragebogen zur Wahl der ehrenamtlichen Gemeinderatsmitglieder am 18. März 1956, 27. März 1960 (Kopien).

35 wie Anm. 34.

36 wie Anm. 6, Eintrag vom 08.04.1951.

37 http://www.historisches-lexikon-bayerns.de/lexikon/bodenreform, Stand 14.10.2017.

38 BayHStA, A V-107–114, Bestand Bay. Landessiedlung GmbH, Günter Haniel von Haimhausen in Haimhausen (1947–80).

39 http://www.historisches-lexikon-bayerns.de/.../bayerische_landessiedlung_gmbh, Stand 14.10.2017.

40 OAH, IP Herr E. R., geb. 1940, vom 24.01.2017.

41 OAH, Kopie Kaufvertrag vom 29.07.1955.

42 wie Anm. 22.

43 wie Anm. 14.

44 wie Anm. 22.

45 DN vom 06.11.1950.

46 OAH, Aufstellung Haus Von-Haniel-Str.

47 Kniep, Jürgen: Wiederaufbau und Wirtschaftswunder, München 2009, S. 121.

48 OAH, Kopien Lohnkontobuch Wallner, An- und Abmeldungsbuch J. Deger.

49 nach Information der Enkelin Max Wallners, geb. 1962, vom 08.05.2017.

50 wie Anm. 47, S. 135.

51 OAH, IP Frau T. S., geb. 1930, vom 24.10.2016.

52 nach Information von Frau E. K., geb. 1938, vom 20.11.2017.

53 wie Anm. 51.

54 wie Anm. 51.

55 DN vom 22.01.1953.

56 wie Anm. 31.

57 DN vom 15.02.1952.

58 DN vom 11.09., 10.10.1950.

59 DN vom 23./24.04.1955.

60 DN vom 12.10.1950, 19.10.1956.

61 DN vom 02.01.1953.

62 DN vom 05.04.1955.

63 wie Anm. 6, Eintrag vom 18.07.1953.

64 DN vom 26.05.1957.

65 wie Anm. 40.

66 wie Anm. 9, S.39.

67 wie Anm. 15, S.89.

68 DN vom 01.02.1956.

Dynamische Entwicklung eines Bauerndorfes — Bauboom im Karlsfeld der 50er Jahre

Horst Pajung

Allgemeines

Wohl kaum eine Gemeinde im Norden Münchens und im Landkreis Dachau hat eine derart stürmische Bevölkerungsentwicklung erlebt wie Karlsfeld gegen Ende des Krieges und in den folgenden 15 Nachkriegsjahren. Durch seine nur 15 km vom Münchner Marienplatz entfernte Lage, mit vielen großen Industrieunternehmen in der unmittelbaren Nähe, guten Verkehrsverbindungen und den damals noch verfügbaren freien Flächen für die Wohnbebauung wurde Karlsfeld schnell zu einem begehrten Wohnort für viele Menschen, die durch Flucht und Vertreibung nach Bayern verschlagen wurden.

Karlsfeld – ein Bauerndorf in den Nachkriegsjahren

Karlsfeld war am Ende des Krieges 1945 immer noch eine landwirtschaftlich, dörflich geprägte Gemeinde. Zwar hatte sich seit der Gemeindegründung im Jahr 1939 die Bevölkerungszahl hauptsächlich durch viele ausgebombte und evakuierte Münchner von ca. 1000 auf fast 1500 erhöht, doch gab es in diesem Zeitraum kaum Bauaktivitäten.

Was jedoch an Infrastruktur in anderen Gemeinden in Jahrzehnten bzw. Jahrhunderten organisch gewachsen war, fehlte in Karlsfeld sechs Jahre nach seiner Trennung von Augustenfeld, die 1939 relativ kurzfristig per Dekret verfügt wurde, fast völlig. So gab es kein Rathaus, in dem die Gemeindeverwaltung und der Gemeinderat ihre Geschäfte erledigen konnten. Für das kirchliche Leben reichte die kleine, private Ludl-Kapelle mit ihren ca. 50 Sitzplätzen bei weitem nicht aus, so dass die Gottesdienste in den umliegenden Gemeinden Feldmoching, Dachau und Eschenried besucht werden mussten. Auch die Toten Karlsfelds wurden auf den Friedhöfen dieser Gemeinden beerdigt.

Ebenso wenig gab es auf dem Gemeindegebiet Schulen, so dass die Kinder je nach Ortsteil die Schulen in Ludwigsfeld, Dachau, Eschenried oder Allach besuchen mussten. Der Bahnhof lag in zwei Kilometer Entfernung auf

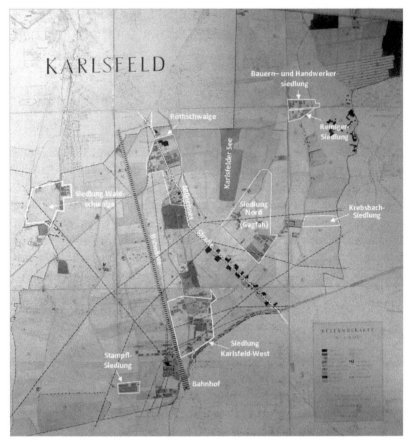

Erste Bestandsaufnahme der Bebauung in Karlsfeld 1952 (Abb.: Gemeindearchiv Karlsfeld)

Münchner Grund. Die Versorgung mit Dingen des täglichen Lebens erfolgte hauptsächlich durch kleine Krämerläden, die jedoch auf Grund der Tatsache, dass die meisten Bewohner Karlsfelds weitgehend Selbstversorger waren, ein kärgliches Dasein führten.

Für das damals noch sehr reduzierte Gemeinschaftsleben mit Versammlungen, Familienfesten und Vergnügungen traf man sich traditionell im Gasthaus »Alter Wirt« an der Münchner Straße.

Karlsfelds Zentrum bestand aus dem relativ geschlossenen Ortskern entlang der Münchner Straße, der mit seinen 16 landwirtschaftlichen Anwesen seit Gründung der Mooskolonie fast unverändert war. Nördlich davon in

Richtung Dachau lag das mehr als 400 Jahre alte Gut Rothschwaige, in dessen Umgebung in der ersten Hälfte des 20. Jahrhunderts einige Anwesen gebaut wurden, darunter die mittelständischen Betriebe Sport Berger und Metallwarenfabrik Heinrich Wunder. Darüber hinaus hatte sich um 1900 und in den Jahrzehnten danach eine Besiedelung im Umfeld des Bahnhofes und des Bayernwerkes herausgebildet.

Der Rest der Gemeinde bestand aus weitverstreuten Siedlungssplittern und einzelnen Höfen, die abseits des Ortskerns in der Waldschwaige und im östlich der Münchner Straße gelegenen Krenmoos lagen. Insgesamt umfasste die Gemeinde etwa 120 Gebäude.

Mit Ausnahme der Münchner Straße waren alle Straßen im Gemeindegebiet unbefestigt.

Die meisten einheimischen Karlsfelder verdienten ihren Lebensunterhalt durch Arbeiten in der Landwirtschaft. Da die Erträge der kleineren Anwesen jedoch nicht zum Leben reichten, benötigte man zusätzlich einen Nebenerwerb. Arbeitsplätze boten die großen landwirtschaftlichen Betrieben, wie z.B. Gut Rothschwaige oder Obergrashof, die oben erwähnten mittelständischen Betriebe oder Industriebetriebe wie Kraus Maffei, Dampfsägewerk Kirsch, Diamalt oder Dachauer Papierfabrik.

Vom Arbeitslager zur Flüchtlingsunterkunft

Die Folgen der kriegsbedingten Industrieansiedlungen im Münchner Norden prägten die Entwicklung der Gemeinde von 1945 bis 1960.

Bereits 1936 begann die Firma BMW im Allacher Forst unmittelbar südlich der Karlsfelder Gemeindegrenze mit dem Bau eines Flugmotorenwerkes. Hier wurde in Zusammenarbeit mit dem Reichsluftfahrtministerium die Großserienfertigung von Flugmotoren für den Kriegsfall aufgebaut. Die Wahl des Standortes wurde durch die geschützte Lage im Allacher Forst und die gute Verkehrsanbindung durch die Bahn und die Staatstraße bestimmt.

Die Anlagen des BMW-Werks wurden im Laufe des Krieges in gleichem Maß ausgebaut, wie mit steigendem Bedarf die Fertigungskapazität ständig erhöht wurde. Dazu mussten auch laufend zusätzliche Arbeitskräfte eingesetzt werden. Waren es anfangs noch hauptsächlich Fremdarbeiter, die aus Frankreich, den Niederlanden, Belgien, Weißrussland, Polen und Tschechien mit Arbeitsverträgen angeheuert wurden, kamen ab 1941 zunehmend auch zwangsverpflichtete Zivilisten aus den besetzten Gebieten, Kriegsgefangene und inhaftierte Juden. Ab Frühjahr 1943 wurden zudem Häftlinge aus dem Konzentrationslager Dachau eingesetzt.

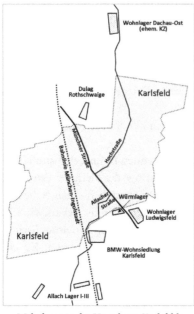

Wohnlager in der Umgebung Karlsfelds
(Abb.: Horst Pajung)

Diese Entwicklung erforderte den Bau weiterer Unterkünfte für die Arbeitskräfte, so dass im Umfeld des BMW-Werkes große Lagerkomplexe entstanden. Auch die Krauss-Maffei AG produzierte etwas weiter südlich im Münchner Stadtteil Allach Rüstungsgüter mit etwa 9000 Arbeitern, davon rund 5000 Zwangsarbeiter und Kriegsgefangene. Diese waren ebenfalls in der Nähe des Werkes in Barackenlagern untergebracht.[1] Nach dem Ende des Krieges kehrten viele Häftlinge und Zwangsarbeiter in ihre Heimat zurück und die Baracken leerten sich. Mit dem Eintreffen der Flüchtlinge und Vertriebenen aus den deutschen Ostgebieten wurden die Unterkünfte jedoch umgehend wieder neu belegt.

So entstanden unmittelbar südlich der Gemeindegrenze in der heutigen Gerberau die BMW-Wohnsiedlung Karlsfeld und an der Dachauer Straße das Wohnlager Ludwigsfeld sowie das Würmlager.

Viele Flüchtlinge fanden ihre erste Aufnahme auch in den benachbarten Lagern in Allach, die in der Nähe des Firmengeländes von Krauss Maffei lagen.

Das eigentliche Konzentrationslager im Osten Dachaus wurde nach zweijährigen Sanierungsarbeiten zu einer Wohnsiedlung umgebaut und bot um 1952 bis zu 2300 Flüchtlinge ein Dach über dem Kopf.[2] Es lag etwa 1,3 km von der nördlichen Gemeindegrenze und etwa 3 km von der nächstgelegenen Karlsfelder Siedlung entfernt.

Nördlich der Rothschwaige stand noch das sogenannte Regierungsdurchgangslager. Obwohl es nicht als Dauerunterkunft vorgesehen war, lebten mangels Alternative zeitweise bis zu 1500 Menschen dort.[3] Diese Wohnlager entwickelten sich im Laufe der Zeit zu eigenständigen Gemeinwesen mit allen Einrichtungen des täglichen Lebens. Sie wurden erst nach und nach aufgelöst, als ausreichend Wohnraum auf dem freien Markt zur Verfügung stand. Die letzten Wohnlager bestanden bis in die Mitte der 1960er Jahre.

Insgesamt lebten um 1950 in unmittelbarer Umgebung Karlsfelds etwa 8000 Flüchtlinge in Wohnlagern und etwa weitere 1000 in Privathäusern in der Gemeinde oder Umgebung. In beiden Fällen waren die Wohnverhältnisse sehr beengt und unkomfortabel. Der Drang, in absehbarer Zeit eine Verbesserung der Wohnsituation zu erreichen, war dementsprechend sehr groß.

ZUWANDERUNG NACH KARLSFELD

Die Zuwanderung nach Karlsfeld begann bereits in den letzten Kriegsjahren, als ausgebombte und evakuierte Münchner eine neue Bleibe suchten. Teilweise besaßen sie bereits Wochenendhäuser oder Grundstücke in der Gemeinde, was vielfach am Krebsbach oder im Schwarzgrabenweg der Fall war, oder sie mieteten sich bei Einheimischen ein. Dazu kamen auch bereits vor Kriegsende die ersten Flüchtlinge aus den deutschen Ostgebieten, die der Gemeinde zugeteilt wurden. Das führte dazu, dass in der Zeit von 1939 bis 1945 die Einwohnerzahl Karlsfelds von 1000 auf 1500 Bürger stieg.

Mit dem Eintreffen der großen Flüchtlingsströme in den Jahren 1945 bis 1948 wurden der Gemeinde noch einmal ca. 500 Flüchtlinge und Vertriebene zugeteilt. Sie wurden in den Häusern der Einheimischen untergebracht und mussten sich den ohnehin knappen Wohnraum mit diesen teilen. Dabei gestaltete sich das Ausmaß der Einquartierungen letztendlich deutlich moderater als der Gemeinderat in seiner Sitzung im März 1946 befürchtete. Er ging damals davon aus, dass ca. 800 Personen in der Gemeinde unterzubringen seien.[4] Offensichtlich hat sich hierbei die Verfügbarkeit von Wohnraum in den oben erwähnten Lagern in der Umgebung von Karlsfeld günstig auf den Umfang der Einquartierungen in der Gemeinde selbst ausgewirkt.

Ab 1949 waren es dann hauptsächlich die Heimatvertriebenen aus den umliegenden Wohnlagern (BMW-Wohnsiedlung, Würmlager, Wohnlager Ludwigsfeld, Wohnsiedlung Dachau-Ost, Wohnlager Allach), die sich auf der Suche nach einem eigenen Heim in Karlsfeld niederließen.[5] Dieser Zuzug sollte sich bis Mitte der 1960er Jahre fortsetzen.

Was die Bevölkerungsentwicklung der Gemeinde Karlsfeld deutlich von den übrigen Gemeinden des Landkreis und sogar der Kreisstadt Dachau unterscheidet, ist die hohe Dynamik des Wachstums, die über mehr als zwei Jahrzehnte anhalten sollte.

Als in den Nachkriegsjahren die Flüchtlinge und Vertriebenen nach einem bestimmten Schlüssel und damit relativ gleichmäßig über den Landkreis verteilt wurden, war in allen Gemeinden ein Anstieg der Bevölkerungszahlen zu verzeichnen. Das änderte sich in den Jahren nach 1950, als insbesondere die Gemeinden im Dachauer Hinterland sehr schnell wieder Einwohner durch Wegzug verloren.[6] In Karlsfeld hingegen nahm die Bevölkerung ab 1950 noch einmal deutlich zu. Während die Einwohnerzahl in den elf Jahren von der Gemeindegründung bis 1950 sich »nur« verdoppelte, war in den 50er Jahren sogar eine Verdreifachung zu verzeichnen.

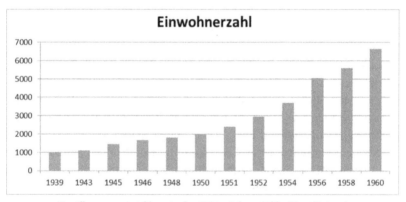

Bevölkerungsentwicklung in den 1950er Jahren (Abb.: Horst Pajung)

Dabei führte der Zuzug aus den umliegenden Barackensiedlungen nach Karlsfeld dazu, dass im Jahr 1960 rund 80 Prozent der über 6600 Einwohner Flüchtlinge und Heimatvertriebene waren.[7]

Standortfaktoren

Das Zusammentreffen von drei besonders günstigen Standortfaktoren spielte bei der außergewöhnlichen Siedlungs- und Bevölkerungsentwicklung eine entscheidende Rolle.

ARBEITSPLÄTZE

Einer der wesentlichen Erfolgsfaktoren, die zu dem enormen Wachstum geführt haben, ist die sehr günstige Beschäftigungssituation bereits wieder kurz nach Kriegsende.

Im Gegensatz zu vielen anderen Gemeinden befanden sich etliche große Industriebetriebe in relativer Nähe, so dass fast immer genügend Arbeitsplätze zur Verfügung standen. So gab es das ehemalige BMW-Flugmotorenwerk, das schon im Spätsommer 1945 unter dem Namen »Karlsfeld Ordnance Depot« als Reparaturbetrieb für Militärfahrzeuge unter amerikanischer Leitung in Betrieb ging. Das Werk erreichte Anfang der 50er Jahre eine Mitarbeiterzahl von etwa 7000. Auch Krauss-Maffei in Allach hatte relativ schnell auf Friedensbetrieb umgestellt und begann 1945 wieder mit dem Bau von Omnibussen, Kleinlokomotiven und Zugmaschinen und der Reparatur von kriegsbeschädigten Lokomotiven. Der Nahrungsmittelhersteller Diamalt AG lag unmittelbar südlich der Gemeindegrenze und bot 1952 Arbeit für 700 Mitarbeiter.

Auch mittelgroße Betriebe wie das Bayernwerk, die Metallwarenfabrik Heinrich Wunder KG und der Camping- und Sportartikelhersteller Sport Berger nahmen ebenfalls nach Kriegsende ihre Arbeit wieder auf und kehrten nach der Währungsreform 1948 zur Normalität zurück.

Viele Handwerksbetriebe profitierten von dem durch das Wachstum ausgelösten Bauboom und schufen neue Arbeitsplätze.

VERKEHRSANBINDUNG

Da in diesen Zeiten die Menschen kaum über eigene Verkehrsmittel verfügten, kommt dem Standortfaktor Verkehrsanbindung eine besondere Bedeutung zu. Die Hauptstraße von München nach Dachau, die seit den 30er Jahren geteert war, durchquerte auf einer Länge von drei Kilometer das Gemeindegebiet. Auf dieser Strecke verkehrten die Omnibusse des Kraftverkehr Bayern und boten mit drei Haltestellen günstige Verbindungen in die Zentren von München und Dachau und zu den umliegenden Industriebetrieben. Sie wurden sowohl von den Werktätigen als auch von Schülern, für die es bis 1961 keine Schule in Karlsfeld gab, genutzt. Darüber hinaus besaß Karlsfeld einen Bahnhof, vom dem in den Hauptverkehrszeiten Nahverkehrszüge im Halbstundentakt ebenfalls in Richtung München und Dachau verkehrten. Insbesondere für die Bewohner der westlichen Ortsteile war die Bahnverbindung eine wichtige Alternative zum Bus.

BAULAND

Im Jahr 1950 war Karlsfeld noch sehr dünn besiedelt. Die freien Flächen wurden hauptsächlich landwirtschaftlich genutzt, aber es gab auch etliche, abseits gelegene Grundstücke im Dachauer Moos, die auf Grund ihres hohen Grundwasserspiegels für die Landwirtschaft nicht geeignet waren und brach lagen.

Da viele Grundbesitzer in der Nachkriegszeit Kapitalbedarf hatten, boten sie etliche Grundstücke als Baugrund an. Der günstige Preis von etwa 50 Pfg./qm kam dabei den finanziellen Möglichkeiten der Bauwilligen, die als Heimatvertriebene wieder von Null anfangen mussten, entgegen.

ROLLE DES GEMEINDERATES

Die Geschicke der Gemeinde wurden durch den Bürgermeister Georg Eichinger und einem zehnköpfigen Gemeinderat bestimmt. Alle handelnden Personen waren ehrenamtlich tätig und bestanden anfangs aus den alteingesessenen Honoratioren des Ortes, die in der Regel von Beruf Landwirt waren. Erst ab Mitte der 50er Jahre findet man auch Handwerker und Geschäftsleute unter den Gemeinderäten.

Allen gemeinsam war, dass sie keine Fachleute in Verwaltung, Bauwesen und Rechtswissenschaft waren. Deshalb fehlten für viele komplexe Situationen das Fachwissen und die Erfahrung, so dass manche Entscheidungen auch nach dem Prinzip »Versuch und Irrtum« getroffen wurden. Etliche Beschlüsse des Gemeinderates mussten deshalb auch wieder zurückgenommen und revidiert werden. Dies war bis 1950 auch kein Problem, doch mit zunehmendem Aufbau der Bürokratien in den übergeordneten Behörden wie Landratsamt und Regierung von Oberbayern wurde eine juristisch korrekte Gemeindeführung immer schwieriger.

Der Siedlungsdruck auf die Gemeinde mit der stark gestiegenen Anzahl der Bauanträge erhöhte zunächst einmal die Arbeitslast des Gemeinderates. Zur Entlastung wurde deshalb Ende 1952 ein Bauausschuss gegründet, der die eingereichten Baupläne vorab fachlich überprüfte und falls notwendig, Besichtigungen des Baugeländes vornahm. Es wurden die Gemeinderatsmitglieder Viktor Schmach, Alois Ludl und Johann Stegmayr benannt.[8]

Aber damit war es nicht getan. Die Erweiterung des Siedlungsraumes und das Bevölkerungswachstum erforderten eine Vielzahl von kurzfristig zu realisierenden Infrastrukturmaßnahmen. So mussten die Ortsstraßen ausgebaut, ein Wasserleitungsnetz errichtet, Schulen gebaut und ein Friedhof angelegt werden. Zu diesem Zwecke wurden Grundstücke erworben und baureif gemacht, Genehmigungen bei den übergeordneten Behörden eingeholt und für damalige Zeiten horrende Geldbeträge beschafft und verantwortungsbewusst investiert.

Um eine Entscheidungsgrundlage für siedlungspolitische Fragen zu haben, erstellte 1953 der Planungsverband »Äußerer Wirtschaftraum« im Auftrag der Gemeinde einen Flächennutzungsplan. Dieser identifizierte nach einer Bestandsaufnahme der Bebauung jene Gebiete, die für die weitere Siedlungsentwicklung geeignet waren. Auch wenn es immer wieder Abweichungen von diesem Plan gab, gab er doch die Richtlinie für die Bebauung in den 50er Jahren vor.

In Anbetracht dieser großen Herausforderungen kann die Leistung des Bürgermeisters und der Gemeinderäte in diesem Zeitraum nicht hoch genug geschätzt werden.

Erst im Jahr 1960 wurde mit Bruno Danzer ein hauptamtlicher Bürgermeister, der zudem Verwaltungsfachmann war, gewählt und eingesetzt. Er organisierte die Gemeindeverwaltung neu und stockte das Personal deutlich auf. Die Arbeit im Gemeinderat wurde durch die Bildung von Ausschüssen und Referaten erleichtert und effektiver gestaltet.

DAS PROBLEM DER SCHWARZBAUTEN

Als die Bautätigkeit nach der Währungsreform langsam anlief, war man im Gemeinderat über alles froh, was die Wohnungsnot lindern half. Entsprechend großzügig wurden auch Bauanfragen befürwortet und an das Landratsamt weitergeleitet. Aber nach 1950 wurden immer mehr Grundstücke auf den Markt gebracht, die weitab der bestehenden Bebauung im Moos lagen, wo es keinerlei Infrastruktur wie Licht, Wasser und Kanalisation gab. Oftmals führte nicht einmal eine Zufahrtsstraße zu dem Grundstück. Zumeist waren sich die potentiellen Käufer dieser Grundstücke nicht darüber im Klaren, welche Konsequenzen die Besiedelung für die Gemeinde und für den Bauherrn selbst haben würde.

Besonders die Problematik der Be- und Entwässerung war bei dem hohen Grundwasserstand im Dachauer Moos gravierend. Der Grundwasserspiegel lag in einigen Gebieten im Normalfall etwa 50 cm unter der Erdoberfläche, konnte aber bei längerem Regen durchaus an die Oberfläche steigen. Bei diesen Bedingungen war nicht zu gewährleisten, dass Trinkwasser, das über einen Pumpbrunnen aus dem Grundwasser gewonnen wurde, sicher von den Sickergruben für die Fäkalien getrennt werden konnte. In einer Zeit, als Typhusepidemien im Gedächtnis noch sehr präsent waren, wurde diese Gefahr von den Behörden immer wieder als Begründung angeführt, wenn Baugenehmigungen für bestimmte Gebiete verweigert wurden.

Ein weiteres Problem war die fehlende Zufahrt zu den Grundstücken. Oftmals war, wie im Fall der Stampfl-Siedlung, nicht einmal ein Feldweg vorhanden, über den die Siedlung erreicht werden konnte. Um das Gelände baureif zu machen, hätte die Gemeinde erst einmal viel Geld für den Kauf eines Straßengrundstücks und den Bau der Straße investieren müssen. Deshalb wurden viele Baugenehmigungen für bestimmte Gebiete der Gemeinde nicht erteilt oder zumindest zurückgestellt.

Viele Fehleinschätzungen der Situation und Meinungsverschiedenheiten zwischen Gemeinde und Siedlern kamen dadurch zustande, dass die Behörden auf allen Ebenen oftmals eine klare Linie in der Behandlung von Siedlungsangelegenheiten vermissen ließen. So wurden im Fall der Krebsbachsiedlung 1952 die Bebauungspläne zuerst befürwortet. Später musste dieser Beschluss jedoch auf Grund eines Gutachtens des Staatlichen Gesundheitsamtes Dachau und der Intervention der Regierung von Oberbayern wieder zurückgezogen werden.

In der Bauern- und Handwerkersiedlung wurde der eingereichte Bebauungsplan der Siedlergemeinschaft im Juli 1952 befürwortet. Dann dauerte es jedoch noch 15 Monate, bis das Landratsamt grünes Licht gab und eine Sonderregelung für die Siedlung beschlossen werden konnte. In der Zwischenzeit waren etliche Bauanträge zurückgestellt oder abgelehnt worden. Die Siedler, die ihre Grundstücke bereits bezahlt hatten und möglichst schnell aus den engen Wohnbaracken ausziehen wollten, hatten auf die Beschlüsse der Gemeinde vertraut und bereits mit der Bebauung begonnen.

So entstanden auf dem Gemeindegebiet vier Siedlungen (Krebsbachsiedlung, Bauern- und Handwerkersiedlung, Reinigersiedlung und Stampfsiedlung), in denen anfangs nahezu alle Gebäude ohne Baugenehmigung errichtet wurden. Im Frühjahr 1952 berichteten die Dachauer Nachrichten, dass von 1948 bis 1951 im gesamten Landkreis Dachau 191 Schwarzbauten zur Anzeige gebracht wurden; davon lagen 99 Fälle in Karlsfeld.[9] Insgesamt spricht man am Ende der 50er Jahre von etwa 150 Schwarzbauten, die in der Gemeinde errichtet wurden.

Tatsächlich hatte der Gemeinderat bis Ende 1953 auch kein wirkliches Konzept, wie mit dem Ansturm auf die Bauplätze und den damit verbundenen Schwarzbauten umzugehen war. Der immer wieder diskutierte und auch in amtlichen Verfügungen angedrohte Abriss von »schwarz« gebauten Häusern war in der Realität kaum umzusetzen, wenn das Haus bereits bewohnt war. Denn die Rechtslage sah vor, dass die Gemeinde verpflichtet war, den im Falle eines Abrisses obdachlosen Bewohnern entsprechende Unterkünfte zur Verfügung zu stellen. Da die Gemeinde jedoch keine Obdachlosenunterkünfte besaß und finanziell auch nicht in der Lage war, welche zu schaffen, beließ man es in der Regel mit der Verhängung von Bußgeldern und setzte darauf, dass für die betroffenen Siedlungen baldige Regelungen getroffen werden konnten.

Natürlich sah das Landratsamt Dachau dem »wilden Siedeln« nicht tatenlos zu. Bereits 1952 ließ das Landratsamt ein fast fertiges Haus des Siedlers Ludwig, der am Saubach an der Schleißheimer Straße ein ungenehmigtes Bauwerk errichtet hatte, wieder abreißen. Den empörten Aufschrei der Siedler und der Medien nahm Landrat Junker zum Anlass, die Absicht der Behörden zum konsequenten Vorgehen öffentlich kund zu tun.[10]

Auch in der Krebsbachsiedlung kam es 1953 zum Abriss eines ungenehmigten, allerdings noch nicht bezogenen Hauses. Hier hatte der Bauherr trotz Verbot und Abrissverfügung den Bau mit großer krimineller Energie weitergeführt, so dass die Behörden keine andere Möglichkeit sahen (s. Kap. Krebsbachsiedlung).

Andererseits waren das Landratsamt und die Gemeinde bemüht, den Bedürfnissen der Siedler entgegen zu kommen. So traten hochrangige Beamte der Fachbehörden und der Landrat selbst immer wieder bei Bürgerversammlungen in der Wirtschaft »Alter Wirt« auf, um Baubewerber über die Probleme des »wilden Siedelns« aufzuklären und ihnen Lösungsmöglichkeiten aufzuzeigen. Meistens konnten dabei auch für beide Seiten befriedigende Lösungen gefunden werden. So vermittelte der Landrat nach der Verhängung der generellen Bausperre in Karlsfeld im Sommer 1953 immer wieder zwischen Gemeinde und Regierung von Oberbayern und erreichte schließlich Anfang 1955 eine Aufhebung. Auch das sogenannte Krebsbach-Umsiedlungsprojekt, das den Siedlern der Krebsbachsiedlung eine attraktive Alternative in der Gagfah-Siedlung bot, wurde von den übergeordneten Behörden tatkräftig unterstützt.

Letztlich führten diese gemeinsamen Bemühungen von Behörden und Siedlern bis zum Ende der 50er Jahre zu dem erfreulichen Ergebnis, dass alle Schwarzbau-Siedlungen durch den Bau von Straßen, Wasserleitungen und Kanalisation, an dem sich die Siedler finanziell beteiligen mussten, baureif gemacht und legalisiert werden konnten.

DER BAUBOOM SETZT EIN

In den ersten 5 Jahren nach Kriegsende gab es in der Gemeinde Karlsfeld fast keine Bautätigkeit. Die wenigen Bauanträge, die gestellt wurden, stammten von Einheimischen, die Stallgebäude, Nebengebäude und Hauserweiterungen für die bestehenden Anwesen errichten wollten.

Etwa ab 1950 begann sich die wirtschaftliche Lage vieler Flüchtlinge zu verbessern. Der Arbeitsplatz schien sicher und man hatte bereits einige Ersparnisse zurücklegen können. Jetzt richtete man sein ganzes Streben darauf, den beengten Wohnverhältnissen in den Barackensiedlung oder den Einquartierungen in Privathäusern zu entkommen. Waren es 1949 noch 45 Anträge auf Baugenehmigungen, so waren 1950 bereits 85, ein Jahr später sogar 132. Diese Anzahl blieb während der gesamten Berichtsperiode auf annähernd gleichem Niveau; allerdings betrafen die Anträge zunehmend auch Mehrfamilienhäuser.[11]

Gleichzeitig war auf dem Gemeindegebiet Karlsfelds ein großes Angebot an freie Flächen vorhanden. In den meisten Fällen wurde der Verkauf direkt zwischen dem Grundbesitzer und dem Siedler abgewickelt, so dass der Gemeinde nur wenige Möglichkeiten blieben, auf eine kontrollierte Siedlungsentwicklung Einfluss zu nehmen. In den meisten Fällen erfuhr die Gemeinde erst von dem Geschäft, wenn der potentielle Bauherr seinen Wohnsitz in der Gemeinde anmeldete und einen Antrag auf Baugenehmigung stellte.

Im Folgenden wird exemplarisch am Beispiel einiger Siedlungsgebiete die Bautätigkeit dargestellt.

KARLSFELD-NORD

Die Besiedlung der Ländereien südöstlich des Karlsfelder Sees zwischen der Hoch- und der Krenmoosstraße erfolgte relativ problemlos. Das Ausbaggern des Karlsfelder Sees in den Jahren 1940–42 bewirkte in seiner unmittelbaren Umgebung eine massive Grundwasserabsenkung, so dass eine landwirtschaftliche Nutzung nicht mehr genügend Ertrag brachte.

Da zudem die Grundstücke durch drei nordöstlich ausgerichtete Straßen, die Hoch-, Garten- und Krenmoosstraße, von der Münchner Straße aus gut erschlossen waren, wurden sie früh als Baugebiet ausgewiesen. Da hier keine Hindernisse für die Erteilung einer Baugenehmigung vorlagen, wurden bereits 1950 fünf Häuser an der Hochstraße genehmigt und gebaut.

Die gleichen Verhältnisse galten auch für die Bebauung der Blumenstraße, die von der Krenmoos- bis fast an die Gartenstraße reichte. Hier wurden zwischen 1951 und 1956 etwa 30 Ein- oder Zweifamilienhäuser gebaut.

»KÖNIGSSIEDLUNG« IN KARLSFELD-WEST

Die Fläche des Siedlungsgebietes Karlsfeld-West wird begrenzt durch die Allacher Straße im Osten und Süden, durch die Bahnlinie im Westen und den Eichinger Weiher im Norden. Sie wird auf voller Länge von der Würm durchflossen. Das Gebiet zwischen Würm und Allacher Straße war bereits am Ende des Krieges locker bebaut. Dies betraf insbesondere den ortsnahen Teil der Leinorstraße, Teile der Allacher Straße und die Westenstraße. In diesem Gebiet war der Grundwasserstand in den Jahren nach der Entstehung des Eichinger Weihers (1936) signifikant abgesunken, so dass einer Bebauung grundsätzlich nichts entgegenstand.

Im August 1950 kauften 19 Familien Grundstücke zwischen Würm und Bahnlinie, die vorher von Allacher Bauern als Wiesen genutzt wurden. Der Initiator und einer der Käufer war Alfred König, der den Kauf der nicht baureifen Grundstücke eingefädelt hatte. Die Gemeinde hatte zu diesem Zeitpunkt noch keinen Bebauungsplan für dieses Gebiet und lehnte dementsprechend die Genehmigung der Bauanträge ab.

Das hielt die Siedler allerdings nicht davon ab, mit der Bebauung ihrer Grundstücke zu beginnen. Einer von ihnen, der mit Frau, Tochter und Mutter in Obermenzing in einer Dachmansarde von 12 qm wohnte, erzählt: »Un-

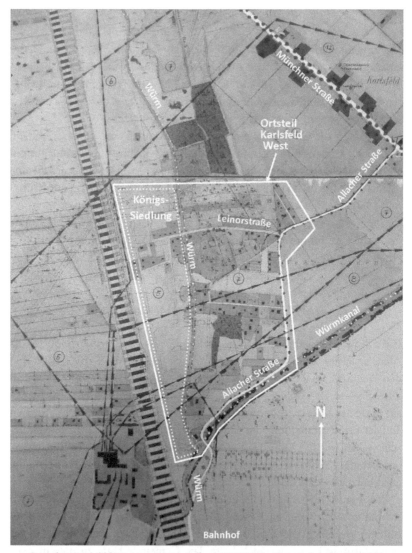

Baugebiet Karlsfeld West mit Königssiedlung, 1952 (Abb.: Gemeindearchiv Karlsfeld, Ausschnitt)

sere Wohnungssituation war demnach miserabel und es bestand auch keine Hoffnung, eine größere Wohnung zugeteilt zu erhalten. [...] Mein Schwager und ich kauften uns eine alte Gartenhütte und amerikanische Barackenteile und errichteten daraus 2 Räume, damit wir ein Dach über uns hatten. [...] So sind wir dann am 1.6.1951 in einen Raum unserer Gartenhütte eingezogen, die wir auf einer Wiese errichtet hatten. Die Gartenhütte war das erste »Bauwerk« in unserer Siedlung und wir waren froh, auf eigenem Grund wohnen zu können.«[12]

Obwohl die Gemeinde keine Baugenehmigung erteilte, »begannen wir am ersten Wochenende im Juli 1951 auf 3 Grundstücken [...] mit dem Bau unserer Häuser [...], weil wir ja im Winter nicht in unserer Gartenhütte bleiben konnten. Wir bauten also weiter, jeden Tag bevor wir in die Arbeit gingen, haben wir mit unseren Frauen von 5 Uhr früh bis 7 Uhr und von 17 Uhr bis 21 Uhr am Bau gearbeitet. Fairerweise muss gesagt werden, dass die Gemeinde keine Baueinstellungsmaßnahmen gegen uns ergriff, auch nicht das Landratsamt, so dass wir mit dem bisschen ersparten Geld weitermachen konnten. [...] Inzwischen war der Herbst schon da, die Nächte begannen kalt zu werden, es gab auch leichten Frost, der sich in unserer Hütte bemerkbar machte. [...] Endlich war es dann Mitte November soweit, dass wir in unser Haus einziehen konnten.«[13]

Rohbau Familie Kathrein, Königssiedlung, 1951 (Foto: Fam. Kathrein, Heimatmuseum Karlsfeld)

Das völlige Fehlen jeglicher Infrastruktur machte das Leben in Karlsfeld-West wie auch in weiten Teilen der übrigen Gemeinde in den ersten Jahren mühsam und unkomfortabel. »Es gab kein Wasser als das im Eiskanal. Wir schlugen also einen Brunnen, etwa 3 m tief, hatten auch Wasser, aber dieses war sandig und schmutzig. Wir mussten es zum Kochen fast 24 Stunden absetzen lassen, um es verwenden zu können. [...] Als Licht gab es eine Petroleumlampe. [...] Unser Brunnen musste in der kalten Jahreszeit jeden Tag mit heißem Wasser aufgetaut werden, weil er ja eingefroren war.«[14]

Im September 1951 befürwortete der Gemeinderat den Tekturplan der Siedlung Karlsfeld-West, die allgemein bereits nach Alfred König, dem Initiator der Besiedlung, »Königssiedlung« genannt wurde. Der Plan umfasste das Gebiet zwischen Würm und der Eisenbahnlinie und sah etwa 80 Wohnhäuser vor. Neun Monate später beschloß der Gemeinderat die Namensvergabe für die Straßen des Baugebietes: Wehrstaudenstraße, Parkstraße, Buchenweg,

Eschenweg, Eichenweg, Erlenweg und Kanalweg. Die Siedlung wird damit zum dritten großen Baugebiet in Karlsfeld.

Die Erschließung des Baugebietes sollte hauptsächlich über die Leinorstraße erfolgen. Deshalb wurde den 29 Siedlern der Jahre 1952 und 1953 zur Bauauflage gemacht, dass sie die Verlängerung der Leinorstraße sowie die Brücke über den Eiskanal, wie die Würm damals noch genannt wurde, auf eigene Kosten herstellen und unterhalten müssen.[15] Von da ab war die Bauabwicklung um einiges leichter. Eine siebenköpfige Familie, die seit fünf Jahren in mehreren Wohnlagern, zuletzt in der BMW-Wohnsiedlung auf engstem Raum lebte, erwarb im Mai 1951 von einem Allacher Bauern ein Grundstück in Karlsfeld West. Die Finanzierung wurde im Rahmen des sozialen Wohnungsbaus mit einem Staatsdarlehen und zwei Bankhypotheken gesichert.

Im Frühjahr des darauffolgenden Jahres wurde die Baugenehmigung für ein Vier-Familien-Haus erteilt; fünf Monate später konnte schon mit dem Einzug begonnen werden. Gebaut wurde durch ortsansässige Firmen »wie z. B. das Aufsetzen des Dachstuhls August 1952 durch die Fa. Kirsch, Allach, die Be- und Entwässerung durch die Fa. Reiter, Allach, sowie die Elektroinstallation durch die Fa. Stöß, Karlsfeld.«[16] Viele Arbeiten erbrachten die Siedler aber auch in Eigenleistung. Während der Bauphase wurden auf den Nachbargrundstücken ebenfalls eifrig Wohnhäuser errichtet.

Ab Sommer 1953, als die Regierung von Oberbayern eine generelle Bausperre über die Gemeinde Karlsfeld verhängt hatte, ruhten auch die Bauaktivitäten in der Siedlung-West weitgehend. Die Hauptforderung für eine Aufhebung der Bausperre war die Sicherstellung einer Wasserversorgung für alle Baugebiete. Wie schon in Karlsfeld-Nord, wo es seit 1951 einen Wasserverband gab und wo bereits an einem Wasserleitungsnetz gearbeitet wurde, gründete sich auch hier ein Wasserverband Süd-West unter Leitung des Herrn König. Dieser versuchte, im Gegensatz zum Wasserverband Nord, sich entweder an das Wasserleitungsnetz Münchens anzuschließen oder einen eigenen Brunnen zu bohren.

Da beide Konzepte jedoch nicht von Erfolg gekrönt waren, übernahm die Gemeinde die Initiative. Sie bot den Wasserverbänden Karlsfeld Nord und Karlsfeld Süd-West an, die Trägerschaft für die Wasserversorgung für ganz Karlsfeld zu übernehmen. Die Voraussetzung dafür war die Auflösung der beiden Wasserverbände. Diese effiziente und kostengünstige Lösung, die den Anschluss an das zentrale Wasserwerk für alle Ortsteile vorsah, war auch für die Regierung von Oberbayern das favorisierte Vorgehen, das sie mit Fördermitteln und Darlehen unterstützte.

Im Juli 1954 beschloß der Gemeinderat im Beisein der Vorstände der Wasserverbände die Übernahme der Trägerschaft. Damit war die wichtigste Voraussetzung für die Aufhebung der Bausperre durch die Regierung von Oberbayern geschaffen. Sie erfolgte im folgenden Frühjahr.

In den sieben Jahren bis 1962 wurden im Bebauungsgebiet der Königssiedlung zwischen Würm und Bahnlinie etwa 100 weitere Häuser errichtet. Dazu kommen noch östlich der Würm im Bereich der Leinor-, Hans-Kudlich- und Nordenstraße 40 Häuser. Die Baulücken in der Westenstraße wurden ebenfalls geschlossen. Karlsfeld West war damit neben der Siedlung Nord das größte geschlossene Siedlungsgebiet in der Gemeinde.

Die Krebsbachsiedlung

Viel komplizierter war der Versuch, die sogenannte Krebsbachsiedlung, auch Karlsfeld-Ost genannt, zu bebauen. Diese lag auf einem etwa 7 ha großen Grundstück am östlichen Ortsrand in 800 m Entfernung von der bisherigen Bebauung. Sie war durch keine Straße erschlossen; Wasserversorgung und Kanalisation waren in dieser Lage in einem überschaubaren Zeitraum nicht zu realisieren. Dazu kam als großes Problem der hohe Grundwasserspiegel, der im Normalfall bei 50 cm unter der Oberfläche lag, bei anhaltendem Regen aber auch leicht an die Oberfläche treten konnte. Im Frühjahr 1952 hatten Bauwillige Teile dieser Fläche mit der Absicht gekauft, diese zu bebauen. Die Siedlergemeinschaft Karlsfeld-Ost reichte einen Teilbebauungsplan für dieses Gebiet mit 68 Wohnhäusern zur Genehmigung ein. Der Plan wurde im Gemeinderat mit 6:5 Stimmen befürwortet und an das Landratsamt zur Genehmigung weitergeleitet.[17]

Aufgrund des positiven Vorbescheides der Gemeinde begannen die Siedler mit der Beschaffung von Baumaterial, um schnell mit dem Bau beginnen zu können. Kurz darauf folgte allerdings mit dem Gutachten des Gesundheitsamtes die Ernüchterung: Das Grundwasser war schmutzig und zeigte eine grünbraune Färbung, so dass eine Wasserversorgung über Schlagbrunnen hier nicht erfolgen konnte. Da auch die Abwasserfrage nicht geklärt war, sprach die Regierung von Oberbayern ein Verbot der Bebauung für diese Grundstücke aus.[18]

Für die betroffenen Siedler bedeutete die Bausperre, dass ihre erworbenen Grundstücke quasi wertlos geworden waren. Die große Anzahl von betroffenen Personen sorgte jedoch dafür, dass sich auch die Behörden mit dem Thema befassten und nach Lösungsmöglichkeiten suchten.

Schließlich wurde den Krebsbachsiedlern etwa 800 m westlich zwischen Osten- und Krenmoosstraße alternative Bauplätze angeboten. Dort sollte ein geschlossenes Baugebiet mit 55 Häusern mit 110 Wohnungen durch die »Gemeinnützige Aktien-Gesellschaft für Angestellten-Heimstätten (Gagfah)« in enger Zusammenarbeit mit der Gemeinde und den übergeordneten Behörden entwickelt werden. In etlichen Informationsveranstaltungen, die das Landratsamt durchführte, sollten die Siedler von der Notwendigkeit der Umsiedlungsmaßnahme und den Vorteilen des Projektes überzeugt werden.

Im Frühjahr 1953 war man nach langwierigen Verhandlungen so weit, dass sich 90 Prozent der Siedler mit der Umsiedlung einverstanden erklärten. Großzügige Kreditzusagen und die Möglichkeit, durch Eigenleistung den Baupreis deutlich zu senken, haben ihre Wirkung gezeigt (s. a. Kap.: Genossenschaftliches Bauen – Die Gagfah). Allerdings gab es auch Bauherren, die

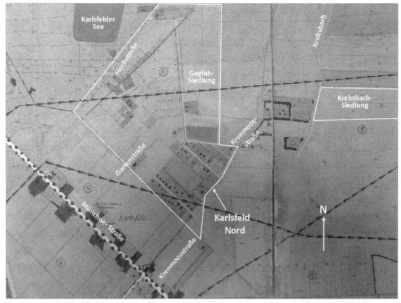

Siedlungsgebiet Karlsfeld Nord mit Gagfah-Siedlung, 1952 (Abb.: Gemeindearchiv Karlsfeld, Ausschnitt)

wider alle Vernunft an ihren Schwarzbauten am Krebsbach festhielten: »Obwohl man seitens des Landratsamts wiederholt auf [das Bauverbot] hingewiesen hatte, begann G. heimlich am 7. Juni mit den Bauarbeiten und setzte sie auch weiterhin fort. Zur Tarnung errichtete er vorerst ein Holzgebäude, verhängte jedoch die Fenster und baute im Innern das Mauerwerk hoch. Die Anzeige der Polizei ließ ihn dabei völlig kalt, er baute ungerührt weiter. Bei der Ortsbesichtigung stellte der Vertreter des Landratsamts fest, dass an sechs verschiedenen Stellen rund um die eigentliche Baustelle Baumaterial lagerte, das nach Schätzung zum Bau eines Zweifamilienhauses ausgereicht hätte.«[19]

Da aber die Bauaufsichtsbehörde des Landratsamts mittlerweile zu der Ansicht gelangte, dass man gegen diese Praxis schnell und unnachsichtig durchgreifen muss, wollte man ein Exempel statuieren. Am 17. Juni rückten acht Arbeiter und mehrere Polizisten an. »Da half es auch nichts, dass die Frau wutentbrannt auf den Regierungssekretär mit einer Latte losging und die Nachbarn aufhetzte. Das Haus verschwand bis auf die Grundmauern.«[20] Das am Ort vorgefundene Baumaterial wurde sichergestellt. Die Abbruchkosten von 400 DM wurden den Hausbesitzern in Rechnung gestellt. Der Abriss erfolgte nicht zuletzt auch im Interesse der übrigen Krebsbachsiedler, da die zugesagten Regierungsdarlehen für die Umsiedlungsmaßnahme davon abhängig gemacht wurden, dass die Siedlung vollständig geräumt wird.

Wirklich ruhig wurde es um die Krebsbachsiedlung aber noch lange nicht. Immer wieder versuchten Bauwillige sich dort niederzulassen. So erregte 1957 der Fall einer 40jährigen Krebsbachsiedlerin vor dem Amtsgericht Dachau viel Aufsehen. Sie hatte nach zehnjährigem Wohnen im Barackenlager Karlsfeld in der Krebsbachsiedlung, die nicht für Bauzwecke freigegeben war, ein Eigenheim 8 x 8 m errichtet und trotz polizeilicher Beschlagnahme des Baumaterials den Bau fertiggestellt. Sie war davon ausgegangen, da sich bereits wieder 30 Siedler auf dem Gelände niedergelassen hatten, dass eine baldige Genehmigung der Bauten in der Siedlung zu erwarten war. Nachdem sie in erster Instanz zu 150 DM Strafe oder ersatzweise 30 Tage Haft verurteilt wurde, sprach sie das Berufungsgericht mit der Begründung frei, dass in subjektiver Hinsicht ein übergesetzlicher Notstand vorlag, da sie das Leben im Barackenlager für ihre Familie als unerträglich angesehen hatte. Der Bau war im Hinblick auf ihre Vermögensverhältnisse der einzige gangbare Weg.[21]

Im Jahr 1959 lebten bereits wieder 41 Siedler in der Krebsbachsiedlung. Seit 1955 stritten sie mit Gemeinde, Landratsamt und Regierung von Oberbayern über die abgelehnten Baugenehmigungen für ihre Häuser. Zuletzt

Zerstörte Fundamente neben modernen Häusern (Dachauer Nachrichten 29. 9. 1959)

hatte der Bayerische Verwaltungsgerichtshof einen Berufungsantrag der Siedler abgelehnt.

So kam es zur letzten, großen Aktion des Landratsamtes, das die Abbruchverfügung für zwei noch nicht fertiggestellte Gebäude vollziehen ließ. Es wurde bei einem Anwesen ein Keller mit betonierter Decke sowie beim Nachbarn eine Wand eingerissen. Die 41 bereits bezogenen Häuser wurden nicht angerührt.[22]

Mittlerweile hatte sich nach mehreren tumultartigen Bürgerversammlungen und hitzigen Gemeinderatssitzungen, in denen die Räte sehr gegensätzliche Positionen vertraten, die Einstellung durchgesetzt, dass man alles tun müsse, um weitere Abbrüche zu verhindern. Die Gemeinde verstärkte jetzt die Bemühungen, die Krebsbachsiedlung mit Trinkwasser zu versorgen. Ende 1959 genehmigte der Gemeinderat den Anschluss der Krebsbachsiedlung an das Wassernetz. Die Siedler mussten eine Anzahlung von zwei Dritteln der erforderlichen 50 000 DM auf ein Sperrkonto überweisen, damit im Frühjahr 1960 die Wasserversorgung fertiggestellt werden konnte.

Ende 1961 stimmten die Regierung von Oberbayern und das Landratsamt Dachau nach harten Verhandlungen der allgemeinen Baureifmachung der Krebsbachsiedlung zu. Voraussetzung war, dass die Siedler die Gesamtkosten der Kanalisation (pro Grundstück 4800 DM) übernehmen.

GENOSSENSCHAFTLICHES BAUEN – DIE GAGFAH

Die dringende Notwendigkeit, ein alternatives Baugelände für die Krebsbachsiedler zu finden, führte schließlich zum ersten Bauträger-Projekt in Karlsfeld. Die »Gemeinnützige Aktien-Gesellschaft für Angestellten-Heimstätten (Gagfah)« stellte im Juni 1953 einen Bauantrag für 55 Häuser mit 110 Wohnungen auf einem Grundstück zwischen Osten- und Krenmoosstraße.

Für die Gemeinde bot sich hier eine einmalige Chance, die große Wohnungsnot in der Gemeinde ein Stück weit zu lindern. Gleichzeitig konnten im

Rahmen des Projektes eine Reihe von dringend notwendigen Infrastrukturmaßnahmen wie der Bau von Wasserversorgung, Kanalisation und Straßen in Angriff genommen werden. Entsprechend wurde das Vorhaben von der Regierung von Oberbayern mit einem günstigen, langfristigen Baudarlehen von 500000 DM mit 0,5-prozentiger Verzinsung gefördert. Die Gemeinde Karlsfeld steuerte 30000 DM zum Bau eines Kanalisationsnetzes bei.

Der Gemeinderat befürwortete das Bauvorhaben und verpflichtet gleichzeitig die Gagfah, weitere 48000 DM für die Kanalisation zur Verfügung zu stellen. Diese musste außerdem die Gartenstraße als Zufahrtstraße zur Siedlung um zwei Meter erweitern und während der gesamten Bauphase instand halten. Die Straßen innerhalb des Baugebietes waren nach gemeindlichen Richtlinien auszubauen und kostenfrei an die Gemeinde abzutreten.[23]

Ludwig-Thoma-Straße, erster Bauabschnitt der Gagfah-Siedlung, 1955 (Foto: Adam Lehr, Heimatmuseum Karlsfeld)

Im Sommer und Herbst 1953 wurden die Rohbauten der eineinhalb- und zweigeschossigen Doppel- und Reihenhäuser weitgehend in Eigenleistung erstellt. »Die Gagfah Siedlung entstand nach harter Knochenarbeit. Einen Maurerpolier, der die Bauten überwachte und das Baumaterial an die einzelnen Häuser verteilte, bekamen wir von der Gagfah gestellt. [...] Alles wurde von den Siedlern selbst gemacht, nur der Außenputz der Häuser wurde von einer Firma hergestellt.[24]

Meistens hatten sich mehrere Nachbarn zusammengetan, um die Bauarbeiten effektiver durchführen zu können. Dadurch konnte man die handwerklichen Fähigkeiten Einzelner bestmöglich nutzen. Noch im Dezember 1953 feierte man das Richtfest; der Bezug der Häuser erfolgte dann im Laufe des Sommers 1954.

Die Teilnahme an dieser Art des Wohnungsbaus hatte sich auch für die Siedler gelohnt. Die Gagfah kannte natürlich alle Förderungsmöglichkeiten und nutzte sie zum Wohl der Bauherren. So wurde der Bau einer Doppelhaushälfte mit 2 × 50 qm Wohnfläche und einem Grundstück von 600 qm wie folgt abgerechnet:

Kosten für das gesamte Bauvorhaben:		28 400 DM
davon	Wert der Eigenleistung	8 400 DM
	Zinslose Kredite aus dem Lastenausgleich	6 500 DM
	Staatliches Aufbaudarlehen (0,5 % Zins)	9 100 DM
	Hypothek (6 % Zins)	4 400 DM

Daraus ergab sich für den Bauherren eine monatliche Belastung von 48 DM für den Kapitaldienst[25], die damit bei einem durchschnittlichen Monatslohn von etwa 350 DM[26] durchaus tragbar war.

Fertiges Doppelhaus, Gagfah-Siedlung, 1955 (Foto: Adam Lehr, Heimatmuseum Karlsfeld)

Die Zusammenarbeit zwischen der Gagfah und der Gemeinde Karlsfeld wurde in den folgenden Jahren mit weiteren Wohnungsbauprojekten fortgesetzt. 1955 wurde in einem zweiten Bauabschnitt der Bau von 16 Doppelhaushälften an der Lena-Christ- und Karl-Stieler-Straße genehmigt. Auch hier wird ein großer Teil der Bauarbeiten in Eigenleistung durchgeführt. So erstellten beispielsweise die Baubewerber alle 16 Kellergeschosse unter Anleitung der Gagfah gemeinsam, bevor die Häuser in einem Losverfahren vergeben wurden.[27] Die Fertigstellung dieses Bauabschnitts erfolgte 1956.

Im Zusammenhang mit diesem Bauabschnitt wurde die Gagfah verpflichtet, die Gartenstraße von der See- bis zur Ostenstraße zu verlängern und alle Straßen im Wohngebiet auszubauen und an die Gemeinde zu übergeben. Alle Häuser erhielten Anschlüsse an die gemeindliche Wasserversorgung und Kanalisation.

1958/59 folgten noch acht weitere Häuser nördlich der Lena-Christ-Straße. 1961/62 wurden 36 Doppelhäuser in der verlängerten Karl-Stieler-Straße und der Veilchenstraße errichtet.

Man folgte dabei einem Bebauungsplan für das gesamte Gebiet östlich der Ostenstraße mit insgesamt 211 geplanten Wohnungen und Häusern, den die Gagfah bereits im Herbst 1956 der Gemeinde vorgelegt hatte. Dieser Plan wurde in den folgenden Jahren bis 1965 in verschiedenen Bauabschnitten und in mehrfachen Abwandlungen realisiert. Teilweise wurden die Grundstücke mit Erbpachtverträgen vergeben.[28] Auch kam hier die Idee eines Einheimischen-Modells zur Anwendung, indem die Gagfah der Gemeinde ein Mitspracherecht bei der Vergabe der Häuser zusichern musste. Geplant war, dass 50 Prozent der Objekte an Karlsfelder Bürger zu vergeben sind.[29]

Stampfl-Siedlung

Im Jahr 1950 sprach es sich herum, das der Grundbesitzer Josef Stampfl auf einer seiner Wiesen einzelne Parzellen mit einer Größe von je ca. 1000 qm verpachtet. Es handelte sich um eine ungenutzte Wiese im Moos, die etwa ein km westlich des Karlsfelder Bahnhofes und des Bayernwerkes abseits der derzeitigen Bebauung lag. Natürlich gab es dort keinerlei Erschließung mit Wasser, Kanal und Strom. Eine Zufahrt zur restlichen Gemeinde und zum Bahnhof gab es mit Ausnahme eines schmalen Feldweges ebenfalls nicht.

In dieser Zeit wohnten in den ehemaligen Lagern und Wohnsiedlungen im Süden der Gemeinde viele Bauwillige, so dass sich schnell Interessenten fanden, die eine solche Parzelle für 80 DM pro Jahr pachten wollten. In wieweit der Grundeigentümer und die Pächter davon ausgingen, dass sich hier einmal eine vollwertige Wohnsiedlung entwickeln würde, ist nicht bekannt.

Tatsache ist, dass die Pächter sehr schnell dazu übergingen, sich ihre Parzelle nutzbar zu machen. Sie begannen zuerst, das Stück Land mit Obst und Gemüse zu bepflanzen, um die Versorgungslage der Familie zu verbessern. Dabei entstanden auch die ersten Gartenhäuschen, um Werkzeuge oder Gartenmaterial zu lagern und Unterstand für einige Kleintiere (Schweine, Ziegen, Hühner und Kaninchen) zu schaffen. Meistens eigneten sich die Schuppen auch noch für eine Übernachtung, wenn abends nach der Arbeit der Heimweg zu lang erschien. »Mein Vater hat damals bei BMW gearbeitet, und ist dann abends [zum Grundstück] gegangen, hat dort gearbeitet und hat auch in dem Gartenhaus geschlafen. Das war so zwei bis drei Mal pro Woche.«[30]

Das große Problem war die Materialbeschaffung, da es noch nicht viel zu kaufen gab oder das Geld für den Kauf nicht reichte. Ein Monatslohn lag damals bei etwa 250 DM. So wurden die Baumaterialien wie Steine und Bretter meist in mühevoller Kleinarbeit überall dort zusammengesucht, wo irgendetwas abgerissen wurde.

»Wir haben damals in Ludwigsfeld gewohnt. Dort haben die Amerikaner einen Baggersee mit Bauschutt aufgefüllt. Da haben wir als Kinder mit unserer Mutter Steine geklopft, gesammelt und am Schuppen bei unserer Baracke

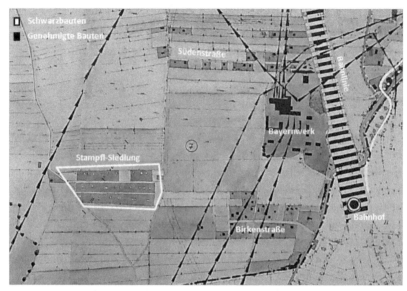

Siedlungsgebiet westlich der Bahn mit der Stampfl-Siedlung, 1952 (Abb.: Gemeindearchiv Karlsfeld, Ausschnitt)

aufgeschichtet. Von Zeit zu Zeit hat sich dann mein Vater einen Pferdewagen von Allacher Bauern geliehen und die Ziegeln hier herübergefahren.«[31]

Ab 1951 wurde dann in Eigenleistung und meistens mit Hilfe von Freunden und Nachbarn ein kleines Wohnhaus mit höchstens zwei Zimmern auf das Grundstück gestellt.

1952 konnten dann bereits die ersten Familien einziehen. Alles war noch sehr einfach: Als Toilette diente ein kleines Plumpsklo in einer Grundstücks-

Hinterhofidyll in der Stampf-Siedlung 1952, Gartenhaus und Kleinviehhaltung (Foto: J. K., Heimatmuseum Karlsfeld)

ecke, in der anderen Ecke wurde ein Pumpbrunnen geschlagen für Trink- und Brauchwasser, das man draußen vor dem Haus holen musste. Manchmal im Winter wurde auch das Trinkwasser aus geschmolzenem Schnee gewonnen. Wer einen kleinen Keller gebaut hatte, meistens umfasste er nur einen Teil der Grundfläche, wurde jetzt von der Tatsache überrascht, dass der Grundwasserpegel im Dachauer Moos sehr hoch lag, so dass der Keller die meiste Zeit mit Wasser gefüllt war; in längeren Regenperioden sogar bis an die Kellerdecke. Die Wände waren anfangs weder innen noch außen verputzt.

Alle Baumaßnahmen wurden ohne Baugenehmigung durchgeführt, denn die Siedlung lag außerhalb des damaligen Karlsfelder Bebauungsgebietes und war dementsprechend nicht genehmigungsfähig. Deshalb ging auch das Landratsamt gegen die Schwarzbauten vor und verhängte empfindliche Geldstrafen, die durchaus im Bereich von einigen hundert DM liegen konnten. In Anbetracht der geringen Löhne traf dies die Siedler hart.

Im Gegensatz zu anderen Gegenden Karlsfelds, wo man sogar fertige Häuser wieder abreißen ließ, beließ man es in der Stampfl-Siedlung jedoch bei der Verhängung von Geldstrafen und ließ die Siedler ansonsten in Ruhe. »Nach Zahlung dieser Summe haben die dann wieder weg geschaut.«[32]

Um mehr Gewicht gegenüber der Gemeinde und dem Grundstückseigentümer zu haben solidarisierten sich die »Stampfl«-Siedler und gründeten am 6. Januar 1953 mit 34 Mitgliedern die erste Siedlergemeinschaft (Süd) in der Gemeinde Karlsfeld. Im Jahre 1956 dehnte sich die Gemeinschaft auf die Süden-, Acker-, Bayernwerk- und Birkenstraße aus und erreichte damit einen Mitgliederstand von ca. 70 Siedlern.[33]

Wohnhaus in der Stampfl-Siedlung, um 1953 (Foto: J. K., Heimatmuseum Karlsfeld)

Man nutzte die folgenden Jahre, um die Häuser weiter auszubauen und den Komfort zu verbessern. Es wurden Dachböden zu Wohnräumen ausgebaut, Pumpbrunnen in das Innere der Häuser verlegt und bessere Versitzgruben gebaut. Ein Fuhrunternehmer aus der Nachbarschaft kam mit seinem Tankwagen ein- bis zweimal im Jahr vorbei und pumpte die Versitzgruben aus.

Etwa um 1955 begannen die Bestrebungen, die Siedlung zu legalisieren, sowohl von Seiten der Behörden als auch der Siedler. Nachdem die Schwarzbauten in Karlsfeld dermaßen überhandgenommen hatten, verstärkte das Landratsamt den Druck auf ungenehmigte Siedlungen durch symbolische Maßnahmen bis hin zum Abriss bestehender Häuser. Dies wurde in der Presse wirkungsvoll veröffentlicht, sodass jetzt auch dem letzten Siedler klar wurde, dass eine Baugenehmigung früher oder später erforderlich würde.

Die Situation der Stampfl-Siedlung war im Sinne einer Genehmigungsfähigkeit in mehrfacher Hinsicht prekär. Zum einen gab es keine ausreichende Zufahrtsstraße, da die Bebauung am Ende der Birkenstraße am Klapproth-Grundstück endete. Darüber hinaus gab es, wie schon erwähnt, keine Wasser-, Kanal- und Strominfrastruktur. Und letztlich waren die juristischen Verhältnisse zwischen dem Grundeigentümer und den Siedlern nur unzureichend vertraglich geregelt.

Deshalb stellte die Gemeinde drei Bedingungen für die Legalisierung: Es muss ein Erbbaurechtsvertrag abgeschlossen wird, der die errichteten Bauten auf 99 Jahre absichert. Außerdem müssen die Siedler den Grund für die verlängerte Birkenstraße und einen Teil des heutigen Lärchenweges von den Grundbesitzern Klapproth, Janson und Gathmann kaufen und als Zufahrtsstraße anlegen. Weiterhin müssen die Voraussetzungen geschaffen werden, dass die Siedlung mit Trinkwasser versorgt werden kann.

Im Jahr 1955 legte der Gemeinderat für die zwei Straßen der Stampfl-Siedlung die Namen Ahorn- und Kieferweg fest.[34] Im gleichen Jahr wurde der Stromanschluss in die Siedlung verlegt. 1957 kauften die Siedler den Grund für die verlängerte Birkenstraße und einen Teil des Lärchenweges und bauten sie als Zufahrtsstraße aus. Und im Februar 1958 wurde der Erbbaurechtsvertrag zwischen Josef Stampfl und 36 Siedlern unterschrieben. Der Erbbauzins betrug am Anfang 20 Pfennig pro Quadratmeter im Jahr.[35]

Im Sommer 1959 wurden dann die Häuser aller Siedlungen westlich der Bahn mit Ausnahme der Ackerstraße in einer Ringleitung an das gemeindliche Wassernetz angeschlossen.[36]

Im Erbbaurechtsvertrag enthalten sind auch die Flächen für die zwei Straßen durch die Stampfl-Siedlung, die damit zu Privatstraßen werden. Sie waren ursprünglich nur Trampelpfade, wo die Kinder auf ihrem Schulweg »oftmals bis zu den Knöcheln im Batz« [37] versunken sind. Bei der Legalisierung musste jeder Pächter von seinem Grundstück einen Streifen von zwei Meter abgeben, so dass insgesamt sechs Meter breite Anliegerstraßen entstanden, die von den Bewohnern selbst gebaut und gepflegt werden mussten.

BAUERN- UND HANDWERKERSIEDLUNG

Ohne die große Wohnungsnot und die Verzweiflung in den engen Lagerunterkünften wäre es nicht zu verstehen, dass Menschen mitten im Krenmoos, dem östlichen Teil des Dachauer Mooses ohne jegliche Infrastruktur, ein Haus bauen. Aber gerade hier gab es damals gleich zwei Grundbesitzer, die günstige Grundstücke zum Verkauf anboten.

Zum einen war es die Löwenbrauerei, die südlich des Obergrashofes auf Karlsfelder Flur ausgedehnte Ländereien besaß. Außerdem befand sich an der Kreuzung des Krebsbaches mit dem Moosgraben die Gärtnerei Reiniger, deren Besitzer 1948 verstorben war. Da seine Witwe Katharina Reiniger den Betrieb nicht mehr weiterführte, standen auch diese Grundstücke unter der Bezeichnung »Reiniger-Siedlung« zum Verkauf.

Im Jahr 1950 gründete sich die Siedlergemeinschaft eGmbH Dachau und erwarb ein Grundstück von 6 ha von der Löwenbrauerei im äußersten Nordosten von Karlsfeld. Es befand sich weitab der derzeitigen Bebauung an der Hochstraße nördlich des Moosgrabens. Das Grundstück war Brachland und bestand nur aus einer wilden Wiese, die mit Brennnesseln und niederem Gestrüpp bewachsen war. Eine direkte Zufahrt gab es nicht; der Grund war nur auf Umwegen über schmale, unbefestigte Feldwege zu erreichen.

Einer der Siedler erzählte, dass er bei der ersten Besichtigung des Geländes mehrfach daran vorbeigefahren sei, ohne es zu finden.[38]

Das Grundstück wurde in Parzellen von 1000 qm aufgeteilt und noch im

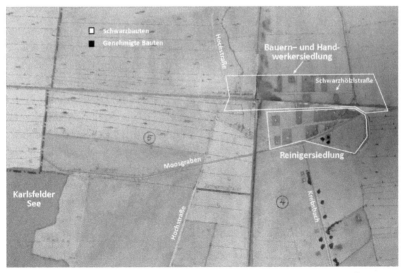

Bestandsplan der Bebauung in Bauern- und Handwerkersiedlung und Reinigersiedlung 1952 (Abb.: Gemeindearchiv Karlsfeld, Ausschnitt)

gleichen Jahr an die Mitglieder der Gemeinschaft verteilt. Diese konnten sich durch Zahlung eines Betrages von 400 DM (40 Pfg./qm) eine Parzelle reservieren. In der Gemeinde wurde dieses Gebiet als »Bauern- und Handwerkersiedlung« bezeichnet.

Blick über die Schwarzhölzlstraße von Nordosten um 1953, im Hintergrund der Karlsfelder See (Foto: Fam. Federmann, Heimatmuseum Karlsfeld)

Die ersten zwei Siedler ließen sich bereits im Frühjahr 1951 in kargen Hütten nieder; Weihnachten 1952 waren es bereits acht.

Im Sommer 1952 reichte die Siedlergemeinschaft einen Bebauungsplan ein, den der Gemeinderat mit der Auflage befürwortete, dass das Landratsamt die Randbedingung für die Bebauung im Einvernehmen mit der Gemeinde noch festlegen muss.[39]

Die Definition der Bauauflagen durch das Landratsamt zog sich dann aber noch über ein Jahr hin. In der Zwischenzeit wurden etliche Bauanträge vom Gemeinderat zurückgestellt oder sogar abgelehnt, so dass die ungeduldigen Bauwilligen auch ohne Baugenehmigung mit dem Bau begannen. Sie waren in der Regel Heimatvertriebene, die bereits einige Jahre in beengten Wohnverhältnissen in einem der Wohnlager oder in Privathäusern gelebt hatten. Entsprechend groß war der Drang, in eigene vier Wände umzuziehen, zur Not eben auch ohne Genehmigung.

Eines der ersten Häuser in der Schwarzhölzlstraße 1953 (Foto: Fam. Federmann, Heimatmuseum Karlsfeld)

Zuerst nutzte man die erworbenen Grundstücke für den Anbau von Obst und Gemüse und baute kleine Holzhütten für die Kleintierhaltung und als notdürftige Unterkunft. Anschließend begann man, ein kleines Häuschen zu errichten. Dieses wurde dann, immer davon abhängig, welches Baumaterial gerade zur Verfügung stand, nach und nach erweitert, bis es eine Größe erreicht hatte, dass die Familie einziehen konnte.[40] »Unser erstes Häuschen bestand nur aus einigen Holzpfosten, zwischen denen Wände aus dicken Ästen geflochten waren. Diese wurden dann innen und außen verputzt. In dem Häuschen auf dem Foto (s.

S. 326 unten) haben wir die ersten 3 Winter gewohnt. Da war aber die Großmutter auch noch mit dabei. Da waren wir zu viert in den 2 Zimmern drin.«[41]

Da sich diese unkontrollierte Besiedelung mittlerweile im ganzen Landkreis verbreitet hatte, reagierte das Landratsamt auf diese Schwarzbauten mit
empfindlichen Strafen. Anton Wambach schreibt in seinen Lebenserinnerungen: »Im Sommer [1952] übersiedelten wir nach Karlsfeld. Während der Bauzeit hausten wir in einer Holzhütte. Meine Tochter Lissi bekam ihr zweites
Kind. Wir mussten unbedingt in unser Haus, bevor der Winter kam. Weil wir
in dieser Holzhütte wohnten, mussten wir 50 DM Strafe zahlen.

Für das Fundament [des Hauses] mussten wir noch mal 50 DM bezahlen.
Für den Hausbau sollten wir entweder 150 DM Strafe bezahlen oder ich sollte
dreißig Tage ins Gefängnis.«[42] Aber da in dieser Siedlung eine Baugenehmigung bereits in Aussicht gestellt wurde, ließ man es in Anbetracht der herr-
schenden Wohnungsnot bei diesen Strafen bewenden.

Im Herbst 1953 beschloss der Gemeinderat, für die bestehende Bauern-
und Handwerker- sowie die Reiniger-Siedlung eine Sondergenehmigung zu
erteilen. Auflagen dafür waren die Gründung eines Wasserverbandes zur Sicherstellung der Wasserversorgung sowie die Verpflichtung, eine ordnungsgemäße Zufahrtsstraße von sieben Meter Breite über die Hochstraße auf eigene Kosten herzustellen. Für die Abwasserbeseitigung waren die Siedler selbst
verantwortlich, da für einen Anschluss an die geplante Kanalisation die Entfernung zu groß war.[43]

Kleintierhaltung bei Familie Kader um 1953,
Schwarzhölzlstraße (Foto: Johann Kader,
Heimatmuseum Karlsfeld)

Im Frühjahr 1954 wurde der
Grund der Siedlergemeinschaft nota-
riell geteilt und die einzelnen Grundstücke offiziell an die Siedler verkauft
und im Grundbuch gesichert.[44]

Da mittlerweile die Gemeinde die
Siedlung als Baugebiet anerkannte,
konnten die Siedler auch Baugenehmigungen beantragen, die ab 1954 in
der Regel mit Auflagen befürwortet
wurden.[45] So mussten sich die Siedler verpflichten, ihre Häuser an die
noch zu verlegende Wasserleitung
anzuschließen und dafür 500 DM
vorab in bar einzuzahlen sowie eine

*Wohnhaus der Familie Kader um 1953
(Foto: Johann Kader, Heimatmuseum
Karlsfeld)*

Sicherungshypothek von 250 DM für den späteren Ausbau der Hochstraße zu hinterlegen. Da die Kanalisation vorerst nicht verlegt werden konnte, musste von jedem Siedler eine 3-Kammer-Klärgrube angelegt werden.[46]

Im Sommer 1956 wurden die Bauern- und Handwerkersiedlung und die Reinigersiedlung über eine 1100 m lange Leitung an das gemeindliche Wassernetz angeschlossen.

Zum Ausbau der Hochstraße zu Lasten der Siedler, wie noch in den Baugenehmigungen gefordert, kommt es nicht mehr. Um das Jahr 1961 wird die Hochstraße als eine der meist frequentierten Gemeindeverbindungswege im Landkreis zur Kreisstraße hochgestuft und vom Landkreis Dachau übernommen.

DIE WALDSCHWAIGE

Der Ortsteil Waldschwaige bildet zwischen Reschen- und Gröbenbach den westlichen Teil der Gemeinde Karlsfeld. Das Gebiet ist auch heute noch landwirtschaftlich geprägt und besteht aus einzelnen, relativ weit auseinander liegenden Gehöften. Etliche Betriebe werden heute als Reiterhöfe genutzt.

Die Waldschwaige wurde entlang der begradigten Moosbäche Gröbenbach, Entenbach und Reschenbach in den 20er und 30er Jahren des vorigen Jahrhunderts besiedelt und hat sich in den letzten 100 Jahren nur unwesentlich verändert. Heute leben dort ca. 100 Personen in 30 Anwesen.

Im äußersten Nordwesten der Gemeinde stand am Ende des Krieges zwischen dem Dachauer Stadtwald und dem Fischgut Waldheim eine kleine Ansiedlung von sieben Häusern am Gröbenbach entlang der Langwieder Straße. Hier erwarben in den 50er Jahren etliche Flüchtlinge und Vertriebene Grundstücke und bauten Wohnhäuser. Da das Baugebiet über die Langwieder Straße gut erschlossen war, wurden die Baugenehmigungen in der Regel problemlos erteilt.

Bis Anfang der 60er Jahre entstand hier eine Siedlung mit etwa 30 Anwesen. Diese lagen entweder an der Langwieder Straße oder wurden durch eine Parallelstraße, die Waldschwaigstraße, erschlossen. Obwohl sie auf Karlsfelder Gebiet lag, waren deren Bewohner in den Dingen des täglichen Lebens (Einkaufen, Kirche, Schule) hauptsächlich nach Dachau orientiert.

Als um 1970 die B471 als Südumgehung Dachaus durch den Nordteil der Waldschwaige gebaut wurde, wurden die wichtigsten Verbindungswege nach Karlsfeld abgeschnitten. Die Bewohner der Siedlung stellten darauf den Antrag an die Gemeinde Karlsfeld, nach Dachau umgemeindet zu werden. Im Jahr 1979 wurden nach fast 10jährigen Verhandlungen 65 ha Karlsfelder Flur mit etwa 150 Einwohnern an die Stadt Dachau übertragen.[47] Seitdem bildet die Bundesstraße B471 die neue Gemeindegrenze.

Wasserversorgung und Kanalisation

Traditionell bezogen die Karlsfelder ihr Trink- und Brauchwasser aus hauseigenen Brunnen. Das Abwasser wurde mit Hilfe von Versitzgruben auf dem Grundstück entsorgt. Diese Art der Ver- und Entsorgung funktionierte gut, solange die einzelnen Anwesen ausreichend groß und weit genug voneinander entfernt lagen.

Mit zunehmender Besiedelungsdichte wurde die Trennung von Trink- und Abwasser auf relativ kleinem Raum immer problematischer. Hier wirkte sich besonders der für Karlsfeld typische hohe Grundwasserpegel negativ aus. Deshalb rückten ab 1951, als der große Siedlungsdruck einsetzte, eine zentrale Wasserversorgung und eine Kanalisation immer mehr in den Mittelpunkt der Diskussion über die Baureife der Karlsfelder Siedlungsgebiete.

Schließlich wurde 1953 seitens der Regierung von Oberbayern und des Landratsamtes Dachau eine weitere Genehmigung von Bauvorhaben davon abhängig gemacht, dass die Gemeinde eine zentrale Wasserversorgung für alle Ortsteile sicherstellt. Die zeitweilig ausgesprochene Bausperre für die gesamte Gemeinde wurde von der Regierung erst aufgehoben, als der Gemeinderat Ende 1954 ein Garantieversprechen für die Errichtung einer Wasserversorgung mit einem konkreten Zeitplan abgab.[48] Auf Grund dessen konnte der Bau einer Kanalisation für alle Ortsteile, der finanziell die Gemeinde zu diesem Zeitpunkt überfordert hätte, zunächst zurückgestellt werden.

Wasserwerk und Leitungsnetz

Bereits Anfang der 50er Jahre hielt die Regierung von Oberbayern und das Landratssamt eine Ausweitung der Gemeinde nur dann für möglich, wenn eine zentrale Wasserversorgung geschaffen würde. Prinzipiell stimmte auch der Gemeinderat in Karlsfeld damit überein, jedoch war die Gemeinde 1951 finanziell nicht in der Lage, den Aufbau eines Wasserleitungsnetzes zu stemmen. Als Lösung wurde deshalb die Gründung eines Wasserversorgungsverbandes unterstützt, dem sich alle Siedler eines Gebietes anschließen mussten und der als Träger des Versorgungsnetzes auftrat. Da die hauptsächlichen Bauaktivitäten im Gebiet nördlich der Münchner Straße stattfanden, wurde bei der Gründungsversammlung im November 1951 im Beisein von Vertretern des Landratsamtes und der Gemeinde der Wasserverband Nord aus der Taufe gehoben.[49]

Erstes Wasserwerk in der damaligen Ludwig-Ganghofer-Straße (jetzt Gartenstraße), 1955 (Foto: Gemeindearchiv Karlsfeld)

Zwei Jahre später baute die Gemeinde das erste Wasserwerk an der damaligen Ludwig-Ganghofer-Straße (heute Gartenstraße). 1953 bohrte das Tiefbohrunternehmen Karl Belkner aus Karlsfeld den Brunnen mit einer Tiefe von 50 m. 1954 wurde der Tiefbehälter und das Maschinenhaus gebaut. Mit 4 km Hauptrohrleitung und über 228 Hausanschlüssen wurde der erste Bauabschnitt in Karlsfeld-Nord, also die Münchner Straße mit den nordöstlich angrenzenden Siedlungen, fertiggestellt.[50] Die Einweihung des Wasserwerks fand im November 1955 mit einem »Wasserfest« statt.

Getrieben wurde der Aufbau des Wassernetzes insbesondere durch den Bau der Gagfah-Siedlung zwischen Krenmoos- und Ostenstraße, wo durch den gleichzeitigen Bau von 110 Wohnungen ein dringender Bedarf entstanden war.

Schwieriger war die Situation bei der Wasserversorgung der Siedlungen Karlsfeld West und des Gebietes westlich der Bahn (u. a. Stampfl-Siedlung). Hier hatten sich separate Wasserverbände gegründet, die ihr Wasser entweder aus dem Leitungsnetz der Stadt München oder aus einem eigenen Tiefbrunnen beziehen wollten. Obwohl sich beide Konzepte letztlich als nicht realisierbar herausstellten, war man nicht gewillt, sich dem Wasserverband Nord, der bereits mit dem Bau des Wasserwerks und der Rohrleitungen weit vorangeschritten war, anzuschließen. Turbulente Szenen auf den Versammlungen der Verbände zeigten, dass dabei wohl auch persönliche Befindlichkeiten eine Rolle spielten. Erst als die Gemeinde sich als Träger der zentralen Wasserversorgung anbot, fand man zu einer Lösung, die alle Beteiligten zufrieden stellte. Das Landratsamt trug mit seiner Drohung, ohne Wasserversorgung in den einzelnen Ortsteilen keine weiteren Baugenehmigungen zu erteilen, auch zum Gelingen des Vorhabens bei.[51]

Im Laufe des Jahres 1956 wurde dann in der Siedlung Karlsfeld-West mit 12 km Hauptrohrleitung der Wasseranschluss realisiert. Da die im gleichen Jahr vorgesehene Wasserversorgung für die Stampfl-Siedlung zurückgestellt werden musste, weil Grundstücksverhältnisse und Zufahrt noch nicht geklärt waren, wurde zuerst der Ortsteil Rothschwaige angeschlossen.

Erst 1959 wurde auch das Siedlungsgebiet westlich der Bahn mit einer Ringleitung durch Fichten- und Birkenstraße, Stampfl-Siedlung und Südenstraße erschlossen. Die Ackerstraße folgte noch Ende des Jahres, nachdem Messungen ergaben, dass der Druck in der Ringleitung für einen weiteren Anschluss ausreichte.

Ein Anschluss der weit auseinander liegenden Anwesen im Ortsteil Waldschwaige an das Wassernetz war damals aufgrund der großen Entfernungen aus finanziellen Gründen nicht realisierbar. Er erfolgte erst im Jahr 1994.

Das erste Wasserwerk an der Gartenstraße bestand noch bis 1975. Da es jedoch nicht erweitert werden konnte, wurde 1969 ein neues, leistungsfähigeres Wasserwerk am Feldmochinger Weg in Betrieb genommen.

Verlegung der Hauptrohrleitung in der Ludwig-Thoma-Straße 1955 (Foto: Gemeindearchiv Karlsfeld)

Kläranlage und Kanalisation

Anfang der 50er Jahre entsorgten alle Karlsfelder Bürger ihre Fäkalien und Abwässer über Versitzgruben. Da dies mit zunehmender Bebauungsdichte nicht mehr möglich war, erklärte sich die Gemeinde1953 bereit, die Trägerschaft für ein Abwassernetz und eine zentrale Kläranlage zu übernehmen. Den Anstoß dafür gab das Bauprojekt der Gagfah, bei dem 55 Häuser mit 110 Wohnungen auf relativ engem Raum gebaut werden sollten. Die Gemeinde steuerte für die Kanalisation selbst 30 000 DM zur Finanzierung bei. Der Rest wurde durch die Gagfah (48 000 DM) und ein großzügiges Staatsdarlehen finanziert.

Kernstück der Kanalisation war eine mechanische Kläranlage, die am nördlichen Rand der Gagfah-Siedlung am Ende der Veilchenstraße gebaut wurde. Dazu wurde ein ca. 3500 qm großes Grundstück für 5000 DM vom Landwirt Ludl gekauft. Die Kläranlage wurde auf 2500 Haushalte ausgelegt, so dass neben dem aktuellen Neubau-Projekt der Gagfah auch bestehende und zukünftige Baugebiete angeschlossen werden konnten. Sie bildete den Grundstock für den flächendeckenden Ausbau einer Kanalisation für ganz Karlsfeld.

Die Fertigstellung der Kläranlage erfolgte 1954 gleichzeitig mit dem ersten Bauabschnitt der Gagfah-Siedlung. In der Folgezeit galt für alle neuen Bauvorhaben zwischen Krenmoos- und Hochstraße die Verpflichtung, sich an das gemeindliche Kanalisationsnetz anzuschließen. Eine Sonderregelung gab es für die abgelegenen Siedlungsgebiete, wo der Bau einer Kanalisation in absehbarer Zeit nicht zu erwarten war. Hier wurden die Siedler verpflichtet, sich eine 3-Kammer-Versitzgrube nach neuestem Standard anzulegen.

Wegen der unvermindert anhaltenden Bautätigkeit und dem Anschluss der Garten-, Krenmoos- und Blumenstraße musste die Kläranlage bereits 1959 mit zwei weiteren Klärbecken erweitert werden. Es folgte der Anschluss des Areals zwischen See- und Ostenstraße. Die Hauptleitung der Kanalisation querte 1962 die Münchner Straße und erschloss die Siedlung Karlsfeld West. Um 1965 war die Gemeinde mittlerweile auf über 9000 Einwohner angewachsen, so dass die Kläranlage ihre Kapazitätsgrenze erreichte. Im Jahr 1967 wurde daraufhin an der Hochstraße am tiefsten Punkt der Gemeinde eine neue, größere Kläranlage gebaut.

Strassenbau

Karlsfeld war bis zum Ende des Krieges ein klassisches Straßendorf, das Anfang des 19. Jahrhunderts entlang der mittelalterlichen Fernstraße zwischen München und Augsburg im Zuge der Mooskolonisierung angelegt wurde. Diese alte Fernstraße, die heute Münchner Straße heißt, war die Hauptstraße der Ortschaft, von der die Feldwege westlich und östlich zur Erschließung der Wiesen und Felder abzweigten. Diese Feldwege waren jedoch zumeist nur Stichstraßen, die von den Bauern zur Erschließung ihrer Anwesen angelegt wurden und die am Ende der Besitzungen in den Feldern endeten. Nur die Allacher Straße, die von der Münchner Straße westlich abbog, und die Hochstraße, die nach Nordosten führte, waren als Ortsverbindungsstraßen durchgehend angelegt.

Mit Ausnahme der Münchner Straße, die in der ersten Hälfte der 1930er Jahre geteert wurde, waren alle anderen Straßen bestenfalls Schotterstraßen. Dies entsprach jedoch dem Standard, der auch im übrigen Landkreis vorzufinden war. Das Landratsamt unterhielt in ihrem Zuständigkeitsbereich 70 km Landstraßen 2. Ordnung (Bezirks-, früher Distriktstraßen), von denen 1948 nur 20 km geteert waren; durch umfangreiche Straßenbauarbeiten war dieser Anteil bereits bis 1952 auf 35 km angewachsen.[52]

Von seiner Gründung bis zum Ende des Krieges hat sich die Besiedlung des Gemeindegebietes nicht wesentlich verändert, so dass auch zu Beginn unseres Berichtszeitraumes mit Ausnahme der oben genannten Straßen noch kein gemeindliches Straßennetz vorhanden war. Dies änderte sich jedoch innerhalb weniger Jahre, als ab 1950 eine intensive Bautätigkeit einsetzte. Da diese in vielen Fällen quasi auf der grünen Wiese stattfand, war die Gemeinde gezwungen, den Straßenbau parallel zur Besiedelung voranzutreiben. Die Kosten für den Straßenabschnitt entlang der Grundstücke hatten die Besitzer zu tragen.

Der enorme Umfang des Straßenbaus zeigt sich schon daran, dass der Gemeinderat innerhalb von nur vier Jahren mehr als 30 neue Straßennamen vergab.[53]

Münchner Strasse

Die Münchner Straße ist eine mittelalterliche Handelsstraße, die von München über Dachau und Aichach nach Augsburg führte. An ihr siedelten sich 1802 die ersten Einwohner Karlsfelds an und begannen von hier aus mit der Urbarmachung der umliegenden Moosgründe. Ihrer Bedeutung als Staatsstraße entsprechend, wurde sie schon Anfang der 1930er Jahre mit einer Teerdecke versehen.

Mit dem Aufkommen des starken Kfz-Verkehrs ab 1950 – zuerst mit Motorrädern, ab 1955 auch zunehmend mit Autos – wurde die Münchner Straße zu einer der meistbefahrenen Straßen des Landkreises. Fast täglich berichteten die Tageszeitungen über schwere Verkehrsunfälle auf dem etwa drei Kilometer langen Abschnitt von der Würmkanal-Brücke bis zum Gut Rothschwaige.[54]

Bereits Ende der 60er Jahre wurde die Münchner Straße im Rahmen des Infrastrukturprogramms für die Olympiade in München vierspurig ausgebaut und ist heute die verkehrsreichste Straße im Landkreis mit einem täglichen Verkehrsaufkommen von über 40 000 Kraftfahrzeugen.

Allacher Strasse

Die Allacher Straße zweigt westlich von der Münchner Straße ab und ist die Hauptverbindung zum Karlsfelder Bahnhof sowie zu den Ortsteilen westlich der Münchner Straße. Sie wurde zudem auf Grund ihrer Bedeutung als wichtige Verbindungsstraße zu den Würmtal-Gemeinden Pasing, Allach, Ober- und Untermenzing bereits Anfang des 20. Jahrhunderts zur Distriktstraße, später zur Staatsstraße hochgestuft.

Hochstrasse

Die Hochstraße verläuft auf der Trasse einer alten Römerstraße und war bis ins Hochmittelalter die Handelsstraße zwischen Salzburg und Augsburg. Nach dem Bau der heutigen Münchner Straße verlor die Hochstraße an Bedeutung und wurde viele Jahrhunderte hindurch nur noch von wenigen Reisenden ins östliche Dachauer Hinterland und natürlich von den Bauern, die Felder im Krenmoos und im Schleißheimer Moos bewirtschafteten, genutzt.

Entsprechend dieser geringen Bedeutung wurde die Hochstraße um 1940 beim Bau des Ableitungskanales vom heutigen Karlsfelder See zum Kalterbach kurzerhand unterbrochen, ohne dass eine Straßenbrücke gebaut wurde. Die Stelle musste daraufhin über schmale Feldwege mühsam umfahren werden.

Durch den Bau der Bauern- und Handwerkersiedlung sowie der Reiniger-Siedlung ab 1951 hatte die Hochstraße als Erschließungsstraße wieder deutlich an Wichtigkeit gewonnen. Außerdem war mit dem Wohnlager Dachau-Ost (ehem. Konzentrationslager) eine größere Wohnsiedlung nördlich von Karlsfeld entstanden, deren Bewohner die Hochstraße auf dem Weg zu den Industriebetrieben in Allach und Ludwigsfeld nutzten. Deshalb unternahm die Gemeinde Karlsfeld etliche Versuche, die Reichsbahn, die für den Bau des Ableitungskanals verantwortlich war, zum Bau einer Straßenbrücke zu veranlassen. Da die Reichsbahn jedoch noch viele Baumaßnahmen zur Beseitigung von Kriegsschäden mit höherer Priorität durchführen musste, wurde die Brücke erst 1953 realisiert.[55]

Die Hochstraße war damals noch eine schmale, unbefestigte Gemeindestraße, deren Ausbau bereits frühzeitig in die Straßenplanung der Gemeinde einbezogen wurde. Um zum gegebenen Zeitpunkt die erforderlichen finanziellen Mittel zur Verfügung zu haben, mussten die Siedler der obengenannten Baugebiete als Voraussetzung für eine Baugenehmigung eine Sicherungshypothek über 250 DM als Ausbaubeitrag vorweisen.

Zu einem Ausbau auf Kosten der Anlieger kam es allerdings nicht mehr, da sich im Laufe der 50er Jahren auch die Hochstraße zu einer vielbefahrenen Ortsverbindungsstraße entwickelte. Deshalb setzte sich die Gemeinde 1961 letztlich mit Erfolg für ihre Hochstufung von einer Gemeinde- zur Bezirksstraße auf einer Länge von 3,5 km ein. Damit ging die Verantwortung für den Ausbau und Erhalt der Straße an den Landkreis Dachau über.

1962 wurde die Hochstraße innerhalb des Siedlungsgebietes der Gemeinde ausgebaut und geteert.

Sonstige Gemeindestrassen

Gegen Ende des Krieges waren die Gemeindestraßen fast ausnahmslos Stich-straßen, die von der Münchner, Hoch- oder Allacher Straße ins Moos führ-ten. Sie waren hauptsächlich von den Bauern als Zufahrt zu ihren Felder an-gelegt und im besten Fall schmale Schotterstraßen. Mit der voranschreiten-den Bebauung wurde es dann erforderlich, ein Netz von Gemeindestraßen gezielt anzulegen. Deshalb wurde die Erteilung einer Baugenehmigung im-mer davon abhängig gemacht, dass der Bauherr einen zwei bis vier Meter breiten Streifen seines Grundstücks für den Ausbau der Straße zur Verfügung stellte. Diese Straße musste auf eigene Kosten nach den Richtlinien der Ge-meinde ausgebaut und anschließend kosten-, lasten- und schuldenfrei an die Gemeinde abgetreten werden.

Wenn, wie beispielsweise bei der Stampfl- oder der Bauern- und Hand-werkersiedlung, der Bau einer Zufahrtsstraße für das Siedlungsgebiet erfor-derlich war, mussten die Siedler sich anteilsmäßig am Kauf des Straßengrund-stücks und dessen Ausbau beteiligen. Im Fall der Erschließung des Baugebie-tes in Karlsfeld West zwischen Würm und Bahnlinie wurde den Bauherren zusätzlich folgende Auflage gemacht: »Die Verlängerung der Leinorstraße [nach Westen] sowie die Brücke über den Eiskanal [Würm] muss von den Siedlern auf eigene Kosten erstellt und instandgehalten werden. Falls die Stra-ße vor Baubeginn nicht ausgebaut wird, erfolgt Eintrag einer Sicherungshy-pothek von 6 DM pro qm auf das Grundstück.«[56]

Vor Beginn der Bebauung im Jahr 1953 verliefen auf den Trassen sowohl der Osten- als auch der Krenmoosstraße zwei ehemalige Entwässerungs-gräben (Karlsfelder Wiesengraben, Schwarzgraben). Diese waren allerdings nach der Kiesentnahme aus dem Karlsfelder See und der damit verbundenen Grundwasserabsenkung nach 1940 weitgehend trockengefallen und hatten somit ihren Zweck verloren. Bei der Bebauung der beiden Straßen wur-den deshalb die Baubewerber ver-pflichtet, zuerst die an der Straße ver-laufenden Gräben zu verfüllen, bevor die Straße ausgebaut und an die Ge-meinde übergeben wurde.[57]

Gartenstraße von Westen, etwa 1960 (Foto: Heimatmuseum Karlsfeld)

Die Gartenstraße wurde als Hauptzufahrt zur Gagfah-Siedlung

schon seit 1953 von der Gagfah sukzessive ausgebaut. So wurde sie zuerst um das Teilstück von der See- zur Ostenstraße verlängert und in den folgenden 10 Jahren nach den Verkehrsanforderungen des wachsenden Siedlungsgebietes nach und nach verbreitert.

Als um 1961 die Erdarbeiten für die Wasserversorgung und die Kanalisation abgeschlossen waren, wurde die Gartenstraße zusammen mit Krenmoos- und Leinorstraße geteert.

Der Weg in die Gegenwart

Die dynamische Entwicklung der Gemeinde Karlsfeld war am Ende der 50er Jahren natürlich noch nicht abgeschlossen. Auch das folgende Jahrzehnt brachte fast noch einmal eine Verdoppelung der Einwohnerzahl auf annähernd 12 000, die jetzt in erster Linie durch den Zuzug vieler Gastarbeiter aus dem Mittelmeerraum bestimmt wurde. Jetzt baute man nicht mehr so großzügig in die Fläche, sondern begann mit einer platzsparenden Reihenhausbebauung. Diese Siedlungsform wurde bis in die Gegenwart charakteristisch für alle weiteren Bauvorhaben in der Gemeinde.

Prägend für das Ortsbild wurden natürlich auch die sogenannten »Schlachtschiffe«, achtgeschossige Wohnblöcke mit 25 m Höhe und einer Länge von bis zu 100 m, die 1968 gebaut wurden. Etwa zeitgleich entstand die MAN-Siedlung an der Wehrstaudenstraße, in der ebenfalls drei der Wohnhäuser mit acht Stockwerken errichtet wurden.

Die 1960er Jahren brachten endlich auch die fehlenden öffentlichen Einrichtungen, die den Gemeinderat bereits in unserem Berichtszeitraum beschäftigten und die für eine moderne und funktionierende Gemeinde notwendig sind.

1962 wurde die erste Volksschule an der Krenmoosstraße eingeweiht, drei Jahre später folgte die Verbandsgrundschule im Ortsteil Karlsfeld West. Die evangelische Kirchengemeinde hat mit der Korneliuskirche seit 1964 ein eigenes Gotteshaus und mit St. Josef wurde 1967 eine zweite katholische Kirche ihrer Bestimmung übergeben.

Die Kanalisation wurde 1967 mit einer modernen Kläranlage ausgestattet, die genügend Kapazitäten für den Anschluss aller Ortsteile hatte. Ein neues Wasserwerk wurde 1969 in Betrieb genommen.

Mit der Größe Karlsfelds wuchsen auch die Aufgaben der Gemeindeverwaltung und der Personalstand. Da das alte Rathaus trotz etlicher Um- und Anbauten aus allen Nähten platzte, wurde ein neues Rathaus gebaut und 1967 bezogen.

Heute, sechs Jahrzehnte später, ist Karlsfeld mit 22 000 Einwohnern die zweitgrößte Gemeinde im Landkreis Dachau. Viele Häuser der Gründergeneration, die auf großzügigen 1000-qm-Grundstücken standen, wurden abgerissen und durch Reihen- oder Mehrfamilienhäuser ersetzt. Neue Wohnsiedlungen wie zum Beispiel auf dem ehemaligen Gelände des Bayernwerkes westlich der Bahn entstanden. Viele Münchner, die sich die hohen Preise in der Landeshauptstadt nicht mehr leisten können, drängen nach Karlsfeld.

So hat die Gemeinde in all den Jahrzehnten nichts von ihrer Attraktivität eingebüßt und ist nach wie vor ein bevorzugtes Wohngebiet.

LITERATUR:

Ilsa Oberbauer (Hrsg.): 200 Jahre Karlsfeld, Gemeinde Karlsfeld, 2002.

Gemeinde Karlsfeld (Hrsg.): Karlsfeld 1802–1977, Karlsfeld 1977.

Gemeinde Karlsfeld (Hrsg.): 50 Jahre Politische Gemeinde Karlsfeld, 1989.

Heimatmuseum Karlsfeld, Begleitheft zur Ausstellung »Kriegsende und Nachkriegszeit in Karlsfeld«, 2014.

1 Allach-Untermenzing, Kulturgeschichtspfad, Landeshauptstadt München, 2011.

2 Hans-Günter Richardi, Vom Lager zum Stadtteil, Die Entstehung von Dachau-Ost, Dachauer Dokumente, Band 7, Dachau, 2006

3 Röhrle, Petra: Kriegsende und Nachkriegszeit in der Gemeinde Karlsfeld. In: Annegret Braun und Norbert Göttler (Hg.): Nach der »Stunde Null« II. Historische Nahaufnahmen aus den Gemeinden des Landkreises Dachau 1945–1949. (Dachauer Diskurse. Beiträge zur Zeitgeschichte und zur historisch-politischen Bildung, Bd. 8) München 2013, S. 407–416.

4 Sitzungsbuch I (1945–48), 17. 4. 46, Gemeindearchiv Karlsfeld.

5 Protokolle des Gemeinderates 1948–1962, 4 Bände, Gemeindearchiv Karlsfeld, Auswertung Pajung

6 Dachauer Nachrichten, 9. 12. 1955 »Bahn und Straße bestimmen die Entwicklung« und 09. 08. 1960 »In zehn Jahren 5872 Kreisbewohner mehr«

7 Dachauer Nachrichten, 04. 05. 1960, »Karlsfeld dankt Georg Eichinger«.

8 Gemeinderatsbeschluss vom 9. 12. 1952, Protokollbuch 1952–1956, Gemeindearchiv Karlsfeld.

9 Dachauer Nachrichten, 18. 3. 1952 »Im Kreis Dachau wurde am meisten gebaut«

10 Dachauer Nachrichten, 24.09.1952 »Das wilde Siedeln ruiniert die Gemeinden« und 22.10.1952 »Recht und Willkür beim Hausabbruch«

11 Bauplanverzeichnis der Gemeinde Karlsfeld, 1952–1955, Gemeindearchiv Karlsfeld.

12 Erinnerungen Nikolaus Kathrein (1919–2002), August 1992, Heimatmuseum Karlsfeld

13 Ebd.

14 Ebd.

15 Bauanträge von Juni 1952 bis Juli 1953, Protokollbuch 1952–1956, Gemeindearchiv Karlsfeld.

16 Bericht der Zeitzeugin Elfriede Hückel (geb. vor 1940), Karlsfeld, 22.1.2006, Heimatmuseum Karlsfeld

17 Gemeinderatssitzung vom 24.7.52, Protokollbuch 1952–1956, Gemeindearchiv Karlsfeld.

18 Dachauer Nachrichten, 27.6.1953 »In Karlsfeld schöpft man neue Hoffnung«

19 Dachauer Nachrichten, 19.6.1953 »Zwei Schwarzbauten abgerissen«

20 Ebd.

21 Dachauer Nachrichten, 25.7.1957 »Sie stellte Tausende von Hohlblocksteinen selber her«

22 Dachauer Nachrichten, 29.09.1959 »Bürgermeister verläßt den Sitzungssaal«

23 Gemeinderatssitzung vom 18.06.1953, Protokollbuch 1952–1956, Gemeindearchiv Karlsfeld.

24 Bericht des Zeitzeugen Johann John (geb. ca. 1930), 2011, Heimatmuseum Karlsfeld.

25 Schlussabrechnung der Gagfah vom 10. Januar 1955, Adam Lehr.

26 Website: wikipedia.org/wiki/Durchschnittsentgelt, Historische Werte, aufgerufen am 13.11.2017.

27 Zeitzeugeninterview Oskar Schmirler, (geb. 1943), 17.12.2017

28 Erbpachtverträge Karl-Stieler-Straße, 1963/64, Gemeindearchiv Karlsfeld.

29 Gemeinderatssitzung vom 20.10.1960, Protokollbuch 1960–1962, Gemeindearchiv Karlsfeld.

30 Zeitzeugeninterview Johann Kristmann (geb. 1943), 02.09.2017

31 Ebd.

32 Ebd.

33 Website der Siedlergemeinschaft Süd, aufgerufen 20.11.2017.

34 Ilsa Oberbauer (Hrsg.), 200 Jahre Karlsfeld, Gemeinde Karlsfeld, 2002.

35 Erbbaurechtsvertrag Stampfl/Kristmann sen. vom 1.2.1958.

36 Gemeinderatssitzung vom 14.8.59, Protokollbuch 1956–1960, Gemeindearchiv Karlsfeld.

37 Zeitzeugeninterview Johann Kristmann, wie Anm. 30.

38 Zeitzeugeninterview Philipp Federmann (geb. 1931), 13.11.2017.

39 Gemeinderatssitzung vom 24.7.52, Protokollbuch 1952–1956, Gemeindearchiv Karlsfeld.

40 Lebenserinnerungen Anton Wambach (1905–1998), Heimatmuseum Karlsfeld.

41 Zeitzeugeninterview Philipp Federmann, wie Anm. 38.

42 Lebenserinnerungen Anton Wambach, wie Anm. 40.

43 Gemeinderatssitzung vom 7.10.1953, Protokollbuch 1952–1956, Gemeindearchiv Karlsfeld.

44 Kaufvertrag Kader vom 29.05.1954.

45 Bauplanverzeichnis der Gemeinde Karlsfeld, 1952–1955, Gemeindearchiv Karlsfeld.

46 Gemeinderatssitzung vom 21.1.1955, Protokollbuch 1952–1956, Gemeindearchiv Karlsfeld.

47 Schriftverkehr zur Umgemeindung nach Dachau, 1969–1979, Stadtarchiv Dachau.

48 Gemeinderatssitzung vom 09.12.1954, Protokollbuch 1952–1956, Gemeindearchiv Karlsfeld.

49 Dachauer Nachrichten, 24.11.1951 »Wasserverband Karlsfeld-Nord gegründet«

50 Ilsa Oberbauer, 200 Jahre Karlsfeld, 2002 und: Dachauer Nachrichten, 3.11.1955: »Nun saust das Wasser durch die Rohre«.

51 Dachauer Nachrichten, 29.03.1954 »Sie wollen das Wasser von München haben«

52 Dachauer Nachrichten, 18.3.1952: Rechenschaftsbericht des Landrats Junker.

53 Diverse Gemeinderatsprotokolle, Protokollbuch 1952–1956, Gemeindearchiv Karlsfeld.

54 Dachauer Nachrichten, Jahrgänge 1950 bis 1960, Stadtarchiv Dachau.

55 Schriftwechsel mit der Reichsbahn, 1949–53, Gemeindearchiv Karlsfeld.

56 Gemeinderatssitzung vom 18.04.1953, Protokollbuch 1952–1956, Gemeindearchiv Karlsfeld.

57 Gemeinderatssitzung vom 19.11.1954, Protokollbuch 1952–1956, Gemeindearchiv Karlsfeld.

Die 1950er Jahre als Aufbaujahre in Altomünster

Anton Mayr

Einführung

Die im Krieg Gefallenen, Kriegsgefangene, die Besetzung durch amerikanische Soldaten im Jahr 1945, ein Zustrom von Heimatvertriebenen und Flüchtlingen, besonders im Jahr 1946, mit anderem Dialekt und teilweise anderer Religion, eine dadurch ausgelöste Wohnungsnot und die Währungsreform im Jahr 1948 hatten das bisher im Markt Altomünster gewohnte, regelmäßige Leben in den Jahren nach dem Zweiten Weltkrieg gehörig durcheinandergebracht. Dazu gab es nach Kriegsende eine neue Regierungsgewalt, eine neue Macht schlechthin, die bei der amerikanischen Militärregierung lag und die sich auch gleich sichtbar zeigte. Alle in den Jahren zwischen 1933 bis 1945 von den Nationalsozialisten eingesetzten Führungskräfte, zu denen auch die Lehrerschaft gehörte, wurden im gesamten Land, so auch in Altomünster, aus ihren Ämtern entfernt und durch von der amerikanischen Militärregierung eingesetzten Kräfte ersetzt. In Altomünster waren im Mai 1945 der Bürgermeister, die Gemeinderäte und auch der Sparkassenverwalter von ihren Posten abberufen worden, ebenso die Oberin im Krankenhaus. Der Bürgermeister kam in kein politisches Amt zurück, ebenso nicht die ehemalige Oberin des Krankenhauses in ihre leitende Stellung. Der Sparkassenleiter kam (u. a. nach einem Jahr Internierungslager) 1948 bis zu seinem Tod 1949 wieder auf seine Stelle zurück. Auch die nun entnazifizierten Lehrer nahmen ab 1947 wieder ihre Stellungen ein. Von den Gemeinderäten, die in den Jahren des Nationalsozialismus 1933 bis 1945 in ihre Ämter gekommen oder in diesen verblieben waren, war nur einer (ein ehemaliges Mitglied der Bayerischen Volkspartei), der auch in den 1946 neu zu bestimmenden Gemeinderat gewählt wurde (bis 1952). Es war damit der Schnitt gemacht worden zwischen der Zeit der Diktatur und den bald folgenden 1950er Jahren. Die erste Führung des Marktes Altomünster durch die Bürgermeister ab 1945 erfolgte durch zwei von der Vergangenheit völlig unbelastete und integere Personen: ab 1945 durch Alto Gruner (1893–1971), 1945 zunächst von der Militärregierung eingesetzt, 1946 bei der Kommunalwahl gewählt, ab 1948 durch Wolfgang Graf (1876–1950).

Die Amtszeit von Bürgermeister Alto Gruner war ausgefüllt mit kurzfristig zu lösenden Situationen. Vor allem die Unterbringung der Heimatvertriebenen und Flüchtlingen erforderte seinen großen Einsatz. In die Zukunft wirkende Projekte konnten hier noch nicht angegangen werden. In der sehr kurzen Amtszeit von nur zwei Jahren des Bürgermeisters Wolfgang Graf dagegen konnten bereits wesentliche Projekte im Wohnungsbau auf den Weg gebracht werden, die langfristig angelegt und weit in die Zukunft bis heute wirkten. Das waren der Bau eines Zehn-Familien-Hauses an der Stumpfenbacher Straße und die Gründung der Klosterweihersiedlung. Beide Projekte waren Zeichen dafür, dass zu Beginn der 1950er Jahre bereits wieder langfristig geplant und die Planungen verwirklich werden konnten. Die Grundlagen zum Wirtschaftswunder waren vorhanden.

Bürgermeister Alto Gruner (Foto: Baumann)   *Bürgermeister Wolfgang Graf (Foto: Baumann)*

DIE VERDRÄNGTE VERGANGENHEIT

Die Jahre von 1945 bis 1949 waren Jahre des Übergangs, in denen zunächst die Gedanken sortiert, die neuen Verhältnisse erfasst und dann direkt reagiert werden musste. Teilweise hielt diese Umstellungsphase natürlich auch noch im Jahr 1950 und die Jahre danach an. Zu groß waren die Erlebnisse, die Eindrücke gewesen, die innerhalb kurzer Zeit erlebt und erfasst werden mussten. Deshalb sah man lieber in die Zukunft als sich mit der Vergangenheit zu befassen.

Gespräche über Vorgänge aus der NS-Zeit haben nach meiner Erinnerung, mindestens nicht im großen Umfange, nach Kriegsende nicht stattgefunden. Es gab wohl, das aber schon in ausreichender Menge, Gespräche über Kriegserlebnisse. So fand ein ehemaliger Soldat seine Zeit im Zweiten Weltkrieg, die er vier Jahr lang als Wachsoldat im hohen Norwegen abzuleisten hatte und dort keinen Schuss hörte, als die schönste Zeit seines jungen Lebens. Ein weiterer Kriegsteilnehmer erzählte, dass er nicht wusste, so wörtlich, »ob er lachen oder weinen sollte«, als er nach der Gefangennahme »sein Gewehr zu den anderen auf einen Haufen werfen« musste, nachdem er das Gewehr lange Jahre in seinem Besitz hatte. Gespräche über Konzentrationslager oder allgemein über Gräueltaten waren in den Jahren nach dem Krieg nicht unter den Gesprächsthemen.

RÜCKKEHR VON KRIEGSGEFANGENEN UND VERMISSTENSCHICKSALE

In den 1950er Jahren wurden für die Menschen immer wieder die Erinnerungen an ihre Angehörigen, Ehemann, Vater, Bruder wach, die sie in dem gedanklich schon weit zurückliegenden Krieg verloren hatten. 74 vermisste Wehrmachtsangehörige waren im Jahr 1947 gemeldet worden. Die Erinnerung wurde besonders dann lebendig, wenn entweder wieder ein Kriegsgefangener nach jahrelanger Kriegsgefangenschaft in die Heimat zurückkam oder wenn die Mitteilung über den Tod eines bis dahin als vermisst gemeldeten Mitbürgers im Markt eintraf.

So traf als erster einheimischer Kriegsgefangener des Jahres 1950 am 4. Februar der 29jährige Landwirtssohn Anton Hofberger aus Altomünster wieder in der Heimat ein. Er war als Angehöriger der 7. bayerischen Division auf der Halbinsel Hela nördlich von Danzig in Gefangenschaft geraten, musste

Gebirgsjäger Georg Schmid, 1920–1946
(Foto: Repro Mayr)

anschließend qualvolle, entnervende Verhöre über sich ergehen lassen, ging durch viele Gefangenenlager, spürte Hunger und sonstige Entbehrungen und musste zuletzt in einem Radom-Bergwerk in Joachimsthal in der damaligen Tschechoslowakei arbeiten. Im Mai traf der Brauereiarbeiter Martin Weber aus russischer Kriegsgefangenschaft ein. Er war 1944 im Mittelabschnitt in russische Kriegsgefangenschaft geraten und befand sich anschließend vier Jahr lang in Sibirien und später in anderen Lagern.

Über das Schicksal vieler Vermissten aber herrschte weiterhin Unklarheit. Da war es oft schon eine Erleichterung für die Angehörigen, wenigstens zu erfahren, wo der Ehegatte, Sohn oder Bruder gestorben war. So traf erst im April 1955 in Altomünster die Nachricht ein, dass bereits neun Jahre vorher, im Juni 1946, der Gebirgsjäger Georg Schmid aus Altomünster beim Krametsvogel im Alter von 26 Jahren in einem russischen Kriegsgefangenenlager bei Odessa am Schwarzen Meer gestorben war.

Erst im September 1958 erreichte seine Angehörigen die Nachricht, dass der Obergefreite Xaver Schreyer (Pipinsrieder Straße 36) bereits am 18. September 1944 bei Niewodowo im Kreis Lonscha in Polen gefallen war.

Auch schon mit Hilfe von Veröffentlichungen in den Zeitungen konnten Vermissten-Schicksale geklärt werden. So war am 12. Juli 1952 in der Aichacher Zeitung und am 1. August 1952 in den Dachauer Nachrichten das Bild eines kriegsgefangenen deutschen Soldaten veröffentlicht worden, der am 19. Oktober 1946 in einem Hospital in Tiflis (Rußland) gestorben war. Das Bild war im Foto-Atelier Otto Baumann in Altomünster erstellt worden. Die Schwester des Verstorbenen erkannte auf dem Bild ihren Bruder und konnte seinen Namen und die Anschrift seiner Angehörigen dem »Verband der Heimkehrer« melden. Der Verstorbene stammte aus Eisenhofen. Mit diesen Angaben konnte auch das Schicksal eines anderen Gefangenen geklärt werden.

So wurden natürlich auch in Altomünster die Gespräche zwischen der Bundesregierung unter Bundeskanzler Konrad Adenauer und der sowjetischen Regierung im September 1955 in Moskau verfolgt. Erleichtert wurde als ein Ergebnis dieser Gespräche die Rückführung der deutschen Kriegsgefangenen aus der Sowjetunion aufgenommen, auch wenn sich unter den freigelassenen Kriegsgefangenen kein Altomünsterer mehr befand.

WOHNUNGSBAU

Die 1950er Jahre waren geprägt von einem Nachholbedarf. Es galt, die Nachwehen des vergangenen Krieges durch den dadurch vorhanden gewesenen Investitionsstopp, besonders im Wohnungsbau, zu beheben und aufzuholen.

KREISHAUS – ALTOHAUS

Die 1950er Jahre begannen für Altomünster mit einem bewegenden Ereignis. Mitten aus seiner Tätigkeit als Erster Bürgermeister starb am 10. Juni 1950 Wolfgang Graf. In seiner kurzen Amtszeit von zwei Jahren hatte er aber die Grundlagen gelegt für Projekte, die bis heute segensreich für die Bevölkerung wirken. Das waren der Bau eines Zehn-Familien-Hauses an der Stumpfenbacher Straße und die Gründung der Klosterweihersiedlung.

Am 22. März 1950 war mit den Vorarbeiten für das Zehn-Familien-Haus begonnen worden. Bereits im September 1950 war das Haus fertiggestellt.[1] Kurz vor dem Bezug der Wohnungen im Oktober 1950 wurde das Haus am 6. Oktober 1950 der »Sozialen Wohnbaustiftung des Landkreises Aichach« überlassen. Deshalb wird das Haus bis heute umgangssprachlich als Kreishaus bezeichnet, obwohl das Haus später wieder in das Eigentum des Marktes zurückging.

Bereits im folgenden Jahr wurde eine Erweiterung des Kreishauses als Anbau im Norden in Richtung des Krankenhauses an das bestehende Haus um erneut zehn Wohnungen geplant und schon am 18. Juni mit

Das Kreishaus an der Stumpfenbacher Straße, Juni 1950 (Foto: Alto Gruner)

345

den Bauarbeiten begonnen. Mitte Dezember 1951 konnten auch die Wohnungen im zweiten Teil des Kreishauses bezogen werden.[2]

Noch einmal befasste sich der Gemeinderat mit dem Bau eines Mehrfamilienhauses. Am 20. November 1953 beschloss das Gremium den Bau eines Acht-Familien-Hauses an der Asbacher Straße. Ausdrücklich war dabei festgehalten worden, dass alle Wohnungen mit einem Bad ausgestattet werden. Mit den Bauarbeiten wurde am 23. April 1954 begonnen. Kurz vor Jahresende 1954, am 28. Dezember, konnte das Haus eingeweiht werden. Bei diesem Neubau wurde die Forderung nach »Kunst am Bau« berücksichtigt. Eine Holzstatue des Ortspatrons, des hl. Alto, geschnitzt von der einheimischen Bildhauerin Anna Huber (später verh. Vilgertshofer), schmückt das Gebäude. Deshalb wird dieses Haus auch als Alto-Haus bezeichnet.[3]

Das Altohaus an der Ecke Asbacher / Pipinsrieder Straße, 1954 (Foto: Baumann)

Große Empörung löste in der Gemeinderatssitzung am 15. Juli 1955 ein in einer Betriebsversammlung der Lehrerschaft des Kreises Aichach beklagter angeblicher Mangel an Dienstwohnungen in Altomünster aus. Bürgermeister, Gemeinderäte und Verwaltung hatten in der Zeitung lesen können: »So sei in Altomünster für 7 Lehrkräfte nur eine Dienstwohnung I. Ordnung verfügbar.« In einer Stellungnahme in der Gemeinderatssitzung am 15. Juli nahm der Gemeinderat zu dem Vorwurf der fehlenden Dienstwohnungen Stellung. Durch den Bericht sei, so führte der Bürgermeister aus, ein schiefes Bild über Altomünster entstanden. Es sei richtig, dass nur eine Lehrerdienstwohnung zur Verfügung stehe. Diese umfasse allerdings 130 qm und sei erst im letzten Winter hergerichtet worden. Für zwei weitere Lehrkräfte sei bereits 1949 je eine Wohnung im alten Schulhaus ausgebaut worden. Für eine vierte Lehrkraft war in dem im Vorjahr erbauten Achtfamilienwohnhaus der Gemeinde eine der schönsten Wohnungen zur Verfügung gestellt worden. Die restlichen drei Lehrkräfte seien in entsprechenden Privatwohnungen untergebracht. Es sei nicht so, sagte der Bürgermeister, wie es den Uneingeweihten vermuten lasse, dass in Altomünster nichts bzw. zu wenig für die Schule und den Lehrkörper getan werde.[4]

Zu dieser Zeit, in der die Lehrer in Altomünster passend untergebracht waren, gab es noch 600000 Wohnungssuchende in Bayern. Fast zeitgleich stellte das Statistische Amt der Stadt München fest, dass die Baukosten im Vergleich zum Jahr 1936 um etwa das zweieinhalbfache gestiegen waren. Ein Haus, das 20 Jahre vorher noch mit 46 000 Mark gebaut werden konnte, erfordere nun in der gleichen Ausführung etwa 112 000 DM. Es sei berechtigt, so das Amt, jetzt von einer »überhitzten Baukonjunktur« zu sprechen.[5]

KLOSTERWEIHERSIEDLUNG

Ebenfalls zum Bereich Wohnungsbau gehört die 1949/50 erfolgte Gründung der Klosterweihersiedlung (Am Klosterweiher/Brunnenwiesenweg), benannt nach zwei Weihern, die einst zum Eigentum des Klosters gehörten. Ursprünglich sollte hier ein Freibad errichtet werden. Der Krieg machte alle Pläne zunichte. Nach dem Krieg diente ein Weiher als stark beanspruchtes Freibad für die Jugend des Marktes. Anschließend diente der Weiher als Schuttabladeplatz, während der zweite Weiher erhalten bleiben sollte, um das Bild der Siedlung zu beleben und in Zeiten der Not als zusätzlicher Löschweiher zu dienen. Auch dieser Weiher wurde später eingefüllt. Die Grundstücke in diesem Bereich wurden zunächst in Form des Erbbaurechtes von der Gemeinde ausgegeben und konnten 1962 gekauft werden. Die Klosterweihersiedlung war keine Siedlung für Heimatvertriebene, sondern diente überwiegend der Schaffung von Wohnraum für Einheimische, auch wenn sich unter die neuen Bauherrn im Laufe der Zeit Heimatvertriebene mischten. Es musste ja schließlich Eigenkapital nachgewiesen werden, um von der Gemeinde Baugrund auf Erbbaurecht zugeteilt zu bekommen. Das war um 1950 bei Heimatvertriebenen nach deren Vertreibung und der Währungsreform noch nicht im erforderlichen Maße vorhanden. Bis zum März 1950 hatte die Gemeinde sechs Bewerbern im Rahmen eines Erbbauvertrages Baugrund zur Verfügung gestellt, der es den Antragstellern gestattete, im Rahmen des sozialen Wohnungsbauprogrammes Zuschüsse und Darlehen zu erhalten. Der einzelne Bewerber hatte dann noch ca. 2 000 DM an eigenen Mitteln aufzubringen, damit er sein Eigenheim erstellen konnte.[6] Die ersten Bauherren in der Straße Am Klosterweiher waren: Domuratzki, Ostermeier, Wecker, Schmidt, Bläser, Wist, Baier, Kandler. Am Brunnenwiesenweg bauten auf Erbbaurecht: Halbig, Kranzberger, Kneißl, Steinhof. Bereits im Jahr 1951 konnten vier Wohnhäuser fertiggestellt werden, im Jahr 1952 weitere drei. Im Oktober 1953 vergab der Gemeinderat die letzten vier Bauplätze in dieser Siedlung.[7]

Einzelbebauung am Ortsrand

Mit dem Hinweis, dass es sich bei der Klosterweihersiedlung um die Schaffung von Wohnraum für Einheimische gehandelt hatte, ist schon ausgesagt, dass der Wunsch der Bevölkerung nach einer Verbesserung ihrer Wohnverhältnisse groß war, sowohl bei den Einheimischen als natürlich auch der in großer Zahl nach Altomünster gekommen Heimatvertriebenen und Flüchtlingen (in den 1950er Jahren noch pauschal als *Flüchtlinge* bezeichnet). Noch im Jahr 1948 konnte die Gemeinde verkünden, dass in jenem Jahr elf Wohnräume zur Verfügung gestellt werden konnten, 1949 waren es 30 Wohnräume: Das war ein Ausdruck für die immer noch beengten Wohnverhältnisse. Und die Einwohnerzahl war in einem viel größeren Verhältnis gestiegen.

Bevölkerungsentwicklung in Altomünster:[8]

1900	1254
Juni 1939	1286
Durch Zuzug von Evakuierten 1944	1407
Nach dem Eintreffen des ersten Flüchtlingstransportes	1592
1946	2117
1947	2138
1948	2142
März 1950	2193

Das Wohnungsproblem wurde deshalb mit großer Sorge betrachtet. Aber es gab zu Beginn der 1950er Jahre zunächst keine großflächige neue Bebauung in Altomünster. Es war noch kein auch so bezeichnetes Baugebiet ausgewiesen worden. Es entstanden einzelne neue Häuser jeweils am Ortsrand, so in der Nähe des Krankenhauses (Am Brechfeld), an der Stumpfenbacher und Ruppertskirchner Straße, an der Halmsrieder Straße, an der Talangerstraße, am Rande der schon angesprochenen Klosterweihersiedlung an der Asbacher Straße, am Hohenrieder Weg, an der Leopold-Schwaiger-Straße.

Baugebiet an der Aichacher Strasse

In der Gemeinderatssitzung am 30. Mai 1956 gab der kurz vorher neuge-
wählte Bürgermeister Dr. Wolfgang Drach bekannt, dass die Gemeinde ein
Grundstück an der Aichacher Straße gekauft habe. Für dieses Gelände billigte
der Gemeinderat am 31. August einen Bebauungsplan, der die Erstellung von
zehn Wohnhäusern (zwei Doppel- und acht Einfamilienhäuser) vorsah. Für
die zwölf Bauplätze meldeten sich 18 Bewerber. Einige mussten dadurch leer
ausgehen. Mit dem Bebauungsplan erfolgte die Ausweisung eines Baugebietes westlich des Marktes nach der bisher als »Siedlung« bezeichneten Bebauung am heutigen Johann-Michael-Fischer-Platz. Diese Siedlung solle eine Vi-
sitenkarte für Altomünster werden, erklärte Kreisbaumeister Alfred Rehle bei
einer Besprechung am 13. März 1957 in Altomünster, da das Gelände im Eingangsbereich von Altomünster liege. Interessant sind auch die Kosten, die damals für den Hausbau angesetzt worden waren. Die Kosten für den Kubikme-
terumbauten Raum schätzte der Kreisbaumeister auf 60 DM, so dass ein Haus
je nach Größe und Ausführung auf etwa 30 bis 40 000 DM kommen würde.
Hinzu komme noch der Preis für das Grundstück. Am 26. Juni 1957 konnte
Bürgermeister Dr. Drach dem Gemeinderat berichten, dass die Verbriefung
der Bauplätze im neuerworbenen Siedlungsgelände an der Aichacher Straße
nunmehr erfolgt sei, so dass den Bauinteressenten von dieser Seite keine Hindernisse mehr im Wege stünden. Die Arbeiten wurden anschließend im Jahr
1958 auch zügig durchgeführt.[9] Die Straßen in dem neuen Baugebiet erhielten später die Bezeichnungen Ludwig-Thoma-Straße und Steubweg.

Strassenbau

Mit den Straßenverhältnissen sah es in Altomünster bis in die 1950er Jahre
sehr schlecht aus. Von der durch den Ort führenden Kreisstraße abgesehen,
waren nur wenige Gemeindestraßen überhaupt geteert. Eine geteerte Straße
bedeutete nichts anderes, als dass diese Straße nicht mehr staubte und auch
keinen Schmutz mehr aufwies. Das war selbstverständlich für die Anlieger
eine große Wohltat. Die nicht geteerten Straßen waren – vornehmlich im
Frühjahr und im Herbst – von Schmutz übersät, wie wir das heute nur noch
aus Schilderungen über Zustände von vor Jahrhunderten kennen. In Trocken-
perioden sorgte der Wind für große Staubwolken. Der Ausbau der Straßen in

Altomünster musste erst beginnen. Vorerst wurden einzelne Straßen nur ausgebessert. Vom August bis Oktober 1952 wurde die Obere Marktstraße (heute Nerbstraße) einer solchen Ausbesserung unterzogen (erstmalige Teerung war im August 1939 erfolgt). Dabei wurde zunächst unter fürchterlicher Staubentwicklung die Straßendecke mit Spezialmaschinen abgekehrt. Anschließend wurden die ärgsten Schadstellen des Straßenkörpers, hauptsächlich an der Einmündung der Kellerbergstraße, mit grobem Schotter eingewalzt und im Teertränkeverfahren gebunden. Mit dem Auflegen der Teerdecke war der Straßenausbau abgeschlossen. Im folgenden Jahr sollte der Marktplatz mit einem Kleinsteinpflaster versehen werden.[10]

Einen Fußwegtausch besonderer Art gab es auf dem Grundstück vom Maierbräu. Im März 1953 wurde begonnen, die bisherigen landwirtschaftlichen Gebäude abzubrechen, damit neue Gebäude für die Brauerei entstehen konnten. Durch den Neubau wurde auch der Fußweg zwischen dem Gasthof und den bisherigen Ökonomiegebäuden, das Mühlbergerl, zugebaut. Im Juli 1955 wurde an der Nordwestecke des Gaststättengebäudes ein Durchbruch für Fußgänger erstellt, damit diese nun geschützt die gefährliche Stelle passieren können.[11]

Als nächste Maßnahme zur Verbesserung der Straßenverhältnisse erfolgte die Pflasterung der Kirchenstraße vom Marktplatz bis zur Straßengabelung beim Ökonomiegebäude des Klosters (anfangs Nißlgasse). Die Arbeiten wurden in den Monaten Mai bis Juli 1955 durchgeführt.[12]

Als weitere Verbesserung der Straßen beschloss der Gemeinderat am 27. Januar 1956 die Pflasterung der heutigen Dr.-Lang-Straße ab der Pipinsrieder Straße bis zur Einmündung der Lampadiusgasse. Hier erfolgte zunächst die Kanalisation der Straße, im Oktober die Pflasterung. Noch nachhaltig ist mir hier in Erinnerung das rhythmische Stampfen der drei Pflasterer beim

Festklopfen (Festrammen) der Steine mit ihren schweren Gewichten.[13] Der Straßenbau war damit in den 1950er Jahren abgeschlossen.

*Straßenpflasterarbeiten in der Kirchenstraße
1955 (Foto: Baumann)*

INFRASTRUKTUR

Bürgermeister Dr. Wolfgang Drach (Foto: Baumann)

Im Bereich der Infrastruktur war Altomünster um 1950 auf der Höhe der Zeit, also nach unseren heutigen Verhältnissen im Rückstand. Es bestand überall Nachholbedarf. Allerdings konnten Bürgermeister und Gemeinderat offensichtlich nicht einschätzen, welche Maßnahmen unbedingt erforderlich seien, um die Gemeinde in die Zukunft zu führen. Auch waren wohl die finanziellen Mittel nicht vorhanden, große Projekte durchzuführen. Erst unter Bürgermeister Dr. Wolfgang Drach ab 1956 gab es eine neue Ausrichtung des Marktes. Nun wurden die Projekte angegangen, die in die Zukunft führten.

STROM

Zwar hatte der Markt Altomünster hinsichtlich der Elektrifizierung durch die Privatinitiative des Kunstschlossermeisters Ludwig Graf eine Vorreiterrolle eingenommen gehabt, als bereits während der Christmette 1906 die Altomünsterer Kirche zum ersten Mal im elektrischen Licht erstrahlte. Anschließend erfolgte durch Graf eine Versorgung einiger Altomünsterer Wohnhäuser mit Strom, ehe die Stromversorgung der Marktgemeinde 1910 von der »Amperwerke Elektricitäts-Aktiengesellschaft München« übernommen wurde. Nach dem Zweiten Weltkrieg mussten vom Stromlieferer öfters zeitweise Stromabschaltungen vorgenommen werden, weil zu wenig Strom vorhanden war. Erst allmählich trat hier eine Verbesserung ein. 1952 baute die Amperwerke AG an der Halmsrieder Straße neue Betriebsgebäude: ein Schalthaus, ein Betriebsgebäude und ein Wohnhaus. 1954 war die Umstellung des Stromnetzes von 110/220 Volt auf 220/380 Volt abgeschlossen. Nun konnten die elektrischen Geräte voll genutzt werden.[14]

351

Wasserversorgung

Erst seit 1929 gibt es eine öffentliche Wasserversorgung. Zunächst war durch eine Genossenschaft – also auch wieder durch eine Privatinitiative wie beim Licht – eine zentrale Wasserversorgung eingerichtet worden. Als Brunnen und Wasserhaus fertiggestellt waren, beschloss der Gemeinderat, die fertige zentrale Wasserversorgung zu übernehmen. An diese zentrale Wasserversorgung schloss sich anschließend die Masse der Haushalte an, manche erst so nach und nach und manche erst nach über zehn Jahren nach der Eröffnung der Wasserversorgung oder noch später. Unruhe unter der Bevölkerung entstand, als 1952 Wasserzähler in die Wohnhäuser eingebaut wurden. Es wurden Erhöhungen der bisherigen pauschalen Zahlungen befürchtet. Aber es stellte sich heraus, dass nun eine gerechte Bezahlung des eigenen Wasserverbrauchs erfolgte und die Befürchtungen umsonst waren. So ein Anschluss an die zentrale Wasserversorgung stellte nicht nur eine wesentliche Erleichterung der Lebensführung dar, sondern bedeutete halt auch eine finanzielle Belastung. Noch am 28. September 1956 genehmigte der Gemeinderat zwei Gesuche aus der Pipinsrieder Straße um Anschlüsse an die öffentliche Wasserleitung.[15] Und auch in den 1950er Jahren wurden noch aus einzelnen vor den Häusern stehenden Brunnen Wasser geschöpft.

Telefon

1902 war der Telefonbetrieb in Altomünster eingerichtet worden.[16] Die Verbindungen erfolgten über eine Vermittlungsstelle. In unmittelbarer Nähe von Telefonapparaten waren Tafeln mit dem Hinweis angebracht: »Nimm Rücksicht auf Wartende – Fasse dich kurz!« Die Vermittlungen waren mitunter eine langwierige Angelegenheit. Deshalb plante die hierfür zuständige Post den Selbstwählverkehr. Erste Versuche begannen bereits 1923 mit der Netzgruppe Weilheim. In Altomünster wurden in der zweiten Hälfte des Jahres 1959 die Kabel für den Telefonselbstwählverkehr verlegt. Ab Freitag, dem 15. Januar 1960, acht Uhr, war Altomünster an den Selbstwählferndienst angeschlossen.[17]

ABWASSER/KLÄRANLAGE

Erstmals wurde zwangsläufig in einer Gemeinderatssitzung im Januar 1952 über die Klärung der Abwasserverhältnisse in Altomünster gesprochen. Auslöser war ein Schreiben des Wasserwirtschaftsamtes Ingolstadt, »das eine endgültige Klärung der Abwasserverhältnisse von Altomünster zum Ziele hatte«. Das Schreiben löste eine rege Debatte aus. Allgemeine Meinung war, dass die Mittel der Marktgemeinde nicht ausreichen würden, eine Lösung des Problems herbeizuführen. Es solle versucht werden, staatliche finanzielle Hilfe in Anspruch zu nehmen, sobald ein Kostenvoranschlag vorliege. Im Juni 1952 wurden auf Veranlassung des Straßen- und Flußbauamtes Ingolstadt die Straßen und Wege in Altomünster vermessen. Aufgrund dieser Vermessung sollte der Plan einer Kanalisation des Marktes erstellt werden, da die bisherige Kanalisation als völlig unzureichend angesehen wurde. Aber wieder taktierten Bürgermeister und Gemeinderat vorsichtig: Ob die Gemeinde in der Lage ist, die geplante Kanalisation auch durchzuführen, wird von ihrer finanziellen Lage abhängen. Am 3. September 1953 stand wieder die Frage der Abwässer-Klärung im Gemeinderat zur Debatte. Dieses Mal wurde vom Gremium ausdrücklich festgestellt, dass ein solches Projekt der Marktgemeinde derzeit finanziell nicht zugemutet werden könne, denn es würde einen Aufwand von etwa einer Viertelmillion Mark erfordern, was derzeit indiskutabel sei. Entsprechend zäh war auch die weitere Behandlung dieses Themas. Aber der Gemeinderat brachte das Problem nicht mehr los.

Bereits in der Sitzung am 22. Januar 1954 löste die Frage der Kanalisation eine rege Diskussion aus, wobei sich immerhin die Auffassung herausschälte, dass das Projekt nicht mehr zu umgehen sei, aber mit den gegenwärtigen Haushaltmitteln und ohne staatliche Zuschüsse daran nicht herangegangen werden könne und die Verwirklichung des Planes in erster Linie eine Erhöhung der gemeindlichen Steuerhebesätze zur Voraussetzung haben müsse. Auf das Tapet gebracht hatte die Kanalisationsfrage dieses Mal eine Aufforderung des Landratsamtes Aichach, bis 1. Februar endgültig Stellung zu nehmen, was die Marktgemeinde in Sachen Kanalisation zu tun gedenke. Die seit längerer Zeit vorgelegene Planung sah im ersten Bauabschnitt einen Kostenaufwand von 154000 DM vor. Darin waren Aufwendungen für den Grundstückserwerb nicht enthalten. Bei dieser Sitzung war aber noch nicht ersichtlich, von wem und wie der Grund erworben werden könne. Deshalb konnte die endgültige Finanzierung überhaupt noch nicht errechnet werden. Es war von der Verwaltung nichts für diese Sitzung vorbereitet gewesen. Klar war nur, dass bei den damaligen Steuerhebesätzen von 100/150/215 Prozent keine staatlichen Zuschüsse erwartet werden konnten. Zu einem Beschluss konnte sich der Gemeinderat nicht durchringen. Es tat sich wieder jahrelang nichts mehr. Erst nachdem Dr. Wolfgang Drach 1956 zum Bürgermeister gewählt worden war, kam wieder Leben in diese Angelegenheit. Außerdem kam nun großer Druck von außen auf den Gemeinderat zu. Auf der Molkereiversammlung im Juni 1956 gab Molkereipächter Georg Deller die Notwendigkeit eines Neubaus der Molkerei bekannt. Die bisherige, 1925 erbaute Molkerei war für eine Anlieferung von 8 000 Liter Milch täglich vorgesehen gewesen, während nun 14 000 bis 16 000 Liter täglich angeliefert würden. Immerhin setzte nun der Gemeinderat im Oktober 1956 einen Ausschuss zu Verhandlungen über den Grunderwerb zur Errichtung einer Kläranlage ein. Am 26. Februar 1958 fasste der Gemeinderat endlich den Beschluss, eine Sammelkläranlage zu errichten, um einem geplanten Neubau der Molkerei den Weg zu ebnen. Am 8. Mai 1958 gab Georg Deller auf der Versammlung der Milchverwertungsgenossenschaft Altomünster bekannt, dass die Pläne für den Neubau der Molkerei fertig seien. Dem Bau stehe nur noch der Bau der Kläranlage im Wege. Dazu gab Bürgermeister Dr. Drach bekannt, dass der Bau beschlossen sei und der Baubeginn nur noch von der Freigabe der Pläne abhänge, die er in kürzester Zeit zu erreichen hoffe. Aber der Bau zog sich hin. Erst im Oktober 1964 konnte die Kläranlage an der Stumpfenbacher Straße in Betrieb genommen werden.[18]

MÜLLABFUHR

Die Müllabfuhr, d. h. die Entsorgung seiner Abfälle, führte bis in die 1950er Jahre jeder Bewohner selber durch. Es gab mehrere Schuttabladeplätze, in die die Abfälle geschüttet werden konnten. So diente auch der im neuen Baugebiet Klosterweihersiedlung gelegene eigentliche Klosterweiher, einst ein stark beanspruchtes Freibad für die Jugend des Marktes, bis in die 1950er Jahre als Schuttabladeplatz und soll völlig eingefüllt werden, erklärte die Verwaltung im August 1951.[19] War ein Schuttabladeplatz bis zum Rand zugefüllt, wurde erklärt, hier dürfe nichts mehr abgeladen werden. Damit war die Angelegenheit erledigt.

Erst im Februar 1959 wurde im Gemeinderat über das Thema der Müllabfuhr gesprochen, nachdem aus Kreisen der Einwohnerschaft der Wunsch nach Regelung der Müllabfuhr an den Gemeinderat herangetragen worden war. Als Folge davon wurden an sämtliche Hausbesitzer Rundschreiben verschickt, in dem ausgeführt wurde, dass die Müllabfuhr im Markt immer schwieriger werde. Asche und sonstige Abfälle in Hecken und Rainen, besonders am Ortseingang usw., seien eine Schande für den Ort. Die Hausbesitzer wurden in dem erwähnten Rundschreiben gebeten, die Frage, ob sie bereit seien, für regelmäßige von der Gemeinde durchgeführte bzw. überwachte Müllabfuhr eine monatliche Gebühr von drei DM zu bezahlen, mit »Ja« oder »Nein« zu beantworten. Für den Fall, dass sich die Mehrzahl der Hausbesitzer damit einverstanden erklärt, würde das Problem auf gemeindlicher Ebene geklärt werden. Bereits in der Gemeinderatssitzung am 19. März 1959 wurde festgestellt, dass für die Gemeinde keine Möglichkeit bestehe, die Angelegenheit von sich aus zu regeln. In der Befragung hatten sich nur 21 mit der vorgeschlagenen Gebühr einverstanden erklärt, 94 waren dagegen.[20] So wurde also der Abfall (Müll) weiterhin in öffentlichen Abfallgruben entsorgt. Erst zum 1. September 1962 wurde die öffentliche Müllabfuhr eingeführt.

Flüchtlinge und Heimatvertriebene

Im Wohnungsbereich gab es neben der Schaffung von neuen Wohnungen für die einheimische Bevölkerung das noch größere Problem, die zahlreichen neuen Bürger in Altomünster unterzubringen. Zunächst kamen die Ausgebombten (Evakuierten) aus den Großstädten, vor allem aus München, nach Altomünster. Diesen folgten die Flüchtlinge, die vor der Roten Armee geflohen waren. Dann kamen in noch größerer Zahl die Heimatvertriebenen, vor allem aus dem Sudetenland, aus Schlesien und aus Ostpreußen. Die Einwohnerzahl von Altomünster stieg damit (s. o.) von rund 1 300 im Jahr 1939 auf 2 200 im März 1950. Es musste also innerhalb kürzester Zeit Wohnraum für 900 neue Bewohner geschaffen werden. Jeder Raum, der zum Wohnen verwendet werden konnte, musste für Wohnzwecke zur Verfügung gestellt werden. Rückblickend kann ich feststellen, dass die Unterbringung der Flüchtlinge und Heimatvertriebenen, anfangs Neubürger genannt, in geordneten Bahnen abgelaufen war. Von einer Verweigerung bei der Aufnahme von Flüchtlingen und Heimatvertriebenen ist mir nichts bekannt.

Zur Aufnahme und Verteilung der Neubürger war in Altomünster wie-

der das Wohnungsamt geschaffen worden. 1946 kurz vor dem Eintreffen der
ersten größeren Heimatvertriebenentransporte hatte der Ingenieur und ehemalige Fabrikbesitzer Wilhelm Müller (1884–1951), selbst ein Flüchtling, den
undankbaren Posten des Leiters des Wohnungsamtes übernommen. Müller
war 1884 in Rosenberg in Oberschlesien geboren gewesen und hatte eine Fabrik für elektrotechnische und sanitäre Einrichtungen in Scharley, nördlich
von Beuthen im Kreis Tarnowitz in Oberschlesien, aufgebaut. Anfangs 1945
musste er aus seiner Heimat fliehen und kam am 7. April 1945 mit einem
Flüchtlingstransport nach Altomünster. Eine Würdigung von Wilhelm Müller über dessen Tätigkeit als Leiter des Wohnungsamtes und der damit verbunden gewesenen Aufgaben kann niemand besser vornehmen als der damalige Altomünsterer Bürgermeister Alto Gruner. Dieser schrieb: »Im Verein
mit freiwilligen Helfern und Helferinnen hatte er [Müller] maßgebenden Anteil daran, daß die in mehrfacher Folge eintreffenden Transporte von Heimatvertriebenen zum größten Teil fast reibungslos untergebracht werden konnten. Auch als Flüchtlingsvertrauensmann für den Markt und die umliegenden
Gemeinden stand er im Brennpunkt der Öffentlichkeit. Seine Arbeit und seine Leistungen sind um so höher zu schätzen, als in diesen schweren und un-
heilvollen Not- und Hungerjahren nicht nur um jeden kleinsten Wohnraum,
sondern auch um jedes dazu benötigte Ofenrohr, jedes Fußbodenbrett und
jedes Stückchen Fensterglas ein endlos langer Kampf mit Behörden und Wirt-
schaftsämtern notwendig war und mit den endlich ergatterten Bezugsschei-
nen ein nicht minder zermürbender Bettelgang von Geschäft zu Geschäft,
von Handwerker zu Handwerker. In dieser schweren Zeit hat [Müller] sich
ehrlich und redlich bemüht, mit der ihm gestellten Aufgabe nach bestem Wissen und Gewissen fertig zu werden. Es war keine leichte Arbeit und sie hatte
viel Undank, Grobheiten, Haß und Feindschaft zur Folge.«[21]
  Um Unannehmlichkeiten oder Einschränkungen im eigenen Haus auf
Dauer zu vermeiden, gingen manche Hausbesitzer dazu über, für die einge-
wiesenen Heimatvertriebenen eigene Wohnhäuser für die Heimatvertriebenen zu bauen (so in Stumpfenbach und Unterzeitlbach[22]).
  Die Unterbringung und die Bereitstellung von Wohnungen für die Heimatvertriebenen war noch weit in die 1950er Jahre ein großes Thema, oft zu
Unrecht aufgebauscht, oft überbetont. Dazu unkommentiert ein Bericht in
der Zeitung vom Mai 1953: »Hoch gingen die Wogen in einer öffentlichen Sitzung des Marktgemeinderates Altomünster, als ein Schreiben des ZvD [Zen-
tralverband vertriebener Deutscher], Wohnungsangelegenheiten betreffend,

verlesen wurde, das in seinen Darstellungen darauf hinausging, daß in Altomünster von Seiten der Gemeindeverwaltung über den Kopf des Wohnungsausschusses hinweg zuungunsten der Heimatvertriebenen ›regiert‹ werde. In
langer Debatte wurde Punkt für Punkt der ca. 30 in dem Schreiben angezo-
genen Fälle durchgesprochen. Dabei zeigte sich, daß ein großer Teil der Fälle
nicht lösbar ist, ein anderer Teil schon gelöst wurde und wiederum ein Teil
sich der Verantwortlichkeit der Gemeinde entzieht, weil gerichtliche Verfahren anhängig sind. Auch stellte sich heraus, daß die Angehörigen des Wohnungsausschusses über alle Fälle bestens informiert waren, andererseits aber
nicht gewillt sind, sich in end- und fruchtlosen Debatten aufzureiben, wenn
eine Angelegenheit auch auf dem Verwaltungswege lösbar erscheint. Gemeinderat Dr. Drach klärte darüber auf, daß der Wohnungsausschuß ohnehin nur eine beratende Funktion habe und keine bindenden Beschlüsse fassen könne. Er warnte davor, den Ausschuß durch Mißtrauen eventuell zum
Rücktritt zu bewegen, denn in einem solchen Fall werde sich kaum jemand
als Nachfolger finden. Die Arbeit in dem Ausschuß sei äußerst undankbar. Es
wurde beschlossen, den ZvD über den Verlauf der Beratung zu berichten.«[23]

Die Neubürger waren da, sie waren – so gut es ging – untergebracht. Sie
wollten sich nun auch organisieren. Bereits bei der Kommunalwahl 1948
stellten die Heimatvertriebenen in Altomünster zwei Gemeinderäte. Es wurde der Neubürgerbund gegründet, der bereits am 7. März 1950 eine Generalversammlung abhielt und der später im ZvD aufging. Auf Landesebene wurde
im März 1950 die Flüchtlingspartei »Block der Heimatvertriebenen« gegründet, die im folgenden Herbst bei der Landtagswahl antreten wollte. Am 16.
April 1950 wurde in der Gaststätte Maierbräu eine Versammlung der Sudetendeutschen Heimatvertriebenen abgehalten. Dabei wurde eine Ortsgruppe
der Sudetendeutschen Landsmannschaft gegründet.[24] Bald auch schon, mindestens seit 1951, hatten die Heimatvertriebenen eine Marktnische entdeckt
und feierten am Silvesterabend mit Heimatlieder, Theateraufführungen, »Altomünsterer Neuigkeiten« und Tanz (später nur noch Tanz) rund zwei Jahrzehnte lang einen fröhlichen Jahresausklang.

Die Neubürger brauchten, wie auch die Einheimischen, Arbeit. Im Markt
Altomünster waren die Arbeitsplätze begrenzt.1948 gab es im Markt ganze
fünf Betriebe, die mehr als zehn Arbeitnehmer beschäftigten: Mattenfabrik
Adam Spachmann, die beiden Brauereien Maier und Wiedemann, die me-
chanische Werkstätte Ludwig Bilmoser und das Baugeschäft Sebastian Schall.
Dazu gab es noch fünf Betriebe mit fünf bis acht Arbeitnehmern. Unter die-

sen Betrieben waren zwei, die von Heimatvertriebenen gegründet worden waren, die Mattenfabrik Adam Spachmann, die Fußmatten und Fußabstreifer herstellte, untergebracht in einer Baracke an der Asbacher Straße und zeitweise über 30 Arbeitnehmer beschäftigte, und die Teppichweberei Ing. Otto Zillich, untergebracht bei Franz Stich an der Pipinsrieder Straße. Weitere Heimatvertriebene machten sich, sobald sie es konnten, selbstständig, beschäftigten aber keine oder nur einen oder zwei Mitarbeiter: Albine Baumgartl (Molkereiprodukte), Andreas Christl (Schuhmacher), Johann Dorn (Elektrogeräte), Eugenia Gerstberger (Handarbeiten), Johann Glattner (Schneider), Alfred Gückelhorn (Töpferei), Josef Heimann (Kürschner), Wenzel Kawan (Lebensmittel), Josef Mohr (Schneider), Josef Postl (Friseur), Andreas Schuster (Schäffler), Franz Spitzhüttl (Schuhmacher), Arthur Walter (Lebensmittel), Rudolf Wessely (Fotograf und Drogerie).[25]

Auch viele andere brauchten Arbeit. Da war nun die geografische Lage von Altomünster mit einem Vor- und einem Nachteil ausgestattet. Der Vorteil bestand in der günstigen Lage von Altomünster mit Bahnanschluss in Richtung München und den damit gegebenen Möglichkeiten, Arbeitsplätze in Dachau, Karlsfeld, Allach und München leicht zu erreichen. Der Nachteil bestand darin, dass dadurch niemand freiwillig von hier weggehen wollte, um die Möglichkeiten, den Arbeitsplatz günstig zu erreichen, nicht zu verlieren. Dadurch blieb der Druck auf den Wohnungsmarkt lange Zeit bestehen.

Weiter wurde natürlich darauf geachtet, was der Arbeitsmarkt so alles bietet. Mit Sorge wurde deshalb zu Beginn des Jahres 1950 von den Verantwortlichen im Markt die Entwicklung bei BMW in München-Allach verfolgt, »in denen ein großer Teil der arbeitsfähigen Bevölkerung bisher seine Existenz fand. Nach den letzten Auslassungen ist im laufenden Jahr mit der Ausstellung des größten Teils der Belegschaft zu rechnen«,[26] war aus der Gemeindeverwaltung zu hören. Nun, BMW überstand und die Arbeitsplätze waren erhalten worden.

Die mechanische Werkstätte Ludwig Bilmoser, August 1950 (Foto: Alfred Josch)

Ein großer Wunsch und ein großer Traum der Flüchtlinge und Heimatvertriebenen war und blieb natürlich, wieder in die Heimat zurückkehren zu können oder zu dürfen. Gerade in den 1950er Jahren war dieser Wunsch noch alltäglich und immer präsent. Besonders bei Begräbnissen von Heimatvertriebenen und Flüchtlingen kam dieser Wunsch und dieser Gedanke oft ausdrücklich zur Sprache. Als im Juni 1952 der Heimatvertriebene Johann Dorn beerdigt wurde, wurde ausdrücklich daran erinnert, dass er seinen größten Wunsch, seine Heimat wieder zu sehen, nicht mehr erleben durfte. Auch auf öffentlichen Veranstaltungen wurde immer und immer wieder auf das große Anliegen der Heimatvertriebenen hingewiesen. So erklärte der Landtagsabgeordnete und Sudetendeutsche Dr. Paul Wüllerer auf einer Kundgebung der Heimatvertriebenen im Festzelt des Aichacher Volksfestes 1952, dass das europäische Gleichgewicht nur durch die friedliche Rückgabe der Heimat von 15 Millionen Vertriebenen wieder herzustellen sei. Eine Verständigung von Volk zu Volk sei nur möglich, wenn man die nationale Eigenart der Völker und ihre Rechte achte. 300000 Schlesier forderten auf ihrem Treffen im Juni 1955 in Hannover, ihnen ihre Heimat zurückzugeben. Das Ziel der Sudetendeutschen Landsmannschaft (SL) bleibe die Wiedergewinnung der Heimat in Frieden, stellte am 14. September 1958 in einer Versammlung des SL-Ortsverbandes Aichach der Sprecher fest. Der Bundestag habe heuer erstmals zum Tag der Heimat eine Beflaggung der Behördengebäude angeordnet und damit die Bedeutung des Heimatrechtes und die Leistungen der Heimatvertriebenen für den Wiederaufbau herausgestellt.[27]

Auch in Altomünster wurde zur Erinnerung an die frühere Heimat von den Heimatvertriebenen am 5. August 1951 ein Tag der Heimat veranstaltet. Vormittags wurde am Marktplatz ein Gottesdienst gefeiert. Zur Kundgebung am Nachmittag waren etwa 1500 Teilnehmer gekommen.[28]

Mit einem Spruchband in der Bahnhofstraße grüßte Altomünster die Gäste zum Tag der Heimat am 5. August 1951 (Foto: Baumann)

Um wenigstens die Heimat in Bildern und in Unterlagen zu sehen, richteten die Heimatvertriebenen in Altomünster anfangs der 1950er Jahre gegenüber der Bäckerei Baur in der Nerbstraße einen Schaukasten ein, in dem sie abwechselnd immer ein Gebiet ihrer alten Heimat behandelten mit Hinweisen auf die Geschichte der Landschaft, ihre politische Bedeu-

Auf dem Marktplatz feierten die Heimatvertriebenen zum Tag der Heimat einen Gottesdienst (Foto: Baumann)

tung, die deutsche Besiedlung, die wirtschaftliche Struktur des Landes, kulturelle Eigenarten und Sehenswürdigkeiten.[29]

Immer wieder auch tauchten unter den Heimatvertriebenen die Gerüchte auf, dass sie wieder in ihre Heimat zurück dürften. So diskutierten eines Tages etwa um das Jahr 1955 auf dem Marktplatz in Altomünster drei Vertreter der Heimatvertriebenen über solche Gerüchte. Da stellte einer der Diskussionsredner (E. M.) die Frage, die ich im Vorbeigehen aufschnappte: »Glaubt Ihr überhaupt, dass uns die Tschechen noch wollen?« Nun, das Ergebnis wissen wir heute – es dauerte noch Jahrzehnte, bis es den Heimatvertriebenen wieder ermöglicht wurde, in ihre Heimat zu reisen. Nicht alle wollten von dieser Möglichkeit später Gebrauch machen.

Aber auch das gab es: Manch einer und manch eine konnte sich auch in der Fremde von ihrem ehemaligen Staat (nicht Heimat) nicht ganz trennen. 1954 gab es das Endspiel um die Fußballweltmeisterschaft zwischen Deutschland und Ungarn. Die Deutschen gewannen, also verloren die Ungarn. Damit konnte sich eine Heimatvertriebene aus Ungarn, die in Arnbach eine neue Heimat gefunden hatte, nicht abfinden. Sie vergoss Tränen wegen der Niederlage der Ungarn.

Freizeit und Reisen

Fernsehen

Die Möglichkeiten, die Freizeit organisiert zu verbringen, waren in den 1950er Jahren nicht gerade sehr groß. Es gab die Faschingsbälle, einige wenige Tanzveranstaltungen während des Jahres, Theateraufführungen, Filme anzuschauen im Kino, ansonsten trug nur noch der Besuch der wenigen Fußballspiele zur Unterhaltung bei. Die heute bekannten Unterhaltungsformen waren im Aufbau (Radio) oder noch im Versuchsstadium (Fernsehen). Aber nachdem im Juni 1952 Vertreter von 21 europäischen Staaten in Stockholm nach einer mehrwöchigen Konferenz ein Abkommen über die Wellenverteilung für Ultrakurzwellen und Fernsehen unterzeichnet hatten, waren auch für Bayern die Vorbereitungen für die Einführung des Fernsehens geschaffen worden. Die zugeteilten Fernsehwellen reichten aus, um künftig 60 bis 80 Prozent der Bevölkerung Westdeutschlands mit Fernsehprogrammen zu versorgen, eine Zahl, die in den vorherigen 25 Jahren auch in der Rundfunkversorgung nicht überschritten gewesen sei, so die Aussage der Experten. Für Bayern waren sieben Fernsehsender, darunter zwei Hauptsender (Wendelstein und Nürnberg), vorgesehen. Der Hauptsender Wendelstein sollte München, Oberbayern und Teile Schwabens mit Fernsehprogrammen versorgen. Der NWDR wollte seinen öffentlichen Fernseh-Großstart am 1. Januar 1953 haben. In New York waren mittlerweile bereits an verschiedenen Fernsehsendern Versuchssendungen in Farbe erfolgreich abgeschlossen worden. Soweit war man in Bayern noch nicht. Dennoch konnte die Presse im September 1953 melden: »Regensburg hat seine Sensation. Seit Freitag abend [18.09.] wird auf den Winzerer Höhen nördlich der Donau, 440 m über dem Meeresspiegel und etwa hundert m über der Stadt das Fernsehprogramm des NWDR Hamburg von der Fernsehschiene Hamburg – Frankfurt regelmäßig klar empfangen; vor allem bei Hochdruckwetter. Das Programm wird mit einer Vier-Etagen-Antenne direkt vom Fernsehsender Feldberg [wohl Feldberg, Taunus] 350 km weit hergeleitet.« Für den Bereich um Altomünster war es noch nicht so weit: »Durchgeführte Fernsehempfangsversuche [im Mai 1954 in Aichach] ergaben, daß der derzeit nächstgelegene Sender auf dem Feldberg, dem höchsten Berg des Schwarzwaldes, in Aichach zu empfangen, die Bildwiedergabe aber unzureichend ist. Im Sommer werden Versuchssendungen vom Wendelstein beginnen, um die Empfangsmöglichkeiten in Südbayern zu prüfen«.[30]

Im September 1954 war es endlich so weit: Am 14. und 15. September 1954 wurden in Aichach erstmals die vom Fernsehsender Wendelstein ausgestrahlten Testbilder empfangen. Da wollte natürlich Altomünster nicht zurückstehen. Ab dem 20. Oktober 1954 stand im Schaufenster der Elektrofirma Leitl in der Sandizellergasse ein Fernsehapparat. »Jeden Nachmittag und Abend wird hier das Fernsehprogramm des Nordwestdeutschen Rundfunks über den Fernsehsender Wendelstein vorgeführt. Die Bilder kommen sehr deutlich, der Ton ist rein und klar. Allabendlich stauen sich die Zuschauer vor dem Fenster und blicken gespannt auf den geheimnisvollen Bildschirm, der ihnen zu dem schon längst zur Gewohnheit gewordenen Rundfunk als Neuheit auch das entsprechende Geschehen im Bild zeigt. Viel bewundert wird auch die 3 Meter hohe Fernsehantenne. Mit diesen Vorführungen hat das Fernsehen, dieses jüngste Kind der Funktechnik, auch in Altomünster Eingang gefunden«,[31] berichtete der Chronist. Und es wurde noch besser. Am 30. November 1954 war in der Zeitung zu lesen: »Der Bayerische Fernsehfunk überträgt das Länderspiel [England – Deutschland in London am 1. Dezember] von 15.00–16.40 Uhr.«[32] Damit kam Altomünster erstmals in den Genuss einer öffentlichen Fernsehsendung im Maierbräusaal (Kinosaal). Zu der damaligen Zeit gab es im Maierbräusaal unter dem Namen »Ma-Li-Theater« (Markt-Lichtspiel-Theater) ein Kino, betrieben 1954 von Ing. Karl Luft. In diesen Kinoraum stellte Karl Luft am 1. Dezember 1954 einen Fernseher auf, um das Fußballspiel öffentlich zu übertragen – und natürlich Werbung zu machen für das Fernsehen. Das sprach sich natürlich herum. Etwa 40 Personen waren zur ersten öffentlichen Fernsehsendung an einem normalen Arbeitstag gekommen. Selbstverständlich war bei dieser Fußballübertragung auch ich dabei. Der Saal war etwas abgedunkelt, um das Fernsehbild besser sehen zu können. Zum ersten Mal erschien das Erkennungszeichen »Deutsches Fernsehen« mit den verschlungenen Ringen. Und dann erschien tatsächlich ein Bild auf dem Gerät, die Personen bewegten sich, das Fußballspiel war klar zu sehen und zu erkennen. Wir Fernsehzuschauer in Altomünster fieberten mit der deutschen Mannschaft mit und seufzten, als England 1 : 0 in Führung ging und diese kurz vor der Pause auf 2 : 0 erhöhte. Aber dann, etwa gegen halb fünf Uhr am 1. Dezember 1954, brandete zum ersten Mal in Altomünster lauter Jubel vor einem Fernseher auf. Alfred Beck von FC St. Pauli hatte auf Vorlage von Uwe Seeler in der 78. Minute für die deutsche Mannschaft ein

Tor erzielt, auf 1 : 2 verkürzt. Die deutsche Mannschaft verlor schließlich 1 : 3. Aber wir Altomünsterer Zuschauer waren stolz, bei dieser Fernsehsendung dabeigewesen zu sein.[33] Sicher waren wir uns damals, die wir im Maierbräusaal saßen, der Bedeutung dieser Stunden nicht bewusst, dass das Fernsehen einmal die gegenwärtigen Ausmaße annehmen könnte und würde.

Es wurden in der Folgezeit noch weitere Fußballspiele im Maierbräusaal gezeigt, jeweils mit zunehmender Zuschauerzahl. Die Technik war damals noch nicht so ausgereift wie heute. Oft verschwand das Bild. Nur schräge Linien waren dann zu sehen. Auch gutes Zureden an den Apparat half in diesen Situationen nichts. Minutenlang blieb das Bild weg. Einmal wurde es dadurch ganz spannend. Ich weiß nicht mehr, bei welchem Spiel es war. Aber es war Länderspiel und es gab Elfmeter. Und genau nach dem Foul war das Bild weg. Es blieben Linien, nichts als Linien. Die Geduld wurde auf eine harte Folter gespannt. Nach dem Elfmeter kam das Bild wieder.[34]

Und noch etwas war in den Anfangszeiten des Fernsehens anders als heute. Wenn angekündigt war, das Spiel wird von 15.00 bis 16.40 Uhr übertragen, dann war das wörtlich zu nehmen. Es kam dann schon vor, dass die Übertragung bei der entsprechend genannten Zeit abrupt abgebrochen wurde, auch wenn das Spiel noch nicht zu Ende war. Heute würde so etwas wohl Unruhen auslösen.

Beim Leitl und im Maierbräusaal waren die ersten Fernsehbilder, die in Altomünster empfangen werden konnten. Aus technischen Gründen konnten in Altomünster die Spiele der Fußballweltmeisterschaft 1954 in der Schweiz noch nicht empfangen werden.

Das Fernsehen verbreitete sich – zu sagen *rasch*, wäre übertrieben –, aber die Zahl der Fernsehbesitzer erhöhte sich kontinuierlich.

ENTWICKLUNG DER BEI DER POST ANGEMELDETEN FERNSEHGERÄTE:[35]

Mai 1953	2 041	
April 1954	21 722	
1955	126 778	Im Kreis Aichach: 35
1956	392 926	
1957	835 120	
Ende 1958	2 Mio.	Im Kreis Aichach: 344

Richtig los ging es erst 1955, als in allen Oberpostdirektionsbezirken Geräte aufgestellt werden konnten. Noch war das Fernsehprogramm auch überschaubar. Es begann nachmittags mit der Kinderstunde. Einmal in der Woche gab es um 17 Uhr noch den Vermißtensuchdienst. Um 19 Uhr folgte die Münchner Abendschau. Das Abendprogramm dauerte bis 22 Uhr.

Und es hatte auch rasch Auswirkungen auf das soziale Verhalten der Bevölkerung. Nicht nur, dass es in den 1950er Jahren noch ein Statussymbol darstellte, eine Fernsehantenne auf dem Hausdach zu haben. Auch das Verhalten der Bevölkerung wurde nun durch das Fernsehen beeinflusst. Am 14. Juni 1958 berichtete der Chronist: »Die Übertragung des Weltmeisterschaftsspiels Deutschland – Tschechoslowakei hielt viele Kolpingssöhne an den Fernsehern fest, denn die Monatsversammlung am Mittwoch wies nicht den sonst üblichen Besuch auf. Präses Ertl führte Bilder seiner Schweizreise vor.«[36] Noch war nicht bekannt, dass nun Veranstaltungen nach wichtigen (oder vermeintlich wichtigen) Sendungen im Fernsehen zu planen waren.

RUNDFUNK

Zunächst aber war noch der Rundfunk, neben der Tageszeitung, das Medium schlechthin. Seine Sendungen wurden gehört. Hier gab es die regelmäßigen Nachrichtensendungen. Besonders die Nachrichtensendung um 19.45 Uhr war ein wichtiger Bestandteil des Programms. Vormittags gab es um 9.15 Uhr den Schulfunk, 9.45 Uhr den Suchdienst, 18.45 Uhr die Aktuelle Stunde aus Amerika. Und dann gab es da noch eine Sendung, die wir heute als »Kultsendung« bezeichnen würden: Mittwochabends gab es die große Wunschsendung »Sie wünschen – wir spielen Ihre Lieblingsmelodien«. Hier gab es die neuesten Schlager zu hören. Die Sendung war »in«. Erstmals war sie am 11. Dezember 1947 ausgestrahlt worden. Ab 1949, bis 1978, wurde die Sendung vom unvergesslichen Fred Rauch moderiert. Die Sendung lief noch bis Ende 1996.[37]

REISEN

Zu Beginn der 1950er Jahre waren mangels anderer Möglichkeiten noch gemeinsame Reisen und Ausflüge mit den Omnibussen üblich. In erster Linie wurden Vereinsausflüge mit dem Omnibus unternommen. Oft wurden dabei

weggezogene Altomünsterer in ihrer neuen Heimat besucht, so der Bierbrau-
er Willi Wiedemann in Grafenau (1957 TSV).[38] Die Heimatvertriebenen und
Flüchtlinge reisten 1953 mit einem Sondertriebwagen der Bundesbahn. Die
Ziele waren alle noch im überschaubaren Bereich: Spitzingsee, Bayerischer
Wald, Bodensee, Tirol und Salzburg.

Schwimmbad

Zu Beginn der 1950er Jahre kam der Wunsch nach einem Schwimmbad auf.
Der Gemeinderat zeigte sich hierüber aufgeschlossen. Am Mittwoch, den 18.
Juni 1952 beschloss das Gremium, »das geplante Schwimmbad noch heuer zu
errichten«. Hierzu hatte die Gemeinde eine Wiese südlich des Sengenrieder
Weihers gekauft. Bereits am Montag nach dem Beschluss wurde mit dem Bau
begonnen. Im Juli waren die Betonierungsarbeiten am Becken beendet. Am
Donnerstag, den 24. Juli war das Bad mit Wasser gefüllt worden. »Schon am
Freitag erschienen die ersten Badegäste, vorerst allerdings nur Kinder, und
tummelten sich in Scharen stundenlang in dem kühlen Naß.« Das Bad er-
freute sich eines guten Besuches – allerdings auch von solchen Elementen,
die dieser Einrichtung mit ihrer Zerstörungswut besser ferngeblieben wären.
Schon bald gab es Beschwerden über Beschädigungen. Auch fehlte eine Aufsicht über das Bad. Eine geplante Verpachtung kam nicht zustande. So kam
das Ende des Schwimmbades früher als gedacht. Am 31. Mai 1961 besichtigten Vertreter des Staatlichen Gesundheitsamtes das Bad und ordnete anschließend an, dass die Gemeinde »das Bad heuer auf keinen Fall eröffnen
dürfe, auch nicht zum Baden auf eigene Gefahr.«[39] Es gab auch später kein
Wiedereröffnen des Freibades mehr.

Kultur

Theater

An kulturellen Veranstaltungen konnte sich Altomünster in den 1950er Jah-
re sehen lassen, und das im wahrsten Sinne des Wortes. Mit einem großen
Erfolg führte der Gesangverein »Frohsinn« die Operette »Wenn sich Gott
Amor rächt« von N. Mielke im Maierbräusaal auf. Die Operette wurde später

zweimal in Indersdorf und auch in Pöttmes aufgeführt. Es waren jeweils große Erfolge. Auch die Theateraufführungen durch die Altomünsterer Laien-
schauspieler, die die Theater für die einzelnen Vereine spielten, waren jeweils
großartige Darbietungen. Besonders die unvergesslichen Anderl Oswald und
Maria Zotz und noch viele anderes spielten sich in die Herzen und in das Gedächtnis der Theaterbesucher. Die gespielten Stücke waren stets anspruchs-
voll, beispielsweise 1951 »Als er wiederkam«, 1954 »Der Uhrmacher von Ol-
mütz«, 1955 »Die falsche Katz«, »Das Verhängnis auf Schloß Rendsburg«,
»Der Freischütz« (zur Aufführung am 20. November berichtete die Zeitung:
Nicht weniger als fünfmal mußten sich die Darsteller dem Publikum zeigen,
dann erst ebbte der donnernde Applaus ab.), 1956 »Der scheinheilige Flo-
rian«, »Die schöne Postmeisterin«, 1957 »Das Liebesbarometer«, »Die Not
der Alten, Späte Heimkehr«.[40]

KINO

Im April 1947 war, wie schon erwähnt, im Maierbräusaal ein Lichtspielthea-
ter (Kino) von Toni Sedlmair eingerichtet worden, unter dem Namen Ma-Li-
Theater (Markt-Licht-Spiele). 1950 ging das Kino in den Besitz von Ing. Karl
Luft über. Gezeigt wurde das ganze Spektrum an Filmen. Ein Film ist wegen
der großen Nachfrage in besonderer Erinnerung geblieben: Anfangs 1950 lief
eine Woche lang der Film »Das Lied der Bernadette«. Er fand großen Anklang. Das gutgeheizte, 500 Plätze fassende Kino war bei allen Vorstellungen gefüllt. Wie groß die Nachfrage nach Abwechslung und Ablenkung war,
zeigte sich am Sonntag, 8. Januar 1950. Es herrschte ein derartiger Andrang,
dass bei der Nachmittagsvorstellung sogar die Feuerwehr eingreifen musste,
um die Ordnung aufrecht zu erhalten.[41] Die Ankündigung der Filme erfolgte
jeweils auf einer vom heimatvertrie-
benen Maler N. Schaffer künstlerisch
bemalten Anzeigetafel an der Bahnhofstraße. Aber das Altomünsterer
Kino musste vor der zunehmenden
Zahl an Fernsehapparaten kapitulie-
ren. Am Sonntag, 7. August 1960 lief
die letzte Vorstellung. Dann schloss
das Kino Ma-Li-Theater in Altomünster.

*Ankündigungstafel für das Ma-Li-Theater
Altomünster (Foto: Sedlmair)*

Dabei hatte es vorübergehend sogar einmal zwei Kinos in Altomünster gegeben. Am 3. Juni 1951 eröffnete Hans Dorn ein zweites Kino, die Alto-Lichtspiele, im Wiedemannsaal. Gezeigt wurde bei der Eröffnung eine »Wochenschau«, der Kulturfilm »Die Herrgottsschnitzer von Oberammergau« und als Hauptfilm »Schicksal am Berg«. Im folgenden Jahr wurde dieses Kino wieder eingestellt.

MUSIK

Blasmusik hat in Altomünster große Tradition. Die Kapellen Aberl und Wildgruber spielten auf. Aber anfangs der 1950er Jahre hörten die Alten zum Spielen auf. Da übernahm die neugegründete Kolpingskapelle die Tradition. Deren erster Auftritt erfolgte am 8. Dezember 1950 zum Kolpingsgedenktag in der Pfarrkirche. Am Dreikönigstag 1951 umrahmte die Kapelle die Theateraufführung und Weihnachtsfeier des Katholischen Arbeitervereins und am 28. Januar spielte die Kapelle auf dem Reiterball im Wiedemannsaal zum ersten Mal auf einem Faschingsball. Es gab weitere Kapellen als Tanzkapellen in Altomünster: die Kapelle Thomas, die Kapelle Hailer. Zur musikalischen Gestaltung trugen auch der Gesangverein Frohsinn und der Kirchenchor mit großem Niveau bei.

LITERATUR

Im Jahr 1908 war in Altomünster ein Ortsverband des »Katholischen Pressvereins für Bayern« ins Leben gerufen und bald darauf eine öffentliche Bibliothek errichtet worden. Die Bibliothek hatte alle Stürme überstanden und konnte auch in den 1950er Jahren in wechselnden Räumen in Anspruch genommen werden.

WANDEL DER BERUFSWELT

Altomünster war trotz seines Status als Markt bis nach dem Zweiten Weltkrieg landwirtschaftlich geprägt. Die Kuh im Stall gehörte zur Selbstverpflegung dazu. Größere Bauernhöfe hatten natürlich mehrere Kühe im Stall. Rund 70 große und kleine landwirtschaftliche Betriebe dürfte es 1950 in Altomünster gegeben haben. Die überwiegende Zahl davon konnte natürlich nicht im Hauptberuf von der Landwirtschaft leben. Es wurde entweder noch ein Hauptgewerbe betrieben (Brauerei, Schreinerei, Zimmerei, Wagnerei) oder der Nebenerwerbslandwirt stand in einem abhängigen Arbeitsverhältnis. Noch wurde in den 1950er Jahren nicht an das Aufgeben des eigenen landwirtschaftlichen Betriebes in Form von Verpachten oder Verkaufen der Flächen gedacht. Im Gegenteil: Auch die Kleinlandwirte stellten Ende der 1950er Jahre ihren Betrieb von den Zugtieren auf Zugmaschinen (Schleppern) um. Schlepper aller Marken tuckerten auf den Altomünsterer Straßen und Feldern: Deutz, Eicher, Fendt, Hanomag, Kramer, Lanz, OK, Schlüter, Stiehl, Unimog. Dabei gab es in den Jahren nach dem Zweiten Weltkrieg in Altomünster keinen Dieselkraftstoff zu kaufen. Dieser musste vorläufig mit Kanistern aus Aichach bezogen werden. Erst allmählich konnte auch in Altomünster im Lagerhaus Echtler, und später bei den verschiedenen Tankstellen, Dieselkraftstoff bezogen werden.

Mit der Bitte um unfallfreies Fahren nahm Geistlicher Rat Leopold Schwaiger am 26. August 1951 auf dem Marktplatz erstmals eine Segnung der Zugmaschinen vor. Die Kennzeichen »A B 21« bedeuteten »Amerikanische Zone Bayern«, 21 stand für Landkreis Aichach (Foto: Baumann)

Aus der Tätigkeit in der Landwirtschaft konnte der Kaufpreis für die Schlepper und weitere Maschinen nicht bezahlt werden. Aber die Arbeit sollte leichter gemacht werden. Deshalb wurden zunächst noch (aus den Einnahmen aus der abhängigen Arbeit) Maschinen angeschafft und die Landwirtschaft – aus Tradition und einem wohl falsch verstandenen Verantwortungsbewusstsein gegenüber den Vorfahren – beibehalten. Auch in der zweiten Hälfte der 1950er Jahre durften noch nicht alle Kinder der Kleinlandwirte (bis zehn, fünfzehn Tagwerk) einen Beruf ergreifen. In vielen Fällen sollten die Minibetriebe fortgeführt werden.

Das Aufgeben der landwirtschaftlichen Betriebe begann am augenfälligsten bei den größten Betrieben. Die beiden Brauereien stellten in den 1950er Jahren ihre Landwirtschaft ein. Aber bereits Ende der 1940er Jahre hatten die Kleinstlandwirte mit drei, vier, fünf Tagwerk landwirtschaftlicher Fläche begonnen, ihre Betriebe aufzugeben. Die Flächen wurden verpachtet oder verkauft. Damit hatte ein Prozess begonnen, der sich anschließend über mehrere Jahrzehnte hinzog. Teilweise war es so, dass in den landwirtschaftlichen Betrieben die

Jungen (Kinder) einen Beruf erlernten und die Alten (Eltern) die Landwirtschaft weiterführten, so gut und so lang sie es noch schafften. Nachdem die
Alten einmal nicht mehr konnten oder wollten, wurde die Landwirtschaft aufgegeben. Zusätzlich aber wurden auch solche Betrieben aufgegeben, bei denen
der Betriebsinhaber in abhängiger Arbeit – mit geregelter Arbeitszeit und Freizeit an den Wochenenden – ein wesentlich größeres Einkommen als aus dem
eigenen landwirtschaftlichen Betrieb erzielen konnte. Auch die Landwirte, die
nach 1950 den elterlichen, damals lebensfähigen Betrieb, übernommen hatten,
suchten nach weiteren Einnahmequellen und führten Hilfsarbeiten aus, beispielsweise im Lagerhaus, bei der Zimmerei Stich oder waren als angelernte
Maurer, ohne Lehrzeit, als Maurer und Handlager bei den Baugeschäften Bu-
xeder und Schall in Altomünster beschäftigt. Die Einnahmen aus den verpachteten landwirtschaftlichen Flächen waren dabei ein willkommenes zusätzliches
Einkommen. Aus den Pachteinnahmen allein konnte kein ehemaliger Landwirt leben. Er brauchte auf alle Fälle einen Hauptberuf. Aber das Zusatzein-
kommen wurde (und wird) gerne angenommen. Der Betriebsaufgabeprozess
ist erst nach 2010 zum vorläufigen Stillstand gekommen. Derzeit existieren
in Altomünster noch fünf landwirtschaftliche Betriebe, davon vier mit Viehhaltung. Der Beginn des Aufgebens der kleinen landwirtschaftlichen Betriebe
bedeutete den Beginn eines großen Strukturwandels in der Berufswelt in den
1950er Jahren. Vollends zum Durchbruch kam diese Änderung in der Berufswelt erst nach dem Untersuchungszeitraum, in den 1960er und 1970er Jahren.

Der Strukturwandel in der Zeit ab 1950 lag aber nicht nur in dem beginnenden Aufgeben der kleinen landwirtschaftlichen Betriebe. Ein großer Strukturwandel lag auch darin, dass nun die nachgeborenen Kinder –
wenn das älteste Kind für die Hofübernahme vorgesehen war – nicht mehr
als Knechte und Mägde zu Bauern geschickt wurden, sondern weiterführende Schulen besuchten oder einen Beruf erlernten oder in die Fabrik gingen.
Dadurch konnten auch die vielen Nachfragen nach Facharbeitskräften, die
von Gewerbe und Industrie ab 1950 gestellt wurden, bedient werden. Dennoch waren die nun vorhandenen Arbeitskräfte für diese Bereiche immer
noch nicht ausreichend. Wir befanden uns ja in der Wirtschaftswunderdeka-
de. Im Oktober 1958 wurde festgestellt: »Jetzt fehlt es sogar an Hilfsarbeitern.
Während schon bislang ein Mangel an Facharbeitern zu verzeichnen war, galt
dies im September sogar für Hilfsarbeiter.« Und dies, obwohl im April 1956
die ersten Italiener als Arbeitskräfte für die Ziegeleien in Hilgertshausen und
Stumpfenbach eingetroffen waren.[42]

Auch im gewerblichen Bereich war die Betriebsfortführung oder –aufgabe nicht anders als im landwirtschaftlichen Bereich. Aber hier erfolgte die große Änderung erst nach 1960. Manche gewerblichen Betriebe konnten mangels Nachfolger nicht weitergeführt werden. Als Beispiel soll der folgende Fall dienen: In den 1950er Jahren bemühte sich der Schmiedemeister Ludwig Hofberger, seine Schmiede, die er von seinem Vater und der wieder von seinem Vater übernommen hatte, zu einem gewerblichen Betrieb zur Herstellung von landwirtschaftlichen Geräten auszubauen. 1957 und 1959 stellte er auf dem Zentrallandwirtschaftsfest in München seine Anhänger- und Anbaueggen aus.[43] Kinder waren vorhanden. Aber die lernten andere Berufe. Der Betrieb wurde mittlerweile eingestellt.

Grundsätzlich aber blieben im gewerblichen Bereich in Altomünster die Verhältnisse während der gesamten 1950er Jahre gleich. Die große Änderung mit mehreren Betriebsaufgaben erfolgte im gewerblichen Bereich erst nach 1960.

DIE FRAU IN DER GESELLSCHAFT

In der bis in die Mitte des 20. Jahrhunderts von den Männern dominierten Gesellschaft hatten es nur wenige Frauen geschafft, in Altomünster eine dominierende Rolle zu spielen. Mit dem Eintreten in die Berufswelt änderte sich dieses. Das Selbstbewusstsein der Frauen kam zum Vorschein oder erhöhte sich. Dies drückte sich auch »in ganz unglaublichen Vorgängen« aus. Bis um 1950 gab es noch die »Bürgerschicht« in Altomünster, dargestellt durch die Geschäftsinhaber und leitende Angestellte und Beamte. In dieser Schicht war es ungeschriebenes Gesetz, dass nur Seinesgleichen geheiratet werden konnte oder durfte. Nun gab es aber plötzlich auch in Altomünster junge Heimatvertriebene, die für manche junge Altomünsterinnen begehrenswert erschienen. Und nun geschah (zwar in wenigen Fällen, aber immerhin) das Unglaubliche: Junge Einheimische aus der Bürgerschaft und junge Heimatvertriebene fanden zusammen und ließen sich durch kein elterliches Machtwort mehr auseinanderbringen. Vielleicht ist dieser Wandel, dieses Ausbrechen aus der bisherigen Welt, noch höher einzustufen als der Strukturwandel in der Berufswelt. »Die Frauen emanzipierten sich« – sie fingen an, sich aus der bisherigen Abhängigkeit zu befreien.

Damit einher gingen auch weitere Neuerungen, beispielsweise in der

Mode. Die Münchner Meisterschule zeigte im März 1950 ihre neue Kollektion. Ergebnis: Die Röcke wurden bedeutend kürzer, 40 cm vom Boden bedeckten sie oft nur gerade das Knie. Die schmale, eng betonte Taille blieb, wenn auch etwas verlängert.[44]

Im Übrigen hat es den Anschein, dass das Bild und die Rolle der Frau in den 1950er Jahren viel mehr im Mittelpunkt der Diskussionen stand als heute. So unterstrich die Diözesanjugendführerin Amalie Lommer von Augsburg in einem Seminar am 16. Januar 1957 in Aindling die Erkenntnis: »Es steht und fällt ein Volk mit seinen Frauen«, indem sie die Bedeutung der Frau im Familien- und öffentlichen Leben in vielerlei Hinsicht herauszustellen wusste. Die Mütter müssen für den Begriff frauliche Würde schon in den Kindern, besonders in den Mädchen, die später wieder Familienmütter würden, Verständnis erwecken, forderte die Vortragende. Am 2. Juli 1957 sprach eine Referentin vor dem Katholischen Frauenbund in Altomünster über das Thema »Die Verantwortung der katholischen Frau im öffentlichen Leben«: »In anschaulicher Weise erläuterte die Referentin, wie gerade die katholische Frau berufen sei, das öffentliche Leben im christlichen Sinne zu beeinflussen. Möglichkeiten hierzu gebe es genügend, durch die Tat, durch gutes Beispiel in der Familie und in der Ortsgemeinschaft, durch Zusammenschluß mit Gleichgesinnten, durch festes und entschiedenes Auftreten und nicht zuletzt durch rege Teilnahme am öffentlichen Leben. So sei es auch der katholischen Frau möglich, Weg, Schicksal und Zukunft des Volkes entscheidend zu beeinflussen.« Und noch einmal ging es darum, das Selbstbewusstsein der Frauen zu heben. In einem Vortrag in Aichach im November 1958 stellte die Rednerin fest: »Oftmals komme ein Mädchen schon mit dem Vorurteil ›nur ein Mädchen‹ zu sein bereits auf die Welt. Die Einstellung ziehe sich dann wie ein roter Faden durch das ganze Leben und diese Mädchen bekommen oft Minderwertigkeitsgefühle. Drei große Gefahren berge dieser Komplex in sich. Man lasse sich unterkriegen, werde mutlos und bringe es dann tatsächlich im Leben zu nichts. Es gelte deshalb, selbstständig zu werden, urteilen und unterscheiden zu lernen, alle Möglichkeiten der Fortbildung zu nutzen, seine Fähigkeiten und Möglichkeiten zu berücksichtigen und sich nicht hinter ein ›ich möchte …‹ zu verkriechen.«

Fazit: Die Saat ist aufgegangen. Die Frauen sind seit den 1950er Jahren allmählich aus einer Abhängigkeit ausgebrochen. Gegen so viel Frauenpower musste natürlich von der Männerwelt Gegenwehr kommen. Eine solche gab es in England. Dort wurden zu Beginn des Jahres 1953 weibliche Fußball-Schiedsrichterinnen abgelehnt mit dem Argument: »Es reicht, wenn die Frauen zu Hause kommandieren.« [45]

Die Amerikaner

Das Verhältnis der amerikanischen Besatzungssoldaten zur einheimischen Bevölkerung und umgekehrt will ich mit einem Bild ausdrücken, das richtungsweisend für das Zusammenleben aller Völker sein könnte. Die amerikanischen Soldaten wurden mit der Weisung nach Deutschland kommandiert, keine Verbrüderung mit den Deutschen vorzunehmen. Aber wenn sich die Menschen verstehen, können eigentlich keine Konflikte ausbrechen. Die Weisung der Amerikaner hielt sehr bald der Wirklichkeit nicht mehr stand. In Altomünster sind keine Probleme mit den Besatzungssoldaten bekannt. Nicht nur die verschiedenen Geschlechter trafen sich. Auch Personen mit gleichen Passionen trafen sich. So gingen sehr bald der Altomünsterer Aushilfsmesner, Maurer und Pferdemetzger und Jäger Simon Zimmermann mit dem amerikanischen Besatzungsoffizier Captain Mahle auf die Jagd.

Simon Zimmermann und Captain Mahle nach erfolgreicher Jagd (Foto: Baumann)

Was sonst noch wichtig war in Altomünster

Konsum: Die Schlussverkäufe – Sommerschlussverkauf und Winterschlussverkauf – waren stark gefragt. Schon lange vor Öffnung der Läden stauten sich vor den bekannten Kaufhäusern der Großstädte (Augsburg, München) die Menschen vor den Eingängen und strömten nach dem Öffnen in die Geschäfte. Auch auf dem Land war das Interesse groß. In einer Anzeige am 26. Januar 1952 wies das im Landkreis Aichach bekannte Bekleidungsgeschäft

Bierling, Aichach, mit Filiale in Altomünster ausdrücklich darauf hin: »Der Andrang wird groß sein.« Es sollen deshalb auch die weniger stark besuchten Mittagsstunden zum Einkaufen genützt werden.

Lebensmittelkarten: Noch einen Bezug zur NS-Zeit hatten die Lebensmittelkarten, die noch zu Beginn des Jahres 1950 ausgegeben worden waren. Die Lebensmittelkarten waren notwendig für den Bezug von Lebensmitteln und Kleidung während der Zeit der Zwangsbewirtschaftung (Zuteilung von Lebensmitteln und Kleidung). In Altomünster erfolgte die letzte Ausgabe von Lebensmittelkarten am Mittwoch, 4. Januar 1950. Es waren Karten für 2153 Personen vorgesehen, die für die letzte Versorgungsperiode (Januar und Februar 1950) reichen sollten. Doch inzwischen waren die Bestimmungen schon derart gelockert gewesen, auch waren Lebensmittel im freien Handel bereits in genügender Menge erhältlich, so dass längst nicht mehr alle Karten abgeholt worden waren. Im März 1950 waren dann noch Zuckerkarten ausgegeben worden, und zwar für 2098 Personen. Aber auch diese waren nicht mehr alle abgeholt worden.

Glocken: Am Kirchweihsamstag 14. Oktober 1950 trafen drei neue zur Ergänzung des Geläutes dienende große Glocken St. Alto, Christkönig und Marienglocke von der Glockengießerei Czudnochowsky in Erding ein. Sie wurden am Kirchweihmontag 16. Oktober auf dem Marktplatz geweiht und am 18. Oktober aufgezogen.

Neubau: Am höchsten Punkt des Marktes ist im Februar 1951 das neue Gewächshaus der Gärtnerei Mair fertiggestellt worden, »das unstreitig eines der größten im ganzen Kreisgebiet sein dürfte«, so die Lokalzeitung. »Das doppelgiebelige Treibhaus, aus Eisenschienen und Glas hergestellt, hat eine Länge von 20 Meter, ist drei Meter hoch und neun Meter breit. Es hat Warmwasserheizung und ist mit Wasseranschluss versehen. Die Eisenkonstruktion wurde von der Schlosserei Andreas Isemann angefertigt. Zur Einglasung wurden über 320 Quadratmeter Glas benötigt. Zur Warmwasserheizungsanlage wurden 300 Meter Rohre benötigt. In den langen Beeten des Treibhauses grünte schon um die Mitte Februar Frühgemüse aller Art, Salat, Spinat und dergleichen, das dann bis Ende Februar schon auf den Markt gebracht werden konnte.«

Pferderennen: Am 29. April 1951 führte der Reit- und Fahrverein Altomünster auf einer Wiese an der Stumpfenbacher Straße Rennen für Oberländer und Traber durch.

Kiosk: »Der bisher von Gärtnermeister Ernst Aberl betriebene Kiosk unter der alten Linde am sog. Kienastberg wurde im August 1951 von Gärtner-meister Xaver Mair käuflich übernommen. Er wird in unveränderter Weise weitergeführt.«

Koreakrieg: Der Koreakrieg 1950–1953 beunruhigte die Bevölkerung.

Oberschule in Dachau: In einer Versammlung des Schulvereins Dachau, an der auch Vertreter Altomünsters teilnahmen, im Juli 1952, wurde die Forderung erhoben, die Stadt Dachau soll die durch das Ableben ihres Gründers Dr. Michael Heider verwaiste Private Oberschule als städtische Schule übernehmen. Die Schule in Dachau konnte im September 1952 als Außenstelle Dachau der staatlichen Ludwigs-Oberrealschule München mit den ersten beiden Klassen in den neuen Räumen der Ludwig-Thoma-Schule eröffnen. Von Altomünster wurden bereits acht Schüler dort angemeldet.

Autobahnanschluss: 1953 wurde beschlossen, bei Adelzhausen eine Autobahneinfahrt zu erstellen, die am 16. August 1955 für den Verkehr freigegeben wurde.

Sparkasse: »In den neuen Räumen des 1953 erbauten Hauses neben dem Rathaus hat die Marktsparkasse am 10. Dezember 1953 ihren Geschäftsbetrieb aufgenommen.«

Das neue Sparkassengebäude war am 10. Dezember 1953 eröffnet worden (Foto: Baumann)

»Eine Frauengestalt, mit der Sichel in der Hand nach getaner Arbeit ruhend auf den Früchten ihres Fleißes und einem sich an ihren Schoß drängenden Kinde die Früchte weiterreichend, also ein Sinnbild der Fruchtbarkeit und des Fleißes«, so lautet die Beschreibung des Bildes, das Kunstmaler Otto Fuchs, Dachau, an der Südseite des Sparkassengebäudes angebracht hatte (Foto: Baumann)

Nanga Parbat: Am 17. März 1955 hielt der Tiroler Bergsteiger Hermann Buhl im Maierbräusaal einen Vortrag über seine Erstbesteigung des Nanga Parbat am 3. Juli 1953. Hermann Buhl ist am 27. Juni 1957 in Himalaya-Gebiet tödlich abgestürzt.

China: Im Maierbräusaal berichtete am 10. Mai 1955 im Rahmen einer Missionsveranstaltung ein Pater der Steyler Mission über seine Erlebnisse während seiner langjährigen Tätigkeit in China. Der Vortrag gab einen interessanten Einblick in die Kultur des chinesischen Volkes, sein Familienleben, seine Sitten und Gebräuche. Anschließend wurde der japanische Film »Die Glocken von Nagasaki« vorgeführt, das Leben und Wirken des Röntgenarztes Dr. Nagai.

Handballspiel: Am Fest Christi Himmelfahrt, 19. Mai 1955, fand auf dem Sportplatz das erste und bisher einzige Handballspiel in Altomünster statt: TSV Aichach – TSV Indersdorf 12 : 12.

BMW Isetta: Inserat Ludwig Bilmoser: BMW Isetta DM 2 550,– ab Werk.

Bundeswehr: Am 2. Januar 1956 rückten die ersten Freiwilligen in die Kasernen der Bundeswehr ein. Am 15. Oktober 1956 machte die Gemeindeverwaltung darauf aufmerksam, »dass sich alle männlichen Angehörigen des Jahrganges 1937, geboren in den Monaten Juli, August und September, die am heutigen 15.10. in Altomünster ihren ständigen Wohnsitz haben, zum Zwecke der Wehrerfassung in der Gemeindekanzlei zu melden haben«. Zwei Wehrpflichtige meldeten sich daraufhin. Die ersten Wehrpflichtigen aus Altomünster rückten im Jahr 1957 zur Bundeswehr ein.

Fahnenweihe: Am 17. Juni 1956 feierte der Krieger- und Soldatenverein Altomünster sein 85. Gründungfest mit Weihe der neuen Vereinsfahne. Ein großer Festzug bewegte sich durch den Markt.

Primiz: Nach einer Pause von 46 Jahren trat am 5. August 1956 wieder ein Sohn der Marktgemeinde, der Dominikanerpater Jordanus M. Gebhard, an den Primizaltar.

Neuer Sportplatz: Ab April 1957 plante der TSV, den bisherigen Sportplatz an der Dr.-Lang-/Halmsrieder Straße zu verlegen, da hier keine Vergrößerungsmöglichkeit bestand. Auf diesem Platz fand im März 1959 das letzte Fußballspiel statt. Während der Bauphase des neuen Platzes spielten die Mannschaften auf dem Platz des TSV Aichach. Im September 1958 konnte TSV-Vorsitzender Martin Brombeis in einer Ausschusssitzung im Cafe Völkl bekanntgeben, dass es gelungen sei, an der Aichacher Straße einen neuen Sportplatz zu bekommen. Brauereibesitzer Jakob Maier stelle insgesamt vier

Die Spitze des Festzuges beim Umzug anlässlich der Fahnenweihe des Krieger- und Veteranenvereins am 17. Juni 1956 bildeten zwei Reiter in den Uniformen des ehemaligen 4. königlich bayerischen Chevaulegers-Regiment »König« in Augsburg (Foto: Baumann)

Tagwerk Grund zur Verfügung. Mit den Bauarbeiten wurde im November 1959 begonnen. Eingeweiht durch Pfarrer Johann Gradl und eröffnet mit dem ersten Spiel SV Heßdorf – FC Schrobenhausen 1 : 1 konnte der neue Platz am 30. April 1961 werden.

Geschmacksverfeinerung: Einen Strukturwandel besonderer Art seit der Währungsreform stellten die Metzgereien Mitte des Jahres 1957 fest. »Die Zeiten des »Fetthunger« sind vorbei und mit dem gestiegenen Lebensstandard sind auch die Qualitätsansprüche bei den Wurstwaren größer geworden. ›Unter der Kundschaft sind nur noch wenige, die ausdrücklich fettes Fleisch verlangen, ja manche wollen jedes Stück Fett weggeschnitten haben,‹ erzählt Obermeister Johann Rabl von der Metzgerinnung Aichach. Schinken, der früher nur an Festtagen gefragt war, gehört heute zum täglichen Konsumartikel und bei der Wurst werden die besseren Sorten bevorzugt. Viele fürchten jetzt ein zu starkes Anwachsen ihres Körperumfanges, andere müssen aus Gesundheitsgründen Rücksicht auf ihre Speisekarte nehmen. Manche befolgen ›moderne‹ Ernährungsratschläge und decken ihren Fettbedarf mit anderen Nahrungsmitteln. Heute sagt die Hausfrau beim Einkauf: ›Aber bitte ohne Fett und ohne Knochen. Mein Mann will kein fettes Fleisch.‹«

Straßennamen: Am 28. August 1957 beschloss der Gemeinderat, zur Einführung von Straßennamen und Neunummerierung der Häuser einen Ausschuss einzusetzen. Am 18. Februar 1959 wurde die Einführung der Straßennamen vom Gemeinderat beschlossen.

Geschwindigkeitsbeschränkung: Ab 1. September 1957 gilt eine Geschwindigkeitsbeschränkung von 50 km/st (heutige Bezeichnung 50 km/h) in geschlossenen Ortschaften.

Schulhauserweiterung: Um die Außenstelle der landwirtschaftlichen Berufsschule zu erhalten, wird eine Vergrößerung des Schulhauses vorgenommen, beschloss der Gemeinderat am 26. Februar 1958. Im Juni 1958 wurde bereits mit den Bauarbeiten begonnen. Mit Beginn des Schuljahres 1959/60 wurde der Anbau der Schule bezogen.

Die Erweiterung des Schulhauses wurde im Herbst 1959 bezogen (Foto: Baumann)

Ein Unwetter großen Ausmaßes überzog am 16. Juli 1958 auch den Markt Altomünster und richtete an Gebäuden und besonders in den Wäldern große Schäden an.

Gemeinschaftsgefrieranlage: Am 1. September 1958 wurde eine in Privatinitiative erbaute Gemeinschaftsgefrieranlage mit 18 Fächern an der Talangerstraße in Betrieb genommen.[46]

1 AZ, 18. 09. 1950.

2 AZ, 10. 11. 1951, 19. 12. 1951.

3 AZ, 24. 11. 1953, 19. 12. 1953, 24. 04. 1954, 30. 12. 1954.

4 AZ, 14. 07. 1955, 19. 07. 1955.

5 AZ, 23. 07. 1955, 25. 10. 1955.

6 AZ, 18. 03. 1950, 25. 08. 1951.

7 AZ, 28. 10. 1951, 30. 04. 1952, 07. 08. 1952, 13. 09. 1952, 04. 05. 1953, 25. 08. 1953, 17. 10. 1953.

8 AZ, 18. 03. 1950, 07. 12. 1951.

9 AZ, 02. 06. 1956, 03. 09. 1956, 03. 12. 1956, 16. 03. 1957, 29. 06. 1957, 29. 05. 1958.

10 AZ, 22. 07. 1952, 07. 08. 1952, 09. 08. 1952, 18. 10. 1952.

11 AZ, 26. 03. 1953, 25. 07. 1955.

12 AZ, 02. 06. 1955.

13 AZ, 30. 01. 1956, 20. 10. 1956.

14 AZ, 12. 04. 1952, 08. 07. 1952, 16. 09. 1954.

15 AZ, 01.10.1956.

16 Heinrich Dürscherl, Festschrift zum zwölfhundert-jährigen Sankt Alto-Jubiläum, München 1930, S. 120.

17 AZ, 12.10.1959, 15.01.1960.

18 AZ, 24.01.1952, 07.06.1952, 05.09.1953, 25.01.1954, 24.07.1956, 03.11.1956, 01.03.1958, 10.05.1958, 06.06.1959.

19 AZ, 25.08.1951.

20 AZ, 01.03.1959, 21.03.1959.

21 AZ, 08.12.1951.

22 AZ, 29.03.1952.

23 AZ, 09.05.1953.

24 AZ, 07.03.1950, 29.03.1950, 19.04.1950.

25 Richard Bauch, Flüchtlinge und Heimatvertriebene im Landkreis Aichach-Friedberg, Aichach 1990, S. 179, mit eigenen Ergänzungen.

26 AZ, 18.03.1950.

27 AZ, 27.06.1955, 15.09.1958.

28 AZ, 07.08.1951.

29 AZ, 14.06.1952, 19.08.1952, 06.09.1952.

30 AZ, 03.07.1952, 19.07.1952, 20.12.1952, 22.09.195305.05.1954.

31 AZ, 16.09.1954, 23.10.1954.

32 AZ, 30.11.1954.

33 Leider passierte bei der Heimfahrt der deutschen Zuschauer aus London ein Zugunglück. Wegen erhöhter Geschwindigkeit (82 km/h statt zulässiger 30 km/h) sprang die Lokomotive an einer Brücke bei Löwen in Belgien aus den Schienen und riss die folgenden Wagen mit. Es gab 21 Tote, darunter war ein 17-Jähriger aus dem Landkreis Aichach. AZ, 04.12.1954, 09.12.1954.

34 Anton Mayr, Alto-Land Hefte, Ausgabe 1991, S. 272.

35 AZ, 14.05.1955, 19.11.1955, 13.01.1959.

36 AZ 14.06.1958.

37 Auskunft des Bayerischen Rundfunks, PER.BR.3.

38 AZ, 25.06.1957.

39 AZ, 19.06.1952, 28.06.1952, 24.07.1952, 29.07.1952, 15.06.1961.

40 AZ, 03.07.1950, 05.01.1954.

41 Donau-Kurier, 14.01.1950.

42 AZ, 05.05.1956, 11.10.1958.

43 AZ, 28.09.1957, 19.09.1959.

44 AZ, 20.03.1950.

45 AZ, 10.01.1953, 19.01.1957, 02.07.1957, 29.11.1958.

46 AZ, 30.04.1951, 04.09.1951, 07.12.1951, 26.01.1952, 10.12.1953, 18.03.1955, 12.05.1955, 05.07.1956, 27.04.1957, 18.07.1957, 29.08.1957, 09.09.1958, 13.09.1958, 21.02.1959.

Hebertshausen in den Fünfzigern

Heide Bossert

Wohnungsnot

Hebertshausen war, wie viele Gemeinden im Landkreis Dachau, bis zum Zweiten Weltkrieg ein fast ausschließlich landwirtschaftlich orientiertes Dorf.[1] Es gab wenig private Bebauung: am westlichen Ortsrand eine kleine Siedlung mit 12 Häusern, »Kolonie« genannt, und am östlichen Ortsrand den Ortsteil Deutenhofen, dazu Geschäfte für den täglichen Bedarf: Wirtshaus, Metzgerei, Bäckerei, Kramer, Schmied und auch eine Werkstatt. Nach Kriegsende war eine der ersten Herausforderung an die Gemeinde und die Bevölkerung der Zuzug vieler Flüchtlinge und Vertriebener. Sie kamen hauptsächlich aus dem Sudetenland, aus Schlesien und aus Ungarn, davon besonders viele aus der Ortschaft Lokut. In alle Höfe und Häuser mussten sie einquartiert werden, was oft nur unter erheblichem Druck von Bürgermeister und Gemeinderat erfolgte. Daher war eine der vordringlichsten Aufgaben der Gemeinde, weitere Unterbringungsmöglichkeiten zu schaffen.

Auf dem freien Platz zwischen der Franz-Schneller-Straße und der Hauptstraße (heute Freisinger Straße) wurden drei Wohnbaracken errichtet und eine Waschbaracke. Nur in der Waschbaracke gab es Toiletten und fließendes kaltes Wasser. Da der Zustrom von Flüchtlingen nicht nachließ, kam es zu Überbelegung, teilweise sogar zu einem Belegungsstopp. Auch eine Verbesserung der hygienischen Zustände wäre dringend notwendig gewesen.

In den Dachauer Nachrichten wurde am 12.9.1951 über das Leben in den Baracken berichtet, unter dem Titel: »Wir bitten um Auflösung des Lagers«.[2] Da dieser Artikel einen Einblick in die verheerenden Zustände gibt, wird er hier in voller Länge zitiert:

»Eine Flüchtlingsversammlung, besucht von 60 Personen und geleitet von dem Flüchtlingsvertrauensmann Franz Kandler, wurde im Saal des Café Rothe abgehalten. Kernstück war das Referat des Flüchtingsamtsleiters Hemut Lange (Dachau). Er führte folgendes [sic] aus: Die Baracken des hiesigen Füchtlingslagers seien 1942 durch die Stadt München für Evakuierte dieser Stadt erbaut, aber zunächst als Werkstätten für die Produktion einer Geheimwaffe, dann als Militärunterkünfte der Besatzungsmacht und zuletzt im Jahre 1946 als Flüchtlingswohnstätten verwendet worden. Im Jahre 1947 habe die Gemeinde Hebertshausen die Baracken für zwölftausend Reichsmark erworben. ImVerlauf von neun Jahren seien die pimitiv gebauten Baracken nicht besser geworden. Die Dächer seien nicht undurchlässig geblieben und Schwammkolonien an den feuchten Brettern der Fußböden. Decken und Wände nähmen immer mehr an Ausdehnug zu.

Das Wohnen von 28 Familien mit 106 Erwachsenen und 38 Kindern innerhalb dünner Bretterwände sei ungesund; es wird den Menschen das Leben in solchen Unterkünften auf die Dauer unerträglich. Kein Tag vergehe, an dem nicht Unzufriedene zu dem Redner ins Kreisflüchtlingamt kämen und sich über die vielen Unzulänglichkeiten ihrer Behausungen beklagten. Es dürfe in den dünnwandigen Baracken kein herzliches und erquickliches Lachen erschallen, weil vielleicht daneben einer schläft, der erst von der Arbeitsstätte kam. Alle, die solche Beracken bewohnen, seien in ihrem Tun und Lassen beengt und behindert, so auch die Hausfrau, die hier, wo für fast dreißig Familien nur eine einzige Waschküche zur Verfügung steht, ihre Wäsche waschen will. Kleinere Spannungen weiteten sich allmählich zu Streitigkeiten und mitunter selbst zu Schlägereien aus. Für 38 Kinder des hiesigen Lagers stünde kein Spielplatz zur Verfügung.

Der Redner erklärte, solche Zustände könnten nicht belassen werden, es müßte vielmehr wieder dahin kommmen, daß auch die heutigen Lagerinsassen in naher Zukunft wieder wohnlich so untergebracht werden, daß auch sie zufrieden sein können. Zur Selbsthilfe aufrufend, erzählte Lange schließlich noch von den Bewohnern eines Barackenlagers im Landkreis Neu-Ulm, wo er sich selbst durch Augenschein von dem dort bereits durch Selbsthilfe Geschaffenen überzeugte. Dort bauten Frauen, Männer und größere Kinder des 120 Familien umfassenden Lagers seit sieben Wochen an etwa zwanzig Doppelhäusern. Eine achtköpfige Familie habe im Juli 326 geleistete Arbeitsstunden an Gemeinschaftsarbeit in Arbeitsbücher eingeschrieben erhalten.

Nach einer längeren Aussprache, in die der Flüchtlingsamtsleiter Lange und der Versammlungsleiter Kandler immer wieder erläuternd eingriffen, fand die nachfolgend angeführte, an das Staatssekretariat für das Flüchtlingswesen weitergeleitete Resolution einstimmige Annahme:

»Wir Heimatvertriebenen des Lagers in Hebertshausen bewohnen seit dem Jahre 1946 Baracken, die in dem Jahre 1942 gebaut wurden. Dieses Lager, das anfangs staatlich betreut wurde, befindet sich heute in einem verheerenden Zustand. Wir Lagerinsassen haben den Wunsch, aus den primitiven Hütten in ordentliche Wohnungen zu kommen. Da die Baracken im Jahre 1947 durch Kauf in den Besitz der Gemeinde übergegangen sind, hat das hiesige Lager heute den Charakter eines Gemeindelagers. Aus diesem Grunde können die Lagerinsassen zunächst betreffs Baufinanzierung nicht in den Genuß der vom Staate vorgesehenen Vergünstigungen und Vorteile gelangen, wenn – so wie anderwärts – an Stelle der Lagerbaracken im Wege einer Selbsthilfeaktion oder auf andere Weise neue Wohnungen in Blockhäusern oder Eigenheimen geschaffen werden. Wir Heimatvertriebenen des Lagers Hebertshausen sind an den jetzigen Verhältnissen schuldlos. Wir erklären uns dazu bereit, tatkräftig durch eigener Hände Arbeit unseren Teil zur nun notwendigen Auflösung des Lagers beizutragen und bitten um Anerkennung unserer Rechte sowie um die neuerliche Einreihung des Lagers in Hebertshausen in die Kategorie der staatlichen Lager. Wir alle sind von der Hoffnung erfüllt, daß unserer Bitte stattgegeben und das Ziel der Auflösung des Lager erreicht werde.«

Das Barackenlager wurde nach und nach aufgelöst, die letzte Barracke wurde erst 1963 geräumt und abgebrochen.

WASSERVERSORGUNG UND SCHULBAU

Schon 1949 trat die Gemeinde dem »Planungsverband Äußerer Wirtschaftsraum München« bei, um die herrschende Wohnungsnot durch den Neubau von Häusern lindern zu können.[3] Bebauungspläne wurden erarbeitet und eine rege Bautätigkeit setzte ein. Damit nicht genug. Der alte Ortskern hatte seit 1930 eine, wenn auch begrenzte, zentrale Wasserversorgung. Die Wassergewinnung erfolgte aus Flachbrunnen. Wegen der vielen Neubauten wurde der Bau einer neuen Wasserversorgungsanlage notwendig. Die Planungen begannen 1954, die Fertigstellung konnte bereits 1957 gefeiert werden. Hebertshausen hatte somit als eine der ersten Landgemeinden im Landkreis Dachau eine zentrale Wasserversorgungsanlage. Die Pumpenanlage und der Tiefbrunnen waren hinter der Schule. Jeder Grundstücksbesitzer mußte sich mit 500 DM an der Finanzierung beteiligen.

Auch die Schule bereitete den Gemeinderäten Kopfzerbrechen. Die alte Schule, die »höhere Schule« auf dem Weinberg, platzte aus allen Nähten. Sie wurde 1805 mit einem Schulzimmer, Wohnräumen und einem Stall gebaut.[4] 1923 wurde sie erweitert. Ein neues Lehrerwohnhaus wurde errichtet und aus den ehemaligen Wohnräumen wurde ein weiteres Schulzimmer. Das reichte aus, bis nach 1945 die Schülerzahlen ständig stiegen. Auch war die Schule in schlechtem baulichem Zustand. 1949 beschloß der Gemeinderat deshalb einen Neubau, aber das Projekt konnte nicht verwirklicht werden. Es wurde zurückgestellt. In den folgenden Jahren wurde die Schule drei-, später sogar vierzügig, bei nur zwei Schulzimmern!

Auch zeichnete sich ab, daß die Schülerzahlen noch weiter steigen würden. Deshalb wurde 1957 ein Neubau beschlossen. Der Architekt Bichler wurde mit der Planung, die Baufirma Otto Reischl aus Dachau mit den Bauarbeiten beauftragt. Im Herbst 1958 wurde der Bau begonnen, ein Jahr später konnten die Schüler in das moderne Schulhaus auf der »Bergerwiese« umziehen. Es gab fünf große, helle Schulzimmer, mehrere Nebenräume, eine Schulküche und moderne Toiletten mit Wasserspülung. Auch befanden sich die Gemeindekanzlei und das Zimmer des Bürgermeisters im neuen Schulhaus. Die Baukosten beliefen sich auf 395 000 DM.

Auch die Ortsstraßen waren der neuen Zeit nicht mehr gewachsen. Die vielen Neubauten erforderten neue Straßen und dem zunehmenden Verkehr mußten die nicht ausgebauten Ortsstraßen angepaßt werden. Deshalb wurde 1959 beschlossen, die Straßen zum Bahnhof Walpertshofen, zum Kreiskrankenhaus Deutenhofen (später ein Altenheim, zur Zeit eine Unterkunft für Asylbewerber) und zum Gewerbegebiet Deutenhofen »staubfrei« zu machen. Die Teerung erfolgte erst 1961.

GESCHÄFTE, HANDWERK UND ANDERE BERUFE

Mehr Menschen brauchen mehr Geschäfte, Handwerker und Dienstleister. In der Dorfmitte gab es den Gasthof Herzog mit Metzgerei, die Bäckerei Schaller mit Kramerladen und die Bäckerei Rauscheder (später Portner), die 1950 an die Hauptstraße umzog. Außerdem betrieb Georg Rabl an der Hauptstraße eine Werkstatt für Verkauf und Reparatur von Fahrrädern und Motorrädern. Schräg gegenüber übte Georg Rottenfußer, der »Schmiedschorle« sein Handwerk als Hufschmied aus und Franz Fortner war als Zimmermann und Mühlenbauer tätig. Theo Gruber eröffnete 1949 ein Friseurgeschäft. Im selben Jahr gründete der Maurermeister Albert Eder eine Hochbaufirma mit Planfertigung. Er beschäftigte zehn Mitarbeiter. In Deutenhofen gab es eine Holzschleiferei und das Café Waldfrieden, das Franz Reischl nach dem Krieg eröffnet hatte.

Und: Hebertshausen hatte eine Bahnstation, die damals noch »Walpertshofen« hieß. Die großen Betriebe, wie Papierfabrik, MAN und Krauss Maffei mit vielen Arbeitsplätzen und Lehrstellen waren somit gut erreichbar.

Eine chronologische Übersicht über die Änderungen:[5]

1950: Rothe zieht mit einer Bäckerei, Konditorei, Gemischtwaren und einem Café in die ehemaligen Geschäftsräume der Bäckerei Rauscheder in der Ortsmitte ein.

1951: Franz Reischl verkauft das Café Waldfrieden an seinen Bruder Georg, der es zu einer Gaststätte mit Biergarten umbaut. Lorenz Reischl gründet eine Spenglerei mit Installationsbetrieb.

1952: Georg Rabl baut zu seiner Werkstatt eine Tankstelle. Josef Skrobanek betreibt einen Malerbetrieb mit angeschlossenem Farbengeschäft.

1953: Maria Seidenberger eröffnet einen Lebensmittelladen in Deutenhofen.

1954: Paula Miedl eröffnet ein Lebensmittelgeschäft in der Ortsmitte. Lorenz Reischl erweitert seinen Installationsbetrieb um ein Ladengeschäft. Josef Schott meldet ein Sattler- und Tapeziergewerbe an.

1957: Die Holzschleiferei in Deutenhofen schließt, dafür nimmt die Kartonfabrik Schuster die Produktion mit vielen Arbeitsplätzen (auch für ungelernte Arbeitskräfte) auf. Hans Limmer eröffnet eine Metzgerei in der »Kolonie«. Johanna Baumgarten eröffnet ein Radio- und Elektrogeschäft.

1958: Rudolf Wallner verlegt sein Elektrogeschäft von Prittlbach nach Hebertshausen. Berta Stepper eröffnet ein Lebensmittelgeschäft in Bahnhofsnähe.

Mehr Menschen brauchen eine größere Kirche. Das Georgskirchlein auf dem Berg konnte die vielen Kirchgänger bald nicht mehr fassen. Deshalb wurde eine große moderne Kirche geplant und 1961 eingeweiht.

VEREINSTÄTIGKEITEN[6]

Im Dritten Reich wurde die Feuerwehr (gegründet 1876) der Polizeitruppe angegliedert. Erst nach 1945 gab es wieder eine freiwillige Ortsfeuerwehr, die 1949 die erste Motorspritze bekam. Am 6. Juli 1952 feierte sie mit dem Patenverein Ampermoching eine Fahnenweihe. Anlaß war das 75-jährige Gründungsfest. Fahnenmutter war Frau Ursula Kopp.

Für den Schützenverein (gegründet 1898), dessen letzter Vorsitzender vor dem Krieg Georg Rabl war, versteckten der damalige Pfarrer Andreas Gastager und der Kassier die Schützenkette mit wertvollen Talern im Altar der St.Georgs-Kirche. Die Kette wurde nach dem Krieg unversehrt geborgen, die Schützenfahne blieb verschollen. Josef Bigl gründete 1951 mit sieben weiteren Schützen den »Schützenverein Waldfrieden Deutenhofen«. Bereits 1959 wurde der Verein beim Bayerischen Sportschützenbund eingetragen. Eine neue Fahne konnte erst 1961 angeschafft werden.

Der Burschenverein (gegründet 1903) löste sich 1936 auf, weil die Burschen zum Arbeitsdienst einberufen wurden. Die Fahne wurde erst bei verschiedenen Bauern, später in der Kirche verwahrt. 1957 brachte Anton Hefele 25 Burschen zusammen und es konnten 1958 zwei neue Jugendbanner geweiht werden. Die Restaurierung der alten Fahne war zu teuer.

Auch der Obst- und Gartenbauverein (gegründet 1910) löste sich im Zweiten Weltkrieg auf. 1951 wurde er von 59 Bürgern wiederbelebt. Im alten Feuerwehrhaus errichteten die Mitglieder eine Mosterei mit Obstpresse, Obstmühle und Süßmostglocke.

Der Sportverein (gegründet 1920) mußte mehrmals »umziehen«, von einer Waldlichtung bei den sogenannten »5 Häusern« an die Amper auf ein Grundstück, das Johann Böswirth zur Verfügung gestellt hat. 1955 mußte dieses Grundstück an die Firma Schuster abgetreten werden. Eine Wiese am Amperkanal wurde zum Sportplatz umfunktioniert. Neben den sportlichen Aktivitäten inszenierte der Verein Theaterstücke und richtete auch mehrere Waldfeste aus.

Die fünfziger Jahre waren eine Zeit des Umbruchs und des Aufbruchs. Gewohntes und Liebgewordenes mußte aufgegeben werden, mit Neuem mußte man sich auseinandersetzen und es akzeptieren. Die alte dörfliche Gemeinschaft, wo jeder jeden kannte, löste sich auf. Viele Menschen haben dazu beigetragen, daß neue, brauchbare Strukturen entstehen konnten. Die Vereine haben hierbei eine große, nicht zu unterschätzende Rolle gespielt.

Auf den folgenden Seiten erzählen Frau Juliana Schaller, Herr Manfred Schaller und Herr Werner Kopp, wie sie als Kinder und Jugendliche diese Zeit erlebt haben und zwar so, wie ihnen »der Schnabel gewachsen ist«, also in ihrem eigenen Dialekt. Für die Bereitschaft, ihre Erlebnisse auf Band zu sprechen und abdrucken zu lassen, danke ich ganz herzlich.

Die 50er Jahre aus Zeitzeugensicht

Kindheit und Jugend von Juliana Schaller

1. Teil: Schriftliche Aufzeichnungen über Kindheit und Jugend in Hebertshausen

Ich, Juliana Schaller, bin im September 1949 in Dachau geboren. Meine Eltern und meine Großmutter wurden im Januar 1948 aus Ungarn ausgewiesen, kamen zuerst nach Löbau in Sachsen und reisten von dort aus nach Dachau zu meinem Großvater, meinem Onkel und meiner Tante. Ab September 1949 wohnten und arbeiteten meine Eltern in der Landwirtschaft im Kräutergarten. 1952 kam meine Schwester zur Welt. Ich besuchte den Lagerkindergarten und von September 1955 bis Ende November 1956 die Lagerschule.

Am 1. Dezember 1956 zogen wir nach Deutenhofen in unser noch nicht fertiggestelltes Haus. Meine Schwester und ich mußten immer mithelfen. Schon früh wurden uns Tätigkeiten im Haushalt aufgetragen: Aufräumen, Tisch decken und abräumen, Geschirr spülen und wegräumen, Gemüse ernten und beim Verarbeiten helfen. Auch mußten wir Einkäufe erledigen beim Metzger Herzog und beim Seidenberger. Das war ein Lebensmittelladen in unserer Nähe. Die Milch holten wir beim Solerbauern (Nefzger) in Ampermoching. Da ich die Ältere war, mußte ich auch nach Dachau fahren, zum Beispiel zum Romig in der Augsburger Stra-

Juliane Schaller

385

ße mit einer Musterschraube oder sonstigen Teilen in der Tasche, damit mein Vater, wenn er von der Schichtarbeit nach Hause kam, gleich am Haus weiterarbeiten konnte. Auch beim Maurermeister Eder in der Franz-Schneller-Straße mußten wir mit dem Heuwagerl Zement holen. Es gab immer etwas zu tun. Meine Schwester und ich waren immer die »Handlanger«.

Im Ort gab's damals viele Handwerker wie Schreiner, Zimmerer, Installateure, Elektriker, Schuster, Maler, Maurer, einen Friseur und man ist auch dort hingegangen.

Wir wurden christlich erzogen. Es gab immer ein Tischgebet. In der Fastenzeit wurde jeden Abend eine Litanei und ein Rosenkranz gebetet. Zweimal in der Woche besuchten wir den Schulgottesdienst, am Sonntagvormittag die Messe und am Nachmittag die Andacht. Pfarrer Berger hat oft den Schülern die Beichte abgenommen.

Im Sommer haben wir uns mit den Nachbarskindern auf der Straße getroffen. Wir spielten Völkerball, Federball, Fangen und Verstecken. Wenn es mal später wurde und schon dunkelte, hat mein Vater nur mal kurz gepfiffen und schon sind wir nach Hause geflitzt. Eine Armbanduhr hatten wir natürlich nicht.

Im Winter sind wir zum Schlittenfahren gegangen. Ich wollte mal Schlittschuhe, die bekam ich aber nicht. Meine Schwester hat später welche bekommen.

Da meine Großeltern väterlicherseits und die Familie meines Onkels am andern Ortsende von Hebertshausen, in der »Kolonie« wohnten, besuchten wir sie fast jeden Sonntag. Wir gingen zu Fuß dorthin.

1958 hatten mein Cousin und ich Erstkommunion. Da haben wir am Nachmittag zusammen mit unseren Familien gefeiert. Für die Erwachsenen gab's Bohnenkaffee.

Geschenke waren immer nützliche Sachen: Kleidung, Schulsachen oder was man sonst gerade brauchte.

Ausflüge waren selten. Wir sind einmal mit dem Zug in den Tierpark Hellabrunn gefahren und in den Englischen Garten. Im Sommer waren wir mit dem Radl in der näheren Umgebung unterwegs. Bei größeren Touren ging es schon mal nach Maria Eich oder nach Scheyern. Urlaub, so wie man es heute versteht, gab es nicht und große Reisen auch nicht.

Die Kleidung wurde von meiner Mutter besorgt. Wir haben auch Kleider aufgetragen, die wir von Bekannten geschenkt bekommen haben. Mein Kommunionkleid hat die Schneiderin genäht. Auch an den Festtagen sind wir in diesem weißen Kleid in die Kirche gegangen. Nach dem Kirchgang mußten wir uns umziehen. Es gab eine Sonntags- und eine Werktagskleidung. In der ersten Klasse sind wir noch mit Schürzen in die Schule gegangen. Zum Schuhe kaufen mußten wir nach Dachau fahren. Für die Kommunion hab ich mir ein Paar leichte, luftige Slipper ausgesucht und wir haben sie mit nach Hause gebracht. Am nächsten Tag hat meine Mutter die Schuhe umgetauscht und mir auch weiße, aber festere Schnallenschuhe gekauft.

Für einen Friseurbesuch wurde kein Geld ausgegeben. Die Haare waren halblang mit einem Scheitel auf der linken Seite und einer Haarspange. Ich hatte auch mal Zöpfe.

Die Kost war einfach. Wir konnten uns immer satt essen. Vor dem Hauptgang gab's eine Suppe, dann oft Mehlspeisen, aber auch Fleischgerichte. Das Gemüse wurde mit einer Mehlschwitze zubereitet.

Schon Anfang der Fünfziger wurde ein Radio angeschafft. Später kaufte mein Vater bei der Firma Elektro Wallner in Hebertshausen eine Musikvitrine mit Radio und Plattenspieler. Ich kann mich noch gut erinnern, daß meine Eltern 1956 den Aufstand in Ungarn am Radio verfolgt haben. Es muß ein ungarischer Sender gewesen sein. Es hat immer so gerauscht. Ich mußte ganz leise sein, damit die Eltern was verstehen konnten. Ich hab immer schreien gehört: »Russ hasamenni!« Das heißt: »Russ, geh nach Hause«, so haben es mir meine Eltern übersetzt. Ich konnte kein Ungarisch. Meine Großmutter wollte es mir und meinem Cousin zwar beibringen, aber wir hatten kein großes Interesse. Auch haben meine Eltern die Großmutter nicht dabei unterstützt, da sie sowieso nicht nach Ungarn zurückkehren wollten.

1959 lief die Fernsehserie »Soweit die Füße tragen«. Die schauten wir uns in der Gaststube der Mayr-Wirtin (im »Angela«) an. Die Wirtsstube war immer voll besetzt.

Meine Eltern hatten keine Tageszeitung, aber meine Großeltern hatten den »Merkur« schon Anfang der fünfziger Jahre. Da waren jeden Tag der Pezzi (Bär), der Bello (Hund) und der Pinko (Pelikan) als Comic abgebildet. Mein Opa hat diese ausgeschnitten und ein Büchlein für uns gemacht.

Mit dem Lesen hatte ich es als Kind nicht so. Da meine Eltern Deutsch sprachen, aber Schriftliches nicht gut lesen konnten, mußte ich immer laut vorlesen und meine Eltern haben laut mitgelesen. Das war für mich nicht so schön, weil deren Aussprache nicht immer richtig war und ich mich nicht getraut habe, sie zu korrigieren.

Wie ich sieben oder acht Jahre alt war, da habe ich mit dem Fahrrad meiner Mutter das Radfahren gelernt. Mein Vater hat beschlossen, daß ich ein eigenes Rad bekommen sollte. Ich dachte, ich bekomme ein schönes neues Rad. Was ich erhielt, war ein kleines gebrauchtes Erwachsenenrad. Der Sattel war nach unten gesetzt. Aus mehreren alten Rädern war ein »Neues« gemacht worden.

Als wir 1956 in Deutenhofen einzogen, waren die Küche, das Schlafzimmer und das Kinderzimmer bewohnbar, die Speisekammer konnte eingerichtet werden, das WC war fertig, hatte aber noch keinen Wasseranschluß. Keller und Außenfassade waren noch nicht verputzt. 1959 wurde der erste Stock ausgebaut und die Schlafräume wurden nach oben verlegt. Im Erdgeschoß wurde das Schlafzimmer zum Wohnzimmer und das Kinderzimmer bekam meine Oma mütterlicherseits. Wir bekamen einen Elektro-Ofen. Dazu stand in der Küche noch ein Kohleherd mit Backrohr und Wasserschiffchen. Dieser hat die unteren Räume mitgeheizt. Auch wurde ein Kühlschrank angeschafft. Der stand in der Speisekammer.

Im Keller hatten wir eine Waschküche mit einem Waschkessel und einer Zinkbadewanne. Einmal in der Woche war Waschtag. Meine Mutter hat uns Mädls zur »Wäschepflege« herangezogen. Wir mußten unsere »feinen« Sachen mit der Hand waschen. Die Kochwäsche wurde erst im Kessel eingeweicht, dann ausgekocht. In einer Wanne wurde sie mit der Waschglocke gestampft und dann ausgewrungen. Dann kam sie in die Badewanne, wurde mehrmals ausgespült und wieder ausgewrungen. Ende der fünfziger Jahre hat sich meine Mutter eine Schleuder gekauft. Das war eine große Erleichterung. Die erste Waschmaschine, die gewaschen, aber nicht geschleudert hat, wurde 1961/62 gekauft.

Jeden Samstag war Badetag. Meine kleine Schwester durfte als erste ins Badewasser, dann ich und dann meine Eltern.

Im Haus war eine Toilette installiert, aber wir hatten noch kein fließendes Wasser. So mußten wir auf das »stille Örtchen« im Garten gehen. Das »kleine Geschäft« durften wir nachts im Haus erledigen. Dazu stand neben der Toilette ein Eimer Wasser und wir mußten nachspülen. Die Sickergrube war ja schon da.

2. TEIL: INTERVIEW MIT JULIANA SCHALLER[7]

Bossert: Frau Schaller, auch Sie sind in die »höhere Schule« gegangen.

Schaller: Ja, bei der Lehrerin Frau Christmann, so hod sie damals no gheißn, sie war mei Klaßlehrerin. Do samma immer zwei Klaßn beinander gwesn, also, ich war in der Zweiten und wir warn beinander mit der Dritten. Mia hamm scho vui glernt. In da Schuibank vorn drinna war a Tintnfaßl und des war natürlich scho a Kleckserei. In de Hefte hamma mit Tinte gschriebn. Auf da Dofi is aa no gschriebn worn, mit Griffi.

Mia hamm aa Ausflüge gmacht. Amoi samma mi'm Bummelzug nach Altomünster gfahrn und zum Kloster ganga. Do hods g'heißn, de Schwestern derf ma ned sehn und mia hamms aa ned gseng. In der Tür war a kloans Fenster, do hod de Schwester rausgsprocha, hod an Schlüßl in an Schlitz neiglegt und zu uns rausgschobn. Mia hamm im Kloster wos ogschaugt und san mi'm Bummelzug wieda z'ruckgfahrn.

Aber i bin ned lang in de »höhere Schui« ganga, weil am 10. Oktober 1959 de neue Schule eingweiht worn is. Mia hamm jetzt Hausschuhe oziang miassn und es hod a Garderobe gebn für de Jackn und Mäntel. Des Klaßzimmer war groß und schön. Die Tafel und die Bänke, ois war neu und schee. Wenn mia in d'Pause ganga san, hamma uns ostelln miassn, ned einfach runterroaßn. Da Pausehof war do, wo jetzt oiwei da Christkindlmarkt is. Und beim Neigeh' hamma uns wieder ostelln miassn. Turnen hamma bei da Frau Nießner ghabt, im Schuizimmer oder draußn im Hof. Mia san ja aa am Samstag in d'Schui ganga. Do hod da Lehrer Laut immer sei Geige mitbrocht. Zerscht war Kopfrechnen, dann hamma an Aufsatz in Schönschrift ins Heft neigschriebn und dann war Singstund. Da Lehrer hod Lieder mit der Geige vorgschpuit und mir hamm gsungen. Viele Lieder hamma glernt beim Herrn Laut.

Mei, und scheene Toilettn warn in dem neien Schuihaus!

Glei beim Eingang war die Gemeinde drinnen, die Gemeindekanzlei. Im Vorzimmer hod de Frau Leitzenberger g'arbat. Da Burgermoasta war da Herr Rabl.

Bossert: Und nooch da Schui?

Schaller: Nooch da Schui san mia Kinder vo da Siedlung gemeinsam hoamganga. Do warn Bacherl – de san jetzt olle varohrt – und do hods allaweil Dotterblumen und Bluatströpferl gebn. Dahoam hod ma ned einfach ois hischmeißn derfa, ma hod scho schaugn miaßn, wo ma sei Sach hiduad. Mei Mama war dahoam, bis mei kloane Schwester in d'Schui kemma is. Dann hod's wieda s'Arbeitn ogfangt. Da Vatta hod Schicht g'arbat. Wenn er Spätschicht ghabt hod, na war s'Mittagessn scho hergricht, wenn ned, hammas uns hoid warmgmacht. Und d'Mama hod scho oiwei gsagt: des machst no und dann duasd no de Bohnen runter und de duasd dann glei schnippsln oder duasd dann d'Kartoffin scho histelln bis i auf d'Nacht hoamkimm oder sowos, aber ma hods hoid ned anders kennt.

Ma hod dann aa scho no a Freizeit ghabt. Mia san do an den Amperkanal, do hamma oiwei Budn baut. Do warn Büsche, de hamma mi'm Sagl außagschnittn, daß ma hoid an Plootz ghabt hod, wo ma uns neighockt ham. Vorn an da Hauptstraß, wo de oide Straß no ganga is, des war so a Hohlweg, do hamma aa allerwei gspuit. Es war gang und gäbe bei uns in da Siedlung, daß mia Völkerboi oder Federboi oder Fangsterl und Abzählspiele auf da Straß gspuit ham. Ma hod si ned verabredet, ma is einfach auf d'Straß ganga und do war oft scho wer und de andern san dazuakemma. Im Sommer, do san ma dann zum Bodn ganga ans Wehr und später dann in d'Amper. Der wo schwimma hod kenna, den hamma vorausgschickt. Der hod d'Händ aufhebn miassn und vom Einstieg bis zum Ausstieg durchgeh miassn, damit mir gseng hamm, wia weit mir steh kenna. Und so ham mir s'Schwimma glernt. Mia san aa mit de Radl gfahrn, aber ma hod scho sogn miassn, wo mir hifahrn und aa beizeitn wieder dahoam sei miassn. Im Winter samma schlittngfahrn drobn am Berg. I hob amoi neie Schuah griagt, so helle Schuah, und de hob i zum Schlittnfahrn ozong. Mei, de hamm hernooch ausgschaugt! De Spitzl und de Fersn warn ganz aufgraut. Schläg hob i koane griagt, aber gscheid gschimpft bin i worn. Ma hod ja ned z'vui Schuah ghabt. Und des warn de guatn Schuhe. I hätt ja andere oziagn kenna. Mi'm Gwand wars so: Ma hod a Werktagsgwand ghabt und a Sonntagsgwand. Wenn ma vo da Schui hoamkemma is, hod ma des Schuigwand auszogn und a oids Gwand ozong. So war des.

Am Nachmidog san im Fernsehen Serien kemma, wia »Jim Knopf und Lukas, der Lokomotivführer.« Mia hamm koan Fernseher ghabt. Do hamma immer bei da Frau Herta gfrogt: »Frau Herta, derf ma heid zum Fernsehschaugn kemma?« Wie »Das Stahlnetz« im Fernsehen kemma is, hod da Vatta an Schwarz-Weiß-Fernseher kafft. Des war ganz am Ende vo de fuchzger Joahr, vielleicht aa erst 1960. Telefon hods privat ned gebn. A poar Dog, nachdem mia eizong san, am Nikolausdog, hob i Bauchweh griagt, ganz schlimm. Do is d'Mama zum Wirt vom Waldfriedn nüber und hod an Doktor Bogner (Dachau) ogrufn. Der is dann kemma. I hob ins Krankenhaus miassn, weil i a Blinddarmentzündung ghabt hob.

Bossert: Habt's ihr Viecher ghabt in eierm Gartn?

Schaller: Ja, mia hamm Schweine gfüttert, immer zwei, de warn hintn im Stall drinna und Hühner hamma aa ghabt. Für die Schweine hamma vom Feld Klee, oder Ruamblätter oder Brennessl gholt. De Sau san gschlacht worn.

Bluatwürscht san gmacht worn und a weißer Preßack. Der Rest is in a Sur ei-
glegt worn. Do hod ma immer wos rausgnomma für'n Braten. Wos übrig war,
is g'raichert worn. Mei Vatta hod a Raicherkammer in Keller neibaut. Des Rai-
chern hod er verstanden, weil's des in Ungarn aa gmacht ham. Der Garten war
von vorn bis hinten a Gmiasgartn, sogar Kartoffin san obaut worn. S'Kraut is
eigsoizn worn. Drum hods im Winter oft a Sauerkraut gebn.

    Bossert: Wann gab's Geschenke?

    Schaller: Wenn, dann an Weihnachten. Do hob i mei erste und letzte Pup-
pe griagt, Anfang de fuchzger Joahr. De hod scheene schwarze Hoar ghabt.
Und weil de Hoar mit da Zeit so filzig worn san, hot d'Mama 1956 rum neie
Hoar naufmachn lossn. Jetzt hod's Zöpf ghabt. De Puppn hob i heid no. Oamoi woilt i Schlittschuah ham, hob i aber ned griagt. Mia hamm ned sogn
kenna: ich will dieses oder jenes. Meistens hod ma des griagt, wos ma sowieso
braucht hod: Handschuah, a Haubn oder an Schal. An Ostern hods Süßig-
keitn gebn.

    Bossert: Habts ihr Flüchtling untereinander vui Kontakt ghabt?

    Schaller: Viele Landsleute aus Ungarn, aus dem Dorf Lokut, san damois oft
an de Sonndog Nachmidog bei meine Großeltern z'sammkemma. Do hamm
de Stühle oft ned ausgreicht, aus da Nachbarschaft san no Stühle ghoilt worn.
Do san dann olle im Kreis rumgsessn. Zum Trinken hods aa wos gebn, wenn's
bloß a Wasser gwen is, und dann is erzählt worn. De Dull-Fanni, also de Frau
Reischl, de is immer mit da Nagy-Oma und dem Opa kemma. De warn beim
Dull eiquartiert. Mia Kinder san olle dortnghockt und hamm ghorcht.

    Man hat sich auch gegenseitig geholfen, zum Beispiel beim Hausbau. Ma
hod ja koa Baufirma ghabt. Ma hod vui selber gmacht: mit da Hand den
Grund ausghobn, dem Maurer hod ma ghoifa, den Dachstuih hod a Zimmer-
mo aufgesetzt, und beim Dacheidecka hod ma zsammghoifa. A Baufirma hätt
ma sich ned leisten kenna, do hätt ma sich hoch verschulden müssen. Wenn i
so an mei Kindheit zruckdenk: Mia ham vui g'lernt, in da Schui und aa dahoam vo da Mama und vom Vatta, und hamm aa vui mithelfn miassn dahoam.
Es war a scheene Zeit, uns is nix obganga. Mir hamm Verantwortung über-
nehma miassn und san früh selbständig worn.

KINDHEIT UND JUGEND VON MANFRED SCHALLER[8]

ELTERNHAUS

Mein Name ist Manfred Schaller. Geboren bin ich im Dezember 1942 im SS-Lager. Wo die Offiziere g'wohnt hamm und sich aufgoitn hamm, dort ist ein Lazarett gewesen. Meine Mutter war sehr froh, daß sie durch die Bekanntschaft mit dem Herrn Mursch dort gebären konnte. Des Dachauer Krankenhaus war damois etwas verschrien, weil die Sterblichkeit der Mütter dort sehr hoch war. Ob meine Mutter schon vor meiner Geburt in der Lagerschneiderei gearbeitet hat, weiß ich nicht, sie hat

Manfred Schaller

aber auf jeden Fall nachher dort gearbeitet. Und wenn sie später gfragt worn is, ob sie was gesehen hat, dann hat sie folgendes Erlebnis erzählt: »De Schneiderei war im erstn Stock. Es war verbotn, aus'm Fenster rauszuschaun, also auf den Lagerplatz, wo die Gefangenen warn und die Häftlinge. Aber i war neigierig und hob ma denkt, i dua mein Stuih an Meta von da Scheibn wegga, weida hinta, und steig do nauf, na bin i ned vorn an da Scheibn, daß mi de ned seng. Aber gleich ging ein Warnschuß los. Oh, auweh, dann war des nix mi'm Schaugn. Do bin i runter und hob mi nimma traut aussiz'schaugn. Des war a a Warnschuß für mi. I war g'schockt.«

Mei Vatta war Bäcker. Mia hamm a Bäckerei und an Kramerlodn ghabt. Aber weil mei Vatta im Kriag war, war s'Gschäft in der Kriegszeit zua. Drum hod mei Muatta ja in da Lagerschneiderei g'arbat, bis wieda bacha und aa da Lodn wieder aufgmacht worn is. Bei uns im Lodn hods eigentlich ois gebn: Mehl, Zucker, Soiz, Rasierklingen, Rasierschaum, Bleistift, Schuihefte, am Schulanfang sogar Dofin, Schoklad, Pralinen, Katzenzungen, de 5-Pfennigbrause mit Himbeer-, Erdbeer-, Zitronen- und Waldmeistergschmack. A Orangenbrause hods a gebn, do war vorn a Orangenbuidl drauf. De Brausn hamm auf da Zunga so britzlt. Aber weil's ja ned vui Taschengeld gebn hod, vielleicht a Zwanzgerl in da Woch, hod sich de Frigeobrause a Kind ned oft leistn kenna. Natürlich san aa de Backwaren im Lodn verkauft worn. Mitte der fuchzger Joahr hamma mit am VW-Käfer Brot ausgfahrn in Prittlbach und in Dachau-Ost, in Deidnhof is da Gallenmüller vo Rearmoos reigfahrn.

Weil mia a Backstubn ghabt hamm, wars bei uns nia koid im Haus und a warms Wasser hamma aa ghabt. Im Backofn war oben a Kessel mit hundert Liter Wasser, weil, ma hod zum Backen an Dampf braucht. Ghoazt worn is mit Brikett, weil de de Wärme länger hoidn. Am Ombd is vorghoazt worn und am Dog mindestens zwoamoi nochgschürt worn. Da Backofn war mit Schamottsteinen ausglegt, de Front war mit weißen Fliesen verkleidet. 1956 oder 1957 hamma an neian Ofn griagt. Da is unten eine zehn Zentimeter dicke Glasschicht zur Isolierung hinein gekommen und darauf Schamott. De Hebertshauser hamm für uns Glas gsammelt. De Kinder hamm dafür an Schoklad oder Guatln griagt, de Erwachsenen a Brot oder a Kuachastückl.

Fließend kaltes Wasser war in da Backstubn, im Gang und im Keller. Erst später is dann s'Wasser in d'Kich neiglegt worn. Im Keller war a Eisschrank. De Löwenbrauerei hod an Herzog a Stangeneis gliefert für sein Bierkeller und do hamm mia aa Eis mitbstelln kenna. Mi'm Heiwagerl hammas hoamgfahrn, zerkleinert und in de Fächer vom Eisschrank neiglegt. S'Tauwasser is untn in am Schafferl aufgfangt worn.

KINDERGARTEN UND SCHULE

I war im Kindergartn. Der war do, wo heid de Grundschui is, unterm Lehrerwoid. Des war a Barackn. Unser Kindergärtnerin war de Frau Baron.

Eigentlich hätt i ja 1948 in d'Schui kemma solln, aber aus gesundheitlichn Gründen bin i erst 1950 eigschuit worn in der »höheren Schule«, drobn auf'm Berg. Bis zur drittn Klaß warn mia bei da Frau Christmann, verheirat hods dann Heigl ghoassn, dann beim Lehrer Laut und in da Oberstufe beim Lehrer Lieb. Und weil's in da Schui bloß zwoa Klaßzimmer gebn hod, aber drei Klassn, war Schichtunterricht. Die Oberstufe hod immer vormittags Unterricht ghabt, die Unterstufe, die erste und zweite und die dritte und vierte Klasse, hat sich ein Zimmer geteilt, die einen warn am Vormittag dran, die andern am Nachmittag. Das Zimmer für die unteren Klassen war im östlichen Teil des Schulgebäudes. Do hamma nausgschaugt zum Lehrerwald, nach Südn zua zu de Barackn runter und zum Herzogweiher, des war da Löschweiher, do wos oiwei im Herbst obgfischt und im Winter g'eist hamm. De im westlichn

393

Klassnzimmer, de oberen Klassn, hamm zur Georgskirch nübergschaugt, zum Friedhof und zum Haring nei in Hof.

Mit da Schieferdofi hamma ogfangt, mit de hartn Griffi. Weiche Griffi hods aa gebn, aber de warn teurer. Dafür hamms aber d'Dofi ned so vakratzt. Auf da Dofi hamma s'Schreiben glernt und aa unsere Hausaufgaben gmacht. Mit am kloana Schwamm und am Tuach war de schnell wieder sauber. Zerst hamma Druckbuchstabn glernt. Erst später, wann genau, woaß i nimmer, samma auf Schreibschrift umgestiegen.

In den Pausen waren die Kleinen im hintern Schuihof, de Großn hamm vorn ihrn Pausnhof ghabt. Da Lehrer Lieb hod jedn Dog zwoa Buam zum Schaller obigschickt, de hamm d'Brotzeit ghoilt für eahm, a Schachtl Astorzigarettn und an Blockschoklad, jedn Dog. Und in da großn Pause, vo zehne bis hoiba elfe, hod er drei, vier Zigarettn graucht und an Schoklad gessen, in da kloanen Pause den Rest. Mia Schüler hamm unser Pausebrot natürlich vo dahoam mitbracht.

Die hygienischn Zuaständ warn ned besonders guad. Es hod a Plumsklo gebn für de Buam und de Mallen [Mädchen] und a Art Pißrinne. Putzt und ausgwaschn sans scho worn, de Klo.

In den Klaßzimmern war a Ofa, der is anfangs mit Torf ghoazt worn, später mit Hoiz und Koiln. Für die Heimatkunde war im Zimmer von da Unterstufe a Sandkastn, do hamma spuin miassn. Do is da Ort Hebertshausn dargstellt worn mit da Amper, de Amperauen, dem Kanal und Deutenhofen. Unter dem Sandkasten war die Kohlenkiste.

Wanderdog hob i zwoa in Erinnerung. De warn meistens vor de großn Ferien. Oamoi samma mit da Lehrerin Christmann nach Mariabrunn ganga, zum Kirchenbesuch und dann natürlich in Biergartn vo da Wirtschaft. D'Brotzeit hamma dabei ghabt, aber mia hamm uns Springal kafft, rote, gelbe, grüne oder weiße Limo. Ois Verschluß war obn auf da Flaschn a Glooskugel. De hod ma neidruckn miassn. Mi'm Lehrer Laut samma amoi ins Moos ganga, hamm des ogschaugt und san dann zum Pausemachn ins Mooshaisl ganga.

Dann hods no de Schul-Sportfeste gebn. Eltersprechstunde hods koane gebn. Mei Muatta hod in da Chorsingstund beim Chorleiter, des war da Lehrer Laut, erfahrn, wenn da Bua wos ogstellt hod und ob er brav war. Wenn ma wos ogstellt hamm, hamma bei da Lehrerin Christmann Datzn griagt und da Lehrer Laut hod uns an de Federn zogn, a bissl draht und nachad ozogn. Do bist oiwei greßa worn. In da Oberstufe, beim Lehrer Lieb, war des dann scho anders.

Jeden Freitag oder Samstag war vo achte bis zehne Kopfrechnen. Do war er dahinter, do san ma richtig gschult worn. Und wehe, wenn der Freitag ein Dreizehnter war, do hot da Lehrer Lieb oiwei Rot gseng. Hintn am Kopf hod er so an Binkl ghabt und wenn der feierrot worn is, war hechste Alarmstufe. Do hamma gwußt, daß ma heid vorsichtig sei miassn, daß ma uns ned zvui erlaubn derfa. Sonst rast'er aus. Oimoa hob i beim Kopfrechnen a falsches Ergebnis gsogt, do is er kemma, hod mir mit seiner Faust an Kopf highaut. Des hod ganz schee weh do. Zur rechtn Zeit hamma aa a Schelln griagt. Schlimmer war's, wenn oans vo de Mallen wos verkehrt gschriem oder gsogt hod, de hod er scho packt und hod ihr an Kopf an d'Dofi highaut. Wenn er narrisch war, wars schlimm für de Mallen. Unser Religionslehrer, da Pfarrer Berger, Gott hab ihn selig, hod an Sportunfall ghabt und war deswegen halbseitig gelähmt. Der hod mit seiner gelähmtn Hand, mit der er nix gspürt hod, zuagschlogn, ins Gsicht oder wo er oan hod grod dawischt hod. Er hod nix gspürt, mia umso mehra. De Mallen hamm weniger Schläg vo eahm griagt, de hod er recht gern megn.

Am Nachmidog hamma d'Hausaufgabn gmacht. Vo meine Eltern hob i do eigentlich koa Hilfe ghabt. Mei Muatta war im Lodn und mein Vatta hob i, außer beim Mittagessn an ganzn Namidog ned gseng. Der is in da Friah um zwoa, am Wochenende sogar no eher, aufgstandn und in d'Backstubn ganga, und drum hod er si noch'm Mittagessn niederglegt. Gseng hob i eahm erst wieder obens. Aber mia hamm a Haushaltshilfe g'habt, de Frau Dubitzky, a Flüchtlingsfrau. Und zua ihr bin i ganga, wenn i a Hilfe braucht hob, ned bloß bei da Hausaufgab.

FERIEN UND REISEN

In de Weihnachtsferien war i fast immer beim Opa in München. S'Christkindl is dahoam no kemma. Am ersten oder zwoaten Feierdog samma dann olle nach Bogenhausen zum Opa gfahrn und i bin dann bei eahm bliebn. Da Opa und d'Oma warn a Hausmoasterehepaar. Sie hamm in a Kellerwohnung gwohnt. D'Oma hod in de vornehma Haiser putzt. Im Nachbarhaus hod zum Beispiel a Privatbankier gwohnt und schräg gegenüber war des Messerschmiedhaus. Und da Opa hod si ois Hausl um alles kümmert. Im Winter hod er eighoazt, mit Koks, hod de Heizungen instand ghoiltn und aufs Haus aufpaßt, wenn de Besitzer auf Urlaub waren. Oamoi hob i mitgeh derfa in de Wohnung vom Messerschmied. Des war eine Sensation. De Wasserhähne hamm ausgschaugt wia vergoldet, de Kloschüssl und des Waschbecken warn vui scheener ois wia dahoam. Im Wohnzimmer san Teppich ned bloß aufm Bodn glegn, sondern aa an de Wänd ghängt. Sogar an Lüster hods gebn.

An Sylvester wurde am Nachmidog im silbernen Punschtopf, der vorher mit Ata putzt und dann poliert worn is, der Punsch angesetzt. I, ois Kind, hob bloß a kloans Glasl griagt. Und, i hob mit de Großeltern immer in Zirkus Krone geh derfa, und des war damois scho ganz wos Bsonders. Und oamoi war i in de Osterferien beim Onkel Gabriel in Etzenhausen. Der hod nebn da Bahn gwohnt. Do hosd natürlich an jedn Zug ghert. Ma moant, ma ko ned schlaffa, aber noch dem drittn oder viertn Dog hod ma de Züg nimma ghert.

Ma hod ja in de fuchzger Jahr keine großen Reisen unternomma, ma hod hechstens Verwandte bsuacht. Mit da Tante Brigitte bin i, es war vielleicht vierafuchze, amoi in de Ferien nach Speyer gfahrn zur Tante Leni. Des war de Schwester vo meim Opa. I hab Speyer zeigt kriagt und den Dom. Über den Rhein hat's no keine Brückn gebn, de san ja im Kriag gsprengt worn. Dafür gab's eine Fähre. Do san de Autos mitgfahrn, de Fuaßgänger und de Radlfahrer. De Fähre is den ganzn Dog hin- und hergfahrn. Beim Haus vo da Tante Leni hods an Bach gebn, des Wasser war schee warm. Bei uns dahoam san de Bäch koid. Mia hamm aa an Ausflug nach Heidelberg gmacht zu »Heidelberg brennt«. De Burgruine war beleuchtet mit rotem Licht und Fackln und es war aa a Feierwerk, des war scho wos Bsonders. Obwohl mir a Feierwerk ja scho vom Dachauer Volksfest her kennt hamm. Des war aber ned so groß.

1957, bevor i in d'Lehr kommen bin, bin i mit da Muatta in de Sommerferien nomoi nach Speyer gfahrn zur Tante Leni. Bei der warn in da Ferienzeit immer Verwandte do auf Bsuach. Des war gang und gäbe: Im Urlaub hod ma Vawandte bsuacht und aa bei dene gwohnt.

FREIZEIT

Mia warn als Kinder vui bei de Nachbarkinder, hauptsächlich hamma uns beim Hinterholzer aufghoitn, weil, beim Hinterholzer hod ma ois macha derfa. Des war a greßara Bauernhof mit am großn Obstgartn. Do hamm mia Fußboi gschpuit. Aber wia de Barackn zum Teil obgrissn worn san, hamm do mia Kinder an Platz ghabt zum Fuaßboischpuin. Des war dann der BSV, der Barackensportverein.

Im Winter, wenn s'Eis auf'm Herzogweiher war, samma do drauf Schlittschuah gfahrn. Und do is scho passiert, daß oana eibrocha is. Dasaufn hod ma ned kenna, aber nooß bist worn und na hosd hoamgeh miassn zum Gwand-trocknen.

I hob aa a Radl ghabt. Und wia i s'Radlfahrn no ned guat kenna hob, hob i beim Weiher umgschmissn und bin in a Schlammloch neigfoin. I hob a neie Hosn oghabt, und de war zrissn. Dahoam hob i Schläg griagt.

KIRCHGANG

Jeden Diensdog und Donnersdog war Schuimeß. Do bist automatisch in d'Kirch ganga, weil da Pfarrer in da Schui im Religionsunterricht ja gfrogt hod. Wennst ned warst, hods an Minuspunkt gebn, wennst gwen bist, hosd a »Gut« griagt und wennst mehrere »Gut« ghabt hosd, na hods a Buidl gebn, so a Heiligenbuidl, des wo im Gottesdienst Blootz ghabt hod. Und am Sonndog is ja de ganz Familie in d'Kirch ganga, do hods nix anders gebn.

An Fronleichnam warn fast olle Kinder beim Zug dabei. De greßern Buam hamm de Burschnfahna drogn derfa, de Mallen das Jesuskind und de Jung-frauen de Mutter Gottes.

De Erstkommunion war natürlich was Bsonders. De war in da vierten Klaß. Aber unsere Mallen, de wo oi Dog in d'Kirch ganga san, hamm scho a Joahr eher geh derfn. Da Rabl Klaus war mei bester Freind. Uns wars wich-tig, daß mir gleich ausschaungn: den gleichn Anzug hamma ghabt, de gleiche Kerzn, de gleichn Schuah. D'Erstkommunion war a Familienfest. Gschen-ke zur Kommunion? An Gottesdienst, vielleicht sogar mit Goldrand und an Rosnkranz.

Firmung war olle zwoa Joahr in Dachau in St. Jakob. Da Weihbischof Neu-häusler hod uns gfirmt. Hernoch san mir fünf Hebertshauser Firmlinge mit unsere Patn in de Ziaglerveranda zum Essn ganga, des war Tradition. An Nie-renbraten hods gebn. Am Namidog samma mir mit unsere Paten mi'm Zug nach Starnberg gfahrn. Mia hamm uns in am Abteil broat gmacht, hamm d'Fenster runterdo und nausgschaugt, ned bloß nausgschaugt, sondern a nausgspiem. Und immer, wenn auf da Lok eigheizt worn is, hods an Ruaß reiblosn. Und olle poar Minutn hamma Uhrenvergleich gmacht. Damois san de Uhrn rauskemma mit de großn Sekundenzeiger. So a Uhr war wos ganz Bsonders. Aber mia warn aa ohne den großn Sekundnzeiger narrisch stolz auf unsere Firmuhren.

KIAH HIATN

Mia selber hamm ja koane Kiah ghabt und beim Mesner, wo i sonst oiwei dahoam war, war scho a anderer Bua vorgseng. Aber beim Dull, unserm Nachbarn gegenüber, hamms oan gsuacht. De Mesnerkiah und de Dullkiah san oiwei mitnander naustriebn worn auf de gleiche Wiesn, oiso warn mia oiwei zu zwoat. Unsere Wiesn warn im obern Moos, wo heid da Schaffhauser is und no weida draußn bei de Weiher bis zum Kräutergartn. Ghiat worn is bis in Oktober nei, noch da Schui am Nachmidog. Und wias hoid a diamoi so hergeht, mia Buam hamm ned oiwei so Obacht gebn auf de Viecher, hamm lieba a Kraut gsuacht zum Raucha oder unsere Kartoffin im Feier drin brodn und uns mit de andern Hiatabuam zsammgstellt. D'Kiah hamma laffa lossn, wias woilln hamm. Amoi, konn i mi erinnern, is uns gor ned aufgfoin, daß a Kaiwi obgeht. Erscht dahoam hammas gspannt, aber nix gsogt. Am nächstn Dog hod si wer beim Dull g'meldt. Dem is aufgfoin, daß beim Kräutergarten-Gut a Kaiwi plärrt, des wo dene ned ghert. Do sans natürlich draufkemma, daß mir ned gscheid aufpaßt hamm. In Zukunft hamma besser aufpaßt. Ois Hiaterbua brauchst a Goaßl, ned zum Kiahschlogn, sondern zum Schnoizn. Do hods a extrige Schnoizschnur gebn, und de hod si mit der Zeit vorn dro aufglöst, bei jedm Knall a bißl.

CAFÉ ROTHE, SCHMIEDSCHORLE

Im Café Rothe hods a Eis gebn. Für des hod er Reklame gmacht: »Kauf's Eis bei Rothe, der weiß, wie's schmeckt, der leckt die ganze Bude weg.« Des Eis hosd da erst leistn kenna, wennst scho greßer warst und vielleicht a Markl Taschngeld ghabt hosd. Im Sommer hod des Café Rothe zwischn Rauscheder und Rabl a Tanzpodium aufbaut. Do war am Wochenende, wenns schee Weder war, Tanz und Musik. Gspuit hamm de Balser Buam. De warn bekannt. De hamm aa im Bierzelt gspuit aufm Voiksfest.

Oft samma beim Schmiedschorle gstandn, do hod si immer wos grührt. Entweder hod er a Rooß bschlogn oder a Huafeisn gmacht oder de Scharen für de Pflüag dengelt, daß wieder scharf warn. Da Schorle hod a so a kloans Sacherl ghabt. Do war a Rooß drin und a Leiterwogn und davor a Misthaufa. Und oamoi, in a Freinacht, hamm de Burschn sein Leiterwogn auf a Barackn naufgstellt und mit Mist vollglodn. Da Schorle war natürlich ganz ausm Heisl und hod ned gwußt, wia er den Wogn mitsamt dem Mist do wieder obibringa soll. Aber do hamm dann olle zsammghoifn, aa de Flüchtling.

Flüchtlinge und Vertriebene

De Flüchtling warn ned zerscht im Lager in Dachau, de san direkt nach Hebertshausn kemma, hauptsächlich vo Aussig, aus Schlesien und aus Ungarn. Etliche san in Hebertshausn blieb, hamm gheirat, a Haus baut, viele san nach Dachau-Ost zogn, wia de Friedland-Siedlung baut worn is.

Feuerwehr

In de fuchzger Joahr hod Hebertshausn, wia andere Gemeinden aa, a Vereinsjubiläum ghabt, verbundn mit a Fahnaweih. Aber a Fahna is deier. Damit a Geld reikommt, war'n draußn im Gratzlwoid Waldfeste. Ma hod an Tanzbodn aufgstellt, a Musikkapelln hod gspuit und an Kletterbaam, moan i, hods aa gebn. Die Einnahmen kamen der Fahne zugute.

Im Winter wurde Theater gespielt beim Herzog im Saal: Der Meineidbauer. Das war eine ganz große Aufführung, da warn fast zwanzig Rollen zu verteilen. Meine Mutter hat die Großmutter gspielt. Der Erlös war für die neue Fahne.

Lehre

1957 bin i aus da Schui kemma und hob mir a Lehrstell suachn miassn. I woilt Werkzeigmacha wern. Weil mei Tante Sekretärin war beim Zarges in Weilheim, hod sie Verbindungen g'habt zu Münchner Firmen. Drum bin i zerscht vonara Firma in da Näh vom Tierpark Hellabrunn eiglodn worn zua am Vorstellungsgespräch. Daß i de Lehrstelle dort ned griagt hob, do war i eigentlich recht froh, des war a weiter Weg, vo Hebertshausen bis naus nach Thalkirchen.

Dann hod mi de Tante an de MAN vermittelt. Zerscht war a Vorstellungsgespräch, und dann a praktische Prüfung. Mia ham Werkstücke griagt, wo de Oberflächn verschieden bearbeitet warn: lackiert, rau, poliert, a bißerl rau. Mia ham rausfindn miassn, ob des Stück g'hobelt, oder mit da Feile bearbeitet, oder mit am Schleiftstein poliert worn is. I hob de Prüfung für Feinblechner bestandn, bin aber boid vom Feinblechner auf Dreher umgschtiegn. Mi'm Rauscher Werner, der war scho im zwoatn Lehrjoahr, bin i in da Fruah zum Bahnhof naufganga und in d'Arbat gfahrn. Im Sommer samma draußn gstandn, auf da Plattform mit de Gitter. Do hosd hi und do an Ruaß ins

G'sicht griagt. In Karlsfeld samma ausgstiegn und zur MAN nüberganga. Unser Lehrwerkstatt war in da großn Halle, wo de LKW montiert worn san und mia ham sogar an eignen Waschraum g'habt.

Jede Woch war Berufsschui. Und oamoi oder zwoamoi in da Woch war Werkunterricht im Betrieb, praktisch und theoretisch. Des war scho a großer Vorteil, wennst in am großn Betrieb glernt hosd. Es hod aa weibliche Lehrling gebn, de technischen Zeichnerinnen. De hamm im drittn Lehrjoar vier Wochn lang in da Lehrwerkstatt a Praktikum macha miassn. Unser Lehrmeister war da Herr Singer, unser Lehrabteilungsleiter der Herr Vierjahn, a großer, schlanker Mann, gscheid, a bißl unbeholfen und hoid a Preiß. Den hamma zur rechtn Zeit scho aa g'ärgert. Aber mia hamm uns ned dawischn lossn derfa. Am Wochenende hamma in da Werkstatt zsammkehrn miassn, einmal im Jahr, um de Weihnachtzeit rum, war Großputz.

Die MAN hat in Füssen ein Lehrlingserholungsheim ghabt für die Lehrlinge aus den Werken Nürnberg, Augsburg, Hamburg und Gustavburg. Ich hab das Glück ghabt, daß ich im erstn, zweitn und drittn Lehrjahr dort Urlaub hab machn dürfen. Aufsichtspersonen waren die Lehrgesellen. De hamm uns scho einige Sachan glernt, de wo si ned so g'hern, wia Kartnspuin um Geld. Versorgt samma worn von am älteren Ehepaar. Des hod alles nix kost, bloß für s'Limo hosd zoihn miassn, a Zehnerl, glab i.

Nach da bestandnen Prüfung bin i als Lehrgeselle in der Lehrwerkstatt übernommen worn. De zwoa Bestn vo jedm Jahrgang ham Arbat'n zuagwiesn griagt, um für d'Lehrwerkstatt Geld zum verdiena. Nooch drei oder vier Joahr is ma dann in Betrieb valegt worn. Bei der MAN hob i g'arbat, bis i in Rente ganga bin.

KINDHEIT UND JUGEND VON WERNER KOPP[9]

MEI MUATTA UND MEI VATTA

I bin da Kopp Werner. Geborn bin i 1942 in Dachau im Krankenhaus, des ja damois no von de Schwestern [Ordensschwestern] g'führt worn is. Aufgwachsn bin i als Nachzügler mit drei Gschwister, de natürlich vui älter warn ois i. Mei Vatta war da Kopp Georg. Der war gebürtig aus Schupfaloach [Stumpfenbach] bei Oitomünster [Altomünster]. Mei Muatta war de Ursula Hechenberger, a Hebertshauserin. Sie war des oanzige Kind vo de Hechnbergers. Mei Vatta hot in den kloana Bauernhof vo de Hechnbergers, des Sa-

Werner Kopp

cherl, neig'heirat. A Sacherl, des warn domois acht oder nein Dogwerk. In Hebertshausen gibt's de Hechenberger Straß, de is benannt nooch meim Großvatta. Der war gwieß vierzg Joahr Gmoadeana in Hebertshausen. Mein Großvatta hob i wahnsinnig gern megn. Mei Muatta war a Hausfrau, a Bairin [Bäuerin] und hod de Kinder aufzogn. Mei Vatta war a g'lernter Metzger und hod dann s'Viehandln ogfangt. G'heirat ham de zwoa erst noch'm zwoatn Kind. Meiner Muatta hods mi'm Heiratn ned pressiert. Sie hod gsogt: »Wenn i amoi vaheirat bin, hob i gor nix mehr zum Sogn«. Auf'm Hof ham mei Muatta, da Opa und mei ältester Bruada, da Emil, g'arbat, mei Vatta war de mehrer Zeit unterwegs.

BIBERL UND ANDERE VIECHA

Auf unserm Hof hods ois gebn: Henna, Antn, Rooß und Kiah. Do is a Troad [Getreide] obaut worn und a Howern [Hafer] für d'Rooß. Im Winter san im Hoizschuaba unterm Herd Biberl aufzogn worn. De ham a kochts Oa griagt, a bißl a Troad, an Salood, Grünzeig hoid und de san im Herbst gschlacht worn. De Hausschlachtung im Winter war natürlich ollerweil an Haufa Arwat und a Aufregung. Ois Bua, wia i scho in d'Schui ganga bin, hob i Bluat riarn miassn. De Sau is ausbluat worn in an Kiwi nei, aber des Bluat hosd erst später braucht für de Bluatwürscht. Des Bluat hod aber ned stocka derfa. Do hosd du mit so am großn, hoizernen Kochlöffl des Bluat griart, bis dir da Arm weggfoin is. Des is so schwar worn mit da Zeit und wehe, du hosd nochlossn. Na hosd glei oane draufgriagt, a Kopfnuß. A Teil vom Fleisch is in am hoizernen Faßl mit vui Soiz eig'surt und später dann g'reichert worn. Bei uns is bis Mitte de fuchzger Joahr g'schlacht worn.

Unsa ersta Bulldog – a oida Lanz

Boid nochm Kriag hamma den erstn Bulldog griagt, des war so a großer oider Lanz. Der hod no koane Gummireifn g'habt, sondern nur Eisenradl. Wenn der im Hof drin gfahrn is, hamm si de so neigrobn. Und der hod ja vorgliahn wern miassn. Vorn war der Gliahkopf dortn und dann hostn an da Seitn mi'm Schwungradl oschwinga miassn. Wenn da Emil den olossn hod und der ozong hod, dann hosd du schnellstmöglich de Kurbi rausziagn miassn, de hätt dir sonst d'Hand obgschlogn. Obn is da Rauch raus, pechschwarz. Poff! Na hod si nix mehr grührt. Oan Puffa hod a gmacht und dann hosd gmoant, jetz is a scho wieda dastickt. Dann p...p...p.., bis er dann ollerweil schneller p,p,p, bis er dann ppp so dahi ganga is. Des war für mi ois Bua immer a Erlebnis, wenn da Lanz ogschmissn worn is. An dem Bulldog war alles massiv, aus Eisen und Gußeisen. I hob ned amoi mit zwoa Fiaß a Pedal durchdrucka kenna, so hart und so streng und so schwer is des ois ganga. Oiso, so a Ding fahrn, des war koa Vergnügn. In de fuchzger Joahr, wann genau, woaß i nimma, is so a kloaner Eicher kemma. Der hod vielleicht zehn PS ghabt. De andern Bauern, de Großen, wia da Schmiedbauer [Burkhard], da Freisinger [Riedmair] und da Hansbauer (Böswirth), de ham scho boid nooch da Währungsreform greßere Bulldog ghabt, Sämaschinen, Mähmaschinen und an Pfluag.

Auf da »Höheren Schui«

1948 hob i s'Schuigeh ogfangt – mia san auf de »Höhere Schui« ganga auf'm Berg drobn. Mia ham zwoa Schuizimmer ghabt und dazwischn war vorn s'Klo, Madlklo und Buamaklo, primitiv natürlich. Hinterm Schuihaus war a Schupfa mi'm Hoiz und de Koihln. Im Winter san jedn Dog zwoa bestimmt worn, de für'n Ofn verantwortlich warn. De ham eischürn miassn und noch-schürn und am Schulende den Hoizkorb und den Koihlnkorb wieder auffülln miassn für'n nächstn Dog. Im erstn Stock war die Wohnung vom Lehrer Laut. De erstn vier Joahr hob i an Lehrer Laut ghabt, hernoch an Lehrer Lieb. Religionslehrer war da Pfarrer Berger. De erstn Joahr san mir Buam mit da Kurzn in d'Schui ganga und mit Strümpf, de wo mit de Straps festgmacht warn. Des mit de Straps war a Katastrophe. Oa Knopf hod imma gfehlt und do hamm mia ja den Pfennigtrick beherrscht. Den Pfennig hosd neigwurlt und dann is des scho einigermaßn ganga. De erschtn zwoa Joahr hob i no de Schulspeisung griagt. Do hods a Muich gebn, a Suppn, a Erbsensuppn und soiche Sachan. Da absolute Schlager war, wenn oamoi oder zwoamoi in da Woch de Schulspeisung vo de Ami kemma is. Des war des Paradies. Do hods de kloana Hershey Schokoladn gebn oder an Pudding, an richtign, guadn Pudding oder so an Art Kuacha. Des war einfach olles sauguad und deitlich besser wia des, wos de Fraun ausm Dorf oiwei austeilt hamm. 1950 is de Schulspeisung eigschtellt worn. I war koa Musterschüler, des muaß i scho sogn, aber i bin ollerweil guad durchkemma, ohne daß i vui do hob. Is imma dringstandn: wenn er nur grod wos doa dad. Aber an dem hods hoid gfehlt.

DES G'FRETT MIT DE SCHIEFATOFIN

In da erstn Klaß hamma natürlich a Schiefertofi ghabt, vielleicht aa no in da Zwoatn. Aber des mit de Tofin war a Kreiz. Mia ham ja domois no Winter ghabt mit Schnee, es war koid und hod gfrorn. Und weil d'Schui am Berg drobn war, san mir raus aus da Schui, mi'm Bauch naufgsprunga aufn Ranzn und de Straß, wo jetzt da Kindergartn is, obi wia da Deifi. Wenns'd Pech ghabt hosd, dann hosd es schö ghärt – knack. Scheiße, hod de Tofi scho wieda an Sprung, meistens schräg drüber. Gsogt hosd nix dahoam, aber d'Mam hods dann scho gseng und gmoant: »Do miaß ma hoid a Neie kaffa«. Aber des war ned so einfach. Beim Schaller hams de richtige Tofi meistens ned do ghabt, oiso hod ma nach Dachau miassn zum Zauner in da Augsburger Straß. Wenn's da Pap gseng hod, na hod er gmosert: »Krippi, scho wieda a Tofi kaputt, des kost aa a Geld!«

HAUSAUFGABN ODA NAUS ZUM SPUIN – WOS FÜR A FROG!

Des mit de Hausaufgabn war ganz einfach, bsonders im Sommer. Do war meistens bloß d'Großmuatta dahoam, olle andern warn ja draußn auf'm Feld. D'Oma hod scho gsogt: »Jetzt hocksd di glei hi und machst deine Hausaufgaben«, aber des war umsonst. So schnell hod de gor ned schaugn kenna, war i scho furt. Essn war ned wichtig, weil mia uns im Sommer auf'm freien Feld versorgt hamm. Es hod an Krautgartn drauß gebn, der war reich bestückt. Do is losganga mit de Gelberuam, Radi, Radieserl, später dann Tomaten, Kohlrabi und Gurkn. Mia ham ois gstoihln und an Ort und Stelle gessn. Wenn's ganz guad ganga is, hod oana drodenkt, daß er a Soizbicksl eigschobn hod. Na hamma sogar a Soiz ghabt für d'Radieserl und für d'Tomatn, na hod si ja gor nix gfehlt. Mia san immer satt worn. Im Winter wars gfährlicher, do war auf jedn Foi d'Mam dahoam. Wenns'd hoamkomma bist, hosd a bißl wos zum Essn griagt, und na hosd d'Hausaufgab machen miassn, oder hättst machen miassn. Des war hoid dann Verhandlungssache. Aber du bist zumindest oghoaltn worn. Aber du woidst ja naus zum Schlidnfahrn und Schlittschuahfahrn. Do is dann scho oft passiert, daß dann wirklich zerst zumindest mit de Hausaufgabn ogfangt hosd und dann hosd gsogt: »Und des ander mach i auf d'Nacht«. Und du hosd ja beim Betleitn dahoam sei miassn. Und des war hoid aa so a Punkt, des Betleitn. Des hosd scho ghert, oder du hosd as aa amoi ned ghert, wirklich ned ghert, weils du so irgendwo in am Spui drin warst. Im Winter bist scho eher dahoam gwen, weils di einfach so gfrorn hod, weils du so zsammgfrorn warst mit deine Lederwinterstiefi und mit deiner Keilhosn und mit deine Pullover, mit de dicken, und wos'd hoid so oghabt host. Des war ja olles watscherlnooß überoi, wenns wirklich koid war. Überoi war s'Eis dro, gfrorn, de Schuah warn watscherlnooß. Des war des erste dahoam, raus aus de Schuah, sofort mit na Zeitung ausstopfa und na san de ins Rohr neikemma, ins Backrohr nei, ohne Schmarrn. S'Ofatürl aufgmacht, daß ned gor so hoaß is und richtig neiglegt. Und noch na kurzn Zeit hosd sofort gmerkt, wia des Leder zum Stinga ogfangt hod. Den Geruch hob i heid no in da Nosn. Und nacha sans amoi umdraht worn und dann sans rausglegt worn, entweder auf des ausklappte Türl vom Ofa oder untn in Hoizschub nei. Überm Herd war so a Wäschespinne, dad mei heid sogn, de hod ma aufklappn kenna und do is des nasse Zeig naufghängt worn. Des hod ja am nächstn Dog wieder trockn sei miassn, weil, zwoamoi hosd des Gwand ned ghabt. Obitropft und zischt hods. Oiso, zerscht raus aus de Schuah und dann d'Finger und d'Händ unters koide Wasser, weil de warn ja gforn. Und dann hod des so s'Bitzeln ogfangt. Aber des war de beste Methode, so san dann d'Händ am schnellstn wieder warm worn.

Bugeis fahrn – da Mutigste is meistens eibrocha.

Mia ham aa Schlittschuah ghabt, »Steckireißer«. De ham ned gscheid ghebt. Hosd de z'fest ozogn, na hods den ganzn Absatz runtergrissn. Na bist wieder hoam und hosd vasuacht, daß das obn oschraubst. Mia san mit de Gummistiefi gfahrn, wenn's gor nimma anders ganga is und ham de Kufn do higschraubt und dann samma Bugeis gfahrn, bis oaner drin glegn is. Der Herzogweiher war ned diaf, aber sumpfig, und wennst do eibrocha bist, hosd ned dasaufn kenna.

Da Dog bei uns dahoam

Im Sommer is natürlich scho oft deitlich über s'Betleitn naus später worn. Dann is des scho losganga, weil do war's mi'm Essn a Problem. Meine Eltern san friah aufgstandn, weil d'Mam hod in Stoi nüber miassn und do hamm's bloß a Millisuppn gessn und dann so an Muckifuck drunga, an Kathreiner. Da Pap hod vielleicht a Butterbrot gessen und d'Mam hod nooch da Stoiarbat a bißl wos gessn. Um elfe hods as Mittagessn gebn. Und wehe, des Essn war ned pünktlich fertig. Da Pap is stocknarrisch worn. Jedn Dog hods a Suppn gebn, Sommer wia Winter. Und an derer hod si jedn Dog d'Zunga vabrennt, weil ers ned dawartn hod kenna. »Jetzt dua amoi de Suppn her, de varreckt ja scho boid, de wird ja wieda hi« und hod da Mam d'Suppn weggnomma. Und dann hod er gschlürft und gschimpft, weil's so hoaß war, und gschlürft und gschimpft – jedn Dog des Gleiche. Noch'm Essen hamm olle staad sei miassn, do is nämlich da Landfunk kemma – do war de Wettervorhersage, und, für'n Pap besonders wichtig, de Marktpreise, de Schlachtviehpreise von de Schlachthöf in Ingolstadt, Augsburg und München natürlich. Des hod ned lang dauert, zehn Minutn vielleicht. Und nachad hod er si aufs Kanapee higlegt, ozogn, und über's Gsicht a Stoffdaschntuach drüberglegt, weil's eahm vor de Fliegn graust hod. Der Gedanke, daß eahm, wenn er schlafft, a Fliagn über's Gsicht drüberlafft, des war für mein Vatta a Horrorgedanke. Und dann hod er zwanzg Minutn oder a hoibe Stund vielleicht richtig gschlaffa. Dann is er aufgstandn und wieder seim Gschäft nochganga. Und obends, so um fünfe rum, ham meine Leit a Kloanigkeit gessn, a Brotzeit, ned vui und ned üppig. Dann san's noamoi in Stoi ganga und hernach in's Bett.

Landfunk oder Negamusik?

An erstn Fernseher hamma Ende der Fuchzger kriagt, 1958 oder 1959, auf jedn Foi erst nooch da Fuaßboiweltmeisterschaft in Schweden. De war 1958. Damals is Brasilien Weltmoaster worn. Und do war beim Herzog in da Wirtsstubn drin ganz links hinten in dem Eck obn, unter da Deckn auf so am Podest drobn a Schwarz-Weiß-Fernseher. Do hob i mi ois junger Kerl in'd Wirtsstubn neigschlicha und bin ganz hintn stehbliebn. Wia mia dann selber an Fernseher ghabt hamm, hod si da Pap um achte de Tagesschau ogschaugt und dann is er in's Bett ganga. D'Mam hod manchmoi dann no wos ogschaugt. Vui hods ja ned gebn – aber wenn da Vico Torriani gsunga hod, oder da Fred Bertelsmann, oder Friedel Hensch und die Cypries, des hod si d'Mam ogschaugt und is dann aa ins Bett ganga. I bin natürlich ned ins Bett ganga. Mei Bruader, da Schorschi, hod AFN ghert, den Amisender American Forces Network, und des war für mi ganz was Bsonders. Do hods de Wolfman-Jack-Show gebn, täglich a hoibe Stund, do hod da Chuck Berry gsunga, des war a ganz andere Welt. Und wenn meine Leit im Bett warn, hob i auf da Skala gsuacht. Do hods Radiostationa gebn, Radio Beromünster – wo wird denn des sei? – bis i dann den AFN gfunden hob. Und manchmoi hob i vagessn zum Zruckdrahn, und wenn am nächstn Dog da Pap für sein Landfunk de Tastn druckt hod, is da AFN kemma: »Der Hundskrippi mit seiner Scheiß Negamusik«, hod a gschimpft, weil's eahm pressiert hod. Da Landfunk hod her miassn.

Spuisachn hod koana g'habt – aba a Stoaschleider scho

Spuisachn hob i eigentlich ned ghabt. Unser Spuizeig war da Hammer und a Messa zum Schnitzn und zum Schneidn und wennst a poar Nägl gfunden hosd oder a Breedl, des war olles. Da Großvatta war ja do, der hod a kloane Werkstatt im Wognhaus drin ghabt. Wognhaus war a kleanera Stoi. Do hod er sein Hoizstock ghabt und sein Denglstuih, wo er d'Sansn dengelt hod und do war aa a bißl a Werkzeig drin, wos ma hoid so auf am Bauernhof braucht hod. Wenn's a poar scheene Breedl gebn hod, san de do neikemma und aa am Pap seine Kaiwistrick. De hod er braucht ois Viehandler. Kafft worn san de bei de Hausierer. De hamm ois dabei ghabt, wos ma so aufm Hof und im Haus braucht hod: Soafa, Schrubba, Bürschtn, Putzlumpn, Waschglupperl und aa de berühmtn Kleiderschürzn, de wo so rumgwicklt und dann hintn zsammbundn worn san. A jede Frau hod solchene Schürzn ghabt. Für olle hods a

Werkdoggwand gebn und a Sonndoggswand. Wenn unserm Sonndoggswand wos passiert is, war da Teifi los. D'Mam hod zwar gschimpft, aber des is scho wieda gricht und gwaschn worn. De Frauen ham des ja olles großartig g'meistert. A jeder Bua hod a Stoaschleider ghabt. Und do hamma regelrechte Feldzüge gführt. Oamoi, konn i mi erinnern, i war zehne oder elfe, do hamma geg'n Prittlbach kämpft. An der Bahnlinie drobn, do is ja der tiafe Einschnitt und do hamma hin- und hergschossn und san auf des gegnerische Feld gschtürmt. Mia ham aa a Marketenderin dabei ghabt, de Heigl Hannelore, is leider aa scho tot. Des war a ganz a burschikose. De hod oiwei Stoana gsammelt für uns. Und wia ma scho auf gegnerischm Gebiet warn, do hätt uns nix mehr aufhoitn kenna, weil mia aa de mehrern warn, hod a Baur vo Prittlbach des Gschroa ghert, is den Hang raufkemma und hod mit am Flobert, oder wos des war, unserer Marketenderin an Oarsch naufgschossn. Gschrian hods, des konnst da vorstelln, des hod scho weh do. Mia ham sofort den Feldzug obbrocha, unsre Marketenderin in Schutz gnomma und den Rückzug angetretn. A erwachsener Mo mischt si do ei und schiaßt mitm Gwahr, des war ja a Varruckta.

A INDIANA KENNT KOAN SCHMERZ

Raiba und Schandi oder Cowboy und Indiana hamma aa gspuit. I war immer bei de Indiana. I war mit da Kleanste. Do war der mit sechse, der grod s'Schuigeh ogfangt hod dabei und der mit fuchzehn aa, de Eingsessnen genau so wia de Flüchtling. Des war ois oa Haufa. De Kloana ham si hint ostelln miassn, entweder hams gor ned mitspuin derfa oder si ham mitspuin derfa, aber es is eahna ogschafft worn, wos du bist und wos du macha muaßt. Du warst scho froh, daß'd mitderfa hosd. Mi hamms amoi gfanga gnomma und hamm mi, wia echt, an an Baam hibundn im Lehrerwoid drin. Des war irgendwann am Nochmidog, noch da Schui. Unterhoib vom Lehrerwoid san Barackn gstandn, do hod unter anderem de Schmid-Familie drin gwohnt, da Schmid Horst, der mit mir in d'Schui ganga is, na hods no an Schmid Walter gebn, der war zwoa Joahr älter und an Edgar, der war nomoi zwoa Joahr älter. Der hod koa Lehr gmacht, hod bei uns mitgspuit. De Familie Schmid war a bißl a bsondere Familie. Da oide Schmid war a bißl gefürchtet. Auf jedn Foi, i war am Baam obundn, überoi här i s'Schiassn, also peng, peng und zuageh duads. Aber auf oamoi werds staader und staader und staader. Und auf oamoi här i gor nix mehr. Und na hob i s'Plärrn ogfangt und um Hilfe gschrian. Na fangt's zum Dämmern o, s'Betleitn war scho vorbei. Es war dann scho achte, hoiba neine, und i kimm vo dem Scheißbaam ned weg. I kimm ned weg, i kimm ned weg. I war verzweifelt, hob gschrian und gschrian. Es is scho ganz dunkl worn und i häng an dem Baam dro. A Scheißangst hob i ghabt. Do kimmt auf oamoi da Schmid Edgar. Dem is irgendwann eigfoin: Mia wern doch den ned vergessn hamm im Lehrerwoid? Der hod mi losbundn. I bin hoam, jeder Befragung ausm Weg ganga und ins Bett gschliecha.

Mit de selba bautn Pfeil und Bogn hamma g'schossn, des war manchmoi ganz schee g'fährlich. Do dad heid wahrscheinlich glei d'Polizei kemma. Und g'schpickert hamma. Des war aa a Lieblingsspui im Sommer. Des gibt's heid nimma und des is a so ganga: Du host an kurzn Stecka mit da Spitzn in Boden neigschmissn und da nächste hod sein Schpicker so g'schmissn, daß er den deinigen umglegt hod. Dann hod er mit seim Schpicker den andern davog'haut und so oft wia möglich sein Schpicker in Boden nei. Wer do des meiste g'schafft hod, war am End da Sieger. I glaab, für heitige Kinda härt se des nooch Steinzeit o!

Außerdem hamma Flöße baut, und woos für Flöße mia baut hamm! I woaß ned, wiavui Stapelläufe mir gmacht hamm, draußen in da Amper, und olle san gscheitert. De tragende Konstruktion warn immer große Kanister, schwaar wia da Teifi und guade Breedda host braucht, Seile und grode Nägl. Des hamma uns ois zsammgstoin. Aber jeds Moi, wenn ma wieder soweit warn, is entweder kentert oder unterblubbert, es is nia gelungen. Aber für oa so a Floß baun warst an ganzn Sommer beschäftigt mit: planen, diskutiern, s'Material »besorgen« und heimlich an da Amper draußn baun. Den Rohbau hamma irgendwo unters Ufer neizogn. Hosd ja aufpassn miassn, daß dir ned a andere Gäng dei Zeig varrammt.

An da Franz-Schneller-Straß entlang war a planierter Blootz. Des war unser Fußboiblootz, unser Boizblootz und do is im Sommer jedn Dog auf d'Nocht gspuilt worn. Do ham so vui mitgspuilt, wia do warn. De Ältestn hamm bestimmt, hamm ogschafft und de Mannschaftn eiteilt. Wenn de Mannschaft A an Großn griagt hod, hod de Mannschaft B zwoa Kloane griagt. Und so hamm olle mitspuin kenna. Wos des für a Gwurl war, ko ma si guad vorstelln. Wos a Foul war, hamm de Großn bestimmt. De oana hamm Glapperl oghabt, andere warn barfuaß, Fußboistiefi hods koane gebn. Wenn gstrittn worn is, oder s'Spui obbrecha wern hod miassn, san de Mannschaftn nei eiteilt worn und dann is wieder weiderganga.

DES OIDE WASCHHAUS UND DE MODERNE SCHLEIDER

Bis in de fuchzger Joahr hods in Hebertshausen a gemeinsames Waschhaus gebn, unterhoib vom Hansbauer, zwischen dem oidn Dorf und da Siedlung, a langgstreckta, niedriger Bau. Vorn drin war de Gemeindewoog. Noch da Woog is d'Feierwehr kemma. Und do war aa da Schlauchturm. Des war bloß a Baam und obn a eiserner Kranz mit Ösn. Den hod ma runterdrahn kenna, na san de Schleich eighängt worn und dann hamms'n wieda naufdraht. Hinter da Feierwehr war des Waschhaus und no a Stück, ganz hintn, do hamm zerscht de Neiner drin gwohnt, der spätere große Schaumstoffwarenfabrikant Neuner. Und wia de auszogn san, is da Kindergartn neikemma.

Mia hamm im Keller an großn Kessl ghabt, der is ghoazt worn, und do is d'Wasch eiggwoacht und auskocht worn. Auf am Hoiztisch is g'schrubbt worn und in am Zuber mit klarem Wasser dann ausgschpült worn. Noch'm Auswringen, und des war a harte Arbat, is dann aufghängt worn. De erste Maschin, die meiner Muatta des Auswringen erspart hod, war a Schleider. Des war so a schmals, hochs Ding und, i woaß ned, wievui Umdrehungen de ghabt hod, auf jedn Foi hosd den Deckl zuagmacht und eigschoit und na hosd den Deckl zuhebn miassn und de ganze Schleider hosd hebn miassn, de war dir sonst wia a Kanonenkugel in da ganzn Waschkuchl umananderghupft.

Mia hamm scho in de späten vierzger Joahr a sogenanntes Badezimmer griagt mit am Boiler. Und über da Boodwann war a Heizstrahler. Aber, des war a großer Raum, und ma is durch's Bood ins Klo ganga, s'war oiso koid und ned gmiatlich. Do bist schnell in d'Wanna neighupft und schnell wieder raus. Und weil i da Kleanste war, bin i ois Letzter in d'Boodwanna neikemma. Do hamm si zerscht d'Urschi, dann meine Briada, d'Mam und da Pap bodt. Und dann bin i kemma. Des Wasser war von da Soafa, da Kernsoafa, ganz grau. Aber a bißl an Luxus hod's scho gebn: Immer, wenn da Nächste kemma is, hod er d'Hälfte vom Wasser oblassn und wieda a frisch's neilossn.

UNSERE WÄRMFLASCHN WAR'N DOCHPLATTN

Im Haus hods koa Heizung gebn. Eigentlich war's bloß in da Küch warm. Do is ja aa kocht worn. Im Wohnzimmer hamma an Kachlofn ghabt, do is aber bloß an Weihnachtn eighoazt worn oder wenn amoi a Bsuach kemma is. Meine greßern Briader und i hamm unser Schlofzimmer im erstn Stock ghabt, a Nord-Ost-Zimmer. Jeder hod a Oanzlbett ghabt und do drin war's im Winter wirklich koid. Wennst in da Friah aufgwacht bist, war da Hauch auf da Bettdeckn ogreift. Und weil's so koid war, hamma vorm Bettgeh Biberschwanzdochplattn in Hodern eigwickelt und ins Ofarohr [Backrohr] neiglegt. De warn dann hoaß wia da Teifi. De warn so hoaß, do host de erschte Zeit mit de Fiaß ned draufgeh kenna. Do hosd oiwei wieder so a bißl hiprobiert und irgendwann is dann scho ganga. Mia hamm aa amoi so a kupferne Wärmflaschn ghabt, aber de war undicht, des war a Glump. Unser »Naturmethode« war do scho besser. Do hosd warme Fiaß ghabt. Aber trotzdem war de Zuadeck in da Friah ogreift und de Fenster warn zuagfrorn, obwohl daß Doppelfenster warn mit so ner Roilln dazwischen. Do war a Stroh drin.

Vom Butterrührn zum Telefon

Weil mia a Muich ghabt hamm von de Kiah, is bei uns aa Butter griahrt worn in am hoizernen Butterfaßl. Do war innen so a Welln drin mit Klappn. Do hosd ewig riahrn miassn, bis'd an Butta ghabt host. Ende der Vierzger, Anfang der Fuchzger, wann genau, woaß i nimma, hod da Pap a Zentrifug daherbrocht. Des war a schwaars Metalldrumm, des gleiche Prinzip, nur des hosd mit ner Kurbi drahn kenna. Und de hod eine wahnsinnige Übersetzung ghabt. Do hosd ganz langsam drahn kenna, und drin is glaffa wia bläd. An Kühlschrank hamma damois koan ghabt, aber an Eisschrank. Der war im Keller drunt. Des war wia a Diesch, a Kommod auf Fiaß. De hod drei Türl ghabt und in jedm Türl war so a kloaner, ganz feiner Gittereinsatz. Zwischn de Türl hods zwoa Einschübe gebn, do is des Eis neikemma. Des war vom Herzogweiher, do is im Winter g'eist worn. Unter dem Schrank war a Wandl, wo des »Tauwasser« aufgfangt worn is. Kühlschränk san erscht vui später kemma. De Frauen san ja jedn Dog zum Eikaffa ganga, zum Metzger [Herzog] und zum Kramer [Schaller].

Mia hamm des erschte Telefon ghabt in Hebertshausn. Damois hods bloß Dopplanschlüsse gebn. Mia hamm an gemeinsamen Anschluß ghabt mi'm Fortner. Des Telefon, des war a mordsdrumm schwarzer Apparat. Der war im Wohnzimmer, in da guatn Stubn hoch obn an da Wand befestigt. Und wia des des erschte Moi glittn hod, bin i so daschrocka, daß i davo bin. Und funktioniert hods so: Wenn's gleit hod, bist hi ganga und hosd obghebt. Wenn der aber zum Fortner woilln hod, hosd wieder auflegn miassn, und der Anrufer hod hoid wieda nei owähln miassn. Der wo zerscht obghebt hod, der war automatisch verbundn. Aa da Herzog [Gasthof und Metzgerei] und da

Rabl [Bürgermeister und Besitzer einer Werkstatt] hamm mitnand oa Nummer ghabt.

WIA MEI VATTA AN FÜHRERSCHEIN G'MACHT HOD

Noch'm Kriag hod da Pap a Motorradl ghabt, a oide Adler und dann aber boid aa a Auto, so an blauen Kastnwogn. Do hod auf da rechtn Seitn da Winker gfehlt und do hob i oiwei, wenn er obbogn is, d'Hand nausgstreckt und fest gwunkn. Des Auto hods ned lang gebn, na hod da Pap an Opel Rekord kafft. Des wird umara 1953 gwen sei, und hod, bis er s'Autofahrn aufghert hod, Opel gfahrn. Egal, was für a Modell, er is der Marke Opel treu blibn. Und er hod si olle zwoa Joahr a neis Auto gholt. Für des «Oide» hod er an Haufn Geld griagt und hod immer a neis Auto ghabt, immer neie Reifn und nia a Reparatur. Führerschein hod da Pap lang koan ghabt. Er is mitm Motorradl und dann mitm Auto jahrelang »schwarz« gfahrn. Und wia er des zwoate Auto beim Opel Fischer obghoilt hod, hod der gsagt: »Schorsch, des geht ned. Irgendwann dawischt di de Polizei, du muaßt amoi an Führerschein machn.« »Loß ma doch mei Ruah, i hob koa Zeit für den Schmarrn.« Nachad hamms vereinbart, daß da Pap eine Fahrstunde macht beim Opel Fischer und des war zugleich die Prüfungsfahrt. Und er wird damois ned da Oanzige gwen sei, wo des so war.

RAUFFER ODA TRINKGELD?

Mei erster bewußter Einkauf war der Kommunionanzug beim Trinkgeld in Dachau. Do is des Gwand kafft worn, des ma unbedingt braucht hod. De Dachauer und de wo näher um Dachau rum gwohnt hamm, san zum Trinkgeld ganga, de Bauern vom Hinterland eher zum Rauffer. Und de Weiberleit, wenn's a Blusn oder sowos braucht ham, san zum Lerchenberger ganga.

WIA I A SCHRIFTSETZER WORN BIN

1956 bin i aus da Schui kemma. Do war vorher oaner do, vielleicht a Berufsberater oder oaner vom Schuiamt, der hod unsere Zeignisse ogschaugt und hod oan noch dem andern gfrogt, was eahm interessiern dad. I hob gsogt: »I wui Schriftsteller wern.« »Ja«, hod er gsogt, »Schriftsteller, des is ja koa Lehrberuf, aber Schriftsetzer dads gebn.« Des war für mi ganz einleuchtend. I hob koa Ahnung ghabt, wos a Schriftsetzer is, wirklich ned, aa meine Eltern ned, de ganze Familie ned. Aber i hob denkt, wenn i Schriftsteller ned wern ko, und der sogt Schriftsetzer, dann muaß des ganz wos Ähnlichs sei. Na bin i Schriftsetzer worn. Im September hob i d'Lehr ogfangt, am erschtn September in Dachau bei da Lina Böck, Druckerei Lina Böck, in da Wieninger Straß. Vorn war's Büro und hinten drin war so a groß's, langgstreckts Gebäude, do warn de Setzerei und de Druckerei drin. Des Grundstück is durchganga bis hinter zur Gottesackerstraß. Geld hamma ned vui griagt, am Anfang vielleicht vierzg Mark und im nächsten Lehrjahr vielleicht zehn Mark mehr, aber so genau woaß i des nimma. Noch oanahoib Joahr is de Lina Böck Pleite ganga. De war damois liiert mit einem »Herrn« aus München. Wenn der kemma is, hosd gmoant, des is a Graf oder irgendwos und der hod von da Lina ihrm Geld glebt. Und irgendwann war des Geld aus und de Lina war pleite. Da Hans Böck, da Lina ihr Bruader, der aa amoi Burgermoaster war in Dachau, hod in da Brucker Straß drauß a Druckerei ghabt. Der hod den Dachauer Volksboten druckt. Und der hod dann uns zwoa Lehrling übernomma und do hamm mir beim Hans Böck unser Lehr fertigmacha kenna.

Wia da Elvis, blooss sauba zsammgfrorn

Oamoi in da Woch hob i nach München nei miassn in d'Berufsschui, do beim Zirkus Krone in da Marsstraß. Natürlich bin i mi'm Zug neigfahrn, mit de Hoizwaggon und de Eisenplattforma draußen, mit Gitter zum Auf- und Zuamachn. De Bahnhofstraß in Hebertshausen war damois ned teert, des wara Sandstraß mit lauter Leecher drin. Do bist vo oam Loch in des ander neigfoin. Aber weil i in d'Stood neigfahrn bin, hob i so ausschaugn woilln wia da Elvis Presley: spitzige Schuah, koane Winterstiefi, und wenn's no so koid war, a scheene Hosn, a Hemmad und a Sakko, offen natürlich, a bei siebzehn Grad minus, und d'Hoar voller Brisk. Und immer an Kamm dabei, daß i mi glei wieda kampin hob kenna, wenn a Wind ganga is. Bis zum Bahnhof naufkemma bist, warn d'Schuah durch und durch nooß samt de Sockn. Und wenn i Pech ghabt hob, hob i erscht in Allach an Blootz im Waggon drin griagt, hob bis Allach draußn steh miassn auf da Plattform. Aber des hod ois koa Roilln ned gschpuit, hauptsach ned bläd warm ozogn. Und so bin i hoid Schriftsetzer worn und bin meim erlerntn Beruf treu bliebn. Aber den gibt's nimma in der Form. Damois hods bloß an Bleisatz gebn. Dem »Beruf« bin i eigentlich ned trei bliebn, aber dem grafischen Gewerbe, in unterschiedlichen Tätigkeiten. Und i bin guad damit gfahrn.

D'MAM WAR FAHNAMUATTA UND I WAR BSUFFA

Mei Muatta war a gesellige Frau. De is zwar, wia olle Fraun damois, in ihrm Leben ned weit umanander kemma. Urlaube hods koane gebn, vielleicht amoi an Ausflug an Starnberger See und in am Café a Tass Kaffee und an Kuacha,

Ursula Kopp als Fahnenmutter in der Bildmitte, schwarzes Kleid mit Schärpe

Fahnenweihe in Hebertshausen 1952

Fahnenvorderseite bei der Fahnenweihe

des war scho wos. Oiso, mei Muatta hod selber Gschichterln und Gedichte gschriebn und war Mitglied bei olle Vereine. Und do hod d'Feierwehr bei ihr ogfrogt, ob's ned d'Fahnenmuatta macha dad bei da Fahnaweih. Fahnamuatta war a große Ehre, aber aa a finanzielle Belastung. Und s'Geld war do. De Fahnaweih war im Juli 1952. Des war beim 75jährige Gründungsfest vo da Freiwillign Feierwehr Hebertshausn. Do, wo heid d'Schui steht, war a großer freier Blootz. Do is a Podium aufbaut worn, a Musik hod's gebn und Redn san ghoitn worn. Abordnungen aus dem ganzn Landkreis san do gwen und i war Daferlbua für de Petershausner Abordnung. Und i hob do mein erschtn Rausch ghabt. Des war damois wirklich so üblich: De Daferlbuam ham am Omd olle bsuffa sei miassn, des war da Ehrgeiz vo de Feierwehrler, de ham a Mordsfreid ghabt, wenn eahna Daferlbua bsuffa war. De ham olle Augenblick, jedsmoi, wenn oana a frische Maß griagt hod, und wos anders wia a Maß ausm Keferloher is ja ned drunga worn, gschrian: »Bua, dring o!« und mit lauter Odringa bringst aa an Rausch zsamm.

Unsa »Mass'nfirmung«

Georg Kopp, Firmpate von seinem Sohn Werner Kopp sowie von Herbert Berger und Hans Pfleger

Da Pap hod drei Firmling ghabt: mi, an Berger Herbert und an Pfleger Hans. Firmpat sei war mit Kostn verbundn. Und weil beim Pfleger »nix do war« und beim Berger drobn aa ned, hams gfrogt, ob eahna da Pap an Patn machat. Mia hamm olle de gleiche Uhr griagt, san mitnand an Starnberger See gfahrn, san mi'm Boot gfahrn und hamm a Brotzeit griagt. Und olle war ma happy.

Da Boizblootz zwischn de Barrackn

Gegenüber vom jetzign Rathaus und da neien Kirch war von da Franz-Schneller-Straß bis naus zur Hauptstraß a freier Blootz. Do san für de Flüchtling Barrackn aufgstellt worn: oane da Länge noch vorn an da Hauptstraß entlang, oane quer hinterm Kammerloher, hinterm Rauscher a kürzere und in da Mittn, do zum Scheck nüber, de sogenannte Waschbarracke. Do warn Waschräume drin und Toilettn, weil's des in de Wohnbarrackn ned gebn hod. In de Barrackn hod unter anderm da Schmid Horst gwohnt, da Geisler Siegfried und de Familie Schrauter. Wia dann de Siedlung entstandn is, san de do nauszogn. Es war no a vierte Barrackn geplant, an da Franz-Schneller-Straß entlang, de is aber nia baut worn. Des war a planierter Blootz. Des war unser Fußboi- und Boizblootz.

De erste »Business-Idee«

Wo jetzt de Kirch und s'Rathaus stenga, warn de Herzog-Weiher. Untn war da große, weida obn da kloane. De warn verbundn mit am Rohr, und do, wo jetzt s'Pfarrheim is, war no a kleanara Weiher. Der is naufganga bis zum Kriagadenkmoi. Und wenn beim Herzog gschlacht worn is, san de Schlachtabfälle in den Weiher neigschmissn worn. Do drin warn an Haufn Karpfn, große Karpfn, de hamm a guads Leben ghabt. Und de woilltn mia zu Geld macha. Mia warn vielleicht zwölf Joahr oid, da Berger Herbert, da Scheck Siegi und

i. Mia hamma gsogt: mia fanga do de Karpfn raus und omds, wenn de Zug-
leit vom Bahnhof runterkemma, de Arbeiter vo da Papierfabrik, vo da MAN
und vom Krauss-Maffei und auf Deitnhofn gengan, dann vakaffa mir dene de
Karpfn. Stundnlang hamma überlegt, wos ma valanga, und hamm uns dann
auf a Fuchzgerl g'einigt. Mia hamm an die 25 Karpfn rausdo. De hosd fast
mit da Hand fanga kenna. Wennst a Schnürl mit am Hakn neighebt hosd,
is scho oana drohghängt. Mia hamms rauszogn, daschlogn, in große Blaadl
eigwicklt und uns am Boizblootz vasteckt. I woaß nimma, wer da erschte Mo
war, der wo daherkemma is. Mia hamm eahm oghaut, mia hättn Fisch zum
Vakaffa, Karpfn, ganz frisch. Und der wird hoid gfrogt hamm, wo ma de her
hamm und dann hods scho gschäbert. Den erschtn, den wo er dalanga hod
kenna, und des war i, dem hod er glei oane gschmiert und den zwoatn, den
hod er wahrscheinlich a no dawischt, da dritte wird davo sei. Mia san natürlich hoam wia da Teifi, vadeant hamma nix und dahoam hamma natürlich
nix gsogt. Damois war des generell so: Wennst im Dorf an Schmarrn gmacht
hosd, dann hod dir der, der die dawischt hod, oane runterzogn, »petzt« is ned
worn. Aber es is dann scho bassiert, daß a poar Dog später d'Mam gfrogt hod:
»Sog amoi, wos war denn do wieder los?« I hob mi dumm gstellt. »Fisch habts
raus, oder? Stimmt des? Freili warst dabei.« Varrodn hod di koaner vo de Erwachsenen, aber rumgredt is worn, beim Herzog oder beim Schaller haben de
Miatta vui erfahrn. Heid woaß i, daß da Pap heimlich gschmunzlt hod – der
Hundsbua – hod er si denkt. Am Herzog war des wurscht, de Karpfn warn ja
ungenießber, de hod koa Mensch woilln. Unsere Geschäftsidee ist jedenfalls
großartig gescheitert.

De zwoate »Business-Idee«

Dann hammas mit da Taubnzucht probiert. Da Siegi war wieda dabei und
da Berger Herbert, da Baddal. Mia fang ma a Taubnzucht o, weil, Taubn, des
is wos Guads, de ko ma brodn. D'Eltern gfrein si, wenn's a brodnds Tauberl
griang, hamma uns denkt. Zerscht brauchst an Taubnschlog. Den hod si jeder irgendwo in ner Hüttn drin baut. Mia hod da Großvatta ghoifn. Er hods
zwar ned guad ghoaßn, aber er hod ma ghoifn, hod ma s'Werkzeig gebn, und
mir beim Zsammbaun ghoifn. Natürlich hosd aa a Kapital braucht. Vo uns
hod koaner a Geld ghabt. A so a Taubnpaar hod vielleicht so siebn Mark kost.
Zwoa Poar, hamma gsogt, kafft sie jeder. D'Mam hod gsogt: »Na, du griagst
vo mir koa Geld.« Aber dann hob is am Pap genau erklärt und er hod gsogt:

»Bua, des sog i dir glei, des is a Schmarrn, wos ihr do machts. Taubn, des is a fliegendes Kapital, des hod gor koan Sinn für eich.« Aber i woaß, daß eahm imponiert hod, oiso hod er des Geld rausgruckt. Dann hamma auf d'Radl nauf Transportkörbe baut, a Gerüst mit ner Klappn, mit am Lederl zum Ei-knöppfin. Mit unsere Radl, oide Schleifer, san ma noch Sulzroa zum Hiega obi. Do war jedn Sonndog Vormidog Kleintiermarkt. »I hob scho wos für eich Buam, Blaue Strasser, des san de bestn Bruater, de wos gibt. Nur Strasser,« hod er gsogt, »de andern bruatn olle ned. Deads es guad eisperrn, ned daß eich davofliagn.« Und a jeder hod zwoa Paar Blaue Strasser kafft, wunderscheene Taubn und de hamma drei Wochn eigschperrt. De muaßt fuadern, aber ned rauslossn, dann gwohna se si an den neia Verschlog und an de neie Umge-bung. Dann war der große Dog, do hammas nochanand rauslossn. Und bei jedem is des gleiche passiert: De Taubn san raus nach ner gewissn Zeit, ham a bißl bleed umanander gschaugt, san aufgstiegn, san zwoa- oder dreimoi kreist und san dann stantepede Richtung Sulzroa wieder obghaut. Bei jedem des Gleiche. Und mir mit de Radl hintnoch noch Sulzroa und nei in Hof. Unter da Woch war des a normaler Bauernhof. »San eich Blaue Strasser zuagflogn?« hamma gfrogt. »Na«, hod da Baur gsogt, »Blaue Strasser? Ned daß i wissat, na, des dad i scho wissen«, sogt er, »warum? Sans eich davo?« »Ja«, ham-ma gsogt, ganz kleinlaut, »olle sans davo.« »Ja«, sogt er, »do, schaugts nauf, unterm Vordach drin, do hätt i scheene do für eich, i gibs eich a bißl billiger«. I bin sicher, des warn de unsern, aber a Taubn hod ja koa Nummernschild dro. Oiso samma wieder hoam und i hobs am Pap vazählt. »Da Hiega hätt no Blaue Strasser und er gibt's uns billiger«. Do hod da Pap glacht: »Ja bist du no bleeder, der vakafft dir de Gleichen fünfmoi! Du bist ja so damisch.« Aber i hob neibenzt und neibenzt, und a poar Wochn später hamma nomoi Blaue Strasser kafft beim Hiega. Und er hods uns billiger gebn. De hamma dann sechs Wochn eigschperrt und de san tatsächlich bliebn, ham a bruat. Aber a Taubn is a bleeds Viech. De hamm fünfmoi im Joahr s'Bruatn ogfangt, aber ned ausbruat. Auf jedn Foi hob irgendwann zwoa junge Taubn ghabt. I hob de ganze Familie rebellisch gmacht: »Jetzt gibt's Taubn!« I hobs ned umbringa kenna. D'Mam hod si dabarmt und hods zu am Brodn dazu nei ins Rohr do, weil junge Deiberl, wenns grupft und ausgnomma san, san des bloß Batzerl. I hob a Freid ghabt, aber probiern hob i's ned kenna. Des mit da Taubnzucht hod si schnell aufghärt. Fliegendes Kapital, hod da Pap gsogt, und recht hod er ghabt.

So a Kuah is aa blooss a Mensch

Mia hamm dahoam an Stoi ghabt für unsere Kiah und an Fremdenstoi. In den Fremdenstoi san de Viecher neikemma, de da Pap kafft hod, de bei uns eigstellt warn, bis anan Bauern weidervakafft worn san oder in Schlachthof neikemma san. Weil, du konnst in a festgefügtes Stallensemble ned einfach a fremde Kuh zwischen neihänga. Des gibt Mord und Totschlag. Des geht ned. I hob aa erlebt, daß zwoa eigene Kiah ned nebnanander steh kenna, weil si si »ned leidn kenna«. Wenn de draußn san auf da Woad, geht des, do kenna si si ausm Weg geh, aber de konnst ned nebnanand hihänga, do muß mindestens oa Kuah dazwischn sei. Und des muaßt du so austariern, daß jede sei richtige Nachbarin hod, mit der si si vatrogt, mit der's auf da Woad hauptsächlich beinand steht. Dann hosd du Frieden und Ruhe und Harmonie in deim Stoi. Und a fremde Kuah, des geht scho glei gor ned. Im Sommer hamma natürlich Kiah ghiat, des war Pflicht. Und wo aufm Hof koa Bua war im richtign Alter, do hod a anderer ghiat, meistens oaner vo de Flüchtlingsbuam. Mir warn ja olle Freunde, mia warn olle Kinder, zwischen einheimische und Flüchtlings-kinder hods koan Unterschied gebn. Des war uns wurscht. Aber de Flücht-lingskinder hamm dann manchmoi a Markl griagt, mir Bauernkinder ned. De Kiah san ausm Stoi raus, de hosd ned führn miassn, de hamm scho gwußt: naus geht's. Uns is ogschafft worn, auf welche Woad mir de Kiah naustreibn soilln. Und do war ma den ganzn Dog drauß mit de Viecher. Fast den ganzn Dog. Am frühen Nachmidog ham scho de erschtn zogn zum Hoamgeh. S'Eu-ter war voll, sie woilltn hoam zum Melkn. Aber um drei hosd ned hoamkem-ma brauchn mit de Kiah, weil de Leit no olle auf'm Feld warn, war ja koaner dahoam. Und, des is wirklich manchmoi passiert, es is dann so a Massnding: Oane fangt s'geh o und dann kimmt de andere, des schauklt si so auf. Du haust eahna scho mi'm Stecka auf's Hearndl und na geht's wieda a poar Mi-nutn, aber der Druck wird oiwei greßer und wenn hoid de auf oamoi olle s'Maschiern ofanga, werds problematisch. Des Oanzige, wo ma's stoppn hod kenna, wo ma's zruckhoidn hod kenna, des war de oide Amperbruckn. Des war a Nadlöhr, do hamma's dann stoppn kenna. Auf da Woad san de imma no breider ausanand ganga und auf oamoi hosd du so a schwache Kettn ghabt, daß do aa oa durchkemma san, aber do, an da Amperbruckn, do hammas dann wieda stoppn kenna. Do hosd'as hoid zruckghoitn und zruckghoitn und zruckghoitn, und na hosd scho gseng, jetzt kemmas schee langsam hoam vom Feld, de Leit, Gott sei Dank.

»COME ON, BOY!«

Von de Ami hamma ois griagt – wirkli ois. Vo dene, aa ned vo de Nega, hamma koa Angst ghabt, weil de so freindlich warn. De ham di vo da Weitn scho oglacht, du hosd dir do nix denkt. Der oanzige schwarze Mensch, den i bis dahin gseng hob, war der sogenannte Nigrimann. Der is auf Steilzn durch's Dorf ganga und hod Reklame gmacht für de Nigrin-Schuahcreme. Aber des hosd ja gseng, daß der ogschmiert war. Natürlich hosd aa gwußt, in Afrika gibt's Nega, klar. Mit de Amerikaner war des generell ja so, mia Kinder san mit de Ami, oiso i bsonders, i bin mit de Amis super auskemma. Do warn ja verschiedene Dienstgrade. De hamm ja ned in da Kasern sei miassn oder do, wo früher die SS drin war, wo jetzt de Polizei no drin is, do in Dachau-Ost, sondern de hamm aa private Wohnungen hamm kenna und oane davo war beim Herzog drobn im Saal. Do warn so abteilte Wohnungen. In oaner hod da Joe drin gwohnt, wia der genau ghoaßn hod und wos er war, woaß i ned. Der war sogar ziemlich lang do, bis in de fuchzger Joahr nei. Des war a Seele von am Mensch, der hod Kinder geliebt. Der hod aber koane Kinder ghabt. A Frau war do, des woaß i no. Der hod a so an oidn Buick, oder wos des war, ghabt, den hod er hintn steh ghabt, hinter dem oidn Wirtschaftsgebäude vom Herzog. Der war nimma fahrtüchtig und den hod er uns überlassn sozusagen. Des war unser »Spuizeig«. Innen war olles super, des war natürlich toll, sogar s'Lenkradl hod si bewegt. Und generell muaß i sogn, wenn'st mit Ami zsammkemma bist ois Kind: de warn olle freindlich und du host imma wos griagt, de hamm imma irgendwos in da Taschn ghabt, und wenn's bloß a Kaugummi war oder wos, des war ja scho großartig. I hob mi imma a bißl higwandlt an de Ami, und de hamm des aa geduldet. Amoi hob i mitgriegt, daß's fischen und do bin i dann natürlich mit naus. De hamm mit Handgranatn g'fischt. Unterhalb vom großn Wehr is d'Amper ziemlich broad und a bißl ausgschpült, do san greßere Gumpn drin und do stengan de Fisch drin, de greßern. Do hod der sei Handgranatn obzogn und hod de do neigschmissn. Do hod des Wasser richtig aufgschäumt. Eigentlich war des ruhig, hod koan Krach gmacht und nix, nur des Wasser is aufgschäumt und schlagartig san do vielleicht fuchzg Fisch, kloane, große, olles, wos da denga konnst, mi'm Bauch nach obn gschwumma. Dene hods de Lunga zrissn durch den Druck. De Ami hamm glacht und hamm de hechste Freid ghabt.

De Ami hamm beim Domini drobn [Gasthaus Dominikus Herzog am Bahnhof Walpertshofen, heute Bahnhof Hebertshausen] den hintern Nebenraum ghabt ois, ja wia a Clublokal, hamm a eigene Wurlitzer drin ghabt, a Musikbox und den, des woaß i no genau, den Plafond hamm se sich mit Foischirmseide so obdeckt ghabt wia so an Himmi und do hamm's gfeiert. Und, do war i scho vierzehn oder fuchzehn, do bin i hoid aa nebn de Tür so hi. De Musik war großartig. Hosd aa a Cola griagt vielleicht.

Obn an da Amper, do hinter da Würmmühle, war de Ami ihr Golfblootz. Und de hamm hoid vui Bälle in d'Amper neigschossn, loßt si ja ned vermeidn. Natürlich, mia Hebertshauser warn a bißl im Nachteil, weil de Dachau-Ostler, de »Oschtler«, de warn an der Quelle, de ham do glei obn de Bälle scho obgfischt. Unser oanziger Vorteil war, daß do obn de Amper fast koa Ausbuchtung hod, oder ned ghabt hod, do war de ziemlich schnell, hod a ziemlich starke Strömung ghabt. Jetzt hamm de ned olle dawischt. Und bei uns heruntn, mia ham unterhalb vom Wehr so Kehrwasser ghabt und do hamm se de do gsammlt und do hammas relativ leicht raushoiln kenna. Na samma d'Amper nauf so nochanander und vui san dann unter de Staudn so drin hänga bliebn, do hosd a neikenna und hosdas obsammln kenna. De wo ned kaputt warn, hosd zu de Ami zruckbrocht und hosd imma wos griagt. Hosd di ja ned verständign kenna, bist hoid mit deine Golfbäll am Tor dort gstandn und na hod der scho gwußt. »Come on please,« hod er gsogt. Mei, und oamoi hod uns oaner a ganze Packung Luftballon gschenkt. Mia hamm de Luftballon aufteilt, a jeder hod zehne griagt und dann samma hoam. »Heid war ma wieder bei de Amerikaner!« »Und wos habts griagt?« »Heid hamma Luftballon griagt.« Mia bloosn de Luftballon auf, und, des vergiß i nia, ein Terror, des is so a Schlauch worn, warn des Pariser, war koa großer Erfolg. Mia Buam, wos hamm mir vo Pariser gwußt? Nix. Mia hamm uns scho gwundert, weil de so bepudert warn.

WIA UNSA KINDHEIT UND JUGEND WAR?

Ja, wia wars? Damois war für uns wia für olle Kinder ois normal, ganz selbstvaständlich hoid. Aber wenn ma so z'ruckdenkt, muaß i song, dass einfach großartig war. Mia san ja frei aufg'wachsn, völlig frei. Mia warn wahrscheinlich de letzte Generation, de wo so wuid, fast anarchisch aufwachsn hod derfa. Zumindest auf'm Dorf war's a so. Vor allem aba san mia mit da Natur, mit de Viecha und Pflanz'n und aa mit'm Weda, mit de Jahreszeit'n groß worn, des san Sachan, von dene profitierst dei ganz Lebn lang. Und unsere Eltern und Großeltern hamm uns des ollabeste mitgebn: a bissal an g'sundn Menschenverstand. Dafür sog i heid no Dankschee!

1 Die folgenden Informationen sind der »Festschrift Hebertshausen«, Amperlandverlag, 21. Jg (1985) Heft 3, entnommen.

2 »Wir bitten um Auflösung des Lagers«. Erst Geheimwaffen-Werkstatt, jetzt Flüchtlings-baracken – Resolution der Heimatvertriebenen in Petershausen. In: Dachauer Nachrich-ten, 12.9.1951.

3 Herbert Bartel: Aus den Aufgabenbereichen der früheren Gemeinden Hebertshausen, Ampermoching, Unterweilbach und Prittlbach. In: Festschrift Hebertshausen, Seite 122 ff.

4 Benno Laut: Die Volksschule von Hebertshausen. In: ebd., Seite 150 f.

5 Georg Otteneder: Gewerbe, Handel und Dienstleistungsbetriebe in der Gemeinde He-bertshausen. In: ebd., Seite 134 ff.

6 Friedrich Reischl: Das Vereinsleben in der Gemeinde Hebertshausen. In: ebd., Seite 152 ff.

7 Interview mit Juliana Schaller (geb. 1949) am 28. November 2016.

8 Interview mit Manfred Schaller (geb. 1942) am 21. Juli 2016 und 18.August 2016.

9 Werner Kopp (geb. 1942) am 10. Dezember 2016.

Die 50er Jahre in Bergkirchen

Hubert Eberl

In Bergkirchen begann, ähnlich wie in anderen Gemeinden, Anfang der 50er-Jahre langsam wieder der Einzug von etwas Normalität. Gerade gewöhnte man sich an die neue Währung. Lebensmittelmarken verloren ihre Gültigkeit. Sie waren nicht mehr notwendig.

Aus den vorhandenen Protokollen der Spruchkammer Dachau ist ersichtlich, dass der Entnazifizierungsprozess (»Gesetz zur Befreiung von Nationalsozialismus und Militarismus« vom 5. März 1946) für die Bergkirchner Ende 1948 abgeschlossen war. Viele profitierten dabei von der Weihnachtsamnestie[1] des Jahres 1948.

Aufgrund früherer Mitgliedschaft in der NSDAP oder deren Organisationen war ein Neustart in der Gemeinde zunächst nur mit einem kleinen unbelasteten Personenkreis möglich gewesen.

Noch vor 1950 gründeten sich Vereine wieder, die es auch schon vor der Machtübernahme der Nationalsozialisten hier gegeben hatte (Schützenverein, Sportverein, Veteranenverein). Seit Ende 1948 war auch die Gastwirtschaft Groß wieder geöffnet.

1950

Michael Krotzer berichtete in seinen Lebenserinnerungen über Bürgermeisterwahl, Leichenhaus, »Zuaglafferne« und Maisachbrücke:

»Anfang Januar 1950, war Bürgermeisterwahl[2], bei der Jakob Leitenstorfer [3] wieder zum Bürgermeister gewählt wurde. Zum zweiten Bürgermeister wählte der Gemeinderat den Landwirt Vitalis Glas. Ebenfalls zum 1. Januar 1950 wurde Pfarrer Albert als neuer Pfarrherr von Bergkirchen, vom wortgewaltigen Prälat Pfanzelt in sein Amt eingeführt. Somit hatte Bergkirchen zum Jahresanfang 1950 kirchlich und gemeindlich eine neue

Leichenhaus Bergkirchen im Jahr 2004

Führung bekommen. Im Frühjahr 1950 wurde der Neubau des Leichenhauses vollendet.

Die damalige Geldknappheit der Gemeinde hatte die Fertigstellung verzögert, nachdem die Gemeinde Feldgeding die Mitfinanzierung verweigert hatte, obwohl die Bürger ihre Gräber auf dem Friedhof von Bergkirchen hatten und somit auch Benutzer des Leichenhauses waren. Sie mussten deshalb eine Leichenhausgebühr von 20 DM für jeden Sterbefall entrichten[4]. Um den Gemeindehaushalt für die Zeit nach der Währungsreform – die Jahre 1948–1949 wurden zusammengelegt – ausgleichen zu können, konnten die Steuersätze innerhalb des laufenden Rechnungsjahres erhöht werden. Die Regierung hatte hierzu eine entsprechende Anordnung erlassen. Der Gemeinderat Bergkirchen erhöhte somit Steuersätze und Grundstückspachtsätze, um den Haushalt mit den dringend erforderlichen Maßnahmen ausgleichen zu können. Der Scharlbauer von Bibereck [Josef Märkl] weigerte sich als einziger die erhöhten Pacht- und Steuersätze zu zahlen. Er ließ durch seinen Rechtsanwalt, Herrn Huber aus Dachau, der Gemeinde mitteilen, dass sie nicht berechtigt sei, während des Rechnungsjahres die Steuersätze zu erhöhen. In einem späteren Schreiben entschuldigte sich Herr Huber mit dem Hinweis, dass er von der Anordnung der Regierung nicht informiert worden war und somit seinen Klienten falsch beraten hatte. Mit Zustimmung des Gemeinderates beantragte ich über das Landratsamt einen Zahlungsbefehl mit Pfändung. Der Scharlbauer zahlte zuzüglich der Verwaltungskosten. Mir brachte dieses Vorgehen gegen ihn den Ausspruch ein: ›Der Zuaglaferne schafft in der Gemeinde an.‹ Zur gleichen Zeit beantragte ich beim Landratsamt die Aufhebung des Jagdpachtvertrages mit den Dachauer Bürgern, Dr. Haaser und Josef Lerchenberger, weil sie sich weigerten, den ›Pachtschilling‹, der damals an die Gemeindekasse ging – es gab noch keine Jagdgenossenschaft – von 500 DM jährlich, zu zahlen. Die Militärregierung erlaubte für die deutschen Jäger keinen Waffenbesitz und somit war eine Jagdausübung nicht möglich. Dagegen plünderten die Amerikaner und andere Wilddiebe den Wildbestand. Der alte Jagdpächter Fritz Barth, dem man 1945 die Gemeindejagd wegen Parteizugehörigkeit wegnehmen musste – er war außerdem Offizier in der Wehrmacht gewesen (Mayor) – bot der Gemeinde 1000 DM Jahrespacht. Somit wurde er ab dem 1. September 1949 wieder Jagdpächter. Mit diesen 1000 DM vollendeten wir den Leichenhausbau.«[5]

»Ein neues Problem kam im Frühjahr 1950 auf die Gemeinde zu. Die bei

Kriegsende gesprengte Maisachbrücke, die nur notdürftig instand gesetzt
worden war, konnte ohne Risiko des Durchbrechens nicht mehr befahren
werden

Notdürftig reparierte Maisachbrücke

Im Einvernehmen mit dem Vorstand des Wasserverbandes Maisach
III stellte die Gemeinde an das Was-
serwirtschaftsamt München den Antrag, dass ein Brückenneubau unbedingt notwendig sei. Daraufhin kam
der Chef des Wasserwirtschaftsamtes
Dr. Niedermeier, mit seinem Vertreter, Regierungsoberbaurat Ingenieur
Weiß, zur Brückenbesichtigung und
Lagebesprechung. Das Ergebnis war eine sofortige, kostenlose Plananferti-
gung für eine Spannbrücke (ohne Pfeiler) mit acht Tonnen Tragkraft. Aufgrund der gemeindlichen Einwände wurde der Plan auf 12 Tonnen Tragfä-
higkeit umgeändert. Zugleich wurde beantragt, beiderseits der Brücke einen
Gehsteig für Fußgänger mitzuplanen, um den alten Maisachweg, der 40 Me-
ter unterhalb der Brücke über die Maisach führte und bei Hochwasser den
Wasserablauf hemmte, zu beseitigen. Dieses Vorhaben rief bei den Feldgedin-
ger Bürgern eine Protestwelle hervor, so dass Bürgermeister August Riedl im
Namen seines Gemeinderates Einspruch gegen den Abbruch des Fußgänger-
steges erhob und zugleich Klage gegen die Gemeinde Bergkirchen über das
Landratsamt Dachau bei der Regierung von Oberbayern stellte. Als ich den
Chef des Wasserwirtschaftsamtes davon in Kenntnis setzte, sagte er nur: ›Das
erledige ich schon bei der Regierung.‹ Die Klage wurde abgewiesen. Daraufhin waren der Bürgermeister Riedl und sein Gemeinderat nicht besonders gut
auf Bergkirchen zu sprechen. Die Zukunft bewies aber die Richtigkeit dieser
Planung. Nun kam aber der schwierigste Teil dieses Bauvorhabens, die Finanzierung. Die Kostenberechnung betrug 32 000 DM. In der Gemeindekasse befand sich aber keinerlei Rücklage für den Brückenbau. Ein Gesuch an
die Regierung von Oberbayern brachte 5 000 DM Zuschuss. Ein Gesuch an
den Landkreis wurde abgelehnt. Ein Gesuch an das Amt für Kriegsfolgelasten
wurde ebenfalls abgelehnt. Der Antrag an den neuen Jagdpächter, Fritz Barth,
eine Vorschusszahlung zu leisten, brachte 5 000 DM. Der Verkauf der großen
Eisenträger von der alten Brücke brachte 2 500 DM. Mit diesem Anfangska-
pital von 12 500 DM wurde der Brückenbau zum berechneten Kostensatz von

32 500 DM an die Firma Hanisch & Kiendl aus München vergeben. Die Sparkasse Dachau gewährte einen Kredit von 20 000 DM. Somit war die Finanzierung gesichert. Die Fertigstellung der Brücke war im Herbst 1951. Das Brückengeländer fertigte die Schreinerei Anton Pfeil.[6]

»Reparaturen am Pfarrhaus Bergkirchen. Am Pfarrhaus wird gegenwärtig das Äußere einer gründlichen Reparatur unterzogen, die durch die staatliche Baufallschätzung anlässlich der Wiederbesetzung der Pfarrei notwendig geworden war. Die letzten größeren Reparaturen am Pfarrhaus erfolgten vor 60 Jahren; seitdem wurden immer nur geringfügige Ausbesserungen vorgenommen. Die Maurer- und Zimmererarbeiten erledigt Maurermeister Straßer von Eisolzried, die Spenglerarbeiten Max Bach von Deutenhausen. Auch an der Pfarrkirche werden vordringliche Dachreparaturen ausgeführt. Im Innern wurden in der letzten Woche die Säulen, die die Empore tragen, durch eiserne Träger ersetzt, weil Einsturzgefahr bestand.«[7]

Nach der Volkszählung des Jahres 1950 wurden die ausgewerteten Zahlen des Statistischen Landesamtes in den Dachauer Nachrichten veröffentlicht. Aus dem vorläufigen Ergebnis für den Landkreis Dachau ließen sich im Vergleich zu den Zahlen der letzten Volkszählung vor dem Krieg, im Mai 1939, einige interessante Entwicklungen erkennen. Die Zahlen geben Aufschluss über wesentliche Umschichtung der Bevölkerung.

In den vergangenen elf Jahren war die Einwohnerzahl des Landkreises Dachau von 40 797 Personen auf 60 429, also um 50 Prozent angewachsen. Hauptgrund dafür dürfte in erster Linie der Zuzug von Heimatvertriebenen gewesen sein. In den Volkszählungsergebnissen ist auch erkennbar, dass der Frauenüberschuss durch die allmähliche Rückkehr der Kriegsgefangenen, langsam im Abnehmen war.

Die Vergleichszahlen von 1950 und 1939:[8]

Personen:	1950	1939
Bergkirchen	*568*	*362*
Eisolzried	*725*	*543*
Feldgeding	*388*	*234*
Günding	*1372*	*853*

Kreuzholzhausen	*315*	*206*
Lauterbach	*526*	*310*
Oberbachern	*665*	*417*

1951

»Das starke Tauwetter und die dauernden Regenfälle der letzten Woche brachten es mit sich, dass die Maisach über die Ufer trat und die Wiesen weit überschwemmte. In Günding wurde sogar die Dorfstraße unter Wasser gesetzt. Man konnte nur über die Felder oder über die Mühle die Brucker Straße erreichen«.[9]

Das interessante Projekt eines Gemeinschaftshauses wurde 1951 in der Gemeinde Bergkirchen diskutiert. Letztendlich wurde dieses Gemeinschaftshaus aber nicht gebaut. Ein Grund dafür war die Grundstücksfrage, was aus der Niederschrift zur Gemeinderatssitzung vom 4.7.1951 hervorgeht: »Das für die Errichtung des Gemeinschaftshauses vorgesehene Grundstück vom Hausgarten der Frau Mannhart, Bergkirchen Nr. 21, wurde von der Eigentümerin nicht abgegeben, somit muss der Neubau zurückgestellt werden.«[10]

Es wäre auch bald nicht mehr zeitgemäß gewesen, da sich viele Hausbesitzer die Einrichtungen (Waschmaschine, Backofen, Obstpresse, Sackflickmaschine und eine komplette Wannenbadeinrichtung), die dort angeboten werden sollten, bald selbst zuhause leisten konnten.

Auch privat wurde wieder gebaut: »Einen großen Bau, in dem drei Wohnungen, Auto- und Bulldoggarage, Waschküche mit Bad, Kartoffelkeller, Schweinestall, Holzlege und Futterküche untergebracht sind, errichtete der Bauer Michael Schwarz von Facha. Maurermeister Andreas Strasser, Eisolzried, führte die Maurerarbeiten aus, die Zimmererarbeiten liegen in Händen von Zimmermeister Joseph Salvermoser Feldgeding. Der Bau wird demnächst vollendet. Beim Neubau des Sägearbeiters Georg Fritz an der Straße nach Bachern konnte das Richtfest gefeiert werden. Der Bauer Matthias Haas, Biberck, hat sein altes Wohnhaus abgebrochen. Er wird in nächster Zeit mit dem Bau eines neuen Bauernhauses beginnen. Die Maurerarbeiten übernimmt Maurermeister Andreas Strasser.«[11]

An der Kirche gab es wieder Instandsetzungsarbeiten: »Der schon seit

Jahren stark verwitterte Kirchturm[12] von Bergkirchen wurde in den letzten Wochen durch eine Münchner Bedachungsfirma erneuert. An Stelle eines kostspieligen Gerüsts arbeitete die Firma mit einem Fahrstuhl und einem Aufzug. Der Kirchturm dürfte mit dem zweiten Bau der Pfarrkirche 1660 von Pfarrer Erhard Metzger erstellt worden sein.«[13]

Michael Krotzers detaillierte Schilderung der Geschehnisse Anfang der 1950er Jahre:

»Nun aber zurück zu meiner Genossenschaft, meiner beruflichen Tätigkeit. Die neue Deutsche Mark hatte ihre Bewährungsprobe bestanden. Trotzdem schenkte der Großteil der Bevölkerung der neuen Währung kein Vertrauen und holte jede aufgewertete Mark vom Konto. Es gab Monatsenden nach der Währungsreform, wo ich für uns beide, Hans Probst und mich, das Gehalt nicht auszahlen konnte, weil kein Geld in der Kasse war. Erst allmählich nahmen die Spareinlagen zu. Größer als der Einlagenzuwachs war die Kreditnachfrage. Somit konnten viele Kreditwünsche nicht erfüllt werden. Insbesondere die Landwirtschaft hatte einen großen Nachholbedarf an Maschinen und Geräten, die bereits auf dem freien Markt zu kaufen waren. Auch der Wohnungsbau begann sich zu beleben. Hier waren allerdings die Baumaterialien noch sehr knapp, denn die Bombengeschädigten und die politisch Verfolgten hatten Vorrang. Deshalb blühte der Schwarzhandel auf dem Bauwarensektor nach wie vor, landwirtschaftliche Erzeugnisse und Lebensmittel gegen Baumaterialien. Auch im Lagerhaus belebte sich das Warengeschäft. Es gab wieder jede Sorte Düngemittel, Futtermittel und die ersten Schädlingsbekämpfungs- und Unkrautvertilgungsmittel. Zur Kartoffelkäferbekämpfung erreichte ich bei der Firma Merk in Darmstadt, dass Bergkirchen Versuchsgemeinde für den Landkreis Dachau wurde und zwar mit dem Spritzmittel Hortex. Der Erfolg war überwältigend. Die Kartoffelkäfergefahr wurde mit diesem Mittel gebannt. Mit der Besserung der finanziellen und wirtschaftlichen Lage der Genossenschaft reifte in mir der Plan zum Neubau eines Geschäftshauses, da mit zunehmendem Geschäftsbetrieb das 12-Quadratmeter-Büro im Hause Englmann unzureichend bzw. zu klein wurde. In der Generalversammlung vom 10. Dezember 1950 beantragte ich eine Erweiterung der Vorstands- und Aufsichtsmitglieder von drei auf vier, um die verdienten Genossenschafter, Andreas Gasteiger und Johann Gerstlacher, in den Vorstand und Aufsichtsrat zu bekommen. Beide mussten 1945 wegen Parteizugehörigkeit und SA-Zugehörigkeit ausscheiden. Sie wurden ohne Gegenstimme gewählt. Gleichzeitig machte ich den Vorschlag, ein neues Geschäftshaus zu bauen.

Mit 77 Ja-Stimmen und nur einer Gegenstimme wurde mein Vorschlag gebilligt. Nun war die Bauplatzbeschaffung das nächste Ziel. Dazu machte mir Gastwirt Josef Groß ein Angebot: ›Wenn du es fertig bringst, dass der Fuß- und Radweg, der außerhalb des Fußballplatzes in einer Länge von 30 bis 40 Meter quer durch mein Grundstück führt, aufgelassen wird, und der Fußballplatz bis zur Maisach hinaus verlegt werden kann, bekommt die Raiffeisenkasse das gleich große Grundstück vom bisherigen Fußballplatz im Anschluss an das Hofgrundstück vom Groß Andreas (Husar).‹ Nachdem der Neubau der kriegszerstörten Maisachbrücke bereits in Planung war, wie in meinen gemeindlichen Erinnerungen dargelegt, die Beseitigung des Maisachsteges, zu dem der Fuß- und Radweg führte, bereits beschlossene Sache war, musste der TSV Bergkirchen, deren Vorstand ich war, die Verlegung des Sportplatzes in Angriff nehmen. In freiwilliger Arbeitsleistung der aktiven und auch der passiven Mitglieder wurde die Verlegung und Umzäunung im Sommer 1951 durchgeführt. Das Material für den Zaun und die sonstigen Bedürfnisse finanzierte die Raiffeisenkasse. Im Herbst 1951 fand die notarielle Verbriefung beim Notariat in Dachau für das 24 Ar große Baugrundstück zum Kaufpreis von ungefähr 4300 DM statt. Architekt Seitz aus Dachau fertigte den Bauplan für ein Geschäftshaus mit Dienstwohnung, der nach Befürwortung durch die Gemeinde an das Kreisbauamt weitergeleitet wurde. Bereits nach drei Monaten war der Bauplan genehmigt. Am 04. Juni 1952 begannen wir mit dem Aushub der Baugrube. Hausaußenmaße 10 × 11 Meter und 1,20 m Tiefe ergaben etwa 150 Kubikmeter Aushub. Das schafften wir zu dritt, Hans Probst, Edi Noß, der zu dieser Zeit vorübergehend bei der Raiffeisenkasse beschäftigt war, und meine Person. In 10 Tagen mit Spaten und Schaufel, denn ausbaggern war damals noch ein Fremdwort. Über den Mühlenbesitzer und späteren Bürgermeister von Günding, August Feldl, mit dem ich gute geschäftliche Kontakte hatte und Feldl wiederum guten Kontakt zu dem Betriebsleiter bzw. dem Treuhänder der Ziegelwerke Lochhausen, bekam ich 20000 Stück Hochformatziegelsteine. Zement und Kalk von der Firma Eggl aus Dachau, Bauholz kam aus meiner Niederbayerischen Heimat, von meinem elterlichen Hof. Aus 15 Kubikmeter Rundholz wurden 12 Kubikmeter Schnittholz, die nach Holzliste vom Zimmerermeister, Josef Salvermoser, vom Sägewerk Josef Bielmeier in Mietraching (Schwager Franz Vogl war Betriebsleiter), geschnitten und per Lastwagen (zwei Fuhren) nach Bergkirchen geliefert wurden. Die Dachplatten bekam ich durch Vermittlung der BayWa Dachau von der Dachziegelfabrik Meindl in Dorfen. Die Maurerarbeiten wurden dem Maurermeister And-

reas Strasser aus Eisolzried übergeben. Rohbau und Verputzarbeiten lagen bei
je 4500 DM, insgesamt 9000 DM, ohne Material. Die Zimmererarbeit wurde von Josef Salvermoser in Feldgeding ausgeführt. Die Wasserinstallation
machte Georg Steininger aus Bergkirchen. Die Fliesenarbeiten führte Hafnermeister Hans Schöner aus Moosach aus. Ölheizung gab es damals noch nicht.
Der damalige Verbandsprüfer, Oberrevisor Georg Bauer, hatte den Geschäftshausneubau als überheblich beurteilt und der Genossenschaft jegliche Hilfe
von Seiten des Verbandes versagt. Bei einer Bilanzsumme von 150000 DM, an
die 50000 DM zu investieren sei der zweite Ruin[14] für die Genossenschaft.
Das Gegenteil aber war der Fall. Die Raiffeisenkasse Bergkirchen schaffte die
Finanzierung des Geschäftshausneubaues, der auf 42500 DM Baukosten zu
stehen kam, ohne Finanzhilfe des Verbandes und der Raiffeisenzentralbank.
Die Gesamtkosten für das Grundstück, Geschäftshaus, Sportplatzverlegung
und Gartenanlage betrugen ganze 48000 DM. Der Jahresabschluss für 1953
war die Bestätigung, dass unsere Baumaßnahme richtig war. Die Spareinlagen
hatten um 300000 DM zugenommen. Für Bestleistung zur Sparwoche 1953
erhielt ich die Wanderfahne des Kreisverbandes Dachau. Im Raiffeisenbuchkalender für 1954 wurde ich als verdienter Rechner bzw. Geschäftsführer mit
Foto lobend aufgeführt. Die Raiffeisenkasse Bergkirchen hatte sich zur besten
Genossenschaft im Landkreis Dachau profiliert.

Zurück zu zwei freudigen Ereignissen des Jahres 1951. Im letzten Fußballspiel der Saison 1950/51 gegen Dachau-Ost errang die erste Mannschaft
des TSV Bergkirchen mit einem 2:0 Sieg auf eigenem Platz die Meisterschaft
und schaffte den Aufstieg in die B-Klasse der Spielgruppe Dachau. An diesem
Sonntag ging für die Pfarrei Bergkirchen die Nachmission zu Ende. Da war
abends noch die Abschlussfeier und Predigt. Mannschaftsbetreuer Schorsch
Ahammer und meine Person als Vorstand machten inmitten der Siegesfeier
beim Wirt den Vorschlag, dass wir zum Dank für die errungene Meisterschaft
zur Abschlussfeier in die Kirche gehen. Gemeinsam marschierten wir, Vorstandschaft und Fußballer, vom Gasthaus Groß zur Kirche und nahmen im
vorderen rechten Kirchenstuhlviertel Platz. Zu Beginn seiner Predigt gratulierte uns der Pater zu Sieg und Meisterschaft. Er hatte sich das Fußballspiel
angesehen.«[15]

In einem Zeitzeugengespräch erzählte Frau Dr. Edeltraud Pöhlmann (+2012)
über die Anfänge ihrer Arztpraxis in Bergkirchen ab 1948:
»Die Praxis war noch nicht fertig. Aber im Sommer 1948 ging es dann los.

Wir waren zuerst im Schulhaus. Nachdem hier das Haus noch nicht fertig war, haben wir gesagt, wir fangen diesen Sommer an. Das Schulhaus konnten wir benutzen bis die Ferien vorbei waren. Es sind auch immer wieder Pausen gekommen, in denen man das Material beschaffen musste, Ziegel und alles andere. Die Ziegel holten wir unter großem Aufwand im zerbombten München. Die Ziegel mussten zunächst abgeklopft und gereinigt werden. Das war eine äußerst mühsame Angelegenheit und kostete viel Zeit. Es gab nichts. Für Geld bekam man nichts. Man musste tauschen. Wir haben also einen Schulraum bekommen und eingerichtet. Primitiv, wie es halt damals war. Die Instrumente hat man auskochen müssen. Es hat keine Einmalspritzen gegeben. Alles musste gewaschen und ausgekocht werden. Da war ich gerade dabei, wie auch schon der erste Patient gekommen ist. Der hatte gehört, da ist jetzt ein Doktor. Das war der Stockbauer. Er hatte eine schwere Wunde an der Hand. Heute würde man ihn bestimmt weiterschicken. Mein Mann war aber chirurgisch ausgebildet. Vom Krieg her hat er gewusst, was er sich zutrauen konnte und was nicht. Die Wunde ist dann sehr schön verheilt. Unser Ruf war dann bestätigt. Denn wenn das schief gegangen wäre, dann hätten die Leute gesagt, mit so was brauchens zum neuen Doktor gar nicht gehen. Das war für uns wirklich wichtig. Nach und nach sind dann die Patienten hergetröpfelt. Es war gerade Erntezeit. Da sind dann schon einige Unfälle gekommen. Nach den Ferien aus mussten wir raus aus dem Schulhaus. Wir sind dann zum Wirt. Der Wirt hat uns den Tanzboden gegeben. Auf dem Tanzboden haben wir dann praktiziert.

Im Herbst war dann in unserem Haus schon ein Raum hergerichtet. Ich bin aber noch in Dachau geblieben. Mein Mann ist immer hin und her gefahren. Das Motorrad war damals das einzige Verkehrsmittel. Die Straßen waren noch sehr dreckig. Der Weg nach Deutenhausen bestand aus Schlangenlinien und Schlaglöchern. Es war noch nichts asphaltiert. Jeden Tag musste ich die Sachen von meinem Mann waschen. Im Sommer war es der Staub. Im Frühjahr und Herbst der Morast.

Im darauffolgenden Frühjahr bin ich nach Bergkirchen gezogen. Dann ist es richtig losgegangen. Es war alles drüben im alten kleinen Haus. In der Diele war das Wartezimmer, ein Zimmer war die Praxis. Den Rest haben wir und die Kinder bewohnt.

Im ersten Sommer waren dann plötzlich fast keine Leute da. Wir gedacht, jetzt haben sie uns ausprobiert und jetzt gehen sie wieder zu ihren alten Doktoren. Es war aber gerade Erntezeit und keiner hat sich die Zeit genommen, krank zu sein. Ausgenommen waren Unfälle. Danach ist es wieder normal weiter gegangen. Von da an haben wir gewusst, was im August immer los sein wird.

Jetzt ist das schon anders. Damals waren nur Bauern da. So waren die ersten Jahre.

Die Ausrüstung meines Mannes war damals im Vergleich zu heute auch noch ärmlich. Stethoskop und Spritze in die Tasche und los gings. Später haben wir dann für die Praxis einen VW Käfer gehabt. Es war im Winter schwierig ins Dorf runter zu kommen. Die Straße war noch ein Hohlweg. Den hat es oft zugeschneit. Vier Männer haben einmal einen Vormittag Schnee geschaufelt. Wie sie fertig waren, war der Weg wieder zugeweht. Wenn mein Mann fort musste, ist er oft über die gefrorenen Äcker gefahren. Oft hat er den Liedl oder Gerstlacher gebeten, ihn rauszuziehen«. [16]

1952

Michael Krotzer berichtet:

»1952 war es dann soweit, dass wir umziehen konnten [[17]]. Die Wohnungseinrichtung war in wenigen Stunden im neuen Heim untergebracht. Die Büroräume waren bereits mit neuer Einrichtung ausgestattet. Es musste nur noch der Geldschrank mit seinen 700 kg Gewicht transportiert werden und das war noch ein schweres Stück Arbeit. Elektro-Hof aus Dachau, der die Elektroinstallation ausgeführt hatte, schloss den Tresor an die akustische Alarmanlage mit Dachsirene an. Diese diente zugleich als gemeindliche Feueralarmsirene, bis zum Geschäftshausumbau 1976.

Nun zu den weiteren Ereignissen des Jahres 1952: Als erstes die Gemeinde- und Kreistagswahlen im März: Für die Gemeinde Bergkirchen war Jakob Leitenstorfer der einzige Bürgermeisterkandidat. Er wurde diesmal mit über 80 Prozent der abgegebenen Stimmen gewählt. Für den Gemeinderat gab es wieder zwei Wahlvorschläge. Der erste für die Einheimischen, der zweite für die Neubürger und die SPD. Der Neubürgerwahlvorschlag bezog diesmal eine deutliche Niederlage. Erstens waren fast die Hälfte der Neubürger nach Dachau, Karlsfeld und München abgewandert und zweitens hatten sie mit ihrem Wahlvorschlag versäumt, die aufgestellten Kandidaten zu häufeln. Somit schaffte nur ein Kandidat, Karl Ullersberger, den Einzug in den neuen Gemeinderat, während die Einheimischen mit sieben Kandidaten einzogen. Ihre

Namen waren in alphabetischer Reihenfolge: Vitalis Glas, Josef Groß, Michael Krotzer, Johann Probst (Bibereck), Michael Schwarz, Georg Steininger und Johann Weigl. Diesmal schafften auch zwei Kandidaten über ihre Parteilisten den Einzug in den Kreistag, Josef Groß (Bayernpartei) und Michael Schwarz (CSU). In den Nachbargemeinden wurden die bisherigen Bürgermeister wiedergewählt. August Riedl in Feldgeding, August Schwarz in Eisolzried und Michael Burghart in Oberbachern.

In der ersten Sitzung des neuen Gemeinderates am 28. April 1952 gedachte man zuerst des am Vortag verstorbenen Altbürgermeisters, Johann Haas, dem ich bereits im Namen der Gemeinde und der Spar- und Darlehenskasse (Raiffeisenkasse) einen Nachruf in die Zeitung hatte drucken lassen. In der Sitzung ging es unter anderem darum, wer vom Gemeinderat dem Verstorbenen bei der Beerdigung den Nachruf mit Kranzniederlegung halten sollte. Keiner war dazu bereit, so dass ich die Aufgabe übernahm. In meiner Grabrede würdigte ich die Verdienste des Verstorbenen, die er sich in den 33 Jahren als Bürgermeister für seine Gemeinde erworben hatte und dass es für den damaligen Gemeinderat eine selbstverständliche Pflicht war, nach seinem Rücktritt im März 1939, ihn zum Ehrenbürger zu ernennen. Nach Kriegsende stellte er seine kommunalpolitische Erfahrung nochmals in den Dienst der Gemeinde. Er war von 1946 bis 1948 nochmals Gemeinderatsmitglied. Sein Tod sei uns Vermächtnis und Verpflichtung, schloss ich meinen Nachruf. Es war meine erste Grabrede. Die Trauergäste gaben meinen Ausführungen eine gute Kritik. Ich selbst machte die Erfahrung, dass man überall leichter eine Rede halten kann als an einem offenen Grab.

Zurück zur eigentlichen Tagesordnung der Sitzung: Wahl des zweiten Bürgermeisters. Es waren zwei Wahlgänge notwendig, bis ich mit fünf gegen vier Stimmen zum zweiten Bürgermeister gewählt worden war. Wiederum hatte ich ein Amt mehr. Für Mitte Mai war laut Gemeindeordnung die vorgeschriebene Bürgerversammlung anberaumt. Da verunglückte Bürgermeister Jakob Leitenstorfer mit seinen Pferden beim Unkrautspritzen. Er musste ins Krankenhaus eingeliefert werden. Als zweiter Bürgermeister musste ich jetzt die Bürgerversammlung abhalten. Die vorgesehenen Tagesordnungspunkte hatte ich reibungslos zu Ende gebracht. Da meldete sich Pfarrer Albert zu Wort.

Er habe einen Antrag zu machen, begann er seine Ausführungen und schilderte die schlechte Wasserversorgung von Bergkirchen. Diese war in den vergangenen Dürrejahren nahezu katastrophal. Mancher Anwesensbesitzer vom höher gelegenen Ortsteil musste mit dem Jauchefass Wasser aus

Pfarrer Georg Albert

der Maisach holen, um das Vieh tränken zu können. Pfarrer Albert legte dabei einen alten Plan von seinem Vorgänger Otto Stoll vor, der von 1908–1918 Pfarrherr von Bergkirchen gewesen war. Schon vor dem ersten Weltkrieg war hier eine zentrale Wasserversorgung für Bergkirchen geplant. Bei den wasserarmen Anwesen- und Hausbesitzern fanden seine Ausführungen allgemeine Zustimmung, während die übrigen Gemeindebürger dem Antrag skeptisch gegenüber standen. Ich selbst gab zu bedenken, dass die Gemeinde noch Schulden aus dem Neubau der Maisachbrücke zurückzahlen müsse und somit zurzeit keine weitere Verschuldung übernehmen könne. Außerdem müssten alle Anwesen- und Hausbesitzer dem Projekt zustimmen, bevor der Gemeinderat einen entsprechenden Antrag an die zuständigen Stellen richten kann. Die Versammlung beschloss und ermächtigte den Gemeinderat, bei den Behörden die notwendigen Schritte einzuleiten. Eine unvorhergesehene Mehrarbeit kam somit auf die Gemeindeverwaltung zu: Der Antrag an das Landesamt für Wasserversorgung zwecks Planung und Kostenrechnung, der Antrag an die Regierung von Oberbayern über das Landratsamt wegen der Finanzierung des Projektes (ERP-Kredit und zinsverbilligte Darlehen). Von der Gemeinde Karlsfeld (Bürgermeister Eichinger) holte ich die Unterlagen zur Berechnung der Einheiten. Karlsfeld hatte den Bau der zentralen Wasserversorgung bereits vollendet. Mindestgebühr für den Hausanschluss pro Anwesen: 300 DM. Ansonsten wurde der Anschluss nach Vorlage von Karlsfeld nach Personenzahl, Viehbestand und Tagwerkzahl berechnet. Es ergaben sich Anschlusskosten bis zu 3000 DM für die großen Landwirtschaftsbetriebe. All diese Maßnahmen leitete ich noch ein, bevor ich im Juni und Juli meine Gemeindeschreibertätigkeit an den pensionierten Polizeiinspektor Max Gruber sen. abgeben konnte. Max Gruber hatte sich am Riedls-

berg ein Haus gebaut und war von Obermenzing nach Bergkirchen gezogen.
Ich hatte ihn ersucht, mich als Gemeindeschreiber abzulösen, da ich beruflich
in meiner Raiffeisenkasse voll beansprucht sei und somit die Gemeindear-
beit, die durch den bevorstehenden Bau der Wasserversorgung eine Mehrarbeit mit sich bringe, nicht mehr bewältigen könne. Max Gruber [Max Gruber
sen.] gab mir die Zusage und nach einer einmonatigen Einweisung übernahm
er das Amt des Gemeindeschreibers, das ich sechseinhalb Jahre in einer politisch sehr schwierigen Zeit, geführt hatte. Gruber war ein pflichtbewusster
und diensteifriger Nachfolger, so wie er es als Polizeibeamter der alten Schule
gelernt hatte.«[18]

1953

Michael Krotzer berichtete über die Entstehung der neuen Wasserversorgung, den Fußballverein, eine vermutete Brandstiftung und ein neues Auto
für die Raiffeisenkasse:
»Bereits im Herbst 1953 begann man mit der Bohrung des Tiefbrunnens
auf dem Grundstück von Josef Haas (Hackerhof). Der Experte vom Landesamt für Wasserversorgung, Ingenieur Hauer, hatte den Standort als wasser-
führend bezeichnet und er hatte Recht. Die Firma Bauer aus Schrobenhausen hatte den Zuschlag zur Tiefbrunnenbohrung erhalten. In vier Wochen
Bohrzeit hatte man in einer Tiefe von knapp 43 Metern die notwendige Was-
serführung erreichte. Das folgende 72-stündige Probepumpen, bei 15 Liter
Wassermenge pro Sekunde, verlief erfolgreich. Die Firma Gassner aus Mur-
nau hatte den Zuschlag für den Leitungsbau erhalten. Zehn Firmen hatten
Angebote abgegeben. Die Firma Gassner hatte das günstigste Angebot gemacht, trotzdem wollten wir im Gemeinderat der Firma Wurm aus Dachau,
die das nächstgünstigste Angebot gemacht hatte, den Zuschlag geben. Der
Firma Gassner ging kein besonders guter Ruf voraus. Das Landratsamt war
aber damit nicht einverstanden und hätte uns den Zuschuss verweigert. Im
Späthherbst 1955 war das gesamte Wasserversorgungsprojekt fertig gestellt.
Im Beisein von Landrat Junker, Vertretern des Landesamtes für Wasserversorgung und der Baufirmen, wurde die Vollendung mit kirchlicher Weihe
und einer weltlichen Feierstunde im Gasthaus Groß begangen. Die Gesamtkosten betrugen etwas über 150 000 DM. Die Aufteilung der Finanzierung: 33
Prozent Sofortleistung der Anschließer, 22 Prozent Staatszuschuss, 20 Pro-

Altes Wasserhaus im Jahr 2004

zent ERP-Kredit, 25 Prozent Zinsver-
billigungsdarlehen. Die Inanspruch-
nahme und Abwicklung der beiden
Kredite erfolgte über die Landesbo-
denkreditanstalt München. Die Laufzeit der Kredite betrug 20 Jahre. Beide Darlehen wurden mit den Wasser-
zinseinnahmen zurückbezahlt. Der
Wasserpreis pro Kubikmeter betrug
0,80 DM. Der Landwirt Gasteiger, der
einen eigenen Tiefbrunnen hatte, verweigerte den Wasseranschluss, musste
aber aufgrund der erlassenen Wassersatzung trotzdem den Wasserzins nach
seinen Betriebseinheiten entrichten.

Es wäre noch zu erwähnen, dass der Ortsteil Bibereck eine Beteiligung an
der gemeindlichen Wasserversorgung abgelehnt hatte.

Zurück zum Jahre 1952. Der TSV Bergkirchen feierte zu Pfingsten sein
25-jähriges Bestehen mit Pokalturnier. Die teilnehmenden Mannschaften:
1865 Dachau, SV Hebertshausen, SV Untermenzing und Gastgeber Bergkirchen. Bei der festlichen Abschlussfeier mit Siegerehrung verlieh ich an acht
Gründungsmitglieder die silberne Ehrennadel des Vereins. Sportkamerad
und Architekt Siegfried Hampf hatte sie entworfen und gestaltet. Auch für
Vereinsmitglieder gab es die einfache Nadel für 1 DM zu kaufen. Wäre noch
nachzuholen, dass der TSV Bergkirchen nach dem Aufstieg in die B-Klasse
den aktiven Fußballer von Dachau 1865, Klaus Sliba, als Trainer verpflichten
konnte (monatlich 30 DM). Sliba war nicht nur ein guter Fußballer. Er war
auch ein guter Trainer und machte aus Bergkirchen eine gute Mannschaft. Ab
1953/54 begann sich aber die Meistermannschaft von 1951 allmählich aufzu-
lösen. Zwei der älteren Spieler hörten das Fußballspielen auf. Zwei der besten gingen zu Vereinen, deren Mannschaften in einer höheren Klasse spielten. Der Torwart verunglückte, wobei er ein Auge verlor. Somit fiel die erste
Mannschaft in die Mittelmäßigkeit der B-Klasse zurück. Trainer Sliba hörte nach dreijähriger Tätigkeit, Ende der Spielzeit 1953/54, wegen beruflicher
Verpflichtung auf. Sportkamerad Korbinian Eder, als langjähriger aktiver
Fußballer, wurde sein Nachfolger. Ein Lichtblick war zu Beginn der Spiel-
saison 1953/54 der Zugang von Erich Mörtl vom SV Sulzemoos als Torwart.
Mit den erforderlichen Unterlagen für den Fußballverband hatte er auch eine
Bescheinigung, dass er seit einem Jahr beim SV Sulzemoos nicht mehr aktiv

Fußball gespielt habe. Der Verband erteilte deshalb für Mörtl die sofortige Spielerlaubnis beim TSV Bergkirchen. Dass Erich Mörtl die Bescheinigung selbst geschrieben hatte, er war beim SV Sulzemoos auch Schriftführer, konnte ich als Vorstand nicht wissen. Josef Helfer sen. Vorstand des ASV Dachau, dessen Mannschaft um zwei Klassen höher spielte, hetzte die Vereine unserer Klasse, die gegen Bergkirchen verloren hatten auf, sie sollten beim Verband Klage erheben. Er könne bezeugen, dass Mörtl bis Ende der vorherigen Saison beim SV Sulzemoos im Tor gestanden habe und damit nicht spielberechtigt gewesen sei. Dem TSV Bergkirchen wurden die gewonnenen Punkte abgezogen. Der Vorstand, also ich, wurde für zwei Jahre gesperrt, weil ich, um den guten Torwart zu erhalten, die Falschbescheinigung auf mich nahm. Erich Mörtl verließ zum Saisonende wieder den TSV Bergkirchen. Ich selbst wurde nach eineinhalb Jahren rehabilitiert. In meiner Sperrzeit übernahm das Gründungsmitglied Michael Schwarz das Amt des Vorstandes. Ich selbst musste in dieser Zeit das Amt des Schriftführers übernehmen. Edi Noß, der dieses Amt sieben Jahre geführt hatte, war aus beruflichen Gründen nach Augsburg verzogen. Zum dreißigjährigen Vereinsjubiläum veranstaltete man wieder ein Pokalturnier mit den Mannschaften ASV Dachau, SC Olching, TSV Schwabhausen und Gastgeber Bergkirchen. Bei der Jahreshauptversammlung im Juni 1958 lehnte ich eine Wiederwahl wegen beruflicher Arbeitsüberlastung ab. Mein Nachfolger wurde das Gründungsmitglied Josef Heitmeier. Bereits ein Jahr später, 1959, wurde Sportkamerad Franz Umkehrer zum Vorstand gewählt. Er war bis 1967 Vorstand des TSV Bergkirchen. Nach 20-jähriger Vereinsarbeit, als Kassier, Vorstand und Schriftführer, beendete ich in der Jahreshauptversammlung 1967 meine Funktionärstätigkeit in der Überzeugung, dem TSV Bergkirchen in einer schwierigen Zeit eine Stütze gewesen zu sein und zu seiner Entwicklung beigetragen zu haben. Zu meinem Nachfolger als Schriftführer wurde mein Sohn Richard gewählt. Er war bis 1977 in diesem Amt tätig.

Am Sonntag, 12. Juni 1953, kurz vor Mitternacht, brach im Bruckerhof (Josef Leitenstorfer) Feuer aus. Der große Stadel sowie die Vieh- und

Freiwillige Feuerwehr Bergkirchen um 1953

Pferdestallung brannten bis auf die Grundmauern nieder. Die Feuerwehr musste eine Schlauchleitung von der Maisach bis zum Brandobjekt legen, um den Brand bekämpfen zu können. Die modernen Löschfahrzeuge von heute gab es damals noch nicht. Als Brandursache wurde Brandstiftung vermutet, die aber nicht aufgeklärt werden konnte

Die gute Geschäftsentwicklung und Ertragslage meiner Raiffeisenkasse gestattete mir, mit Genehmigung der Vorstandschaft, die Anschaffung eines Personenautos, das ich Anfang Dezember 1953 bei der VW-Vertretung, Sepp Greger in Dachau (Verkaufsvertreter war Johann Haas), bestellte.«

1954

»Am 1. Februar 1954 wurde der Pkw ausgeliefert, ein VW-Käfer, Modell 54, mit 26 PS, zum Preis von 4500 DM. Den Führerschein der Klasse III hatte ich bereits im Frühjahr 1947 bei der Fahrschule Stadelmann in Dachau gemacht. Die Fahrprüfung bestand ich am 14. Mai 1947.

Ende Oktober 1954 verstarb das Gemeinderatsmitglied Johann Weigl an den Folgen einer Krankheit, die er sich in der jahrelangen russischen Kriegsgefangenschaft zugezogen hatte. Wieder musste ich im Namen des Gemeinderates den Nachruf mit Kranzniederlegung am offenen Grabe halten. Für Johann Weigl rückte Andreas Gasteiger in den Gemeinderat nach. Für das Jahr 1954 wäre noch nachzuholen, dass es im Winter 1953/54 fast keinen Schnee gab. Ab Mitte Januar wurde es sehr kalt, bis zu 20 Grad unter null. Es gab schwere Auswinterungsschäden beim Wintergetreide, so dass im Frühjahr ein Mangel an Saatgut herrschte. Im Sommer 1954, zur Zeit der Heuernte, verursachten starke Regenfälle ein Hochwasser der Amper und der Maisach, das schwere Ernteschäden verursachte. Es war für ganz Bayern ein Jahrhunderthochwasser mit einem der höchsten Pegelstände in der Dreiflüssestadt Passau. In Erinnerung habe ich noch das Hochwasser von Ende Mai 1940. Damals hatte es für Südbayern eine ähnliche Überschwemmung gegeben. Über einen Meter hoch stand das Wasser über den Fluren des Amper- u. Maisachtales. Mit der Blechbadewanne machten Hans Englmann jun., Andreas Gruber und ich Kahnfahrten mit Fischfang.«[19]

Die Dachauer Nachrichten berichteten über ein denkwürdiges Hochzeitsrennen:

»Ein alter Bauernbrauch, der immer weniger in den Landgemeinden ge-
übt wird, das Hochzeitsrennen, kam kürzlich in Bergkirchen wieder zu seinem Recht. Der Sportverein hatte das Rennen veranstaltet, Hochzeiter Michael Schwarz und Festwirt Groß dazu eingeladen. Viele hundert Menschen
aus dem Dachauer Land waren erschienen. Strahlend weiß leuchtete die schöne Marienkirche von den Höhen oberhalb der Maisach unter dem tiefblau-
en Himmel den vielen Gästen entgegen, die zum Hochzeitsrennen kamen.
Solange die Gemeinde Bergkirchen besteht – und das sind immerhin einige
hundert Jahre – gab es dort den alten Brauch des Hochzeitsrennens. Hatte
einer der Burschen im Dorf geheiratet, so lud er die Pferdebesitzer der Umgebung zu einem Wettrennen ihrer besten Rösser ein. Dieser Wettkampf fand
jedoch nicht gleich in der Hochzeitswoche statt, sondern wurde je nach dem
Wetter innerhalb der darauffolgenden Monate abgehalten. So war es auch
diesmal in Bergkirchen. Hochzeiter war der Michl Schwarz, der zwar schon
im vergangenen Jahr geheiratet hatte, dem aber für das Pferderennen der
Wettergott nicht gerade hold gewesen war. ›Seit 1946 hatten wir wenig Glück
mit dem Wetter‹, meinte er, ›so dass heuer erst wieder ein richtiges Hochzeitsrennen durchgeführt werden konnte. Aber den alten Brauch wollen wir
wieder zu Ehren bringen.‹ Im Zeitalter der Motorräder sei es notwendig, sich
wieder auf das Althergebrachte zu besinnen. Angemeldet hatten sich sieben
Pferdebesitzer, aber zwei von ihnen sagten in letzter Minute wieder ab, da die
Rösser nicht ganz auf der Höhe waren. Die anderen fünf Pferde jedoch kamen
mit ihren jungen Reitern und wurden gleich bei ihrer Ankunft fachmännisch
begutachtet. ›Der Sepp wird's machen‹, sagte ein alter Pferdezüchter. ›A geh
zua, der Simmerl is besser‹, mischte sich ein junger Bursche in das Gespräch
ein. ›Dem Heitmeier sein Roß is a net schlecht‹, wusste ein Bub zu erzählen.
›Was woaßt denn du‹, sprach ein Landwirt mit Schnauzbart, ›ihr habt ja koa
Roß net.‹ Schon Tage zuvor übten die Reiter mit ihren Pferden auf den heimischen Feldern und Wiesen, damit der Siegeslorbeer errungen würde. Am
Sonntag selbst tänzelten die Pferde, die gutgängigen Oberländer Rösser, vor
dem Platz beim Wirtshaus Groß.
Dann rückte die Musikkapelle Schwarz von Bergkirchen an, hielt erst einmal ein kleines Standkonzert ab, während die Fahnenbuben schon unruhig
mit ihren bunten Tüchern auf den Festzug warteten. Ein Tusch der Kapelle
erklang. Laut und vernehmlich wurde bekanntgegeben, dass für Unfälle nicht
gehaftet wird. Dann formierte sich der Zug, voran die Kapelle mit blitzenden
Instrumenten; die Fahnenbuben taten sehr wichtig, während die Reiter auf

ihren stolzen Rössern sich im Schritttempo anschlossen. Hinaus ging es über die Brücke zu den Wiesen an der Maisach. Während sich die vielen hundert Zuschauer am Ziel aufstellten, trabten die Wettkampfteilnehmer zum Startplatz. Es war ein farbenfrohes Bild. Über allen der weißblaue Himmel, während auf den sattgrünen Wiesen die Menschen in sommerlicher Kleidung auf das Rennen warteten. Ganz plötzlich ging es los. Die Rösser galoppierten davon. Einige zwar erst in einer schrägen Richtung, doch dann lagen sie Kopf an Kopf im Rennen. Nur der Loder Simmerl rückte Meter um Meter allen anderen davon. Nun waren die Zuschauer in Stimmung. ›Simmerl, Simmerl‹, riefen die Menschen. Das Rennen hat vielleicht nur eine Minute gedauert. Es war jedoch ein schönes Bild, wie die jungen Reiter, meist die Söhne der Pferdebesitzer, an der Maisach entlang galoppierten.

Der Simon Loder aus Palsweis hatte das Rennen gemacht, zweiter wurde Josef Schwarz, der bis von Arnzell herbeigeritten war, an dritter Stelle konnte sich dem Heitmeier sein Roß und ein Bub aus Kienaden plazieren, während Schwarz aus Facha Vierter wurde. Mit Musik ging es zurück zur Festhalle. Die Pferde kamen in den Stall und die Burschen und Mädchen auf die Tanzfläche, wo frohe Weisen den Paaren aufspielten. Die Alten ließen sich an den Tischen nieder, tranken ihre Maß aus und verspeisten dampfende Würste. Vor der Festhalle war ein Glückshafen, bei dem die großen und die kleinen Bergkirchner ihr Glück versuchten.

In der mit frischem Eichenlaub und bunten Bändern geschmückten Festhalle fand um 13 Uhr die Siegerehrung statt. Die vom Hochzeiter Michael Schwarz gestiftete grüne Standarte, auf der ein Bild dreier Reiter zu sehen und mit goldenen Bändern eingefasst war, wurde Simon Loder aus Palsweis überreicht. Ebenfalls erhielten die übrigen Sieger und Teilnehmer des Rennens die Erinnerungsfahnen.

Inzwischen kamen noch sehr viele Gäste aus der Umgebung, so dass bis zur Polizeistunde ein frohes und unbeschwertes Fest gefeiert wurde, bei dem der althergebrachte Brauch des Hochzeitsrennens im Dachauer Land wieder zu Ehren kam.«[20]

1955

Michael Krotzer erkannte, dass man mit der fortschreitenden Technisierung der Landwirtschaft Schritt halten musste:

»Das Jahr 1955 brachte für die Landwirtschaft eine Umwälzung der Getreideernte. Der Landwirt Josef Obermeier aus Günding hatte sich den ersten Mähdrescher angeschafft und machte damit Lohndrusch [Lohndreschen] in der Umgebung. Auch der Landwirt Friedl aus Alling kam ebenfalls zum Lohndrusch in die hiesige Gegend.

Für meine Genossenschaft begann somit ein neues Zeitalter in der Getreideerfassung. Das alte Lagerhaus kam für eine Umstellung auf die neuen Verhältnisse nicht in Betracht. Das Gebäude wurde von Jahr zu Jahr baufälliger. Somit gab es nur eine Lösung, einen Lagerhaus-Neubau beim Geschäftshaus. Das Grundstück hierzu war vorhanden.«[21]

Zur Nebenerwerbssiedlung und zur neuen Wasserversorgung in Bergkirchen schrieb die Zeitung Dachauer Nachrichten:

»Die Aktion zur Schaffung von Nebenerwerbssiedlungen im Landkreis Dachau hat bisher nur in Bergkirchen größere Erfolge zu verzeichnen. Im Mai kann die Gemeinde auch ihre Arbeiten an der zentralen Wasserversorgung abschließen. Bergkirchen hat bisher die meisten Bewerber für eine Nebenerwerbssiedlung im Landkreis, wofür das Landessiedlungsamt die Mittel gibt. Während Arnbach, Amperpettenbach, Palsweis, Oberroth und Feldgeding nur je einen Bewerber haben, sind es in Bergkirchen bereits acht. Zwei bauen schon, einer hat den Dachstuhl gesetzt. Der Sinn dieser Nebenerwerbssiedlungen ist in einer Bürgermeisterversammlung bereits ausführlich behandelt worden. Es geht letztlich bei dieser Einrichtung darum, langjährigen, bäuerlichen Dienstboten und nachgeborenen Bauernsöhnen, ganz gleich, ob Einheimische oder Heimatvertriebene, zu einem eigenen Heim mit kleinem Viehbestand zu verhelfen, um diese Menschen wieder mehr an das Land zu binden, damit für die bäuerlichen Engpasszeiten diese Siedler als Erntehelfer herangezogen werden können. ›Die meisten Gemeinden nehmen diese Sache noch sehr mit Zurückhaltung auf‹, teilte Regierungsrat Reichert mit, ›da die ländliche Bevölkerung sich noch nicht richtig mit diesen Nebenerwerbssiedlungen vertraut machen kann‹. Daher ist auch die geringe Zahl der Gesuche zu verstehen. Schwierigkeiten entstehen auch dadurch, dass Heimatvertriebene Kredit und Aufbaudarlehen dafür bekommen, während die einheimischen Nebenerwerbssiedler das Aufbaudarlehen nicht erhalten. Allerdings müssen Heimatvertriebene einen Hauptschaden in der alten Heimat nachgewiesen haben, nach dem sich die Finanzierung richtet. Ebenso schwierig ist es meist, Land für diesen Zweck zu erhalten. Dazu kommt die Tatsache, dass es den

Gemeinden viel Arbeit macht. ›Die meisten jungen Interessenten haben kein richtiges Zutrauen zu den Behörden‹, berichtete Gemeindeschreiber Gruber aus Bergkirchen. Er kann ein Lied davon singen, wie viele Wege unternommen werden müssen, um den Bewerbern zu Grund und Boden und Geld zu verhelfen. Die Vorschrift, dass 1800 Quadratmeter Grund vorhanden sein müssen, ist nicht so einfach einzuhalten. ›Ist das aber geregelt, dann muss ein Plan angefertigt werden mit Kostenvoranschlag und Finanzierungsmöglichkeiten‹, teilte Gruber mit, ›weil Eigenmittel wieder von der Gesamtsumme abgezogen werden.‹ Übrigens darf ein Nebenerwerbssiedler bis zu 80 Kubikmeter Wohnraum haben, zudem besteht die Verpflichtung, ein Nebengebäude für einen kleinen landwirtschaftlichen Nebenbetrieb zu errichten.

Auch in anderer Hinsicht ist Bergkirchen auf der Höhe, denn im Mai wird es gutes Wasser aus der zentralen Wasserversorgung geben, nachdem es gelungen ist, die entsprechenden Gelder aufzubringen. ›Beim Landesamt für Wasserversorgung, das uns einen Zuschuss versprochen hatte‹, meinte Gruber lächelnd, ›haben wir nicht nachgegeben und Regierungsrat Reichert hat sich noch persönlich beim Regierungspräsidenten ins Zeug gelegt. Auch Direktor Lederer von der Kreis- und Stadtsparkasse Dachau-Indersdorf hatte uns einen guten Tipp gegeben.‹ In fünf bis sechs Wochen will man fertig sein. Der Hochbehälter wird angefangen, der Bagger arbeitet unentwegt, die Rohre werden verlegt, wenn auch zwei Kilometer Straßen dabei völlig vernichtet wurden. Es wird für einige Tausend Mark Kies gebraucht, um alle Straßen wieder befahrbar zu machen, ebenso ist anschließend die Abwässerung der Straßen in Ordnung zu bringen. Es war aber auch höchste Zeit für die Gemeinde, denn typhusartige Erkrankungen traten schon auf, und einmal lief bei einem Brunnen sogar die Flüssigkeit aus der Odelgrube in den Brunnen, wie bei einer Brunnenreparatur festgestellt wurde. Seit dem Jahre 1896 geht es in Bergkirchen um gesundes Wasser. Der damalige Pfarrer[22] hatte schon angefangen, etwas in dieser Hinsicht zu schaffen. Doch es blieb dem jetzigen Gemeinderat vorbehalten, eine endgültige Lösung zum Wohle der Bürger zu finden.«[23]

Die Dachauer Nachrichten spannen den Bogen von der neuen Wasserversorgung Bergkirchens bis zur Qualität des Bieres:

»Am Samstagnachmittag feierte die Gemeinde Bergkirchen die Einweihung der fertiggestellten Wasserversorgung. Der Weiheakt begann vor dem kleinen schmucken Haus der Tiefbrunnenanlage, das unterhalb der Ortschaft inmitten einer Wiese in der Nähe der Maisach gebaut wurde. Ringsherum war der Bau mit Tannengirlanden geschmückt. Landrat Heinrich Junker, Regierungsrat Dr. Scheingraber, Kreisbaumeister Neumeier, die Kreisbaumeister Erich Zellner und Plattner vom Landratsamt sowie Vertretern des Wasserwirtschaftsamts waren anwesend. Mit dem Bürgermeister der Gemeinde hatten sich die Gemeinderäte und Einwohner zu dem kleinen Festakt eingefunden.

In seiner Weiheansprache hob Pfarrer Albert die Freude der Bevölkerung hervor, deren langgehegter Wunsch, gutes und einwandfreies Wasser zu bekommen, nun in Erfüllung gegangen sei. Er betonte, dass Wasser für uns Menschen hier etwas ganz Alltägliches sei, dagegen wüssten die Gegenden, wo Wasser schwer zu fördern wäre, sehr gut, dass es das Leben bedeute. Deshalb müsste auch in Bergkirchen das Wasser unter Gottes Schutz und Segen gestellt werden, zumal es schon in der Schöpfungsgeschichte der Bibel eine große Rolle gespielt habe. Besonders die alten Kulturvölker hätten den Wert des Wassers zu schätzen gewusst, zeigte Pfarrer Albert auf. Sie hätten es als etwas Heiliges betrachtet, sogar den Sitz verschiedener Gottheiten in die Quellen der Flüsse und Meere verlegt. Für die Mosaische Religion habe das Wasser zur Vorbereitung auf das Opfer gedient, und Christus habe an das Wasser seine Erlösungsgnade geknüpft.

Danach sprach der Seelsorger die kirchlichen Weihegebete und nahm die Benediktion des Hauses und seiner technischen Anlagen vor. Anschließend besichtigten Landrat Junker und die anderen Ehrengäste mit dem Bürgermeister und den Gemeinderäten den Tiefbrunnen und die Pumpstation. Inzwischen war Pfarrer Albert mit den drei Ministranten auf die Maisachhöhen gestiegen und nahm dort oben die kirchliche Weihe des Hochbehälters vor. Vom Hochbehälter aus nimmt das aus 82 Meter Tiefe gewonnene Wasser seinen Lauf durch die Zuleitungen bis in die einzelnen Haushaltungen. ›Das hätten wir geschafft‹, meinte der Bürgermeister, ›aber die Sorgen haben damit noch nicht aufgehört, denn durch den Wasserleitungsbau haben unsere Ortsdurchfahrtsstraßen sehr gelitten, so dass sie manchmal kaum noch zu befahren sind‹.

Zur Feier des Tages waren die Straßen, unter denen die Rohre verlegt wurden, mit viel Kies aufgeschüttet, aber man sah es deutlich, dass die Instandsetzung noch ein weiteres Problem sein und der Gemeinde einiges Geld kosten würde. Landrat Junker sagte nach der Einweihung: ›Was mich besonders gefreut hat, ist die Tatsache, dass die Gemeinde Bergkirchen nicht viel Aufhebens gemacht und es geschafft hat, die zentrale Wasserversorgung fertig zu bringen.‹

Vor der weltlichen Gemeindefeier, über die wir noch berichten werden, fanden sich die Ehrengäste beim ›Großwirt‹ zu einem Weißwurstessen ein, wo ihnen auf Veranlassung des Bürgermeisters vom Wirt in Schnapsgläsern frisches Bergkirchner Wasser zum Kosten kredenzt wurde. Auch dem Bürgermeister von Günding, der in der Gaststube war, wurde ein Stamperl ›Bergkirchner‹ überreicht, das er zuerst für Zwetschgenwasser hielt. Allgemein wurde festgestellt, dass das Wasser zwar nicht schlecht wäre, aber man auch in Bergkirchen weiterhin zum Trinken lieber Bier vorzöge. Darauf erhob der Landrat seine Halbe und trank auf das Wohl der Gemeinde Bergkirchen und seines guten Wassers, da, wie der Kreisbaumeister hervorhob, das Wasser nach wie vor das Grundelement für das Bier sei.«[24]

NACH 1956

In der Darstellung des Zeitraumes nach 1956 wurde auf die zeitgeschichtlichen Einführungen verzichtet. Der Autor hat sich zu dieser strukturellen Änderung des Beitrages entschieden, da viele Leser diesen Zeitraum noch aus eigener Erinnerung kennen und die Art der ab 1956 verwendeten Quellen – viele Zeitzeugenberichte beinhalten häufige zeitliche Sprünge und Rückblende – eine streng chronologische Abfolge schwierig machte.

Der Neubau des Lagerhauses, der unerwartete Tod von Johann Gerstlacher, und die Gemeindepolitik Bergkirchens sind Thema in Michael Krotzers Aufzeichnungen:

»Die Generalversammlung der Genossenschaft des Jahres 1956 konnte eine gute Erfolgsbilanz aufweisen und so wagte ich am Schluss der Versammlung den Antrag zu stellen, dass der Neubau eines Getreidelagerhauses unbedingt erforderlich sei, wenn wir Warengeschäfte weiterhin haben wollen, da im Genossenschaftsbereich die ersten Mähdrescher gekauft wurden. Mein Antrag fand nur bei den Landwirten ab 15–20 Hektar Betriebsgröße Zustimmung, während die Kleinbetriebslandwirte meinen Antrag ablehnten. Somit wurde das Lagerhausproblem auf die nächste Generalversammlung 1957 vertagt. In diesem Jahreszeitraum stieg die Zahl der Mähdrescher nicht nur bei den größeren Betrieben. Auch bei den mittleren Betrieben taten sich zwei oder drei zusammen zu einer Mähdreschergemeinschaft. Mein erneuter Antrag in der Generalversammlung 1957 fand somit volle Zustimmung. Größe

und Umfang des Lagerhauses wurde in der nächsten Sitzung von Vorstandschaft und Aufsichtsrat diskutiert und festgesetzt. Ausmaße: Breite 10 Meter,
Länge 23 Meter, Unterkellerung des gesamten Neubaus, Fassungsvermögen
500 Tonnen Getreide = 10 000 Ztr. und 250 Tonnen = 5 000 Ztr. Düngemittel
und Sonstiges. Die Planung zum Lagerhausneubau wurde dem Architekten
Albertshofer aus Geltendorf übertragen, der 1956 das gleiche Lagerhaus in
Moorenweis geplant und gebaut hatte. Geschäftsführer Greif von der Raiffeisenkasse Moorenweis, mit dem ich ein kameradschaftliches Verhältnis hatte,
empfahl mir Herrn Albertshofer als Lagerhausplaner. Die Baugenehmigung
mit statischer Berechnung durch das Kreisbauamt Dachau wurde bereits im
Mai 1958 erteilt. Die Baufirma, Salvermoser & Kürzinger aus Dachau, bekam
den Zuschlag für den gesamten Rohbau mit Bedachung und der Einschütt-
geschosse für 105 000 DM. Anfang Juni 1958 war Baubeginn. Ende September war der Rohbau soweit fertiggestellt, dass die Lagerhauseinrichtungsfirma
Happle & Sohn aus Weißenhorn/Bayern, mit der Einrichtung beginnen konnte. Die umfangreichen Elektroinstallationsarbeiten wurden der Firma Elektro
Hof aus Dachau übergeben. Die Schreinerarbeit, Getreideboxen und Böden,
wurden vom Schreinermeister Martin Schmidhofer, Bergkirchen-Lus, ausgeführt. Bis alles fertiggestellt war, betrugen die Gesamtbaukosten 211 450 DM.
Damit wurde der Kostenvoranschlag um runde 20 000 DM überschritten.
Die Finanzierung schaffte die Genossenschaft ohne Hilfe der Zentralkasse in
München. Kurz vor Beginn der Getreideernte 1959 war der Lagerhausneubau
fertiggestellt. Dass der Lagerhausneubau ein Gebot der Stunde und kein Jahr
zu früh war, bewies die Steigerung der Getreideanlieferung von bisher ungefähr 3 000 Doppelzentnern jährlich auf über 10 000 Doppelzentner während
der Ernte 1959. In der Zeit der Lagerhausneubauplanung verstarb am 27. Juni
1957 der verdiente Genossenschafter und langjährige Aufsichtsratsvorsitzen-
de Johann Gerstlacher völlig unerwartet an den Folgen einer Darmoperation.
Er war Tapferkeits-Offizier des 1. Weltkrieges und Inhaber der goldenen Tap-
ferkeits-Medaille. Deshalb gaben ihm vier Bundeswehrsoldaten das ehrende
Geleit zum Grabe. Ich selbst hielt ihm im Namen der Genossenschaft Bergkirchen einen ehrenden Nachruf am offenen Grabe mit Kranzniederlegung.
Er war mir ein väterlicher Freund und hinterließ eine schwere Lücke in der
Vorstandschaft der Raiffeisenkasse. Im Herbst 1958 hatte ich als Praktikanten
Michael Hartmann aus Deutenhausen zur Weiterbildung eingestellt. Er über-
nahm zum Jahresanfang 1960 die neu eingeführte Maschinenbuchführung.
Zum Jahresende 1960 wechselte er zur Volksbank Fürstenfeldbruck.

Nun wieder zur Gemeindepolitik und den sonstigen Ereignissen. Im März 1956 gab es wieder Gemeinde- und Kreistagswahlen. Im Hinblick auf den zunehmenden Geschäftsbetrieb und den geplanten Lagerhausneubau kandidierte ich nicht mehr für den Gemeinderat und blieb auch der Wahlversammlung fern. Mein Verzicht auf eine erneute Kandidatur dürfte der Anlass gewesen sein, dass auch Bürgermeister Jakob Leitenstorfer eine erneute Kandidatur als Bürgermeister ablehnte. Die Wahlversammlung stellte deshalb den Landwirt und bisherigen Gemeinderat Vitalis Glas als Bürgermeisterkandidaten auf. Ein Teil der Gemeindebürger war gegen Vitalis Glas eingestellt und machte in der Nacht zum Wahlsonntag [18. 3. 1956] heimlich Propaganda für meine Person als Bürgermeister. Nachdem auch Gemeindeschreiber Max Gruber sen. für sich um Wählerstimmen geworben hatte, erreichte keiner der drei Kandidaten über 50 Prozent der abgegebenen Stimmen. Vitalis Glas kam auf ungefähr 42 Prozent, meine Person auf 38 Prozent und Max Gruber erreichte, einschließlich der üblichen Splitterstimmen, 10 Prozent. Somit wurde eine Stichwahl zwischen Vitalis Glas und mir notwendig. Von Seiten des Raiffeisenverbandes und vom Vorstand meiner Genossenschaft wurde mir nahe gelegt, auf die Wahl zum Bürgermeister zu verzichten. Ich richtete deshalb ein Rundschreiben an alle wahlberechtigten Gemeindebürger, mich am 25. März nicht zu wählen, da meine Position als Geschäftsführer der Raiffeisenkasse mit dem Amt des Bürgermeisters nicht vereinbar und mit Differenzen verbunden sei. Vitalis Glas wurde mit ungefähr 80 Prozent der abgegebenen Stimmen zum Bürgermeister gewählt. Für den Gemeinderat gab es nur einen Wahlvorschlag der Einheimischen. Die Neubürger waren zum Großteil aus der Gemeinde weggezogen und brachten somit keinen Wahlvorschlag zustande. Die acht gewählten Gemeinderäte in alphabetischer Reihenfolge: Korbinian Eder, Andreas Gasteiger, Josef Haas, Georg Hartmann, Jakob Leitenstorfer, Johann Probst (Biereck), Ludwig Schlammer, Michael Schwarz. Letzterer wurde in der konstituierenden Sitzung des neuen Gemeinderates zum zweiten Bürgermeister gewählt. In den drei Nachbargemeinden, Eisolzried, Feldgeding und Oberbachern, wurden die bisherigen Bürgermeister wiedergewählt.«[25]

Die Dachauer Nachrichten hatten mit Vitalis Glas kurz nach seiner Wahl zum Bürgermeister ein Interview geführt, das in der Ausgabe vom 11. 5. 1956 veröffentlicht wurde und interessante Einblicke in das Zeitgeschehen gibt:

»Trotzdem das Geld knapp ist und die Bergkirchner emsig sparen müssen, haben sie viel geleistet. Es ist auch nicht wenig, das sie sich noch vor-

Bürgermeister Vitalis Glas

genommen haben. Da soll die Kirchentreppe hergerichtet werden, 8000 bis 9000 DM erfordert dieses Projekt. Die Kanalisation für den an der Dorfstraße gelegenen Ortsteil soll in Angriff genommen werden. Hier liegt der Kostenvoranschlag bei etwa 19000 DM. Ist dieses bereits ein Vorhaben, das Beachtung verdient, so darf man nicht übersehen, dass im letzten Jahr in Bergkirchen mit dem Bau der Zentralwasserversorgung eine ganz große Leistung vollbracht wurde. Das gibt Bergkirchens derzeitiges Oberhaupt gerne zu, vergisst aber nicht im selben Atemzug hinzuzufügen, dass man natürlich ein derartiges Werk nicht in einem Jahr leisten kann. ›Die ganze Anlage kostet immerhin 150000 DM, von denen wir noch 70000 DM zu zahlen haben. Das ist natürlich eine große Summe Geld, aber es ist auch ein notwendiges Werk getan.‹ Dabei ist aber noch nicht einmal gesagt, ob sich nicht an dieser Anlage etwas ändert. Die Biberecker, die diesem Wasserversorgungssystem nicht angeschlossen sind, wollen nämlich auch in das Versorgungssystem einbezogen werden.

Doch der Wünsche wäre kein Ende. ›Wir brauchten halt 200000 DM, dann wäre uns gut geholfen‹, meinte Glas und erzählte von einem weiteren Traum der Bergkirchner, die Teerung der Dorfstraße. ›Aber wir haben halt Sachen, die vordringlicher sind‹, stellt das Gemeindeoberhaupt resigniert fest. Nur in einem Punkte ist man zufrieden im Ort, mit der Beleuchtung. Jetzt hat man sogar bereits eine Neonstraßenlampe in Betrieb.

Zufrieden aber ist man auch mit dem Flüchtlings- und Arbeitslosenproblem. ›Arbeitslose gibt es praktisch nicht, und mit den Flüchtlingen leben wir in einem sehr guten Verhältnis. Im letzten Gemeinderat waren auch zwei Vertriebene als Gemeinderäte, und die Zusammenarbeit war ausgezeichnet.‹ Es macht sich aber auch in Bergkirchen die Abwanderung der Heimatvertriebenen in die Stadt bemerkbar. Dass im neuen Gemeinderat kein Flüchtling mehr sitzt, ist dafür ein Zeichen. Mit frischem Mut hat sich Bürgermeister

445

Glas an seine Arbeit gemacht. ›Ich bin zwar zum ersten Mal Bürgermeister, aber da ich bereits zehn Jahre im Gemeinderat sitze und auch in der Ortschaft geboren und aufgewachsen bin, kenne ich alle Probleme.‹ Und so scheint es, dass die etwa 500 Einwohner zählende Gemeinde keinen schlechten Griff getan hat, als sie dem 51 Jahre alten Vitalis Glas die Stimme gab.«[26]

Michael Krotzer schrieb über 1956 weiter:
»Am 3. Juni 1956 feierte der Krieger- und Veteranenverein Bergkirchen-Feldgeding Fahnenweihe und 80-jähriges Gründungsfest.

Als Mitglied der Vorstandschaft (Schriftführer) war ich an den Vorbereitungsarbeiten aktiv beteiligt. Die Gedichte für die Fahnenmutter [Magdalena Schlammer] und die Fahnenjungfrauen stellte ich mit dem Zeitungsreporter vom Münchner Merkur, Max Bachmeier, zusammen. Dem Tag der Fahnenweihe, Sonntag, 3. Juni 1956, war ein herrliches Sommerwetter beschieden. Festzugordner und Führer war Johann Hutter. Die Begrüßung und die Festansprache hielt Vorstand Johann Gradl. Wir hatten 1000 Festzeichen, die bei weitem nicht ausreichten für die unerwartet zahlreichen Besucher, die mit den 30 teilnehmenden Vereinen gekommen waren.«[27]

Auch in den Dachauer Nachrichten wurde *über die Fahnenweihe berichtet*:

Fahnenweihe 1956, Festumzug

»Zu der Fahnenweihe des Krieger- und Veteranenvereins Bergkirchen-Feldgeding am gestrigen Sonntag hatten sich aus dem ganzen Landkreis Dachau und auch aus Ortschaften des benachbarten Fürstenfeldbrucker Bezirks Fahnenabordnungen eingefunden. Die Weihe der neuen, nunmehr dritten Fahne des Vereins wurde in der hiesigen Pfarrkirche vorgenommen. Transparente und Fahnen schmückten die Ortschaft Bergkirchen. Man hatte sich beim Kriegerverein besondere Mühe um die Vorbereitung des Festes gemacht. Sogar eine Straßenaufschüttung war in diese Vorarbeit einbezogen. Die zwischen steilen Hügeln eingekeilte Dorfstraße, immer noch das Schmerzenskind der Gemeinde, war dadurch weitgehend staubfrei gemacht worden. Schon früh am Morgen fanden sich die Vereine aus der ganzen Umgebung ein. Die Pfarrkirche konnte die Besucher nicht alle fassen, und so stand denn ein großer Teil der Festgäste auf der Treppe, die zu dem hochgelegenen Gotteshaus führt und auf dem die Kirche umgebenden Friedhof.

Nach dem Festgottesdienst gedachte man am Kriegerdenkmal beim Eingang der Kirche der Gefallenen und dann bewegte sich der farbenprächtige Zug mit der neuen Fahne voran zum Festplatz beim Gastwirt Groß. Hier hatte man einen Wagen in einen mit Blumen und Birkengrün geschmückten Podest verwandelt, vor dem nun die vielen Fahnen, etwa 30, Aufstellung nahmen. Festjungfrauen, Fahnenmutter, Mädchen vom Patenverein Deutenhausen hefteten hier, nachdem sie in Vers und Prosa ihre guten Wünsche ausgedrückt hatten, herrlich gestickte Bänder an die neue Fahne. Vorstand Gradl erinnerte in seiner Festrede an das lange Bestehen des Vereins. Die ›gute alte Zeit‹ vor und nach der Jahrhundertwende erstand für einige Augenblicke vor den ergriffen lauschenden Zuhörern. Der Redner gedachte auch der verdienstvollen Mitglieder des Vereins und nannte die Vorstände Brummer und Zotz, die über gute und schlechte Zeiten hinweg den Verein geführt hatten. Auch auf die dunklen Jahre nach dem zweiten Weltkrieg kam der Vorstand zu sprechen und deutete die Schwierigkeiten an, mit denen damals der Verein zu kämpfen hatte. Mit herzlichen Dankesworten an alle, die zur Verschönerung der Fahnenweihe mitgewirkt hatten, beschloss Gradl seine mit großem Beifall aufgenommene Ansprache. Der Nachmittag brachte dann noch einen großen Festzug und ein gemütliches Beisammensein im Dorf.«[28]

Über den TSV Bergkirchen und seinen Vorstand Michael Krotzer schrieben die Dachauer Nachrichten:

»Bei ausgezeichnetem Besuch hielt der Sportverein Bergkirchen seine Generalversammlung ab. 1. Vorstand Michael Krotzer konnte neben den vollzählig erschienenen aktiven Mitgliedern die Ehrenmitglieder sowie Gönner des Vereins begrüßen. Er gab einen ausführlichen Bericht über den Ablauf der vergangenen Spielsaison sowie über sonstige Veranstaltungen. ›Wie auch heuer‹, so führte Krotzer aus, ›waren wir der Meisterschaft in den Punktspielen wieder sehr nahe. Zwei Punkte trennten uns von dem Meister Kammerberg und ausgerechnet diesem hat unsere Mannschaft in zwei Punktspielen drei Punkte abgenommen. Wenn es aber trotzdem nicht zur Meisterschaft für uns reichte, so lag dies nicht an einem einzelnen Spieler, sondern an der gesamten Mannschaft, die in den ersten fünf Spielen nur drei Punkte auf ihr Konto bringen konnte. Wir wollen den Mut nicht sinken lassen und unsere Hoffnung auf die neue Saison setzen. Die Hauptsache ist, dass anständig und fair gespielt wird. Bei den Punktspielen wurde kein Mann wegen Unsportlichkeit vom Platz gestellt. Weniger zufrieden war ich mit der zweiten Mannschaft, die es auf den drittletzten Platz brachte. Die Ursache ist eben zum Teil der Spielermangel dieser Mannschaft, andererseits die Unkameradschaft untereinander. Ich hoffe, dass sich dies in Zukunft bessern wird. Die zweite Mannschaft war immer unser Stolz in den vergangenen Jahren.‹ Weitaus günstiger stehe es mit der Jugend. Bei den Punktspielen brachte sie es dank ihrem Jugendleiter Bayer zum zweiten Tabellenplatz. Bei den Frühjahrspokalspielen steuern sie mit aller Macht auf den Gruppensieg zu. Die Spieler der Schülermannschaft seien zu jung, wie die Erfahrung gezeigt habe, körperlich viel zu schwach, um mit den Gegnern konkurrieren zu können. Wenn auch bis jetzt Erfolge ausgeblieben seien, würden sie sich auch hier noch einstellen. Nach diesen Ausführungen dankte Krotzer der Laienspielgruppe, die dem Verein in finanzieller Hinsicht weitgehende Unterstützung brachte. Sein Dank galt auch den Autobesitzern, die dem Verein mit ihren Fahrzeugen durch Beförderung zu den Spielen halfen. Dann gab der Schriftführer Franz Umkehrer seinen Bericht über die ausgetragenen Punkt- und Freundschaftsspiele. Als Schützenkönig im Torschießen liegt Müller mit Abstand an erster Stelle. Hauptkassier Johann Probst berichtete über die derzeitige Kassenlage des TSV Bergkirchen; diese kann als zufrieden betrachtet werden. Ehrenmitglied Josef Heitmeier dankte vor allem dem ersten Vorstand Michael Krotzer für seinen uneigennützigen Einsatz und seine Arbeit für den Verein. Einstimmig wurden gewählt:

1. Vorstand: Michael Krotzer
2. Vorstand: Josef Heitmeier
Schriftführer: Franz Umkehrer
Hauptkassier: Johann Probst
Technischer Leiter: Korbinian Eder
Jugendleiter: Georg Ahammer

Der Ausschuss bleibt in seiner alten Form mit Michael Schwarz, Steininger, Josef Heitmeier und Josef Haas.«[29]

Michael Krotzer berichtete nun selbst wieder über die Gemeindepolitik, die Genossenschaft und die Raiffeisenbank:

»Zurück zur Gemeindepolitik. Bürgermeister Glas war nur eine zweijährige Amtszeit beschieden. Er erkrankte im März 1958 (Krebsleiden) und verstarb Ende Oktober 1958. Zweiter Bürgermeister Michael Schwarz übernahm bereits ab März die Amtsgeschäfte der Gemeinde.

Bürgermeister Michael Schwarz

Er wurde Anfang Dezember 1958 (ohne Wahlvorschlag) zum Bürgermeister gewählt. In der Amtszeit von Bürgermeister Glas wurde 1957 die Friedhoferweiterung bzw. Neuanlage auf Pfarrpfründegrund im Anschluss an den alten Friedhof von beiden Gemeinden, Bergkirchen und Feldgeding, finanziert. Der südliche Aufgang zur Kirche wurde im Sommer 1958 als Treppenaufgang neu angelegt. Architekt Max Gruber machte die Planung. Die Bauausführung wurde dem Maurermeister Thomas Feicht übertragen. Beide vollbrachten bei der Treppenanlage keine Meisterleistung.[30] Die Gemeinde- und Kreistagswahlen im März 1960 standen im Zeichen der Änderung der Wahlperiode von vier auf sechs Jahre Amtszeit. Von mehreren Bürgern wurde ich ersucht, wieder als Gemeinderat zu kandidieren. Somit ließ ich mich in den Wahlvorschlag aufstellen. Als Bürgermeisterkandidat war Michael Schwarz aufgestellt. Er wurde zu fast 100 Prozent gewählt. Die Gemeinderäte nach der Stimmenzahl: Michael Krotzer, Jakob Leitenstorfer, Korbinian Eder, Josef Haas, Bernhard Eberl, Ludwig Schlammer, Anton Pfeil, Georg Hartmann. In der konstituierenden Sitzung des neuen Gemeinderates wurde ich diesmal ohne Gegenstimme zum zweiten Bürgermeister gewählt. In Feldgeding wurde der Landwirt, Peter Gradl anstelle von August Riedl zum Bürgermeister gewählt. In Günding gab es ebenfalls einen Wechsel im Bürgermeisteramt. Der Mühlenbesitzer August Feldl wurde Nachfolger von Johann Schallermeyer. In Eisolzried wurde August Schwarz und in Oberbachern Michael Burghart als Bürgermeister wiedergewählt. Für meine Genossenschaft war 1960 ein Jubiläumsjahr. Vor 50 Jahren, am 28. Februar 1910, wurde der Darlehenskassenverein Bergkirchen, beim Registeramt München, als eingetragene Genossenschaft mit unbeschränkter Haftung registriert. Mit der 50-Jahrfeier wurde die Einweihung des neuen Lagerhauses verbunden. Das Programm für die Generalversammlung am 28. Mai 1960 lautete: Um 10.00 Uhr Gottesdienst in der Pfarrkirche für die verstorbenen Mitglieder, 11.00 Uhr Einweihung des neuen Lagerhauses durch Hochwürden Herrn Pfarrherrn Georg Albert. Um 12.00 Uhr gemeinsames Mittagessen im Gasthaus Groß. Um 14.00 Uhr Jubiläumsversammlung, Erledigung der Tagesordnung, Verschmelzung der Raiffeisenkasse Günding mit der Raiffeisenkasse Bergkirchen, Ansprachen der Ehrengäste und Ehrungen. Zur Unterhaltung spielte eine Musikkapelle. Ich selbst erhielt für meine Verdienste um die Genossenschaft einen Geschenkkorb. Der Landwirt und langjährige Rechner der Raiffeisenkasse Günding, Johann Gasteiger, war am 1. Februar 1960 unerwartet verstorben (Herzinfarkt). Somit hatte die Genossenschaft Günding keine Geschäftsführung mehr und wurde auf Antrag des Raiffeisenverbandes mit Bergkirchen verschmolzen. Es war kein allzu großer Gewinn für meine Genossenschaft. Ich selbst hatte viel Arbeit mit der Abwicklung und Übernahme der Sparkunden. Die Milchgeld- und sonstigen Geschäftskunden mit Girokonten waren alle schon zu den Dachauer Banken abgewandert. Für die Vorstandschaft wurde Thomas Huber, Eschenried, und für den Aufsichtsrat Josef Kranz, Günding, übernommen.«[31]

Eine Bestandsaufnahme für das Jahr 1960 machten die Dachauer Nachrichten im folgenden Artikel:

»Bergkirchen ist nicht nur im Landkreis Dachau als schöne Ortschaft bekannt, sondern weit darüber hinaus. Das bewiesen die vielen Besucher, die den ganzen Sommer über mit dem Auto oder auch von München her mit dem Fahrrad kamen, um die schöne Fischer-Kirche zu besichtigen. Und jetzt hat Bergkirchen sogar einen Platz in Baedeckers Reiseführer bekommen, wo es wegen seines Gotteshauses als sehenswert aufgeführt wird. Übrigens ist Dr. Baedecker jun., der die von seinem Vater herausgegebenen Baedeckerbände Bayern bearbeitet hat, inzwischen auch Bürger der Gemeinde Bergkirchen geworden.

Einen Schlag hat man Bergkirchen von Seiten der Regierung jedoch versetzt: Das Bauen wurde ziemlich erschwert, so dass die Aussichten für einen weiteren Wohnungsbau sehr schlecht sind. Im Gemeindebereich wären Plätze vorhanden, die zum größten Teil von Einheimischen hätten bebaut werden sollen, doch die Regierung vertritt den Standpunkt, dass außerhalb der Ortsbebauung keine neuen Häuser mehr errichtet werden dürften. Diese Auffassung wird aber von den Gemeindebürgern nicht geteilt, denn gerade Bergkirchen besitzt eine gemeindliche Wasserversorgung und ausreichende Kanalisation, an die man Neubauten, die direkt an der Ortsgrenze geplant waren, hätte ohne weiteres anschließen können. Auch der Gemeinderat wäre für eine weitere Bebauung. So muss jetzt die Bautätigkeit in Bergkirchen ruhen, obwohl das nicht notwendig wäre.

Zur Zeit befasst sich die Gemeinde mit den Planungen zur Erweiterung des Schulhausbaus, denn man braucht dringend mindestens zwei neue Schulsäle und vor allem neue Abortanlagen, da die derzeitigen als verheerend zu bezeichnen sind. Im kommenden Jahr soll der Rohbau erstellt sein [...].

Die Gemeinde hat jetzt ihren eigenen Straßenhobel und mit ihm bereits die Strecke nach Bachern hergerichtet. Auch im Fernsprechverkehr haben sich für Bergkirchen durch die Neuverlegung eines Kabels von Dachau über Günding Verbesserungen ergeben, so dass es nun mehr Anschlüsse gibt als früher. Um die Ortsverschönerung bemühen sich Gemeinderat und Bürger. Man denkt an Neuanpflanzungen an der Kirchenstiege und der Friedhofsmauer. Einzelne Einwohner wollen sogar von sich aus Neuanpflanzungen vornehmen. Zur Verschönerung des Orts gehörte aber auch der Abbruch des alten Lagerhauses, das bereits starke Risse aufweist. Die Raiffeisenkasse konnte sich bisher dazu jedoch noch nicht entschließen. Als Landrat Dr. Schwalber eine Gemeindebesichtigung in Bergkirchen durchführte, meinte er ebenfalls, dass man das alte Lagerhaus doch abreißen sollte.

Das Ortsbild wird sich im kommenden Jahr etwas verändern, denn der alte Hof von Kiening [Feicht-Anwesen, heute steht dort das Wohnhaus der Familie Brummer] soll abgerissen werden, damit man bei der Kurve beim Wirt eine bessere Straßenübersicht erhält. Die Bergkirchner Bauern gehen mit der Zeit. Das zeigt sich daran, dass sie bestrebt sind, zuerst einmal ihre Stallungen neu zu bauen. Aber sie denken auch daran, neue Häuser zu errichten, da die zurzeit bestehenden meist über hundert Jahre alt, erneuerungsbedürftig und feucht sind.«[32]

1 Schon im Dezember 1946 schlugen die Amerikaner dem Befreiungsministerium vor, mit der sogenannten Weihnachtsamnestie gering belastete Personen mit niedrigem Einkommen aus dem Entnazifizierungsverfahren zu nehmen. Siehe hierzu Ruth Elisabeth Bullinger: Belastet oder unbelastet? Frauen im Entnazifizierungsverfahren. München 2013. Die Amnestie wurde 1948 auf die sogenannten B1- und B2-Verfahren ausgeweitet. 13 Bergkirchner Bürger(innen) profitierten davon.

2 Bürgermeister Korbinian Eder war sechs Wochen zuvor zurückgetreten. Ein Grund für den Rücktritt wurde im Beschlussbuch nicht genannt. Gemeindearchiv Bergkirchen, Aktennummer B-1/30, Gemeinderatsbeschlussbuch 1938–1955, Seite 48.

3 Jakob Leitenstorfer war von 1945, zunächst kommissarisch, bis 1948 bereits Bürgermeister.

4 In der Niederschrift zur Gemeinderatssitzung vom 16. 04. 1949 (Gemeindearchiv Bergkirchen, Aktennummer B-1/30, Gemeinderats-Beschlussbuch 1938–1955, Seite 33) ist festgehalten: »Der Leichenhausneubau wird in der kommenden Woche in Angriff genommen. Die Maurerarbeiten werden dem Maurermeister Straßer übertragen, zu dem vorgelegten Kostenvoranschlag mit 1 147,- DM. Die Gesamtkosten werden zu 3/5 von der Gemeinde Bergkirchen und zu 2/5 von der Gemeinde Feldgeding übernommen. Die Kosten werden mit ungefähr 4 000,- DM bis 4 500,- DM veranschlagt.« Offensichtlich hat sich die Gemeinde Feldgeding zum Schluss doch nicht an den Kosten für das Leichenhaus beteiligt. In der Niederschrift vom 12. 07. 1950 (Gemeindearchiv Bergkirchen, Aktennummer B-1/30, Gemeinderats-Beschlussbuch 1938–1955, Seite 44) wird beschlossen: »An Leichenhausgebühren für Verstorbene der Gemeinde Bergkirchen, die für die Erbauung des Leichenhauses mitgeholfen haben, wird keine Gebühr erhoben, für Verstorbene von Feldgeding und denen, die keinen Beitrag zur Erbauung geleistet haben, wird ein Satz von 20,- DM erhoben.«

5 Krotzer, Lebenserinnerungen. In der Niederschrift zur Gemeinderatssitzung vom 27. 11. 1949 (Gemeindearchiv Bergkirchen, Aktennummer B-1/30, Gemeinderats-Beschlussbuch 1938–1955, Seite 39) heißt es hierzu: »Die Gemeindejagd Bergkirchen wird auf die Dauer von 9 Jahren, das ist vom 1. April 1950 bis 31. März 1959 an Herrn Fritz Barth aus München zum jährlichen Pachtpreis von 500,- DM vergeben. Für die Zeit vom 1. 12. 1949 bis 31. März 1950 werden 100,- DM Jagdpachtentschädigung festgesetzt.«

6 Ebd.

7 Dachauer Nachrichten vom 7. 8. 1950.

8 Vgl. Dachauer Nachrichten vom 6. 10. 1950.

9 Dachauer Nachrichten vom 24. 1. 1951.

10 Gemeindearchiv Bergkirchen, Aktennummer B-1/30, Gemeinderatsbeschlussbuch 1938–1955, S. 38.

11 Dachauer Nachrichten vom 11. 5. 1951.

12 Gemeint ist das Dach des Kirchturms.

13 Dachauer Nachrichten vom 18. 9. 1951.

14 Die Darlehenskassenverein Bergkirchen war 1935 aufgrund von Veruntreuungen und Unterschlagungen bereits einmal insolvent.

15 Krotzer, Lebenserinnerungen.

16 Zeitzeugengespräch mit Fr. Dr. Edeltraud Pöhlmann 2004

17 Der Komplex Genossenschaftshaus mit Dienstwohnung und Lagerhaus wurde um 1995 abgerissen. Dort entstand die Siedlung an der Währstrasse.

18 Krotzer, Lebenserinnerungen.

19 Krotzer, Lebenserinnerungen.

20 Dachauer Nachrichten vom 28.07.1954.

21 Krotzer, Lebenserinnerungen.

22 Gemeint ist Pfarrer Georg Gröschl (1886–1904). Auch Pfarrer Otto Stoll (1908–1918) verfolgte das Ziel einer zentralen Wasserversorgung. Der Erste Weltkrieg ist aber dazwischen gekommen. Der Haushalt im Pfarrhaus litt besonders unter der Wassernot. Jeder Tropfen musste den Berg hochgeschleppt werden. Ein späterer Tiefbrunnen war immer der Gefahr ausgesetzt, vom Friedhofswasser verseucht zu werden.

23 Dachauer Nachrichten vom 12.04.1955.

24 Dachauer Nachrichten vom 21.11.1955.

25 Krotzer, Lebenserinnerungen.

26 Dachauer Nachrichten vom 11.5.1956.

27 Anmerkung: Josef Haas, früherer Schriftführer des Vereins, hat die Namen der Vorstände des Veteranenvereins dokumentiert. Vorstände bis 1945 waren: Kellerer (vermutlich Gründungsvorstand), Gottfried Keilberth (nachweislich ab 1892–1895), Adalbert Förschl (1895), Franz Xaver Brummer (1896–1918), Sebastian Zotz (1920–1945). Der Verein war nach dem Krieg im Jahr 1955 wiedergegründet worden. Es folgten die Vorstände: Hans Gradl (1955), August Riedl (1956–1967), Peter Gradl sen. (1968–1985), Franz Brummer (1985–1994), Georg Schwarz (1994–2002) und Peter Gradl jun. (2002 bis heute).

28 Dachauer Nachrichten vom 04.06.1956.

29 Dachauer Nachrichten vom 26.9.1956.

30 Die Treppe musste in der Folgezeit immer wieder repariert und nachgebessert werden.

31 Krotzer, Lebenserinnerungen.

32 Dachauer Nachrichten vom 16.12.1960.

Gesellschaft, Kultur und Politik der 1950er Jahre in der Stadt Dachau

Markus Erhorn

Stadtpolitik

Nikolaus Deichl war von 1947 bis zu den Kommunalwahlen 1952 erster Bürgermeister Dachaus. Der konservative Politiker war damit das erste Dachauer Stadtoberhaupt der Nachkriegszeit, das nicht von der Militärregierung eingesetzt worden ist. Bei den Kommunalwahlen am 30. 3. 1952 kandidierte Deichl nicht mehr. Zum neuen Bürgermeister wurde mit 6270 Stimmen Hans Zauner gewählt. Sein Kontrahent Franz Xaver Böck (SPD) erhielt 4763 Stimmen. Die SPD erreichte 12 Mandate im Stadtrat, die Gemeinschaftsliste von CSU, Bayernpartei und FDP 10, KPD 1, Parteilose Wählergemeinschaft 1 und die Überparteiliche Interessensgemeinschaft Dachau 2 Mandate. Die neuen Stadträte waren: Franz Xaver Böck, Josef Gareis, Ludwig Ernst, Angela Vogelmeier, Georg Andorfer, Georg Durchenwald, Josef Dürr, Josef Schultes, Wilhelm Erhorn, Georg Scharl, Franz Klement, Georg Sedlmeir, Dr. Karl Haaser, Adolf Hällmayr, Josef Burghart, Rupert Mühlbauer, Ernst Hecht, Richard Huber, Syrius Eberle, Jakob Schmidmayr, Heinrich Weiß, Josef Walcher, Franz Klein, Josef Kain, August Busch und Richard Wagner.[1] Zum zweiten Bürgermeister wurde der unterlegene Bürgermeisterkandidat Franz Xaver Böck gewählt.

Bei dieser Wahl gab es insgesamt 14 Wahllokale. Als Besonderheit sind hier zwei zu nennen: Wahllokal 13 (»Dachau-Ost, Block 33 Schule«), das sich aus dem »Lager Dachau-Ost«, Kräutergarten, Würmmühle, Würmmühlhäuser und Würmmühlbaracken zusammensetzte. Hier waren lediglich 219 stimmberechtigte Personen geführt. Das Wahllokal 14 »Reg.-Dulag« war für das Regierungs-Durchgangslager mit 1108 Stimmberechtigten vorgesehen und war im »Kultursaal«, einer Baracke, untergebracht. Interessant ist die Tatsache, dass die Bewohner des Dulags bereits bei der Wahl 1952 abstimmen durften, obwohl es zu dieser Zeit noch als »Dachau-Ost« im amtlichen Ortsverzeichnis für Bayern gelistet war. Zwei Bewohner, Klement und Wagner, zogen sogar in den Dachauer Stadtrat ein. Eine tatsächliche Eingemeindung fand erst 1954 statt, bis dahin hatte sich die Stadt Dachau bzw. Dachaus Politiker gegen die Aufnahme des Wohnlagers in das Gemeindegebiet gewehrt.[2]

Der Wahlkampf war bunt und lebhaft: Neben Plakaten, die sogar an Bäume geheftet worden waren, fuhren Lautsprecherwagen durch Dachau.[3] Bei den Kommunalwahlen am 18.3.1956 wurde Hans Zauner, der im Jahr zuvor mit dem Bundesverdienstkreuz geehrt wurde,[4] mit 9031 Stimmen in seinem Amt bestätigt. Bereits am Wahlabend nannte er seine persönlichen Schwerpunkte der nächsten Amtsperiode: Diese reichten von der Kläranlage über die Stärkung der finanziellen Situation der Gemeinden bis zur Verbesserung der Straßen.[5] Sein Gegenkandidat war wieder Franz Xaver Böck. Wie bereits in der Amtsperiode 52/56 wurde Böck durch die Mitglieder des Rates zum zweiten Bürgermeister bestimmt.

Bei der Wahl des Stadtrates erreichte die SPD mit 11 Mandaten erneut den ersten Platz, die CSU erreichte 9. Im Gegensatz zur Wahl 1952 traten die Bayernpartei (2 Stadträte) und die FDP (kein Mandat) mit einer eigenen Liste an. Die Überparteiliche Interessensgemeinschaft kandidierte erneut und erreichte wieder 2 Mandate, die KPD konnte keinen Kandidaten mehr in den Stadtrat senden. Neu waren auch die Listen des Gesamtdeutschen Blocks/BHE (2 Mandate) und der Bund der Deutschen (0 Mandate). Es bildete sich daraufhin die sogenannte »Dritte Fraktion« bestehend aus BP, BHE und ÜP.

Folgende Personen bildeten den Stadtrat 1956–1960: Franz X. Böck, Josef Gareis, Angela Vogelmeir, Georg Andorfer, Georg Scharl, Georg Durchdenwald, Josef Dürr, Rudolf Schmid, Georg Sedlmair, Heinrich Pritschka, Pazifikus Haberl, Dr. Karl Haaser, Adolf Hällmayr, Josef Burghart, Richard Huber, Syrius Eberle, Bruno Rathai, Jakob Schmidmayr, Josef Gailer, Willi Hampe, Heinrich Weiß, Konrad Witzgall, Friedrich Hochmuth, Josef Schneider, Josef Kain, Werner Wiegel.[6] Dem Stadtrat gehörte damit jeweils lediglich eine Frau an.

Die Wahlbeteiligung bei der Wahl zum Bürgermeister betrug 1956 76,82 %.[7] Vergleicht man diese mit Bürgermeisterwahlen der heutigen Zeit (Dachau 2014: 43,51 %) so wird deutlich, dass das politische Interesse größer war als heute. Auf Beschluss des Stadtrates war Bürgermeister Hans Zauner stets ehrenamtlich tätig, ebenso sein Stellvertreter. Dies beschloss der Stadtrat in seiner Sitzung vom 29.1.1952 einstimmig, lediglich SPD Stadtrat Schmid forderte »einen ganzen Bürgermeister«, also einen hauptamtlichen.[8] In Zauners Amtszeit übersprang die Stadt Dachau die damals wichtige Marke von 25000 Einwohnern.[9] In der Gemeindeordnung war geregelt, dass eine Gemeinde ab dieser Einwohnerzahl kreisfrei, also unabhängig vom Landkreis, sein konnte. Die Bestrebungen der Stadt Dachau in diese Richtung führten zu heftigen Streitereien zwischen Stadtrat und Kreistag und somit auch zwischen Bürgermeister Zauner und Landrat Junker. Der Streit wurde erst mit Reform der Gemeindeordnung in den 1970er Jahren beigelegt.[10]

Hans Zauner war bereits von 1929 bis 1945 Mitglied des Dachauer Stadtrates und zeitweise zweiter Bürgermeister. Zunächst wurde er als Vertreter des »katholisch-konservativen Gemeindewohls« gewählt, Ende April 1933 wechselte er schließlich zur NSDAP über. Da die Amerikaner von seiner NS-Vergangenheiten in Unkenntnis waren, ernannten sie ihn im Mai 1945 zum ersten Bürgermeister. Nach zwei Wochen musste er dieses Amt aber wieder abgeben. Im anschließenden Spruchkammerverfahren wurde er in die Gruppe IV der »Mitläufer« eingestuft.[11] Seine Vergangenheit als nationalsozialistischer Stadtrat schien in den Wahlkämpfen 1952 und 1956 keine Rolle gespielt zu haben. Erst im Vorfeld der Kommunalwahlen 1960 kam es zur ersten Kritik: Pater Roth[12] kritisierte öffentlich die Darstellung, dass Zauner gemeinsam mit Prälat Pfanzelt Dachau vor der Zerstörung durch die anrückende US Armee gerettet hatte. Er erklärte, dass Dachau aufgrund der Aussagen von KZ-Häftlingen vor größeren Zerstörungen verschont geblieben sei.[13] Zauner nahm daraufhin seine erneute Kandidatur zurück und Franz Xaver Böck wurde 1960 zu seinem Nachfolger als Stadtoberhaupt gewählt. Im selben Jahr machte Zauner weltweit Schlagzeilen: In einem Interview mit einem britischen Journalisten erklärte er, dass »nicht alle im KZ Helden« waren. Später dementierte er seine Aussagen. Nach seiner aktiven Zeit als Politiker wurde Zauner mit dem Goldenen Ehrenring der Stadt Dachau ausgezeichnet. Nach seinem Tod (1973) wurde zudem eine Straße nach ihm benannt.

Auch sein Nachfolger und langer Stellvertreter, Bürgermeister Böck, äußerte sich in den 1960er Jahren in einem Interview über das Verhältnis zwischen der Stadt Dachau und dem ehemaligen Konzentrationslager: »Wir von der Stadt Dachau haben mit dem KZ nie etwas zu tun gehabt. Es war immer eine staatliche Einrichtung und gehörte außerdem in den Bereich der Gemeinde Prittlbach«.[14] Zauners und Böcks Aussagen beschreiben treffend den Umgang in den 1950er Jahren mit der NS Vergangenheit.

Feste und Einweihungen

Die Dachauer Politiker hatten viel zu tun in den 50er Jahren, so standen mehrere Einweihungen, Grundsteinlegungen, etc. auf dem Programm. Es wurde zum Beispiel am 30. 9. 1955 das neue Schulgebäude der Ludwigsoberrealschule München, Zweigstelle Dachau (Heute: Ignatz-Taschner-Gymnasium) an der Landsberger Straße eingeweiht.[15] Der erste Schulleiter, Dr. Leo Stettner, hatte in seiner Funktion eine schwierige Aufgabe zu erfüllen: Er musste die Dachauer Bevölkerung vom Sinn eines Gymnasiums überzeugen: Die Konservativen argumentierten mit Aussagen wie »Dachaus Bevölkerung habe seit Jahrhunderten handwerkliche Berufe ausgeübt und so müsse es auch bleiben«. Und einige Mitglieder der SPD-Stadtratsfraktion sahen in der neuen Schule »eine Schule der Privilegierten«.[16] Die heutigen Schülerzahlen der Dachauer Gymnasien sind der Beweis dafür, dass die Überzeugungsarbeit erfolgreich war. Auf den Tag genau, ein Jahr später, wurde die katholische Pfarrkirche Mariä Himmelfahrt in Dachau-Süd von Weihbischof Neuhäusler eingeweiht.[17]

Grund zu feiern hatte auch die evangelische Gemeinde Dachaus, die aufgrund der vielen nun in Dachau sesshaft gewordenen Flüchtlinge stark angewachsen war: Die Friedenskirche wurde 1952/1953 für damals 300 000 Mark errichtet.[18] Der Neubau der Schule Dachau-Süd an der Eduard-Ziegler-Straße wurde am 4. 12. 1953 fertiggestellt. Die heutige Grundschule war anfangs noch in eine Mädchen- und Knabenschule getrennt und wurde als »Wunderwerk aus Glas und Beton« beschrieben.[19]

Ein Gebäude, das das Stadtbild wie kaum ein zweites der Dachauer Nachkriegsgeschichte prägte, wurde 1952 fertiggestellt: Der Wasserturm der MD Papierfabrik. Obwohl der Direktor der Papierfabrik, Heinrich Nicolaus, den Wasserturm als »Wahrzeichen der rührigen, verheißungsvollen Dachauer Industrie«[20] bezeichnete, blieb das Bauwerk bis in die heutige Zeit bei Politikern und Bürgern umstritten. Die Gesamthöhe des Turms beträgt 32 Meter, er überragt damit das gesamte umliegende Gelände. In ihm wurde das zuvor gereinigte Amperwasser für die Papierherstellung gespeichert. Die MD Papierfabrik war eine der größten – vielleicht sogar die größte – Papierfabrik Deutschlands. Sie war außerdem der größte Arbeitgeber Dachaus. Max Härtl begann dort 1954 seine Lehre in der Autowerkstatt. »Ich habe damals 15 Mark pro Woche verdient«, erzählt er. Für die damalige Zeit ein guter Lohn: »Die meisten haben nur 8 bis 12 Mark bekommen.«[21]

In der Dachauer Papierfabrik an einer Papiermaschine. Vorne links der Großvater des Autors, Josef Erhorn, später bekannt als Wirt der Gaststätte Kochwirt, genannt Biwi

Mit der gestiegenen Einwohnerzahl stieg auch der Bedarf an Geldinstituten. So eröffnete die Stadtsparkasse Dachau, die sich damals noch vollständig in öffentlicher Hand befand, neue Filialen in Dachau-Süd (1954), Dachau-Ost (1957) und Dachau-Augustenfeld (1958).[22]

Zum ersten Mal fand auch der Kinderfestzug des Dachauer Volksfestes statt: Auf Initiative von Margarete Kron, genannt Zauner Maus, wurde dieser 1954 erstmals veranstaltet.

Drei Jahre später wurde eine weitere Volksfesttradition zum ersten Mal durchgeführt: der politische Abschlussabend. Erster politischer Gast war 1957 Franz Josef Strauß, damals Bundesverteidigungsminister.[23] Besuch von höchster politischer Ebene erhielt Dachau auch am 3. 5. 1953: Bundespräsident Theodor Heuss besuchte das Dachauer Schloss. Dort hatte Heuss sich 1905 für drei Wochen eingemietet um in Ruhe an seiner Doktorarbeit zu schreiben. Also ein Bundespräsident mit Dachauer Vergangenheit.[24]

Neben Wirtschaft und Politik nahm auch das gesellschaftliche und kulturelle Leben Dachaus wieder Fahrt auf. So wurde beispielsweise 1950 der Tennis-Club Dachau 1950 e. V., Dachaus erster Tennisverein, gegründet: In

Eigeninitiative errichteten die Gründungsmitglieder am Dachauer Stadtwald eine Tennisanlage mit sieben Plätzen und ein Klubhaus, das Grundstück wurde von der Stadt zu Verfügung gestellt.[25]

Im gleichen Jahr veranstaltete der Dachauer Zitherklub sein erstes Konzert seit dem zweiten Weltkrieg (29.4.1950). Im Dezember 1950, beim ersten »Hutsingen« des Vereins, bekam die Stadt Dachau sogar hohen Besuch: Seine Königliche Hoheit Prinz Albrecht von Bayern besuchte die Gesangsveranstaltung.[26]

Gefeiert wurde ebenso beim Volkstrachten-Erhaltungsverein D'Amperta-ler Dachau: 1953 fand das 40-Jährige Gründungsfest statt. Aus diesem Grund wurde das Isargaufest mit Heimatabend in Dachau veranstaltet. Viele Trachtenvereine aus dem gesamten Isargau nahmen daran teil.[27]

1953 gründete sich zudem die Dachauer Knabenkapelle unter Kapellmeister Paul Peter Winkler.[28]

Die Auflistung der Einweihungen, Gründungen und sonstiger Veranstaltungen ließe sich noch lange fortsetzen. Dies zeigt, dass mit dem Aufblühen der Wirtschaft auch das gesellschaftliche Leben nach den harten Jahren der (Nach-)Kriegszeit wieder erstarkte. Viele der damaligen Geschehnisse prägen das Leben in der Stadt Dachau noch heute.

Vom Konzentrationslager zum neuen Stadtteil

Aus dem Internierungslager auf dem Gelände des ehemaligen Konzentrationslagers entwickelte sich Ende der 1940er Jahre das sogenannte »Wohnlager Dachau Ost«.[29] Anfang 1950 waren in den noch vorhandenen Baracken (1948 waren noch 28 Baracken vorhanden)[30] etwa 2400 Flüchtlinge untergebracht. Dort wurde aber nicht nur gewohnt, sondern auch gelebt: Neben einer »Barackenschule« und einer »Barackenkirche« gab es Geschäfte des täglichen Bedarfs, einen Kindergarten, Ärzte und alles, was auch sonst in jeder Ansiedlung zu finden war. Die »Lagerstraße« war kurzerhand in »Hauptstraße« umbenannt worden. Das Wohnlager blieb aufgrund der bestehenden Mauern und Wachtürme ein abgeschlossenes Gebiet, das lediglich durch einen (oder zwei) Eingänge zugänglich war.[31] Erna Poschner besuchte zusammen mit ihren Eltern eine dort lebende Familie: »Wir waren überrascht: Innen waren die Baracken recht nett hergerichtet.«[32]

Dass die Bewohner mit der Situation aber nicht zufrieden waren, bewies nicht zuletzt ein Schriftzug auf einem Wachturm des ehemaligen Konzentrationslagers: »Wir wollen raus aus den KZ-Baracken«. Am 2. 1. 1950 probten die Bewohner unter Führung des »Flüchtlingssprechers« Egon Herrmann den Aufstand: Er rief zum Kampf gegen die bayerische Regierung auf, weil diese in Zukunft die Bewohner des Wohnlagers zum Miete- und Stromzahlen verdonnern wollte, obwohl ca. 75 % aller Bewohner arbeitslos waren. Tatkräftige Unterstützung erhielten die Lagerbewohner dabei auch von Pater Roth.

Hermann ging noch weiter: Er warf der Stadt vor, die Aufnahme von Flüchtlingen zu erschweren. Schließlich entschloss er sich dazu, ein Wohnbauprojekt außerhalb des Lagers in Angriff zu nehmen: Die Friedlandsiedlung. Das Konzept sah vor, die ehemaligen Barackenbewohner in Zukunft in Reihen- bzw. Doppelhäusern mit dazugehörigem Garten (zur teilweisen Selbstversorgung) unterzubringen.[33] Unter dem Namen »Flüchtlings-Gartensiedlung« führte Hermann am 4. 6. 1950 in einer Kiesgrube an der Sudetenlandstraße den Spatenstich durch. Finanziert wurde das Projekt durch das Staatssekretariat für das Flüchtlingswesen, die Regierung von Oberbayern, das Arbeitsministerium und die Kreis- und Stadtsparkasse Dachau.[34] Schließlich wurden dort durch die »Baugenossenschaft Dachau-Ost« auch mit Hilfe von Bundesmitteln Sozialwohnungen errichtet: 1953 waren bereits 60 fertiggestellt.[35]

Als man 1954 bemerkte, dass der Strom an Vertriebenen und Flüchtlingen nicht abnahm, änderte man das Konzept: Ab sofort wurden zunehmend Wohnblöcke errichtet. Die letzten Bewohner konnten erst Anfang der 60er Jahre aus den Baracken ausziehen. Der Geschäftsführer der Baugenossenschaft, Otto Fritsch, errichtete dort sogar einen Gedenkstein für alle Heimatvertriebenen.[36] Er steht noch heute am Teplitzer-Ring und seit 2017 erinnert dort auch eine Informationstafel an die Geschichte Dachau-Osts und seiner Bewohner. Die Vertriebenen fanden schließlich eine neue Heimat im damals als Industriegebiet geplanten Gebiet zwischen der Bayern- (heute Theodor-Heuss-), der Sudetenland- und der Würmstraße. Viele Familien der ehemaligen Bewohner des Wohnlagers leben noch heute dort. Ein Zusammenleben von den alteingesessenen Dachauern und den Bewohner des Wohnlagers war eher selten. Ein Zeitzeuge berichtete mir, dass »wir Jugendlichen mit denen nichts zu tun haben wollten.« Es sei oft zu Streitigkeiten gekommen. Erst in späteren Jahren entwickelte sich so manche Liebschaft, wie die Geschichte einiger Dachauer Familien beweist.

Die Entwicklung des Wohnlagers prägte der bereits erwähnte Flüchtlingssprecher Egon Hermann, manchmal als »Lagerleiter« bezeichnet, wie kein anderer. Der am 17. 1. 1899 in Brünn (Mähren) geborene und später in Prag lebende Hermann kam als Flüchtling nach Dachau. In seiner Meldekarte wird das Jahr 1949 als Anmeldedatum angegeben. Dieses muss allerdings falsch sein, da er bereits am 28. 11. 1948 zu einem Hungerstreik der Bewohner des Flüchtlingslagers in Dachau aufgerufen hatte. In den meisten Publikationen wird er als Schriftsteller geführt, sein tatsächlicher Beruf war aber der des Geschäftsführers.[37] Ansonsten ist zu seinem vorherigen Lebenslauf leider nichts bekannt. In mehreren Berichten wird ihm lediglich ein »kommunistischer Hintergrund« unterstellt.[38] Anhand mehrerer im Archiv der KZ-Gedenkstätte hinterlegten Zeitzeugengesprächen wird deutlich, dass er innerhalb des Lagers als oberster Wortführer fungierte. Er scheute auch nicht davor zurück, öffentlich gegen das sogenannte Establishment Stellung zu nehmen. So schloss er beispielsweise seine Rede, mit der er am 28. 11. 1948 die Bewohner des Flüchtlingslagers zum Hungerstreik aufrief, mit den Worten: »Wir wollen diese Regierung nicht mehr, sie sollen zurücktreten!«[39] Ihn und Pater Roth verband vermutlich nicht nur die Tatsache, dass beide außerhalb des Lagers durchaus umstritten waren. Zeitzeuge Rudolf Fischer beschreibt beide »wie Don Camillo und Peppone«.[40] Hermann war Vorstandsmitglied der Sozialen Baugenossenschaft Dachau-Ost. Nach dem rätselhaften Tod des Paters suchte Hermann mit Hilfe von Anschlägen nach Zeugen und Hinweisen. Zum Jahresende 1964 zog er, nachdem er aus der evangelischen Gemeinde ausgetreten war, nach München. Über seinen weiteren Lebenslauf ist nichts bekannt.

Da Dachau flächen- und einwohnermäßig nicht zuletzt aufgrund des neuen Stadtteils Dachau-Ost immer weiter wuchs, musste natürlich auch die freiwillige Feuerwehr wachsen: Sie erhielt 1954 ein neues Tanklöschfahrzeug.[41] Gewachsen ist Dachau aber nicht nur im Osten, sondern auch im Süden. Auch hier wurden viele neue Wohngebäude errichtet. 1959 baute dort die 1936 in Oberschlesien geborene Hedwig Neumüller mit ihrem Mann Hans ein Haus in der August-Pfaltz-Straße. »Das Grundstück haben wir für rund 22 000 Mark gekauft«, erzählt die Zeitzeugin. Damals war dort lediglich ein Acker und man konnte »von uns bis zum Schlittenberg schauen«. Sie erzählt weiter, dass man drei Jahre zuvor den gesamten Acker für nur 600 Mark kaufen hätte können. Darin wird deutlich, wie die Nachfrage und somit der Preis nach Bauland bereits in den 1950er Jahren stieg. Interessant ist auch, dass sogar dort Flüchtlinge untergebracht waren: »In der Felix-Bürgers-Straße stand eine richtig alte Holzbaracke.« Darin waren nach Hedwig Neumüllers Erinnerung zwei Flüchtlingsfamilien untergebracht. Kontakt zu den Bewohnern des Wohnlagers hatte sie übrigens nicht. Auch war der Ruf des neuen östlichen Stadtteiles nicht der beste: »Nach Dachau-Ost hätten wir nicht gewollt«.[42] Ihre Aussage zeigt, dass Flüchtlinge zwar zentral im Wohnlager, aber auch dezentral über das gesamte Stadtgebiet verteilt untergebracht waren.

Das Wachstum wird anhand eines Zeitungsartikels aus dem Jahr 1956 in Zahlen deutlich: So waren im Zeitraum Januar bis Mai 1956 bereits mehr als 86 neue Wohneinheiten in der Stadt Dachau durch das Bauamt genehmigt, über 300 weitere standen kurz vor der Genehmigung.[43] Im gleichen Artikel beschwerte sich Dachaus Stadtbaumeister Treu darüber, dass immer mehr der neuen Bauten lediglich »08/15-Bauten« wären und nicht schön anzuschauen seien. In der Zeit von 1950 bis einschließlich 1956 wurden insgesamt »nicht weniger als 1100 Wohngebäude errichtet.«[44]

Manche Heimatvertriebene wurden bereits in den ersten Jahren nach Kriegsende unternehmerisch in Dachau tätig. Als Beispiel kann Frieda Müller genannt werden: Sie hatte bereits bis zu ihrer Vertreibung aus dem Sudetenland in Karlsbad ein Bekleidungsgeschäft. In Dachau öffnete sie 1947 ebenfalls ein Textilgeschäft in der Münchner Straße, genauer gesagt in dem Haus der Bäckerei Wörmann (heute Bäckerei Denk).[45] Über viele Jahrzehnte war dieses Geschäft aus Dachau nicht wegzudenken: Nach dem Tod Frieda Müllers im Jahr 1983 wurde es von ihrer Tochter bis zu ihrem Ruhestand (2010) weitergeführt.

Das ehemalige Konzentrationslager war in den 1950er Jahren immer wieder Thema teils heftig geführter Debatten. So brachte Dachaus Landrat und Landtagsabgeordneter Heinrich Junker (CSU) den Antrag in den bayerischen Landtag ein, dass das damals für alle Besucher zur Besichtigung offenstehende Krematorium (»Baracke X«) für immer zu schließen sei. Dies löste bei KZ-Überlebenden heftige Proteste aus und auch Ministerpräsident Wilhelm Hoegner widersprach dem Begehren.

Am 10.11.1959 schlug Bürgermeister Hans Zauner dem Stadtrat vor, leerstehende Baracken im Wohnlager Dachau-Ost wieder mit Wohnungssuchenden zu belegen. Pater Leonhard Roth schrieb daraufhin einen Leserbrief, der am 13.11.1959 in den Dachauer Nachrichten veröffentlicht wurde. Darin betonte er, dass sich »das Internationale Dachauer KZ-Komitee [...] schärfstens gegen jede Art von Wiederbelebung gewandt« hat.[46]

Gesprochen wurde in den Nachkriegsjahren – wie auch im restlichen Deutschland – über die Verbrechen des NS Regimes wenig bzw. nur hinter vorgehaltener Hand. Der heutige stellvertretende Landrat Dr. Edgar Forster, der 1955 mit seinen Eltern von Passau nach Dachau zog, erinnert sich an seinen ersten direkten Kontakt aus der damaligen Zeit: Seine Großeltern zogen 1956 ebenfalls nach Dachau. Deren Vermieter, Pius Becht, war selbst als SS-Mann im KZ Dachau eingesetzt. Forsters Nachfragen nach den Geschehnissen im Konzentrationslager beantwortete er mit Floskeln wie »in einer Stadt wie Dachau sterben auch Menschen« oder »in jedem Gefängnis sitzt hin und wieder ein Unschuldiger«. Sein Großvater riet ihm daraufhin, Herrn Becht nicht mehr darauf anzusprechen. Er wusste aber zu berichten, dass der Satz »Wenn du nicht das Maul hältst, kommst du nach Dachau« während des Krieges keine seltene Antwort auf kritische Äußerungen über den NS Staat war.[47] Als Jugendlicher radelte er einmal auch zu den Baracken des Wohnlagers, um den Ort der Taten selbst zu sehen: »Die Siedlung war für jeden zugänglich«. Es war nicht zu erkennen, dass in der damaligen Heimat vieler Flüchtlinge sich derartige Gräueltaten ereignet hatten.[48]

Zusammenleben mit den Amerikanern

Unschöne Szenen spielten sich bei der Räumung des sogenannten »Amerikahofes« im Februar 1952 ab: Die dort untergebrachten Flüchtlinge wurden in kürzester Zeit durch das amerikanische Militär in neue Notunterkünfte am Dulag (Regierungsdurchgangslager) gebracht, obwohl diese »noch sehr zu wünschen übrig« ließen. Hintergrund war, dass die US Truppen die Räumlichkeiten als Teil des US Camps ansahen. Auch Landrat Junker kritisierte den Vorgang: »Die Art der Räumung hatte bei uns starkes Befremden verursacht.«[49] Dieser Vorgang beweist, dass es auch fast sieben Jahre nach Kriegsende immer noch Spannungen zwischen den Dachauer Behörden und dem US Militär gab. Auch in den 1950er Jahren waren immer noch einige Dachauer Familien aus ihren Häusern und Wohnungen ausquartiert, da diese seit 1945 durch das US Militär beschlagnahmt waren. Beispielsweise im Haus einer bekannten Familie in Dachau Süd war der jeweilige Kommandant der in Dachau stationierten US-Einheit untergebracht. Erst zehn Jahre später, 1955, konnte die Familie wieder in das Haus einziehen: »Unser Haus wurde direkt im Frühjahr 1945 beschlagnahmt. Als wir 1955 wieder einziehen durften, war es in einem sehr schlechten Zustand,« berichtet ein Zeitzeuge, der bis zur Beschlagnahmung als Kind in dem Haus lebte. Nur zum letzten Bewohner des Hauses sei das Verhältnis gut gewesen: Der Zeitzeuge spielte mit dessen ungefähr gleichaltrigen Söhnen. Obwohl er kein Englisch sprach, verstand man sich. »Er versprach uns, dass wir wieder in unser Haus einziehen dürften, sobald er zurück nach Amerika ginge.« Das Versprechen hat er gehalten. Die Familie hat allerdings »keinen Pfenning« Entschädigung für diese Zeit erhalten.[50] Gleichzeitig beschäftigte die US Armee viele Dachauer im US Camp. Sie arbeiteten zum Beispiel in der Großbäckerei oder der Schreinerei. Von 1953 bis 1961 war Elsa Landfahrt in der dortigen Wäscherei tätig. »Die Arbeitsplätze waren sehr begehrt, weil wir dort gut verdienten!«, erzählt die Zeitzeugin. »Ich habe genauso viel verdient wie mein Mann.« Damals noch keine Selbstverständlichkeit. Rund 110 Mark habe sie dort verdient. Die deutschen Angestellten hatten jeweils einen amerikanischen und deutschen Chef. Die Wäscherei befand sich an der Würm: »Wir mussten vom Posten bis zur Wäscherei durch das ganze Camp. Sobald es schneite, durften wir dort nicht mehr radeln, sondern mussten schieben.« Das Radfahren bei Schnee war aufgrund der Unfallgefahr im Camp Dachau verboten.[51]

Die Streitkräfte der USA sind vielen Dachauern aber nicht nur als Arbeitgeber oder »Hausbesetzer« in Erinnerung geblieben: Zeitzeuge Max Härtl erinnert sich an die sogenannte Schulspeisung zurück: Bis Anfang der 1950er Jahre versorgten sie berechtigte Schulkinder mit einem nahrhaften Essen in der Schule. Es gab meist Eintopf oder Suppe aus einem großen Topf.[52] Dieses Essen war für viele Kinder Dachaus, vor allem in den Jahren direkt nach dem Krieg, oft eine unverzichtbare Verpflegung gewesen. Er erinnert sich auch an sogenannte »Deutsch-Amerikanische-Freundschaftsabende«, die im Camp Dachau stattfanden: Dort feierten junge Dachauer gemeinsam mit den Amerikanern. Auch gab es »Schülerbesuche« im Camp.

POLITIKER UND PRÄLAT

Eine der schillerndsten und wohl auffälligsten Personen in der Dachauer Kommunalpolitik der 50er Jahre war Prälat Pfanzelt: Ab 1946 bis zu seinem Tod am 8.9.1958 saß der Dachauer Pfarrer (seit 1930) als Mitglied der CSU im Kreistag. Paul Brandt beschreibt ihn in seinem Buch als »unermüdlichen Kämpfer für die kommunale Selbstverwaltung«.[53] Außerdem soll er sich im Kreistag stets für das Kreiskrankenhaus eingesetzt haben. »Dabei scheute er es nicht, seiner Partei die Leviten zu lesen.«[54] Anlässlich des 25-jährigen

Pfarrjubiläums in St. Jakob wurde er 1955 zum Ehrenbürger der Stadt Dachau ernannt. Pfanzelt, der 1952 bereits mit dem Bundesverdienstkreuz ausgezeichnet worden war, feierte 1957 sein Goldenes Priesterjubiläum. Seine Jubiläen wurden in Dachau stets groß gefeiert. Dementsprechend groß war auch die Beerdigung des Prälaten: Neben unzähligen Dachauer Bürgern und Fahnenabordnungen von Vereinen nahmen auch Bundestagsvizepräsident Dr. Jaeger, Landwirtschaftsminister Alois Hundhammer sowie mehrere Landtagsabgeordnete teil. Der Prälat war sogar noch nach seinem Ableben präsent: Ein Küchenmädchen des Dachauer Krankenhauses behauptete kurz nach seinem Tod, dass er ihr dort erschienen wäre. Auch Pater Roth schrieb in einem Brief vom 21.9.1958, dass ihm der »Prälat insgesamt dreimal erschienen« sei.[55] Vielen Dachauer Zeitzeugen ist der »letzte barocke Priester Bayerns« aber nicht nur als begnadeter Kanzelprediger in Erinnerung geblieben: Nicht selten hat er überwiegend an Dachaus (Laus-)Buben, wenn diese seinen Zorn erregten, berüchtigte Watschen verteilt.[56]

Geschehnisse auf dem Leitenberg[57]

Für Aufregung und ein überregionales Medienecho sorgte in den 1950er Jahren auch der heutige KZ-Friedhof auf dem Leitenberg bei Etzenhausen. Dort wurden auf Befehl der SS zwischen Ende des Jahres 1944 und April 1945 erste Massengräber angelegt. In diesen wurden etwa 4000 Tote aus dem Konzentrationslager Dachau begraben. In einem weiteren Massengrab wurden auf Befehl der US-Armee bei der Befreiung des Lagers weitere Tote beerdigt. In den anschließenden Jahren geriet die Anlage mehr und mehr in Vergessenheit, erst im Dezember 1949 wurde der Friedhof offiziell eingeweiht. Nach langem Hin und Her wurde schließlich im Februar 1950 durch den bayerischen Landtag der Bau einer sogenannten Gedächtnishalle ausgeschrieben. Die Grundsteinlegung fand bereits am 30.4.1950 statt, obwohl man sich zu diesem Zeitpunkt noch nicht auf einen Entwurf geeinigt hatte. Dieses Datum hatte man bewusst gewählt, da es der fünfte Befreiungstag des Lagers war und am gleichen Tag das »Denkmal des unbekannten Häftlings« eingeweiht worden ist. Aus diesem Anlass kamen etwa 3000 ehemalige Häftlinge zusammen. Außerdem nahm der damalige österreichische Bundeskanzler Leopold Figel, selbst KZ-Überlebender, der französische Abgeordnete Edmont Michelet und Clarence M. Bolds, US-Landkommissar für Bayern, teil. Die Festrede hielt der bayerische Ministerpräsident Hans Ehard. Bemerkenswert war, dass er in seiner Ansprache zwar von einer »Stätte des Hasses« sprach, auf die Schicksale der Toten kam Ehard aber nicht zu sprechen. Die Grundsteinlegung wurde im Vorfeld mit 500 Plakaten in und um München sowie mit Spots in vier Münchner und einem Dachauer Kino beworben.

Am 17. 9. 1951 fand schließlich ein traditionell bayerisches Richtfest statt. Die Gästeliste war weniger prominent besetzt, aber immerhin war jeweils ein Vertreter Frankreichs und der israelitischen Kultusgemeinde anwesend. Eine der Festreden wurde vom oberbayerischen Regierungspräsidenten Heinrich Kneuer gehalten. Ein Maurer las einen Richtspruch in 17 Strophen. Das Gedicht war fröhlich und hätte ebenso beim Bau einer Schule oder eines Wohnhauses vorgetragen werden können. Höhepunkt der Feier war eine Torte in Form der Gedächtnishalle, die so schwer war, dass sie von zwei Männern getragen werden musste. Berichten zu Folge schien das Richtfest eine heitere Angelegenheit gewesen zu sein, bei der viel Alkohol geflossen sein muss. Auf Kritik war nicht lange zu warten: Eine linksgerichtete französische Zeitung sprach von einem »Skandal«. Die bayerische Staatsregierung wiegelte diese schließlich damit ab, dass es sich bei der Feier um eine »alte Landessitte« gehalten habe. Die Gedächtnishalle war schließlich im Sommer 1952 fertig. Eine offizielle Einweihung fand nie statt. In den Jahren 1955 bis 1959 wurden die sterblichen Überreste durch den französischen Suchdienst exhumiert. Einige eindeutig identifizierte Tote wurden nach Frankreich, Belgien, Holland und Italien überführt. 6228 Leichen wurden schließlich wieder begraben. Zusätzlich 1355 Personen wurden aus aufgelösten kleineren Friedhöfen auf den Leitenberg überführt. Die Exhumierungsarbeiten stießen aber auch auf Kritik. So hieß es in einem damaligen Artikel der Süddeutschen Zeitung, dass der Leitenberg nun »das wüste Bild einer Großbaustelle« biete.

KRIMINALFÄLLE

Die Dachauer Nachrichten berichteten in ihrer Ausgabe vom 21./22. 5. 1952 über ein schreckliches Verbrechen: In Dachau hatte eine 19-jährige Mutter ihr Neugeborenes nach mehreren missglückten Abtreibungsversuchen getötet. Besonders grauenvoll ist die Tatsache, dass die Großmutter des Kindes dabei geholfen hatte. Das Baby wurde in eine Wolldecke gewickelt und die beiden Frauen quetschten das Kind »unbarmherzig untern Kleiderschrank in der Absicht, den Tod durch Ersticken herbeizuführen.«[58] Nach der Tötung verbrannten sie das Kind kurzerhand im Küchenofen. Die Kindsmutter gestand schließlich der Kriminalpolizei die Tat. Das Motiv: Sie glaubte die »›ungeheuerliche Schande‹, unverheiratet ein Kind zu bekommen, nicht ertragen zu können.«[59] Der Großmutter des Kindes schien dies als Motiv zu reichen, sonst hätte sie wohl nicht bereitwillig geholfen.[60] Es lässt sich nur mutmaßen, ob und inwiefern das damals geltende »Rollenverständnis der Frau« Auslöser für diese Tat war. In einer Zeit, in der der Ehemann noch das »Letztentscheidungsrecht in allen Eheangelegenheiten hatte« – erst mit Erlass des Gesetzes zur Gleichstellung von Mann und Frau im Jahr 1957 wurde diese Regelung abgeschafft – ist dies aber durchaus wahrscheinlich.

Ein weiteres Verbrechen ereignete sich 1957 in Dachau-Süd: Eine Frau wurde überfallen und mit einer Eisenschlinge bis zur Bewusstlosigkeit gewürgt. Anschließend wurde ihr die Handtasche geraubt. Das Tatwerkzeug, die Schlinge, und der vom Täter zur Bedrohung des Opfers benutzte Dolch, konnten gefunden werden und wurden anschließend im Schaufenster der Geschäftsstelle der Dachauer Nachrichten ausgestellt. Dies geschah, weil die Polizei nach Zeugen fahndete. In den darauffolgenden Tagen pilgerten Berichten zu folge hunderte Dachauer Bürger zum Schaufenster, um das Tatwerkzeug zu begutachten.[61] In einer Zeit, in der die meisten Familien über keinen Fernseher verfügten, waren solche Ereignisse natürlich etwas »Besonderes«, dementsprechend groß wurden diese an den Stammtischen und in den Waschküchen diskutiert.

Resümee

Bevor ich am Projekt »Geschichtswerkstatt« teilgenommen habe, waren die 1950er Jahre für mich nicht wirklich greifbar. Ich sah in ihnen einen Abschnitt, der zwischen dem zweiten Weltkrieg und den bunten 60ern stand. Als ich während meiner Nachforschungen mehr und mehr in diese Zeit eintauchte, wurde mir klar, dass diese für meine Heimatstadt entscheidend war: Dachau entwickelte sich zwischen 1950 bis 1960 nicht nur städtebaulich weiter, auch gesellschaftlich und kulturell wurden Grundsteine geschaffen, die bis in die heutige Zeit hineinwirken. Eine Große Kreisstadt Dachau, wie sie heute existiert, wäre ohne die Ereignisse der 1950er Jahre undenkbar. Die Einwohnerzahl stieg nicht nur an, sondern es entwickelte sich eine neue

Bewohnerstruktur: Zu der Gruppe der alteingesessenen Dachauer Familien (Altstadt), die mit den zugezogenen Arbeitern (Pulver- und Munitionsfabrik, etc.) und den neuen Bewohnern während des Nationalsozialismus von 1915 bis 1945 bereits neue Nachbarn erhalten haben, kam nach dem Krieg die Gruppe der Flüchtlinge und Heimatvertriebenen aus den ehemaligen deutschen Ostgebieten hinzu. Deren Nachfahren bilden noch heute eine große Einwohnergruppe. Auch wenn Kultur und Brauchtum der Heimatvertriebenen und Flüchtlinge mit dem Ableben der Kriegsgeneration mehr und mehr verschwunden ist, so nahm beispielsweise bereits 2017 keine Gruppe von Egerländer Trachtlern am Dachauer Volksfesteinzug mehr teil. Doch erinnern die typischerweise in den Ostgebieten häufig vorkommenden Nachnamen im Dachauer Telefonbuch zumindest an die vielen Menschen, die in den 1950er Jahren hier eine neue Heimat gefunden haben.

1 Stadtarchiv Dachau: Niederschrift über die Sitzung des Stadtrates vom 6.5.1952 (StadtADah RPr StR v. 06.05.1952).

2 Norbert Göttler: Nach der »Stunde null« Stadt und Landkreis Dachau 1945 bis 1949. München: Herbert Utz Verlag 2008, Seite 86.

3 Hochbetrieb in den 17 Wahllokalen. In: Dachauer Nachrichten, 31.3.1952.

4 Hans Zauner hat das Anzapfen eingeführt. In: Dachauer Nachrichten, 27.12.2010.

5 »Halten wir zusammen – seien wir tüchtig«. In: Dachauer Nachrichten, 20.3.1956.

6 Stadtarchiv Dachau: Niederschrift über die Sitzung des Stadtrates vom 04.5.1956 (StadtADah RPr StR v. 04.05.1956).

7 So wählten die Dachauer ihren Bürgermeister. In Dachauer Nachrichten, 20.3.1956.

8 Stadtoberhaupt weiterhin ehrenamtlich. In: Dachauer Nachrichten, 31.1.1952.

9 Broschüre: Die kreisfreien Städte und Landkreise Bayerns in der amtlichen Statistik 68: Landkreis Dachau. Herausgegeben vom Bayerischen Statistischen Landesamt 1968.

10 Paul Brandt: Prälat Pfanzelt. Der letzte barocke Priester Bayerns. München: Gwd Hans Venus Gmbh 1982, Seite 93.

11 Ruth Elisabeth Bullinger: Belastet oder Entlastet? München: Herbert Utz Verlag 2013.

12 Leonhard Roth war Häftling im KZ Dachau und anschließend dort als Seelsorger tätig. Nach seiner Kritik an Zauner wurde er beurlaubt. Er beging im Juni 1960 wahrscheinlich Selbstmord.

13 KZ-Pater Roth. In: Der Spiegel, 14.02.1962.

14 Interview mit Bürgermeister Franz Xaver Böck in der Süddeutsche Zeitung, 16.11.1963.

15 Edgar Forster: Sprache und Schule. München: Babel Verlag 2010, Seite 36.

16 Edgar Forster: Kathole oder Sozi? München: Babel Verlag 2000, Seite 15–16.

17 www.kirchenundkapellen.de

18 Ebd.

19 Bärbel Schäfer: Gruß aus Dachau. Dachau: Bayerland 2007, Seite 97.

20 Papier braucht reines Wasser. In: Dachauer Nachrichten vom 23./24.02.1952.

21 Zeitzeugengespräch mit Max Härtl (Jahrgang 1940) am 12.11.2017.

22 Anton Mayr: Dachau und seine Sparkassen. Dachau: Sparkasse Dachau 2006, Seite 378.

23 Andreas R. Bräunling: Das Dachauer Volksfest. In: Bier Braureine und Volksfest in Dachau. Dachau: Museumsverein Dachau e. V. 2006.

24 Hans-Günter Richardi: Dachau. Passau: Verlag Passavia 1979.

25 Chronik Tennis-Club Dachau 1950 e. V.

26 Chronik Zitherklub Dachau, veröffentlicht auf der Homepage www.zitherklub-dachau.de.

27 Festschrift – Chronik – Trachtenbeschreibung. 100 Jahre Volkstrachten – Erhaltungsverein D'Ampertaler Dachau e. V. 2012.

28 Der Kapellmeister. In: Dachauer Nachrichten, 21.09.2012.

29 Gerhard Hanke, Wilhelm Liebhart, Norbert Göttler, Hans-Günter Richardi: Geschichte des Marktes und der Stadt Dachau. Dachau: Museumsverein Dachau e. V. 2000, Seite 204.

30 Besuch in der neuen Flüchtlingsheimat. In: Dachauer Nachrichten, 22.12.1948.

31 Detlef Hoffmann: Das Gedächtnis der Dinge. Campus Verlag 1998, Seite 44.

32 Zeitzeugengespräch mit Erna Poschner (Jahrgang 1943) am 12.11.2017.

33 Quartiers Magazin Dachau-Ost vom 3.9.2011.

34 Archiv der KZ-Gedenkstätte Dachau: Undatierte Urkunde »Gartensiedlung Friedland«.

35 Wegweiser für Heimatvertriebene, Verbandszeitung der vertriebenen Deutschen: Folge 25, 1953.

36 Medieninformation der Stadt Dachau aus dem Jahr 2001 (vom 26.06.2001).

37 Stadtarchiv Dachau: Meldekartei Egon Hermann (StadtADah Amtl Meldekartei).

38 Karl Stankiwietz: Minderheiten in München. Regensburg: Verlag Friedrich Pustet 2015.

39 Archiv der KZ-Gedenkstätte Dachau: Protokoll vom 29.11.1948 über die Versammlung im »Refugee Camp Dachau« am 28.11.1948. Originalzitat: »We don't want this goverment any more they shall go and quit.« Sinngemäß übersetzt ins Deutsche von Markus Erhorn.

40 Interview mit Rudolf Fischer von Albert Knoll am 12.12.2012. Archiv der KZ-Gedenkstätte Dachau.

41 Chronik Freiwillige Feuerwehr Dachau e. V.

42 Zeitzeugengespräch mit Hedwig Neumüller (Jahrgang 1936) am 10.11.2017.

43 Häuser wachsen wie Pilze aus der Erde. In: Dachauer Nachrichten, 09./10.05.1956.

44 Die Stadt will 80 Wohnungen bauen. In: Dachauer Nachrichten, 29./30.12.1956.

45 Else Kuffner: Ochsentour. Herausgegeben im Eigenverlag 1994, Seite 29.

46 Hanke, Liebhart, Göttler, Richardi 2000.

47 Forster 2000.

48 Zeitzeugengespräch mit Dr. Edgar Forster (Jahrgang 1944) am 11.11.2017.

49 Wieder zurück ins Massenquartier! In: Dachauer Nachrichten, 19.2.1952.

50 Zeitzeugengespräch, Zeitzeuge ist dem Verfasser bekannt (Jahrgang 1938) am 5.11.2017.

51 Interview mit Elsa Landfahrt (Jahrgang 1922) am 11.11.2017.

52 Zeitzeugengespräch mit Max Härtl, wie Anm. 21.

53 Paul Brandt 1982, Seite 39.

54 Ebd., Seite 39.

55 Ebd., Seite 101.

56 Forster 2000, Seite 20.

57 Kerstin Schwenke: Dachauer Gedenkorte zwischen Vergessen und Erinnern. München: Herbert Utz Verlag 2012.

58 Neugeborenes erstickt und verbrannt. In Dachauer Nachrichten vom 21./22.5.1952.

59 Ebd.

60 Ebd.

61 Hunderte besichtigen Dolch und Schlinge. In: Dachauer Nachrichten, 11.5.1956.

SULIDA – STRÜMPFE AUS DACHAU-OST

Monika Lücking

Ein Jahr nach der Währungsreform wurde im Sommer 1949 im »Wohnlager Dachau-Ost«, in einer Baracke des ehemaligen Schutzhaftlagers innerhalb des Konzentrationslagers Dachau, die Strumpffabrik Sulida von Felix Schuh gegründet. Geschäftsführer wurde Hanns Hilpert. Der Name SULIDA setzt sich zusammen aus den Buchstaben bzw. Silben der Wörter Schuh, Felix und Dachau.[1]

Hanns Hilpert und Felix Schuh

Sowohl Schuh als auch Hilpert waren Experten innerhalb der Textilbranche. Hanns Hilpert, der sich gerne mit »Herr Direktor« ansprechen ließ, wurde in Kirchheim/Teck geboren. In Reutlingen absolvierte er das Textiltechnikum und sammelte in verschiedenen Betrieben praktische Erfahrungen. Als Mitinhaber einer Trikotagenfabrik musste er sich nicht nur mit den technischen und kaufmännischen Aspekten auseinandersetzen, sondern auch Kollektionen zusammenstellen. Beide hatten in Sachsen gearbeitet, dem Zentrum der deutschen Textilindustrie. Während des Krieges waren sie mit dem Organisieren und Beschaffen von Uniformen und Wehrmachtskleidung beauftragt. Ihnen gelang es, während Industrieanlagen im Osten demontiert wurden, um in die Sowjetunion transportiert zu werden, einen Waggon mit Strumpfstrickmaschinen, mit modernen Rundstrickmaschinen, in den Westen zu schmuggeln.[2] Im östlichen Teil des ehemaligen Wirtschaftsgebäudes, dem heutigen Museum der KZ-Gedenkstätte, wurde mit der Produktion von Herrensocken und -strümpfen begonnen. Sechs Hemphill-Strumpfmaschinen im Wert von je 16 000 DM liefen bereits im Oktober 1949, vierzehn

473

weitere kamen hinzu, so dass zunächst eine Tagesproduktion von etwa 600 Strümpfen gelang.

Damit entstanden Arbeitsplätze für einige der Heimatvertriebenen im Wohnlager. Zu diesem Zeitpunkt hatte erst ein Bruchteil der vielen Bewohner eine Beschäftigung. Unter dieser großen Zahl waren auch Menschen, die bereits Erfahrungen mit Textilmaschinen hatten. Mit 20 Arbeitskräften wurden Socken gestrickt und verkauft. Etwa ein Jahr später wurden bereits 60 Leute beschäftigt. Der Keller des Wirtschaftsgebäudes diente als Materiallager für die verschiedenen Garnarten, die verstrickt wurden. Der größte Teil kam aus dem Ausland, hauptsächlich aus Frankreich. Alle Abläufe der Produktion fanden im großen Saal des Wirtschaftsgebäudes statt, während das Fertigwarenlager, die Verpackung mit dem Versand und die Büros in der ersten Baracke direkt gegenüber untergebracht waren.

Die Geschäfte gingen gut, Strümpfe und Socken waren gefragt, so dass die Firma ständig wuchs. Ab 1951 wurde ein neues Gebäude außerhalb des Wohnlagers Dachau-Ost gebaut, und zwar auf den Grundmauern des begonnenen Erweiterungsbaues für das Forschungsinstitut der »Deutschen Versuchsanstalt für Ernährung und Verpflegung«. Dieses Gebäude wurde bis Kriegsende allerdings nicht fertiggestellt, wie auf einer Luftbildaufnahme vom 10. April 1945 deutlich zu erkennen ist. Einen Großteil der männlichen Arbeiter von Sulida setzte Hilpert »in einer Sonderschicht als Hilfsarbeiter der Baufirma ein«, um Ziegel zu schleppen, Sand zu schaufeln und so weiter. »Da machten auch alle mit, heute noch vorstellbar?«[3] »Ich war sogar dann öfters dazu abkommandiert, habe Gitterbehälter, in denen Koksglut war, die zur schnelleren Trocknung vor den frischen Mauern aufgestellt waren, nachgelegt und so am Brennen erhalten müssen. Keine sehr anstrengende Tätigkeit, und ich hab [sic] viel rumgesessen. Aber ich kann sagen: Ich habe das Gebäude mit gebaut.«[4]

Anfang des Jahres 1952 zog die Sulida in das neue Gebäude mit der Adresse »Kräutergarten 17« um. Ein neuer kleiner Lkw, ein Opel-Blitz, erwies sich dabei als sehr nützlich. Alle mussten mit anpacken und waren mit Begeisterung dabei.

Das neue Gebäude bot zunächst reichlich Platz. Das Fertigwarenlager und der Versand waren in der ersten Etage. Mit einem Lastenaufzug konnten die Waren transportiert werden. Großzügige Umkleideräume und Duschen waren in beiden Etagen. Im Seitenflügel der ersten Etage wurde ein »Gesellschaftsraum« mit bequemen Sitzgruppen eingerichtet, in dem auch Bespre-

Das Firmengebäude Ende der 50er Jahre

chungen stattfanden. Im langen Gebäude im ersten Stockwerk waren die Büros, auch die von Felix Schuh und Hanns Hilpert. Im »Brotzeit-Raum« mit einem kleinen Laden fanden auch kleine und große Feiern statt.

In drei Schichten wurde täglich von Montag bis Samstag acht oder zehn Stunden gearbeitet. Es gab eine Woche Urlaub im Jahr, ohne Urlaubsgeld. Überstunden waren meist unbezahlt. Lohnfortzahlungen im Krankheitsfall gab es zu dieser Zeit noch nicht. Wöchentlich erfolgte die Lohnauszahlung nach den Arbeitsstunden. In der Textilindustrie lag der Tarif, nach dem alle bezahlt wurden, am unteren Ende der Lohnskala.

Nicht nur Betriebsausflüge, die jedes Jahr unternommen wurden, waren allseits beliebt, sondern auch die Betriebsfeiern. Während der ersten Weihnachtsfeier 1950 im »Gasthaus Brunner« in einer Baracke gab es warmes Essen, Kaffee und Kuchen und ein Weihnachtspaket. Die Belegschaft gestaltete den Abend. Von Jahr zu Jahr wurden die Feste aufwendiger. Besonders eindrucksvoll war die Feier im Dachauer Schloss-Saal, als der Bayerische Rundfunk mit Prominenten für die Unterhaltung sorgte. Jeder Betriebsangehörige bekam neben einem Weihnachtspaket ein Sparbuch mit einem Betrag, der ein Jahr später fällig wurde, wenn der Betreffende weiterhin im Betrieb blieb. »Das erste freiwillig von einer Firma bezahlte Weihnachtsgeld!«[5]

475

Blick in die Kettelei

*Während der Weihnachtsfeier 1952 im Dachauer Schloss erntete das »Sulida-Ballett«
(Hanns Hilpert in der Mitte) großen Beifall.*

Kurz nach dem Umzug in das neue Gebäude wurde der Ostflügel angebaut, um das Lager und die Versandabteilung zu erweitern. Gleichzeitig wur-

de ein Tennisplatz vor der Sulida angelegt. Dort spielte Hanns Hilpert mehrfach mit Hans Rüde Tennis, meist nach Feierabend, aber auch zuweilen während der Arbeitszeit.

Der Betrieb florierte. Einem »Antrag der Firma auf ein Arbeitsplatzdarlehen« wurde von Seiten der Stadt zugestimmt, um durch eine Erweiterung die vorliegenden Aufträge aus Skandinavien und Kanada bewältigen zu können. Hervorgehoben wurde die Bedeutung der Firma, die als einzige Strumpffabrik im Bundesgebiet auf der Weltausstellung in Toronto vertreten war. »Die Firma stellt zweifellos auch einen großen wirtschaftlichen und sozialpolitischen Gewinn für den Landkreis Dachau dar.«[6]

Hanns Hilpert mit Mitarbeitern der Geschäftsführung im Jahr 1955

Berichte in der Presse zeigen nicht nur die sehr gute Entwicklung des Betriebes, sondern betonen auch den weltweiten Verkauf: »Dachauer Strümpfe trägt man in Zentralafrika« lautete eine Überschrift. Auf einer Messe im September 1952 in Luxemburg erhielt die Firma die Goldmedaille für herausragende Leistungen. Das 250. Belegschaftsmitglied wurde einige Tage zuvor eingestellt, 98 Prozent der Arbeitenden waren Heimatvertriebene, die im Jahr

477

zwei Millionen Paar Strümpfe produzierten. »Alle sechs Minuten erzeugen die zahlreichen Handstrickautomaten ein Paar Strümpfe pro Maschine, nachdem vorher das Rohgarn gefärbt und zu einem haltbaren Faden verzwirnt wurde. Gleichzeitig werden Gummirand, die bunten Aufstickfäden und die Perlonverstärkung eingearbeitet. Nacheinander passiert der Strumpf die Kettelei, wo die Strumpfspitzen maschenfest zugekettelt werden, und die Repassur, wo man auf ›Herz und Nieren‹ prüft und evtl. Strickfehlern zu Leibe rückt. Auf elektrisch beheizten Formen erhalten die Strümpfe Glätte und verkaufsfertiges Aussehen. ... Dann rollen ›Sulida‹- Strümpfe hinaus in die Welt.«[7] Hervorgehoben wurden bei der Medaillenverleihung auch die vorbildlichen Sozialeinrichtungen, wie eine Unterstützungskasse, oder die Sonderzuwendungen bei Geburten, Hochzeiten u. a.

In der Presse erschienen Überschriften wie »Strümpfe aus Dachau für Tanger und Hongkong«[8] und »Dänische Kinder tragen Strümpfe aus Dachau«[9].

Die Kollektion 1957/58 wurde im Dachauer Schloss vorgestellt: 3. v. l. der Inhaber Felix Schuh, seine Frau zwischen Isa und Jutta Günther, r. Hanns Hilpert mit Journalisten der »Textil-Zeitung«

Als 500. Belegschaftsmitglied begrüßte bei einer Tagung 1956 im Dachauer Schloss Hilpert Helene Winter mit einem Strauß Tulpen und der Zusage für eine 3-Zimmer-Werkswohnung.

Im Jahr 1959 wurde die Sulida an die »OPAL-Werke« verkauft. Opal produzierte an mehreren Standorten Damen-Feinstrümpfe und wollte ihr Sortiment mit Strickstrümpfen erweitern. Für die Mitarbeiter kam der Verkauf

Die Zwillingsschwestern, »Das doppelte Lottchen«, Isa und Jutta Günther, neben Strümpfen für Bundhosen

ziemlich überraschend. Der Gesellschaftsvertrag vom 23. November 1959 notierte als Geschäftsführer die Kaufleute Peter Margaritoff und Heinz Schaffer, und als Stammkapital die Summe von 500 000 DM. Alle Mitarbeiter wurden übernommen und auch der Name Sulida blieb bestehen. Auch unter der neuen Führung wurde die Firma vergrößert. Eine große Strickmaschinenhalle mit einer eigenen Klimaanlage und eine Färberei wurden angebaut, weiteres Personal wurde eingestellt. Zum Teil wurde Akkord-Arbeit eingeführt. Eine Kantine mit etwa 120 Plätzen versorgte die Belegschaft mit warmem Essen.[10]

Während der Betriebsferien im Sommer 1962 ging der Opal-Konzern in Konkurs. Obwohl die Sulida mit ihren 420 Beschäftigten florierte und technisch gut ausgestattet war, war sie doch vom Konkurs betroffen: »Die Dachauer Strumpffabrik Sulida steht still!«[11]

Unter einer neuen Geschäftsführung, bestehend aus den Besitzern der Strumpffabrik Optima in München Bergmann, Liebermann, Horowitz und Salzmann, wurde ab dem 1. November 1962 unter dem Firmennamen »Sulida OHG – München – Dachau« wieder produziert.

Der Produktionsablauf, aber auch die Maschinen und das Material erneuerten sich laufend. Nicht zuletzt veränderten sich die Produkte. Wo früher Sockenhalter notwendig waren, wurden mit den neuen Maschinen Gummiränder eingestrickt. Für eine bessere Haltbarkeit wurden Perlon-Fäden mitverarbeitet. Mit der steigenden Produktion wuchsen natürlich auch das Warenlager und der Versand. Täglich 10–15 000 Paar Strümpfe wurden in der Hauptverkaufszeit versandt.

Konkurse und Fusionen deuteten bereits zuvor auf Schwierigkeiten in der Strumpfindustrie hin.[12] Der Pro-Kopf-Verbrauch von 27 Paar Strümpfen und Strumpfhosen pro Jahr war so hoch, daß mit einer Steigerung in absehbarer Zukunft nicht zu rechnen war. Bei den Preiskämpfen und der Überproduktion – verschärft durch die in Mode kommenden Feinstrumpfhosen, deren Herstellung entsprechende Investitionen verlangten – hatten kleinere Betriebe wie die Sulida kaum noch Überlebenschancen.[13] Im Jahre 1971 erfolgte das endgültige Ende der Sulida. Konkurs wurde angemeldet und über 300 Arbeiter und Angestellte wurden entlassen. Die Firmenleitung blieb ihnen für die Monate Juli und August 1971 Lohnzahlungen von rund 200 000 DM schuldig.[14]

1 Grundlagen für diesen Bericht über die Sulida sind ein ausführliches Gespräch mit Hans Rüde am 19. Juli 2006 und seine eigenen, unveröffentlichten Aufzeichnungen aus dem Jahre 2009. Herr Rüde arbeitete 20 Jahre lang in der Firma. Für viele Hinweise ist Helga und Siegfried Jacobi zu danken, die ebenfalls viele Jahre bei der Sulida beschäftigt waren.

2 Einzelheiten dazu bleiben ungeklärt.

3 Während des Gesprächs im Jahre 2006 beschäftigte Herrn Rüde der Gedanke, ob so viel Engagement heute noch vorstellbar ist.

4 Hans Rüde: Eine Aufzeichnung über die ehemalige Strumpffabrik »SULIDA« in Dachau. Ungedrucktes Manuskript, 2009, Archiv »Zum Beispiel Dachau« Arbeitsgemeinschaft zur Erforschung der Dachauer Zeitgeschichte e. V.

5 So die Einschätzung von Hans Rüde.

6 Schreiben v. Herrn Plattner vom »Sachgebiet Gewerbewesen Dachau« am 22. 6. 1953. Kopie, Archiv »Zum Beispiel Dachau«, Arbeitsgemeinschaft zur Erforschung des Dachauer Zeitgeschichte e. V.

7 Dachauer Nachrichten vom 13. 9. 1952.

8 Dachauer Nachrichten vom 6./7. 8. 1955.

9 Dachauer Nachrichten vom 22. 3. 1956.

10 Dachauer Nachrichten vom 8. 9. 1961.

11 Dachauer Nachrichten vom 23. 8. 1962.

12 »Charmaine« in Berlin meldete Konkurs an, »Arwa« und »Hudson« kooperierten, um bestehen zu können.

13 Vgl. Preise kaputt. Westdeutsche Strumpffabrik ist durch Überproduktion und Preiskämpfe in Schwierigkeiten geraten. In: Der Spiegel vom 27. 9. 1971.

14 Vgl. Berliner Arbeiterzeitung Nr. 8 (1971), S. 4.

Erinnerungen an die 50er Jahre in Etzenhausen

Erwin Hartmann

Einführung

Ich wurde 1945 geboren. Die 50er Jahre erlebte ich als Kind und Jugendlicher. Wir wohnten in einem alten Bauernhaus mit Garten. Es handelte sich um das »Luzerer«-Anwesen, heute Freisinger Straße 81.

Eigentlich ist Etzenhausen nur zwei Kilometer von Dachaus Stadtmitte entfernt, aber die sichtbare räumliche Trennung war damals das noch nicht bebaute Etzenhausener Feld. Im Ort gab es drei Kramerläden, eine Metzgerei, eine Wirtschaft, einen Bäcker, Schuster und Schneider sowie etwa zehn größere und kleinere Bauernhöfe, den Schützenverein und die freiwillige Feuerwehr.

Etzenhausen ist seit 1939 ein Stadtteil von Dachau, aber die dörfliche Struktur war immer noch vorhanden. Es waren noch keine Bautätigkeiten im Ort und so blieb der Ortskern erhalten. Das bäuerliche Leben und die Arbeit bestimmten den Alltag. Selbst die Modernisierung der Landwirtschaft Mitte der 50er Jahre änderte noch nicht viel.

Die verdrängte Vergangenheit

Vom Flüchtlingslager-Ost wussten wir nicht viel. Es gab kaum Kontakte dorthin. Doch unsere Neugierde wurde immer größer, je älter wir wurden. Von unsern Eltern wurden wir immer ermahnt, dass dort Flüchtlinge aus allen Ländern, sozial minderbemittelte Schichten und Kriminelle wohnten. Es gab weder in der Schule noch vom Elternhaus eine Aufklärung über diese Verhältnisse. Es wurden viele Flüchtlinge diskriminiert und als Schmarotzer bezeichnet. Bei der Erkundungsfahrt in das Lager waren wir erstaunt, wie viele Leute auf so engem Raum wohnten. Der Kontakt zur Dachauer Bevölkerung war nicht groß, denn in dem Lager gab es alle Einrichtungen wie Schule, Kino, Kirche, Wirtschaft, Einkaufsläden und vieles mehr, das man zum Leben brauchte.

Auf dem Leitenberg wurden nach dem Krieg die im Konzentrationslager umgekommenen Menschen begraben. Um das Jahr 1955 wurden die Leichen ausgegraben und, soweit möglich, identifiziert. Einige Mitarbeiter dieser Ausgrabung wohnten auf dem Bauernhof beim Ostler. Es war August und es hatte tagelang geregnet, so dass die Ausgrabungsgruben unter Wasser standen. Der Bauer Benno Gasteiger fuhr mit seinem Bulldog mit Odelpumpe zum Friedhof, um die Gräber auszupumpen. Sein Sohn Hansi und ich durften mitfahren. Der Friedhof war mit einem hohen Bretterzaun umgeben, so dass man von außen keinen Einblick hatte. Ich kann mich noch gut erinnern, wie in terrassenförmigen Stufen in langen Reihen die Skelette dalagen. Ein Anblick, den man nicht vergisst.

Das Verdrängen des Nationalsozialismus bemerkte ich auch als Kind. Nach einer sehr langen Zeit des Schweigens fragte ich meinen Vater, warum wir erst nach 15 Jahren seinen Bruder Sepp in Dachau-Süd besuchten. Er erzählte mir, dass es einen großen Streit gegeben hatte wegen des Ausgangs des Zweiten Weltkriegs. Sein Bruder war während der Hitlerzeit bei der Post beschäftigt und von seiner Mitgliedschaft in der Nationalsozialistischen Deutschen Arbeiterpartei überzeugt. Mein Vater erklärte in einem Gespräch seinem Bruder, dass der Krieg nicht mehr zu gewinnen sei. Darauf beschimpfte dieser meinen Vater mit den Worten: »Wenn der Krieg gewonnen ist, dann werden so denkende Leute nach Russland kommen.« Der einzige Sohn meines Onkels fiel in Russland.

WIRTSCHAFTSWUNDER

Vom Wirtschaftswunder bemerkten wir nicht viel. Meine Mutter bewirtschaftete den Garten bestens, so dass wir ein halbes Jahr lang Gemüse, Salate, Beeren und Obst ernten konnten. Auch Kleinvieh wie Hasen, Hühner, Enten, Gänse und auch ein Schwein verbesserten unseren Lebensunterhalt.

Wir haben nie Hunger gelitten, aber auf unseren Rippen war auch kein Gramm Fett zuviel. In der Nachkriegszeit hätte ein Schwein angemeldet werden müssen, und so sind wir Kleinkinder belehrt worden, dass ein Schwein ein Geißbock war. Wie es der Zufall wollte, waren Schweine vom »Buiter«-Anwesen (heute: Freisinger Straße 86) in der Suhle und ich erkannte sofort, dass auch wir so einen »Geißbock« zu Hause hatten.

Wir Kinder beteiligten uns auf unsere eigene Weise am »Wirtschaftswun-

Mein Vater, Matthias Hartmann, mit den Hühnern um 1950

der«. Taschengeld gab es zu meiner Zeit nicht. Wir hatten jedoch immer wieder eine Idee, wo es etwas zu verdienen gab. Eine Möglichkeit war es, Alteisen zu sammeln. So suchten wir die Hinterhöfe der Bauernanwesen ab und brachten unsere kleine Menge zum Hartmann Fritz in der Münchner Straße zum Verkauf. Der Lehrer und Jäger Kreichgauer forderte uns auf, Kastanien für ihn zu sammeln. Viele Nachmittage suchten wir alle Biergärten ab, bis ungefähr ein Zentner Kastanien gesammelt war, wofür wir fünf Mark bekamen. In Hinterhof der ehemaligen Wirtschaft Birgmann war wöchentlich ein Geflügelmarkt. Dort lernten wir den Geflügelhändler Hubner aus Allach kennen. Er erkannte unser Interesse an Tauben und gab uns zu wissen, dass er junge Tauben brauche und für jedes Tier 50 Pfennige bezahlen würde. Sofort stellten wir im Ostlerhof Fallen auf und lockten sie mit Futter an. Nach zehn gefangenen Tauben fuhren wir mit dem Fahrrad nach Allach und wieder waren ein paar Mark verdient.

In der Ferienzeit half ich gerne beim Ostlerbauern Getreidemandl aufstellen. Dort gab es immer eine gute Brotzeit mit Butterbrot und Speck und als Belohnung zehn Mark fürs Volksfest.

Eines Sonntags brachte Onkel Martin ein wunderschönes, fast neues Fahrrad mit und schenkte es mir. Vor Freude wollte ich das Geschenk meinen

Freunden vorstellen, die gerade beim VdK-Gartenfest beim Burgmeier waren. Ich suchte nach ihnen, fand aber keinen. So blieb mir nichts anderes übrig, als wieder heim zu fahren. Doch ich fand mein Fahrrad nicht mehr, es war mir gestohlen worden. In meiner Verzweiflung erzählte ich erst am anderen Tag von dem Diebstahl.

KINDERGARTEN UND SCHULE

Etwa mit fünf Jahren musste ich in die »Anstalt« des Kindergarten Nazareth an der Ludwig-Thoma-Straße gehen. Mir ist es heute noch ein Graus, wenn ich an die eingedickten Eintöpfe und Nudelsuppen denke.

Nach dem Kindergarten kam im September 1951 die Einschulung in die Ludwig-Thoma-Schule. Es war eine reine Bubenklasse mit 48 Schülern. Unser Lehrer hieß Max Aichelmayr. In Dachau war es die einzige Knabenschule und so kamen die Schüler aus allen Stadtteilen zum Unterricht. Auch wir marschierten täglich zu Fuß bei jedem Wetter zur Schule. Der Schulweg war zweieinhalb Kilometer weit. Bei einer Unterrichtsstunde einer Aushilfslehrerin kam die Frage, womit man Heizen könne. Da ich nur bayerischen Dialekt sprach, kam meine Antwort: »Mit Schoatn und Butzküh« (Holzspäne und Tannenzapfen). Ich konnte diese Begriffe nicht in die deutsche Sprache übersetzen, was bei den Mitschülern großes Gelächter hervorrief.

GOTTESDIENST

In meiner Kindheit gab es in Etzenhausen keine regelmäßigen Gottesdienste. Es war uns gerade recht, wenn ab und zu ein polnischer Pfarrer in seiner Muttersprache die Messe hielt, wir verstanden zwar kein Wort, der Gottesdienst war aber nach 20 Minuten zu Ende. Gottesdienste und der Sonntagsrosenkranz waren für uns Pflicht. Ich habe noch heute die endlose Leier im Ohr, wenn der Robbauer Wast mit Hausname, wie er genannt wurde (Bergstraße 5), Mesner von Etzenhausen, den Rosenkranz vorbetete. Meist ist er nach dem Frühschoppen beim Zwingereck mit etlichen halben Bier in die Kirche gekommen. Zum Rosenkranz durften wir Kinder auf die Empore raufgehen. Dort schnitzten wir zum Zeitvertreib mit unseren kleinen Taschenmessern verschiedene Initialen in den rustikalen Längsbalken der Brüstung, die heute noch zu sehen sind.

Zum Ende des Krieges wurde in unserem Haus eine Flüchtlingsfamilie aus Schlesien einquartiert. Die räumliche Enge wurde dadurch gelöst, dass aus einer Rumpelkammer ein Schlafraum gemacht wurde. So lebten wir dann bis 1955 mit neun Personen in fünf kleinen Zimmern. Mit dieser Familie hatten wir ein sehr gutes Verhältnis, so dass wir drei Kinder mittlerweile die Erwachsenen als Tante und Onkel betrachteten. Was uns auch sehr zu Gute kam war, dass der Mann der Flüchtlingsfamilie bei einer amerikanischen Versorgungseinheit in München arbeitete. So sind für uns einige unbekannte Lebensmittel wie Toastbrot, Beefsteak, Fleisch- und Fischkonserven, Eiscreme und besondere Süßigkeiten auf den Tisch gekommen.

Zusammen in der Badewanne mit dem Flüchtlingskind Manfred Wypior

485

Erwin Hartmann

Die Amerikaner

Meine Erinnerung an den ersten schwarzen Mann waren die amerikanischen Soldaten, die im Camp Dachau stationiert waren. Ungefähr alle vier Wochen fuhren sie mit ihren schweren Fahrzeugen und Panzern zum Schießplatz nach Hebertshausen. Wenn der Bahnübergang am Leitenberg geschlossen war, staute sich die Fahrzeugkolone zurück und kam zum Stehen. Unser Haus lag an der Straße, genau im Kreuzungsbereich von Hermann- und Freisinger Straße. Wir Kinder beobachten am Gartenzaun das ganze Geschehen. Die Soldaten stiegen aus ihren Fahrzeugen, vertraten sich die Füße und warteten auf die Weiterfahrt. Wir Kinder wurden eindringlich von unserer Mutter gewarnt, ja keinen Kontakt zu diesen Leuten herzustellen, da sie uns entführen könnten. Hier war noch die Angst vor der Besatzungsmacht. Unsere Neugierde war groß und die Hemmungen bald verschwunden, als die Soldaten uns mit feuerroten Äpfeln, Schokolade und Kaugummi beschenkten. Bei den tiefschwarzen Soldaten hat es länger gedauert, bis wir uns an sie gewöhnt hatten. Die einzigen Worte, die wir bald aussprechen konnten, waren: »Please, chewing gum«.

Der amerikanische Golfplatz war eine Fundgrube für verschossene Golfbälle. Wir suchten das äußere Gelände sorgfältig ab, aber auch innerhalb, wenn der Fund nicht ausreichte. Für vier Bälle bekamen wir einen Dollar (4,20 Mark).

Freizeit und Reisen

Unsere Freizeit verbrachten wir mit Spielen. Die Freiräume waren für uns Kinder in Etzenhausen zu jeder Jahreszeit unerschöpflich. Der Treffpunkt zu unseren Spielen war die »Gmoawiesn«. Vor allem Fußball wurde hier gespielt. Dazu gab es eine Rangordnung, die eine Qualifikation erforderte, um spielen zu dürfen. Die Hierarchie der verschiedenen Altersgruppen war immer erkennbar, was auch den Vorteil hatte, dass man viele Eigenschaften von den Älteren übernahm. Der Webelsbach, der zwischen Steinkirchen und Etzenhausen eine Gefällstufe hatte, wurde durch eine Aufstauung in ein kleines Schwimmbassin umgewandelt. Nicht nur wir Kinder, die hier gerade noch stehen konnten und somit das Schwimmen lernten, auch die Erwachsenen kamen an heißen Sommertagen zur Abkühlung hierher. Der Fischreichtum war für uns Buben eine Herausforderung, so manche Bachforelle zu erwischen. Nur mit den bloßen Händen konnten wir ab und zu eine fangen. Meine Mutter schimpfte zwar, wenn ich mal wieder eine Forelle nach Hause brachte, aber am Abend lag sie in der Bratpfanne.

Bei unseren Spielen brauchten wir keine besonderen Spielgeräte. Damals hatten Kinder noch nicht viele Spielsachen. Viele Stunden beschäftigten wir uns mit einfachen Sachen wie Schussern, Kreiseldrehen oder Reifentreiben. Besonders begehrt war es, beim Schussern eine Glaskugel zu gewinnen. Räuber und Schandi dauerte oft den ganzen Nachmittag. Hier musste man das Suchgebiet eingrenzen, denn die Verstecke waren reichlich vorhanden.

Der Leitenberg und die »Lange Gaß« mit ihren Sandreißen und Bunkeranlagen forderten unseren ganzen Mut. Wir hatten keine Taschenlampe, um die dunklen Gänge des Bunkers auszuleuchten. Immer wieder trauten wir uns, ein Stück weiter vorzudringen, bis der Ausgang erreicht war. Die Bunkeranlagen sind heute nicht mehr begehbar.

Mein Vater bei der Heuernte auf dem Leitenberg, im Hintergrund der Wappenturm

Reisen haben wir damals nicht gemacht. Wir sind höchstens mal zu Verwandten gefahren. Meine Mutter pflegte Verwandtschaftsverhältnisse besonders gut. So waren im Sommer die Tanten und Onkel oft zu Besuch bei uns. Die Schwester meines Vaters, Tante Zille, und ihr Mann, Onkel Martin, wohnten in München-Schwabing. Ich sehe heute noch die zerbombten Häuserruinen, als wir mit der Dampflok zu einem Gegenbesuch nach München fuhren. Wie Skelette standen die Häuserzeilen da.

In unserem Garten unter Obstbäumen traf sich die Verwandtschaft zum Ratschen, zur Radibrotzeit mit einer frischen Maß Bier vom Gasthaus Burgmeier und zum Kartenspielen. Die Spielarten waren Tarok, Grasober und später Schafkopf, die ich bald beherrschte. Meine Eltern waren leidenschaftliche Kartenspieler. Wieder bei einem Gegenbesuch bei Tante Paula und Onkel Sepp, Bruder meiner Mutter, gingen wir von Etzenhausen nach Oberaugustenfeld. Der unendlich lange Weg wurde immer länger, bevor das Ziel erreicht war. Meine Mutter ermahnte uns, brav zu sein, denn die Tante Paula liebte keine Unordnung. Außerdem sollten wir ihr das Lied von der kleinen Nachtigall vorsingen. Die sonst so resolute Frau war den Tränen nahe, als die zweite Strophe mit dem Text endete: » … als mein Liebster mich geküsst zum allerletzten Mal«. Für diesen Beitrag bekamen meine Schwester und ich 50 Pfennige.

Markt Indersdorf in den 50er Jahren

Josef Kreitmeir, Wilma und Bruno Wiescher[1]

Indersdorf vergrössert sich

In den unmittelbaren Nachkriegsjahren beschränkte sich der Neubau von Wohnungen auf das unbedingt Notwendige. Die Unterbringung von Heimatvertriebenen und Flüchtlingen war keine einfache Angelegenheit. Während anfangs gerade die älteren Vertriebenen noch an eine Rückkehr in ihre Heimat glaubten, zerschlug sich diese Hoffnung mit der konsequenten Umsetzung der kommunistischen Ideologie der Sowjetunion in diesen Ländern.

Im Gemeinderat gab es von 1948 bis 1956 einen Wohnungsausschuss, der sich mit der Unterbringung der Neubürger befasste und bei der Einweisung von Heimatvertriebenen sicherlich nicht überall auf offene Türen traf. In der letzten Sitzung des Marktgemeinderates im April 1952 dankte Gemeinderat Kieswetter »den Mitgliedern des Wohnungsausschusses für die Übernahme ihrer undankbaren Tätigkeit«.[2] Im neuen Marktgemeinderat ab dem 1. 5. 1956 gab es diesen Ausschuss nicht mehr. Er war, elf Jahre nach der Vertreibung, wohl überflüssig geworden.

Viele der Heimatvertriebenen hatten, aufgrund ihrer oft deutlich besseren Ausbildung, gute Arbeitsplätze gefunden und waren als Facharbeiter in den aufstrebenden Unternehmen gefragt. Durch Fleiß, Sparsamkeit und Verzicht auf Konsum konnte an den Bau eines eigenen Hauses gedacht werden. So wurde auch in Indersdorf Bauland ausgewiesen. Bereits in der Sitzung am 8. 7. 1954 befasste sich der Gemeinderat mit dem Antrag auf die Erstellung eines Siedlungsplanes für die Flurstücke 837–840. Hierbei handelt es sich um die Bebauung des Oberen Eisfeldes im Ortsteil Kloster Indersdorf mit etwa 36 Bauplätzen. Das Architekturbüro Heinrich Gießler, Dachau, wurde mit der Ausarbeitung eines Planes beauftragt und legte den Baulinienplan ein Jahr später, am 16. 8. 1955, zur Genehmigung im Gemeinderat vor.[3] Damit konnten Interessenten Grundstücke erwerben und sich Wohneigentum schaffen. Diese Gelegenheit wurde besonders von den Heimatvertriebenen genutzt. Eine Zeitzeugin berichtet: «Mei Vater hat gsagt: Kauft euch halt a Grundstück, weil er eins kauft hat mit 500 Mark und hat noch mal 100 Mark draufzahln müssen. Da hat er über 1000 Quadratmeter ghabt.»[4]

Gemeinsam mit Freunden und Bekannten ging es an den Bau des eigenen Heims. Dass jeder so viel wie möglich selbst erledigte, war klar. Die dadurch gesparten Kosten nannte man die »Muskelhypothek«.

Altbürgermeister Josef Kaspar erinnert sich: Der Nachbar drübn, der hat 1950 des Haus baut. De ham no mit der Schaufl den Keller ausgschaufelt. Da hams a schiefe Ebene belassn, da sans mit de Schubkarrn naufgfahrn. Zum Schluss hams natürlich de wegdoa miassn und so ham de ihren Keller gmacht. Mir ham fünf Jahr später scho an Bagger ghabt. Des war a Dodge, des warn de amerikanischen Lastwagen. Und do hat oaner in Eigenarbeit an Bagger naufbaut. Des war a Seilzugbagger, der hot mit de Seile de Schaufeln zamzogn und hoch und gschwenkt. Des Schwenken ging mit am Zahnkranz. So ham mir unsern Keller ausbaggert, also des war ja scho sehr modern. Aber unser Keller is nur auf einer Seite geschalt wordn, net beidseitig, so wia ma's heit macht. Des Erdreich is guat stehbliebn. Innen war de Schalung, aussen war des Erdreich. So ham mir unser Haus baut. Mit oide, abpeckte Stoana ham ma de Zwischenmauern gmacht. Und dann hamma no de Betonböden gossen, des war dann scho a moderne Sach. So is des gwesn.«[5]

Am 10. 6. 1955 wird bereits der Baulinienplan für die Flurnummer 796 genehmigt.[6] Hierbei handelt es sich um das Gebiet des Kloster- und Augustinerringes in Kloster Indersdorf mit ca. 58 Bauplätzen. Eineinhalb Jahre später, am 31. 1. 1957, wird dem Gemeinderat ein Siedlungsplanantrag für die Flurnummern 174, 182, 183 und 188 vorgelegt.[7] Dies sind Baugebiete an der Aichacher Straße, der Hochstraße und der Simon-Rabl-Straße mit insgesamt ca. 55 Bauparzellen. Insgesamt wurden nach diesen Plänen ca. 140 Häuser in Indersdorf gebaut. 500 bis 600 Personen konnten nun im eigenen Heim wohnen und die meisten davon, bzw. ihre Nachkommen, leben noch heute in Markt Indersdorf. Ein einfaches Einfamilienhaus (Spitzhäusl) der damaligen Zeit konnte man für ca. 15 000 DM bauen, für einen neuen LKW musste man ca. 17 000 DM hinblättern, erzählt Martha Kettl.

Die Siedlungstätigkeit in Indersdorf ging weiter. So wurde am 15. 4. 1959 die Erweiterung der Siedlungsfläche »Mauerfeld« beschlossen.[8] Im Jahr 1960 erfolgt eine Ausweisung von Bauland auf den Flurnummern 184–187, der heutige Hochrücken[9] und auf den Flurnummern 194–198, der heutige Schwedenhang[10]. Die Einwohnerzahl von Indersdorf wird 1961 mit 5059 Personen angegeben.[11]

Dass die Ausweisung von Bauland auch Neider hervorrief, musste Bürgermeister Rabl erfahren, als er im November 1960 Baurecht für sein Grundstück am Hochrücken beantragte.[12] Er sah sich persönlichen Angriffen wegen Vorteilsnahme ausgesetzt und stellte mit Schreiben vom 19.11.1960 ein Gesuch an den Gemeinderat, um Entbindung aus dem Amt des Bürgermeisters. Der Gemeinderat sprach ihm in der Sitzung am 16.12.1960 »sein vollstes Vertrauen aus, und ersuchte Bürgermeister Rabl, die Amtsgeschäfte […] weiter zu führen«[13]. Bürgermeister Rabl wurde auch 1966 wiedergewählt und übte das Amt bis 1972 aus. Die Legislaturperiode für die bayerischen Kommunen wurde 1960 von ehemals vier auf sechs Jahre verlängert.

Die bauliche Entwicklung und die Siedlung abseits der Durchgangsstraßen bzw. in den Baulücken, machte eine »Straßenbenennung und Hausnummerierung« erforderlich. In der Sitzung des Marktgemeinderates am 8.11.1956 wurde eine »Satzung über Straßenbenennung und Hausnummerierung« erlassen.[14] Die Straßennamen orientierten sich an den geographischen Gegebenheiten und gelten, mit einigen wenigen Ausnahmen, noch heute.

Sportplatz Und Sparkasse

Der Sportplatz des TSV Indersdorf befand sich an der Südseite der Dachauer Straße zwischen dem Postgebäude und der Glonn. Eine Möglichkeit zur Erweiterung bestand hier nicht. So wurde im Gemeinderat am 30.1.1958 der Grunderwerb für einen Sportplatz nichtöffentlich besprochen[15] und am 19.11.1958 zu einem Kaufpreis von 30000 DM beschlossen[16]. Ein Jahr später legte der TSV Indersdorf einen Bauplan zur Errichtung von Umkleidekabinen mit Waschraum zur Genehmigung vor.[17] Mit Pachtvertrag vom 13.1.1960 verpachtete die Gemeinde das Gelände zu einem jährlichen Pachtpreis von 100 DM für 30 Jahre an den TSV.[18] Seit dieser Zeit hat der TSV Indersdorf das neue Sportgelände stets erweitert und den Bedürfnissen der Indersdorfer Sportler angepasst.

Die Sparkasse Indersdorf war von 1928 bis 1960 im Erdgeschoss des Rathauses untergebracht. Nach Verlagerung des Sportgeländes kaufte die Kreis- und Stadtsparkasse Dachau – Indersdorf das ehemalige Sportplatzgelände von der Gemeinde.[19] Sie legte am 10.6.1959 einen Bauplan zur Errichtung eines neuen Sparkassengebäudes im Gemeinderat vor, welcher in den Grundzügen genehmigt wurde, allerdings mit folgender Bemerkung: »jedoch ist der Gemeinderat einstimmig der Meinung, dass die Gestaltung der Außenfassade des geplanten Sparkassengebäudes der Bedeutung des Marktes Markt Indersdorf nicht gerecht wird«[20]. Ob und wie die Sparkasse auf diese Meinung der Gemeinderäte (Frauen gab es damals im Indersdorfer Gemeinderat noch nicht!) reagierte ist nicht bekannt. Die nun freigewordenen Räumlichkeiten der Sparkasse im Rathaus des Marktes wurden an den Allgemeinarzt Dr. Hürter zur Einrichtung einer Arztpraxis vermietet.[21]

WIRTSHÄUSER

Kirche und Wirtshaus gehören in Bayern zusammen. Dieser schöne alte Spruch galt in den 50er und 60er Jahren auch für Indersdorf. Im Ortsteil Markt gab es damals vier Gastwirtschaften und das Café Pest, im Kloster zwei Wirtshäuser und das Café Furtner und in Karpfhofen zwei Wirte und eine Stopselwirtschaft. Die Honoratioren (der Bürgermeister, der Apotheker, der Bräu, der Doktor, Geschäftsinhaber und Handwerksmeister) trafen sich fast täglich zum »Gsellschaftstag« bei einem jeweils anderen Wirt zu Brotzeit und Bier. Josef Kaspar erzählt lachend von einem Bauern, der über dieses Honoratioren-Treffen sagte: »Des is der ›Magistrat von Indersdorf.‹ Und ich glaube a, dass do sehr viel von der Gemeindepolitik gmacht wordn is.«[22] Indersdorf hatte auf Grund seiner Größe eine Gesellschaftsstruktur aus Handel, Handwerk und Akademikern, wie sie in den kleineren Gemeinden nicht üblich war. Dort war neben kleinen Handwerksbetrieben, die es in nahezu allen Gemeinden gab, die Landwirtschaft dominierend. Am Stammtisch hatten die großen Bauern das Sagen, Gütler (Kleinlandwirte) und Arbeiter duldete man höchstens am Biertisch.

Der zweifellos größte und imposanteste Gasthof war der »Steidle«, der ehemalige »Steigerbräu«. Neben der Gaststube gab es ein Nebenzimmer und einen Saal für größere Veranstaltungen. Auch übernachten konnte man in den Zimmern des Steidle. Die Besitzerfamilie führte den Gasthof als bodenständige bayerische Wirtschaft. Hochzeitsfeiern, diverse Faschingsbälle, Vereinsversammlungen und Trauermahle fanden in seinen Räumen statt. Der älteste Verein in Markt Indersdorf, der ISIDORI-Bund, ein Verein, der für Knechte und Mägde sorgte, und sich nach dem Tod für ein würdiges Begräbnis und Erinnern einsetzte, besteht noch immer. Bis zum heutigen Tag trifft man sich jedes Jahr am unsinnigen Donnerstag zum Gedenkgottesdienst und anschließendem Weißwurstessen. Die Schützengesellschaft Concordia Indersdorf hatte ihr Vereinslokal beim Steidle. Natürlich wurde am großen Stammtisch die kleine und große Politik erörtert. Der »Gsellschaftstag« war beim Steidle am Freitag. Seit einigen Jahren ist der »Steidle« leider geschlossen.

Das Gasthaus »Gschwendtner« am Marktplatz 2, heute Haus Oberacher, mit seiner gewaltigen Eingangstreppe, wurde von den zahlreichen Besuchern der Märkte als erste Anlaufstelle genutzt. Von einem regelmäßigen Stammgast und guten Zecher wurde folgende Begebenheit erzählt: Da die Einfahrt zu seinem Anwesen besonders nachts und bei Nebel – manchmal auch durch den Bierkonsum verschwommen – nicht ganz leicht zu treffen war, stellte er einen Pfosten mit einem Dreiecksrückstrahler so auf, dass er zielsicher die Einfahrt zu seinem Anwesen traf. Dies ging solange gut, bis ihm böse Buben eines Tages den Pfosten einige Meter weit verrückten. Ergebnis: Die Fahrt endete im Straßengraben und mit hämischem Gespött am Stammtisch.

Der »Müllerbräu« am Marktplatz gehörte zur gleichnamigen Brauerei in Pfaffenhofen an der Ilm und war damals an die Familie Königer verpachtet. Alle sprachen deshalb vom »Königer«. Hier trafen sich die Honoratioren des Marktes jeden Mittwoch zum »Gsellschaftstag«.

Als Nachbar zum »Königer« eröffnete die Bäckerei Pest im Jahr 1953 ein Café. Karl Pest erzählt aus dieser Zeit: «Und mir ham 1953 ein Café aufgmacht am Marktplatz. Da ham ma natürlich an Radio braucht und ham a wunderbares Gerät ghabt. Es war kein Tonbandgerät, sondern ein Tondrahtgerät. Des war eine Spule mit ungefähr 8 cm Durchmesser, da war ein dünner Draht drauf. Es war auch ein Plattenspieler dabei. Des Gerät ist bei uns im Wohnzimmer gstandn und der Lautsprecher war im Café drüben. Dort haben so 30 Leute Platz ghabt. Das Café warn zwei Räume, a großer und a kloaner mit einer Biedermeier Garnitur, Sofa und Polsterstühlen. Es war auch ein Kachelofen drin. Vom Laden aus konnte man ins Café rübergehen. Der Betrieb im Café war am Wochenende a bissl schwierig, weil die Samstagsgäste am Sonntag erst zur Frühmesse hoamganga san und des dann a langa Arbeitstag war. Mei Mutta hat des dann eingestellt, hats gsagt, mia schaffa des gsundheitlich nicht. Für mich war des Café ganz schön, wie ich im Internat war. Es war im Café immer etwas da. Es gab kalte Platten, so a Wurstplatte hat 1,50 Mark kost, Käseplatte 1,50 Mark. Na ja, es waren trotzdem schon ganz schöne Preise, aber der Kühlschrank war gsteckt voll Wurst. Und i bin alle vier Wochen heimkomma und der erste Weg war zum Kühlschrank. Ich hab mich sogar einmal im Café bedienen lassen.

Wir hatten sehr viele Gäste, auch reiche Gäste dabei. Es gab da eine Zeit – 1953, 55 – da waren sehr viele Ausländer in Indersdorf und zwar Perser. Des warn Großgrundbesitzer in Persien, die haben ihre Söhne nach Deutschland geschickt, um in der Landwirtschaft etwas zu lernen. Die kamen dann bei unseren Bauern unter. Sie durften dort auch Schweinefleisch essen, des wurde ihnen vom Schah genehmigt, weil sie sich dort ja integrieren sollten. Es waren reiche Leute, die fast jeden Tag nach Hause telefoniert haben und Telefon war damals teuer. Wir hatten kein Telefon. Sie mussten aufs Postamt zum Telefonieren gehen, weiter unten neben der Apotheke. Aber wenn die im Café bezahlt haben, die haben in die Tasche glangt und ein Bündel Geldscheine herausgezogen und uns hingelegt. Haben sich aufgeregt über unsere Bauern, dass sie fluchen: ›Himmi Herrgott Sakrament‹ und hinterher gleich wieder beten. Na ja und die haben auch einige Mädchen aus Indersdorf mit nach Persien genommen. Des warn hübsche Kerle, dunkelhaarig, schwarzblaue Haare, die waren sehr begehrt bei unseren Damen.

Der Schah war etwas fortschrittlich. Der wollte, dass im Ausland gelernt wird und Deutschland hat ja neue Maschinen ghabt nach dem Krieg. Die alten sind ja alle abtransportiert worden ins Ausland und Deutschland musste neu aufrüsten mit Maschinen und hat dann die neuesten Sachen ghabt. Ob das die Schlüterwerke in Freising waren, die Traktoren gebaut haben oder die neuesten Dreschmaschinen. Und da haben die Studenten, die Landwirtschaftsstudenten, ganz sicher einiges bei unseren Bauern dazugelernt.«[23]

Durch Nachfragen bei einem ehemaligen Praktikanten, der heute noch im Landkreis Dachau wohnt, konnte folgendes herausgefunden werden: Es gab damals zwei Gruppen von persischen Praktikanten, die im Landkreis Dachau ein Praktikum machten. Eine Gruppe wurde von staatlicher Seite zu einem zweijährigen Praktikum nach Deutschland geschickt. Die Praktikumsplätze wurden vom Landwirtschaftsministerium zugewiesen und die Praktikanten mussten wieder nach Persien zurückkehren. Die zweite Gruppe war auf Privatinitiative nach Deutschland gekommen, machte ein Praktikum und studierte hier an den Ingenieursschulen z. B. in Landsberg/ Lech, aber auch in Michelstadt und Witzenhausen (tropische Landwirtschaft) bzw. an den Universitäten in Weihenstephan und Kiel. Als Praktikumsbetriebe wurden bekannte landwirtschaftliche Meisterbetriebe aus dem Landkreis Dachau genannt: Thomas Blümel (Eisigertshofen), Josef Sedlmair (Durchsamsried), Josef Kreitmair (Viehhausen), Schuster (Dachau), Göttler (Wildmoos), Bücherl (Weichs). Die Schwester einer Indersdorferin lernte einen Perser kennen, der beim Bücherl in Weichs ein landwirtschaftliches Praktikum machte und heiratete ihn 1961. Einige Jahre mussten sie im Iran verbringen, kamen dann aber wieder zurück und leben seitdem in München.

Der Gschwendtner Wirt am Unteren Markt war in dieser Zeit an Michael und Katharina Brettmeister verpachtet. 1960 bis 1962 führten Franz und Martha Kettl das Gasthaus. Am Sonntag war »Gsellschaftstag« und die Stube mit Gästen gefüllt. Im Nebenzimmer hielt der Gesangsverein Indersdorf seine Proben ab. Den Saal im oberen Stock hatte die Schneiderei Kaiser gemietet.

Im Ortsteil Kloster war natürlich die Klosterwirtschaft der größte Gasthof. Die Blütezeit hatte der Klosterwirt unter dem Pächterehepaar Heribert und Maria Isemann. Mit Wirtsstube, Nebenzimmer, Nebensaal und Saal im ersten Stock standen Räumlichkeiten für jede Veranstaltung zur Verfügung. »Gsellschaftstag« beim Klosterwirt war der Samstag.

Ein besonderes Ereignis waren die Tanzveranstaltungen und hier vor allem die legendären Rosenmontagsbälle. Kapellen spielten zum Tanz und zur Unterhaltung auf und nicht nur die Indersdorfer kamen in Scharen. Josef Kaspar erinnert sich: »Dann ham ma beim Isemann jeden Samstag gspuid, da in der kloana Tanzdiele beim Isemann in der Klostergaststätte im ersten Stock. Do warn ma a Sax, Schlagzeug, Bass und ich. Später is de Rock'n'Roll Zeit kumma, dann hot untn in der Küch die Deckn immer a bissl gwackelt, wenn oben Rock'n'Roll tanzt worn is.«[24]

Der Funk ist eine alteingesessene Wirtschaft, die vom Eigentümer selbst bewirtschaftet wurde. Neben der Wirtschaft wurde auch eine eigene Metzgerei betrieben. Beim Funk traf man sich zum Essen, zur Brotzeit, zum Bier und zum Kartenspuin. Der Funk hat all die Jahre überdauert und wird heute noch als Gasthof und Metzgerei im Familienbetrieb geführt. Der »Gsellschaftstag« war am Dienstag.

Das Café Furtner war Anlaufpunkt für Kaffeefreunde und Nichtbiertrinker. Geschwärmt wurde von den wunderbaren Schaumrollen und Zitronenschnitten, die im Café serviert wurden. Die Schaumrollen waren so fantastisch, dass sie dem Besitzer den Spitznamen »Schaumrolln- Anderl« einbrachten. An seinem Grab sprach ein Redner gar vom »Zuckerbäcker von Indersdorf«. Besonders die Jugend traf sich gerne beim Furtner zum Flirten bei Cola und einer Zigarette.

In Karpfhofen gab es in den 50er Jahren den Brummerwirt am Bahnweg. Jakob und Yvonne Brummer waren die Eigentümer und haben den Gasthof selbst geführt. Er schloss seine Pforten Mitte der 60er Jahre für immer.

Der Zeidlmair an der Dachauer Straße hatte neben der Wirtschaft auch eine kleine Metzgerei. Zu besonderen Anlässen wie Hochzeit, Dreißgascht (Trauermahl), trafen sich die Karpfhofer beim Zeidlmair Otto. Die Wirtschaft wurde Anfang der 70er Jahre verkauft und abgerissen. Es entstand ein Neubau, der heute als chinesisches Restaurant geführt wird.

Der Landwirt Sepp Götz betrieb in der Dorfstraße eine Stopselwirtschaft. Hier gab's nur Flaschenbier, kein Fassbier und es wurde für die Gäste auch nicht gekocht. Man saß bei einer Flasche Bier zusammen und machte große Politik wie an allen Stammtischen. Falls einen der Hunger oder auch mal ein Kater plagte, holte man vom kleinen Lebensmittelladen Kettl (später Fuhrunternehmen Franz Kettl, Dachauer Str. 62) einen Bismarck- oder Brathering, und so gestärkt, konnte man »den Fisch schwimmen und den Herrgott einen guten Mann sein lassen«.

Von den einst elf Wirtschaften bzw. Café's haben fünf Betriebe überlebt. Sie haben sich der geänderten Zeit angepasst und werden heute in zeitgemäßer Form weiterbetrieben. Ein Grund für das Verschwinden ist neben einem Wandel im Freizeitverhalten, sicher auch eine Änderung in der Arbeitswelt.

DIE KINOWELT VON INDERSDORF

In der fernsehlosen Zeit in den 50er Jahren gab es als Freizeitvergnügen zwei Kinos in Indersdorf. Das Kino Deininger war im Saal des Nebengebäudes beim Steidle untergebracht. Es existierte bis 1959. Die Familie Hacker erwarb 1955 das ehemalige landwirtschaftliche Anwesen von Josef Brettmeister in der Freisinger Straße, der an den nördlichen Ortsrand ausgesiedelt war, und betrieb nach einem Umbau ein Kino bis in die 1960er Jahre. Karl Pest erinnert sich: »A großes Vergnügen für die jüngeren Leute war, ins Kino zu gehen. Wir hatten zwei Kinos in Indersdorf. Eines beim »Steidle« oben, der Saal, wo später die Strickerei drin war und noch später ein Kindergarten. Dort war eine Bestuhlung so wie die Gartenstühle in Biergärten. Ganz vorne saß immer der Herr Kooperator, der sehr schlecht gehört hat. Da gab es Zorro-Filme am Nachmittag und Cowboy-Filme. Und einmal in der Woche gab es einen Film am Abend. Das zweite Kino, das war dann moderner, schon mit Samtbezügen auf den Sesseln und Samtvorhängen auf der Seite. Und da kam auch schon Reklame: ›Nach dem Kino ins Kaffee Pest gehen!‹ und so weiter. War ganz was Modernes. Da ging man einmal in der Woche rein, hat die Wochenschau gesehen, Heimatfilme und Liebesfilme«.[25]

Und Josef Kaspar erzählt: »Das eine Kino beim »Steidle« drobn, des war als erstes da. Und da war ich mit meiner ersten Freundin jeden Samstagabend im Kino. Da war aber ihre Mutter dabei.«[26] Die Filme, die in den Kinos gezeigt wurden, waren oft schon Jahre alt. Auch der damalige Skandalfilm »Die Sünderin« mit Hildegard Knef wurde mit Verspätung gezeigt. »Die Sünderin! Ja, da san mir nach München. Das waren Filme, die wollt ma halt sehn und die sind als erstes in München gelaufen. Aber der Film war scho so a Schmarrn! Und da san d'Leit ogstandn in München! Der heruntere, der Hacker, hat dann Nachtvorstellungen gmacht. Ich glaub, um zehn is des angangen. Und da bin ich amal mit meinem Freund hin. Der Film hat gheissn: ›Die Teuflischen‹. Baaah! Nur mir zwei san dringwesn, sonst niemand. Und dann ham mir richtig Angst kriagt. Uns is kalt übern Buckl abiglaffa. Der Heimweg war furchtbar.«[27]

AMERIKANISCHES BENZIN FÜR INDERSDORF

Als besonderes Beispiel für die Kleinkriminalität zwischen den amerikanischen Besatzern und den Deutschen soll der illegale Verkauf von amerikanischem Benzin erwähnt werden. Obwohl die Bauern Traktoren mit ausschließlich Dieselmotoren fuhren, waren einige am Ankauf von billigem amerikanischem Benzin interessiert. So machte es schnell die Runde, und so mancher Landwirt füllte sein Odelfaß oder sonstige Behälter mit dem billigen Treibstoff. Ein Pfarrer aus einem Nachbardorf soll sogar seine Badewanne als Benzinlager benutzt haben. Selbst Fuhrunternehmer mit Dieselfahrzeugen hatten, obwohl sie gar kein Benzin brauchten, einen Vorrat angelegt. Die amerikanischen Fahrer hatten Druck, sie mussten abends mit einem leeren Tankfahrzeug zurück in ihre Kaserne kommen. Den nicht verkauften Rest sollen sie auch schon mal in einem Graben entsorgt haben. Es kam, wie es kommen musste. Die US Army überwachte ihre Transportfahrzeuge mit Hubschraubern und konnte so recht rasch die Abnehmer ermitteln. Das Nebenzimmer des Gasthauses Funk wurde zum Gerichtssaal umfunktioniert. Die Beschuldigten wurden ordentlich in die Mangel genommen, so dass mancher zu »singen« begann und die Überführten wurden zu einer Geldstrafe verurteilt. Anton Mayr, ehemaliger Mitarbeiter der Sparkasse, bestätigt: »Die Zeugen bekamen vom Gericht als Zeugengeld einen Scheck in Dollar, den sie in der Sparkasse einlösten«.

Ein Blick in das Beschlussbuch des Marktgemeinderates

Gemeinderatsarbeit von 1951 bis 1960

1939 hatte Markt Indersdorf 3670 Einwohner. Die Welle der Heimatvertriebenen ergibt für das Jahr 1950 6045 Einwohner. Innerhalb der folgenden zehn Jahre bis 1960 fiel die Zahl der Einwohner wieder und zwar um knapp 1000 Menschen auf 5059.[28] Dies ist wohl auf den Wegzug von vielen Heimatvertriebenen zurückzuführen.

Kommunalwahlen 1952, 1956, 1960

In der Kommunalwahl 1948 wurde Simon Rabl zum 1. Bürgermeister und Johann Pest zum 2. Bürgermeister gewählt. Zur Wahl traten zwei Listen an, der »Bayerische Volksbund (Christlich Soziale Union)« und die SPD. Der Gemeinderat bestand aus zehn Mitgliedern, wovon sieben dem Bayerischen Volksbund und drei der SPD angehörten, zwei davon waren Heimatvertriebene.

Bei der Kommunalwahl am 30.3.1952 trat mit Liste 1 die SPD und mit Liste 15 die »Sammelliste der rechtsstehenden Parteien und der Parteilosen« zur Wahl an. Das Ergebnis war dasselbe wie vier Jahre zuvor. Die SPD erzielte drei Sitze, zwei davon Heimatvertriebene, die Konservativen sieben Sitze.[29] Die Wahl zum Bürgermeister brachte am 18.3.1956 und am 27.3.1960 das gleiche Ergebnis. Simon Rabl wurde wieder zum ersten Bürgermeister, Johann Pest zum zweiten Bürgermeister gewählt. Der Gemeinderat bestand weiterhin aus zehn Mitgliedern. Die SPD konnte allerdings 1960 ein Mitglied mehr in den Gemeinderat entsenden.

Die Gemeindeverwaltung

Die Verwaltung der Marktgemeinde bestand 1951, neben dem ersten Bürgermeister, aus drei Personen: Den »Angestellten auf freier Vereinbarung«, Josef Ranner, Xaver Bader und dem Lehrling Bruno Hanusch. Als Vergütung erhielten Ranner 350 DM, Bader 220 DM monatlich.[30] Der Lehrling Hanusch erhielt eine Erziehungsbeihilfe von 30 DM monatlich.[31] Dem Wasserwart und Gemeindediener Josef Schneiter sowie dem Straßenwärter genehmigte man eine Erhöhung der Bezüge um 15 DM monatlich.[32] Zum 1.1.1953 bekamen die Beschäftigten in der Verwaltung eine Festanstellung und wurden nach der Tarifordnung für Angestellte (TOA) entlohnt. Dem Lehrling Hanusch erhöhte man die Erziehungsbeihilfe im dritten Lehrjahr auf 60 DM monatlich.[33] Nach Ende seiner Lehrzeit wurde er zum 1. 4. 1954 in das Angestelltenverhältnis übernommen.[34] Bruno Hanusch arbeitete 48 Jahre lang, bis zu seinem Renteneintritt 1999 für vier Bürgermeister in »seina Gmoa« Markt Indersdorf. Der erste Bürgermeister erhielt ab 1. 8. 1958 für seine Tätigkeit eine Aufwandsentschädigung von jährlich 2,40 DM pro Einwohner, somit ca. 12 000 DM.[35]

DIE GEMEINDLICHEN FINANZEN

Der gemeindliche Haushalt 1950 blieb mit 94 867 DM knapp unter einer sechsstelligen Summe.[36] Nur das Notwendigste konnte angegangen werden. Zehn Jahre später, im Jahr 1960, waren es bereits 291 800 DM im ordentlichen und 300 000 DM im außerordentlichen Haushalt.[37] Die Vervielfachung des Haushaltvolumens spiegelt die wirtschaftliche Entwicklung und den Aufschwung in der Gemeinde wieder. Ein Hauptgrund für die hohen Ausgaben 1960 waren der Bau der Kanalisation und der Kläranlage in Indersdorf.

KANALISATION IN MARKT INDERSDORF

1953 holte man Angebote für die Planung einer Kanalisation und Kläranlage ein und bestellte eigens einen Ausschuss zur Überprüfung der Angebote. Die Planungen zogen sich über einen langen Zeitraum hin. Erst im Juni 1960 wurde der Plan des Ingenieurbüros Götz aus München vom Gemeinderat ohne Einwände zur Kenntnis genommen.[38] Bereits zwei Wochen später wurde der Auftrag zur Ausführung der Kanalbauarbeiten der ersten Baustufe an die Firma Ferrum, Dinkelscherben, zum Preis von 378 938 DM vergeben.[39] Zur Finanzierung der Baumaßnahme mussten Kredite aufgenommen werden. Im November 1960 beschloss der Gemeinderat die Fortführung des zweiten Bauabschnittes. Für diesen Bauabschnitt gewährte der Freistaat einen Zuschuss in Höhe von 350 000 DM, der in den Haushalt für das Jahr 1961 eingeplant wurde.[40] Nach Fertigstellung der Baumaßnahmen (Kanalbau und biologische Kläranlage) hatte Markt Indersdorf die modernste und effektivste Kläranlage im Landkreis Dachau.

Neubau des Schulhauses

Wegen des Zuzugs von Heimatvertriebenen und des Anstiegs der Geburtenzahlen nach Kriegsende wurde das bestehende Schulhaus zu klein. Der damalige Schulsprengel umfasste die Gemeinden Indersdorf, Ried, Glonn und Frauenhofen. Die damals noch selbständigen Gemeinden Niederroth, Langenpettenbach, Ainhofen und Westerholzhausen hatten ein eigenes Schulhaus. Ein angedachter Ausbau des bestehenden Schulhauses (heute St. Georg Apotheke) wurde mit Beschluss des Schulverbandes am 15.6.1951 zurückgestellt, da man einen Neubau an das Bestandsgebäude in Erwägung zog.[41] Um die Not an Schulräumen zu bewältigen, mietete die Gemeinde einen Saal mit Nebenraum im Nebengebäude des Gasthauses Steidle zum Preis von 50 DM monatlich an.[42] Ebenfalls wurde der Saal im Gasthaus Königer bis zur Fertigstellung der neuen Volksschule in Kloster Indersdorf 1957 als Schulraum genutzt. In der Schulverbandssitzung am 12.3.1955 wurden von den Mitgliedern bereits ein Kostenvoranschlag und Grundskizzen für einen Erweiterungsbau des Architekturbüros August Wieser, München sowie der erforderliche Grundstückskauf und -tausch genehmigt. Von den Nachbarn Wachter und Fuchsbüchler konnte die Gemeinde den erforderlichen Grund durch Tausch bzw. Kauf erwerben und so den Erweiterungsbau (heute Ärztehaus) in Angriff nehmen. Zur Finanzierung des Vorhabens wurde bei der Kreis- und Stadtsparkasse Dachau-Indersdorf ein Darlehen über 300 000 DM zu einem Zinssatz von viereinhalb Prozent über eine Laufzeit von 20 Jahren abgeschlossen.[43] Mit der Bauausführung wurden weitgehend Indersdorfer Firmen und Handwerker beauftragt.[44] Der Schulbetrieb in der neuen Schule konnte zu Beginn des Schuljahres 1957 aufgenommen werden, die angemieteten Räume wurden nicht mehr benötigt.

Arbeiten in Indersdorf

Bedingt durch die stete Bautätigkeit des Klosters in früheren Jahren hatte Indersdorf eine historisch gewachsene Handwerkstradition. Durch die zunehmende Mechanisierung und Technisierung nach dem zweiten Weltkrieg mussten sich auch die traditionellen Handwerksbetriebe anpassen. Als Beispiele sollen hier erwähnt werden:

- der Betrieb einer Huf- und Wagenschmiede in eine Schlosserei, Tankstelle und Haushaltswaren von Bürgermeister Rabl

- die Wagnerei Haschner wurde zur Schreinerei
- der Sattler Blank eröffnete eine Lottoannahmestelle
- der Sailer Mayr baute eine Tankstelle
- aus Fahrrad Pichl wurde Landmaschinen Rödl
- die Gerberei Nißl begann einen Schuhhandel

Etliche Handwerker wanderten in die Industrie ab, wie Karl Pest erzählt: »Unsere Bäcker ham also irgendwann nimmer mögn. Da ham die Frauen gsagt, du werst immer so früh aufsteh, schau dir andere an, die kemma regelmäßig hoam, nach 8 oder 9 Stunden Arbeitszeit ist die Arbeit vorbei. Und die jüngeren in der Bäckerei habn am Abend noch kommen müssen, weil der Teig fürn nächsten Tag angesetzt worden ist. Und am Samstagabend durften die auch noch in die Bäckerei kommen und für Montag schon herrichten und da ist einer nach dem anderen dann abgesprungen und als Vertreter irgendwo, in die Fa. Cyclo, in die Fabrik gegangen, zu MAN gegangen, in die Papierfabrik in Dachau gegangen, die war auch unheimlich gefragt, da hat man mehr verdient als wie als Bäcker.«[45]

Die meisten Handwerksbetriebe änderten ihren Arbeitsbereich und konnten erfolgreich weiter geführt werden. Neue Betriebe und Branchen entstanden vor allem im Bausektor, bedingt durch den Neubau von Wohnraum für die Heimatvertriebenen und die höheren Ansprüche an das Wohnen (Einbau von Heizungen, moderne Sanitäranlagen, Elektroanlagen usw.).

Anfang der 50er Jahre war es nicht einfach, Arbeit zu finden, besonders für ungelernte Arbeiter. In der Landwirtschaft wurden schlechte Löhne für harte Arbeit bezahlt und durch die einsetzende Mechanisierung wurden immer weniger Arbeitskräfte gebraucht. Arbeitsplätze in größerem Umfang boten die großen Fabriken in Dachau (Papierfabrik, Feinpappenwerk Schuster) und in München (Krauss Maffei, MAN), aber bei einer weiten Anreise. Anfang der 50er Jahre erwarteten sich einige eine bessere Zukunft im Ausland. Bill Lochner und seine Schwester Brigitte zog es 1954 in die Schweiz, Josef Buchner, Hans Reichlmeier und Hans Peisl versuchten ihr Glück in Australien.

Ein Ausflug in Australien; Reichlmeier (l. hi), Buchner (2. l. hi) und Peisl (l. vo) mit Freunden

AUSWANDERUNG NACH AUSTRALIEN 1951–1961

Josef Buchner jun. überlässt uns 2017 einen Bericht über die Jahre seiner Eltern in Australien:

»Herr Buchner machte eine Lehre als Schreiner in Großinzemoos und arbeitet dort von 1943 bis 1950, danach für ein Jahr im Lager Dachau bei den Amerikanern. Seinen Vater lernte er nie kennen und seine Mutter lebte in München als Haushälterin. Zur damaligen Zeit hatte die Mutter so wenig Geld, dass sie ihren Sohn auf's Land zur besseren Versorgung in die Anstalt Kloster Indersdorf brachte. Dort verbrachte er erstes bis fünftes Schuljahr, sechste bis achte Klasse in Wagenried. Der zweite Weltkrieg war zu Ende und die politische Lage unsicher. Viele Menschen hatten zur damaligen Zeit Angst, dass ein dritter Weltkrieg ausbreche und der Verdienst als Schreinergeselle war gering, die Lebenshaltungskosten zu hoch.

In der Zeitung sah H. Buchner eine Nachfrage für Schreiner und Zimmerleute, 150 Mann wurden gesucht unter strenger Auswahl über einen Vertrag von zwei Jahren nach Australien. Es lockte das Abenteuer und Unsicherheit

im Land, es hieß, gutes Geld kann verdient werden. Nach einer Aufnahmeprüfung bewilligte der australische Staat H. Buchner eine Einreisegenehmi-
gung und so wanderte er 1951 nach Australien aus. Er arbeitete zuerst als
Einschaler bei einer englischen Firma an einem Staudammprojekt. Als die
zwei Jahre um sind, die in seinem Arbeitsvertrag festgelegt waren, konnte
H. Buchner sich aussuchen, zu bleiben. H. Buchner blieb in Australien und
machte sich bald selbständig, zog ins Landesinnere nach Hay, New-South-
Wales. Dort arbeitete er auf verschiedenen Farmen als Schreiner und allerlei
Reparaturen an Gebäuden, die Farmer schätzten seine gute Arbeit. Der weite
Weg zu den Farmern im australischen Outback war oft mit großen Strapazen
verbunden, sehr große Hitze und Staub von Wüstenwind erschwerten seine
Arbeit zusätzlich, auch in der Wohnung waren immer wieder giftige Tiere,
Schlangen, Spinnen und man musste aufpassen, nicht gebissen zu werden.
Am Wochenende traf er sich mit Einheimischen in der Stadt Hay zu Bier und
Entspannung. Dort lernte er Musiker kennen, die ihm das Saxophon spielen
beibrachten und sie gründeten eine Band, sorgten so für Unterhaltung, was
nebenbei noch etwas Geld einbrachte. H. Buchner lernte seine spätere Ehefrau, Brigitte Buchner, geb. Lochner auf dem Sportplatz in Indersdorf kennen. Fr. Buchner wohnte mit zehn Geschwistern in Markt Indersdorf, sie lebten von einer kleinen Landwirtschaft. Das Geld war knapp und so entschloss
sich Fr. Buchner 1954 in die Schweiz auszuwandern, da dort bereits ihr Bruder arbeitete und ihr eine Stelle als Haushaltshilfe besorgte. Sie hoffte, etwas
Geld dort zu sparen um daheim die Familie zu unterstützen. Durch brieflich-
chen Kontakt hatte Fr. Buchner Verbindung zu Freund Josef Buchner in Australien. Seine Freundin in der Schweiz berichtete, dass die Ungarnkrise 1956
zu Besorgnis anrege und sie gewillt sei, auch nach Australien auszuwandern.
Alsbald schickte H. Buchner seiner Freundin ein Flugticket nach Australien,
wo sie vom Flughafen München – Riem die Reise antrat. 1957 empfing H.
Buchner seine Freundin am Flughafen in Sydney. Sie haben in Hay geheiratet,
hatten dort zwei Kinder und entschlossen sich, das raue Land wieder zu verlassen. 1961 traten sie die Heimreise nach Bayern an und kamen nach sechs-
wöchiger Schiffsreise in Genua an. Mit dem ersparten Geld kauften sie sich
ein Grundstück in Indersdorf für den Hausbau, hatten zuletzt fünf Kinder
und ohne die mutige Auswanderung der Eltern wäre es nicht so einfach gewesen ein Haus zu erwerben.

Meine Hochachtung

Sohn Josef Buchner«

Hans Reichlmeier lernte bei der BayWa in Dachau Mechaniker und arbeitete in Australien ebenfalls als Mechaniker bei verschiedenen Firmen. 1960 zog es ihn mit seiner Frau Carol für zwei Jahre wieder zurück nach Indersdorf. Er arbeitete in seinem erlernten Beruf, seine Frau in der Sportbekleidungsfirma Maul. Hernach gingen sie wieder nach Australien, wo er bis zu seinem Tod 2016 sehr erfolgreich eine LKW Werkstätte betrieb. In den letzten Jahren besuchte der Mesner Hans (Hausname) Indersdorf jedes Jahr zur Volksfestzeit oder zum Oktoberfest in München.

Hans Peisl lernte auch Mechaniker, er arbeitete aber in Australien im Bauträgerbereich und führte ein erfolgreiches Unternehmen für Wohnungsbau.

Cyclo Getriebebau zieht nach Indersdorf

Die große Anzahl an Arbeitsplätzen wurde erst durch die Umsiedlung der Firma Cyclo Getriebebau von Weichs nach Indersdorf im Jahr 1957 geschaffen. Obwohl bereits einige Indersdorfer bei der Cyclo in Weichs arbeiteten, war der Arbeitsplatz nun näher und das Angebot durch die Erweiterung größer. Bereits 1951 wurde Lorenz Braren der Bau eines Zweifamilienhauses und der Bau der Lorenz Braren Siedlung für seine Mitarbeiter in Indersdorf genehmigt.[46] Für die Umsiedlung stellte die Firma Cyclo Getriebebau an die Gemeinde den Antrag auf

1. den Bau einer Teerstraße mit einem Fuß- und Fahrradweg zum neuen Firmengelände,
2. die ordnungsgemäße Abwasserbeseitigung,
3. einen Anschluss an das gemeindliche Wassernetz,
4. die Beibehaltung des Gewerbesteuerhebesatzes bei 230 % und
5. eine durchgängige Zugverbindung Altomünster – München.

In der Gemeinderatssitzung am 15.6.1956 sagte die Gemeinde ihre Unterstützung, soweit sachlich und rechtlich zulässig, zu und beschloss bereits in der Sitzung am 8.8.1956 den Ausbau der Straße durch die Firma Otto Reischl, Dachau, zum Preis von 41850 DM.[47] Die Firma Cyclo Getriebebau ist bis heute größter Arbeitgeber in Markt Indersdorf.

Ein weiterer Schritt zu mehr Arbeitsplätzen war die Ansiedlung der Kleiderfabrik Maul, München im Jahr 1959[48] im Saal des Nebengebäudes Steidle. Hier wurden vor allem Arbeitsplätze für Frauen geschaffen. Die Firma Maul produzierte bis Anfang der 1970er Jahre in Markt Indersdorf Sportbekleidung.

FREIZEIT UND REISEN

Der Fasching hat in Indersdorf eine lange Tradition. Bereits 1954 gab es die Faschingsgesellschaft »INDONESIA«. Sie beantragte bei der Gemeinde einen Zuschuss in Höhe von 250 DM für die Durchführung des Faschingszuges 1955.[49] Auch in den folgenden Jahren fand ein Faschingszug statt, der von der Gemeinde bezuschusst wurde.

Zwei, die den Indersdorfer Fasching von Anfang an begleiteten: Robert Schilcher (r) und Sepp Scheitler (l)

505

Die 50er Jahre aus Sicht von Zeitzeugen

Urlaubsreisen und Ausflüge

Urlaubsreisen konnte man sich damals kaum leisten. Karl Pest erzählt:»Ah, mei Vater is zur Hochzeitsreise, des hat er mir erzählt, dann später, fünf Tage weg gewesen. Da musste er wieder da sein, hernach, weil Marktsonntag war und des Gschäft laufen musste. Später im Urlaub sinds einmal ins Rheinland gefahren, weil der Onkel ins Rheinland wollte. Des war der Bürgermeister Steiger, später Privatier, vorher auch Brauer in Indersdorf und der wollte ins Rheinland amoi und da sinds mit ihm amoi fünf Tage ins Rheinland gefahren. Das war der Urlaub. Und später meine Mutter, die war öfters krank, Venenentzündung und so weiter, und die war dann manchmal in Oberstaufen, ihrem Geburtsort, dort zur Erholung wieder. Aber sonst, mei Vater, hat des Wort Urlaub eigentlich nicht gekannt. Sonntag is ma mal weggfahren mit dem Auto, hat irgendwo den Picknikkorb ausgepackt und des wars dann scho wieder. [...] Der Vater hat dann schon manchmal am Sonntag fortfahren woin. Da warn wir na schon amoi in Neuschwanstein, wir warn a in Linderhof. Nach München san ma manchmal mit meiner Mutter reinkomma. Der Vater is öfters nach München gfahrn, weil er Obst in der Großmarkthalle gekauft hat und dann Obst auch im Laden verkauft hat und auch für die Obstkuchen Obst gebraucht hat.«[50]

Und auch Centa Kaspar erzählt:»Meine Eltern, die glaub i, ham ihr Lebtag keinen Urlaub gmacht, mei Vater gwiss ned. Und im Alter nacha: ›Magst mitfahrn?‹ ›Na‹, hot er gsagt. Mei Mutter, de war dann a bissl fortschrittlicher muass i sagn, de war in Altomünster beim Frauenbund, und de ham dann scho Reisen gmacht, mit dem Bus. Und da is mitgfahrn, aber später. Des is glab i scho in de 60er Jahr neiganga.«[51]

Christine Popfinger hingegen fuhr mit ihrem Mann in den 1950er Jahren schon in den Urlaub, sogar zum unerreichbaren Traumziel vieler Deutschen, nämlich Italien:»Dann habn wir uns a Motorradl kaft, der erste Urlaub war halt dann ins Rheinland, Karlsruhe, dann san ma in Schwarzwald, an den Titisee, dann san ma nach Mannheim, Heidelberg. [...] 1955 san ma dann nach Rom [...] Da san mir nach Italien, 55. Da ham mas Bett dabeighabt, des Zelt dabeighabt, vorn im Rucksack warn Dosen, da hats a Lunge gebn mit Knödl und alles Mögliche, dann ham ma gezeltet. Und a Hundshüttn ham ma ghabt, grad dass ma neipasst ham. Oberhalb vom Vatikan wars a bissl bewaldet und da ham mir unser Zelt aufgschlagn. Dann san ma mit dem Motorradl in den Vatikan neigfahrn. Mir warn in de Katakomben, mir warn oben auf dem Zeltplatz, Rom is doch auf sieben Hügeln, da warn ma auf oam, da war der Zeltplatz. Da ham ma a Schwarzbrot gkriagt, aber so gut scho. Des gibt's in Deutschland nicht, nein. Und ich bin jahrelang nach Italien gfahrn, immer ham ma Schwarzbrot gkriagt, aber des war alles gfärbt, ich glaub, de ham an Kaffee neido.«[52]

FESTE

Karl Pest erinnert sich an eine besondere Begebenheit: »An ein Fest kann i mi sehr gut erinnern, des war meine Firmung. Und die Firmung wurde bei meiner Großmutter gefeiert im Kloster in der Klosterbäckerei draussen. Und da war auch mein Bischof da, der mit uns verwandt is, Weihbischof Neuhäusler. Und nach dem Mittagessen hat der so viel aus seiner Jugend und Kindheit erzählt, dass ich einiges dazu gelernt hab (lacht). Heute würde man sagn, fürchterliche Lausbubenstreiche, aber der hat so gut erzählen können, dass wir am Nachmittag, er und ich, die Nachmittagsandacht in der Kirche versäumt habn. Und zwischendrin hat mei Mutter mal hoamfahrn müssen und dann hat der Verwandte vom Neuhäusler, sei Chauffeur, gsagt: ›Mathilde, i fahr di glei in den Markt raus.‹ Hats gsagt: ›Aber mit dem Bischofswagn des geht doch schlecht.‹ Hat er gsagt: ›Da ziang wir die Vorhäng zua, und dann passt des scho.‹ Und dann sands halt zum Marktplatz kumma und am Marktplatz gegenüber vom Elternhaus, da ist das Kaufhaus Holdenried gewesen mit sehr christlichen Leuten. Und die waren vor der Türe gestanden; und wie der Bischofswagen kumma is, habn sie sich hingekniet. Und dann hat mei Mutter gsagt: ›Was soi i jetzt macha?‹ Hot er gsagt:›Mach einfach an Vorhang a bissl auf d Seitn und mach a Kreuzzeichn.‹ Und dann habn die sich da drübn auch bekreuzigt.«[53]

Junge Erwachsene gingen gerne zum Tanzen. Josef Kaspar war Musiker und deshalb viel bei Tanzfesten unterwegs: »I hab des ganze Jahrzehnt hab i Musi gspuit. […] Mir san engagiert worn. Ja. Des warn Hochzeiten und des warn der Kathreintanz, Fasching natürlich. Aber des war dann scho Ende der 50er Jahr. Beim Isemann da is dann scho am Samstag Tanz geboten gwesen. Organisiert hat des der Wirt und der hat uns auch bezahlt. […] Mir ham Tanzmusi gspuit. Damals haben die Menschen, die auf dem Tanzboden waren, die ham da mitgsunga. Do is immer gsunga worn.«[54]

507

Obrigkeit

Karl Pest erinnert sich, dass man als Kind großen Respekt vor der Obrigkeit hatte. Das waren Lehrer, der Pfarrer und die Polizei: »Uns gegenüber war die Sparkasse untergebracht im Rathaus, es war auch eine Arrestzelle im Rathaus untergebracht und wenn die Polizei einen geschnappt hat, der irgendwie bei einer Straftat erwischt wurde, dass er geklaut hat oder sowas, der kam in die Arrestzelle und mir haben die Leute dann immer besucht. Von draußen durchs Gitter eine Brezn reingehalten (lachend). Mit denen hat man sich ganz gut unterhalten können. Es ist dann später mal was passiert, da hat die Polizei einen verhaftet, hat ihn mitgenommen in ihr Wohn- und Diensthaus am Bahnweg. Und der musste dann auf die Toilette, ist auf die Toilette gegangen, aber draussen hat er dann das Fahrrad der Polizei geklaut und is damit weggefahren.(lacht) Und diese Szene wurde dann im Faschingszug immer wieder vorgeführt.(lachend) Aber sobald ein Polizist erschienen ist, da ist man von der Straße verschwunden, man hat Respekt gehabt. Und wenn der Pfarrer gekommen is, die Mädchen habn einen Knicks gemacht fürn Pfarrer und die Buben haben einen Diener gemacht, den Kopf gesenkt oder man hat gschaut, wo die nächste Hausecke is und schon war man wieder weg.«

Jugendliche

In den 50er Jahren machten die »Halbstarken« von sich reden. Karl Pest, der in einem Internat in Neuburg war, erinnert sich: »Ich wollt amoi eine Jeans. Des war gar nicht so einfach, eine Jeans zu bekommen. Und zwar von meiner Mutter her. Und zu der Zeit kam dann irgendwann bei uns auch im Internat einige daher, mit so Blousons, so James Dean Jacken. Aber nachdem mei Mutter ghört hat, dass solche Typen im Film: »Denn sie wissen nicht, was sie tun« vorkommen, hat sie gesagt: »Zu dene derfst du a ned dazu ghern.« Und im Internat war man mit sowas auch nicht gern gesehen. Ist vollkommen klar. Unsere Schüler, Mitschüler in Neuburg am Gymnasium, die kamen schon so daher. Das waren sportliche Leute, der oane hat dann später bei den deutschen Meisterschaften im Kugelstoßen mitgmacht, is sechster worn. Des warn tolle Burschen! Und wenn die dann in ihren James Dean Jacken daherkomma san, so fünfe, sechse, dann warn das, später hat man dann gsagt, die Halbstarken. Aber die ham mehr für Ordnung gesorgt in Neuburg. Wenn da irgendwo Randale warn, dann sind sie dazwischen gegangen. Und die ham was dargestellt. Wenn die gseng ham, dass die kommen, hats ghoaßen: »Der Motzkus kommt, der Müller kommt, da gehn ma liaber.« Aber i hab sowas ned kriagt. I glaub, i war gut 16 Jahr, da hab i so a Samtcord-Hose kriagt,« erzählt Karl Pest, lacht und verdreht dabei die Augen. »Das war natürlich ned unbedingt des Reizvollste, wenn mir am Sonntagnachmittag dann im sechsten Jahr Gymnasium – wenn mir da im Internat am Sonntag von eins bis fünf Ausgang hatten und da spazieren gangen sind. In a Kaffee durften wir ja nicht gehen und rauchen oder sowas war auch verboten. Ein gut Bekannter, fast ein Verwandter von mir, der war im Internat auch untergebracht, der ist mit Mädchen gesehen worden. Und dann ein paarmal beim Rauchen erwischt worden. Und dann wurde er aus dem Internat entfernt. Und damit war er sein Stipendium los.«[55]

LANDWIRTSCHAFT

In der Landwirtschaft gab es einen großen Wandel. Zunehmend wurde die Arbeit mechanisiert und die Pferde durch Traktoren ersetzt. Josef Kaspar erinnert sich: »Ja, ich bin 1947 nach Glonn kumma und zu dem Zeitpunkt hat ma fast alles in der Landwirtschaft mit Handarbeit gmacht und wenn ma jetzt ofanga woin mit 1950, dann wars da no net viel anders. Mir ham da no koan Schlepper ghabt, mir ham zwoa Pferdegespanne ghabt, mir ham a Ochsengespann ghabt und mit dem ham mir alles gearbeitet. […] Anfang der 50er Jahre ham ma den ersten Bulldog kriagt und der hat 22 PS ghabt. Und da hat ma dann a einen Pflug hintnachzogn. […] Was scho da war bei uns, des war a Sähmaschine. Des Sähen mit der Hand, wia mas auf de Buidln sigt, wia der Bauer säht, des hots nimmer gebn, des hat a Sähmaschine gebn. […] Mir ham den Bulldog ghabt mit 22 PS und dann Ende der 50er Jahre ham ma dann an größeren Schlepper griagt mit 40 PS, an Ford, a 4-Zylinder-Maschine, und da ham dann die Bauern rund rum hams gsagt: ›Ja mein Gott, der ziagt ja den Deife aus der Höll raus!‹, weil er 40 PS ghabt hot. Des war Ende der 50er Jahre. […] Dann san die Melkmaschinen kumma, des war ja a kolossale Erleichterung, die Melkmaschinen. Da hot ma ja bloß no oschliassn braucha, des war quant. Dass Melken von der Hand, i muass no amoi song, enorm schwer war, enorm Kraft kost hot, des war schlimm.«[56]

509

VERDRÄNGUNG

Über den Nationalsozialismus wurde nicht geredet. Karl Pest erinnert sich: »Man hat in der Schule über das Dritte Reich nichts erfahren. [...] Vom Geschichtslehrer habn wir nirgens was ghört. [...] Die Geschichte hat vorm Dritten Reich aufghört, und des immer wieder wiederholt, mir ham auch net danach gfragt.«[57] Und auch Josef Kaspar erzählt: »Das KZ war also gar koa Thema.«[58]

1 Die Interviews mit Zeitzeugen wurden von Wilma und Bruno Wiescher durchgeführt.

2 Beschlussbuch des Marktgemeinderates über die Sitzung am 24.4.1952, Blatt Nr.13.

3 Ebd., 16.8.1955, Blatt Nr.69.

4 Interview mit Otto (geb. 1927) und Christine Popfinger am 31.1.2017.

5 Interview mit Josef Kaspar (geb. 1932) am 23.11.2016.

6 Beschlussbuch des Marktgemeinderates über die Sitzung am 10.06.1955, Blatt Nr.64.

7 Ebd., 31.1.1957, Blatt Nr.99.

8 Ebd., 15.4.1959, Blatt Nr.134.

9 Ebd., 2.6.1960, Blatt Nr.163.

10 Ebd., 16.11.1960, Blatt Nr.175.

11 Bayer. Statistisches Landesamt 2015.

12 Beschlussbuch des Marktgemeinderates über die Sitzung am 16.11.1960, Blatt Nr.175.

13 Ebd., 16.12.1960, Blatt Nr.178.

14 Ebd., 08.11.1956, Blatt Nr.96.

15 Ebd., 30.01.1958, Blatt Nr.120.

16 Ebd., 19.11.1958, Blatt Nr.130.

17 Ebd., 25.11.1959, Blatt Nr.149.

18 Ebd., 13.01.1960, Blatt Nr.151.

19 Ebd., 15.04.1959, Blatt Nr.135.

20 Ebd., 10.06.1959, Blatt Nr.141.

21 Ebd., 23.10.1959, Blatt Nr.145.

22 Interview mit Josef Kaspar, wie Anm. 5.

23 Interview mit Karl Pest (geb. 1941) am 18.11.2016.

24 Interview mit Josef Kaspar, wie Anm. 5.

25 Interview Karl Pest, wie Anm. 22.

26 Interview mit Josef Kaspar, wie Anm. 5.

27 Ebd.

28 Bayer. Landesamt für Statistik, 2015.

29 Gemeindliches Archiv I 1/11.

30 Beschlussbuch 1951 – 1960, Blatt Nr. 2.

31 Ebd., Blatt Nr. 4.

32 Ebd., Blatt Nr. 10.

33 Ebd., Blatt Nr. 26.

34 Ebd., Blatt Nr. 42.

35 Ebd., Blatt Nr. 127 f.

36 Ebd., Blatt Nr. 8.

37 Ebd., Blatt Nr. 156.

38 Ebd., Blatt Nr. 163.

39 Ebd., Blatt Nr. 165.

40 Ebd., Blatt Nr. 177.

41 Ebd., Blatt Nr. 3.

42 Ebd., Blatt Nr. 21.

43 Ebd., Blatt Nr. 54.

44 Ebd., Blatt Nr. 62.

45 Interview Karl Pest, wie Anm. 22.

46 Beschlussbuch 1951 – 1960, Blatt Nr. 9.

47 Ebd., Blatt Nr. 90 ff.

48 Ebd., Blatt Nr. 143.

49 Ebd., Blatt Nr. 51.

50 Interview Karl Pest, wie Anm. 22.

51 Interview mit Josef Kaspar, wie Anm. 5.

52 Interview mit Christine Popfinger, wie Anm. 4.

53 Interview Karl Pest, wie Anm. 22.

54 Interview mit Josef Kaspar, wie Anm. 5.

55 Interview Karl Pest, wie Anm. 22.

56 Interview mit Josef Kaspar, wie Anm. 5.

57 Interview Karl Pest, wie Anm. 22.

58 Interview mit Josef Kaspar, wie Anm. 5.

Die 50er Jahre in Röhrmoos

Franz Thaler

Vorbemerkung

Geschichtliche Abläufe und viele Ereignisse lassen sich nicht immer in enge Zeiträume einordnen. Solche Abläufe ziehen sich oft über Jahre, ja sogar Jahrzehnte hin. Im zweiten Band der Buchreihe »Stunde Null«, in welchem hauptsächlich die schlechten Nachkriegsjahre behandelt wurden, bin ich schon etwas auf die Jahre 1950/60/70 eingegangen. Im nachfolgenden Bericht beschreibe ich aus der Sicht eines 80jährigen Zeitzeugen nun schwerpunktmäßig über die 50er Jahre.

Wirtschaftsaufschwung

Mit der Währungsreform in Deutschland im Juni 1948 begann eine Epoche des Wiederaufstieges unseres, durch den Krieg wirtschaftlich total darnieder gelegenen Landes. Dieser vollzog sich aber sehr langsam. Das »neue« Geld, die Deutsche Mark (DM) war sehr knapp.

Die durch die Bombenabwürfe der Alliierten zerstörten Fabriken sowie der Demontagen der noch intakten Maschinen verzögerten den wirtschaftlichen Wiederaufstieg sehr. Diese zunächst sehr negativen Fabrik- Demontagen der Alliierten waren für die Deutschen auf lange Sicht gesehen aber positiv, denn In Deutschland schuf man sich nach und nach neue, modernere, leistungsfähigere Maschinen und Anlagen. Die Siegermächte hingegen produzierten noch Jahrzehnte mit den inzwischen veralteten erbeuteten Maschinen und hinkten der Technik somit hinterher.

Die vielen Gefallenen, die Vermissten und die sich noch in russischer Gefangenschaft befindenden Soldaten fehlten dem wirtschaftlichen Aufstieg sehr. Die letzten Gefangenen sind erst 1955 nach einem Besuch des damaligen Bundeskanzlers Konrad Adenauer in Moskau zum Großteil abgemagert und krank in die Heimat zurückgekommen.

Bald nach der Währungsreform sind bei uns die Lebensmittelkarten mit der Ausnahme von Butter und Zucker überflüssig geworden. Die Siegerstaaten hatten diese noch geraume Zeit länger.

1949 wurde in den, von den westlichen Siegermächten besetzten Ländern die »Bundesrepublik Deutschland« (BRD) gegründet. Bundeskanzler wurde der damals schon über 70 Jahre alte Konrad Adenauer. In der russisch besetzten Zone, inklusive Ostberlin, wurde die »Deutsche Demokratische Republik« (DDR) gegründet.

Ab etwa 1949 bis etwa 1954 herrschte in Westdeutschland große Arbeitslosigkeit und absoluter Lehrstellenmangel. Viele Personen, welche in Deutschland keine gute Zukunft sahen, vor allem Flüchtlinge und Heimatvertriebene, sind nach Amerika, Kanada und Australien ausgewandert.

1950 brach der »Koreakrieg« aus. Obwohl Korea sehr weit von Deutschland entfernt ist, ließ dieser Krieg bei uns sofort wieder den »Hamstertrieb« aufleben. Zucker und Butter wurden durch die Hamsterkäufe einige Wochen lang wieder knapp.

VEREINSLEBEN

Nachdem fast alle Burschen und jungen Männer in den Zweiten Weltkrieg mussten, haben sich im Nationalsozialismus viele Vereine aufgelöst, unter anderen auch die Schützenvereine. Viele Vereine, welche den Nationalsozialisten nicht passten, wurden auch zwangsaufgelöst. Nach dem Krieg haben die Sieger den Deutschen jeglichen Waffenbesitz und somit auch den Schießsport untersagt. Erst gegen 1950 wurden Sportwaffen wieder genehmigt. 1950 wurde der Bayerische-Sportschützen- Bund gegründet, welcher inzwischen 480 000 Mitglieder zählt. Auch in Röhrmoos und Riedenzhofen sowie in den, seit der Gebietsreform 1971 bis 78 zur Großgemeinde gehörenden Orten Biberbach, Sigmertshausen und Großinzemoos wurden Schützenvereine gegründet bzw. wieder gegründet.

1950 wurde in Röhrmoos der Fußballverein Röhrmoos-Großinzemoos gegründet. Vereinslokal wurde das Gasthaus Hagn in Röhrmoos-Dorf. Die Familie Hagn stellte auch eine Wiese, ca. 200 Meter nördlich des Dorfes, als Fußballplatz zur Verfügung (beim heutigen Burgkindergarten). Waschgelegenheit für die Sportler war Sommer wie Winter ein Waschkessel, der zum Erwärmen des Wassers diente und ein großer Zuber. Der Waschplatz war unter dem Vordach des Wirts-Stadels. Egal ob man verloren oder gewonnen hatte, nach der Reinigung ging man ins Wirtshaus, wo sich immer einige etwas besser Begüterte befanden, welche den Spielern ein paar Maß Bier stifteten.

Zu Auswärtsspielen in die Nachbarorte Vierkirchen, Weichs, Indersdorf und Hebertshausen fuhren die Spieler mit Fahrrädern. Zu weiter entfernten Orten wie Karlsfeld, Unterbruck, usw. stellten einige Geschäftsleute abwechselnd ihre kleinen Lastautos zur Verfügung. Auf die Ladefläche stellte man einige Bierbänke und schon konnte die Fahrt beginnen, was heute undenkbar wäre.

An Ostern und Pfingsten wurden in der Regel Pokalspiele mit Nachbarvereinen veranstaltet. Am Abend war dann Tanz im Vereinsheim Hagn.

Feste und Freizeitvergnügen

Tänze, Theateraufführungen, Weihnachtsfeiern mit Christbaum-Versteigerungen, Bockpaschen, usw. waren damals immer gut besucht. Privatautos gab es anfangs der 50er Jahre fast keine, so kam man vom Ort kaum weg. Man besuchte zwangsläufig die örtlichen Veranstaltungen.

Bezüglich Veranstaltungen waren auch die Flüchtlinge und Heimatvertriebenen sehr aktiv. Es gab bei uns eine Musikkapelle »Hartdegen«. Sie bestand ausschließlich aus Familienmitgliedern. Die »Hartdegens« wurden aus Ungarn vertrieben.

Ab 1950 kam jede Woche einmal ein Kinobesitzer aus Indersdorf und führte im Bücherl- Saal einen Film vor.

Bei den Christbaum-Versteigerungen erbrachten viele gespendete Dinge eine stattliche Summe für den veranstaltenden Verein. Der Christbaumgipfel wurde immer am Ende einer Versteigerung versteigert. Er erbrachte bei einem Vorgang zwischen 30 und 50 DM. Er wurde in der Regel von Geschäftsleuten und begüterten Gönnern des Vereins gesteigert und dem Versteigerer gleich zur weiteren Versteigerung wieder zur Verfügung gestellt. Dabei wurde jedes Mal der Name desjenigen bekannt gegeben, welcher den Gipfel zurück schenkte. Dieser Vorgang hat sich an einem Abend 10- bis 15-mal wiederholt.

Bis weit in die 50er Jahre hinein war es auf dem Lande üblich, dass man den Christbaum für das Weihnachtsfest im Wald »gestohlen« hat. In der Dämmerung begab man sich in den Wald und holte sich das Bäumchen, das man schon einige Tage vorher bei Tageslicht ausgesucht hatte.

Bockpaschen war ein Spiel, bei welchem bei jeweils zwei zusammen gehörenden Würfen mit je drei Würfeln, die Zahlen addiert wurden. Als ersten Preis gab es in der Regel einen Ziegenbock, daher der Name »Bockpaschen«.

In Röhrmoos gab es damals zeitweise vier Theatergruppen, welche in der Bahnhofswirtschaft Bücherl oder beim Wirt in Röhrmoos-Dorf ihre Theaterstücke aufführten.

Gartenfeste, Waldfeste, Schafkopf-Rennen (Kartenspiel) veranstalteten die örtlichen Wirte und Vereine. In den Orten, welche sich bei der Gebietsreform 1971 bis 78 zur Großgemeinde Röhrmoos zusammen schlossen, war es ähnlich.

Die Gastwirtschaft Weinsteiger, 1972 geschlossen, hatte eine Kegelbahn im Freien. Auf dieser wurde im Sommer das Preiskegeln veranstaltet.

Obwohl, wie schon erwähnt, die DM um 1950 noch sehr knapp war, wurden in mehreren Orten, welche heute zur Gemeinde Röhrmoos gehören, durch Spenden und Haussammlungen neue Kirchenglocken beschafft und geweiht. Sie waren der Ersatz für die Glocken, welche 1942 für Kriegszwecke abgeliefert werden mussten.

Glockenweihe in Röhrmoos 1950

GEMEINDELEBEN

1951 ließ sich die Gemeinde Röhrmoos ein Wappen verleihen. Um 1950 wurde auch die Nord- Umgehungsstraße von Röhrmoos – Dorf beschlossen.

Familie Schallmair eröffnete am Bahnhof Röhrmoos einen Kiosk.

Doktor Walter Rauchalles eröffnete in seinem Neubau an der heutigen Lilienstraße 1950 eine Arztpraxis. Zuvor praktizierte er einige Jahre im Gasthaus Weinsteiger im Nebenzimmer, Warteraum war die Wirtsstube.

1953 wurde der Landwirt Martin Haller als erster Bürgermeister von Röhrmoos gewählt und blieb dies in den nächsten 25 Jahren.

Gegen die in großen Mengen auftretenden Kartoffelkäfer hat man damals noch keine Spritzmittel eingesetzt.

Die Schulkinder der oberen Klassen mussten 1–2 mal pro Woche mit der Lehrkraft auf die Kartoffeläcker zum Aufsammeln der Kartoffelkäfer und deren noch gefräßigeren matschigen roten Larven mit schwarzen Flecken.

LANDWIRTSCHAFT

Die Bevölkerungsstruktur in den Dörfern war noch bis weit in die 50er Jahre hinein überwiegend landwirtschaftlich geprägt. Die Größe der Höfe und Anwesen war ein bis ca. 180 Tagwerk Grund. In früheren Zeiten wurden die Größen in der Landwirtschaft überwiegend in Tagwerk angegeben. Drei Tagwerk sind annähernd ein Hektar (ha).

Egal, ob großer Hof, mittelgroßes oder kleineres Anwesen (Gütl), auf allen wurde Milchvieh gehalten. Die Zahl der Milchkühe variierte von ein etwa 25.

Neben dem Verkauf der Milch war für alle Landwirte auch die Buttergewinnung aus dem Rahm der Milch sehr wichtig. Butter und Schmalz waren ein wesentliches Lebensmittel in der bäuerlichen Küche, für das man kein Geld ausgeben musste.

Auf fast allen landwirtschaftlichen Betrieben wurden neben dem Milchvieh auch Mastschweine, manchmal auch ein bis zwei Mutterschweine sowie Hühner, Gänse und Enten gehalten. Gänse und Enten brauchte man nicht nur wegen des Fleisches, sondern auch wegen deren Federn. Federbetten waren damals ein wesentlicher Bestandteil der Aussteuer, wenn ein Mädchen heiratete.

Mit dieser gemischten Viehhaltung kamen auch die kleineren Anwesen, denen wenig Geld zur Verfügung stand, einigermaßen über die Runden. Auf kleineren Anwesen haben die Männer versucht, bei Baufirmen oder in einer Fabrik Arbeit zu finden, um die geringen landwirtschaftlichen Einkünfte etwas aufzubessern. Wenn es dem Mann gelang, irgendwo Arbeit zu finden, was bis ca. 1956 schwierig war, dann hatte die Frau im Stall, auf der Wiese und auf dem Acker noch mehr Arbeit.

Bei der Heu-, Getreide-, Kartoffel- und Rübenernte arbeitete die ganze Familie mit, manchmal auch noch Verwandte. Diese bekamen in den 50er Jahren als Entlohnung meistens Naturalien.

Gegen Ende der 50er Jahre wurde die Möglichkeit, in einer Fabrik Arbeit zu bekommen, immer besser.

Nun ging es los, dass kleinere und mittlere Betriebe zunächst die Milchviehhaltung und später auch den Ackerbau aufgaben. Leider wurden die einst blühenden Wiesen als Ackerland an größere Landwirtschaften verpachtet. Von Großinzemoos und Sigmertshausen ist mir bekannt, dass es dort seit geraumer Zeit keine einzige Milchkuh mehr gibt.

Wie schon erwähnt hielt mit der Technisierung in den 50er Jahren der

Der letzte Ochs von Röhrmoos wird geschlachtet

Schlepper auch in kleineren und mittleren Landwirtschaften seinen Einzug, aber nicht bei allen. Einige hielten sich als Zugtiere bis zur Aufgabe der Landwirtschaft einen Ochsen oder ein paar Kühe. Ochsen und Kühe hatten den Nachteil, sehr langsam zu gehen. Der Ochse hatte aber den Vorteil, dass er, wenn man ihn nach einigen Jahren durch einen Jüngeren ersetze, sehr schwer geworden war und vom Metzger viel Geld erbrachte. Kühe, die man auch als Zugtiere verwendete, hatten eine geringere Milchleistung.

Mit dem »Höfe-Sterben«, welches gegen Ende der 50er Jahre seinen Anfang machte, wurden viele einstige »Bauerndörfer« zu Orten mit überwiegenden Wohn- und Miethäusern. In Röhrmoos wurden die Wiesen und Weiden von vier kleineren Anwesen zum Baugebiet »Plattenfeld«. Diese Umwandlung von Wiesen und Weideflächen zu Bauplätzen fand auch in Biberbach, Großinzemoos und Sigmertshausen statt.

Verkehr

Eine Eisenbahn- Fahrkarte von Röhrmoos nach München und zurück kostete damals 1,10 DM und wurde auf 1,20 DM erhöht. Eine Schüler-Rückfahrkarte nach Dachau kostete 1951 40 Pfennige. Um diese zu sparen, fuhr man bei einigermaßen guter Witterung mit dem Fahrrad nach Dachau zur Berufsschule. Der kürzeste Weg von Röhrmoos nach Dachau war für Radfahrer ein schmaler Weg auf dem Bahndamm, welcher am Fuße des Schotterbettes verlief. Ab etwa 1954/55 kontrollierte die Bahnpolizei diesen Weg immer mehr, denn seine Benützung war nur für die Streckenarbeiter der Bahn gedacht, wenn sie zum Einsatzort gingen.

Im Zugverkehr waren die Zeitabstände zum Teil sehr groß. Sowohl am Vormittag als auch am Nachmittag fand jeweils ca. zweieinhalb Stunden von und nach München kein Zugverkehr statt. Heute sind manchen Leuten ein 20- bzw. 40-Minuten-Takt zu lang.

Wie schlecht die Zeit anfangs der 50er Jahre noch war, beweisen mehrere Einbrüche sowohl in Röhrmooser Geschäftshäuser als auch in Bauernhäuser, bei welchen hauptsächlich Lebensmittel gestohlen wurden.

Es dürfte anfangs der 50er Jahre gewesen sein, als Karl Pfleger neben seinem Fuhrunternehmen mit zwei Pferden auch eine »Limonaden-Fabrik« eröffnete. 1954 hat sich Pfleger einen Leichenwagen beschafft. Mit diesem und seinen zwei Pferden machte er auch Überführungen von Verstorbenen in etwas weiter entfernte Orte, welche z. B.in der Anstalt Schönbrunn verstorben waren.

Zur Kühlung des Bieres haben die Wirte in der Winterzeit viele Fuhren Eis aus den örtlichen Weihern in ihren »Eiskellern« eingelagert. Hauptsächlich die im Winter arbeitslosen Bauarbeiter haben die großen Eisplatten aus der Eisdecke der Weiher herausgeschnitten, ans Ufer befördert, zerkleinert und auf Pferdewagen verladen.

KINDHEITS- UND JUGENDJAHRE IN DEN 50ER JAHREN

ELTERNHAUS

1951 wurde ich, Franz Thaler, aus der Volksschule Röhrmoos entlassen. Trotz relativ guter Schulnoten ist es meinen Eltern nicht gelungen, für mich eine Lehrstelle als Bankkaufmann oder Einzelhandelskaufmann zu bekommen. Mitarbeit im großen Garten der Eltern, Versorgung von zwei Schweinen und Brennmaterial-Beschaffung im nahen Wald war nun ein Jahr lang meine Beschäftigung.

Mit meinen Eltern als Kind

Meine Eltern betrieben seit 1946 in Röhrmoos eine Schneiderei. In Röhrmoos gab es damals noch vier weitere Schneidereien. Das Zimmer, welches als Schneiderwerkstatt diente, wurde in der kalten Jahreszeit mit einem der damals weit verbreiteten Sägemehl-Öfen geheizt. Sägemehl holten wir in Säcken, mit einem etwas größeren »Heuwagerl« im Sägewerk, welches sich am östlichen Ortsrand von Großinzemoos befand. Der Sack Sägemehl kostete 50 Pfennige. Um günstiger wegzukommen, wurden in der Schneiderei extra ein paar größere Rupfensäcke zusammen genäht.

In der Zeit der Getreideernte mussten wir Kinder, auch die anderer Familien, auf Getreideäcker zum Aufsammeln von liegengebliebenen Getreidehalmen bzw. Getreideähren. Wenn man Glück hatte und einen Acker erwischte, auf dem der Mähbinder des Bauern viel verlor, dann konnte man schon zehn bis zwölf kleine Getreidebüschel, »Zangl«, zusammen bringen. Diese ergaben ca. acht bis zehn Pfund Weizenkörner.

Der »Schlammer-Weiher« war für die Kinder von Röhrmoos-Station das Bad. In diesem tummelten sich auch die Gänse und Enten der Bauern, sowie Fische und jede Menge Frösche. Krankheiten und Allergien sind nicht aufgetreten.

In der heißen Erntezeit wären wir auch gerne zum Baden gegangen, wir mussten aber zum Ährensammeln auf die Felder. Ein paar Mal haben wir den Sammelauftrag missachtet und gingen zum Baden. Ohne Gesammeltes nach Hause zu kommen, hätte natürlich einen Riesenkrach durch die Eltern zur Folge gehabt. Wir wussten einen etwas abseits des Ortes gelegenen Weizenacker, auf welchem die zu Mandeln aufgestellten Getreidegarben auf die restliche Trocknung warteten. Durch den Wald schlichen wir an den Acker heran, griffen uns ein paar Getreidegarben, zogen diese in den Wald und zerlegten diese in die für uns üblichen kleinen Getreidebüschel (Zangl). Die Produktion stimmte, der Nachmittag im »Bad« blieb unentdeckt.

MEHLEINTAUSCH

Nach der Erntezeit durften wir das Sammelgut bei einem Nachbarn dreschen, welcher eine kleine Landwirtschaft hatte. Etwa zwei Zentner Weizen (100 kg) war die Ausbeute. Das daraus zu gewinnende Mehl war eine Bereicherung und Kosteneinsparung für die Küche. Auf einen Zentner Weizen (50 kg) umgerechnet, bekam man damals je nach Mehlqualität 65–72 Pfund Mehl. Zum Mehleintausch gab es für uns die Mühle in Weichs oder die Mühle in Kloster Indersdorf.

Nach Weichs fuhr ich mit einem alten Damenfahrrad aus der Vorkriegszeit, mehr und besseres hatten wir nicht. Zur Mühle Pest in Indersdorf konnten wir mit dem Röhrmooser Milchfahrer Schiebel fahren. Er brachte die Milch von den Bauernhöfen unserer Gegend jeden Tag mit seinem kleinen, mit »Holzgas« angetriebenen Lastauto zur Molkerei in Indersdorf (Karpfhofen). Morgens gegen halb acht Uhr startete er an seinem Milchgeschäft in Röhrmoos, in Richtung Indersdorf. Auf dem Weg nach Indersdorf nahm er auch noch die Milch in Kleininzemoos, Großinzemoos und Straßbach mit.

Mehrere Familien wollten Mehl eintauschen, deshalb saßen auf der Fahrt manchmal fünf bis sechs Personen auf der Ladefläche, auf den 20 Liter Milchkübeln. Es kam auch vor, dass der Treibstoff »Holzgas« ausging. Herr Schiebel hat dann angehalten, den Deckel des Holzvergasers geöffnet und frisches Holz nachgeschüttet. Nach einer kurzen Wartezeit konnte die Fahrt weitergehen.

Dieser Mehleintausch war, so lange Lebensmittel rationiert waren, verboten. Auch Milchfahrer Schiebel wusste dies, deshalb ließ er uns mit unseren kleinen Weizensäckchen schon ca. 100 Meter vor der Mühle absteigen. Einer von uns lief ohne Weizen zum Auskundschaften zur Mühle. Schüttelte der Müller unauffällig den Kopf, dann wusste man, heute ist eine Kontrolle im Haus. Dann fuhr man ca. eineinhalb Stunden später mit dem Milchfahrer unverrichteter Dinge wieder nach Hause. Funktionierte der Umtausch, so hatte ich den Auftrag, ca. eineinhalb Pfund Mehl in eine separate Tüte abfüllen zu lassen.

Mit diesem Mehl ging ich dann in die Bäckerei, welche im selben Haus war und tauschte dieses gegen Semmeln ein. Für diese Mehlmenge bekam ich 18 Semmeln, zwei davon durfte ich für meine Tätigkeit gleich essen. Das war mir in der damaligen Zeit natürlich viel zu wenig. Ich ließ mir also vom Müller etwas mehr Mehl eintüten und hatte so für mich einige Semmel mehr.

An so einem »Mehl-Eintausch-Tag« wartete die Mutter zu Hause schon mit Kakao. Dieser wurde aus Sparsamkeitsgründen aus einem Gemisch von nicht entrahmter Milch und entrahmter Milch (Magermilch) zubereitet. Kakao und einige frische Semmel, das war für die ganze Familie ein gelungener Tag.

Die Kontrollen in der Mühle haben bald nach der Abschaffung der Lebensmittelkarten aufgehört. In unserer Familie wurde das Sammeln von Weizenähren und der Mehleintausch noch bis ca. 1954/55 fortgeführt. Bis dahin gingen wir auch noch auf die abgeernteten Kartoffeläcker und sammelten die liegengebliebenen Kartoffeln auf.

Wir kamen mit dem Sammelgut, den Erzeugnissen aus dem großen Garten und der Kleintierhaltung gerade so durch. Wie die Stadtbevölkerung damals über die Runden kam, ist mir heute noch ein Rätsel.

Bohnenkaffee war uns damals unbekannt. »Korona« und so manch andere Kaffeesorte waren aus geröstetem Getreide. Am damaligen Holzofen stand ein größerer Topf. In diesem ließ man den Kaffeesatz die ganze Woche. Jeden Morgen wurde etwas frisches »Kaffeepulver« hinzugegeben, mit Wasser übergossen und neu aufgekocht. Wenn gegen Samstag der Topf schon halb voll war mit immer wieder ausgekochtem Kaffeesatz, dann hat man diesen ausgeschüttet und begann mit dem »Kaffee-Wochenturnus« neu. Zur Geschmacksverbesserung wurde bei jedem Kochen etwas Zichorie zugegeben. Zichorie waren runde Scheibchen von etwa sechs bis sieben Zentimeter Durchmesser und etwa fünf Millimeter Dicke, welche dem Kaffee einen Feigengeschmack gaben.

Landwirtschaftliche Erzeugnisse waren nach der Währungsreform (1948) bis weit in die 50er Jahre hinein relativ gut bezahlt. So konnten sich schon um 1950/51 zunächst größere Bauernhöfe einen neuen Schlepper aus der Nachkriegsproduktion anschaffen. Bald folgten aber auch die kleineren Landwirtschaften. Innerhalb weniger Jahre waren damals mehr als 20 Schlepper Hersteller auf dem Markt.

LANDWIRTSCHAFTLICHE ARBEIT

Dieser technische Fortschritt hatte aber auch sehr negative Folgen. Die Zugtiere und hölzernen, mit Eisen beschlagenen Wagen der Landwirte verschwanden innerhalb weniger Jahre, sie wurden durch luftbereifte Anhänger ersetzt. 1950 gab es im Landkreis Dachau 4640 Pferde. 1958 waren es nur noch 1483. Sattler, Wagner und Schmiede wurden arbeitslos und drängten auf den schon mit vielen Arbeitslosen vollen Arbeitsmarkt.

Auf Bauernhöfen mit 100 bis 150 Tagwerk Grund (33–50 Hektar) waren um 1950 neben den Bauern und der Bäuerin drei Knechte, drei Mägde sowie ein Schweitzer (Melker für die Kühe) und meistens noch ein Hausmädchen. Mit der rasch zunehmenden Technisierung auch in der Landwirtschaft nahm dort die Zahl der ständig Bediensteten rasch ab.

Es gab auf den Höfen aber nach wie vor noch viele Saisonarbeiten, welche von Menschenhand zu erledigen waren, z. B. Ausbringung der «Runkelrüben» Pflanzen. Diese Rübensorte wurde früher in riesigen Mengen, hauptsächlich für die Kühe angepflanzt. Sie hatten fast keinen Nährwert, dienten den Kühen aber als zusätzlicher Wasser Lieferant. Unkrautbeseitigung auf Kartoffel- und Rübenäckern machte man nicht mit Spritzmitteln, sondern von Hand. Heu-, Getreide-, Kartoffel- und Rübenernte erforderte bis ca. 1957/58 noch viel Handarbeit. Für diese Arbeiten engagierten die Bauern Frauen aus dem Ort für Halbtagsarbeiten. Für einen Nachmittag bekamen sie drei bis vier Mark, je nach Schwere der Arbeit. Die Frauen waren Kriegerwitwen und Frauen, deren Männer immer noch vermisst waren. Für diese Frauen und deren Kinder war die Rente sehr wenig, so dass sie froh waren, wenn sie ein paar Mark zusätzlich hatten. Auch Frauen von »Häuslebauern« sowie Flüchtlingen und Heimatvertriebenen verrichteten diese »Saisonarbeiten«, um die Haushaltskasse etwas aufzubessern. So mancher Bauer gab dann seinen Helferinnen im Herbst noch einige Zentner Kartoffel als Wintervorrat. Ab etwa 1957/58 kamen dann auf größeren Höfe Getreideerntemaschinen (Mähdrescher), Kartoffel- und Rübenernter. Diese Maschinen und die inzwischen mehr und mehr zum Einsatz kommenden Unkrautvernichtungs-Spritzmittel machten einen Großteil der Saisonarbeiterinnen arbeitslos. Dies war aber zu diesem Zeitpunkt schon nicht mehr so negativ, denn inzwischen stellten auch die Fabriken immer mehr Leute ein. Der allgemeine wirtschaftliche Aufschwung wurde in Deutschland zunehmend besser.

Schneider und Schuhmacher machte der gesellschaftliche Wandel auch bald arbeitslos. Die Leute kauften nun ihre Kleidung und ihre Schuhe in der Stadt in den preisgünstigeren Kaufhäusern.

Schneiderlehre und Lebensmittelbeschaffung

Um überhaupt einen Beruf zu haben, erlernte ich ab 1952 bei meinem Vater das Schneiderhandwerk, obwohl zu diesem Zeitpunkt das Ende für Schneidereien schon klar voraussehbar war. Mein Vater glaubte immer noch an wiederkehrende bessere Zeiten. Weihnachten, Ostern, Pfingsten und Kirchweih, da hätte der Schneider Tag und Nacht arbeiten sollen, dann war wieder monatelang Auftragsmangel. Jeder wollte an den Hochfeiertagen in der Kirche beim Festgottesdienst zeigen, dass er sich etwas Neues leisten konnte.

In den auftragsarmen Zeiten war ich meistens bei Röhrmooser Bauern und arbeitete in der Landwirtschaft mit. Ich bekam dafür aber in der Regel keine Bezahlung. Es waren sogenannte »Abdienarbeiten«. Unsere Familie durfte bei 2 Röhrmooser Bauern je drei Bifang Kartoffel anbauen. Pro Bifang musste man dem Bauern drei halbe Tage bei seinen Erntearbeiten helfen. Für Pferde und Wagen zu unserem Kartoffeltransport war jeweils noch ein weiterer halber Tag Arbeit fällig.

Kartoffel sowie Gemüse, Salat und Eingemachtes aus dem eigenen großen Garten waren bei uns damals fast jeden Tag auf dem Speiseplan. Viele Kartoffeln brauchten wir auch zur Mästung von zwei bis drei Schweinen, welche wir in der Winterzeit hielten. Selber wurde nur selten ein Schwein geschlachtet.

Beim Verkauf an den Metzger erbrachten sie bis weit in die fünfziger Jahre hinein viel Geld. Ein Schwein mit 125 kg erbrachte rund 500 DM.

Wegen des ständigen Geldmangels zog sich die Fertigstellung unseres Wohnhauses über mehrere Jahre hin. Wenn wieder etwas Geld da war, wurde wieder ein Zimmer ausgebaut. Mit dem Erlös von einem Schwein wurde 1951 die hölzerne Treppe vom Erdgeschoss zum ersten Stock bezahlt. Heute würde man vom Erlös eines Schweines vielleicht noch zwei Stufen bekommen.

Wurst gab es bei uns bis ca. 1955 fast nie und wenn, dann nur ein paar Scheibchen. In der Faschingszeit half mein Vater dem Gastwirt und Metzgermeister Forche als Aufsicht im Saal, bei Tanzveranstaltungen. Wenn nachts gegen zwei Uhr die Veranstaltung zu Ende war, wurde Vater mit ca. drei bis vier Pfund aufgeschnittener Wurst entlohnt. Wenn er mit diesem Paket mitten in der Nacht nach Hause kam, herrschte reges Treiben im Hause und große Freude. Alle fünf Kinder und die Eltern versammelten sich am Küchentisch und haben sich mit der Rarität »Wurst« satt gegessen.

Wenn wieder mal gar kein Geld im Haus war, was öfter vorkam, dann sagte die Mutter: »Hol im Hühnerstall fünf bis sechs Eier und tausche sie beim Kramer gegen Bratheringe.« Zusammen mit Kartoffeln und Tee war dies dann unser Abendessen.

HAUSBAU

Mitte der 50er Jahre begannen vor allem Flüchtlinge und Heimatvertriebene, aber auch einige Familien, welche in Röhrmoos schon lange in Miete lebten, mit der Schaffung eigener vier Wände. Voraussetzung war natürlich, dass sie einen der raren Arbeitsplätze gefunden hatten.

In den Betrieben wurde damals in der Regel am Samstag bis 14 Uhr gearbeitet. Danach trafen sich Verwandte und Freunde auf der Baustelle zum gemeinschaftlichen Hausbau. So entstanden in Röhrmoos und auch in anderen Orten nach und nach ganz neue Siedlungen.

Der Verdienst eines Baggerfahrers in einer Röhrmooser Ziegelei war um 1950 bei 48 Stunden Wochenarbeit ca. 38 DM. Ein Dezimal nicht erschlossener Baugrund (34,04 Quadratmeter) kostete damals in Röhrmoos 30 bis 32 DM. Mit einem Wochenlohn konnte man damals also rund 40 Quadratmeter unerschlossenen Baugrund erwerben. Wie viele Quadratmeter Grund bekommt man heute (2017) für umgerechnet einen Wochenlohn?

Zu den damaligen Baugründen gab es höchsten eine Feldstraße. Soweit mehrere Bauwillige benachbarte Grundstücke erwarben, haben diese mit der Schaufel eine ca.40 bis 50 cm tiefe Erdschicht zur Erbauung einer Straße ausgegraben. In diese Mulde füllte man dann zunächst eine Schicht zerbrochene Ziegel aus der Ziegelei Bücherl. Darüber kam dann meistens eine Lage gebrauchter Schotter von der Eisenbahn, welcher sehr billig zu haben war. Heute dürfte man diesen wegen Kontaminierung sicher nicht mehr unbehandelt einsetzen. Als Straßenoberfläche schüttete man dann eine ca. 10 cm dicke Löschschicht auf (Lösch ist ausgebrannte Kohleschlacke), welche sich bald fest fuhr. Ob diese nicht auch umweltschädlich war, ist mir nicht bekannt.

Das Erdreich für den Keller hat man damals generell in tagelanger Arbeit mit der Schaufel und Schubkarre ausgehoben. Betonmaschinen hatten die damaligen »Häuslebauer« kaum. Auf stabilen Blechtafeln wurde zunächst ein ca. vier bis fünf Meter langer und ca. 30 cm hoher Wall aus Kies aufgeschüttet. Darüber wurde dann Zement verteilt. Im trockenen Zustand haben dann vier bis sechs Personen, welche sich paarweise gegenüber standen mit Schaufeln gemischt. Danach wurde mit der Gießkanne Wasser darüber gegossen und noch mindestens zwei bis drei Mal durchgemischt (umgeschaufelt). Mit Schubkarren hat man den Beton in die Schalung für die Kellerwände oder auf die Schalung für die Kellerdecke gebracht. Eisenarmierung für die Kellerwände verwendete man damals kaum. In die Kellerdecke wurden einige alte Eisenbahnschienen einbetoniert.

Eine Zentralwasserversorgung gab es damals noch nicht. Man grub sich einen Brunnen, bei uns mit ca. fünf bis sieben Meter Tiefe. Die sich darin sammelnde Wassermenge reichte aber meistens nicht beim Hausbau. Deshalb ließ man sich von einem Bauern mit einem Odelfaß (Jauchefaß) Wasser aus einem Weiher zur Baustelle bringen, wofür man bei diesem dann natürlich auch mal arbeiten musste.

Wasser wurde im Odelfass zur Baustelle gefahren – Marianne Rumrich vor ihrem zukünftigen Haus in Röhrmoos 1962

Eine Kanalisation gab es damals auf den Dörfern auch noch nicht, diese kam bei uns erst um 1965. Toiletten im Haus gab es in den, anfangs der 50er Jahre erbauten Häusern kaum. An, oder in einer Holzhütte wurde das kleine Holzhäuschen ohne Wasserspülung für die Notdurft aufgestellt. Als Toilettenpapier verwendete man Zeitungspapier, welches man mit einem Messer in handliche Stücke zerschnitt und dann im Abort an einem Eisenhaken befestigte. Es herrschten damals bei allen Leuten die gleichen Voraussetzungen, somit hat keiner auf den andern mit dem Finger gezeigt.

Bäder gab es in den um 1950 erbauten Häusern kaum. Aber im Keller hatte man eine Waschküche und einen mit Holz und Kohle zu heizenden »Waschkessel« zum Erhitzen des Waschwassers. Nach der Tagesarbeit hat man sich in Regel nur mit einem Eimer Wasser gewaschen. Bei den Bauern machten dies die Knechte im Pferdestall, die Mägde im Kuhstall.

Am Samstag hatte man bei uns aber das Vergnügen eines Vollbades im Waschhaus. Das im Waschkessel erwärmte Wasser schüttete man in eine spezielle Wanne.

Dieses Bad wurde bis 1960 genutzt

Wenn eine Person fertig war, entfernte der Nächste ein paar Eimer abgekühltes Wasser aus der Wanne und ergänzte den Wasserstand mit heißem Wasser. Vater, Mutter und wir fünf Kinder genossen diese Badetage im Waschhaus -Keller, so war es bei vielen Familien.

Als ich zusammen mit meiner Frau 1959 ein eigenes Wohnhaus in Großinzemoos erbaute, hatten wir im Erdgeschoss und auch im Dachgeschoss schon ein Toiletten- und Badezimmer mit laufendem Wasser aus einer eigenen Brunnenanlage mit einem Druck- Wasserkessel und einen, mit Öl beheizten Badeofen zur Wassererwärmung. Das Abwasser wurde noch einige Jahre in einem Dreikammer- System aufgefangen und von einem Unternehmer entsorgt, dann kam in Röhrmoos und Großinzemoos die Kanalisation.

FERNSEHER UND FUSSBALLWELTMEISTERSCHAFT

Um 1952 kamen die ersten Fernsehgeräte auf den Markt. Da sie aber in Relation zum Verdienst sehr teuer waren, gab es nur wenige Familien, welche sich so ein Gerät leisten konnten. Eine Werbung bot 1954 zur Fußball- Weltmeisterschaft Fernsehgeräte zwischen 648 und 1435 DM an. Geraume Zeit war die Sendezeit pro Tag nur einige Stunden.

Deutschland durfte nach dem Krieg erstmals 1954 wieder an einer Fußball

WM teilnehmen, sie fand in der Schweiz statt. Die deutsche Mannschaft hatte sich in den meisten Vorrundenspielen gut geschlagen und erreichte das Endspiel, welches in Bern stattfand. Schon qualifiziert, erlitt die deutsche Mannschaft gegen die damals hoch favorisierten Ungarn in einem Vorrundenspiel eine saftige Niederlage. Trainer Sepp Herberger, genannt der »Fuchs«, hatte aber auch nicht seine stärkste Mannschaft aufgeboten. In den wenigen Häusern, in welchen es bei uns schon Fernseher gab, war am Tag des Endspiels dichtes Gedränge mit Familienangehörigen, Nachbarn und Freunden. Ich habe das Endspiel zuhause zusammen mit Freunden im Radio verfolgt: Die Ungarn gingen schnell mit 2:0 in Führung. Man befürchtete schon, dass es wieder eine saftige Niederlage geben würde. Es kam aber ganz anders: Die deutsche Mannschaft hat sich gefangen und kam zunächst zum Ausgleich. Dem deutschen Helmut Rahn gelang dann das 3:2. Dieser Stand konnte bis zum Spielende gehalten werden. Deutschland war Weltmeister, was vorher keiner für möglich gehalten hatte.

DER »KALTE KRIEG«

Der sogenannte »kalte Krieg« zwischen Ost und West war damals schon voll im Gange. Volksaufstände in Ungarn und Ostberlin wurden mit Hilfe der Sowjets niedergeschlagen. Hätte sich damals der Westen ernsthaft eingemischt, hätte es leicht zu einem Kriegsausbruch führen können. Aus Ostberlin und der russisch- besetzten Zone flüchten immer mehr Bürger nach Westberlin. Ostberlin und die Russen hatten 1949 schon eine Blockade der Zufahrtswege nach Westberlin vorgenommen. Der Osten wollte damit Westberlin versorgungsmäßig in die Knie zwingen und ihrem Machtbereich einverleiben. Mit einer, zunächst für unmöglich gehaltenen, Luftbrücke hielten die West-Alliierten die Versorgung Westberlins mit Lebensmittel, Brennmaterial usw. aufrecht. Die Russen merkten, dass ihre Straßenblockade ihren Zweck nicht erfüllte und hoben die Blockade nach einem Jahr auf.

LEHRZEIT

Wegen der schlechten Zukunftsaussicht für Schneider habe ich schon während meiner Lehrzeit einen Kunden, welcher eine führende Stellung in der München Dachauer Papierfabrik hatte, angesprochen, ob es für ihn nicht möglich wäre, mir einen Arbeitsplatz in dieser Firma zu besorgen. Damals war es nur für Familienangehörige von Fabriklern oder mit einem besonderen Fürsprecher möglich, in der MD Arbeit zu bekommen.

Die zwei Zwischenprüfungen als Schneider habe ich trotz der vielen Zeit, die ich bei Bauern verbrachte, mit zufriedenstellendem Ergebnis geschafft. Im August 1955, einige Wochen vor der Gesellenprüfung, kam plötzlich unser Dachauer Kunde (der MD Werkführer) und sagte: »Jetzt besteht die Möglichkeit bei uns anzufangen, ansonsten geht wieder lange Zeit nichts mehr.« Nun stand ich vor einer schwierigen Entscheidung: Gesellenprüfung oder Arbeitsplatz in der MD. Der Schneiderberuf hätte mir eigentlich gar nicht so schlecht gefallen, aber die schlechten Zukunftsaussichten brachten mich nach einigen schlaflosen Nächten zum Entschluss: Aus mit der Schneiderei, rein in die Papierfabrik.

Dem Lehrherrn, meinem Vater, hat dieser Entschluss natürlich gar nicht gefallen, von nun an war unser Verhältnis immer etwas angespannt.

Jeden zweiten Sonntag wurden morgens um sechs Uhr die Papiermaschinen abgestellt und in den nächsten drei bis vier Stunden vom Nachtschichtpersonal, welches länger bleiben musste, gereinigt. Am Montagmorgen musste dann die Frühschicht schon ab vier Uhr die Maschine anfahrbereit machen. Um sechs Uhr, spätestens um sieben Uhr musste die Produktion laufen. An so einem Anfahrtag begann meine Tätigkeit in der München-Dachauer-Papierfabrik, kurz MD genannt. Einen Zug nach Dachau gab es morgens um vier Uhr noch keinen. Also blieb mir nur das Fahrrad. Der Pförtner hat mich an einen Mitarbeiter verwiesen, welcher mich zu den Maschinen der »alten Anlage« bringen musste. Dort waren die Anfahrarbeiten im vollen Gange. Die alte Anlage war seitlich der Ludwig Thoma Straße. Gegen sieben Uhr kam der Stellvertreter des Direktors und beorderte mich zur relativ neuen Maschine Sieben, welche sich ca. 200 Meter weiter östlich, seitlich an der Bahnlinie München – Ingolstadt befand. Eine Putzfrau musste mich dort hin führen. Auf dem Weg hat sie mir die Arbeit an meinem zukünftigen Arbeitsplatz sehr erbauend geschildert: Sie erzählte mir auf dem Weg: »Bua, dort ist es sehr heiß, die Leute laufen vom Frühjahr bis zum Spätherbst halb nackt rum und vor ein paar Tagen hat es wieder einen Mann in eine Maschine reingezogen, er kam nur noch als breiige Masse raus!«

Verängstigt von dieser Hiobsbotschaft begann dann meine Arbeit an einer der modernsten Papiermaschinen Europas, die Trockenpartie der Papiermaschine Sieben. Sie war ein Monstrum von etwa 90 Meter Länge und einer Gesamthöhe, vom Keller aus gerechnet, 12 Meter hoch. Zu Hause hatten wir in

Die Trockengruppe der 1952/53 erbauten Papiermaschine, an der ich den größten Teil meines aktiven Arbeitslebens verbrachte.

der Schneiderei eine Nähmaschine, einen Bügeltisch und ein paar Stühle und nun so ein Koloss mit vielen Motoren und hunderten von Schaltknöpfen.

Der Großteil der damaligen vorgesetzten Maschinenführer und Werkführer wären 20 bis 30 Jahre später, als deutsche Arbeitskräfte für Schichtarbeit immer weniger wurden, nicht mehr tragbar gewesen. Sie hatten zwar viel praktische Erfahrung, aber keine Ahnung von Menschenführung. Bei jeder Gelegenheit liefen sie fluchend und schimpfend durch die Maschinenhalle und beschimpften auch das Personal.

Ich hatte mich auch in der MAN beworben, welche sich damals in Karlsfeld immer wieder vergrößerte. Bei der Vorstellung im Sommer 1955 wurde mir zugesichert, gegen Ende des Jahres, wenn die Erweiterungsarbeiten abgeschlossen seien, einen Arbeitsplatz zu bekommen. Diese Zusage hat mich zunächst bestärkt, in der MD bis zum Jahresende auszuhalten. Meine Tätigkeit in der MD gleich wieder zu beenden, hätte mit Sicherheit auch zur Schadenfreude meines Vaters geführt. Diesen Triumph habe ich ihm nicht gegönnt.

Ein weiterer Grund, damals all das Negative in der MD auszuhalten, war die relativ gute Bezahlung. Bei der damals an jedem Freitag ausbezahlten Abschlagszahlung von 46 DM in der Lohntüte und die Restzahlung am Monatsende von ca. 120 bis 130 DM, inklusive ca. 40 DM Prämie kam ich auf einen Monatsnettoverdienst von etwa 240 DM. Zuhause musste ich nun wöchentlich 15 DM zum Haushalt beisteuern. Vom verbleibenden Rest habe ich viel gespart. Sparsamkeit hatte ich während meiner Schneiderlehre mit zwei Mark wöchentlichem Taschengeld ja erlernt.

MOTORRAD UND AUTO

Die Zugverbindungen von und nach Dachau waren damals sehr schlecht, vor allem für Schichtarbeiter. Der Personen-Zugverkehr hatte am späten Vormittag und am frühen Nachmittag mehrstündige Pausen. Nach der Frühschicht, welche um 13.40 Uhr endete. hatte man zum Waschen und Umziehen sowie für den Weg zum Bahnhof gerade mal 22 Minuten Zeit. Versäumte man diesen Zug um 14.02 Uhr, so konnte man erst wieder um 16.45 Uhr fahren.

Die ungünstigen Zugverbindungen brachten mich zu dem Entschluss, das gesparte Geld zum Kauf eines Motorrades einzusetzen. Schon im April 1956, also acht Monate nach der Arbeitsaufnahme in der MD, konnte ich mir eine gebrauchte 250-er BMW zum Preis von 1 200 DM kaufen. Mit dieser Maschine fuhr ich nun, soweit es die Witterung irgendwie zuließ, zur Arbeit. Mit dem Kauf dieses Motorrades war ich nun fast allen Röhrmooser Schulkameraden besitzmäßig überlegen.

Auf meinem Motorrad (vorne, auf dem Sozius: mein Bruder Adalbert)

Die damalige Motorrad Bekleidung ist bezüglich Regen natürlich bei Weitem nicht so gut gewesen, wie die heutige Bekleidung. Wenn ich wieder mal total durchnässt in der MD ankam, dann dachte ich mir, sobald ich etwas mehr Geld gespart habe, kaufe ich mir ein Auto um ein Dach über dem Kopf zu haben.

Als mich gegen Ende des Jahres 1955 die MAN, bei welcher ich mich früher beworben hatte, zu einem Einstellungsgespräch einlud, habe ich dankend abgesagt, da ich mich in der Zwischenzeit in der MD schon sehr gut eingewöhnt hatte.

Schon im Sommer 1958 war es soweit, ich bestellte mir einen VW Käfer, Modell Standard zum Preis von 4 800 DM. Das Standard-Modell hatte kein Synchron Getriebe und keine Chromteile, war dafür aber auch 1 000 DM billiger als das Exportmodel. Ganz konnte ich den VW nicht bar bezahlen. Er lief also nicht nur auf vier Rädern, sondern auch noch auf sechs Wechseln mit monatlich 180 DM. In Röhrmoos war dieses Auto fast eine Sensation. Ein Auto hatten 1958 nur einige Geschäftsleute, ein paar begüterte Bauern und der Herr Pfarrer. Auch auf dem damals sehr kleinen Parkplatz vor dem Tor der Papierfabrik war mein Auto eines der wenigen, die dort abgestellt wurden.

1958 hat die MD eine neue Papiermaschine mit 4,5 Meter Papierbahn-Breite in England gekauft. Diese ist aber nie zufriedenstellend gelaufen und wurde 1973 demontiert und verkauft.

Stolzer Besitzer eines VW Standard (2. v. re.)

Am 4. Oktober 1957 überraschten die Russen die ganze Welt mit der Meldung, dass sie einen Flugkörper mit der Bezeichnung »Sputnik« ins Weltall gebracht haben. Die Amerikaner waren bestürzt, da sie diesbezüglich ins Hintertreffen geraten waren.

Um 1958 wurden die Polizeistationen auf dem Land aufgehoben. Die zwei Polizisten aus Röhrmoos und auch die aus anderen Orten wurden in Dachau zentral stationiert. Für ihre Streifenfahrten standen diesen einige, in weiß gehaltene Motorräder und VW-Käfer zur Verfügung. Wegen ihrer weißen Fahrzeuge nannte sie die Bevölkerung »Weiße Mäuse«.

Es dürfte ebenfalls 1956 gewesen sein, als die Kfz- Kennzeichen geändert wurden. Der Landkreis Dachau hatte anstatt dem heutigen DAH die Nr. 28.

HAUSBAU

Ich habe 1959 geheiratet und zusammen mit meiner Frau auf einem Grundstück ihrer Eltern in Großinzemoos mit dem Hausbau angefangen. Von der MD habe ich zum Hausbau 3 000 Mark zinsloses Darlehen bekommen, welches, nach einem Jahr beginnend mit 50 DM monatlich zurückzuzahlen war.

Der Erdaushub für den Keller mit einem Bagger hätte 400 DM gekostet. Der Schwiegervater sagte: »Das Geld sparst du, wir machen dies mit der Schaufel und einem landwirtschaftlichen Fahrzeug.« 1959, zwischen Weihnachten und Neujahr, haben wir in vier Tagen den Erdaushub geschafft. Es war damals relativ warm, ohne Schnee und ohne Bodenfrost. Der Schwiegervater war Maurer und hat das Haus gemauert. Meine Frau und ich waren die Hilfsarbeiter.

Die Schwiegereltern haben uns nicht nur das Grundstück zur Verfügung gestellt, sie gaben uns zum Hausbau auch 3 000 DM Zuschuss. Die Zimmerer-, Schreiner-, Elektriker- und Sanitärarbeiten wurden vergeben. Alles andere haben wir in Eigenleistung erbracht.

Unser, zunächst sehr einfach, erstelltes Haus hat uns rund 28 000 DM gekostet. Ab der Heirat haben wir bis zur Fertigstellung unseres Hauses in Sigmertshausen beim Onkel meiner Frau kostenlos in einem Zimmer gelebt. Meine Frau hat in dieser Zeit weiterhin dort in der Landwirtschaft mitgearbeitet, dafür hatten wir beide auch das Essen frei und sparten uns so viel Geld.

Wirtschaftswunder

Ich bin von 1955 bis 1960 in der MD um mehrere Stufen aufgestiegen und hatte einen sehr guten Verdienst, so dass wir in fast dreijähriger Bauzeit, mit viel Eigenleistung, unser Einfamilienhaus schuldenfrei erstellen konnten.

Aus Sparsamkeitsgründen habe ich während der Bauzeit meinen VW abgemeldet und nahm die immer noch schlechte Zugverbindung wieder auf mich. 1958/59 wurde die Bahnstrecke von Dachau bis Ingolstadt elektrifiziert. Dies brachte ein paar Minuten Fahrzeit Einsparung, aber keine kürzere Zugabstände. Erst 1971/72, als der Ausbau der S–Bahn, welcher aufgrund der Olympiade 1972 in München erfolgte, brachte Zugabstände von 20 bzw. 40 Minuten.

Gegen Ende der 50er Jahre merkte man den wirtschaftlichen Aufschwung in Deutschland schon sehr deutlich. Deutsche Arbeitskräfte wurden knapp. Nikolaus, der Besitzer der Papierfabrik hat schon 1936, bald nach dem Kauf der herunter gewirtschafteten Fabrik Sozialwohnungen erbaut. In den 50er Jahren hat er mehrere Wohnblöcke für Mitarbeiter erstellt. Wahrscheinlich auch mit dem Hintergedanken, die Arbeitskräfte an die MD zu binden. Dieser Wohnungsbau wirkte sich später, ab etwa 1960, für die Firma sehr positiv aus, als deutsche Arbeitskräfte für Schichtarbeit nur noch schwierig zu bekommen waren.

Abschliessende Schlaglichter auf die 50er Jahre

Um 1950 setzte in Deutschland nur ein leichter wirtschaftlicher Aufschwung ein, denn die DM war sehr knapp. Die Landwirtschaft war damals etwas besser gestellt. Ihre Erzeugnisse waren relativ gut bezahlt. Ein Schwein mit zweieinhalb Zentner (125 kg) erbrachte fast 500 DM. Ein Zentner Weizen (50 Kg) kostete 22 bis 25 Mark, für ein Ei bezahlte der Händler 30 bis 35 Pfennige.

Die Lücken und Folgen, welche der verlorene Zweite Weltkrieg hinterlassen hatte, waren sehr groß. Viele kleinere, aber auch etwas größere Betriebe wurden gegründet. Manche scheiterten auch bald wieder.

1956 wurde in der BRD die Wehrpflicht wieder eingeführt.

In München waren noch um 1956 viele Bauruinen von den Bomben der Alliierten.

Das Geld zum Wiederaufbau fehlte. Die Deutschen waren aber trotz der Not sehr initiativ.

Viele technische Neuerungen kamen auf den Markt.

Die Bevölkerung war bestrebt, sich durch große Sparsamkeit Dinge zu beschaffen, welche es infolge des Krieges zehn und mehr Jahre lang nicht mehr gegeben hatte.

Leider fielen dem verständlichen Wunsch nach Neuem auch viele Sachen zum Opfer, welche heute wieder einen bestimmten Wert haben. Zum Beispiel Jahrhunderte alte bemalte Truhen und Bauernschränke.

Ab etwa 1956 wurde die Situation dann nach und nach etwas besser. Die Arbeitsplätze wurden mehr und auch die Bautätigkeit stieg an.

Durch die große Nachfrage im In- und Ausland nach Maschinen und Produkten »Made in Germany« konnten gegen Ende der 50er Jahre die Kundenwünsche zum Teil nur noch durch Überstunden der Mitarbeiter erfüllt werden.

Die ersten Gastarbeiter wurden ins Land gerufen. In der Papierfabrik in Dachau waren dies zunächst Griechen. Etwas später folgten Türken und viele andere Nationalitäten.

Anfangs der 50er Jahre fuhr ich im Herbst zusammen mit Geschwistern und einem Elternteil und Nachbarn zum »Hopfenzupfen« in die Nähe von Pfaffenhofen. Da wir diese Arbeit gut beherrschten, war der Verdienst relativ gut, vorausgesetzt der Hopfen war auch gut und die Witterung passte. 1956/57 und 58, als ich schon einige Jahre in der MD beschäftigt war, nahm ich mir pro Jahr einige Wochen Urlaub zum Hopfenzupfen. Hier war der

Grund aber nicht nur der Zusatzverdienst, sondern auch eine der fünf Töchter des Hopfenbauern.

Mein Vater hat um 1953 eine zusätzliche Tätigkeit als Fleischbeschauer aufgenommen, um finanziell besser über die Runden zu kommen. Diese Tätigkeit beschränkte sich zunächst auf die bäuerlichen Hausschlachtungen und die in den örtlichen Metzgereien. Als um 1956 die Großschlächterei Schweisfurt in Dachau stark expandierte, bot ihm der dort tätige Tierarzt an, ihn pro Woche an drei bis vier Tagen zu unterstützen. Die Bezahlung war sehr gut. Aus dem früheren Nebenverdienst wurde nun der Hauptverdienst und Vater gab die Schneiderei auf.

Beim Arbeitsbeginn in der MD dachte ich mir: »In dieser Fabrik wirst du nicht alt«. Im Endeffekt war ich dann für MD fast 52 Jahre tätig, 35 Jahre als Schichtarbeiter an den Papiermaschinen, mit dem Aufstieg bis zum Schichtwerkmeister, viereinhalb Jahre als Ausbilder der Papiermacher-Lehrlinge und nach dem Eintritt in den Vorruhestand habe ich in der Firma Besuchergruppen geführt. Alles in allem gesehen, muß ich sagen, ich habe ein erfülltes Berufsleben hinter mir. Durch die MD brachte ich es zu einem bescheidenen Wohlstand. Wir konnten unsere Kinder und die Enkel bei der Beschaffung von Eigentum finanziell gut unterstützen.

Meine Frau und ich können jetzt schon seit einigen Jahrzehnten einen gut gesicherten Ruhestand genießen. Das alles verdanke ich dem Entschluß von 1955, mich dem Trend der Zeit anzupassen und den Schneiderberuf aufzugeben. Als ich schon im Ruhestand war, wurde die MD von Dachau 2007 ganz nach Plattling verlegt. Für eine große Papiermaschine, neuestem technischen Standes, fehlte in Dachau das Gelände. Viele ehemaligen Kolleginnen und Kollegen verloren nach Jahrzehnten leider ihren Arbeitsplatz.

ALLTAGSLEBEN UND WIRTSCHAFTSAUFSCHWUNG IN SCHWABHAUSEN

Heinrich Loderer
in Zusammenarbeit mit Ernst Spiegel und Helmut Beilner

WIRTSCHAFTSWUNDER

In den 50er Jahre herrschte der Wunsch für den Start in ein besseres Leben, ja in eine neue Zeit. Nach all den Jahren mit den schrecklichen Kriegs- und Nachkriegserlebnissen, den Strapazen und Entbehrungen richtete man nun den Blick nach vorne.

Aus den Erkenntnissen der Weltwirtschaftskrise, dem Zusammenbruch der Wirtschaft nach dem ersten Weltkrieg, haben die USA die Lehren gezogen und den Marshallplan gestartet, um ein nochmaliges Desaster zu vermeiden. Viele Milliarden US-Dollar sind Europa als Anschubfinanzierung der wirtschaftlichen Entwicklung zur Verfügung gestellt worden.

Guter Bildungsstand, gute Motorentechnik und die Einführung der »Sozialen Marktwirtschaft« durch Ludwig Erhard, ohne zu große Reglementierungen, und nicht zuletzt der Fleiß und das Können der Bürger waren die besten Voraussetzungen für eine erfolgreiche Zukunft. Ganz wesentlich war der Zuzug von ca. zehn Millionen Heimatvertriebenen und Flüchtlingen. Sie kamen häufig aus Industrieregionen, hatten ebenfalls einen guten Bildungsstand und waren fleißig und tüchtig. Darüber hinaus benötigten sie Wohnungen, Möbel etc. und vieles mehr. Im zerstörten Deutschland gab es überall Arbeit in Hülle und Fülle. Der Bedarf war unermesslich groß.

Die Integration der Neuangekommenen gelang besser als man befürchtete. Das gemeinsame Ziel, ein Leben in einer einfachen und bescheidenen Wohnung, einen vollen Teller und vor allem ein intaktes Vereinsleben schweißte die Leute zusammen und überlagerte so manche Nöte und Sorgen des Alltags. Das gegenseitige Helfen und Unterstützen war an der Tagesordnung.

Bildungswesen

In Schwabhausen gab es die Volksschule mit acht Klassen, anfangs in zwei Schulräumen. Das bedeutete, dass es auch Nachmittagsunterricht gab. Samstags wurde von 8.00 Uhr bis 12.00 Uhr unterrichtet. Während der Woche von 8.00 Uhr bis 13.00 Uhr, mit einer Pause.

Mit dem Zuzug der Heimatvertriebenen und Flüchtlinge haben sich die Schülerzahlen gegenüber Anfang der 40er Jahre von 134 Schülern auf 272 Schüler Ende der 40er Jahre nahezu verdoppelt. Um den Raumbedarf halbwegs zu decken, wurde 1949/50 der kleine Turnsaal bzw. Mehrzweckraum – er diente auch für Filmvorführungen und Tanzveranstaltungen – gegenüber dem großen Schulhaus umgebaut und ein Klassenzimmer darin eingerichtet. Im alten Schulhaus waren neben zwei Klassenräumen und Toiletten (mit Plumpsklo) auch zwei Lehrerwohnungen untergebracht.

Bis 1951 gab es die Schulspeisung, aber nur für bedürftige Kinder. Einmal durfte ich mir auch eine Erbsensuppe abholen und ich war mehr als zufrieden, die Suppe zu probieren.

Einen Kindergarten hatten wir nicht.

Weiterführende Schulen waren in Markt Indersdorf: eine dreiklassige Mittelschule mit Internat, ebenso in Weichs. In Dachau gab es eine sechsklassige

Der erste Schultag, Einschulung 1950

Oberrealschule. Mangels ausreichenden Schulangebots waren Internate voll belegt, im Gegensatz zu heute. Es gab unter den Schülern, wie auch heute, die sogenannten »Spätzünder«. Häufig hatten die Eltern aus beruflichen Gründen, meist Handwerker keine Zeit, sich um die Ausbildung ihrer Kinder zu kümmern und so schickten sie diese für eine bessere Schulbildung in ein Internat. Ich kam mit 14 Jahren nach Donauwörth, in die vierte Klasse. Es gab einiges nachzuholen.

Eine Lehre der Jugendlichen am Ort war in folgenden Handwerksberufen möglich: Schneider, Bäcker, Metzger, Maurer, Zimmermann, Wagner, Schreiner, Schmied, Schlosser, Spengler und Elektriker.

Gemeindliche und staatliche Institutionen

Zur Gemeinde Schwabhausen gehörten Einöden und Weiler wie Armetshofen, Edenholzhausen, Rienshofen, Rothhof und Sickertshofen. Interessanterweise bestand schon der Schulsprengel mit den damals selbständigen Gemeinden Rumeltshausen (einschließlich Stetten) und Oberroth (einschließlich Kappelhof und Lindach).

Der Bürgermeister mit der längsten Amtszeit in der Gemeinde war Josef Huber, von 1925 bis 1952 mit zweijähriger Unterbrechung in der Nachkriegszeit. Zweimal wurde sein Verhalten in der Nazizeit überprüft. Er wurde in die Gruppe der »Minderbelasteten« und schließlich der »Mitläufer« eingestuft. Josef Huber war auch Bader, er half bei gesundheitlichen Beschwerden, fungierte als Zahnarzt, »Frisör«, war zuständig für Leichenschau (in der arztlosen Zeit), betrieb eine Krämerei und eine Landwirtschaft mit landwirtschaftlichem Lagerhaus.

Die Einwohnerzahl der Gemeinde Schwabhausen stieg nach Kriegsende von 430 auf 880 an und hat sich damit mehr als verdoppelt. Dennoch blieb Schwabhausen immer noch eine kleine Gemeinde. 1950 wurden in der Gemeinde 855 Einwohner gezählt davon 412 Neubürger. Zum Wahljahr 1952 trat eine neue Bayerische Gemeindeordnung in Kraft. Diese bestimmte, dass neun Gemeindevertreter, einschließlich des ehrenamtlichen Bürgermeisters, gewählt werden mussten. Die Vertriebenen und Flüchtlinge haben sehr solidarisch gewählt, denn Rudolf Horra, Hermine Kastl, Albert Opel und Anton Siegert kamen aus ihren Reihen. Die Vertriebenen und Flüchtlinge hatten offensichtlich ihre neue Heimat gefunden. Matthias Arnold wurde zum Bürgermeister gewählt und hatte das Amt bis 1972 inne. Liborius Müller führte die Kassengeschäfte. Kassen und Gemeindeschreiberei durfte nicht mehr in Personenunion geführt werden. Neuer Gemeindeschreiber wurde Georg Hack. Die Amtsstube und Gemeindeverwaltung war in seinem Haus untergebracht.

In der Kirchenstraße liegen Schule und die Kirche mit Friedhof räumlich nah zusammen. Der Friedhof musste aufgrund des Zuzugs der Heimatvertriebenen zum ersten Mal in Richtung Arnbacher Straße erweitert werden.

1956 beschloss der Gemeinderat, den ersten Flächennutzungsplan für das Gemeindegebiet aufzustellen. Die verstärkte Bautätigkeit erforderte eine Satzung zur Regelung einer geordneten Bodennutzung, d. h. es wurden die notwendigen Straßen festgelegt und wo und wie gebaut werden durfte.

Am 12. 12. 1957 wurde über das Gemeindewappen entschieden. Der Gemeinderat stimmte dem Entwurfsvorschlag »Wolfsrumpf auf blauem Grund« zu. Das Wappen hat einen historischen Hintergrund, der aus dem vierzehnten Jahrhundert stammt.

Gegenüber der Schule war die Polizeistation mit Wohnungen für die Polizisten Lang, Plank und Frey. Polizeikontrollen gab es in erster Linie auf der Straße bezüglich ordnungsgemäßer Fahrzeuge und bei Veranstaltungen.

Eigentümer von Grund und Boden, Haus und Betriebsvermögen mussten einen Lastenausgleich bezahlen nach den Verordnungen des Lastenausgleichsgesetz aus dem Jahr 1952.

GEMEINDLICHE INFRASTRUKTUR

Die Staatsstraße war bis Anfang des Dorfes und ab deren Ende in Richtung Oberroth geteert. Unsere Hauptstraße im Ort war eine Sand- und Kiesstraße, mit Straßengraben zur Entwässerung auf beiden Seiten, ohne Geh- und Radweg. Erst Anfang der 50er Jahre wurde die Hauptstraße, heute Münchener- und Augsburger Straße, im Ort ausgebaut und geteert.

Wasserversorgung gab es nur privat mit eigenem Brunnen. Gegen Ende der 50er Jahre wurde die öffentliche Wasserversorgung errichtet. Der Wasserturm war für den täglichen Spitzenbedarf und als Wasserreserve geplant. Nachts wurde bei günstigem Stromtarif der Behälter wieder gefüllt. In der Brunnenstraße befanden sich der Brunnen und die erforderliche Pumpe.

Die Abwasserentsorgung musste ebenfalls privat durchgeführt werden. Für die Entleerung der Abwassergruben gab es spezielle Unternehmen.

Neue Baugebiete wurden ausgewiesen und deren Erschließung festgelegt und vorangetrieben. Die Stromversorgung wurde aus Wirtschaftlichkeitsgründen von 110 V auf 220 V umgerüstet.

Der Dorfweiher, nur Weiher genannt, hatte in den 50er Jahren die doppelte Größe gegenüber der heutigen und wurde im Sommer zum Baden genutzt. Wir Kinder mussten Schwimmen lernen, um ans gegenüberliegende Ufer zu gelangen. Flöße wurden gebastelt; Lastwagengummireifen waren begehrte Schwimmhilfen. Pferde wurden gelegentlich ins Wasser geführt. Im Winter gab es auf dem Eis reges Treiben: Eisstockschießen, Eishockeyspielen und Schlittschuhlaufen. Das Bahnhofsrestaurant versorgte sich aus dem Weiher mit Natureis für den Bierkeller. Die Eisblöcke wurden herausgesägt.

Ein modernes wettkampfmäßiges Schwimmbad gab es neben Dachau auch in Erdweg an der Glonn.

Bahnhof: Die Zugverbindung nach Dachau, Altomünster und München, erwies sich als großer Vorteil für die weitere Gemeindeentwicklung. Es fuhren Personen- und Güterzüge. Bahnhofsvorsteher Anton Pitschi war neben dem Fahrkartenverkauf auch zuständig für den Betrieb des Güterbahnhofs in Schwabhausen. Es gab noch Stückgutanlieferung bzw. Versand. So wurde noch Ende der 40er Jahre Brot aus unserer Bäckerei nach München versandt. Waggons, z. B. voll mit Kohle, mussten noch von Hand entladen werden.

Das alte Gemeindehaus, das sogenannte Hüathaus, wurde für Wohnzwecke saniert. Ungefähr zehn Wohnungen in Baracken waren in Bahnhofsnähe für Heimatvertriebene und Flüchtlinge vorhanden. Der Sanitärbereich war in einer separaten Sanitärbaracke untergebracht. Zur Linderung der Wohnungsnot wurde 1950 von der »Gemeinnützigen Wohnungsgesellschaft mbH« München an der Hardtstraße ein Wohnblock mit zwölf Wohnungen gebaut und 1963/64 von der Gemeinde übernommen.

Die Gemeinde erstellte einen sogenannten Brandweiher als Löschwasserreserve. Der Weiher war eingezäunt. Baden war verboten. Das war aber kein Hindernis für uns, denn er war über zwei Meter tief und somit die einzige anspruchsvolle Badegelegenheit im Dorf.

Dorfleben Mit Kirche und Wirtshäusern

Die katholische Religion beeinflusste den Tages-, Wochen- und Jahres-Rhythmus ganz wesentlich. Die kirchlichen Feste gehörten zu den Höhepunkten im Dorf, wie Weihnachtsfest mit Christmette, das Oster- und Pfingstfest. Fronleichnam wurde wie heute mit einem festlichen Umzug gefeiert. Die Pfarrgemeinde Rumeltshausen wurde vom Schwabhauser Pfarrer mitbetreut. Pfarrer Johann Hinterholzer, ein gestandenes Mannsbild, stolz, streng und temperamentvoll, hatte eine schöne, kräftige Stimme und so stimmte er die Lieder in der Kirche an. Im Religionsunterricht war er mehr als streng. Seitliches Haaredrehen sollte man durch aufmerksames Mitwirken am Unterricht vermeiden. Die evangelischen Schüler hatten separaten Religionsunterricht.

Der Pfarrer wohnte im großen, stattlichen Pfarrhaus etwa 150 Meter von der Kirche entfernt. Es gab noch jeden Tag die Frühmesse und natürlich Sonntagsgottesdienst, Maiandacht und Rosenkranz. Am Freitag gab es in den Familien meist kein Fleisch, sondern nur Mehlspeisen.

Für Veranstaltungen, wie Hochzeiten und Theateraufführungen, hatten wir die Postwirtschaft von Familie Kellerer. Bei Hochzeiten musste das sogenannte Mahlgeld entrichtet werden. Das war ein Kostenbeitrag für die Bewirtung. Ebenso gab es bis Mitte der 50er Jahre noch den Brauch, die Aussteuer der Braut anzuschauen. Die Postwirtschaft besaß einen großem Saal, den größten im Landkreis, außerdem eine Metzgerei und sogar ein Telefon! Es war eines von wenigen im Dorf. Bis Ende der 50er Jahre war es sehr schwierig und es hat oft sehr lange gedauert, bis man einen Telefonanschluss bekam. Der Fußballplatz – die Wiese war Eigentum des Postwirts – lag in unmittelbarer Nähe und so war es klar, dass auch die Wirtschaft das Vereinslokal war.

Die Gaststätte am Bahnhof, dem Bahnhofrestaurant – ein besonders schönes Gebäude, erbaut 1913 – war ebenfalls Eigentum der Familie Adolf Kellerer. Dorthin kamen überwiegend Gäste aus dem Kreis der Arbeitnehmer.

Freitag war Zahltag. Die Arbeiter aus der Bauwirtschaft – viele kamen mit dem Zug an – fanden zuallererst den Weg in die Wirtschaft, noch vor dem Nachhauseweg. Der Alkohol und die gute Stimmung verleiteten so manchen Gast zum Sitzenbleiben und zu tief ins Glas schauen und so kam es nicht selten vor, dass die Ehefrau vorbeikam und den vermutlich größten Teil des Lohnes abholte.

1951 bekam Schwabhausen ein weiteres Wirtshaus, den sogenannten Heckenwirt. Tatsächlich gab es eine größere Hecke in ca. 100 Meter Entfernung an der Römerstraße. Eigentümer und Wirtsleute waren Maria und Josef Arnold. An das Wohnhaus wurden Toiletten angebaut und die Wirtsstube ins Wohnhaus integriert. Brotzeiten und Bier gab es bis spät in die Nacht. Kartenspielen war in der damaligen Zeit sehr beliebt. Der wirtschaftliche Erfolg und der Bedarf ermöglichten den Anbau eines kleinen Saales mit Kegelbahn im Keller.

Die beliebten großen Faschingsbälle fanden im Saal der Postwirtschaft statt, die kleineren und nicht weniger beliebten, stimmungsvollen, beim Heckenwirt mit Barbetrieb im Keller.

Voraussetzung für den beginnenden Wohlstand

Die 50er Jahre waren geprägt von Zuversicht, großer Sparsamkeit, Arbeit und enormen Fleiß. Voraussetzung waren die Vollbeschäftigung, tüchtige Unternehmer und die Erfüllung der Grundbedürfnisse, wie eine warme Wohnung, genug zu essen und Kleidung.

Langsam kam der Wunsch nach etwas Komfort, denn die Wohnungen hatten meist nur eine Wohnküche und Schlafräume für Eltern und Kinder. Wohnzimmer gab es meist erst ab Mitte der 50er Jahre. Geheizt wurde mittels Einzelöfen. Im Winter waren die Schlafräume kalt, die Betten manchmal klamm. So behalf man sich mit einer Kupferwärmflasche oder einem heißen Ziegelstein. Etwas später gab es die Gummiwärmflasche. Die Waschküche diente oft auch als Bad. Als Toilette gab es oft nur das Plumpsklo, manchmal auch außerhalb des Hauses. WCs wurden ab Mitte der 50er Jahre eingerichtet. Ebenso wurden Bäder und Heizungen installiert, anfangs meist Warmluftheizungen.

Mitte der 50er Jahr reichten die Einkünfte für ausreichendes, gutes Essen. Als Brotaufstrich gab es immer noch Rama (Margarine) und zum Backen Sanella. Butter war noch selten, Fleisch ebenso, Wurst ausnahmsweise am Wochenende oder bei schwerer Arbeit.

Die nächsten Ziele waren eine gute Mobilität. Fahrräder standen an erster Stelle, dann Moped, Motorrad bzw. Motorroller oder eventuell auch ein Kleinwagen. Weitere Wünsche waren besseres, abwechslungsreicheres Essen, soviel man wollte, mit entsprechenden Getränken sowie zweckmäßige, ordentliche und schöne Kleidung.

Auf der Wunschliste ganz oben stand oft der Bau eines eigenen Hauses auf eigenem Grund oder in Erbpacht (von der Kirche oder Gemeinde). Auch gute Bildung und Berufsausbildung bekamen einen hohen Stellenwert für beruflichen bzw. finanziellen Erfolg.

Verbesserungen im häuslichen Umfeld

In den meisten Häusern gab es Anfang der 50er Jahren nur einen Raum, der im Winter regelmäßig beheizt wurde, nämlich die Küche. Dort spielte sich das häusliche Leben ab. Auf dem Kohleherd wurde gekocht, warmes Wasser gab es im Kupferschiffchen im Herd. Küchen- und Kochgeschirr gehörten in den Haushalten zur Grundausstattung, ebenso die üblichen Möbel. Technische Geräte gab es in den allermeisten Fällen nicht.

Der erste Fortschritt war der elektrische Kochherd. Nach und nach kamen der Kühlschrank, die einfache, nicht beheizte Waschmaschine, die Wäscheschleuder, der Handstaubsauger (meist von der Firma Kobold, klein und handlich) und die kleine elektrische Kaffeemühle. Dieser Standard war bis Ende der 50er Jahre üblich.

Der Ölofen brachte einen großen Fortschritt in der Wohnraumheizung und Warmwasserversorgung. Holz- und Kohleschleppen gehörten der Vergangenheit an. Mehrere Räume waren nun durchwegs in der gewünschten Annehmlichkeit temperiert. Das Bad mit Toilette wurde Ende 50 standardmäßig eingeplant.

Vereinswesen, Theater, Tanzveranstaltungen, Kino, Reisen

Sehnsucht nach Freude, Unterhaltung und Vergnügen waren verständlicherweise nach all den Jahren der Entbehrungen groß. Schwabhausen war ein lebendiges Dorf. Dazu beigetragen haben maßgeblich all unsere Vereine. Sie waren und sind die Schmiere der Dorfgesellschaft.

Die Feuerwehr war schon immer ein sehr wichtiger Verein, denn er half – und hilft auch heute noch – in der Gemeinde und auch außerhalb, bei Brand, Sturm oder anderen Notlagen. Aus diesem Grund wurden und werden die Investitionen bei den Feuerwehren in fast allen Fällen von den Gemeinden getragen. Der Feuerwehrball war jedes Jahr eine feste Größe. Kommandant Xaver Reindl eröffnete den Ball beim Heckenwirt mit dem ersten Tanz.

Der Krieger- und Soldatenverein traf sich einmal im Jahr am Volkstrauertag am Kriegerdenkmal zum Gedenken an die Toten und Vermissten. Vorsitzender war Peter Englmann. Anschließend ging man zur Jahresversammlung in den Postwirt.

Der Gartenbauverein war in den Nachkriegsjahren auch präsent, aber erst gegen Ende der 50er Jahre wurde wieder eine Vorstandschaft gewählt. In erster Linie ging es dem Verein um die Obstgärten und um den Gemüseanbau. An Obst gab es im Winter nur die im Keller eingelagerten Äpfel. Zwischen Oberroth und Großberghofen standen Apfelbäume als Straßenbäume und man konnte das Obst eines ganzen Baumes (so auch mein Vater) kaufen.

Der Schützenverein war in den Wintermonaten aktiv. Die Vereinsabende am Wochenende begannen immer mit Schießen auf die Scheibe auf eine Entfernung von zehn Metern. Es gab noch keine Schießstände nach heutigem Standard und so behalf man sich beim Postwirt mit einem Guggerl (Wandluke) und schoss von der Wirtsstube ins Nebenzimmer. Vorstand war viele Jahre Spenglermeister Karl Fischer.

Heini Loder hat den TSV Schwabhausen als Sportler, Fußballer und Vorsitzender maßgeblich geprägt und die Leute begeistert. Unterstützt wurde er von seiner Frau Marianne. Der TSV hatte gute Fußballer vorzuweisen. Zu diesen gehörten Heini Loder, Willi Schröppl, Josef Niedermeier, Georg Romanine und viele andere.

Bereits 1954 wurde die erste Turnhalle am Sportplatz mit Umkleide- und Waschmöglichkeiten gebaut und eingeweiht, damals war das eine Ausnahme im Landkreis.

Höhepunkte waren zu Pfingsten die Fußballturniere mit drei auswärtigen Mannschaften. Auswärtsspiele waren mit mehrtägigen Bus-Ausflügen verbunden.

Sehr gut besucht und beliebt waren auch die Weihnachtsfeiern mit Nikolaus, kurzen Theaterstücken (Einakter) und anschließender Torten- bzw. Christbaumversteigerung, um die Vereinskasse aufzubessern.

Dem TSV angegliedert war die Theatergruppe mit Spielleiter Walter Röhm. Mindestens einmal im Jahr gab es eine größere Aufführung im großen Saal der Postwirtschaft, die immer sehr gut besucht war. Walter Röhm aus Deckenpfronn, Kreis Böblingen, hat die Theatergruppe als Abteilung der TSV Schwabhausen 1949 gegründet und über 10 Jahre bis zu seinem Tod ge-

Fußballspiel auf dem Fußballplatz, im Hintergrund die erste Turnhalle in Schwabhausen
1953

leitet. Die Aufführungen der Theatergruppe im Saal der Postwirtschaft gehörten zu den besonderen Veranstaltungen im Jahresrhythmus. Gespielt
wurden ernste, dramatische Stücke wie »s'Almröserl (Jennerweins Ende)«,
»Der Teufel am Harthof«, »Mutterherz in Not«, aber auch lustige wie »Der
letzte Hochzeiter«, »Dö damische Kur« und viele andere. Die vielen Zuschauer waren gefesselt oder in launige Stimmung versetzt. Einige besondere Spieler und Spielerinnen waren: Josef Niedermeier, Willi Schröppel, Adolf Forstner, Louis Boder, Rosina Gasteiger, Therese Gasteiger, Rosina Romanine, geb.
Sonnenberger, Therese Forstner, geb. Andrä und viele andere. Die Theaterstücke wurden z. B. auch in Deckenpfronn, dem Heimatort von Walter Röhm
mit sehr großem Erfolg, gespielt. Dort war der Wirtshaussaal aber sehr klein
und so mussten sich nicht wenige Zuschauer mit den Blicken durch die Fenster begnügen.

Faschingsbälle: Höhepunkte waren der Sportler-, Schützen-, Feuerwehr-
und Verheiratetenball. Die Säle waren bis zum letzten Platz gefüllt. Es wurde
getanzt, vor allem Polka, Fox und Walzer, und gesungen. Die Stimmung war
fröhlich, die Tanzfläche voll. Schlagermusik war in steigender Beliebtheit im
Programm. Der Sportlerball, immer mit Masken, war absoluter Höhepunkt

Theateraufführung der Theatergruppe Schwabhausen

im Fasching, oft mit lustigen Einlagen von Loder Heini, Boder Louis und Zahnarzt Fischer.

Ballbesucher unter 18 Jahren wurden nach der Eingangskontrolle von den Polizisten wieder heimgeschickt, es sei denn, sie wurden mit geräuchertem Speck bestochen. Meine ältere, 17jährige Schwester musste wieder heimgehen, eine ehemalige Klassenkameradin hingegen durfte bleiben. Den Groll kann man sich denken.

Tanzen bei flotter Musik, bis spät in die Nacht, war auch bei den Gartenfesten sehr beliebt. Gartenfeste mit festem Tanzboden gab es beim Heckenwirt, im Garten vom Geeler und beim Postwirt unter den Kastanien. Ein Faschingszug der Hauptstraße entlang, mit großem Tamtam und Trara und anschließendem lustigen Fußballspiel auf dem Fußballfeld bei winterlicher Kälte und Schnee, war eher die eine Ausnahme.

Das Maibaumaufstellen am 1. Mai, nur mit Stangen zu Scheren gebunden und mit Muskelkraft, ohne Technik, war ein wichtiges Ereignis im Dorf. Dementsprechend groß war die Zuschauerzahl.

Beliebter Treffpunkt der Schwabhausener Jugend war an der Kapelle (heute Stalingradkapelle) im Ganterholz.

Manchmal fuhr man nach Dachau in eines der vier Kinos. Im Vorspann gab es Werbung und die beliebte

Fox tönende Wochenschau, mit Ereignissen aus der ganzen Welt.

Überörtliche Feste und Veranstaltungen: Für uns hatte der 1. Mai am Petersberg mit Gottesdienst im Freien, Essen und Trinken, beinahe den Charakter eines kleinen Volksfestes. Wir gingen natürlich auch gerne zum Volksfest nach Dachau und zum Oktoberfest nach München.

Busausflüge waren sehr beliebt, z. B. mit einem alten Bus der Firma Danhofer nach Fischbachau und weiter zu Fuß auf den Wendelstein. Ein Ausflug, den ich gerne mit meinem Vater unternahm.

Reise zum Wendelstein mit dem Busunternehmen Danhofer aus Höfa/Odelzhausen, ca. 1953

Auch Radtouren zu Badeseen und Jugendherbergen, z. B. Steinebach am Wörthsee, mit dem Klassenlehrer Herrn Kneifel fanden großen Anklang. Adolf Forstner und Louis Boder machten eine große Radtour (ohne Gangschaltung) in der Schweiz mit Übernachtung im Heustadel.

Die Ausflüge gingen meist in die Alpen oder an einen der Seen, mit Motorrad, einem Kleinwagen und später dann mit einem richtigen Auto, wie etwa einem VW Käfer – mit fünf erwachsenen Personen und zwei Kindern im Kofferraum.

1954, nach dem Gewinn der Fußballweltmeisterschaft, war die Begeisterung riesengroß, – und der Stolz ebenso. Wir Buben haben das Fußballspiel im Radio verfolgt und im Anschluss im Hof des Bürgermeisters vor lauter Begeisterung Fußball gespielt.

VERKEHRSWESEN, MOBILITÄT, MEDIEN

Schwabhausen war damals schon durch die Zugverbindungen nach Dachau, München und Altomünster in einer besonderen günstigen Lage, was den Personen- und Güterverkehr betrifft. Der öffentliche Busverkehr bot die gleichen Anbindungsmöglichkeiten wie der Zug. Mit dem Bus gab es sogar die Möglichkeit, bis nach Aichach zu kommen.

Das Fahrrad war Anfang bis Mitte der 50er Jahre im privaten Gebrauch das wichtigste Fortbewegungsmittel. Fahrräder gab es anfangs noch nicht in allen Haushalten. Wir hatten auch zwei Kinderfahrräder, unser Nachbar meinte, das muss doch nicht sein. NSU war eine Zeitlang der größte Fahrradhersteller der Welt. Mein Bruder hatte sich ein NSU Rennrad mit Zehngangkettenschaltung gekauft. Bis Mitte der 50er Jahre waren Gangschaltungen die Ausnahme. Der große Erfolg war dann die problemlose und preiswerte 3-Gang Nabenschaltung von Fichtel & Sachs. Für die Fahrradfahrer war die Gangschaltung eine wesentliche Erleichterung beim Radfahren im hügeligen Dachauer Hinterland.

Erst ab Mitte der 50er Jahr kam mit der aufkommenden Motorisierung die Mobilität so richtig in Schwung. Die zeitlichen Entfernungen reduzierten sich

Zunehmende Motorisierung (Foto: Süddeutsche Zeitung im Artikel v. 6. 10. 2005)

mit der fortschreitenden Geschwindigkeit. Anfangs war man mit einem Moped (NSU Quickly, Zündapp, Rex, Viktoria) zufrieden, dann kam der Motorroller (Zündapp, NSU Lambretta) zum besseren Schutz bei Regen. Der nächste Schritt war die Welle der schnelleren Motorräder (NSU, BMW, Horex). Im Gemeindegebiet sind drei junge Männer aufgrund zu hoher Geschwindigkeit tödlich verunglückt.

Die zweirädrigen Fortbewegungsmittel hatten den großen Nachteil, dass nur zwei Personen fahren konnten und Wind und Regen ausgesetzt waren. Und so kamen dann die Kleinwagen auf den Markt, wie 1955 Isetta von BMW – das war auch mein erstes Auto, aber nur ein gebrauchtes – oder das Goggomobil 1955 von der Firma Glas, Loyd 1955, der Messerschmitt Kabinenroller, Janus von Zündapp usw. Es gab unglaublich viele Angebote und Ausführungen von den verschiedensten Firmen.

Autos wurden anfangs in erster Linie für berufliche Zecke angeschafft. Man konnte oder wollte sich ein richtiges Auto, wie einen VW Käfer, Opel P4 oder einen flotten DKW 3–6 leisten, wie etwa Bürgermeister Arnold. Liborius Müller (Kassenwart der Gemeinde) hatte den ersten VW Käfer, meine Eltern kauften einen gebrauchten VW Käfer und der Metzger und Wirt aus Stetten fuhr einen Opel Kapitän. Große Mercedesautos gab es selten. Der Run auf motorbetriebene Fahrzeuge wie Mopeds, Motorräder, Motorroller und schließlich auf kleine und dann auch größere Autos steigerte sich enorm.

Reparatur und Verkauf von Fahr- und Motorrädern, Mopeds, Motorrollern und Motorrädern bot das Geschäft der Firma Kaßner. Die Reparaturwerkstätte, eine Holzbaracke, stand auf dem damaligen Weberanwesen (Fam. Huber). Heute befindet sich dort der neue kirchliche Friedhof.

Ein besonderes Ereignis war das Motorradrennen 1951 auf einer Grasbahn in Schwabhausen, nördlich von Rothhof. Der hochtalentierte Horst Kaßner fuhr und gewann mit 12 Jahren sein erstes Motorradrennen. Sein Vater, Motorenspezialist aus Schlesien, trimmte die Motoren auf Höchstleistung. Er fuhr ebenfalls Rennen. Auf der Wiese wurde ein Rundkurs ausgesteckt. Wir Kinder durften die Bahn mit Fähnchen ausstecken. Horst gewann in seiner Motorklasse. Sein Vater gewann in seiner Motorklasse ebenfalls. Auch Rennen in Dachau und Fürstenfeldbruck gewann Horst. Es waren die Anfänge einer großartigen Rennfahrerlaubahn. Eine Zeitung schrieb 1952 über ein Motorradrennen in Lörrach in der Überschrift: »Fünfzehnjähriger Rennfahrer begeisterte 25000 Zuschauer«. Er fuhr später europa- und weltweit, z.B. auch in Japan, sehr erfolgreich Straßenrennen. So gewann er auch das berühmte und gefährlichste Straßenrennen auf »Isle of Man« und vier » Deutsche Meisterschaften«.

Horst Kaßner beim Motorradrennen

Der Sieger Horst Kaßner dreht mit seinem Vater eine Ehrenrunde, 1951

In der Mitte des Jahrzehnts waren Tageszeitungen und Radios in den meisten Haushalten obligatorisch. Musikschrank mit Plattenspieler bzw. -wechsler waren die Ausnahme, ebenso ein Fernseher. Fernsehschauen am Abend bei Bekannten war keine Seltenheit. Wir Kinder waren auch bei unserem Bürgermeister Arnold in der Stube. Der Raum war ziemlich voll und so sahen wir auf dem Fußboden sitzend Fernsehsendungen, z. B. Sport, Tierfilme, Reportagen etc.

WIRTSCHAFTLICHE ENTWICKLUNG BEI DEN HANDWERKSBETRIEBEN

Fortschreitende Technik, Mechanisierung und Automatisierung bewirkten einen großen Produktivitätsfortschritt, der wiederum deutliche Einkommensverbesserungen bei den Arbeitgebern und Arbeitnehmern ermöglichte. Wesentliche Konsum- und Investitionssteigerungen waren die Folge. Der private Konsum, wie z. B. für gutes und reichliches Essen im gehobenen Preissegment, stieg deutlich. Nun konnte man sich auch moderne elektrische Haushaltsgeräte, neue Möbel, Musikschrank, Motorrad und Auto leisten und nicht zuletzt die ersten Urlaubsfahrten.

Die positive wirtschaftliche Entwicklung war im Handwerk besonders gut erkennbar. Durch den gestiegenen Bedarf an Bauleistung entwickelte sich die Baufirma Josef Baumgartner mit Sägewerk, Zimmerei und Schreinerei zu einem anerkannten und erfolgreichen Fachbetrieb. Die große Baufirma Vitus

Lachner in Stetten, ebenfalls mit Sägewerk, Zimmerei und Schreinerei, konnte auch große Erfolge verbuchen und erlangte überregionale Bedeutung.

Wolfgang Egerer, Heimatvertriebener aus Karlsbad (Sudetenland) gründet einen mechanischen Betrieb für Dreh- und Frästeile.

Die DEA Tankstelle beim Drexel, Inhaber Josef Drexel Schegg, versprach sich in dieser Zeit der zunehmenden Motorisierung einen großen Erfolg. Die Konkurrenz war jedoch zu groß und hatte eine bessere Lage und so musste die Tankstelle nach einigen Jahren aus wirtschaftlichen Gründen wieder schließen.

Alois Jörg war Fuhrunternehmer, war im Krieg und kaufte nach der Gefangenschaft einen Lastwagen mit Holzvergaser und transportierte Milchkannen in die Molkerei nach Dachau. An Wochenenden wurde die Ladefläche mit Bänken bestückt und so fuhr er Fußballer oder die Theatergruppe bei Bedarf an die gewünschten Ziele.

Hans Mauler, Heimatvertriebener aus Tschechien, gründete 1956 einen Betrieb zur Fertigung von Betonhohlblocksteinen für gemauerte Kellerwände. Er hat die nötigen Maschinen, Werkzeuge und Vorrichtungen selbst konstruiert und gefertigt.

Jakob Kraut, Schmied in Oberroth, erweiterte seinen Betrieb und verkaufte und reparierte nun auch landwirtschaftliche Geräte und Maschinen. Ebenso erweiterte der Schmied in Puchschlagen seinen Betrieb mit Schlosserarbeiten. Die Schmiede Burgmair in Schwabhausen war bis 1952 an Herrn Wollitzer (Heimatvertriebener) verpachtet und danach einige Jahre stillgelegt. Johann Burgmair arbeitete nach erfolgter Gesellenprüfung 1954 als Schmied und erweiterte seinen Betrieb mit der Durchführung von Schlosserarbeiten. Hans Huber, Schmied und Landmaschinenmechaniker baute für den Landwirt Matthias Arnold (Seitz Bauer) einen großen, vielbeachteten luftbereiften Anhänger mit Flugzeugrädern.

Die Wagnerei Jakob Roth war noch voll in Betrieb und für Wagnerarbeiten der Landwirte wichtig.

Josef Grund aus Eger zog 1952 mit seiner Firma Raumausstattung und Polsterei in die obere Baracke am Bahnhof. Das Aufrichten wie auch die Neuanfertigung von Polstermöbeln war damals noch üblich und brachte ihm einen großen wirtschaftlichen Erfolg.

Die Schreinerei Heinrich Loder fertigte Möbel, Fenster und Türen, nebenbei erledigte er mit seinen Mitarbeitern Glaserarbeiten. Die Werkstatt wurde vergrößert, um ausreichend Platz für weitere Gesellen und neue Maschinen zu haben. In Stetten war die Schreinerei von Georg Sonnenberger sen. ebenfalls sehr erfolgreich.

In der Schneiderei Johann Weinfurtner waren neben ihm, sein Sohn Alfred und zwei Näherinnen beschäftigt. In den 60er Jahren hat er noch meinen Hochzeitsanzug angefertigt.

Bei Schuster Johann Blimmel arbeiteten zeitweise drei Söhne, alles gelernte Schuster. In seiner Werkstatt reparierten und fertigten sie Schuhe. Leder war anfangs schwer zu beschaffen. Daher waren Schuhe Mangelware und nur schwer zu bekommen. Die Rechnung für die Schusterabeiten kam einmal im Jahr ins Haus. Der Schuster Peter Hochstraßer (Heimatvertriebener) fertigte und reparierte ebenfalls Schuhe, allein in seiner Werkstatt.

Zwei Friseurgeschäfte, Max Jörg und Theobald Glöckner (Heimatvertriebener) hatten reichlich zu tun. Das Lagerhaus der Firma Gürtner, östlich vom Bahnhof, war nicht mehr zeitgemäß und wurde abgerissen.

Bei der Gärtnerei Lichte, westlich vom Rothhof – an gleicher Stelle steht heute wieder ein Gärtnereibetrieb – gab es Essiggurken in großen Dosen. Dort waren wohl auch die ersten Erdbeerfelder in der Umgebung zu sehen. Eine weitere Gärtnerei auf dem Platz der heutigen Grundschule wurde von Frau Sabina Schmid betrieben, sie baute Gemüse an und auch Mohn (für uns Kinder sehr interessant).

Zur Versorgung der Bevölkerung gab es in der Gemeinde neben der Bäckerei Loderer (Backwaren und Lebensmittel, Torten mussten bestellt werden) zwei weitere Lebensmittelläden: Georg Daurer und Werner Peter aus Kohlhau, Kreis Karlsbad. Außerdem gab es zwei Metzgereien: Adolf Kellerer und Alfons Medele.

Ferner hatten wir am Ort einen Arzt, Dr. Liebich, den Zahnarzt Fischer und eine Apotheke sowie die Zahlstelle der Stadt- und Kreissparkasse bei Liborius Müller. Ab 1956 gab es eine Filiale der Raiffeisenbank beim Geretshauser.

ARBEIT, AUSBILDUNG UND BESCHÄFTIGUNG

Die meisten Betriebe beschäftigten nicht nur Facharbeiter und Angelernte, sondern auch Hilfsarbeiter. Maurer und weitere Fachleute vom Bauhandwerk waren besonders in München sehr gefragt. Um die Kosten für das Zugfahren zu sparen oder wegen der schlechten Verbindung, z. B. nach München-Moosach, sind so manche Arbeiter anfangs mit dem Werkzeug im Rucksack um 5 Uhr in der Früh mit dem Fahrrad losgefahren.

Überörtliche Arbeitgeber waren aufgrund besserer Bezahlung und der Arbeit im Trockenen sehr begehrt. In Dachau waren es die Papierfabrik, Pappkartonfabrik, Grundig. Wittek und Wunder, Skibindungshersteller in der Rothschwaige; in Karlsfeld, Allach und München waren es MAN, BMW-Triebwerksbau (heute MTU), Krauss-Maffei und Agfa.

Die örtlichen Betriebe haben im begrenzten Umfang Lehrlinge ausgebildet. Für technische Berufe war es anfangs sehr schwer, eine Lehrstelle zu bekommen. Heimatvertriebene kamen häufig aus Regionen mit Industrie und waren somit willkommene Facharbeiter. Es entstanden Netzwerke und so kamen die eigenen Kinder und Kinder aus dem Bekanntenkreis relativ leicht an Lehrstellen in den Metallberufen. Die hiesigen Jugendlichen blieben deshalb häufig nur in den traditionellen Handwerksberufen.

Die Baubranche hatte nach den Zerstörungen im Krieg Hochkonjunktur und somit einen großen Bedarf an Facharbeitern und stellte auch Hilfsarbeiter für einfache Tätigkeiten ein.

Die Söhne der Landwirte wurden meistens im elterlichen Betrieb benötigt und erlernten den Beruf des Landwirts. Mit der Mechanisierung der Landwirtschaft wurden viele daheim nicht mehr gebraucht und arbeiteten dann häufig als Hilfsarbeiter in den verschiedensten Firmen mit geringerer Entlohnung als Facharbeiter.

Männer waren im Handwerk, in der Industrie, im Handel, bei der Post, in der Verwaltung, Bank bzw. Sparkasse, Stadt oder beim Staat beschäftigt. Frauen waren in der Regel Hausfrauen. Wenige konnten einen Beruf erlernen und somit waren ihre Beschäftigungs- bzw. Arbeitsmöglichkeiten beschränkt und schwierig. Viele Frauen gingen unter anderem als Aushilfskraft saisonal in die Landwirtschaft, z. B. zum Rübenhacken auf einem Feld in Sickertshofen. Dort waren nicht selten 10 Frauen und mehr beschäftigt. Eine mir bekannte Frau, die nicht namentlich genannt werden möchte, konnte nach der Mittelschule und bestandener Aufnahmeprüfung 1957 in der Sparkasse Dachau nicht den Beruf der Bankkauffrau erlernen. Junge Männer als Bankkaufmann schon. Sie wurde als Angestellte eingestellt. Die Arbeitsplätze in der Sparkasse waren sehr begehrt, entsprechend groß war der Andrang.

Hausbau und Versorgung der Heimatvertriebenen

Die Wohnungsnot war verständlicherweise groß; ein Backhaus oder Geräteschuppen wurden umgebaut, diverse Anbauten errichtet und zum Wohnen ausgebaut, mit einfachstem Standard. Heimatvertriebene und Einheimische bekamen die Möglichkeit, ein Haus auf Kirchen- oder Gemeindegrund in Erbpacht zu errichten. Die Leute waren sparsam und enorm fleißig und tüchtig. Eine Familie in der Birkenstraße hat mit 300 DM angefangen, ein Haus zu bauen. Gegenseitige Hilfe beim Hausbau war an der Tagesordnung und dies bei einer 48 Stundenwoche. Samstag war zeitweise noch regulärer Arbeitstag. Technische Hilfsmittel wie Betonmischmaschine, Aufzug, Bohrmaschine, Schlagbohrmaschine, Bohrhammer etc. gab es keine. Unsere erste Handbohrmaschine war ein Schweizer Fabrikat, gekauft Ende der 50er Jahre. Den sogenannten Fischerdübel gab es ab 1958, der im Bauhandwerk einen sehr großen Rationalisierungserfolg brachte.

Das Kellergeschoß wurde mit Spaten, Schaufel und Pickel ausgehoben. Mit schweren Holzschubkarren wurde die Erde weggeschoben. Die Decken im Erdgeschoß wurden mittels Holzbalken (große Kanthölzer) und Brettern zur Befestigung der Holzwolleleichtbauplatten (Heraklithtafeln) erstellt und anschließend mit mineralischem Mörtel verputzt. Hausbau war mit unglaublichen körperlichen Anstrengungen verbunden. Nach getaner Arbeit saß man gemütlich zusammen mit einer Brotzeit und Bier.

Typische Bauweise war Keller- und Erdgeschoß sowie ein ausgebautes Dachgeschoß. Die Treppen zum Obergeschoß waren anfangs öfters nur mit Kanthölzern und einfachen Brettern gezimmert.

Beheizt wurde in der Regel mit Einzelöfen. Kachelöfen mit Warmluftführung in weitere Räume und in das Obergeschoß waren schon sehr fortschrittlich.

Elektro-, Wasser-, Abwasserinstallation und Toiletten wurden Standard. Bäder wurden erst ab Mitte der 50er Jahren eingerichtet.

Die Größe der Häuser lag meist bei ca. acht mal neun Metern. Garagen wurden anfangs noch nicht gebaut, dafür ein Nebengebäude für Hühner, Schweine, Holz, Kohlen, Gartenwerkzeug und Fahrräder. Viele Hausbesitzer hatten Anfang der 50er Jahre ein oder zwei Schweine und Hühner im Nebengebäude zur eigenen Versorgung gehalten.

An den Straßenentwässerungsgräben war teilweise festgelegt, wer an welcher Stelle das Gras für seine Tiere abmähen darf. Die Leute waren bis in die

Mitte der 50er Jahr teilweise noch richtig arm. Brennmaterial war relativ teuer und so gingen nicht nur die Heimatvertriebenen in den Wald, um Zweige und Tannenzapfen einzusammeln.

LANDWIRTSCHAFT UND BAUERNHOF

Anfang des Jahrzehnts waren noch viele Leute auf einem Bauernhof beschäftigt. Auf den größeren arbeiteten Knechte und Mägde. Getreide, Milch, Fleisch und Eier zu erzeugen war mit viel Handarbeit verbunden, aufwändig und relativ teuer. Die Mechanisierung brachte wirtschaftlichen Erfolg und somit Wohlstand. Zugleich wurde durch den Kauf von Geräten und Maschinen die Wirtschaft angekurbelt.

Schwabhausen organisierte sehr früh die Flurbereinigung. Kleine Felder wurden zwecks rationellerer Bearbeitung und Bewirtschaftung zusammengelegt. Neue und breitere Feldstraßen wurden geplant und erstellt, Hohlwege und Ranken eingeebnet, nicht immer mit Augenmaß. Das Landschaftsbild hat verloren, war eintöniger geworden.

Es gab noch ca. 40 kleine und einige größere Bauern in Schwabhausen. Sie hatten Pferde sowie Kühe, Kälber, Schweine und Hühner. Im Herbst wurden die Kühe nachmittags auf die Wiesen getrieben, Bauernkinder mussten sie hüten.

Den größten Wandel in den 50er Jahren gab es in der Landwirtschaft. Ganz wesentlich beigetragen hat die aufkommende Mechanisierung. Der Bulldog (Traktor) hat die Welt und Arbeit der Landwirte total verändert. Er wurde zum wichtigsten Arbeitsgerät auf dem Bauernhof. Der Bulldog war besonders wichtig zum Pflügen. Die Pflüge wurden breiter, der Bulldog war schneller als ein Pferdegespann und so wurde Zeit und Geld gespart. Als Zugmaschine fuhr er ca. 20 km/h schnell im Gegensatz zu den herkömmlichen Pferdegespannen.

Die Sense zum Mähen des Getreides wurde ersetzt durch den Ableger, dann den Binder und schließlich den Mähdrescher. Die ersten wurden noch von einem großen Bulldog gezogen und dann kam der sogenannte Selbstfahrer, mit eigenem Antrieb. Beim Ableger und Binder wurde das Stroh mit Ähren heimgefahren und auf dem Hof mit dem Dreschwagen (Dreschmaschine) gedroschen. Im Stadel hielt der Greifer Einzug und hat die schwere Arbeit beim Entladen des Wagens oder Anhängers und das Einlagern von Heu und Stroh übernommen.

Anfang bis Mitte der 50er Jahre holten die Landwirte bei uns in der Bäckerei Brot, brachten dafür das Getreide dem Müller in Arnbach und dieser brachte wiederum uns das Mehl für das Brot. Die Landwirte bezahlten einen bestimmten Betrag für die Arbeiten in der Backstube und das Backen. Bauern mit großen Familien holten sich den Sauerteig von uns, kneteten den Teig daheim, formten ihn zu runden Laiben und brachten diese auf einem lange Brett zu uns zum Backen. Sie bezahlten somit nur für das Backen.

WIRTSCHAFTLICHER AUFSCHWUNG IN UNSERER BÄCKEREI

Meine Eltern und älteren Geschwister sahen die Notwendigkeit, die Bäckerei und den Laden zu modernisieren. Die renovierungs- und modernisierungsbedürftige Bäckerei wurde 1939 gekauft. Anfang der 50er Jahre wurde der Kramerladen in einen schönen kleinen Bäckerladen umgebaut mit eigenem Eingang und einem großen Schaufenster. Die nächsten Investitionen fanden in der Backstube statt: Abbruch des alten und großen Steinbackofens und Fliesen in der Backstube. Beschäftigt war neben den Familienangehörigen immer ein Geselle und ein Dienstmädchen. 1952 wurde ein moderner Stahlbackofen mit Heißluftumwälzung und sechs übereinanderliegenden Backflächen gekauft und installiert. Etwas später kamen die Bäckereimaschinen dran wie Knetmaschine, Schleifmaschine (für die Semmelteiglinge), Rührmaschine und eine große moderne Speiseeismaschine.

Das Ladengeschäft hielt sich in Grenzen und so wurden im Ort Brot- und Semmelbelieferung unserer Kunden mit Fahrrad und einem kleinen Anhänger bewerkstelligt. Das alles bei Wind und Wetter. Unsere Kunden in den umliegenden Ortschaften wurden von meinem Bruder mit einem Motorrad beliefert. Der Ein-Kilo Wecken Brot kostete damals eine Mark, eine Semmel fünf Pfennige.

1953 kam ein gebrauchter VW Käfer zum Einsatz. Mein Bruder hat die Sitze ausgebaut und Holzregale installiert. Nun konnten unsere Kunden am Auto nicht nur Brot und Semmeln, sondern zusätzlich Lebensmittel des täglichen Bedarfs kaufen. In die umliegenden Ortschaften fuhren wir zweimal in der Woche. Unser tägliches Brot- und Semmelausfahren im Ort mit dem Auto begann deutlich vor 7.00 Uhr, vor meinem Schulunterricht. Brotlieferungen an Geschäfte und auch an Privatkunden in Dachau gab es einmal in der Woche. Es wurde noch sehr viel Brot gegessen. Die Privatkunden kauften sehr oft ein bis zwei Brote in zwei Kilo Laiben oder Wecken. Mittlerweile war auch ein Opel Caravan zu klein und so wurde ein neuer VW Bus gekauft, um unsere Kunden mit einem erweiterten Sortiment bedienen zu können.

Mitte und Ende der 50er Jahre nahm der Wohlstand und somit auch der Umsatz enorm zu. Kekse, Schokolade, Wein, Spirituosen, Obst in Dosen, Südfrüchte etc. wurden großzügig eingekauft. Die Handwerker und Arbeitnehmer waren die besseren Kunden, die Landwirte eher zurückhaltend. In der Weihnachtszeit sind Nürnberger Lebkuchen nicht mehr stück- sondern mittlerweile kartonweise verkauft worden. Die Kartons stapelten sich im kleinen Lagerraum bis zur Zimmerdecke.

Ende 50, Anfang 60 wurde die Ladenfläche verdoppelt und Selbstbedienung eingeführt, ausgenommen Käse- und Wurstverkauf. Es gab ein breites Sortiment an Kurzwaren und Non-Food Artikel, die sich gut verkauften. Mittlerweile wurden wir von REWE beliefert, einem modernen und heute noch erfolgreichen Großisten. Der Wohlstand war angekommen, auch bei uns.

Kriegsleid und Verdrängung

Unser Vater war im Krieg und kam mit einer Verletzung nach Karlsbad in das als Lazarett benutzte Hotel Imperial, ein Luxushotel hoch über Karlsbad, neben Hotel Pupp das bekannteste.

Ernste Gespräche über tote und verletzte Soldaten gab es sehr wohl. Über den Sinn bzw. Unsinn von Kriegen wurde in der Familie öfters diskutiert, allein mit meinem Vater habe ich darüber nie gesprochen.

Mitte 50 kam unser Nachbar, Korbinian Aschbichler aus russischer Kriegsgefangenschaft heim. Die Überraschung und Freude waren riesengroß.

Jeder Krieg hat eine Vorgeschichte. Es gab im Internat öfter Gespräche und Diskussionen im Studiersaal mit einem Pater, er hatte im Krieg ein Bein verloren. Wichtiges Thema war, ob die Kirche es akzeptiert, dass Diktatoren ermordet werden dürfen.

Frauen in den 50er Jahren — Erinnerungen aus Petershausen

Lydia Thiel

In den 50er Jahren zog in Deutschland ein völlig neuer Lebensstil ein, der die jungen Frauen fast über Nacht völlig verwandelte. Modeschöpfer wie Christian Dior oder Coco Chanel revolutionierten das Erscheinungsbild der Frauen. Namen, die auch heute noch ein sehr angenehmes Gefühl bei uns auslösen, mit Chic und Charme aus Paris verbunden werden und bis heute unsere Mode prägen.

Zu dem neuen Trend erklang aus dem Radio Rock 'n' Roll und Elvis Presley wurde von der jungen Generation als Star gefeiert. Damit war der neue Zeitgeist perfekt.

Die kurvige Frauenfigur wurde zum Schönheitsideal, verkörpert von Stars wie Marylin Monroe, Gina Lollobrigida, Sophia Loren, Liz Taylor oder der deutschen Schauspielerin Hildegard Knef. Diese Kurven entstanden bei den

Theresia Hammerl Mittermarbach, mit 18 Jahren

Theresia Hammerl ausgehbereit

meisten Frauen aber nicht von alleine, so dass Korsetts wieder Konjunktur hatten, der Miedergürtel, das Korselett und der Bügel-BH mit gepolsterten Körbchen wurden in den 50ern erfunden. Schulter- und Hüftpolster sorgten zusätzlich für runde Formen, die die enggeschnürte Taille des »New Look« betonten.

Die Welt des Glamours, die vor allem in Amerika und Frankreich ihren Anfang nahm, erreichte blitzschnell nicht nur Großstädte wie München, sondern reichte auch hinaus aufs Land.

DIE KINDER DES KRIEGSENDES – BACKFISCHE IN DEN 50ER JAHREN

Die Frauen, die im Krieg geboren wurden, erlebten das Kriegsende als Kinder und wuchsen bis in die 50er Jahre zu »Backfischen« heran. Die Wirren des Kriegsendes und die Not der Nachkriegszeit lagen hinter ihnen.

Die jungen, modebewussten Mädchen waren noch nicht mal Zwanzig, als sich in Petershausen die Erleichterung, neue Lebensfreude und der Aufschwung deutlich bemerkbar machten. In diesem jugendlichen Alter verwandelten sie sich wie im Märchen »Aschenputtel« zu kleinen Prinzessinnen und gingen auf Tanzveranstaltungen oder ins beliebte Lichtspielhaus Müller.

Gerne folgten sie den berühmten Vorbildern der Modewelt. Sie kopierten die attraktiven Kleider und nähten sie selbst oder mit Hilfe einer Schneiderin aus Petershausen.

Ein neues Kleid, eine neue Frisur, neue Schuhe, dazu ein Lippenstift und Parfum aus der neu eröffneten Drogerie ließen die noch nicht volljährigen Mädchen sehr weiblich und sexy erscheinen. Sie zogen die Blicke der Männer auf sich, aber auch den kritischen Blick ihrer Mütter.

Jutta und Christine Gransalke, Petershausen, präsentieren sich in selbstgenähten Ballkleidern.

MÜTTER DER MÄDCHEN IN DEN 50ER JAHREN

Für die Frauen, die die Kriegszeit erlebt haben, war es nicht so leicht, die schwere Zeit abzulegen, sich an der fast überschwänglichen Lebensfreude zu beteiligen und mit der neuen, modernen Zeit zu gehen.

Die Belastung und die schwere Zeit nahmen Mütter und Großmütter ihren Mädchen ab. Während die älteren Frauen, ob einheimisch oder aus ländlichen Regionen nach Petershausen gezogen, mit Kopftuch und Kittelschürze im Dorf unterwegs waren, hatten Frauen, die aus Städten als Vertriebene, Geflüchtete oder Evakuierte hier lebten, bereits modische Kleidung als alltägliches Gewand an.

Zur Kirche gingen die älteren Frauen dunkel gekleidet mit einem tief ins Gesicht gezogenen Kopftuch. Die jüngeren mit weiten Hüten, Kostüm und Handschuhen – eine Revolution im dörflichen Petershausen.

Walburga Huber, Theresia Hammerl, Edeltraud Dentinger am Friedhof Mittermarbach

FRAUENÜBERSCHUSS NACH DEM KRIEG

Nur wenige Jahre lag das Kriegsende zurück, die Männer, die an der Front waren, sind gerade aus der Gefangenschaft zurückgekommen und finden eine völlig veränderte Welt vor. Sehr schnell fanden sie Interesse daran, sich an der »neuen« Gesellschaft zu beteiligen und sich auf den Veranstaltungen zu amüsieren. Unter den jungen Mädchen gab es eine gewisse Konkurrenz, da die Männer in der Minderheit waren.

Jede wollte sich, so wie sie es aus den Nachkriegsfilmen kannte, verlieben und möglichst schnell eine feste Verbindung eingehen.

Eine wollte schöner und begehrenswerter sein als die andere. Tatsächlich gab es in Petershausen junge Frauen, die außergewöhnlich hübsch waren und daher von vielen jungen Burschen umworben wurden.

Georg Müller und Josefa Hubl, Petershausen, auf dem Schwarzweißball im »Bauer-Saal«

LIEBESVERBINDUNGEN IN DEN 50ERN

Schnell fanden sich Paare zusammen, die in den 50er Jahren die Ehe eingingen. Sie heirateten in aufwendig genähten weißen Kleidern – im Gegensatz zu ihren Müttern, die in Schwarz gekleidet vor den Altar traten. Das Glück schien für die Frau vollendet, wenn sie »unter der Haube« war und frisch vermählt in ihr eigenes Heim einzog. Wenn das junge Paar es sich leisten konnte, fuhr es sogar in Flitterwochen.

Kein Verständnis hatten Eltern für die Ehe mit einem »Flüchtlingsmädchen«. War sie gar noch evangelisch, war die Verbindung erst recht nicht gerne gesehen. Bei vielen siegte aber die Zuneigung und Liebe zueinander wie bei Jutta Kurde aus Schlesien und

Hochzeit von Jutta und Reinhard Ziller, 1955 in Petershausen

Reinhard Ziller aus Petershausen. Reinhard Ziller erinnert sich noch gut an die Reaktion seiner Eltern, als er seine Freundin vorstellte: »Meinem Vater gefiel sie sofort, meine Mutter war zuerst mit der Verbindung nicht einverstanden. Eine so hübsche, modisch gekleidete und stilsichere junge Frau, bei der der Lippenstift nie fehlte, war meiner Mutter nicht recht, sie bezeichnete sie damals als ›o'gstricha‹.«

DIE ROLLE DER FRAU ÄNDERT SICH

Im Krieg mussten die Frauen ihren »Mann« stehen und viele Aufgaben der Männer übernehmen, das entging den heranwachsenden Mädchen natürlich nicht. Für sie änderte sich das nach der Ehe ganz entscheidend. Das Ende des Zweiten Weltkrieges bedeutete für die Ehefrauen auch, dass sie ihren Beruf aufgeben mussten. Ab diesem Moment war es nicht mehr notwendig und erwünscht, dass Frauen arbeiten gingen. Sie kümmerten sich um den Haushalt und ihre Kinder oder auch um die gesamte Familie.

Ihr Bereich war das meist neu gebaute Haus und die Familie. Die jungen Männer gingen einem Beruf nach, der genügend Geld einbrachte für ein angenehmes Leben.

Mit der Einwilligung in die Ehe verpflichtete sich eine Frau automatisch zur Führung des Haushalts.

EINE DROGERIE IM DORF

Otti Hecht erzählt: »Es war ein mutiger Schritt 1950 in Petershausen, ein Haus zu bauen, in das die bis heute existierende Drogerie Hecht einzog. Ich erinnere mich noch gut, dass ein Lippenstift bei den jungen Mädchen sehr begehrt war. Vor allem ein knalliges Hochrot trugen sie zu ihren duftigen Kleidern, wenn sie ins Kino gingen oder auf einen Ball.

Anfangs kauften vor allem Frauen, die aus Städten kamen, bei uns ein. Sie waren eine Drogerie gewohnt und waren froh darum, Artikel wie Kosmetik, Rasierwasser, Seife oder auch Binden für die Monatshygiene bei uns erwerben zu können. Das alles gab es vorher auf dem Lande noch nicht. Sehr verhalten waren in den ersten Jahren die Einheimischen, zuerst wagten sich die jungen Frauen in unser Geschäft.«

Es prallten Welten aufeinander

Jutta Ziller

Unter die einheimischen Mädchen mischten sich in den 50er Jahren die herangewachsenen jungen Frauen, deren Familien durch die Kriegswirren nach Petershausen kamen und inzwischen hier eine Heimat gefunden hatten. Das bedeutete aber für die ansässige Frauenwelt auch eine gewisse gegenseitige Eifersucht. Viele, vor allem aus der Stadt München und aus Osteuropa dazugekommene Frauen waren schicke Kleidung bereits gewohnt und führten ihren Stil weiter. Inge Ostermaier war in den 50er Jahren frisch verheiratet. Ihre Großeltern lebten in Berlin. Da ihr Großvater ein bekannter Schneider war, interessierte auch sie Mode sehr. Nur selten leistete sie sich ein Kleidungsstück, wenn sie in Berlin war. Meistens fertigte sie selbst Modezeichnungen an und ließ sich von einer Schneiderin in Petershausen ihr Kostümchen nach Chanel-Vorbild anfertigen. Sie erzählt: »Mein Ehemann Ferdinand sah mich aber auch gerne in der eleganten, zu mir passenden Kleidung. Die für die einheimische Bevölkerung übliche Kittelschürze wäre ihm nicht recht gewesen.« Auch ihre Nachbarin Otti erinnert sich an die flotte Frau, die wie noch einige maßgebend war, was Kleidung anbelangte, und das Städtische aufs Land brachte. Ein Vorbild für Eleganz und Weiblichkeit war für viele im Dorf auch Jutta Ziller, die immer geschminkt war und sogar zum Einkaufen mit Hut ging.

Junge Kriegswitwen in den 50ern

Es gab in den Jahren nach dem Krieg aber auch junge Witwen mit kleinen Kindern, die sich ohne einen Partner durchbringen mussten. Für sie war

Hildegard Gransalke 1959

zwar die Zeit anders und leichter geworden, nicht aber unbedingt ihr Leben. Sie hatten es nicht so gut wie die Frauen, die in den 50er Jahren eine Ehe eingingen, Kinder bekamen und den Haushalt führten. Sie mussten einer Arbeit nachgehen, deren Einkommen gerade so für die kleine Familie reichte.

Hildegard Gransalke erzählt immer wieder, wie froh sie war, mit ihren zwei kleinen Kindern ein paar Zimmer und Arbeit in der Bäckerei Kloiber gefunden zu haben. Sie war zu Beginn der 50er Jahre eine der wenigen Frauen im Dorf, die ihr Leben alleine meisterte.

Erinnerungen an die Jugend

»Als ich jung war, musste von Kopf bis Fuß alles abgestimmt sein. Passende Handschuhe, Schuhe, Hüte und Handtaschen waren in meinem Kleiderschrank. Die Schuhe waren schmaler und hatten hohe Absätze. Hosen trug ich nur in der Freizeit. Ich hatte eine modische Fischerhose, die halblang und eng war. Wenn ich auf einen Ball ging, trug ich den Lippenstift immer erst unter der Hoflampe auf – meine Mutter durfte das nicht sehen!«

Duftige Kleidchen auf den rauschenden Bällen

Alleine konnte eine junge Frau nicht auf eine Tanzveranstaltung gehen. Sie musste entweder vom Bruder, vom Vater oder einem Verwandten ausgeführt werden. Sehr gerne zeigte man sich auf den Bällen mit der dafür extra neu genähten Garderobe.

An Silvester war im »Bauer-Saal« der erste Ball nach Kathrein, auf dem die moderne Kapelle »Nebel« aus Ingolstadt Rock'n'Roll spielte. Dann folgten die Faschingsbälle: los ging es mit dem Schwarz-Weiß-Ball vom Sportverein. Sehr begehrt war der Hausball vom Bauer-Hias, zu dem nur geladene Gäste, sogar aus München, da waren. Jeder wollte eine der Eintrittskarten.

Der Saal war rammelvoll, bis zu 400 Gäste schwangen auf der Tanzfläche

Otto und Annemarie Ziegler, Jutta und Reinhard Ziller

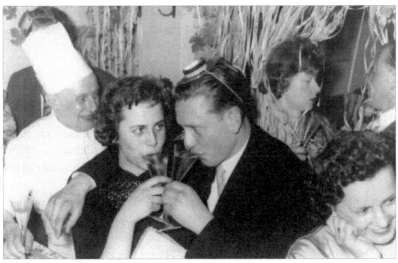

Anstoßen auf den Faschingsball – Hausball im »Bauer-Saal« 1957, Georg Müller

das Tanzbein beim Maskenball am Faschingssamstag. In guter Erinnerung ist den heute etwa 80-jährigen Frauen auch der Ball vom Männergesangverein im Vereinslokal Hutter am Bahnhof. Beim Xaverl-Wirt und beim Schmidwirt war im Fasching auch immer was los.

Georg Müller mit Tanzpartnerin auf dem Faschingsball im »Bauer-Saal«

Das Kino von Petershausen – ein gesellschaftliches Ereignis am Wochenende

Der Besitzer Georg Müller hatte recht gute Kontakte zum Verleih in München und brachte immer die neuesten Filme, die gerade in München anliefen, auch auf die Leinwand in Petershausen. Es kamen ins »Lichtspielhaus Müller« zu jeder Vorstellung am Wochenende 200 junge Leute aus der ganzen Umgebung und es gab fünf davon. Da lernte man sich kennen, schaute die schnulzigen Liebesfilme am besten Platz für 1,20 Mark oder auf dem dritten Platz für 80 Pfennige an. Die Mädchen schwärmten für die Schauspieler wie Peter Alexander, Karl-Heinz Böhm und Peter Kraus. Die jungen Männer eiferten diesen Vorbildern nach, um den Mädchen zu gefallen.

Villa »Hubertus« und Café Kloiber

Natürlich wollten die Mädchen und die vielleicht im Fasching entstandenen Paare auch im Sommer ausgehen. Man traf sich, oft sogar heimlich in der »Villa«, in der damals ein Lokal war, es befand sich sogar ein betonierter Tanzboden unter den großen Kastanien. Gerne erinnert man sich an die Bands mit moderner Musik, zu der die Mädchen mit ihren schwingenden Kleidern über die Tanzfläche geführt wurden. Im Café Kloiber trafen sich die jungen Burschen und tauschten ihre Geschichten und Erlebnisse aus, oft auch mit einiger Übertreibung. Junge Paare gingen aber auch gerne nach dem Kinobesuch in die Villa oder ins Café.

Das erste Rendezvous

Ich bekam ein neues modisches Kleid von der Schneiderin, die vorher mit mir nach München gefahren war, um mit mir den Stoff auszusuchen. Es war ganz enganliegend mit einem breiten Gürtel, der die Taille betonte. Der Rock war weit schwingend, darunter trug ich einen Petticoat. Meine langen Zöpfe habe ich mir gleich nach der Schulzeit mit 15 Jahren abschneiden lassen. Jetzt trug ich meine welligen, halblangen Haare offen, mit einer zum Kleid passenden Schleife darin. Lange hatte ich gespart, um mir zu meinem neuen Kleid die überaus modischen spitzen Schuhe mit Pfennigabsatz leisten zu können. Die ersten Nylonstrümpfe mit Naht, die von einem Strumpfgürtel gehalten wurden, bekam ich von meiner Tante. Meiner Mutter war das nicht recht. Sie trug immer noch gestrickte Strümpfe unter ihrem langen Rock. Ich war ganz aufgeregt, als ich die neuen Kleidungsstücke für das erste Rendezvous mit meinem späteren Mann anzog, dann noch roten Lippenstift auftrug und die Wimpern schwarz tuschte.

Die 50er Jahre im jetzigen Gemeindegebiet von Pfaffenhofen a. d. Glonn[1]

Katharina Axtner, Christa Liebert, Monika Mittelhammer

Vorbemerkung: In den 50er Jahren war die Gemeinde bis zur Gebietsreform in den 70er Jahren an den Landkreis Friedberg gebunden. Man fuhr für Erledigungen, Behördengeschäfte und zu weiterführenden Schulen nach Friedberg oder Augsburg.

Politische Situation

In den 1950er Jahren bestanden im jetzigen Gemeindegebiet die drei selbständigen Altgemeinden Pfaffenhofen, Unterumbach und Weitenried. Jede Gemeinde hatte einen eigenen Bürgermeister und den eigenen Gemeinderat. Schulen bestanden in Pfaffenhofen und Egenburg. Die Einwohner lebten fast ausschließlich von ihren landwirtschaftlichen Anwesen sowie Handwerksbetrieben. Läden des täglichen Bedarfes, der nicht am eigenen Hof erzeugt oder hergestellt wurde, waren in Ebersried, Egenburg, Pfaffenhofen und Unterumbach. Man fuhr für größere Anschaffungen, Erledigungen, Behördengeschäfte und zu weiterführenden Schulen nach Friedberg oder Augsburg. Im Rahmen der Gebietsreform wurden die drei Altgemeinden 1972 zunächst vom alten Landkreis Friedberg dem Landkreis Dachau zugeordnet und wenige Jahre später in zwei Schritten zur jetzigen Gemeinde Pfaffenhofen a. d. Glonn zusammen geführt.

Landwirtschaft und der erste Gastarbeiter

Im Krieg waren viele deutsche Männer an der Front gefallen und fehlten nun auf den Bauernhöfen. Auch die Flüchtlinge konnten diese nicht ersetzen. In der Industrie und beim Wiederaufbau der Städte wurden Arbeitskräfte ebenfalls dringend benötigt. Deshalb wechselten viele Dienstboten von den Höfen in die Städte und in die Industrie, in der Hoffnung, hier mehr zu verdienen. So fanden viele Menschen in der Kreisstadt Friedberg und auch in Augsburg eine Arbeitsstelle. Vor allem Flüchtlinge suchten sich in der Nähe der Arbeitsstelle eine Wohnung oder erwarben einen Bauplatz, auf dem sie sich dann mit sehr viel Eigenleistung nach der Firmenbeschäftigung ein kleines Häuschen errichteten. In den damaligen Gemeinden Pfaffenhofen a. d. Glonn, Unterumbach und Weitenried war kaum Bauland zu erwerben.

Lebten in den ersten Jahrzehnten des 19. Jahrhunderts noch 70 bis 75 Prozent der Erwerbstätigen von der Landwirtschaft, so ging deren Anteil 1950 auf nur noch 26 Prozent zurück. Die Bauern versuchten nun verstärkt, die Arbeit mit Maschinen zu erledigen. Doch die Mechanisierung kostete eine Menge Geld. Da die kleineren Höfe nicht genug Gewinn abwarfen, mussten die betroffenen Bauern einem außerlandwirtschaftlichen Verdienst nachgehen. So fiel den Bäuerinnen zu Hause eine größere Belastung zu. Die Arbeiten im Stall und auf dem Feld nahmen verstärkt sie in die Hand. Dass Bäuerinnen auf dem Traktor saßen und damit aufs Feld fuhren zum Arbeiten, war keine Ausnahme mehr.

Gezielte Mechanisierung erleichterte die Arbeit bei rückläufigen Dienstbotenzahlen. Dazu zählten die Melkmaschine sowie Erntemaschinen mit verbesserter Technik, wie der Mähdrescher, der Kartoffel- oder Rübenvollernter. So kam es, dass beispielsweise in der Gemeinde Pfaffenhofen (damals bestehend aus Egenburg, Pfaffenhofen und Wagenhofen) 1955 insgesamt 25 Schlepper, zwei Mähdrescher, zehn Mähbinder, 15 Gebläsehäcksler und sechs Melkmaschinen standen.

Es wurden Maschinengemeinschaften gegründet. Diese Selbsthilfe-Organisation der Bauern entstand in Bayern: Dr. Erich Geiersberger gründete 1958 die »Partnerschaft von Voll-, Zu- und Nebenerwerbsbetrieben im Maschinenring«. Dies wurde in der Landwirtschaft als »Bayerischer Weg« bezeichnet. Hierbei ging man davon aus, dass ein grundsätzliches Umdenken in der Landwirtschaft erforderlich war, da die ständig wachsende Mechanisierung erwirtschaftet werden musste. Dies konnte nur durch eine gemeinschaftliche Nutzung der teuren Maschinen gelingen. Deshalb kam es zur Gründung von sogenannten Maschinenringen, deren Mitglieder die eigenen Geräte anderen teilnehmenden Landwirten zum Leihen anboten. Die Abrechnung der so vermittelten Maschinen erledigte der Maschinenring. Darüber hinaus vermittelte der Maschinenring auch Betriebshelfer und -helferinnen sowie die Möglichkeit, anstehende Arbeiten auf dem Feld komplett von einem anderen Bauern erledigen zu lassen. Dadurch sparte sich der Landwirt das Geld für teure

Maschinen und konnte in der so gewonnenen Zeit einem anderen Erwerb nachgehen. Dies führte auch für kleinere Höfe zu einer rentablen Lösung.

Um die Landwirtschaft effektiver zu gestalten wurde auch die Flurbereinigung in Angriff genommen. Sie diente in erster Linie der verstärkten Produktivität der Landwirtschaft durch eine Verbesserung der Arbeitsbedingungen. Die Zusammenlegung von kleinen einzelnen Parzellen zu größeren zusammenhängenden Ackerschlägen ermöglichte den Einsatz von modernen Arbeitsgeräten und Maschinen. Erste Maßnahmen fanden in den 1950er Jahren statt; in Unterumbach eine Aufklärungsveranstaltung am 22. März 1954 und in Pfaffenhofen eine Anordnung des Verfahrens vor 1955.

Ab 1957 bemühten sich die europäischen Länder um eine wirtschaftliche Zusammenarbeit. Bei den Römischen Verträgen stimmten zunächst sieben Länder für die Europäische Wirtschaftsgemeinschaft, die EWG, später waren sich alle zwölf Mitgliedsstaaten einig. Von dieser Zeit an waren Bestimmungen und Subventionen Sache der EWG.

Waldarbeiter und Waldarbeiterinnen bei Unterumbach ca. 1954

Das Wirtschaftswunder hatte zur Folge, dass man mehr Arbeitskräfte brauchte. Ende der 1950er Jahre wurden Arbeitskräfte aus dem Ausland angeworben. Der erste Gastarbeiter der Gemeinde, Renzo Guidi (1937– 2017), arbeitete in der Landwirtschaft. Renzo Guidi wurde nahe dem kleinen Städtchen Barga am nördlichen Rand der Toskana (ca. 60 Kilometer von Lucca entfernt) geboren, wo er seine Kindheit und Jugend verbrachte. Dort ging er zur Schule und lernte auf dem elterlichen Hof. Er war 19 Jahre alt, als er von einem deutschen Austauschprogramm für landwirtschaftliche Lehrlinge hörte. Kurz entschlossen meldete sich Renzo an. Im Juli 1956 saß er dann gemeinsam mit ungefähr 50 weiteren jungen Männern in einem Zug nach Augsburg. Er machte sich wenig Gedanken darüber, was auf ihn zukommen würde, und sah es als Abenteuer an, nach Deutschland zu fahren. Der Bauer Hans Wieland (Schamberger) aus Oberumbach brauchte zu dieser Zeit eine Hilfe für seinen Hof und auch der Wirt von Miesberg suchte nach Unterstützung. So fuhr Hans Wieland nach Augsburg, um Ausschau zu halten nach einem für seinen Hof geeigneten Neuankömmling. Seine Wahl fiel auf Renzo Guidi und so kam es, dass dieser am 26. Juli 1956 um 15 Uhr mit dem Bauern auf dem Hof in Oberumbach eintraf. Er wurde von der Familie und drei auf dem Hof untergebrachten Flüchtlingen begrüßt. Renzo wurde die hintere Kammer im Wohnhaus zugewiesen, die er für sich allein hatte. Er hatte verschiedene am Hof anfallende Arbeiten zu erledigen, wobei er am liebsten mit den Maschinen arbeitete. Anfangs bekam er noch einen monatlichen Lohn von 60 Mark, der im Laufe der Zeit wiederholt erhöht wurde. Sein Kontakt zu Italien blieb noch lange sehr intensiv, weswegen der Postbote fast täglich Briefe für ihn bringen musste. Aber auch die Integration hier fiel ihm nicht schwer, obwohl er sich zunächst nur mit Händen und Füßen verständigen konnte. Lehrer Erwin Fiedler unterstütze ihn beim Erlernen der deutschen Sprache. Und die Einheimischen zeigten keinerlei Vorurteile. Seine Freizeit verbrachte er mit Gleichaltrigen, für die er als Italiener etwas Außergewöhnliches und deswegen sehr interessant war. Besonders beim Tanzen war er sehr gefragt. Ursprünglich war für seinen Aufenthalt eine Dauer von sechs Monaten vorgesehen gewesen. Der italienische Austauschlehrling in Miesberg blieb nur diese Zeit. Renzo jedoch verlängerte immer wieder und schließlich blieb er ganz hier. Wegen der fortschreitenden Mechanisierung der Landwirtschaft war Renzos Hilfe auf dem Schamberger-Hof schließlich nicht mehr erforderlich. Deshalb entschloss er sich 1965 zu einer Maurerlehre in Egenhofen. Bis zu seiner Pensionierung arbeitete er in diesem Beruf. 1963 baute er sich ein Haus in Oberumbach, gründete eine Familie und erhielt 1967 die deutsche Staatsbürgerschaft.

HANDWERKSBERUFE UND IHR WANDEL IN DEN 1950ER JAHREN

MÜLLER

1958 brachte ein Brand das Mühlenhandwerk zum Erliegen: An einem Ernte-
tag im Sommer kam eine große Lieferung von 40 Zwei-Zentner-Säcken Rog-
gen zum Einlagern in die Mühle. Sofort wurde das Getreide mit dem elektrischen Fahrstuhl nach oben auf den Getreideboden befördert und ausgebreitet, damit die Körner austrocknen konnten. Eine vorherige Trocknung, wie es
heute üblich ist, gab es damals noch nicht. Das Lager der Mühle war jedoch
dieser Menge nicht gewachsen und fing unbemerkt zu glühen an. Unterstützt
durch einen aufkommenden Wind, machte sich ein paar Stunden nach der
getanen Arbeit ein Feuer breit, dem nicht nur das Mühlengebäude zum Opfer
fiel, sondern auch das Wohnhaus. Zu dieser Zeit hatten bereits viele Müller
im Umkreis ihre Mühlen aufgegeben, da deren Betrieb nicht mehr lohnend
war. Auch die Besitzer der Egenburger Mühle, die Eheleute Richard und Regina Kalmbach, geborene Asam, gaben nach dem Brand ihr Handwerk auf,
errichteten das Wohngebäude neu und lebten fortan nur noch von der Landwirtschaft.

SCHMIED

Da in der Landwirtschaft viele Pferde durch Traktoren ersetzt wurden, änderte sich auch der Beruf des Schmieds, der sich oft noch eine weitere Einkom-
mensquelle schaffte. Vom Ende der 50er bis Anfang der 60erJahre befand sich
an der Schmiede in Egenburg eine Tankstelle. Die ehemalige Schmiede wurde bis zur Pensionierung von Xaver Augustin als Autowerkstätte fortgeführt.

SCHNEIDER

Johann Steininger (1888–1960) aus Pfaffenhofen führte neben dem Kramerladen eine Schneiderei. Zusätzlich war er noch Mesner und Hochzeitslader.
Sein Sohn Johann (1909–2001) und dessen Frau Katharina schneiderten in
den 50er Jahren in Maßarbeit Kostüme, Anzüge, Kleider für Erwachsene und
Kinder. Wollte man ein neues Kleid oder einen neuen Anzug, so wählte man
im Musterbuch aus. Dann nahm der Schneider die genauen Maße ab und be-

gann mit der Arbeit. Bei der Anprobe waren die Nähte größtenteils nur geheftet. Erst danach erfolgte die Fertigstellung.

SCHREINER

Schreiner fertigten in ihren Werkstätten Möbel, Truhen und Särge. Der Schreiner Martin Sedlmeyr in Unterumbach hatte 1953 bei seinem Vater die Lehre abgeschlossen. Fünf Jahre später legte er die Meisterprüfung in München ab. Bereits damals übernahm er die volle Verantwortung für die Schreinerei, da der Vater gesundheitlich angeschlagen war. Seine Schwester Anni war lange Zeit voll im Betrieb tätig. Sie hatte vor anstehenden Hochzeiten viele Türen und Tore am Hof des künftigen Ehepaares zu streichen. Damals brachte die Braut noch Möbel mit in die Ehe, die vom Schreiner hergestellt wurden. Zudem bearbeitete sie zusammen mit der Mutter die kleine Landwirtschaft.

WAGNER

Der Wagner fertigte viele landwirtschaftliche Gerätschaften aus Holz an. Nicht nur die namensgebenden Wägen, sondern vor allem auch deren Holzreifen. Aber auch die Reparatur von Kutschen und hölzernen Arbeitsgeräten gehörten zu seinen Aufgaben. Simon Meir in Unterumbach hatte neben den Rädern zu Heu- und Leiterwägen auch Fässer hergestellt. Bis 1950 war noch ein Geselle im Betrieb. Inzwischen gab es gummibereifte Wägen und Blechkübel, die günstiger und komfortabler waren. Deshalb führten die Nachkommen den Betrieb nur noch bis etwa 1957 fort.

LIMONADENFABRIKANT

1950 erbaute Franz Xaver Asam westlich seines Mühlenanwesens in Egenburg ein Gebäude zur Limonadenherstellung. Bei der Hofübergabe 1955 übernahm Sohn Stefan die Produktionsstätte. Dort wurde Zuckerlimo in weiß und gelb und Süßstofflimo in grün, rot, gelb und weiß hergestellt. Stefan Asam verkaufte die Limonade sowie Bier durch Hauszustellung an Gaststätten und Privatleute. Der Umkreis der Auslieferung erstreckte sich von Merching bis Kiemertshofen. Die Limonaden wurden auch im Laden Zeiler in Egenburg verkauft.

Wegen der rapide zunehmenden Mechanisierung nach dem Zweiten Weltkrieg mussten mehrere der über Generationen bestehenden Handwerksbetriebe aus Wettbewerbsgründen oder Unwirtschaftlichkeit ihren Betrieb einstellen.

Gleichzeitig begannen mehrere Flüchtlinge und Heimatvertriebene ein neues Unternehmen. Sie nahmen ihren alten Beruf in ihrer neuen Heimat wieder auf und gründeten entsprechende Kleingewerbe. So begann Robert Pokorny in Unterumbach mit dem Bau und Vertrieb von Radiogeräten. Später wechselte der Firmensitz nach Odelzhausen.

SCHULE IN DER ERINNERUNG VON LEHRERN UND LEHRERINNEN

Schulklasse in Pfaffenhofen, Schülerjahrgang 1945 mit Lehrerin Frau Fink

Durch den Zuzug von Flüchtlingen und Heimatvertriebenen mussten auch viele schulpflichtige Kinder in den beiden Dorfschulen in Pfaffenhofen und Egenburg aufgenommen werden. Eine Verbesserung der Situation trat nur langsam ein.

Marianne Pechermeier, geb. Hatzung, von 1947 bis 1953 Lehrerin in Egenburg, erinnert sich an ein völlig überfülltes Schulhaus:

»In die Schule in Egenburg gingen bei meiner Ankunft 118 Kinder, es waren während der ganzen Zeit immer zwischen 116 bis 124 Schulkindern in zwei Abteilungen (1. bis 4. Klasse und 5. bis 8. Klasse) im Wechsel vormittags (8 bis 11 Uhr) und nachmittags (13 bis 16 Uhr). Davon waren sehr viele Flüchtlings- und Vertriebenenkinder aus Schlesien, Ostpreußen und dem sogenannten Egerland (heute Tschechien). Die Städte waren zerbombt und ausgebrannt, deswegen mussten die meisten Flüchtlinge auf dem Land untergebracht werden.

Das Schulhaus war zum Bersten vollgestopft mit Bewohnern. Wir lebten aber meist friedlich zusammen unter einem Dach. Nur wenn gleichzeitig mehrere Familien kochen mussten, gab es Schwierigkeiten. Im Schulhaus hatte jede Familie ihren eigenen Herd oder ein kleines Öfchen. In der ehemaligen Küche, neben dem Eingang, lebte eine Schwägerin von Frau Donhauser. Dann waren da noch eine leere Speisekammer, eine Waschküche und ein kleiner Raum, der von der Gemeinde beansprucht wurde. In diesem waren leere Gestelle, ein Tisch und ein paar Stühle. Ich benützte diesen Raum zeitweise, um die 1. Klasse zu unterrichten. Da drin stand auch das Klavier von Herrn Donhauser. Meist war es sehr kalt in dem Zimmer. Deswegen wollten die Kleinen auch nicht in diesem Raum unterrichtet werden, sie wollten lieber im warmen, großen Schulsaal bleiben. So gab ich es bald wieder auf, die 1. Klasse dorthin auszuquartieren. Ich habe immer darauf geachtet, dass die Klassen eins bis vier auch am Vormittag Unterricht bekamen. Das ist die beste Zeit, um zu lernen.«

1950 war das neue Schulzimmer in Egenburg endgültig zu klein. Nun erfolgte die Aufstockung des nördlichen Anbaus von 1929. Im oberen Stockwerk konnte ein zweiter Schulsaal mit identischen Ausmaßen untergebracht werden. Da nun zwei Schulzimmer zur Verfügung standen, konnte erstmals parallel in zwei getrennten Klassen unterrichtet werden. Der Oberlehrer unterrichtete die Oberstufe, das Schulfräulein unterrichtete die Unterstufe.

Eva Schroeter, geb. Haberzettl, von 1955 bis 1957 Lehrerin in Egenburg, erinnert sich an die damalige Zeit:

»Als ich 1955 im November meine Schulstelle in Egenburg antrat, war Herr Donhauser mein Schulleiter. Zuerst übernahm ich seine Oberstufe, später dann die Klasse eins bis vier in einem Schulraum, der im ersten Stock lag. Das Schulzimmer wurde beheizt mit einem Kachelofen. Die großen Holzscheite holten die Kinder aus einem Schuppen, trugen sie die Treppe hinauf und schichteten sie in eine große Kiste. Jeden Morgen kam zeitig in der Früh eine Frau, heizte an und dann musste natürlich ständig Holz nachgelegt werden. Mäntel und Jacken der Kinder wurden im Klassenzimmer an Haken rückwärts aufgehängt. Nasse Sachen legte man neben den Ofen zum Trocknen. Der Unterricht begann täglich um acht Uhr und dauerte bis elf Uhr. Mittagspause dauerte dann von elf bis dreizehn Uhr, anschließend wieder Unterricht meist bis 16 Uhr. Am Samstagnachmittag war frei. Die Kinder hielten sich während der Pause bei Freunden, Bekannten oder Verwandten auf. Natürlich tobten sie sich auch aus. Sie rannten die noch ungeteerte Dorfstraße rauf und runter oder spielten zwischen den Häusern Verstecken. Dies war völlig ungefährlich, denn es fuhren ja kaum Autos durch die Dörfer, geschweige denn Schulbusse. Ein großes Vergnügen waren in den noch schneereicheren Wintern die Schlittenfahrten auf den kleinen Hängen oder die Kirchweihschaukel im Hofe des Bauern Koppold gegenüber. Die Kinder kamen im Sommer wie im Winter zu Fuß aus den umliegenden Ortschaften. Fast jeden Morgen besuchten sie, auch die Kleinsten, die Frühmesse um sieben Uhr. Im Winter gingen die Kinder somit jeden Morgen im Finsteren fort und kamen im Finstern heim. Die Schulkinder schrieben zu dieser Zeit anfangs noch auf die Schiefertafeln. Der Griffel, Bleistift und Radiergummi befanden sich zumeist in der Griffelschachtel aus Holz, deren Deckel aufgeschoben wurde. Später dann gab es Hefte, kleine Zeichenblöcke und Buntstifte.«

Hedwig Mittelhammer, geb. Fink, von 1951 bis 1953 Lehrerin in Pfaffenhofen, erinnert sich an einen winterlichen Besuch des Schulrates:
»Es ist in unserer Zeit unvorstellbar, was die Schulkinder vor 50 Jahren für Strapazen aushalten mussten. Das Wort Schulbus gab es ganz einfach nicht. Wir hatten ja nicht mal einen Linienbus für Pfaffenhofen. Bei jeder Witterung mussten die Kinder zu Fuß gehen. Zum Glück gab es im Schulzimmer einen großen Kachelofen. Das war der erste Treffpunkt im Schulzimmer, um die klammen Glieder und nassen Kleider aufzutauen und zu trocknen. Zu dieser Zeit erlebte ich eine nette Episode: Schulratbesuch im Winter! Der Linienbus Augsburg – Odelzhausen fuhr nur auf der Staatsstraße und so war die Haltestelle ca. 1 km von Oberumbach entfernt. Eines Tages kam der Schulrat zur Inspektion mit dem Bus und kämpfte sich nach Oberumbach durch. Dort begegnete er quietschvergnügten rodelnden Kindern im Dorf. ›Wieso seid Ihr nicht in der Schule?‹, fragte er. ›Weil man nach Pfaffenhofen wegen

Schneeverwehungen nicht durchkommt‹, war die Antwort. So etwas gab es einfach nicht: Ohne behördliche Erlaubnis durfte die Schule nicht ausfallen! Also wollte er beweisen, dass man doch nach Pfaffenhofen durchkam. Nach etwa 100 Metern gab er auf. Er kam nicht weiter und musste den ganzen Tag in einer Bauernstube verbringen, bis abends der Bus nach Friedberg fuhr. Höhere Gewalt! Die Kinder freuten sich wie die Schneekönige und ich hatte bei Schneefall und Wind nie wieder eine Inspektion.«

Eine damalige Schulstunde dauerte volle 60 Minuten. Turnen hatten nur die Buben, die Mädchen übten sich derweil in Handarbeit. Dies hat sich erst nach dem Zweiten Weltkrieg geändert. Wichtiger Bestandteil des Unterrichts war die Anlage und Pflege eines Obstgartens mit heimischen Obstbäumen und Beerensträuchern. Dieser diente sowohl dem Lehrer zur Selbstversorgung als auch dem Unterrichtszweck.

Erwin Fiedler, ab Februar 1952 Lehrer in Pfaffenhofen, erinnert sich an die Entwicklungen beim Turnunterricht:

»Natürlich standen auf den Stundenplänen aller bayerischen Schulen zwei Stunden Sportunterricht pro Woche. An den vielen kleinen Dorfschulen konnte er aber nur sehr eingeschränkt erteilt werden, weil Turnhallen und Sportgeräte fehlten. Bei Regenwetter und besonders im Winter musste er deshalb häufig ausfallen, zum Leidwesen der Schüler, die dann eben mit Übungsaufgaben und Wiederholungen des Lehrstoffes beschäftigt wurden. Als ich im Februar 1952 meinen Dienst in Pfaffenhofen antrat, bestand auch hier die Sportgeräteausstattung aus einem ältlichen Lederball, der für Fußball und Völkerball diente. Die Einführung von Handball und ›Ball über die Schnur‹ galt schon als Neuerung und erfreuliche Abwechslung. Mit Kurzstreckenlauf und Dauerlauf im Sommer und seltenem Rodelspaß im Winter erschöpfte sich der nominelle Sportunterricht.

Beim Aufräumen auf dem Dachboden des Schulhauses fand ich eines Tages eine arg verrostete Reckstange. Wen ich auch fragte, niemand konnte sich ihrer Herkunft erinnern. Aber der Gedanke, sie wieder zu aktivieren, ließ mich nicht mehr los. Mein Plan, mit geringsten Mitteln ein vielseitiges Turngerät zu erstellen, konnte 1956 mit Hilfe des neugewählten Bürgermeisters, des Zimmermeisters Mang, in die Tat umgesetzt werden. Er stellte in der Ecke des Turnplatzes zwei Balken mit etwa drei Metern Höhe auf, die mit einem Querbalken verbunden waren. Sie wurden in sechs verschiedenen Höhen durchbohrt, sodass die Reckstange, die ich mit Schmirgelpapier in mühseligen Stunden immerhin so blank gescheuert hatte, dass keine Gefahr für die Haut der Kinderhände bestand, eingeschoben werden konnte. Auf der einen Seite wurde ihr Vierkantende eingepasst, auf der anderen Seite mit einem Splint das Herausrutschen verhindert. An zwei starken Haken, die in den Querbalken des Gerüstes eingeschraubt waren, konnten die Ringe und ein dickes Kletterseil, die ich für wenig Geld in einem Augsburger Sportgeschäft gekauft hatte, eingehängt werden. Der ganz wesentliche Fortschritt in der Durchführung des Turnunterrichtes ergab sich aber erst mit der Zusammenlegung der Pfaffenhofener und Egenburger Schule 1957. Durch sie wurde in Egenburg ein Schulsaal frei, den wir zum Turnsaal umfunktionierten. Nun konnten wir unabhängig vom Wetter jede Turnstunde abhalten.«

DORFLEBEN

Durch den Zuzug von Flüchtlingen und Heimatvertriebenen erhöhten sich die Einwohnerzahlen der drei Altgemeinden von 1939 bis 1950 um etwa ein Drittel. Da jedoch die meisten Heimatvertriebenen außerhalb der Gemeinden ihren späteren und dauerhaften Wohnsitz fanden, reduzierte sich die Einwohnerzahl bis 1961 wieder fast auf den Stand bei Kriegsbeginn:

Gemeinde	1939	1950	1961
Pfaffenhofen	321	485	350
Unterumbach	287	432	295
Weitenried	172	245	172

Während die jungen Heimatvertriebenen sich schnell in der Dorfgemeinschaft eingelebt hatten, hatten die Älteren große Probleme sich hier einzugewöhnen. Manche weinten viel und konnten ihr Leid kaum ertragen. Anfangs bestand noch eine kleine Hoffnung, wieder in die Heimat zurückzukehren. Diese verschwand jedoch im Laufe der Zeit.

Nach den schwierigen Nachkriegsjahren kehrte allmählich wieder Hoffnung, Zuversicht und Freude in die Familien ein. Jedoch veränderte sich das Dorfleben nun auch rasant. Mit der Industrialisierung wurden viele Arbeitsplätze in der Landwirtschaft überflüssig.

Neue Bräuche ersetzten die alten Bräuche. Die jungen Leute suchten ihre

Freizeitbeschäftigungen nun in verschiedenen Rennen und Wettkämpfen. In den 1950er Jahren veranstaltete die Dorfjugend von Unterumbach einige Gaudirennen. So fanden Schubkarrenrennen, Sackhüpfläufe, Eierläufe und auch Ochsenrennen zur Belustigung von Jung und Alt statt. Auch der Ritt auf einer Kuh gehörte zum Rennen.

Sackhüpfen in Unterumbach, im April 1957

Aus Pfaffenhofen sind Rennen der beschnittenen Hengste überliefert, sowie das Wettrollen von Fässern ausgehend vom Wirt bis zum Kramer. Auch Hosen-Rennen, bei der zwei Wettkämpfer mit je einem Fuß in jeweils ein Hosenbein schlüpften, sind noch in der Erinnerung vorhanden.

Viele Tanzveranstaltungen fanden nun in den umliegenden Wirtschaften statt, darunter auch Trachtentänze beim Wirt in Pfaffenhofen.

Auch die Faschingszeit wurde nun mit Tanzbällen gefeiert. Um 1957 gab es in Egenburg sogar einen kleinen Faschingszug durchs Dorf.

1955 fand in Pfaffenhofen a. d. Glonn eine Fahrzeugweihe statt, bei der festlich geschmückte Traktoren und Autos gesegnet wurden.

Die Kinder verbrachten ihre Freizeit meist innerhalb der Ortschaft. Sie spielten auf den Wiesen und in den Heustadeln. Im Winter gingen sie zum

Schubkarrenrennen in Unterumbach – am Start

Schubkarrenrennen in Unterumbach

Schlittenfahren oder rutschten mit provisorischen Schlittschuhen übers Eis. Im Sommer badeten sie in der Glonn, im Umbach oder einem Weiher.

Zur Schule gingen die Kinder gingen meist zu Fuß. Glücklich war der, der das oft einzige Fahrrad am Hof für die Fahrt zur Schule benutzen konnte. Kinderfahrräder gab es noch lange nicht. Jedoch konnten morastige Straßenverhältnisse auf den ungeteerten Straßen die Fahrt mit dem Fahrrad auch gänzlich verhindern. Nach der Schule wurden die Kinder für viele Arbeiten am elterlichen Hof herangezogen.

Gelegentlich fuhren die Leute mit dem Bus oder mit dem *Oarboten* nach Friedberg, Augsburg, Maisach oder Fürstenfeldbruck. In Egenburg beförderte Max Zeiler Waren und nahm Fahrgäste mit.

Tanz im Hofraum des Wirts in Pfaffenhofen a. d. Glonn

Theateraufführung »Kneissl Hiasl«

Theaterspiel Liserl vom Schliersee

Fahrzeugweihe in Pfaffenhofen a. d. Glonn 1955 – die Traktoren

Fahrzeugweihe 1955 – die Autos

Umbacher Buam beim Fußballspielen

Schlittenfahren in Egenburg, 1956

VEREINSLEBEN

Während der Kriegs- und Nachkriegsjahre waren Vereine nur eingeschränkt tätig. Nach dem Krieg begannen die jungen Mädchen und Burschen aus der Pfarrei Pfaffenhofen 1947 mit dem Theaterspielen in der Gastwirtschaft Lampl. Die Vorführungen zu Weihnachten und Ostern waren eine willkommene Abwechslung in dieser arbeitsreichen Zeit. Mit dem Erlös aus den Veranstaltungen wurden Tagesauflüge finanziert. Es dauerte aber noch bis 1952, bis sich der Burschenverein Pfaffenhofen wieder aktiv betätigte. In Egenburg wurden gleichsam zur Unterhaltung der Bevölkerung Theateraufführungen gehalten. Überall wurden die jungen Neubürger mit in die Theater- und Dorfgemeinschaft aufgenommen.

Durch die Initiative von jungen Männern, die gemeinsam auf einer Wiese Fußball spielten, wurde der Sportverein VfL Egenburg gegründet, der noch heute besteht. Die Meilensteine des Vereins waren: 1949 fand das erste Fußballspiel »Wellblech« (jung) gegen »Alteisen« (alt) statt und die Vereinsgründung mit 25 Mitgliedern. Die Fußballspiele wurden rund um Egenburg auf den verschiedensten Wiesen ausgetragen. 1950 stellten 14 Bauern ihre Grundstücke (hauptsächlich Krautgärten) für die Erstellung eines Fußballplatzes unentgeltlich zur Verfügung. Es waren: Ludwig Bernhard, Josef Koppold, Martin Mang, Ludwig Gutmann, Josef Vöst, Josef Westermeir, Josef Hicker, Xaver Asam, Johann Staffler, Xaver Lindenmüller, Hans Altmann, Johann Eder, Johann Steininger, Martin Sedlmeir. 1951 schaffte man es trotz einigen »Gegenwinds« (vor allem des Landratsamts Friedbergs), den ersten Sportplatz zu bauen, der dann am 21. Mai 1951 eingeweiht wurde. Im selben Jahr wurde das ehemalige HJ-Heim / NSV-Kindergarten dem VfL als Sportheim überlassen. Die Auflage war: »Es darf erst benutzt werden, wenn alle Flüchtlinge ausgezogen sind.« 1954 stand die erste Schülermannschaft des VfL auf dem Fußballplatz. Und 1955 war das bis dato erfolgreichste sportliche Jahr für den VfL: Meister der C-Klasse (aber auf den Aufstieg wurde verzichtet) und Paar-Ecknach-Glonn-Pokalsieger.

Der 1925 gegründete Schützenverein »Die Wildmooser« wurde am 18. November 1950 wieder aktiviert. Von 1939 bis 1950 ruhte der Verein. Nachdem die Amerikaner bei Kriegsende den Zimmerstutzen eingezogen hatten, wurde 1952 ein neuer gekauft. Am 30. Mai 1953 konnte bereits eine Schützenkette im Wert von 280 DM beschafft werden. 1954 wurde eine Vereinsfahne angeschafft, die Fahnenweihe fand am 11. Juli 1954 mit 36 teilnehmenden Vereinen statt.

Auch die Frauen waren im Verein aktiv. Im Jahre 1952 gründete Pfarrer Josef Kirmaier zusammen mit einigen Frauen in Pfaffenhofen den Mütterverein und führte diesen bis zu seinem Weggang 1965. Im Jahre 1977 wurde durch Umbenennung aus dem Mütterverein die »Katholische Frauengemeinschaft Deutschlands«, kurz kfd.

Katharina Axtner, Christa Liebert, Monika Mittelhammer

Neue Glocken in der Pfarrei Pfaffenhofen

Die Wiederbeschaffung der Glocken zog sich für die Pfarrei Pfaffenhofen sehr lange hin. Nachdem die Währungsreform 1948 die wenigen noch vorhandenen Geldmittel aufgezehrt hatte, standen erst substanzielle Reparaturmaßnahmen rund um die Pfarrkirche an. Die eingestürzte Friedhofsmauer sowie das undichte Kirchendach und die fehlenden Dachrinnen mussten renoviert werden. Als dann auch noch ein Teil des Deckengemäldes abstürzte und restauriert werden musste, rückte die Neuanschaffung der Glocken immer weiter in die Zukunft. Die Glocken der Kirchen in Unterumbach und Oberumbach konnten schließlich im Februar 1950 erneuert werden. Drei Bronzeglocken mit einem Gesamtgewicht 700 kg wurden mit festlich herausgeputzten Wagen von der Bahnstation in Nannhofen abgeholt und nach Unterumbach gebracht. In einer feierlichen Messe weihte Pfarrer Josef Finsterer die neuen Glocken. In seiner Ansprache legte er der Pfarrgemeinde ans Herz: »Die große Glocke mit dem Marienbild soll uns an den Glauben mahnen, die mittlere mit dem Martinusbild an die christliche Liebe, die kleine Josefsglocke, die erst gegossen wird, an die Hoffnung auf Gott«. Leider war wenige Wochen zuvor die während des Krieges in Unterumbach verbliebene kleinste Glocke gesprungen und musste nachträglich ersetzt werden. Die Oberumbacher Glocke trägt das Bild Marias und das Bild des Bruders Konrad. Und auch hier gab Pfarrer Josef Finsterer seinen Rat: »Bruder Konrad sagt uns, dass wir Maria nicht nur anrufen, sondern auch nachahmen sollen«.

Die drei neuen Glocken kosteten ca. 5000 DM, von den Angehörigen der Pfarrei durch freiwillige Spenden aufgebracht.

Am Allerseelentag 1950 konnten endlich auch die drei neuen Glocken der Pfarrkirche Pfaffenhofen geweiht werden. Die größte und schwerste Glocke ist dem Kirchenpatron Michael geweiht, die mittlere der Heiligen Familie und die kleinste Bruder Konrad. Gemeinsam mit der während des Krieges verbliebenen Schutzengelglocke, bei der es gelang, sie klanglich gut in das neue Geläute zu integrieren, konnten sie nun wieder die Pfaffenhofener feierlich in die Kirche rufen, den Abendgruß läuten oder die hl. Messe begleiten.

---

1 Alle Texte entnommen aus: Axtner, Katharina; Liebert, Christa; Mittelhammer, Monika: Geschichte und Geschichten lebendig erleben. Chronik der Gemeinde Pfaffenhofen a. d. Glonn. Gemeinde Pfaffenhofen a. d. Glonn (Hg.). Odelzhausen. 2014.

Verdrängung im Alltag — Zeitzeugenbericht über Formen und Verhaltensweisen in den 50er Jahren

Helmut Beilner

Der folgende Beitrag erhebt nicht den Anspruch, einen Beitrag zur Diskussion über den psychoanalytischen Begriff der Verdrängung zu leisten. Das von Sigmund Freud entwickelte Konzept zu Ursachen und Auswirkungen von Verdrängung ist natürlich viel komplexer. Im Kern jedoch meint es das bewusste und unbewusste Abschieben und Vergessen-Wollen von bedrückenden und schmerzvollen Erfahrungen, Erlebnissen und Taten aus dem bisherigen Lebensverlauf. Dadurch erhoffen sich Menschen eine Entlastung von realen oder konstruierten Angst- oder Schuldgefühlen. Das wissenschaftliche Problem liegt darin, dass sich Verdrängungsakte und ihre Auswirkungen empirisch schwer nachweisen lassen und ihre Beschreibung oft in vager Begrifflichkeit verbleibt.

Hier handelt sich um den Versuch, in der Form eines Zeitzeugenberichts, an konkreten Beispielen aus dem familiären und gesellschaftlichen Nahbereich aufzuzeigen, was in der Erinnerung eines heute 77jährigen an erlebten Verhaltensweisen von Erwachsenen in den 50er und 60er Jahren heute als Verdrängung gedeutet werden könnte. Diese Deutungsversuche beruhen größtenteils auf Alltagstheorien, wie sie sich aus der bisherigen lebensgeschichtlichen Erfahrung, weiteren Gesprächen mit den damaligen Akteuren und fragmentarischen psychologischen Kenntnissen ergeben. Sie sollen und wollen keineswegs als professionelle psychoanalytische Analysen verstanden werden. Der Kreis der Beobachtungen ist sehr beschränkt. Er besteht größtenteils aus vertriebenen Verwandten aus der gemeinsamen sudetendeutschen Heimat und einheimischen Mitbürgern in der neuen Heimat, in einem heutigen Ortsteil der Gemeinde Markt Altomünster, Wollomoos, sowie aus schulischen Erfahrungen.

Ein weiteres methodisches Problem besteht in dem großen zeitlichen Abstand zu den beschriebenen Situationen und den sich daraus ergebenden möglichen Erinnerungslücken und Fehleinschätzungen. Sie stützen sich allenfalls auf das Vertrauen in die Existenz des Langzeitgedächtnisses, das sich im Alter oft manifestiert und erstaunlich präzise Einzelheiten zu speichern vermag. Es soll darüber berichtet werden, wie Menschen nach dem Leid und den Verbrechen in der vorausgegangenen NS-Zeit, mit tatsächlicher oder zumindest gefühlter kollektiver Beteiligung oder Schuld wieder in das ganz normale Leben zurück zu finden versuchten. Dass dazu besonders in der Zeit des Neubeginns, des Aufschwungs in den Jahren des sogenannten »Wirtschaftswunders« eine erhöhte Neigung auch im Sinne einer Verstärkung des möglicherweise beschädigten persönlichen und kollektiven Selbstwertgefühls bestand, ist verständlich.

Verweigerung von Auskunft über Unangenehmes – Herumreden um den heissen Brei

Wenn in den 50er Jahren die Sprache auf den letzten Weltkrieg und die Ursachen sowie die mögliche deutsche Schuld an den Verbrechen kam, lautete bei meinen Eltern, Verwandten oder sonstigen erwachsenen Bekannten meiner Umgebung ziemlich bald die Standardausflucht: »Wir kleinen Leute wussten nicht genau, was da alles geschah. Außerdem bist du zu jung, um das heute zu verstehen. Also lassen wir das lieber.«

Es waren oft viele Einzelsituationen, in denen ich schon als Kind und Schüler das unbewusste Gefühl hatte, hier handelt es sich um einen Themenbereich, über den die meisten Erwachsenen nicht gerne sprechen wollten, und wenn dann in nur sehr lückenhafter, manchmal auch beschönigender Form. Heute, nachdem man weiß, dass dieses Verhalten in der deutschen Bevölkerung weit verbreitet war, besteht weitgehender Konsens darüber, dass es sich hier um eine Form kollektiver Verdrängung von Erinnerungen handelt. Darin bestand ja auch der Hauptvorwurf der Studentenrevolution der 60er Jahre. Die Erinnerung an diese Zeit und ihre Geschehnisse störten das neue Lebensgefühl weiter Bevölkerungskreise in den Jahren des Wirtschaftswunders und des allgemeinen Erfolgsgefühls.

September 1946 – Konzentrationslager Dachau

»Wann'sd dös nomoi tuast, kimmst nach Dachau«, so drohte der Knecht des Nachbarn halb schimpfend, halb scherzend, als ich im Vorgarten einen Klar-

apfel gestohlen hatte. Als ich fragte, was mir denn in Dachau passieren sollte, antwortete er: »Dort ist das KZ, wo der Hitler die Verbrecher eingesperrt
hat.« Das war die erste diffuse Begegnung eines 6jährigen Flüchtlingskindes
aus dem Sudetenland mit einem offenbar etwas geheimnisumwitterten und
unheimlichen Ort in dem etwa 25 Kilometer von Dachau entfernten Dorf
Wollomoos (heute Gemeinde Markt Altomünster).

Auf nachbohrende Fragen über dieses KZ erfuhr ich häppchenweise, dass
dort die SS grausam gehaust hat, dass auch Menschen aus der näheren Umgebung dort eingesperrt waren und dass ihm ein Freund aus Hebertshausen
erzählt habe, die dortigen Bauern seien gezwungen worden, Tote aus diesem
Lager auf einen Friedhof am Leitenberg zu fahren und dort zu vergraben. Die
Toten seien abgemagert bis auf die Knochen gewesen und Arme und Beine
hätten über die Ladeflächen der Wägen gehangen. Ansonsten wurde in meinem neuen Heimatort über das Lager in Dachau kaum etwas gesprochen.
Wenn ich auf dieses Thema später zu sprechen kam, hieß es, oft untermalt
mit scherzhaften Drohgesten und spürbaren Gruselgefühlen oder lapidar und
unkommentiert: »Sei bloß staad, sunst kimmst a nach Dachau.«

In derartigen Bemerkungen schwangen offenbar immer noch Angstge-
fühle oder zumindest Unbehagen mit, die sich in vielen Bewohnern des Dachauer Umlandes in den Jahren der NS-Herrschaft tief verankert hatte. Offenbar wollten viele Menschen diese Gefühle vermindern oder gar ausschal-
ten, indem sie dieses Thema möglichst nicht erörterten. Oder bei Wissenden
und Halbwissenden wirkte hier eine Art kollektiver Scham mit.

Ähnliches Verhalten zum selben Thema bekam ich zuspüren, als ich mit
meinem Vater als 9jähriger 1949 einen Radausflug zu einem seiner Arbeits-
kollegen in Dachau unternahm. Wir fuhren mit den nach der Währungsreform eben neu erworbenen Fahrrädern an der langen Ostmauer und den
Wachttürmen an der Ostseite des ehemaligen KZs vorbei. Mein Vater konnte
meinen sofort einsetzenden Fragen nach den für mich ungewohnten Bau-
lichkeiten nicht mehr ausweichen: »Als du und deine Mutter noch in Stiebnig
(Sudetenland) wart und ich im Krieg in Frankreich, hat Hitler hier seine Gegner und vor allem Juden einsperren lassen. Viele Tausende sind hier gestorben oder getötet worden. Du kannst das heute noch nicht verstehen, aber da
müssen wir später nochmals drüber sprechen.«

Bis zu meinem Eintritt ins Gymnasium in Schrobenhausen hat er allerdings nie mehr von sich aus das Gespräch darauf gebracht. Auch späteren
Fragen zu diesem Komplex wichen meine Eltern immer wieder aus. Dies galt

ebenso für alle späteren Fragen nach den Judenverfolgungen, über die wir
im Geschichtsunterricht im Gymnasium immerhin Bruchstückhaftes erfahren hatten. Erst später wurde mir klar, warum meine Eltern dieses Thema so
mieden und auffällig schweigsam waren, wenn ich darüber mehr wissen wollte. Sie hatten als Sudetendeutsche in der Tschechoslowakei 1938 vermutlich
auch »Heim ins Reich!« mitgerufen und fühlten sich als Reichsdeutsche in
das deutsche Schicksal und die deutsche Schuld miteingebunden. Hier wirkte
offenbar ein häufiges Verdrängungsmuster: Verdrängen durch Verschweigen,
Vergessen-Wollen oder einfach Drum-Herum-Reden.

Geschönte Erinnerungen an Kontakte zu ehemaligen jüdischen Bekannten

Es gab möglicherweise noch einen anderen mehr individuellen Grund: Mein
Vater hatte aus seiner Zeit in Polen, wo er in den dreißiger Jahren einen Ge-
treidehandel betrieb, einen jüdischen Bergsteigerfreund, mit dem er öfter in
den Beskiden wanderte. Dieser jüdische Bürger, Herr Süß, besaß in unserem
sudetendeutschen Heimatort Stiebnig ein Gemischtwarengeschäft. Als das
Sudetenland 1938 »heim ins Reich« geholt wurde war und die Lage für die
jüdischen Bürger auch in der inzwischen besetzten Tschechoslowakei gefährlich geworden war, konnte er noch nach Amerika auswandern. Er überließ
das Geschäft meinem Vater und meiner Mutter – auf welcher rechtlichen Basis auch immer. Darüber haben meine Eltern nie gesprochen. Mein Vater war
noch bis 1946 in französischer Gefangenschaft. Jedenfalls war das Letzte, was
ich in der Zeit zwischen unserer Flucht vor der Roten Armee im Herbst 1945
und der späteren Vertreibung im Mai 1946 von ihm hörte, dass Herr Süß
ein guter Mensch gewesen sei. Er war aus Amerika heimgekehrt und hatte
uns und befreundete Familien und ihre Kinder mit Lebensmitteln und Süßigkeiten beschenkt, die aus dem von meiner Mutter betriebenen Laden übrig
geblieben waren. Wir lebten in diesen Monaten zusammen mit anderen Familien in einem von der tschechischen Gemeindeverwaltung eingerichteten
Massenlager für die zurückgekehrten geflohenen Deutschen. In dieser Zeit
hörte ich viel Gutes auch über andere Juden aus unserem Dorf, von denen es
zahlreiche gegeben hatte.

Erst später wurde mit klar, dass der »gute Jude«, den angeblich viele Deutsche in der Erinnerung besaßen, eine häufige Strategie war, ein wohl tatsäch-

lich vorhandenes Wissen über die Judenverfolgungen oder zumindest eine Ahnung von den Verbrechen an den Juden zu verdrängen. Die härteste bis heute nicht verschwundene Variante dieser Verdrängung deutscher Schuld ist die bewusste Leugnung des Holocausts wider alles Wissen.

Vaterländische Gedichte und Gesänge auf Gedenkfeiern

In den Jahren des wirtschaftlichen Aufbaus in den Nachkriegsjahren wurde im Alltag eines Dorfes, in der Schule, im Wirtshaus, beim Sport oder bei sonstigen öffentlichen Gelegenheiten über Ursachen, Schuldfragen oder das allgemeine weltumspannende Kriegschaos, einschließlich der Flüchtlings- und Vertriebenenproblematik, kaum gesprochen. Die Einwohnerzahl im Ort hatte sich seit 1945 durch die Heimatvertriebenen mehr als verdoppelt. Gerade die Flüchtlingsfrage und die damit verbundene Wohnungsnot und zwangsweise Unterbringung in den einzelnen Bauernhöfen bedeutete anfangs für viele Einheimische in der Gemeinde eine spürbare Belastung. Sie stellte eine permanente Erinnerung an die Folgen des erst vergangenen Krieges dar.

So um die Mitte der 1950er Jahre war auch die Zeit, in der die letzten Soldaten, vor allem aus russischer Gefangenschaft, heimkehrten. Sie hatten Schlimmes erlebt und meist noch keine Zeit gehabt, es zumindest einigermaßen zu verarbeiten.

In dieser Zeit wurde in unserer Gemeinde eine Kriegergedächtniskapelle errichtet, an deren Innenwänden alle Gefallenen aus der Gemeinde aufgelistet waren. Es gab zunächst einen Streit zwischen einigen alten und neuen Bürgern darüber, ob und wie die Gefallenen der Heimatvertriebfamilien in die Liste der Inschriften aufgenommen werden sollten. Man einigte sich darauf, sie an den schmalen Flächen unmittelbar hinter der Eingangstür unterzubringen. Hier konnten die Namen relativ rasch wieder entfernt werden, wenn die Vertriebenen in ihre Heimat zurückkehren würden. An eine Rückkehr glaubten damals ja noch viele, einschließlich der Heimatvertriebenenverbände. Das wäre dann auch eine Möglichkeit gewesen, Erinnerungen an den Krieg und seine Folgen zu verdrängen. An eine mögliche Integration der Flüchtlinge war damals nur ansatzweise gedacht.

Im Anschluss an die Einweihung dieser Kriegergedächtniskapelle fand eine öffentliche Gedenkfeierfeier der Gemeinde für die Gefallenen des Krieges statt. Dabei wurden insbesondere auch die letzten Spätheimkehrer geehrt. In den Reden ging es um den heldenhaften Einsatz der Soldaten, die Strapazen und den Tod der vielen Männer aus der Gemeinde sowie das Leid und die Trauer der Hinterblieben. Einer der letzten Russlandspätheimkehrer schilderte seinen Weg an die Ostfront mit der Deutschen Wehrmacht, die vielen Kämpfe und Menschenverluste auf beiden Seiten und die grausamen Bedingungen in der Gefangenschaft.

Auch der kurz zuvor erst aus der Gefangenschaft zurückgekehrte neu gewählte Bürgermeister hielt eine Ansprache, welche den Opfermut der Soldaten zum Inhalt hatte und sprach von den Tausenden, die sich »heldenhaft um die deutsche Fahne geschart« hatten. In einem Versprecher sagte er »gescheuert hatten«. Die in diesem Versprecher enthaltene unfreiwillige Komik blieb uns Schülern noch lange in Erinnerung. Die Oberstufe der Volksschule war mit ihrem Lehrer eingeladen, um die Feier mit Gedichten und Liedern zu umrahmen. Ein Klassenkamerad und ich mussten ein Gedicht vortragen, dessen Anfang so begann:

»Hoch am Gewehr den Blumenstrauß,

so zogen feldgrau wir hinaus.

Der Weinstock trug schon rote Beeren.

Wer weiß, wann werden wir wohl wiederkehren?«

Der Autor war mir unbekannt, der Text blieb – dank des offenbar funktionierenden Langzeitgedächtnisses – bei mir bis heute gespeichert. Die Schüler und der Lehrer der Oberstufe waren auch zu der Feier geladen und durften sie mit Liedern umrahmen. Unser Lehrer, der erst kürzlich aus dem Internierungslager für NSDAP-Angehörige in Moosburg entlassen worden war, hatte mit uns einige Lieder geprobt, die überwiegend, in thematischem Bezug auf die zurückgekehrten Soldaten, mit dem Begriff «Heimat» zu tun hatten:

«In der Heimat ist es schön, auf der Berge lichten Höhn«, »Im schönsten Wiesengrunde ist meiner Heimat Haus« oder »Nach der Heimat möchte ich wieder«.

Ein Liedtext, hat mich als damals Elfjährigem doch schwer stutzig gemacht. Er lautete:

»Ich hab mich ergeben, mit Herz und mit Hand.

Dir Land, voll Lieb und Leben, mein deutsches Vaterland.«

Der Begriff »Vaterland« war ja in dieser Zeit noch kaum kritisch hinterfragt, schon gar nicht in meinem gesellschaftlichen Umfeld. Er gehörte gewissermaßen zur unverfänglichen Alltagssprache. Allerdings für ein Kind, das auf der Flucht vor der Roten Armee mit vielen Chaos verbreitenden Angriffen auf die Flüchtlingszüge, mit zahlreichen Toten, mit sterbenden Cousinen und Cousins und später mit den Meldungen über gefallene Verwandte schon sehr hautnah mit Opfern und dem Leid dieses Krieges in Berührung gekommen war, war der Begriff »Vater« eher im Bedeutungsumfeld von »Schutz« bzw. »Sicherheit« angesiedelt. So leuchtete der Sinn eines solchen Liedtextes nicht ein. Aber nachdem ich einige Veteranen Tränen verdrücken sah, habe ich es auch hinuntergeschluckt und mir gedacht: Das muss wohl so sein, und du verstehst es mal wieder nicht.

Auf diese Weise gestaltete Gedenkfeiern erweckten die Illusion, dass eigentlich alles so ähnlich wie früher geblieben war. Man glorifizierte frühere Wertsetzungen wie Tapferkeit und Opferbereitschaft und daraus entstehende Handlungen. Vor allem eröffnete diese Variante der Verdrängung von Leid und Not auch die Möglichkeit, bewusste und uneingestandene kollektive Schuldgefühle zu überdecken. Sie führten dazu, die durch den Krieg entstandenen individuellen und weiterhin noch bestehenden Leiderinnerungen zu verklären und das Leid der NS-Opfer zu verdrängen.

Bräuche aus alter Heimat und Heimattreffen mit sentimentalem Charme

In den Jahren nach der Vertreibung war es in unserem Verwandtschaftskreis noch lange üblich, gemeinsam das Osterfest, genauer gesagt den sudetendeutschen Brauch »Schmeckostern« zu begehen. Dabei zogen die Männer von Familie zu Familie in den neuen Unterkünften und streichelten mit einer Rute die Beine der Frauen unter Rezitierung eines etwas anzüglichen Spruches, der im Zusammenhang mit diesem Fruchtbarkeitsbrauch stand: »Um a Ae, um a zwae, um a Stöckle Pfaefferkuchae. Wenn du würscht im Baeettle liege, kumm ich dich besuchae.« Dann wurden Stühle und Tische in den meist sehr engen Wohnungen zusammengerückt und Schinken, Eier und Brot gereicht. Nicht selten floss reichlich Schnaps. Wir sangen gemeinsam »Heimatlieder« bzw. solche, die wir dafür hielten. Dazu gehörten »Kehr ich einst zur Heimat wieder ... Wir sehn uns wieder, mein Heimatland, wir sehn uns wieder am Oderstrand. Wir sehn uns wieder beim Vierzig auf der Bank.« »Vierzig« war das Synonym für das Gasthaus meiner Tante in der alten Heimat, es war schlicht die Hausnummer des Gebäudes. Hier schwang punktuell ein Stück Erinnerung an die alte Heimat mit. In diesem Gasthaus hatte ich das Lied schon öfter von Kriegsurlaubern gehört und konnte deshalb kräftig mitsingen.

Dass es bei all der Heimattümelei und feucht-fröhlichem Sing-Sang mit einem gewissen sentimentalen Charme zu Stimmungslagen kam, in denen auch die Zungen gelöst wurden, ist verständlich. In den Gesprächen ging es überwiegend um Erinnerungen an »dahaeme« und wie es »damals« war. Dabei kamen auch zahlreiche Kriegserinnerungen und Vertreibungsepisoden zur Sprache.

Ähnliche Bedeutung wie solche mehr intimen Verwandtenfeiern hatten auch die damals noch regelmäßig stattfindenden größeren Heimattreffen benachbarter Dörfer und Regionen. Die Vertriebenenverbände wie die Sudetendeutsche Landsmannschaft organisierten sie in dem sicheren Glauben oder zumindest der Hoffnung, dass die Menschen wieder in ihre Heimat zurückkehren würden. Solche Hoffnungen wurden gestützt durch mehrere Viermächtekonferenzen der Sieger des Krieges und auch durch führende deutsche Politiker wie Konrad Adenauer. Sie besaßen zunächst, ebenso wie die engeren Verwandtentreffen, die wichtige Funktion, das Trauma des Heimatverlustes, zumindest für einige Zeit, zu verdrängen und halfen letztlich den meisten, sich dann leichter damit abzufinden.

Alkohol löst die Zunge – nicht bewältigte Kriegserlebnisse kurzeitig verdrängt

Mein Cousin, der 15 Jahre älter war als ich, hatte schon als Soldat den Krieg erlebt und war erst kurz zuvor als Spätheimkehrer aus russischer Gefangenschaft heimgekehrt. Bei einer dieser »Schmeckostereien« nahm mich beiseite und sagte: »Ich muss dir jetzt was erzählen, das ich bisher noch niemanden, nicht einmal meiner Mutter, erzählt habe. Aber du wirst das am ehesten verstehen, denn du bist ja jetzt schon ein Student (er meinte Gymnasiast). Ich habe einen Russen erschossen. Er hatte beim Rückzugsgefecht meinen besten Freund vor meinen Augen getötet und war dann hinter einem Gesträuch verschwunden. Ich habe das ganze Magazin meines Gewehrs in diese Richtung verschossen. Meine Kameraden haben dann den toten »Iwan« aus dem Gebüsch herausgezogen. Meine damalige Wut kann ich mir bis heute nicht verzeihen«, schloss er unter Tränen.

Mein Vater, der ein enges Vertrauensverhältnis zu ihm besaß, weil ihm gewissermaßen die Vertreterstelle für dessen in Russland vermissten Vater zugefallen war, hatte unsere Unterhaltung mitbekommen und mischte sich ein. Er wollte ihn offenbar mit einem eigenen Kriegserlebnis beruhigen, das ebenfalls tödlich geendet hatte. Er erzählte aus der Zeit seiner Stationierung in der Festung Saint Nascaire an der Loire in Frankreich: »Bei uns waren mehrere Raketen aufgestellt gegen England und gegen die befürchtete Invasion der Amerikaner. Allen Angehörigen des Regiments war verboten worden, darüber etwas verlauten zu lassen. Einer meiner Kameraden schrieb dennoch in einem Brief an seine Frau, dass wir in der Festung die »Wunderwaffen« besitzen, mit denen wir schließlich den Krieg gewinnen würden. Dieser Brief war vom Geheimdienst abgefangen worden. Der Kamerad wurde vom Kompaniechef wegen Landesverrat zum Tod durch Erschießen verurteilt. Zu den Männern des Erschießungskommandos wurde ich zum Glück nicht ausgelost. Ich sah nur noch, wie der Mann weinte und dann die Hände über dem Kopf zusammenschlug, als die Schüsse krachten. Glaub mir, im Krieg sind viele Menschen sinnlos gestorben. Das konnten wir als einfache Soldaten nicht ändern.«

Das war übrigens eines der wenigen Kriegserlebnisse, von denen mein Vater je gesprochen hat. Welche weiteren mochte er wohl verdrängt haben? Über diese Erlebnisse haben weder mein Vater noch mein Cousin jemals wieder im Verwandtenkreis öffentlich gesprochen.

Wie bei vielen Menschen, die im Krieg Schreckliches erlebt hatten, arbeiteten diese Erlebnisse weiter. Sie redeten oft nicht mehr oder nur unwillig darüber. Bei besonderen, mitunter stark emotional aufgeladenen Anlässen kam dann vieles wieder ans Tageslicht. Es hat sie ihr Leben lang belastet und gequält. Als ich meinen Cousin kurz vor seinen Tod 60 Jahre später wieder einmal besuchte, erzählte er mir die Begebenheit mit dem »Iwan« wieder in allen Einzelheiten und mit derselben Erregung wie damals. Er sagte sogar, dass er heute noch immer wieder davon träumt. Er hatte offenbar vergessen, dass er mir dieses Erlebnis schon einmal erzählt hatte und dann das Geschehene wieder zeitweise ins Unterbewusste verdrängt. Traumatische Erfahrungen in der eigenen Lebensgeschichte lassen sich durch einfaches Schweigen offenbar nicht aus der Erinnerung löschen, sondern kehren irgendwann ungewollt und in aller Klarheit ins Bewusstsein zurück.

Nachwirkungen von Kriegserfahrungen im Verhalten von Gymnasiallehrern

Im Gymnasium erlebte ich dann Lehrer, bei denen Prägungen, die sie in ihrer vorgängigen Lebensgeschichte, z. B. in ihrer Zeit als Soldat, erfahren hatten, wieder aufbrachen und ihre schulische Arbeit mit beeinflussten.

Es handelte sich dabei offenbar um Versuche, verdrängte Erfahrungen aus der Kriegs- und Vorkriegszeit, die sie zum Teil als positiv empfunden hatten, wieder aufleben zu lassen, weil sie diese auch in der Nachkriegswelt für Schüler vermittlungswert oder gar als durchaus akzeptabel empfanden. Sie ahnten allerdings, dass sie zum Zeitgeist der 50er Jahre wohl quer lagen.

Geländespiele mit Kampfcharakter

So hatten wir z. B. einen Religions- und Geschichtslehrer als Klassenleiter, den wir alle sehr verehrten. Er ging in ungewöhnlich einfühlender Weise auf die Probleme der Schüler ein, spielte mit uns Fußball, leitete eine Jugendgruppe und gestaltete die Wandertage mit aufregenden Spielen. So mussten wir z. B. in einem ausgedehnten Waldgelände zwei feindliche Lager bilden, uns mit Zweigen tarnen und diese Lager notfalls unter Einsatz körperlicher Kräfte verteidigen, wenn die feindliche Gruppe unser Lager erstürmen und Gefangene machen wollte. Insgesamt spielerische Nachgestaltungen kriegerischer Szenarien.

Er erzählte uns, oft unter Überziehung der Religionsstunden und ungewöhnlich spannend, von seinen Kriegserlebnissen und Abenteuern als »Kradmelder«, das war ein Berichterstatter mit einem Beiwagenmotorrad. Das interessierte uns Schüler natürlich viel mehr als die Heiligkeit der Sakramente. Dieser Lehrer war, das erfuhren wir in anderen Unterrichtssituationen, ein Gegner des NS-Systems und auch des Krieges, in dem er kämpfen musste. Er wollte sich auch nicht als Held stilisieren. Das passte nicht zu seiner sonstigen Persönlichkeit. Aber wir spürten nicht zuletzt in den Gesprächen bei späteren Klassentreffen, dass er über diese Erzählungen im Unterricht seine oftmals schrecklichen Erfahrungen loswerden wollte. Er hatte sie im normalen Nachkriegsalltag verdrängt und fand nun vor der Schulklasse eine Bühne für ihre Darstellung mit durchaus pädagogischen Intentionen. Solche Berichte über die individuellen Folgen der NS-Diktatur waren für ihn gleichfalls ein

Möglichkeit, theologische und politische Warnsignale für die Schüler zu setzen, wachsam gegenüber Manipulation zu sein. Man kann das verstehen als Rechtfertigung für sich selbst, dass alles was er geleistet und erlitten hatte, doch nicht ganz umsonst gewesen sein konnte und er einer nächsten Generation dadurch Lebenshilfe geben wollte.

Die Spiele auf den Wandertagen und die Beteiligung am Sport waren sicher Folgen von seinen als schön empfundenen Erinnerungen an vormilitärische Übungen, die er als ehemaliges Mitglied der Hitlerjugend, wie übrigens viele seiner Altersgenossen gemacht hatte. Im Erzählen und handelndem Wiederbeleben von Erlebnissen lag hier vermutlich eine Strategie, anfänglich nicht erkannte und später verdrängte traumatische und schuldunterfütterte Erfahrungen zu verarbeiten.

Nationales Liedgut im Turnunterricht

Im Turnunterricht hatten wir einen Lehrer, der in intensiver Weise auf militärische Disziplin achtete. Wir mussten vor jeder Turnstunde in Reih und Glied antreten, stramm stehen und durften uns erst auf den Befehl: »Rührt euch!« wieder entspannt bewegen. Außerdem brachte er uns bei, wie man richtig marschiert und geschlossen stehen bleibt, vor allem exakt nach dem Kommando: »Links, rechts – links, rechts – und halt!« Wer sich beim Befehl »und halt!« verstolperte, was recht häufig geschah, musste als Einzelner vor der angetretenen Klasse solange üben, bis es klappte. Dieser Lehrer hatte wenig Verständnis für ungeschickte und ängstliche Turner und interpretierte ihre schwachen Leistungen mit abwertenden Kommentaren, welche die anderen Schüler oft mit Lachen quittierten.

Zu Beginn einer jeden Turnstunde ließ er die angetretene Schülergruppe folgendes Lied singen, das er uns als Sportlehrer, nicht als Musiklehrer beigebracht hatte:

»Ich kenn einen Wahlspruch, der Goldnes ist wert,
heißt: »Frisch, fromm, fröhlich und frei«.
Ihn hat Vater Jahn uns Turnern gelehrt,
wir halten ihn innig und treu.
Und schwören es, mit Herz und Hand,
die Kraft uns zu stählen, für's Vaterland.«
Schon Anfang der 50er Jahre, in denen wir dieses Lieds singen mussten,

machten wir Witze über den schwulstigen Inhalt vor allem der letzten Zeile. Der Turnlehrer hatte dafür kein Verständnis. Später erfuhren wir, dass er über die vormilitärische Erziehung als Hitlerjunge und seinen späteren Dienst als Oberleutnant in der Deutschen Wehrmacht diesen Text durchaus verinnerlicht hatte.

Die Verdrängung bestand hier möglicherweise darin, dass ein ehemaliger Soldat die Erinnerung an eine für ihn offenbar wertebesetzte Lebensphase trotz allen Unheils, das in ihr geschah, zumindest partiell im Unterricht wieder durchlebte.

Für ihn als ehemaligen Offizier der Deutschen Wehrmacht stellten »Vaterland«, »Kraft«, »Mut«, »Tapferkeit« und andere konnotative Begriffe wertebesetzte Welten dar, die es zu erhalten und weiter zu entwickeln galt. Für mich als eine Person, in dessen Verwandtschaft sich militärische Karrieren zumindest in der Anfangsphase befunden hatten, war dies durchaus nichts Unbekanntes. So sangen einige Cousinen, die mit Militärangehörigen höherer Dienstgraden liiert waren, immer noch voller Wehmut jenen Schlager aus der Weimarer Zeit vom »armen Gigolo«, der als ehemaliger Husar sich nach 1918 als Tanzlehrer verdingen musste:

»Armer Gigolo, schöner Gigolo, denke nicht mehr an die Zeiten,
wo du als Husar Gold verschnürt sogar,
konntest durch die Straßen reiten.
Uniform passé, Liebchen sagt ade.
Schöne Welt du gingst in Fransen.
Wenn das Herz dir auch bricht,
zeig ein lachendes Gesicht!
Man zahlt, und du musst tanzen.«

So ähnlich musste sich wohl ein ehemaliger Oberleutnant fühlen, wenn er jetzt als Turnlehrer arbeitete. Der hohe gesellschaftliche Status, den Offiziere in der Zeit vor dem Ersten und auch noch weit in die Zeit nach dem Zweiten Weltkrieg hinein besaßen, war ein für allemal verloren, selbst wenn es bald wieder eine Bundswehr gab. Dieser Verlust war für viele Betroffene nur schwer zu verkraften. Eine Variante der Verdrängung dieses Prestigeverlustes in den kommenden Jahren bestand hier offenbar in der zumindest bruchstückhaften Wiedererweckung wertbesetzter Lebenserfahrungen, hier im sportpädagogischen Feld.

Zusammenfassung Fazit

Bei all den geschilderten Episoden handelt es sich um Alltagsverhalten, hinter denen man Formen von Verdrängungsprozessen vermuten kann. Auch nach Gesprächen mit anderen Zeitzeugen lassen sich immer wieder ähnliche Formen der Verdrängung der in der NS-Zeit durchlebten seelischen Erschütterungen erkennen. Zu diesen Strategien gehört sehr häufig das Schweigen über belastende Ereignisse, z. B. über deutsche Verbrechen an Juden und anderen Mitbürgern, die zu Gegnern des NS-Staat erklärt und Verfolgungen ausgesetzt gewesen waren. Verdrängt wurde unabhängig davon, ob eine persönliche Schuld tatsächlich bestand oder auch nicht. Ebenso schwiegen viele ehemalige Soldaten beharrlich über Kriegserlebnisse mit starker seelischer Belastung auch gegenüber nahen Angehörigen. Dieses Schweigen konnte oft umschlagen in die fast aggressive Abwehr gegenüber Versuchen der Jüngeren, auf heikle Punkte der jüngsten Vergangenheit zu sprechen zu kommen, gleich, ob dies aus echtem historischen Interesse oder schlichter Neugier geschah. An dem Unbehagen vieler Jugendlicher, keine Antworten zu bekommen, lag dann auch das Grundmotiv der sogenannten »68er Revolte«.

Die Autorinnen und Autoren

Katharina Axtner,
Jahrgang 1957, seit Geburt in Unterumbach, ehrenamtliche Heimatforscherin in der Gemeinde Pfaffenhofen a. d. Glonn, Mitarbeit bei der Erstellung der Gemeindechronik von 2014.

Prof. Dr. Helmut Beilner,
geboren 1940 in Witkowitz (Mähren), aufgewachsen in Wollomoos, Landkreis Aichach bzw. Dachau, 10 Jahre Lehrer an Grund-, Haupt- und Realschulen, Professor für Didaktik der Geschichte an den Universitäten Passau, Eichstätt und Regensburg (Lehrstuhlinhaber). Publikationen zur Didaktik der Geschichte und zur Neueren und Neuesten Geschichte.

Dr. Annegret Braun,
geboren 1962, seit 2001 wohnhaft in Sulzemoos. Kulturwissenschaftlerin, Autorin, Lehrbeauftragte für Volkskunde/Europäische Ethnologie an der Ludwig-Maximilians-Universität in München. Seit 2012 Projektleiterin der Geschichtswerkstatt im Landkreis Dachau. Publikationen zur Frauen- und Alltagsgeschichte sowie zu Bräuchen und Regionalgeschichte.

Heide Bossert,
geboren 1940 in Landsberg am Lech, aufgewachsen in Peiting und Kaufbeuren (Gymnasium mit Internat), Studium Lehramt an Volksschulen, unterrichtete u. a. in Prittlbach (Klasse 1 mit 4) und Hebertshausen (Hauptschule), wohnhaft in Röhrmoos.

Hubert Eberl,
Jahrgang 1958 und damit ein Produkt des Forschungszeitraumes. Polizeibeamter bei der Bereitschaftspolizei in Dachau, verheiratet, zwei erwachsene Söhne. In Sachen Historie immer schon interessiert. Verschiedene ehrenamtliche Tätigkeiten im Bereich örtlicher Vereine und der kath. Kirche. Im Zeitraum 2004 bis 2014 Mitarbeit bei der Erstellung einer Ortschronik für Bergkirchen und damit zum Heimatforscher geworden.

Markus Erhorn,
   geboren 1989 in Dachau, betreibt seit vielen Jahren Familiengeschichtsforschung im privaten Umfeld. Der gebürtige Dachauer war bei diesem Projekt erstmalig als Heimatforscher aktiv. Zuvor hat er bereits mehrere Kurzgeschichten für Kinder veröffentlicht. Er ist als Verwaltungsinspektor beim Kommunalreferat der Landeshauptstadt München beschäftigt.

Hiltrud Frühauf,
   geboren 1942 im Landkreis Eichstätt. Bis 2004 Lehrerin für Englisch und Geschichte am Oskar-Maria-Graf-Gymnasium in Neufahrn b. Freising. Lebt seit 44 Jahren in Haimhausen – nicht lange genug, um Zeitzeugin für »Haimhausen in den 50er Jahren« zu sein. Mitarbeit bei der Geschichtswerkstatt im Landkreis Dachau seit 2010 und beim Arbeitskreis Ortsgeschichte des Haimhauser Kulturkreises.

Sabine Gerhardus,
   geboren 1964 in Mönchengladbach, mit Unterbrechungen seit 1974 in Vierkirchen wohnhaft. Ausbildung zur Ergotherapeutin. Osteuropastudien und Slawistik in Berlin und München (nicht abgeschlossen). Engagierte sich mehrere Jahre als Freiwillige der Aktion Sühnezeichen/Friedensdienste e. V. in New York und in der Internationalen Jugendbegegnung in Dachau. Projektleiterin des »Gedächtnisbuchs für die Häftlinge des KZ Dachau«, des Projekts »Erinnern« des Bayerischen Lehrer- und Lehrerinnenverbands (BLLV) und des Projekts »Das Lager und der Landkreis« der Geschichtswerkstatt im Landkreis Dachau.

Helmut Größ,
   geboren 1943 in München, aufgewachsen in Esterhofen/Vierkirchen, Ingenieur (FH). Ausbildung durch KAD/Region Aktiv zum Heimatforscher/ Heimatpfleger, Redakteur der Vierkirchner Heimatblätter »Haus, Hof und Heimat«.

Erwin Hartmann,
   geboren 1945 im Dachauer Stadtteil Etzenhausen, wo er bis heute noch lebt. Lehre als Buchdrucker mit beruflicher Fortbildung. Mitglied im Museumsverein Dachau. Seit 2006 Heimatforschung für Etzenhausen, 2010 Bild-

dokumentation Etzenhausen, 2012 Redaktion zum Buch der Ortsgeschichte Etzenhausen. Bis heute immer noch leidenschaftlicher Heimatforscher.

Josef Kreitmeir,

geboren 1949, aufgewachsen in Gartelsried, lebt seit 1975 in Markt Indersdorf. Lehre in der Landwirtschaft; Studium Landwirtschaft und Lehramt für Berufsschulen, Lehrer an der Berufsschule Dachau und Betreuung von Schulklassen in der KZ-Gedenkstätte Dachau, 18 Jahre erster Bürgermeister in Markt Indersdorf, Interesse an Heimatgeschichte.

Christa Liebert,

Jahrgang 1944, geboren im Landkreis Fürstenfeldbruck, wohnhaft seit 1967 in Miesberg, ehrenamtliche Heimatforscherin in der Gemeinde Pfaffenhofen a. d. Glonn, Mitarbeit bei der Erstellung der Gemeindechronik von 2014.

Professor Dr. Wilhelm Liebhart M. A.,

geboren 1951 in Altomünster, Studium der Geschichte, Geschichtliche Hilfswissenschaften, Germanistik und Politikwissenschaft an der LMU München. Von 1989 bis 2017 Professor für Geschichte, Politik und Literatur an der Hochschule Augsburg. Mitglied der Schwäbischen Forschungsgemeinschaft und der Historischen Sektion der Academica Benedictina Bavarica. Kustos des Klostermuseums und Chefredakteur der heimatkundlichen Vierteljahresschrift AMPERLAND für die Landkreise Dachau, Freising und Fürstenfeldbruck. Verfasser und Herausgeber von 30 Büchern zur Lokal-, Regional- und Landesgeschichte sowie der Kirchengeschichte.

Heinrich Loderer,

Jahrgang 1944, geboren und aufgewachsen in Schwabhausen, nach einigen Unterbrechungen wieder dort wohnhaft, Ingenieur. Neben ehrenamtlichen Tätigkeiten in Kirche, Sportverein und Politik auch Mitarbeit in der Geschichtswerkstatt und bereits beim Projekt Nachkriegszeit beteiligt.

Monika Lücking,

geboren 1954, Historikerin, seit 1983 wohnhaft in Karlsfeld, seit 1990 Betreuung von Besuchern, hauptsächlich von Schulklassen, in der KZ-Gedenkstätte Dachau.

Anton Mayr,
Jahrgang 1943, Dipl. Sparkassenbetriebswirt, zum Schluss Leiter der Revision der Sparkasse Dachau, schrieb die Jubiläumschronik »Dachau und seine Sparkassen – 125 Jahre Sparkassen im Dachauer Land« und verfasste darüber hinaus mehrere Bücher und Aufsätze über heimatkundliche Themen, vorrangig für den Bereich Altomünster (seinen Heimatort) und den Altlandkreis Aichach.

Monika Mittelhammer,
Jahrgang 1968, aufgewachsen in Wagenhofen, mittlerweile Fürstenfeldbruck, ehrenamtliche Heimatforscherin in der Gemeinde Pfaffenhofen a. d. Glonn, Mitarbeit bei der Erstellung der Gemeindechronik von 2014.

Dr. Jürgen Müller-Hohagen,
Jahrgang 1946, Diplom-Psychologe, Psychologischer Psychotherapeut. Bis 2011 Leiter einer Familienberatungsstelle in München. Seit 1982 wohnhaft in Dachau. Ausgelöst durch diesen Lernort innerhalb der therapeutischen Arbeit Erforschung seelischer Nachwirkungen des Zweiten Weltkrieges und der NS-Zeit insgesamt. Zahlreiche Veröffentlichungen zu diesem Themenbereich. Psychotherapeutische Praxis in Dachau. www.dachau-institut.de

Horst Pajung,
geboren 1952 in Loppersum/Ostfriesland, seit 1977 wohnhaft in Bayern (München und Karlsfeld), Dipl.-Ing., Berufstätigkeit in verschiedenen Unternehmensbereichen der Siemens AG. Seit 2007 Beschäftigung mit der bayerischen Geschichte mit Fokus auf Ortsgeschichte Karlsfelds, Historische Führungen, Kirchenführungen, Lokalgeschichtliche Publikationen. Ehrenamtliche Tätigkeit für das Heimatmuseum Karlsfeld. Seit 2010 Mitarbeit bei der Geschichtswerkstatt im Landkreis Dachau.

Dr. Dirk Riedel,
geboren 1971 in Düsseldorf, Historiker, langjähriger Mitarbeiter der KZ-Gedenkstätte Dachau, seit November 2016 wissenschaftlicher Mitarbeiter des NS-Dokumentationszentrums München.

Thomas Schlichenmayer,
geboren 1950 in Stuttgart. Architekt im Ruhestand, zuletzt Leiter des Bau-

amtes der Gemeinde Karlsfeld, lebt seit 1978 in Ampermoching und engagiert sich in der »Geschichtswerkstatt des Landkreises Dachau«.

Ernst August Spiegel,
geboren 1938 in München, aufgewachsen in Peiting und Schongau. Berufsschullehrer für elektrische Energietechnik bei der Landeshauptstadt München. Mitverfasser der Ortschronik von Schwabhausen (2005) und Mitarbeiter bei der Geschichtswerkstat im Landkreis Dachau.

Franz Thaler,
geboren 1936, in Röhrmoos aufgewachsen, Papiermachermeister. Seit 1966 Zusammenstellen eines Bildarchivs von Ereignissen der Gemeinde. Mitautor von vier Bildbänden über die Gemeinde Röhrmoos. Seit 1996 Mitarbeiter an den Röhrmooser Heimatblättern.

Lydia Thiel,
geboren 1959 in Petershausen und dort aufgewachsen. Schon als Kind an den Erzählungen der Großeltern interessiert, befasste sie sich bereits in jungen Jahren mit der Geschichte ihres Ortes. Mit weiteren Autoren verfasste sie die Chronik der Gemeinde Petershausen. Weitere Beiträge, Dokumentationen und Ausstellungen folgten. Sie arbeitet seit 1982 als Lehrerin an der Grundschule Petershausen und weiteren Schulen im Landkreis. Der Geschichtswerkstatt gehört sie an, seit sie 2009 ins Leben gerufen wurde.

Dr. Bruno Wiescher,
geboren 1948 in München, Medizinstudium in Münster, Würzburg und München, 1982–2015 Tätigkeit als Internist und Hausarzt mit eigener Praxis in Markt Indersdorf.

Wilma Wiescher,
geboren 1948 in Würzburg, Lehramtsstudium in München, 1971–2012 Lehrerin an Grundschulen, zuletzt 26 Jahre an der Grundschule in Markt Indersdorf. Mitarbeit und Führungen im Heimatverein Markt Indersdorf e. V.

WIR DANKEN HERZLICH UNSEREN FÖRDERERN

Landkreis Dachau

Sparkasse Dachau, Stiftung Bildung & Wissenschaft

Bezirk Oberbayern

Große Kreisstadt Dachau